한심이 보살 일생기

대웅전에 천원놓고 일억벌게 빌었으며 / 관음전에 천원놓고 선망조상 천도

하고 / 그나마도 부족할까 산신각에 들러빌고 / 남들에게 뒤질세라 단체마다 이름없고

다 판당하여 / 반듯하게 차려입고 스님방문 자주하고 / 이만하면 불자자격 손색없

서 사찰스님 친구삼고 / 집안식구 우환들면 엑때한다 부적찾고 / 온갖재물 앞세워

해 맞을때 철학관을 전전하고 / 바깥양반 바람피면 점쟁이집 드나들고 / 신년새

스님들께 보시한일 빠짐없이 이입에다고 / 여기저기 시주한돈 낱낱이도 기억하고

견자랑 / 공양간을 드나들며 이것저것 참견하고 / 부처님전 공양물에 자기것을 앞세워서 신

도계금 저물고 / 신행단체 욕심임에 사사건건 빈정대고 / 젊은신도 첫말부터 반말하고 사찰질서

다 초심자에 호랑이짓 / 사찰살림 스님행동 누구보다 가지가지 생색내고 / 애기소리 법당안에 제일크고 말에

드는 불명따라 봉사활동 다녀오면 / 육바라밀 내세우고 주고받는 애기소리 법당안에 제일크고 말에

끙끙 빌고빌어 용서비나 / 부처님이 용서할까 하늘님이 용서할까 / 임종직전 후회하며 살았을때 잘하시지 때가

늦은 후회말고 / 맘은염장 짓지말자 지은염장 무기워서 어찌지고 지승살까 / 이제라도 참회하여 맘은염장 용서받

보비방 일삽다가 / 개종하면 좋아질까 늘그막에 종교바꿔 / 열심히도 다니다가 임종할때 후회하며 부처님전 무릎

힘답하고 / 스님께서 웃으시면 좋아한다 호들갑에 / 어느사찰 어느스님 구설수에 온전할까 / 어리석은 중생행동 삼

고 / 스님께서 말없으면 대승소승 운운하고 / 스님께서 달달하면 중생교화 시비하고 / 스님께서 나라하면 원수처럼

드는 불명따라 봉사활동 다녀오면 / 육바라밀 내세우고 주고받는 애기소리 / 대화후에 수행정도 가늠하

고 / 내염장이 내후손에 대대손손 내려질까 / 걱정근심 하지말고 옳은참회 해야될텐데 / 나무아미타불 관세음보살 =

맛있는 음식을 맛있게 먹다가도 뱉아서 놓고 보니 천하였는 오물이라
맛있음도 더러움도 모두가 없음인걸 본체는 아니보고 허공의 꽃만보네
아서라 할라치니 모두가 놓아서고 좋아라 할라치니 빈손만 눈에드네

세상의 모든 이치는 분별의 끝자락에서 노닐고 있음인 것을....
더하고 빼고 좋아하고 싫어하고 아름답고 추하고 옳다 그르다
하나의 사물을 놓고 수도 없이 쪼개놓고 헤쳐봐도 내 마음의 분별일뿐!
우리 앞에 펼쳐진 만물의 본체는 그 자가 지닌 그 모습 그대로 존재하고 있을뿐이다.
남에게서 주워듣고, 편견에 치우칠 수 있는 지식으로, 지혜의 눈을 뜨지 않은 마음으로,
우리들은 얼마나 많은 오류를 범하고 있는가 〉

한 사람의 식견으로 역사가 무시되고, 민족이 지닌 정통성이 사라지고,
남의 역사에 편승하여 새 역사를 쓰고자 한들, 끓었다 식어버리는 커피 잔에 불과하거늘...
내일만 보지 말고, 또 다른 내일을 보며 우리 후손들의 미래를 열어주자

우리 세대에 허김지검 먹어치우고 오물만 남기지 말고
후손들에게도 기회를 주자. 까치밥만 떼에도 볼 수 있는 것을 왜 아니들 보시는가.....

문을 열어라, 닫치 말고 활짝 열어라, 닫혀진 그 문엔 마음도 비쳐지고, 탐욕의 씨앗도 보이거늘
무엇이 두려워 그리들 닫고 사시는가, 닫는다고 안보이나 상상으로 알지...
마음을 열어라, 입다물지 말고 활짝 열어라, 닫혀진 그 마음속엔 온갖 오욕과 왜곡의 잔재가 보이거늘
무엇을 보았기에 그리들 열지 않으시나, 입다물었다고 모르나 상상으로 알지.....
손을 펼쳐라, 무엇을 쥐었기에 꼭 움켜쥐고 있는가, 움켜진 손아귀에 부패한 부와 권력의 끈줄이 보이거늘
죽으면 남의 것이지 가져갈 수 있다더냐, 움켜친다고 모르나 상상으로 알지.....

대동지리지

거랑의 절망 속에 담겨있는
20여년의 사찰과 스님들 이야기

대동지리지_거랑의 절망 속에 담겨있는 20여년의 사찰과 스님이야기
<근,현대 선각편 下>

1판 1쇄 인쇄_2009.5.

지은이_거랑 박성현/010-4122-2117
펴낸이_박경자
펴낸곳_겨레출판사

등록번호_제2008-3호
등록일자_2008.11.20

기획 편집_박진수
디자인_박진수
인쇄_ez-pub 배진호/ 02-336-6450

주소_경기도 이천시 창전동 450-6번지
전화_070-8231-8740
      _031-636-9303
E-mail_kyore88@hanmail.net

값_15,000원

ISBN_

대동지리지

거랑의 절망 속에 담겨있는
20여 년의 사찰과 스님들 이야기

-근,현대 선각편 下-

지은이의 말

제가 23년 이라는 세월동안 곳곳을 누비며 듣고
보고 한 이 자료들을 독자들께 드립니다.
나라는 아상과 하나라는 고정관념을 벗어내고
흘러가는 수많은 보석같은 법향을 느껴보십시요.
그리고.. 담아서 내것으로 만드소서

불교계의 거대한 행사장에 간 일이 있었다. 삼보를 보좌하는 단체에서 초청되어 간 것인데 그곳에 참석한 대다수의 사람들이 '우리나라에도 진짜 스님이 있느냐?' 라는 질문을 해왔다. 왜 그러냐고 했더니 "이런 행사를 한다고 공문을 보냈는데 생각보다 협조가 안 되고 있습니다. 도대체 스님들이 왜 그러는지 모르겠습니다. 불교를 알리고자 하는 행사에 스님들이 참여를 안 하면 우리보고 다 하라는 이야기 입니까? 다른 종교집단 행사에는 많은 후원이 들어온다 하는데 불교계에는 그런 일이 너무 없어 힘이 듭니다." 한다.

나는 미래불교를 이끌고 나가야 될 동량들이 그런 사상을 가지고 있다는 것에 너무 놀랄 수밖에 없었다. 하여.. "당신들이 어떠한 시각으로 보길래 진짜와 가짜를 논하느냐? 작은 알음알이 하나 가지고 불교의 모든 것을 본냥 아만으로 가득차서 남을 분별하지 마라. 마음을 비워라.. 버려라.. 한다는 것은 힘들다지만 절집을 찾아들어가려면 최소한 하얗게 지우고는 들어가라. 그래야 그 마음에 무엇인가 써 줄 공간이 있고, 본인들 역시 그림을 그릴 수 있을것 아닌가? 시커멓던 노랗던 이미 분별심으로 마음에 물을 들여 가지고 들어선 그 마음자리에다 무엇을 써줄 것이 있겠는가! 그런데 당신들 역시 오늘 이러한 행사를 치르고자 작은 사찰까지도 '무슨 대회를 합네' 하고 협조공문을 보내지 않았는가! 경비라도 보태는 스님은 큰스님으로 구분하고, 그렇지 않은 스님은 모두다 '땡' 처리 해버리는 당신들이 도대체 무엇인가! 삼보를 보좌하는 역할을 해야 될 사람들이 삼보정재에 손을 벌리고, 삼보를 우롱한 죄가 제일 큰 죄라는 것을 과연 인식이나 하고 있는가! 이 도량에서 장소를 빌려 줬음에도 이곳 법당에 들어가 단돈 천원이라도 놓고 참배라도 하는 기본은 갖추고 그런 질문을 하는 것인가! 그런 기본도 갖추지 못한 사람들이 참 중을 찾고 땡 중이라 손가락질을 하는 이런 무도한 경우는 어디 있단 말인가! 타 종교에서는 복지 사업도하고, 대학교를 세워

교육 사업도 활발하게 하는데 우리 불교는 그런 것이 없고 챙기기만 한다는 말을 불자라는 사람들이 할 말이란 말인가! 그럼 타종교에서는 종교지도자들이 직접 하는 것 같으냐. 결코 아니다. 신도들이 자발적으로 우러나서 자기재산까지 기부해가며 모자라면 국가나 기업을 찾아다니며 협조를 구하기도 한다. 그리해서 이루어지는 것이다. 그런데 불자라고 스스로 떠 벌리며 이런 큰 행사를 하는 당신들에게 만약 자기 재산을 기부해서 무엇을 하고자 하라면 하겠는가. 스스로 발심해서 하지 않고 남 탓만 하고, 그것도 모자라 불교 전체를 우롱하고 있는 행태는 과연 어디에서 배운 것이냐? 우리 모두는 스스로 부끄러워해야 할 것이다. 아니, 참회해야 할 것이다.”라고 했다.

그때가 3년 전이다. 내가 전국 산천을 돌며 나름대로 불교를 이해하고 소개하는 책을 몇권 내어놓고 있을 때 였다. 그들에게 말은 그렇게 했지만 나역시도 나름대로 사찰이야기를 쓰면서 ‘저러면 안 되는데.. 이러면 곤란한데..’ 하는 잣대를 대어본 적이 있었다. 그런데 막상 다른 이들이 그런 이야기를 하니까 속이 상했다.

그럼 과연 나는 어떠한 마음자리로 이러한 행을 하였는가..!

나는 본대로 들은대로 기록만 하는 사찰과 스님들의 이야기는 쓰지 않으려 책을 내기 시작하였다. 스님들과 밀착하여 함께 생활하며 그분들의 희노애락을 전하고 싶었다. 그분들도 사람이니까 사람에게서 나는 체취를 전하려 했다. 해서.. 그분들의 예불시간, 공양시간, 포행시간을 침범하여 함께 참회하고, 밥먹고, 같이 걷고. 하다 못해 잠자리까지 24시간을 관찰한 적도 많았다.

...내 잣대는 부끄러운 것이었다. 세상의 잣대는 더욱 그러하다.

그분들은 정말 사람의 한계를 넘은 생활을 하고 있었다. 그분들에게 들었다. “우리 은사님은 이러셨고.. 저러셨기에 나는 은사에게 욕되는 제자가 될 수는 없다”고.. 그래서 그들의 은사스님들을 보았다. 그리고 왜 제자들이 이 편리한 세상에서도 저런 고행을 자처하는지를 알았다. 진짜 중이 너무 많더라는 이야기다. 우리 속담에 ‘미꾸라지 한마리가 온 웅덩이 물을 다 흐린다’ 는 이야기가 있지 않은가!

나는 이 책이 세상의 모든 잣대를 달리 할 수 있다고 확신한다. 너무 멋진 우리 선배들의 성스런 행각들을 읽고 배우길 진정으로 바란다.

그리고 제발 미꾸라지들은 ‘꼭’ 읽어 보았으면 좋겠다...!

속리산 복천선원장 월성스님..

나는 1952년 금오스님을 은사로 출가하여 동산스님을 계사로 비구계를 수지한 이후 20년 넘게 해인사, 송광사, 칠불사, 불국사, 각화사 등 전국 제방선원에서 수십안거를 성만하였다. 그리고 이곳 복천암으로 오게 되었는데 이 도량에 첫발을 디디는 순간 너무 편안하고 좋아 안거결제가 끝났는데도 떠나지 않고 지금까지 살고있다. 그렇게 40여년이 다 되간다. 내가 이곳에 이렇게 오랜 세월 머무르게 한 이유는 신미선사와의 만남이요.. 역사 속에 감추어져 내려오던 진실이었다. 너무나 귀한 만남이었고, 그 만남은 내게 어떤 운명 같은 것으로 다가왔다.

복천암에 주석하다 세종에게 발탁되어 한글창제에 일등공신의 역할을 한 신미선사는 세종, 문종, 세조 3대왕으로부터 존경을 받은 조선조 최고 불세출의 고승이다. 그는 세종 조(朝) 때 우리나라의 한글을 창제하고, 세종의 말년을 함께 했으며, 권력을 잡기위해 악업을 지은 세조대왕을 불심으로 깨우친 스승이었다. 세종의 명으로 시작된 훈민정음 창제는 초기 작업부터 주로 수양대군과 안평대군의 주관 하에 신미선사와 학조스님 등이 중심이 되어 극비리에 진행하여 한글을 창제하기에 이르렀다. 그러나 역사에서는 그를 전혀 언급하지 않았다. 나는 그것을 바로잡아야 겠다는 원을 세우고 주변에 지인들과 작업하기 시작하여 책을 만들어 냈다. 아직 갈 길은 먼데 나는 자꾸 늙고 있다. 그래서 나는 인연을 기다리고 있다. 그리고 신미선사를 알리는데 최선을 다하는 강교수, 노교수 등의 학자들과 여러 스님들.. 등 주변에 자꾸 좋은 인연들이 모여들고 있다.

오늘 내가 추천의 글을 쓰는 대동지리지 작가 거랑과의 인연은 7~8년 전으로 거슬러 올라간다. 평생 참선만 하며 살아온 나는 조석 예불과 운력시간을 빼면 대부분 참선을 하는 것이 일상이 되어 버려 아무 때 아무 곳에서나 앉아 삼매에 빠지곤 한다.

그날은 마침 방문을 활짝 열어놓고 앉아 있었다. "스님!" 하는 소리에 눈을 떠보니 어떤 사람이 합장을 하며 인사를 했다. 여름이라 땀을 많이 흘려서인지, 다 떨어진 걸망을 메고 공책과 연필을 든 그는 꼭 걸뱅이 같았다. 그러나 눈빛이나 몸에서 풍기는 품새로 보아 걸인같아 보이지는 않았다. 일단 들어오라고 해서 땀 닦을 수건과 시원한 냉수를 주었다. 그리고 바로 이야기가 시작되었다. 내 짐작대로 역시 예사 인물은 아니었다. 삼만사찰을 모두 밟고 다니며 취재를 하고 지도에 그려넣었고, 다시 한 번 확인차 다니는 길이라 한다. 몇 년 전 나를 찾아왔으나 못 만나고 간 것이 걸려 또 찾아온 길이라 한다.

"뭐 때문에 늙은이는 찾아다니시나?" 했더니 "제가 전국을 한 바퀴 돌면 몇년이 걸립니다. 지금 안 뵈면 또 몇년이 걸릴거라는 생각에 오늘은 작정하고 왔습니다." 하며 내가 없으면 며칠이라도 기다릴 각오를 하고 왔단다. "도대체 날 만나 무얼 하려고?" 하니 그동안 취재한 자료들을 보여주며 현재 책을 만들고 있다고 한다. "취재를 하고 다니다 보니 너무 귀한 자료가 많아 혼자 가지고 있기엔 아까워 시작하게 되었는데, 대덕스님들의 고견과 자료들이 필요해 왔습니다." 라고 한다.

당시 나는 신미선사의 공적을 밝히는 일에 열중하고 있었기에 그 이야기를 했더니 그는 얼굴에 환한 웃음을 지으며 "스님. 감사합니다. 제가 스님을 꼭 만나야 하는 이유가 여기에 있었네요." 하며 내게 모든 자료를 달라고 했다. 긴 시간을 얘기하고 내려가더니 두달 쯤 뒤에 그 자료와 복천암을 소개한 책을 한권 가져왔다. 그것이 '대동지리지 충북편' 이었다. 그리고도 그는 가끔씩 들러 뭐가 더 없느냐고 하면서 은사이신 금오스님에 대해 물었다. 나는 옛날 이야기를 풀어 놓았다. 이야기를 들으면서 메모를 하고, 녹음을 하고, 그동안 내 기사가 난 것을 모두 챙기더니 가져 가겠다고 한다. 왜 그러냐는 내 물음에 그는 장난끼 있는 말투로 "스님 돌아가시면 역사 책에 넣을려구요. 하하" 나는 어이가 없기도 하였지만 이미 책을 만들어 왔기에 그냥 같이 웃고 말았다.

그런 그가 얼마 전 은사 금오스님을 비롯해 근,현대를 호령하던 어른스님들의 이야기를 들고왔다. "스님! 한 번 살펴보시고 이 책을 세상에 내놓아도 되는지 말씀 좀 해주세요." 하고 옆으로 비껴 앉았다. 책을 잡은 나는 은사스님 쪽을 읽다가 내리 다 읽어버렸다. 나는 그가 내게 왜 이런 걸 물을까, 이런 책이 나와야 하는 것은 당연한 일 아닌가라는 생각이 들었다. 그렇다 이런 책은 백권 천권이 나와도 좋다. 그리고 이에 내가 조금이라도 도움이 되었다니 얼마나 고마운 일인가! 그런 일을 하는데 도움이 된다면 난 내 기억을 홀딱 뒤집어 전부 꺼내놓을 것이다....

만일 그때 걸뱅이 꼬라지를 한 거랑을 쫓아냈다면.. 난 또 하나의 인연을 놓쳤을 것이다. 그리고 이렇게 여러 스승들을 한 곳에 앉아 모두 만나 뵐 수 없었을 것이다.

좋은 인연으로 내게 와 준 거랑! 반갑고 고맙소이다.

선각 스 님 들

목 차

下편

■ 준비된 책...

■ 1편 – '다시 보고 싶은 스님1'
■ '근대불교사를 이끌어 온 선각들' 편으로
경허 · 만공 스님 대부터 현재 열반한 스님들까지 제자들의 증언집

■ 2편– '다시 보고 싶은 스님2'
■ 수행으로 일탈한 수행승과 따뜻한 마음으로
■ 하심과 무소유로 살아가시는 스님들..

■ 3편 – '다시 보고 싶은 스님3'
포교 일선에서 내일의 불교를 위해
■ 최선을 다하는 스님들의 참 모습

■ 4편 – '다시 보고 싶은 스님4'
■ 청순하고 소박한 비구니 스님편

■ 5편 – '다시 보고 싶은 스님5'
각기 다른 개성과 재능을 지니신 특별한 스님편
(시 쓰는 스님. 사진 찍는 스님. 노래하는 스님. 달마 그리는 스님.
■ 마라톤 스님. 걷는 스님. 그림 그리는 스님. 요리하는 스님. 불화장. 단청장. 등등...)

■ 6편 – '길에서 만난 도인'
■ 우직하고 착한 마음으로 자신이 하는 일과 직업에 최선을 다하는 분들과
■ 소리없이 선행을 하며 보살도를 행하시는 분들의 소박한 행보를 기록하여
■ 이 시대의 귀감이 되고자 노력하였습니다.

■ 그리고..
■ 이야기는 여기서 그치지 않습니다.
■ 앞으로 저의 행보는 계속 이어질 것입니다...!

월초스님

은사 환응환진스님.
제자 운암 김성숙. 손상좌 운허.

이대휘스님

은사 정광스님. 계사 석우스님.
제자 현장, 만영, 성문스님 등..

인곡스님

은사 금성, 혜암, 용성스님.
상좌 성관혜암, 묵산, 수진, 포공,
성주, 석주스님

인암스님

은사 성남스님.
상좌 보휘스님

일각스님

은사 효봉스님.
상좌 대우스님

일타스님

은사 고경스님. 계사 자운스님
상좌 성진, 혜인, 혜국, 향적, 돈
관스님 등 1백여명..

자운스님

은사 혜운스님. 계사 일봉 · 남전
스님.
상좌 보경, 지관, 현경, 보일,
정원, 원목, 해은, 도근, 상공스님

재선스님

석영당 재선스님. 천축사무문관
6년수행후행방불명.
사제 정영, 혜원, 조카상좌일화

전강스님

은사 인공스님. 계사 웅해스님.
제자, 송담, 봉철, 법주스님정공,
정우, 정무, 정태, 정락 등 50여명과
손상좌 200여명.

정무스님

은사 전강, 동산스님
상좌 세영, 심경스님

종수스님

은사 자운스님.
법상좌 종진, 은상좌 법성, 회암,
법룡, 원각, 법련, 정각, 보성, 보
광, 보설, 보윤스님 등

지월스님

은사 지암, 계사 일봉스님.
상좌 도견, 도성, 음법, 도완, 도
선, 도일, 도각, 도허, 도혜, 도공,
도산, 도청, 도현, 도원

철우스님

제자 정우, 우산, 지우, 용담, 원
담, 청공, 대우, 우전, 우공, 연우,
현우, 재우, 만우, 청강, 덕암스님

청담스님

은사 박한영스님.
제자 혜자, 정천, 혜명, 혜정혜성,
현성, 법화, 혜운, 동광, 보인,
광복, 설산, 도우, 정혜, 혜덕

추담스님

은사 회명당 일승스님.
상좌 지하, 법타, 경철스님

춘성스님

은사 만해스님.
상좌 수명 스님.
제자 월송, 견진스님

취봉스님

은사 남호스님. 은허스님.
상좌 원공스님. 법종스님

탄성스님
은사 금오스님
제자 노현, 석주, 명진스님

혜각스님
은사 회명스님.
상좌 동원·태연·동하스

탄허스님
은사 한암스님.
제자 혜거스님

혜암성관스님
용성, 인곡 스님의 제맥을 잇는
선승.
맏상좌 성법스님

태허.운암김성숙
은사 풍곡신원스님.
제사 월초거연스님.
독립운동가

혜암현문스님
경허, 만공 법 이은
조선말기 선지식.
제자대의,법우

태허.불입종종정
불입종 초대종정
은사 정암스님.

혜월스님
은사 경허스님.
제자 운봉,호봉,운암,
철우,성공스님

학명스님
설유 의제자.백파(白坡)의
7대법손, 설두스님의 증손
은사 금화스님. 제자.. 운곡스님,
고벽스님, 손상좌 다천스님

혜진스님
은사 석우스님
상좌 수성, 지성,

한암스님
은사 경허스님
상좌 탄허스님

홍도스님
서울시내도량석돌던
'방울대사' 상좌없음

해안스님
은사 만암스님
상좌 혜산·동명스님

홍법스님
월하스님맏상좌.
상좌정우.제자종범종렬형문

향곡스님
경허-혜월-운봉 법맥.
제자 진제스님

회명스님
은사 보하스님.
은법상좌 지월·능명·능산·
혜각·능파, 손상좌 동원·태연.

향봉스님
은사 석두스님, 사형 효봉스님
상좌 청월.성호.청현.청우.청
육.청은.철형.철우.청전.청학 등

효봉스님
은사 석두스님.
제자 구산·법정스님.
고은시인

월초스님

1858~1934년

은사 환옹환진스님.
제자 운암 김성숙. 손상좌 운허.

봉 선사 교종판사였던 환옹스님에 의해 백파긍선 (白坡亘璇)스님의 법맥전수받음.

한국전쟁으로 전소된 봉선사 중건.

월초스님은 조선 철종 9년(1858년) 6월12일 한성 니동(泥洞, 지금의 서울 종로구 운니동)에서 부친 홍병옥(洪秉玉)과 모친 이씨 사이에서 태어났다. 속명은 홍중섭(洪重燮). 마을에서 지낼 때의 스님 행적은 알려진바 없다.

15세 되던 해인 1872년 양주 진건면 송능리 천마산 봉인사 부도암에서 출가했다. 이곳에서 환옹환진(幻翁喚眞)스님에게 득도하고 법을 이었다. 월초는 법호이고, 법명은 거연(巨淵)이었다. 이로써 스님은 백파긍선(白坡亘璇)스님의 법증손이 되었다. 구족계를 받은 스님은 15년간 영남과 호남 지역의 강원과 선원에서 교학을 연찬하고 선원에서 정진했다.

스님은 출가한지 20년이 된 1892년 12월(고종 29년) 예조의 명으로 남한산성팔도총섭에 임명됐다. 35세의 젊은 나이에 조선불교계를 대표하는 인물이 된 것이다. 남한총섭에 오른 것으로 보아, 스님의 공부깊이를 짐작할 수 있다. 또 고종을 비롯한 조선 황실에서 월초스님에 대한 신뢰가 돈독했음도 예상할 수 있다.

황실과의 관계는 남한총섭 이후 스님의 행보에 많은 영향을 끼치게 된다. 1895년 일본의 행패가 횡행해지자 러시아를 끌여들여 견제하려던 명성황후가 일본인들에 의해 시해되었다. 1899년 황태자가 병석에 누웠다. 황제의 명을 받은 많은 의관들이 황태자의 병을 치료하려고 매달렸으나 백약이 무효였다. 월초스님의 속가 집안에는 궁궐에 '홍상궁'이 있었는데, 고종황제 등 황실의 신임이 돈독했다고 한다. 그리하여 홍상궁을 통한 고종의 부탁으로 월초스님은 경북 청도 운문산 사리굴에서 황태자 쾌유를 위한 백일기도를 지극정성을 다해 올렸다. 기도 회향 후 황태자는 병마를 물리치고 건강을 되찾았다. 고종 황제가 기뻐했던 것은 두말할 나위가 없을뿐더러 이후 고종황제는 월초스님을 각별히 대했다.

1900년. 일제를 비롯한 외세의 침탈로 조선은 점점 나락으로 떨어지고 있었다. 남한산성팔도도총섭으로 조선불교를 대표하는 지위에 있었던 월초스님은 '나라를 지키는 절'을 세우기로 발원하고, 고양군 은평면 갈현리(지금의 서울 은평구)에 8만 2645㎡(2만5000여평)의 토지를 사찰 정재로 만들었다.

1459년 세조 5년에 창건된 절 정인사를 400년의 세월이 지나 '조선을 지키는 도량'으로 삼고자하는 원력으로 수국사라는 이름으로 재 창건하게 된 것이다. 당시 수국사의 중건은 국가적인 사업으로 진행됐다. 단순히 사찰 하나를 세우는 것이 아니라, 민관(民官)이 혼연일체가 된 대작불사였다. 황실에서 24만9천920냥. 영의정 심순택을 비롯해 이재순, 민영환, 조동완 등 조정 관료 59명과 상궁 13명이 1만8천80냥을 수국사 불사에 쾌척했다.

고종황제는 월초스님에게 종신토록 수국사 주지 소임을 맡게 했다. 스님은 1931년 5월 10일 사임할 때까지 30년간 수국사 주지직을 수행했다. 1930년에 건립된 수국사비에는 시주금의 사용처와 전답을 마련한 내용을 자세히 담고 있다. "전체 26만8천냥에서 도편수 조천수에게 5천냥은 지급하고 소종(小鐘)을 5백냥으로 구입한 나머지에서 26만2천500냥으로 고양군의 전답 175정(町) 11보(步)를 사서 수국사의 불량답(佛糧畓)으로 하였다."

"황칙(皇勅)을 받들어 동대문 밖 영미정에 도총원흥사찰을 창립하고 25일을 기하여 삼가 법연을 개설한다." 고종황제는 1901년 11월 19일 원흥사 삼강소의 이름으로 법연을 거행한다는 칙령을 전국 사찰에 발송했다. 법연은 예식을 갖추고 임금이 신하를 만나는 자리이다. 그리고 부처님 앞에 절하는 자리, 불도를 설법하는 자리를 의미하기도 한다. 고종황제가 직접 참석한 가운데 원흥사 개산법회를 봉행했음을 알게 하는 용어가 '법연'이다. 양력으로는 1902년 1월 4일. 전국 사찰을 관장하는 대법산 도량이 서울 흥인지문(동대문) 밖에 새로 설립한 원흥사이다. 같은 해 4월 조선정부는 궁내부 소속으로 사사관리서(寺社管理署)를 원흥사에 설치하고, 이곳에서 사찰의 전국 산림과 승려를 관리하도록 했다. 월초스님이 이곳의 내산섭리로 임명받았다.

1905년 2월 궁내부 지령에 따라 양산 통도사 원장, 같은해 3월 장예원 지령에 따라 법주사 원장을 겸임했다. 궁내부 지령에 따라 봉선사 교종판사(敎宗判事)에 취임한 것은 1905년 10월 이었다. 이때부터 스님은 열반할 때까지 봉선사에 머물며 사격을 일신하고 후학을 양성하는데 매진했다. 또한 교육 불사를 통한 인재를 길러내는 일에 혼신을 다했다. 또한 이해에 원흥사 관리서가 폐지됨에 따라 봉원사 이보담스님과 함께 조선불교연구회를 창립하고 원흥사에 본부를, 지방 사찰에 지부를 두었다.

조선불교연구회는 일본의 각종단 승려들이 조선에 들어와 기반을 넓히는 것을 방지하기위한 불교의 유신책을 연구했다. 봉선사로 주석처를 옮긴 스님은 1906년 불교연구회 회장으로 취임하면서 본격적인 교육 불사에 나섰다. 불교연구회는 조선불교의 근대화와 저변확대를 위해 청년승가가 중심이 되어 설립한 단체. 통일된 목소리를 내지 못하고 있는 조선불교의 재건을 목표로 하고 있었다. 하지만 조선을 강제로 합병한 일본제국주의의 감시망을 피하기 위해 표면적으로 나타내지는 못했다.

1906년에는 불교연구회가 주도하여 명진학교(明進學校,지금의 동국대)를 창립하고, 청년승려들에게 신풍조에 순응하는 새 지식을 가르쳤으며, 각 지역에도 학교를 세웠다. 월초스님은 교장 소임을 맡아, 사찰 정재는 물론 개인 재산까지 흔쾌히 내놓아 명진학교가 명실상부한 민족교육도량이 되도록 했다. 명진학교 특별보조금 명목으로 전국 사찰에서 기부금을 모아 보내왔다. 백련사, 수국사, 진관사, 태고사, 문수암 등 10여개 사찰에서 권선에 동참했다.

또 월초스님을 비롯한 불교연구회 스님들도 정재를 흔쾌히 내 놓았다. 이와 함께 월초스님은 당시 1만여 명에 이르는 '조선 스님' 들에게 1인당 50전씩을 납입하는 규약을 만들고 시행에 옮겼다. 효율적으로 재원을 확보하기 위해 전국을 27개 권역으로 나누어, 해당지역을 담당하는 수사찰을 두었다. 수사찰을 통해 학교기금을 모음으로써 명진학교는 범 교단차원에서 사부대중이 모두 동참하는 대작불사로 자리 잡았다. 따라서 명진학교의 설립은 그동안 숨을 죽이고 있어야 했던 조선불교에 새로운 활기를 불어 넣는 중요한 계기가 되었다. 또 조선불교의 미래를 밝혀주는 청신호가 들어왔다.

1906년 군부(軍部) 지령으로 북한산성국내십삼도도총섭 소임을 맡았다. 월초스님이 봉선사로 온지 불과 여섯 달 뒤에는 한일합방조약이 강제로 체결됐다. 조선 마지막 총섭으로, 대본산 원흥사에서 소임을 보았던 스님 입장에서는 마음이 찢어질 듯 아픈 일이었다.

1906년 10월 북한총섭이 된 스님은 불교연구회장과 명진학교장의 소임을 함께 보는데 어려움을 겪었다. 그로인해 이듬해 1월 불교연구회 통상회를 열고, 불교연구회와 명진학교장 직을 보담스님에게 위임했다. 좀 더 자유롭게 당시 유력한 인사들을 만나 불교 및 명진학교 발전을 위해 일하기 위한 조치였다.

그러나 조선불교의 근대화와 학교설립을 통한 인재양성, 그리고 근대 걸음마 단계이기는 하지만 교단 형태를 지녔던 불교연구회는 1908년 3월 6일 공식 활동을 마감했다. 대신 원종(圓宗) 종무원이 조선불교를 지도하게 됐다.

1907년 '자주조선'의 기치를 들었던 국채보상운동에 월초스님은 150여명의 스님들과 함께 동참하였다. 일제에 강점당한 '조국 조선'의 독립을 염원하고 있던 스님은 중국에서 독립운동을 하다 국내에 잠입했던 운허스님을 물심양면으로 지원했다. 겉으로는 일본과 잘 지내는 척 하면서 속으로는 국내에 잠입하는 독립인사들을 숨겨주고, 군자금을 대어주는 등 독립운동을 한 것이다.

스님은 1913년 4월 2일 광릉 봉선사 주지로 인가를 받았다. 근세 들어 봉선사의 첫 주지소임을 맡은 것이다. 봉선사 교종판사였던 환옹(幻翁)스님의 법맥을 이은 월초스님은 화계사에 주석하고 있다 봉선사 초대 주지로 부임하게 됐다. 당시 봉선사는 경기도 동북부 지역을 관할하는 본사였다.

1913년 취임 이후 스님은 1928년 윤영(允泳)스님에게 주지직을 넘겨줄 때까지 다섯 차례에 걸쳐 소임을 맡았다. 취임 시기는 1913년 4월, 1916년 5월, 1919년 6월, 1922년 10월, 1926년 4월이었다. 봉선사 주지가 된 후 월초스님은 수행가풍을 바로 세우고, 당우를 재건하는 등 사세를 신장시키는데 전력을 다했다. 특히 승규(僧規)를 통한 기강 확립에 만전을 기했다.

이때 봉선사의 재정상태는 불사를 연이어 하기에 어려움이 많았다. 1년 수입이 쌀 230석에 불과했다. 봉선사에 주석하는 대중들의 살림살이만들기도 빠듯했다. 이런 상황에서 다른 불사를 하는데 어려움이 많았다. 하지만 스님은 당신의 재산을 아낌없이 내놓으며, 1914년 5월 청풍루를 중수한 것을 비롯해 방적당, 운하당, 해탈문, 천왕문 등의 전각을 새롭게 고쳤고, 1926년에는 봉선사 대웅전을 중수했다. 이에 따르는 경비는 스님이 모금운동 등을 통하여 직접 마련했으며, 도량 정비 과정에서 스님은 원흥사 탱화를 봉선사로 이운해 봉안했다. 팔상탱, 16나한탱, 지장탱, 신중탱, 감로탱 등은 대웅전에, 시왕탱은 어실각에 모셨다.

또한 스님은 건물불사뿐 아니라 방적당에 승려교육기관인 강원을 열고 후학을 배출했다. 수행자를 양성하고 인재를 길러내는데 좀 더 효율적인 교육을 위해 혜명스님과 동은스님 등 강백을 초청해 학인을 지도하게 했다. 청년승려를 교육함으로써 불교계의 앞날을 밝게 하고자 하는 스님은 강원 운영에 필요한 재원을 마련하기 위해 백방으로 노력했다. 강원이 들어서고 학승들이 몰리며 봉선사는 교종본사로서의 위상이 높아졌다.

스님은 1927년 『봉선본말사지(奉先本末寺誌)』를 편찬했다. 이 책에는 본사인 봉선사를 비롯해 회암사, 흥국사, 불암사 등 모두 24개 사찰의 연력을 담았다. 스님은 당시 봉선사 강사로 있던 진호스님에게 "향토사료(鄕土史料)라 함은 사원에 있어 본말사 연혁에 관한 역사다. 관청의 요구가 없더라도 우리가 솔선해 본 말사 사료를 정밀하게 조사한 뒤에 하나의 책으로 편성해 사찰에 보관해야 한다. 내가 주지직에 취임해 십 여 년이 됐는데 이번 기회를 이용해 완전하게 만들려했지만 말사의 관심이 미약하다. 이에 진호스님이 얼마동안 강의를 중단하더라도 말사를 손수 돌아보는 것을 아끼지 말고 본말사의 연혁을 참고해 사지를 만들기 바란다."고 당부했다.

월초스님의 부탁에 따라 진호스님은 봉선사 본말사를 직접 순회하며 해당사찰의 연혁을 조사해 사지를 편찬하는데 만전을 다했다. 진호스님은 1925년부터 1927년 봄까지 봉직하며 『봉선본말사지』를 완성했고, 뒤에 『전등본말사지(傳燈本末寺志)』를 만드는 일도 맡아, 근대 한국불교사 연구의 중요한 자료를 남겼다.

후에 『봉선사본말사지(奉先寺本末寺誌)』는 한국전쟁으로 잿더미가 되었던 봉선사의 역사를 재건하는데 결정적인 역할을 하였다. 주지하다시피 봉선사는 광릉의 원찰이 된 이래 임진왜란과 병자호란 그리고 한국전쟁 등 국난을 한 번도 비켜가지 못한 채 불탄 비운의 역사를 지니고 있다. 그만큼 서울에서 춘천·포천 등지를 잇는 북방의 중요한 길목임을 잘 보여준다. 그렇게 또 다른 역사의 길목에서 봉선사의 나침반 역할을 한 인물이 홍월초 스님인 셈이다.

1920년 6월2일 수말사 양주 회암사의 주지 환주스님이 입적하자 그해 12월15일 회암사 주지를 겸직하게 됐다. 회암사는 고려말 조선 초에 나옹스님과 무학스님이 주석했던 도량으로 '조선의 국찰(國刹)'이나 마찬가지였기에 월초스님은 중창의 원력을 세우고, 회암사 대웅전과 지공·나옹·무학 등 3화상의 진영을 모신 영각을 새로 지어 사격을 높였다. 1922년 9월 풍곡스님에게 주지를 넘긴 후에도 도량정비에 많은 신경을 써 당시 금액 500원을 불사에 보태는 등의 도움을 주었다.

1926년에는 봉선사 대웅전을 중수하고, 삼성각을 새로 지었다. 73세 되던 1930년에 봉선사주지를 사퇴하고 애월재에 머물며 만년을 보냈다.

월초스님은 성품이 강직하였다. 잘못된 일은 바로잡아야 했는데, 간혹 마음이 맞지 않는 이들이 찾아와 인사를 할 때는 이렇게 했다고 한다.

"큰스님 안녕하신지요?" "무슨 일 때문에 왔는고?"

"큰스님을 뵙고 싶어서 왔습니다." 그러면 한동안 아무 말씀도 없이 가만히 있다가 얼마간의 시간이 흐른 뒤 "다 보았는가? 나는 안녕하니 이제 그만 가보시게"

할 말을 잃은 객은 더 이상 아무 말도 못하고 방을 나올 수밖에 없었다.

1934년 3월 19일. 봉선사 대중을 모은 월초스님은 '유촉서(遺囑書)'를 손수 작성해 전달했다. 모두 14개 조항으로 된 유촉서는 월초스님의 유언장이었다. 평생 조선불교의 변화와 발전을 위해 헌신해온 스님의 마지막 마음이 담겼다. 유촉서에서 월초스님은 "토지 2만6059평을 봉선사에 헌납하고, 이 토지의 수입으로 불교전문강원을 설립해 교학을 천명(闡明)하거나 선원을 설립하여 종지를 참구할 것"을 당부했다.

그로부터 한 달 뒤인 4월 30일 스님은 세수 77세를 일기로 열반했다.

1973년 제자이며 손상좌인 운허(耘虛)스님이 찬한 월초스님 비는 봉선사에 세워졌다.

월초스님 입적 1년 뒤인 1935년 2월 19일, 월초스님의 각별한 사랑과 신임을 받은 운허(耘虛)스님을 주축으로 '월초선사 홍법사업 봉선사 불교전문강원'이 개원됐다. 월초(月初,1858~1934)스님의 유지를 계승하고 후학을 양성하기 위해 설립된 교육기관으로 초대강사는 운허스님이 맡았다. 이후 홍법강원으로 명칭을 바꾸게 된다.

"우리는 해행(解行)을 구비하여 불교조선(佛敎朝鮮) 건설의 전위(前衛)가 되자." 1938년 3월 12일 창간된 『홍법우』에 게재된 봉선사 홍법강우회 강령(綱領) 가운데 하나이다.

홍법강원 설립은 월초스님의 유훈이었으며, 재정적 토대도 스님이 자신의 전 재산 2만6천평을 봉선사에 헌납한 토지를 근간으로 하고 있다. 평생 교육 불사에 남다른 관심을 지녔던 월초스님은 열반에 들기 전 "전문 강원의 문을 열어 도제를 양성해야 한다."는 각별한 당부를 남겼다.

이 같은 유지를 받든 홍법강우회의 강령 가운데 "불교조선 건설의 전위가 되자"는 내용은 월초스님의 뜻이 새겨져 있다. 홍법강우회의 또 다른 강령 역시 스님의 교육 불사 원력을 엿볼 수 있다. "우리는 육화(六和)를 존상(尊尚)하며 동고(同苦)의 우의(友誼)를 돈목(敦睦)하자. 우리는 교강(敎綱)을 전제하기에 필요한 모든 지식을 조직적으로 준비하자."

봉선사 홍법강원 설립은 조선불교계에 신선한 충격을 주었다. 전통강원의 맥을 다시 잇는 계기가 되었기 때문이다. 봉선사 홍법강원이 문을 열기 전에는 유점사, 해인사, 개운사, 보현사, 고운사, 동화사 등 14개 강원이 운영되고 있었다. 그러나 홍법강원이 후학을 양성하기 시작한 1935년 이후 백련사, 심원사, 김룡사, 남장사 등 16개 사찰에서 강원을 설립했다. 특히 1937년 한 해 동안에 무려 10곳의 강원이 문을 열었다. 이 같은 흐름은 인재양성만이 조선불교의 살길이라고 강조했던 월초스님의 원력이 현실화된 것이다.

『홍법우』가 근대불교사에 의미를 갖는 또 하나의 이유는 1937년 12월 25일 현재 전국 강원의 학인 명부가 실려 있다는 점이다. '전조선강원 학인 명부'에는 전국 32개 사찰 강원 및 학인 622명의 성명과 연령, 소속사찰 등이 기록된 소중한 자료이다. 또 강주와 강사 스님들의 명단도 게재돼 있어 근대불교 교육 현황을 살펴볼 수 있는 사료이다. 『홍법우』 편집후기에 있는 "머지않은 장래에 전조선 강원의 기관지가 나온다면 얼마나 기쁠까"라는 구절 또한 월초스님의 유지를 계승한 학인들의 원력이 느껴지는 대목이다.

월초스님은 전통적인 조선불교를 대표하는 인물이면서 동시에 새롭게 부는 일본 불교의 바람을 맞으며 조선불교의 발전을 모색하였고, 이회광·강대련 등의 친일적인 인물들과는 차별적인 범주의 인물이었다. 즉 일본불교에 대한 인식에서 상대적으로 합리적인 태도를 갖고 있었는데, 조선불교의 후진성은 인정하면서도 조선 고유의 불교정신을 잃지 않고 일본의 발달된 교육과 포교방식을 도입하여 조선 불교의 부흥을 꾀하자는 입장을 견지하였다.

따라서 일제 강점기 본산주지들이 대개 친일적 성향을 지닌 점과 일본불교를 쫓아 대처(帶妻)를 한 상황에서 본다면 홍월초는 전통적인 비구승으로 친일의 오명에서 한발 비켜서 있었던 인물이다. 더욱이 봉선사 승려로서 독립운동에 힘쓴 이학수(운허용하耘虛龍夏)와 운암김성숙(태허스님)의 스승이었고, 죽을 때까지 이들에 대한 배려가 남달랐다는 점은 월초스님이 또 다른 방식으로 독립운동을 하였다는 것을 알 수 있다.

일화...

#...본래 수국사는 숙종때에 명릉(明陵)을 위해서 창건된 사찰이었다. 월초스님이 1897년에 당시 고양군 신도면 오산 아래에 있던 선영(先塋)을 성묘하고 돌아오는 길에 수국사의 옛터를 보고 "저 절이 오늘날까지 남아 있었더라면 부처님의 가르침을 베푸는 일과 염불소리로 무덤 속에 계신 우린 조상의 영령들이 얼마라 위안이 될 것이며, 또 얼마나 좋은 인연을 맺을 수 있을까. 뒷날 기회를 보아 이 근처에 절을 세우리라"고 발원하였다.

다음해 8월. 스님이 진관사를 찾아 법전을 참배하게 되었다. 마침 단월(檀越)들의 지극한 정성이 있어 각 단에 마지를 올렸지만 한쪽 구석에 계신 아미타여래좌상 앞에는 한 그릇의 마지도 없음을 보았다. 그 까닭을 물으니 그 불상은 본래 수국사에 모셔져 있던 불상이나 수국사가 폐사된 뒤로 비바람을 면할 길이 없으므로 이곳에 옮겨오게 되었으나 향이나 차를 공양한 적이 없다고 관계자가 대답하였다.

스님은 지난해 절터에서 발원했던 바가 있었는데 오늘 여기서 그곳에 모셔져 있던 불상을 친견하게 됨은 특별한 인연이라 여겨 정성스럽게 공양을 올렸다. 그리고는 수국사를 중창하게 되면 반드시 이 불상을 모시고 향화를 끊이지 않겠노라고 다시 굳게 발원하였다.

#...당시 고종의 태자(후일 순종)가 병에 걸려 나라의 근심이 이만저만이 아니었다. 백방으로 의원을 구하였으나 효험이 없자, 왕실에서는 월초스님에게 백일기도를 부탁드렸다. 스님이 부처님께 지성으로 기도한 지 80일째 되던 날 태자의 꿈에 한 노승이 나타나 어디가 그리 아프신가 하면서 태자의 정수리를 어루만지며 금침(金鍼)을 놓았다.

그 후 태자는 기운을 회복하여 병마를 물리치게 되었다.

이에 고종은 너무도 기뻐하면서 "효심과 신심은 원래 하나"라 하여 스님의 원을 헤아려 수국사를 복원하는 데 지원을 아끼지 않았다. 황제를 비롯하여 왕실의 대신들과 상궁들까지 큰 시주를 하여 마침내 수국사가 복원되기에 이르렀다.

1900년 가을 마침내 왕실의 도움과 여러 신도들의 도움으로 수국사의 중창불사는 원만한 낙성식을 보았다. 당시 규모는 건물이 6채로 모두 50여 칸에 이르렀다고 한다.

이대휘스님
1907~1992년

은사 정광스님. 계사 석우스님.
제자 현강, 만영, 성문스님 등..

노당(老老堂) 이대휘(李大徽)선사.

부휴선사로부터 받은 월헌정광스님의 법맥 전수. 제천의 전통사찰 강천사, 김해 육주사 창건.

이대휘스님은 일반에 그다지 잘 알려지지 않은 분이지만, 청담(靑潭), 영암(暎巖), 성철(性澈)스님 등 근대의 선승들과 도반으로서 경학에 밝고 계율에 엄했으며 선서화에도 능했던 스님이다. 열반할 때까지 당신을 원하는 곳이면 전국 어디든지 불원천리 어디든 달려가 보살도를 행하고, 대도를 깨우친 이후로는 무주를 근본으로 삼고 무상을 체로 무념을 종으로 삼아 선농일치를 주창하며 몸소 실천한 상이 없는 삶을 살다 간 대보살이다

1907년 1월 29일 경북 청도군 각남면에서 출생한 스님은 1927년에 선산 도리사(桃李寺)에서 하정광(河淨光)스님을 은사로 득도했다. 그리고 이 해에 도리사에서 이석우(李石牛)스님께 사미계을 수계하고, 도리사 강원에서 사교, 대교과를 수료했다. 또한 1936년에는 중국 강소성 보화산 융창율원에서 융인율사(融忍律師)에게 구족계를 수지했다. 그 뒤 중국 상주 천녕사, 진산 금산사, 오대산 광제모봉 등 유명한 선원에서 5년 동안 안거했으며, 귀국 길에 장개석 당시 중화민국 총통을 방문하여 법담(法談)을 나누기도 했다. 귀국 뒤에는 통도사 백련암, 극락암, 묘향산 상원사, 법왕대, 금강산 마하연암 선원, 선산 수도사, 문경 대승사, 부산 선암사, 설악산 봉정암, 김용사, 금선암 등 국내의 여러 사찰과 선원을 순력했으며 일본 교토의 만복사에서 하안거와 동안거로 1년을 지내기도 했다.

1945.7.15일. 강천사 바로 아래에는 소악사지라는 절터가 있다. 이 절터에는 신라 하

대에 세워진 삼층석탑과 돌확, 기와편들을 통해 신라시대에 창건되어 조선시대까지 법등을 이었던 것을 알 수 있을 뿐 절이 언제 폐사되었는지는 알려지지 않았다. 그 터 위에 스님이 초막을 짓고 불상을 모시면서 강천사를 창건하였다.

이어 1947년에 관음전을 지었는데, 이 자리는 흔히 충청북도, 강원도 지역의 삼대사찰로 꼽히는 강원도 영월 법흥사(法興寺), 정선 정암사(淨巖寺), 경상북도 영주 부석사(浮石寺)의 중간 지점에 해당되는 명당터라고 한다. 이후 절은 인근의 불자들에게 점차 알려지면서 발전하기 시작했다. 1981년에는 도로와 전기를 가설했고, 1989년에는 신도가 다함께 공부하고 기도할 수 있는 다용도 건물로서 3층으로 된 설법보전을 지었다. 1990년에는 대광명전을 지어 삼신불을 봉안하고, 범종각을 지어 범종과 법고를 조성하였고, 이어 1991년에는 독성전을 건립하여 오늘에 이른다. 강천사는 특히 능엄기도와 나한기도 도량으로 유명하다.

스님은 강천사를 어느 정도 안정시킨 후 1958년에 표충사, 1963년에 통도사, 1968년에 고운사 등 여러 큰 사찰의 주지를 지냈고, 김해 육주사를 창건하였다. 또한 이 무렵 조계종의 원로로 추대되어 종단 발전에 힘쓰기도 했다.

스님은 80대 노구가 넘었어도 수행에 전혀 나태함 없이 정진하였다. 입적하기 직전까지 기도와 참선 틈틈이 채마밭을 일구며 자급자족하는 청정생활을 일상화했으며, 당신 스스로 한 달 전에 열반 할 것을 알고 입적 보름 전에 법왕대에서 찍은 작은 사진을 보고 크게 웃으며 사진을 확대하여 상좌들에게 다 나눠 주었다고 한다. 그리고 정확히 보름 후 1992년 음력 9월 20일에 열반했다. 절에서는 입적 후 사리를 수습해서 부도를 세웠다.

열반게

많이 싸웠는데,
앞서들 가버려 싱거웠다.
가면서 싸우던 것 챙겨간 사람은 없을 게다.
그 자는 바람결에 다녀간다더니 여태 소식 없었냐?
몰라?
소식 없는 것 보면 그 자, 부끄럼 싸가지고 간 모양이라.
나는 아무 것도 안가지고 갈란다.
소식 전하지 않을 테니 무소식을 내 소식 삼아라.
가만, 밖에 누가 왔다. 내다봐라. 동무해 가면 되겠다.

수행시절 청담스님과

노 노당 이대휘스님의 행장

경북 청도군 각남면에서 1907년 1월 29일 출생, 1927년 10월15일 선산 도리사에서 하정광스님께 득도, 1927년 10월15일 선산 도리사에서 이석우스님께 사미계 수지, 1936년 3월15일 중화민국 강소성 보화산 융찰율에서 융인율사로부터 구족계 수지, 1932년 4월15일 선산 도리사에서 사교및 대교과를 수료하였다.

1932년부터 2년간 선산 도리사에서 안거, 1934년 통도사 백련암에서 하안거, 1935년 –1936년 묘향산 상원사 및 법왕대에서 안거, 1937년~1938년 중국 진산 금산사 및 중국 오대산 광제모봉선원에서 안거, 1941년 4월26일 중국 보화산 호국혜거사 계단에서 보살계, 1941년~1942년 일본 경도 만복사 선원 안거, 1943년 금강산 마하연암 선원에서 하안거, 1944년부터 1945년 선산 수다사(현,구미)에서 안거, 1945년 충북 제천 송학산 강천사 창건, 1949년 문경 대승사에서 하안거, 1950년 부산 선암사에서 하안거, 1951년 양산 내원사에서 하안거, 1951년 통도사 극락암에서 동안거.

1952년 김해 영구암 주지, 1958년 김해 은하사 주지, 1959년 밀양 표충사 주지, 1959년 부산 강서구 대저동 육주사 창건, 1961년 부산 원효학원 이사, 1961년 설악산 봉정암에서 하안거, 1962년 김용사 금선암에서 안거, 1963년 양산 통도사 주지, 1968년 의성 고운사 주지, 이후 대한불교조계종 원로에 추대, 1992년 음력9월20일 사시 입적. 제자 성문, 안현경.

오 늘날 제천에서는 생불로 칭송받던 제천의 큰스님 이대휘스님의 기념사업을 계획하고 있다. 이에 세명대학교 이창식 교수(문화재위원)는 '불교문화유산의 영성(靈性)과 가치창조'의 특강을 펼쳐 "제천지역의 불교문화유산은 그 가치가 매우 높다. 생불로 칭송받는 이대휘 큰스님의 기념관이 조속히 건립되어야 한다." 라고 주장하여 불자들로부터 큰 호응을 얻었다.

또 성문 주지스님은 이대휘 스님의 제자이기 때문에 그 중심역할은 마땅히 복천사가 추진해야 한다는것이 이 교수의 지론이다. 또한 복천사는 제천의 중심, 즉 '배꼽'의 위치에 있어 더욱 그 당위성을 인정받고 있다. 이에 복천사는 기념관건립을 위해 불교 관련 유물기증을 적극 전개한다는 방침을 내 놓았다.

대

#...스님은 17세 때 북한 묘향산 보현사 위에 있는 법왕대라는 토굴에서 정진했다. 당시 보현사는 남북한에서 가장 크다 할 정도의 대찰이었다. 법왕대는 보현사에서 70리 정도 떨어져 있어서 겨울철 안거를 하려면 눈이 오기 전에 양식을 준비하여야 했는데, 참선에 빠져 있느라 미처 준비하질 못했다. 이에 보현사 큰절 대중스님들은 대휘스님을 크게 걱정하였다. 북녘의 겨울은 눈이 많이 오고, 녹기도전에 계속오기 때문에 그 곳에서 꼼짝없이 봄이 오도록 기다려야했다. 다음해에 해동이 되어 보현사 대중스님들은 대휘스님이 굶어 죽었다고 판단하고 다비하러 법왕대로 올라갔다. 토굴 문 앞에서 보현사 스님들은 서로 죽은 송장을 보지 않으려고 서로 먼저 들어가라고 실랑이를 하였다. 스님은 좌선공부 중에 밖이 시끄러워 문을 열고 나왔다. 큰절 대중스님들이 대휘스님 귀신인줄 알고 깜짝 놀랐었다. 반년 정도를 무엇을 먹고 어떻게 살았느냐고 물어보니 솔잎과 나무껍질 열매. 풀뿌리로 주림을 달래고 정진 잘하였다고 했다고 한다.

#...강천사에는 호랑이일화가 있다. 사람들에게 큰스님은 호랑이를 타고 다닌 도인으로 알려져 있기 때문이다. 예전에는 송학산 강천사 주변에 수많은 멧돼지와 호랑이가 살고 있었다 한다. 한번은 큰 호랑이가 사냥꾼들이 설치해둔 덫에 걸려서 다 죽어가는 것을 큰스님께서 풀어 주셨다 한다. 그런데 그 이후 부터는 밤마다 큰스님 정진하시는 바위앞에 와서 큰스님을 옹호하였다 한다. 그 당시는 큰스님께서 바위밑에 낙엽을 깔고 앞은 나무와 잎으로 가려서 더우나 추우나 아랑곳 하지 않으시고 한결같이 않아서 장좌불와로 용맹정진 하실때다 호랑이가 큰스님을 지켜 주었다고 한다.

#...강천사를 짓기 전, 스님이 토굴에서 수행하고 있을 때 송학산에 산부처가 계신다는 소문이 나자 수많은 사람들이 큰스님을 친견하기 위하여 올라오곤 하였다. 이에 스님은 마을에 사람들을 일꾼으로 동원하여 절을 짓기 시작했다. 절에서 일꾼들 집까지는 거리가 머니까 절에서 며칠씩 묵으면서 일을 하였다 한다. 간혹 집안에 일이 있는 일꾼들은 일을 보고 다시 절로 돌아오곤 하였다. 일꾼 한사람이 집을 다녀와야 할 일이 있어서 스님께 오늘 집에 다녀오겠다 하니 스님께서는 내일 집에 가라고 하셨다한다. 그런데 맘이 바쁜 그 일꾼이 저녁에 산을 내려가다가 호랑이를 보고 호랑이 소리에 혼이 났었다는 이야기가 있다.

#...1940년대 초 어느 날 도반스님들과 송학산에 오른 스님은 정상에 이르러서 현재 강천사터를 보시고 내 땅이라고 점찍으시고 쌀 두말 밤 한말로 3년을 사셨다한다. 3년

이 지나 쌀과 밤이 다 떨어지자 신기하게도 산 밑에 산다는 어떤 사람이 양식을 지고 올라왔다. 어찌된 연유인가 물으니, 그 사람이 답하기를 "어느 날 꿈에 웬 스님이 나타나 '송학산 정상부근에 도인 한분이 공부하고 계시는데 양식이 떨어졌으니 갖다 드리라' 로 하였습니다. 그러나 저는 무슨 꿈인지 알지 못하여 그냥 꿈이려니 하고 흘려 버렸는데 재차 꿈에 '빨리 갖다 드리지 않고 무엇을 하고 있느냐' 고 호통을 치는 통에 깜짝 놀라 일어나서 쌀을 가지고 왔습니다. 오면서도 여기에 누가 있을 것이라는 생각은 하지 않았습니다. 다만 꿈에 또 혼이 날까 두려워 이렇게 왔더니.. 정말 계시네요. 감사합니다." 하고 내려갔다. 이후 스님의 수행처에는 누가 가져다 놓았는지 모를 양식들이 늘 있었다고 한다.

#...제천송학산 강천사 땅은 스님이 산것이 아니다. 어떤 나무꾼에 의해서 머리를 기른 수상한 사람이 바위아래서 살고 있다고 경찰에 고발이 되어 세상에 스님의 존재가 알려지게 됐다. 산부처가 송학산에 계신다는 소문이 천하에 퍼지자 사람들이 구름처럼 몰려들자 산주인이 나타나서 산을 큰스님께 시주하여 강천사를 창건하기에 이른 것이다.

#...강천사는 16나한 도량으로도 유명하다 강천사에 사셨던 스님들의 말씀에 의하면 나한님들의 장난이 심하였다고 한다. 저 유명한 진묵대사와 나한과의 일화도 잘 알려져 있듯이 강천사 나한전의 나한님들이 영험이 많았다한다. 강천사 땅을 희사한 산주의 아들이 사법고시에 응시하였을 때 스님께서 21일 나한기도를 하셨다. 물론 산주아들의 사법고시 합격기도이다. 일주일쯤 지나 사법고시에 합격하여 판사가 될 것이라고 예언을 하셨다. 역시 큰스님 말씀대로 합격하여 산주의 아들은 제천시에서는 최초로 판사가 된 분이라 한다. 이후 강천사는 나한기도가 영험한 도량으로 소문이 났다.

#...강천사 아래 마을에서 강천사까지 도로 포장이 되기 전에 일이다. 마을에서 강천사 까지 맨 몸으로 산길로 올라오더라도 4·50분은 시간이 걸린다. 그 당시 모든 물건은 행자나 스님들이 지게를 지고 강천사까지 운반 하였다. 한번은 눈이 오는 겨울이었다. 마을에 까지 한 행자가 짐을 옮기러 하산 하였는데 오지 않자 기도 하러 온 신도들이 크게 걱정 하였다. 평소에는 올라올 시간이었는데 시간이 지나 대중들이 걱정 하자 그것을 듣고 있던 스님께서 빙그레 웃으시며 "저~저기 오고 있구만" 하니 얼마 있지 않자 짐을 지고 행자가 들어 왔다.

#...평소에 스님을 흠모하고 존경하는 비구니 스님 중에 보련이라는 법명의 스님이 있었다. 강천사에서 기도도 하였고 스님께 공부도 배웠다. 이 보련스님의 부친 천도제를

강천사에서 스님이 집전하였다. 스님이 영가들을 본다는 소문을 듣고 누가 천도제가 끝나고 스님에게 금일 천도하신 영가 분의 모습을 물었다. 이에 스님은 갓을 쓰고 하얀 도포를 입은 모습을 자세하게 말씀하였다. 누가 여쭈어 보면 말씀하여 주지 스님 당신 스스로는 일체함구하니 스님 도량의 깊이를 알 수 없다. 돌아가신 영가들의 모습뿐만 아니라 그 영가의 생각까지도 통찰하고 있어 그 영가들의 한을 들어주고 풀어주어 천도를 해주었다고 한다.

#...스님이 6.25전쟁 3일 전에 아무 말씀 없이 짐을 꾸리며 "빨리 부산으로 내려가야 한다"고 하여, 상좌들은 영문도 모르고 따라 나섰다. 부산에 도착하고 그 다음날인가 6.25전쟁이 나서 북한 괴뢰군들이 남침하여 산천을 피로 물들인 것이다. 스님께서 천안통으로 북한의 움직임을 다 본 것이다. 전쟁이 끝나고 강천사로 돌아온 스님은 강천사 신도들을 보더니 "우리 강천사 신도들은 6.25전쟁을 잘 넘겼다"고 말씀하였다. 능엄신주로 천안통을 연 스님은 강천사 신도들의 전쟁통 생활상까지 다 꿰뚫어 본 것이다. 그러나 스님은 일생을 단 한번도 당신 자신이 '내가 도를 깨쳤느니 또 내가 무엇을 안다는 등의 말씀이 없으셨다. 다만 말씀 이전에 덕행으로서 중생들을 교화하시고 솔선수범으로서 중생들을 제도 하셨다. 말 이전에 항상 덕행으로서 또 일체 상없으신 도인으로서 육바라밀을 실천하신 보살이시다

#...스님은 능엄신주 삼매에 들어 방광을 여러번 하였다. 김해 영구암과 제천 강천사에서 큰 불이 나서 마을 사람들이 동원 되어 불 끄러 절로 올라 왔는데 불은 나지 않았고 대휘스님이 능엄신주 삼매에 들어 정진하고 있는 위에서 방광(큰빛)을 한 것이다. 멀리서 보니 방광이 마치 큰 불이 난 것처럼 보인 것이다.

사리는 계정혜 삼학을 잘 수행하면은 승속을 막론하고 사리가 나오고 또한 사리는 사람들이 인정 하는 것이지만은 방광은 참으로 희유한 일이라 한다. 방광은 '모든 부처님께서 증명하는 바'라 하시니 참으로 희유하고 존귀하고 거룩한 일이 아닐 수 없다. 근세에 북방의 도인이라 불리는 수월스님도 방광을 자주 하였다고 한다. 그 외에는 들어 본 적이 없을 정도로 참으로 거룩한 수행이 아니고서는 일어 날 수 없는 불가사의한 일이라 아니 할 수 없다. 진정한 본분납자로서 철저한 서릿발 같은 계행과 큰 덕과 큰 깨달음 없이는 가능한 일이 아니니 진정 큰 교훈으로 삼을 일이다.

#...대휘스님은 축지법을 하셨다고 전해지기도 한다. 생식과 장자불와로 능엄삼매에 드셔서 대도를 깨치자 세상에 산부처가 출현했다는 소문이 번져가자 사람들이 큰스님을 친견하기 위해서 발길이 끊어지지 않자 스님께서는 절을 지을 결심을 하셨다. 그 당

시는 강천사 올라가는 차도가 없었고 사람 다니는 등산로가 겨우 있었다. 길이 있어도 다니기가 불편한 길이니 마을에서 산 정상까지 물건을 옮긴다는 것이 쉬운 일이 아니었다. 그러니 일꾼들에게 자재를 산 밑에 모아놓으라고 지시 하셨다한다. 오후나 저녁에 자재들을 한곳에 모아놓고 아침에 가보면 아무리 많은 자재를 모아 놓아도 없다는 것이다. 그렇다고 헬기로 옮기던 시대도 아니고 많은 사람들이 의아해하고 처음에는 귀신이 곡할 노릇이라 영문을 모르는 사람들이 차츰 스님의 도술이라 생각했던 것이다. 사람들이 보지 아니할 때 축지법을 하셔서 자재들을 움직이는 것이다. 그 모습이 도골이신 데다가 해야 할 일은 감쪽같이 하시고 그 기상과 기질은 대륙적인 분이시라 큰스님 덕화를 입으신 분들은 한결같이 그 도량의 깊이를 알 수가 없다 하셨다. 이런 분이시니 당신자신이 내가 축지법을 한다는 말씀을 하실 리가 없다.

#...어느 신도의 이야기. 시아버지 묘를 쓰고 수년이 지나 행복했던 집안에 불행한 일들이 닥쳐왔다. 안정한 생활을 하던 남편과 남편의 형제간들과 집안에 불행한 횡액들이 자꾸 일어나자 마음이 답답하여 용하다는 무당들에게 가서 물어보면 산바람 때문이라고 다들 이야기 하지만 귀 기울이지 않다가 제천 송학산 강천사 큰스님한테 가면 모든 것을 해결해 준다는 소문을 듣고 큰스님을 친견 하러왔다. 그간 몇 년간의 불행했던 집안 이야기를 묵묵히 듣고 계시던 큰스님께서 시아버지 묘지 때문이라고 말씀하셨다.

스님 말씀인즉 묘지에 나무뿌리가 들어 시체를 감아서 덮고 있다고 하시면서 빨리 천도재를 먼저 올리고 화장하라고 하였다. 그 여인은 집으로 돌아가 스님 말씀을 그대로 시어머니에게 전하였다. 그러자 시어머니는 놀라서 펄쩍뛰며 유명한 지관이 잡은 묘자리인데 그럴리가 없다며 듣질 않았다는 것이다 그 이후 여인의 첫째 아들이 갑자기 정신병자가 되었다. 그리고 또 얼마 지나자 둘째 아들마저 정신이상이 되어 집안이 멸문지화에 이르렀다. 그제서야 가족들은 스님 말씀을 깊이 상기하게 되었다. 이미 3년이 지난 후에야 스님을 다시 찾아와 천도재를 올리고 시아버지 화장을 하여 둘째아들은 쾌차하여 정신이 돌아왔으나 큰 아들은 너무 늦어 완쾌되지 못했다고 한다.

#...병원과 약국이 흔하지 않고 귀하든 시기에 병들고 아픈 사람들을 스님께서 많이 낫게 해주셨다. 사람의 신체를 손바닥 들여다보듯이 훤히 다 보셨기 때문이다. 한번은 마을에서 어린아이가 아파서 부모가 강천사로 큰스님을 찾아뵙고 처방을 물었다. 그때 밭을 매고 있던 스님께서 어디가 어떻게 아프냐고 묻고 밭가에 있는 어떤 풀을 끊여 먹이라고 주셨다. 그 부모가 약초를 들고 산을 내려오는데 큰스님을 찾아 강천사로 올라오는 다른 사람을 만났다 서로 무슨 연유로 오고 가는지 물으니 똑같이 어린아이가 아

파서 스님을 뵈러 가는 것이라고 했다. 이에 약초를 들고 내려오던 사람이 이런 풀이 우리집 주위에도 많다고 강천사로 올라오는 사람에게 주었다는 것이다. 그런데 이게 웬일인지스님께서 주신 약초는 어린아이가 먹고 나았는데 자기 집 주위에 똑같은 풀을 먹인 아이는 병에 차도가 없어 고생하였다는 것이다.

#...대휘스님께서 부산 대저동 육주사와 제천 강천사 두 대도량을 창건하시고는 거주는 주로 강천사에서 하시고 육주사는 행사가 있으면 왕래를 하셨다. 그 당시는 거리도 멀고 교통이 많이 불편하였다. 육주사에서 낮에 행사를 보시고는 밤 열차로 강천사로 가시는데 구포역에서 밤9시 몇 분 열차를 타면 장장 6시간이 넘게 소요되고 경주를 경유하는 곳곳에 정차하는 완행열차이다. 제천에 도착하면 다음날 새벽3시가 넘는다. 다시 택시를 타고 강천사에 도착하면 새벽예불 시간이 된다. 밤에 잠을 제대로 자지 못하고 불편한 의자에 타고 오다보면 보통사람 같으면 초죽음이 된다. 그런데도 강천사에 도착하셔서는 쉬시지 않고 새벽예불보시고 아침공양 전까지 잠깐 눈을 붙이시고는 아침 공양하시고 또 다른 곳에 출타를 하시는 것이다.

#...대휘 스님은 타고난 약초. 식물, 묘목전문가이시다. 부산 대저동 육주사 3000평 부지에 우리나라에 있는 나무와 꽃나무가 거의 다 심겨져있다고 해도 과언이 아닐 것이다. 그러나 큰스님 열반하시고 나서는 많은 나무들이 베어졌다. 육주사는 스님께서 일찍이 비닐하우스에 묘목을 키워서 불사를 하셨다 물론 농사도 직접 지으셨다. 묘목을 키워서 시세대로 신도들에게 팔아서 사회적으로 생활이 어렵던 시절에 대가람을 만드신 것이다 수행자가 풀 한포기도 함부로 다루지 않는 것이 자비사상이니 그 묘목에 쏟는 열정과 정성과 자비가 어찌 농부와 같겠는가? 일찍이 조계종단에서 스님을 전계대화상으로 추대하고자 하였으나 스님께서는 거절하셨다 이유인즉 농사를 지으면 농약을 쳐야하고, 농약을 치면 벌레들을 살생을 하게되는 것이니 전계사가 될 자격이 없다는 것이다.

#...스님께서는 도필로 알려져 있다. 한번 붓을 잡으시면 서도(書道) 삼매에 드셔서 시간이 가는 줄 모르신다. 스님께서 항시 말씀하시기를 '논 서마지기 물을 먹으로 갈아야 글씨가 나온다'고 강조하셨다. 그러하니 서도인 것이다. 서도뿐만 아니라 기도, 농사, 서도, 주력, 염불, 행주좌와 어묵동정에 항상 삼매 속에서 사셨다. 육조단경에 도인은 일행삼매로 노니신다 하였다. 행하시는 모든 것이 삼매 속에 계시는 것이다. 말씀과 행이 진실 하시고, 어리석은 중생들을 위하여 항시 덕행을 베풀고 계시는 것이다. 그래서 큰스님을 잘 알고 계시는 스님네나 처사. 보살님들은 '대휘스님은 도와 덕과 행이

원만하게 두루 구족하여 모든 것을 다 갖추신 분' 이라고 말씀들 하셨다.

#...서도에 대필. 중필. 소필 세 종류가 있는데 금강경은 세필인 것이다. 금강경을 10폭 병풍에 쓰자면 세필로 써야하니 보통 붓글씨와 정성과 노력으로는 어려운 것이다. 스님은 이 금강경을 하루에 한 폭씩 100일 동안 100폭을 쓰셨다. 한번 일을 시작하시면 끝장을 봐야 손을 놓으시는 성격 탓도 있지만, 100일 기도를 하시면서 쉬실 시간에 한질의 금강경 병풍을 쓰신다는 것은 보통사람은 생각도 할 수 없는 일이다. 그러고도 스님은 그게 무에 대단하냐고 하셨다. 스님은 그렇게 수행도 기도도 붓글씨도 모든 행에 당신께서 내가 뭘 한다는 상이 추호도 없으셨다. 일상사에서도 빈틈은 찾아 볼 수 없었다.

#...내가 아무리 큰스님의 도행을 글로써 적는다 하지만 글은 한계가 있는 것이니 오히려 큰스님께 누를 끼치지는 않을까 심히 두려운 것이다. 내가 아는 분들 중에서도 큰스님의 일화를 보고는 마음에 와서 닿지 않는다 하니 이것은 나의 허물인 것이다. 표현력도 부족한데다가 큰스님의 경계를 분명히 알지 못하고 드러난 것만 가지고 글을 쓰자니 많은 문제가 있는 것이다. 다만 이 큰 허물은 큰스님을 사모하고 존경하는 그 마음 하나로 용서를 빌 뿐이다. 큰스님 살아생전에 마지막 병풍이 열반하시기 한 달 전에 쓰신 아미타경 병풍인데 화재로 태워버렸으니 안타깝고 죄송스러울 뿐이다. 제자 청전.

#...송학산은 정상에서면 충청남북도. 강원도. 경상남북도의 큰 산이 보이는 산전체가 화강암인 명산이다. 박정희 대통령시기부터 화강암을 일본으로 수출한다고 무지한 업자들이 산을 파서 돈을 벌기 위하여 마을 사람들을 돈으로 매수, 포섭하려고할 때 스님은 마을 주민들에게 마을뒷산 송학산을 파헤치면 재앙이오니 산을 파헤치는 것을 주민들이 합심하여 막아야 된다고 간절히 말씀하셨다. 또 마을에서 가장 흥왕한 성씨들한테 산을 파헤치게 되면 멸문지화가 온다고 예언하셨다. 그러나 춥고 배고프던 시기라 돈에 눈이 먼 사람들에 의해서 결국 산이 파헤쳐지기 시작하였다 한치 앞을 보지 못하는 무지몽매한 주민들을 안타까워하며 또한 자비심으로 흥왕한 집안사람들에게 빨리 마을을 떠나라고 말씀하셨다.

명산 송학산이 무지한 자들의 화강암 체취만 아니었더라도 대휘스님은 적어도 10년은 넘게 사바에 머무시며 많은 중생들을 제도 하셨을 텐데.. 8곳이 넘는 광산 화강암 체취로 인하여 송학산이 훼손되는 것을 막고자 애쓰시다가 법체가 많이 상하셨다. 또한 도지사와의 고시에도 불구하고 담당공무원들이 광산 사장들로 부터 돈을 받고 또 허가를 내주고 하는 과정에서 큰스님 당신 스스로 빨리 입적해야겠다고 하신 적이 자주 있었다.

#...항시 능엄삼매에 들어 계시던 스님은 입적하시기 한 달 전에 강천사에서 능엄삼매에 들어계신 중에 한 경계를 보셨다. 그 경계는 큰불 주위로 과거에 입적하신 큰스님들께서 손에 손을 잡고 불 주위를 돌고 계시는 광경을 보시고는 입적을 예견하시고 몇 분 상좌들에게 유언을 하셨다. 첫째는 아무에게도 알리지 말고 너거들끼리 깨끗하게 화장하라. 시체 팔지 마라. 둘째는 큰스님 생전에 하시지 못한 조사각을 꼭 지으라.

#...능엄경이란 불교전문 강원대학에서 사교과[능엄경 금강경 원각경 대승기신론]교재로서 수많은 부처님의 지혜의 말씀과 수행인이 반드시 알아야할 중요한 말씀들과 25원통[25가지 깨달음으로 들어가는 방법]장과 50변마장 [수행 중에 일어날 수있는 50가지의 마장과 샷된 경계]등 수도인이 공부 중에 사도나 마의 경계에 빠지지 않으려면 반드시 필독하고 명심해야 될 수행인의 지침서이며 이 능엄경 안에 능엄신주를 설하였으니 수많은 마장과 각자의 다겁생의 업장을 조복 받지 않고서는 대도를 깨치기가 심히 어려운 일이라 하시어 능엄신주를 설하셨다. 이 능엄신주를 총지라고도 한다. 총지란 모든 부처님의 공덕과 지혜와 법문과 신통이 다 갖추어져 있으며 또 참선. 주력. 염불이 다 갖추어져 있으니 주력하는 법을 바로 알고 독송하면 누구든지 소원하는 바를 원만하게 성취할 수 있다.

당시 불교전문대학 교재인 능엄경안에 있는 능엄신주에는 2자의 글자가 빠져 있어 이것을 대휘스님께서 바로 잡아 놓으셨다.

시대가 흐를수록 탁하고 악한 세상이 도래하니 부처님께서 5탁악세에 수행하는 제자들을 위하여 다겁생에 묵은 업장과 습기와 수많은 장애들을 수행자 스스로 제어하고 다스리고 조복받기 어려운 까닭에 이 능엄신주를 독송하면 모든 부처님의 신력인 능엄신주를 독송한 공덕으로 모든 장애를 다 조복받고 구경에는 성불한다 하셨으니 어찌 부처님 말씀에 거짓이 있으며 샷됨이 있겠는가?

근자에 이 능엄신주에 대해서 잘 알지못하는 사람들이 방편설이니 참수행법이 아니라는 등 구구한 말들과 또한 잘못 해석하고 비하하는 말들을 일삼으니 참으로 가벼우며 어리석고 안타까운 일이 아닐 수 없다. 조사의법이 부처님법보다 위란 말인가? 중국조사의 공안은 한계가 있지만 부처님의 광명이자 공덕, 정각, 위신력인 능엄신주는 한계가 없는 것이다.

수행자가 조사선도 중요하지만 부처님법을 분명히 알 때 부처님 법은 만고에 빛날 것

이다. 이 능엄신주로 확철대오하시고 정말 어려운 능엄신주를 어리석은 중생들에게 믿게 하시고, 받들어 지송하게 하신분이 바로 노노당 대휘스님이다. 스님 말씀이 능엄신주를 10만 독만 하면 득력한다 하셨는데 큰스님 정정하실 때 100만 독을 넘게 하셨다 하니 어느 누가 감히 스님 앞에서 능엄신주를 논하겠는가.

근자에 능엄신주를 독송하는 불자들이 제대로 독송. 주력법을 잘 알지도 못할 뿐 아니라 능엄경 안에 있는 정통 능엄신주가 아닌 또 다른 능엄신주를 가지고 원어에 가깝고 원본이다 주장하면서 문자를 정신없이 급하게 숨도 쉬지 않고 독송하고 또 귀신 쫓는 경이라고도 하니 한심하고 안타까운 일이 아닐 수 없다.

수능엄경 제7권에 부처님께서 대불정능엄신주를 설하시고 아난과 대중에게 말씀하시었다. "이 미묘한 글은(주문)은 사방의 온갖 부처님을 내는 것이니 시방여래(부처님)가 이 주문으로 인하여 위없는 삼막삼보리(정각)를 이루는 것이며 시방여래가 이 주문을 듣고 모든 마를 항복받고 외도를 이기는 것이며 시방여래가 이 주문을 타시고 보배연꽃에 앉아 미진 같은 세계에 들어가시는 것이며 시방의 부처님이 이 주문을 머금고 미진 같은 세계에서 법문을 설하시며 시방여래가 이 주문을 가지고 시방세계에서 수기를 주시며 시방여래가 이 주문을 의지하여 여러 고생하는 이를 제도하시며...

시방여래가 이 주문을 따라 시방국토에서 선지식을 섬기어 공양하고 항하사여래의 법왕자가 되며 시방여래가 이 주문을 행하여 친한 이와 인연 있는 이를 붙들어주시며 소승들로 하여금 대승의 비밀한 법문을 듣게 하며 시방여래가 이 주문을 외우사 위없는 정각을 이루시며 시방여래가 이 주문을 전하여 열반하신 뒤에 불법을 유촉하여 머물러 있게 하며 계율을 청정하게 하시나니 내가 만일 이 주문의 공덕을 다 말하자면 아침부터 저녁까지 그치지 않고 항하사겁이 지나도록 말하여도 다할 수 없느니라. 이 주문을 여래의 정수리라고도 이름 하나니 너희배우는 사람들이 윤회를 벗어나는 도를 얻고자 하면서도 이 주문을 외우지 아니하고 몸과 마음에 마가 없기를 바라는 것은 옳지 않느니라.

아난아 만일 여러 세계 여러 나라에 사는 중생들이 나무껍질이나 잎이나 종이나 천에 이 주문을 써서 간직할 것이니 설사 외울 수 없거든 몸에 갖거나 방안에 두기만 하여도 독이 이 사람을 해하지 못하니라.

아난아 내 다시 이 주문이 세상 중생들을 구호하며 중생들로 하여금 세간에서 뛰어나는 지혜를 이루게 하는 일을 말하리라. 내가 열반한 뒤에 말세 중생들이 제가 이 주문을 외우거나 남을 시켜 외우게 하면 이 중생들은 불이 태우지 못하며 물이 빠치지 못하며 독이 해치지 못하며 용이나 하늘 사람이나 귀신이나 마귀의 나쁜 주문들이 건드리지 못하고 마음에 삼매를 얻어서 독한약과 만물의 독기가 이 사람의 입에 들어가면 곧 감로로 변할 것이며 나쁜 귀신들이라도 이 사람에게는 해를 주지 못하며 항상 이 사람을 보호할 것이니라.

아난아 이 주문은 팔만사천 나유타 항하사 구지되는 금강장왕보살의 종족들이 밤낮으로 따라다니면서 보호하나니 설사 어떤 중생이 삼매가 아닌 산란한 때에라도 마음으로 생각하고 입으로 이 주문을 외우면 이러한 금강장왕보살들이 항상 이 사람을 보호할 것이어든 하물며 보리(깨달음) 마음을 결정한 사람이야 말할 것이 있겠는가.

이 좋은 남자나 여자가 이 주문을 읽거나 외우거나 몸에 간직하면 이 사람은 보리심을 처음 낼 때부터 부처님 몸을 얻을 때까지 세세생생 나쁜 곳에 나지 아니하며 천하고 가난한 곳에도 태어나지 아니하느니라. 이 중생들이 설사 제 몸으로 복을 짓지 못하였더라도 부처님의 공덕을 얻어 한량없는 겁 동안을 항상 부처님을 떠나지 아니하느니라. 그리하여 계를 파한 사람으로는 계를 청정하게 하며 계를 얻지 못한 이로는 계를 얻게 하며 정진하지 못하는 사람에게는 정진하게 하며 지혜가 없는 이로는 지혜를 얻게 하며 재계를 가지지 못하는 이에게는 재계를 이루게 하느니라.

아난아 어떤 중생이 한량없는 옛적으로부터 지은 죄업을 이때까지 한 번도 참회하지 못하였더라도 이 주물을 읽거나 외우거나 써서 가지면 모든 죄업이 없어질 것이며 오래지 않아서 무생법인(성불)을 얻게 되느니라.

아난아 어떤 사람이 소원이 있어 지극한 정성으로 이 주문을 외우면 소원이 이루어질 것이며 나라나 지방에 싸움이나 기근이나 질병의 재앙이 있더라도 그 지방에 사는 중생들로 하여금 이 주문을 모시거나 예배 하게하면 온갖 재앙이 모두 소멸하게 되느니라. 그러므로 여래가 이 주문을 일러서 이다음 세상까지 전하여서 처음으로 마음을 내는 수행하는 이들을 보호하여 삼매를 들게 하며 마의 장난과 전세의 업장이 방해하는 일이 없게 하느니라. 너와 이 회상에서 배우는 이들이나 이다음 세상에 수행 하는 이들은 이규모대로 수행하여 부모에서 얻은 육신으로 대도를 이룰 것이니라. 이것을 분명히 믿고 알고 받들어 행하고 널리 전파할 것이다. "

인곡스님

1895~1961년

은사 **금성, 혜암, 용성**스님.
상좌 성관**혜**암, **묵**산, **수**진, **포**공, **성**주, 석주스님

헌식 때 마다 까막까치가 어깨에 내려앉은 '천진
도인' '돌탑 수좌. 용성스님의 법제자. 만암스
님이 외삼촌.

제자로는 조계종 종정을 역임한 혜암(慧菴)스님을 비
롯해 수진(守眞).법행(法行).운문(雲門).강혜(剛慧).법
경(法鏡).포공(飽空).대일(大日).봉주(奉珠).봉우(鳳
愚).법종(法宗).운성(雲性).동진(東眞)스님이 있다.

1895년 3월 15일 전남 영광군 법성면에서 태어난 인곡스님은 14살에 백양사로 출
가했다. 속명과 법명은 창수(昌洙)이다. 외삼촌이 백양사의 중흥조인 만암 선사였
기에 그 영향을 받아서인가 어린나이임에도 "열심히 수행해서 반드시 부처가 되리
라"고 결의할 정도였다고 한다. 문수사에서 만난 금성 화상을 은사로 머리를 깎은 그
는 19세가 되던 해 백양사에서 1년 동안 교육과정을 마친 뒤 20살이 되던 해 금해 율
사를 계사로 구족계를 받아 출가자로서의 삶을 시작한다.

그는 선·교에 모두 출중했던 만암의 회상에서 강원을 마친 뒤 제방 순례길에 나섰
다. 팔공산 동화사에서, 예산 보덕사의 보월 선사 회상에서 정진한 데 이어 오대산 상
원사에서 수월, 혜월, 한암 선사와 법거량을 벌였다. 그는 한 번 자리에 앉으면 돌탑
처럼 움직이지 않은 채 정진했기에, 돌탑 수좌로 불렸다. 이후 만행에 나서 각지의 사
찰을 주유하던 그는 예산 보덕선원 보월(寶月)스님 회상에서 여러철 안거를 마쳤다.
보월스님은 만공(滿空)스님의 제자이며, 금오(金烏)스님의 은사로 명성이 높았다. 보
월스님 회상에 머물 당시 "단정 행직(行直)하고, 예의(銳意) 정진하여, 대중 가운데
선기(禪機)가 제일"이라는 칭찬을 들었다. 또한 금강산 마하연 만공스님과 오대산 상

원사 한암(漢岩)스님 문하에서 깊이 공부했으며, 수월(水月).혜월(慧月).용성(龍城)스님을 친견하며 정진했다. 용성스님에게 법을 인가받고 인곡이라는 법호를 받았다.

그는 당시 도봉산 망월사에 선회를 개설하여 납승들을 제접하고 계신 용성스님을 찾아 갔다. 용성조실에게 삼배를 드리고 꿇어앉자마자 큰스님이 묻는다.

"심마물이 이마래오?" 무슨 물건이 이렇게 왔는고? 하는 물음이었다. "이마물이 여시래니다."

용성스님은 만면에 웃음을 띠시며, "여시여시(如是如是)니라." 하고 붓을 당겨 일필휘지(一筆揮之)하셨다.

示仁谷堂昌洙 丈室

人心抱天地　어진 마음이 천지를 감싸안으니
玄谷又明明　깊은 골짜기 또한 밝고 밝도다
造化從斯起　온갖 조화가 이에서 일어나니
亘古不生滅　영원토록 생멸하지 않도다

창수수좌가 인곡당(仁谷堂)이라는 법호와 함께 전법게(傳法偈)를 받는 순간이었다.

용성의 깨달음을 잇는 법제자가 된 인곡은 만주 용정에 대각교당을 연 용성을 따라 갔다. 그곳에서 '젊은 도인'의 탄생 소문을 들은 대중들이 인곡의 법문을 듣기 위해 그를 법상에 모셨다. 대중들은 모두 숨을 죽였다. 젊은 도인의 입에서 어떤 법문이 터져 나올 지 주시할 뿐이었다. 그러나 한 시간이 지나도록 인곡은 입을 열지 않고 주장자를 짚은 채 돌탑처럼 앉아 있다가 그대로 일어나 법상에서 내려왔다. 이를 지켜본 용성스님이 '이것이 바로 참 설법이다'라며 그를 극찬하였다.

이후 10여 년간 제방사찰에서 정진한 인곡스님은 30세에 백양사로 돌아왔다. 1926년, 32살이 되던 해 호남제일선원인 백양사 운문선원 조실이 됐다. 그럼에도 인곡스님은 대우받으려 한다거나, 자신을 내세우는 법이 없었다. 절 살림이 가난해 양식이 부족한데도 운문선원엔 그를 찾아 20여명의 선객이 몰려들었다. 그는 선객들이 참선하는 틈을 타 백양사에서 몸소 양식을 져 나르고, 나무를 하곤 했다.

당시 스님의 법문이다.

多年山中覓鯨魚　다년간 산중에서 고래를 찾음에
添得重重碍膺物　중중히 마음에 답답함만 더하더니
暗夜精進月出東　깊은 밤 정진하는데 달이 솟아오르면
忽然擊碎虛空骨　홀연히 허공의 뼈가 부서지는구나

무자(無字) 화두를 강조했던 스님이 납자들에게 주었던 법어이다.

세간전답은 식량유진이어니와 일개 무자답은 영겁지자량이니라.
무자미중에 유자미는 천상인간제일미니 무자일미로 선열위식이라.

조그만 몸집에 말 수가 없고, 늘 겸손했고, 계율이 청정하기 이를 데 없었던 스님은 어른으로 존중받으면서도, 늘 수행자로서 자세를 잃지 않았다. "항상 머리를 만져보라"며 스님은 제자들에게 삭발한 머리를 만지면서 언제나 자신이 수행자임을 잊지 않도록 했다. 인곡스님은 솔잎을 먹으면 피가 맑아져 혼침이 오지 않아 정진하는데 큰 도움이 된다며 평생 솔잎 생식을 했기에 그의 방은 늘 솔향이 가득했다고 한다.

화엄사 주지를 거쳐 옥천사 백련암 조실로 있을 때 인곡스님이 헌식할 적에 까막까치들이 스님의 양어깨에 앉아 있는 모습을 본 옥천사 주지 동고스님이 인곡스님을 백련암 조실로 모셨다. 옥천사 백련암 상오(尚悟)수좌가 원주(院主)인데 큰절에서 중이 되어 백련암과 큰절을 오가며 옥천사 일주문 밖을 나가보지 않은 알짜배기 수좌이다.

동고주지는 옥천사 출신 스님들 중 몇 분 안되는 청정비구의 한분으로서 일찍이 큰절에서 강주(講主)로 오래 있었고 주지직도 이번이 세번째라 한다. 사리에 밝고 신심이 대단하며 참선수행을 게을리 하지 않아온 숨은 본분납자(本分衲子)인데 특히 인곡스님이 헌식할 적에 까막 까치가 스님의 양어깨에 앉아 있는 모습에 천진도인(天眞道人)임을 간파하고 내심 존경심을 가져왔다 한다. 까막 까치의 기적은 백련암에서도 여전히 매일 낮에 볼 수 있는 장면이어서 동고주지는 이 광경을 보기 위해 큰절에서 점심공양을 하지 않고 백련암에서 들곤 하는 것이었다.

동고주지는 대중들에게, "내 일찍이 신승전(神僧傳)을 읽은 적이 있는데 거기에 산집승 날짐승들이 늘 에워싸고 따라다니는 기적을 연출한 도인들 이야기가 있더구나. 인곡스님은 정말 현세의 천진도인이시다. 내 눈앞에 도인스님이 계신것을 알아보지 못하는 우리들 모두는 업장이 두꺼운 바보 천치가 아니냐!"

인곡스님이 괘석(掛錫)한 뒤 진주(晉州)에서 신도들의 왕래가 차츰 잦아졌다. 헌식(獻食)하는 기적같은 장면을 직접 보기 위해 신도들의 발길이 끊이지 않으니 원주스님은 선량 얻기가 쉬워진 것은 물론이고 큰스님을 모셨다는 기쁨이 여간 크지 않았다.

인곡당이 백양사(白羊寺)에 다시 괘석(掛錫)한 것은 스님의 나이 45세 때인 1939년의 봄, 만암스님의 부름을 받고 가게 된 것이다. 만암스님은 속가의 조카인 인곡을 불러 백양사에 소임을 맡기는 이유를 말씀하셨다.

"내 이번에 너를 굳이 불러들인 것은 운문선원(雲門禪院)을 더 알차게 하고져 함이니라. 우리나라 사찰도 중국처럼 총림제도로 바꿔서 승려들의 교육과 수행에 더욱 힘써야 하겠기에 우리 백양사를 총림으로 그 격을 높이려 한다. 만일 총림으로 만든다면 선원은 참선도량으로 강원은 내외전(內外典)을 이수하는 교육장으로 함은 물론이고 큰절에 염불원을 시설하여 노덕스님들이 정토업(淨土業)을 닦도록 하고 청류암(淸流庵)에 율원을 두어 계율에 관한 전반적인 연구를 하도록 할 계획이다." "옳으신 생각이십니다." "그래서 말인데 인곡이가 선원을 맡아서 본분납승을 제접하는게 좋을 것 같아 부른 것이니라." 인곡스님은 외숙의 명령에 가까운 말씀에 거역할 수조차 없었다.

"총림은 고불총림(古佛叢林)이라 할 생각이다." "이것은 내가 생각을 거듭하여 작정한 것이니 인곡도 동참해야 하는 것이니라." 이리하여 사흘 뒤 선원대중 다섯명이 내려와서 인곡스님을 모셔가니 곧바로 조실스님 처소인 염화실(拈花室)에 걸망을 내려놓았다. 고불총림(古佛叢林), 이는 만암(曼庵)큰스님의 염원이었기에 인곡스님은 아무런 조건도 없이 그 말씀을 따랐다.

해방이 되고 인곡스님은 해인사에 주석하게 된다. 당시 국가경제는 궁핍했고 국민들의 살림은 어려웠다. 세속은 물론 산사도 먹고 사는 일이 큰 과제였다. 수행하는 학승들이 대중들이 끼니를 거르기 일쑤였다. 이에 인곡스님은 공부하는 대중을 잘 봉양해야겠다는 원력으로 장경각에서 1000일 기도를 시작하며, 헌식소임을 자처했다. 불공을 마치고 관음전 뒤에 있는 헌식처(獻食處)로 자리를 옮겨 헌식을 할 때면 어디서 날아왔는지 까마귀들이 몰려왔다. 까마귀들은 스님의 헌식 염불이 끝난 뒤에야 음식에 달려들었다. 신기한 일이었다. 같은 일이 매일 반복되자, 산내 대중들은 인곡스님에게 '까마귀 도인'이란 별명을 붙였다.

방장 효봉스님과 인곡스님의 사이는 마치 친 사형사제지간과 다름없었다. 서로를 위하고 아끼고 챙기는 품새로 보아 한산(寒山)·습득(拾得)도 저만 했을까 하는 탄성이 절로 나올 지경이다. 그러나 인곡스님은 언제나 '방장스님' 하고 호칭하였고, 방장스님은 늘 '인곡스님' 하고 불렀다.

인곡스님은 천일기도에 매달리느라 주로 장경각에 있는 편이어서 방장실, 즉 염화실(拈化室)에 자주 가지 못했는데 목탁성이 그치는 때면 방장스님이 인곡스님 방으로 직접 찾아오시는 편이었다. 염화실에는 신도들의 예방이 비교적 잦기 때문에 철 따라 먹거리가 떨어지지 않는다. 방장스님은 이 음식을 손수 들고 오셔서 인곡스님에게, "이걸 먹고 힘내우" 하시며 격려를 하신다. 그럴 적이면 인곡스님은 늘 미안해하며 감사히 받는다.

"큰스님 잡수시지 않고 가져 오셨습니까? 소승은 건강하니 견딜만합니다."

"아니요 아니지, 그토록 오랜 시간을 서서 정근을 하니 기력이 얼마나 갈지 걱정이요. 좀 쉬어가면서 하구려." "예, 그렇게 하고 있습니다."

천일기도에 동참하는 회원이 전국에 10만명을 돌파하면서 총림의 살림살이는 튼튼한 반석위에 놓여진 듯 생기가 돌았다. 이를 지켜보며 기도에 열중하고 있는 인곡스님은 나날을 기도에만 마음을 쏟을 뿐이었다.

"저 기도법사스님이 무심도인이시래요."

"헌식할 적에는 까막까치가 어깨와 머리에 앉는다는 큰스님이시래유."

기도에 동참한 신도들이 큰절에 들어서면 인곡스님을 먼저 떠올리며 한번만이라도 친견하기 위해 장경각을 기웃거리는 것이었다.

총림에 몸담은 뒤 인곡스님에게도 상좌(上佐)가 몇 분 생겼다. 병술년(丙戌年)에 맏상좌를 두었는데 법명을 성관(性觀)이라 지어 주었으며 전남 장성(全南 長城)이 고향이다. 또 묵산과 수진, 포공(包空)과 성주(性柱)등이 제자로 들어왔다. 이들 상좌는 모두 방장스님의 배려로 얻어진 것이지 인곡스님이 직접 챙겨 생긴 것이 아니었다.

맏상좌 성관(性觀)은 뒷날 혜암(慧庵)이라는 법호를 받았으며 가야총림 방장화상과 원로회의 의장을 거쳐 조계종 종정까지 역임하는 선지식이 된다.

또 성주(性柱)스님은 운문(雲門)이라는 법호를 받았으며 어린이 불자를 위한 포교와 불교가곡(佛敎歌曲) 찬불가 보급에 처음 문을 여는 등 왕성한 활동을 하게 되며 포공(包空)스님은 중고교생(中高敎生)을 위한 포교에 평생을 헌신하는 선구자가 되며 묵산스님은 선수행(禪修行)으로 한길만을 걸어간다.

이처럼 인곡스님의 제자들이 개성이 각기 달라서 지향하는 길이 다양하다.

천일기도를 드리는 동안에는 맏상좌인 혜암스님이 주로 스님의 시봉을 전담하고 있다.

해방된 이듬해에 스님의 상좌로 들어온 사람이 또 한사람 있다. 법명을 석주(石柱)라고 받았는데 평소 토굴로만 왕래하다가 지리산 영원사 (靈原寺) 터에 움막을 얻어 정진하더니 좋은 시은(施恩)을 얻어 중창불사를 이루게 된다. 그리 많지 않은 제자들이지만 자기 본분을 지키고 수행에만 전념하는 것으로 사은(師恩)에 보답하는 자세가 높이 사고도 남는다.

기축년(己丑年) 첫 천일기도를 회향하자 사중에서나 제자들 사이에서 기도법사를 다른 젊은 스님한테 내주기를 바라는 말이 오갔다.

"기도하겠다는 스님이면 누구나 동참하면 되지 구태여 내가 쉬어야할 필요는 없지 않은가?" "스님께서 천일 동안 너무 고생하셨으니까 좀 쉬시라는 거지요." "무슨 일이고 고생 않고 이뤄진 것이 있던가?"

기도를 쉬시라니 도리어 역정을 내는 인곡스님이다. 인곡스님이 주야불철하고 용맹정진을 하는 것을 지켜본 젊은 측 스님들 간에 자기도 기도드리고 싶은 말뚝 신심을 낸 스님들이 한 둘이 아니었다. 그러나 인곡스님처럼 천일을 한결같이 꾸준히 용맹기도하기란 어렵고 또 어렵다.

첫 천일기도를 회향하고 두 번째 천일기도를 입재하면서 젊은 수좌 두 스님이 기도에 합류했다. 처음에는 인곡스님이 목탁을 들었는데 젊은 스님이 원하는지라 목탁을 넘겨주었더니 있는 힘을 다해 목탁을 울리는지라 목탁성으로 인해 온 도량이 쩡쩡 울리는 것이었다.

이렇게 해서 천일기도 지도 법사를 두게 되자 인곡스님은 상좌인 성관(性觀)을 불렀다.

"오대산(五台山)을 떠나온 지 오래여서 갑자기 가고 싶구나." "오대산에 말씀입니까?" "적멸보궁(寂滅寶宮)에 참배하려고 그런다." "예, 그럼 쉬실 겸 다녀오시지요. 제가 모시겠습니다."

천일기도에 지칠대로 지치신 스승님을 그냥 바라보기만 해야 했던 성관은 스님이 여행을 떠나시는 것이 쉬는 계기가 될 수 있다는 순간적인 판단이 섰기에 여행을 적극 환영

하였다. 사중에 애기하고 성관은 걸망에 스승님 장삼과 본인 장삼, 그리고 갈아입을 내의 한 벌씩 넣어 가뿐히 짊어졌다. 꼬박 25년만에 오대산 상원사(上院寺)를 찾았다.

조실(祖室)이신 한암(漢岩)큰스님은 매우 반가이 맞아 주셨다.

"큰스님 법체 강녕하셨습니까?" "아이구 이 뉘시요? 인곡스님이 아니시요?" "예, 소승 불민하여 자주 찾아뵙지 못했습니다." "거 무슨 말씀, 인곡스님을 앉아서 뵈니 이 노구가 송구스럽소, 그려." "아랫사람을 당황하게 하시는군요." "허허 그게 아니지요. 스님께서 헌식(獻食) 하실 때마다 까막까치 떼가 몰려와서 스님의 양 어깨며 머리 위에 앉는다는 소문을 들은지 오래였소이다. 참으로 희유(希有)한 일입니다." "까마귀 떼가 온 게 아니고 까마귀 떼가 있기에 그저 밥을 주었을 뿐입니다." "아니 겸사의 말씀입니다. 내 일찍이 금강산이며 여기 오대산에서 스님 모시고 살은 적이 있는지라 스님의 그릇이 보통이 아님을 짐작한 바 있지요." 이튿날 적멸보궁에 올라 7일기도를 입재하고 중대(中臺)에서 기거하도록 조실스님의 특별한 배려를 받았다. 적멸보궁은 산 정상에 위치한 관계로 바람이 매서웠다. 그래서 보궁도 이중으로 지어졌으나 나목(裸木)의 우는 소리가 뼈 속에 파고드는 것을 왼통 막지는 못했다.

인곡스님은 보궁 안에서 철야기도를 일주일 동안 무사히 마치자 중대에서 하루를 쉬었다. 아니 쉰 것이 아니라 하루 내내 끙끙 앓아누웠다. 밤낮 없이 7일을 용맹기도 드렸으니 무쇠덩이가 아닌 바에 어찌 병이 나지 않겠는가? 상원사에 내려오니 조실스님이 인곡스님의 지친 모습을 보시고 극구 만류하셔서 닷새를 쉬었다. 그리고 한철 나고 가라는 한암스님의 만류에도 천일기도를 맡은 몸인지라 가봐야겠다며 서둘러서 가야산으로 향하였다.

스님은 늘 가야산이 좋다고 했다. 어머님 품 속 같이 따뜻한 곳이라며... 그리고 그곳에서 생을 마감했다. 오대선에서 돌아온 스님은 사자를 시켜 혜암(慧庵)을 불러다음의 게송을 내리며 전법했다.

示 慧庵性觀丈室

只此一般事 다만 이 한가지 일을
古今傳與授 고금에 전하여 주었으나
無頭亦無尾 머리도 없고 꼬리도 없되
分身千百億 몸을 나투도다

"내 자네에게 벌써 혜암(慧庵)이란 법호와 함께 이 전법게(傳法偈)를 주었어야 했는데 그 때는 자네 정진력이 충실치 못하여 보류했었네. 내 이제 갈길이 멀지 않으니 후사를 잘 부탁하네. 아무쪼록 용맹정진 하여 칠통을 타파하여 광도유정(廣度有情)하기 바라네." 혜암은 일어나 오체투지(五體投地)하여 삼배를 드리고 꿇어 앉아서 여쭌다.

"불민한 저를 이렇듯 아껴 주심에 거듭 감사 드리옵고 신명(身命)을 다하여 스님께서 바라심에 보답하겠나이다." "그래야지.. 자넨 틀림없이 잘 할거야."

스님은 혜암수좌에게 전법(傳法)하신 뒤 마음이 더 편안해지셨다. 무거운 짐을 내려놓은 기분이었다. 혜암수좌가 큰 스님의 부촉(付囑)을 받은 뒤 더욱 피나게 정진하여 가야총림(伽倻叢林)의 방장(方丈)의 자리에 오르고 이어 조계종정(曹溪宗正)이 된 것은 큰스님이 열반에 드신지 30여 년 뒤의 일이니 이는 큰스님의 기대에 부응하기 위해 밤과 낮으로 장좌불와(長坐不臥)하며 용맹정진한 결과였다.

한편 스님은 자리에 눕기도 하고 포단에 꼿꼿이 앉기도 하기를 반복하며 여름안거를 나고 계셨는데 평생 고질병인 발의 습진은 더 나을 기미가 보이지 않자 나아야겠다는 생각을 접으신듯 약을 찾지도 않으셨다. 성은시자가 입대한 뒤 동진(東眞)수좌가 시봉하면서도 온갖 정성을 다하여 모시는지라 그런대로 섭수하시는 것이었다. 하루는 시자 동진수좌에게 업혀 해우소(解憂所)엘 다녀오신 뒤 독백(獨白)처럼 말씀하신다.

"나는 열네살에 계(戒)를 받고 바로 백양사로 가서 강원(講院)에서 글을 배우느라 은사스님 시봉을 한번도 제대로 해드린 적이 없었다네. 돌이켜 생각해보면 내가 은사스님을 시봉한 적이 없으면서 상좌들한테 시봉을 받으면 되는가? 이런 생각이 드니 내 시봉은 대강대강 하고 자네도 부지런히 화두를 챙기게."

맏상좌 혜암수좌는 스님에게 부촉을 받은 뒤 여전히 선원에서 정진을 하고 있었는데 왜인지 마음이 불안해지기 시작했다. 전법게(傳法偈)를 주신 것은 가실 때가 되었음을 알리신 것이 아닌가 하는 불길한 생각이 자꾸만 드는 것이었다. 그래서 방선죽비만 울리면 이내 스님방으로 달려가서 스님의 동정을 살핀다.

"무엇 하러 자주 오는가? 자네 공부나 하게." "예." 대답은 그렇게 하지만 스님 곁에서 떠나지는 못했다. 동진시자를 밖으로 데리고 나와서 스님의 동정을 낱낱이 묻는다. 평상시와 혹 다른 점은 없으신가? 잡숫고져 하는 음식 말씀은 않으시던가? 발에 쑥뜸은 계속 해드리는가? 등을 꼬치 꼬치 묻는 것이었다. 또한 자운스님은 사형인 인곡 큰스님에게 조석으로 문안을 드렸다.

하루도 거르지 않고 찾아와서 차도가 있으신지 여쭙는다. 주지 소임은 바쁘기 이를데 없는데도 열심히 찾아 뵙는 것이었다.

스님이 병마와 싸우면서도 정진을 쉬지 않고 있는 사이 시간은 흘러 어느덧 반산림이 되었다. 하안거의 반이 벌써 흐른 것이다. 1961년 67세되던 해 하안거 도중 문도들을 불러 모으고는 일심(一心)이 불생(不生)하면 만법(萬法)이 무구(無垢)니라. 어행수탁(魚行水濁)이요 조비모락(鳥飛毛落)"이라면서 "금일(今日)에 가리라"며 입적을 예고했다.

열반 전 12일 동안 단식을 한 인곡스님이 음력 7월 14일 "이제 속세를 떠나겠다."고 하자, 상좌 혜암스님이 "내일이면 선원 하안거가 해제하고, 우란분절로 좋은 날이니 내일 가시면 안 되느냐"고 했다. 인곡스님은 "좋고 나쁜 날이 따로 있느냐"고 했지만, 상좌는 "큰스님의 경계는 그렇지만 미혹한 중생들이야 그렇지 않다"며 다시 간청했다. 혀를 차던 인곡스님은 "그렇게 하지"라고 답했다.

이 말이 온 가야산에 전해지자 어느 스님이 "노장이 아파서 정신없이 하는 소린데, 이런 얘기를 소문내서 만일 내일 돌아가시지 않으면 무슨 망신이냐"며 "발설하지 말라"고 했다. 그러나 큰스님이 열반에 드시려다 내일로 미뤘다는 소식은 삽시간에 온 산중에 퍼져 나갔다. 오후에는 아랫동리에까지 소문이 나서 해질녘에 십여명의 불자들이 큰절로 올라왔다. 신도들은 관음전 큰방에 모였는데 산중대중들도 저녁예불 마치고 큰방에 운집하였다.

혜암스님이 "스님, 대중이 큰방에 운집하였는데 함께 미타정근 할까 합니다." "쓸데없는 소리, 내 염불은 내가 하고 가니 걱정말고 제각기 자기 공부나 하도록 하지." 스님은 날이 밝자 비로소 냉수를 찾아 너댓모금 드신 뒤 상좌들을 돌아보시며 입을 열었다.

"자네들 정진 잘하게. 세월이 우리를 위해 잠시도 멈춰주지 않네. 인생난득(人生難得)이요 불법난봉(佛法難逢)이라는 말씀이 결코 허언(虛言)이 아닐세. 자주 깎은 머리 만져보며 해태심(懈怠心)을 경계하고 먹물옷 값을 시시(時時)로 헤아리고 점검하게나. 일심(一心)이 불생(不生)하면 만법(萬法)이 무구(無咎)니라." 한 마음도 나지 않으면 일만법이 허물될 것이 없다. 마음을 내고 보니 갖가지 시시비비(是是非非)가 따라 인다.

이 말씀이 마지막 말씀이었다. 1961년 음력 7월 15일 오전 8시경 스님의 세납은 67세이고 법납은 54세였다. 조계종 종정을 역임했던 혜암스님이 맏상좌이다.

이때 미리 남긴 열반송이다.

夢幻空華六十七年/ 헛깨비 꿈과 같은 67년 세월이여
仁谷煙沒流水連天/ 이제 가노니 흐르는 물이 하늘에 뻗침이로다

무소유의 삶을 실천하며 지낸 인곡스님은 그 어떤 공양물도 자신의 것으로 삼지 않았다. 당신에게 들어온 보시나 공양도 그 즉시 대중에게 나누어 주었다. 입적한 뒤에 남은 인곡스님의 물건은 염주.발우.주장자.가사.장삼. 선문촬요가 각각 하나뿐이었다.

또한 입적전 12일 동안 단식을 하며 자신의 죽음을 준비한 이유는 오랜 지병인 습진으로 인해 시자의 등에 업혀 다녀야 하는 것에 대한 미안함과 그런 모습을 대중이나 신도들에게 더이상 보이기 싫었던 것이다.

인곡스님은 14세에 백양사 강원에 방부를 드린 직후, 바로 강주이며 외숙인 만암스님의 시봉을 맡으면서부터 자신도 솔잎과 들깨를 복용하게 되었으며 평생을 두고 복용한 결과 몸도 튼튼하고 기운도 훨씬 세졌는데, 발에 생긴 습진이 고질병이 되어 평생을 고생하다가 말년에는 걸을 수가 없게 되었다. 그래서 시자등에 업혀서 해우소를 출입할 수 밖에 없었다. '어쩌다가 시자 등에 업혀 해우소를 가게끔 몸뚱이가 망가졌는지 참으로 부끄럽고 기막힌 일이다.' 생각한 스님은 단식을 결심한다.

7월 초사흘 부터 단식으로 들어갔다. 시자더러 죽공양 대신 냉수만을 가져 오도록 지시하였다.이 한 말씀으로 시자의 입을 봉하셨다. 단식하면 속이 편할 뿐만 아니라 화장실 갈 일도 줄어들고 정신도 훨씬 맑아지며 몸에 힘도 생긴다. 혜암은 스님이 단식을 하시는 사유를 잘 알고 있다. 화신을 벗기 위한 방편임을 말이다. 그래서 스님 곁을 잠시도 떠나지 않는다. 냉수만 드시면서도 스님은 자주 일어나서 척량골을 꼿꼿이 세우고 선정삼매에 몰입하고.. 스님 곁에는 혜암만이 가부좌로 역시 선정에 들어 있을 뿐이다. 간혹 포공이 선원에서 내려왔다가 그 광경을 목격하고 그도 혜암 곁에 앉아서 화두를 붙잡는다.

일타(一陀)스님은 인곡스님 비문을 쓰면서 세편의 시를 지었다. 비문 말미에 있는 시는 인곡스님의 삶을 살필 수 있는 귀한 자료이다. 그 가운데 하나를 소개한다. "청정한 법계신(法界身)은 본래 출몰이 없건만 / 대비(大悲)하신 원력으로 시현수생(示現受生)하시니 / 불중(佛中)에 무상(無相)인가 상중(相中)에 무불(無佛)인가 / 강산만리(江山萬里)에 일조풍월(一條風月)은 밝기만 하다."

일화...

1950년 6월 참혹한 동란(動亂)이 일어났다. 6.25라는 동족상잔(同族相殘)이 3·8선에서 시작하여 전국에 확산되자 가야총림(伽倻叢林)도 흔들리기 시작했다. 피난을 가야 하느니 산중에 눌러 있는 편이 곧 피난이니 하고 정신없이 우왕좌왕 하다가 인민군이 대전을 점령하고 계속 남하한다는 소식이 날아들자 대중스님들도 모두 피난길에 올랐다. 상좌 성관(性觀)은 천일기도에만 마음을 쏟고 있는 스님에게 피난 갈 것을 종용했지만 스님은 요지부동이었다.

"나는 해인사를 지킬란다. 팔만대장경각(八萬大藏經閣)에 불이라도 나면 어떻게하겠느냐? 나라도 남아서 불을 꺼야지." 인곡스님은 텅빈 해인도량(海印道場)을 혼자 남아서 도량청소도 하고 시간 맞추어 목탁을 울리며 기도에 임하면서 조금도 동요함이 없었다. 수 백명이 도량을 메운 해인사에 먹물 옷 입은 스님이나 후원에서 일하던 백의(白衣)등의 그림자마저 사라진 예는 아마 일찍이 없었을 것이다. 해인사가 창건된 이후 몽고의 난·임진왜란·병자호란 등을 겪었지만 이렇게 텅 비운 적은 없었다.

헌데 총림이 텅 비어있는데도 인곡스님곁을 떠나지 않고 지켜주는 미래불(未來佛)이 있었다. 헌식(獻食)할 적마다 스님의 머리와 어깨에 앉아 염불이 끝나기를 기다리는 까막까치가 그들이다.

까막까치들은 스님의 곁에서 떠날 줄을 몰랐다. 스님이 장경각에서 목탁을 울리는 동안 그들은 장경각 주변에 모여 염불소리에 귀를 기울인다. 스님이 움직이면 마치 그림자인양 그 뒤를 졸졸 따라다닌다.

헌데 하루는 까막까치떼가 어디를 갔는지 모습을 나타내지 않는 것이었다. 사시마지를 올린 뒤 헌식을 하는데도 그들의 그림자도 볼 수 없었다. 스님이 헌식그릇을 들고 뒤돌아 서는데 낯선 군대들이 짧은 총을 들고 다가오더니, "이 절에는 사람이 안삽네?" "예……." 꿈에서도 보지 못했던 인민군들이었다. "와 사람들이 없읍네?" "모두 볼일 보러 갔지요." 인민군이 청암사 수도암(青岩寺 修道庵)쪽에서 산길을 타고 수백명이 밀어 닫친 것이었다. 헌데 인곡스님은 인민군이 안중에도 없었다. 그들도 인간이라면 산중 절에 혼자 있는 나를 어찌 해치랴는 생각이 앞섰던 것이다.

인민군은 몇 백명인지는 알 수 없으나 인곡스님의 눈에는 모두 선량해 보였으며 실제로 나이도 어려서 막무가내로 사람을 살상할 것 같지 않았다. 인민군은 사흘 동안 절 안팎에 머물러 있다가 예고도 없이 사라져 갔다. 부엌에서 식사 준비하는 것 이외 잠도

산에서 잤다. 아군의 공습이나 기습을 우려한 조처였을 것이다.

그런데 정작 무서운 일은 아군과 유엔군 측에서 감지하였는지 해인사를 공습하여 초토화 시키려한 것이었다. 사천(四川) 비행장에서는 아군 비행대대가 주둔하고 있었는데 연일 최전선의 인민군의 진출을 저지하기 위한 폭격이 그들의 임무였다. 1951년 늦가을에 해인사 폭격이 구체화 되어 12월 18일 마침내 출격명령이 떨어졌다.

비행대장의 이름은 김영환 중령으로서 편대를 이끌고 사천비행장을 출발했다. 그는 출발에 앞서 대원들에게,

"폭격 명령을 내가 내리기 전에는 절대로 폭탄 투하를 하지 말라." 이러한 엄한 훈령을 내리고 해인사 상공에 도달한 편대장은 우리의 소중한 문화유산을 폭파해서는 안된다는 굳은 신념을 끝까지 지키기로 했다. "해인사에서 뚝 떨어진 곳에 폭탄을 투하 하자." 다른 편대원이, "명령을 어기면 군재에 회부됩니다." "군재(軍裁)는 내가 받는다. 너희는 안 다칠테니 내 명령대로 하라."

넉 대의 아군기는 해인사에서 4㎞나 떨어진 산 중턱에 싣고 온 폭탄을 모조리 투하하고 돌아갔다. 당시 장경각에는 인곡스님이 외롭게 목탁을 울리며 기도 정진하고 있었다. 만일 폭탄이 해인사에 명중되었더라면 장경각의 팔만여 경판은 잿더미로 화했을 것이고 대적광전(大寂光殿)을 위시한 각 전당들도 형체를 찾아볼 수 없게 되었을 것이며 인곡스님도 영원히 사라지셨을 것이다. 몇 해 뒤 김영환 중령이 해인사를 찾아와서 그 소식을 알리자 대중들은 모두 모골이 송연 했으며 인곡스님도 그 군인의 두 손을 잡고 고마움을 표했다.

"헌데 실은 그 날 이상한 일을 목격 했습니다." "무슨 일을요?" "해인사를 폭파하라는 명령을 듣고 이곳을 향하던 중 절에서 햇빛보다 강한 빛이 하늘로 뻗쳐 와서 눈을 뜰 수 없었습니다." "아! 저런…." 김중령의 애기를 듣던 스님들은 일제히 인곡스님을 쳐다본다. 그리고 소근대기를, "인곡스님의 법광명(法光明)이예요. 까막까치가 큰스님 머리와 양 어깨에 앉는걸 보았지 않아요?"

그렇다. 그 빛은 인곡스님의 법력에 의한 빛임이 틀림이 없다. 만일 큰스님의 법광(法光)이 아니라면 대장경판의 법광일 것이고, 그도 아니라면 대장경을 지켜주는 토우들의 필사의 노력이었을 것이다...

인암스님
1908~1986년

은사 성남스님.

상좌 보휘스님

송 광사로 출가하여 평생을 송광사에서 수행 정진하고, 송광사에서 입적한 인암봉록스님...

스님은 특히 한국전쟁 당시 화마에 삼킨 도량을 지키기 위해 혼신을 기울였고, 복원불사에도 최선을 다했다. 또한 구수한 사투리를 섞은 사찰 안내로 송광사 참배객들의 발길을 사로잡았다. 인암스님은 평소 시조 형식으로 일기를 작성했다. 상좌들이 1987년 〈인암 시조선〉이라는 제목으로 세상에 내 놓았다. 인암스님의 생각뿐 아니라 '근현대 송광사'의 역사를 생생하게 기록한 귀중한 자료이다.

스 님은 이 시조집에 '송광사에 출가하고 싶습니다' 라는 다음 글은 담았다.

"재산 학벌 권력 세력 벌족(閥族)한 집에 가서 태어나고 싶지 않습니다. 단지 내 나라 내 지방 내가 자라난 송광사에 출가하고 싶습니다. 비록 권력 세력 인격은 미약할지라도 마음은 인후(仁厚)하고 마음가짐이 올바르고 서로 아끼고 서로 연민히 생각하고, 높은 언덕 위로 끌어올려 붙들어 세워주실 스님을 만나고 싶습니다. 그래서 잘 크고 잘 배워서 훌륭하게 되어 내가 자라난 송광사가 으뜸가는 절이 되어 세상에 명성 높은 수도장이 되었으면 하는 염원 뿐입니다."

인암스님은 1908년 송광사 아랫마을인 낙수리에서 부친 이기모와 모친 이평월 사이에서 태어났다. 스님의 속명은 이봉록(李鳳祿). 집안 어른 모두 불심이 돈독했던 영향으로 어려서부터 절에 다니다, 자연스럽게 부처님 제자가 되었다. 1925년 18세 되던 해에 성남스님을 은사로 송광사로 출가하였다. 그의 스승은 엄격하기로 소문난 분이었다. 엄격한 스승 밑에서 수행자의 위의를 익히고 배운 인암스님은 낙천적인 성품으로 절집 생활에 쉽게 적응했다. 행자와 사미 시절에는 아무리 고된 일도 넉넉한 웃음으로 이겨냈다고 전해온다. 그 모습을 본 노스님들이 "아니 인암이는 매일같이 뭐가 좋다고 저렇게 웃는지 모르겠네."라며 어깨를 두드려 주었다. 또 선배스님들은 "고생을 덜 해서 그래. 다음에 좀 더 험한 일을 시켜야겠어."라면서도 인암스님의 소탈한 웃음에 함께 박수를 치고 웃음바다를 이뤘다고 한다.

인암스님은 뒷날 행자시절을 회고하면서 "기왕 어떤 일을 맡았으면, 최선을 다해서 할 수 있는 만큼 제대로 하는 것이 좋다는 생각을 했었다"면서 "이제껏 일을 해오면서 무슨 일이든 비관적으로 마음먹은 적은 없었다"고 밝힌 바 있다.

스님은 과거 허물을 지어 참회한 일도 들려 주었다. 그때는 절에 전기가 들어오기 전이었다. 어두컴컴한 큰 방 안에서 밤 9시까지 경을 펴고 읽는 게 여간 고역이 아니었다. 그리하여 자청해서 하루 이틀 동안 조계산 산감이 되어 산 중턱에서 지내기를 좋아하였다. 절에서 산까지 밥을 가져다 주는 사람이 있어서 더욱 좋았다. 산을 지키는 게 좋다기보다는 어두운 방안에서 경을 읽는 게 지루한 탓이다. 한번은 산에서 내려가기 싫어서 꾀를 부렸다. 살그머니 불을 놓아서 스스로 끄고 보고를 하였다. "스님, 아직 내려갈 때가 아니구먼요." 절에서 승낙이 떨어졌다. "그래, 하루 더 지내거라. 산불이 재발되면 안 된다.

이렇게 행자와 사미시절의 어려웠던 공부 과정은 부처님 가르침에 대한 '흔들리지 않는 확고한 믿음'을 갖게 했다. 인암이 평생 불법의 외길을 묵묵히 걸을 수 있던 것도 이때의 공부덕분이다.

송광사 강원 대교과를 마치고, 수선사에서 4하안거를 성만하며 교학과 참선 수행을 병행했다. 교학과 참선 수행을 병행했지만 스님은 "염불은 늘 했지만 좌선은 못했어라"며 당신의 수행 세계를 겸손하게 밝힌 바 있다. 스님은 "불교는 대자대비 정신이 근간"이라면서 "부처님께서 중생을 바른 길로 인도하는 교훈도 대자대비에 있다"고 했다. 스님은 "부처님께 배운 법문을 나는 꼭 믿는다"고 강조했다. "몸과 입과 마음으로 지은 업은 소모되지 않고, 반드시 그만한 결과로서 갚아지는 이치를 알아야 합니다." "특히 마음을 올바로 가져야 천당이든 극락이든 갈 수 있는 겁니다."

　　　　예수만 믿는다고 천당 간다 하옵디까.
　　　　염불만 한다 하여 극락 간다 하옵디까.
　　　　마음을 옳게 가져야 천당극락 간답니다.

인암은 출가한지 10년 만에 대선법계(大禪法階)를 수지했다. 이때가 1936년. 그리고 1941년에는 중덕법계(中德法階)를 받아 송광사 대중을 외호하는 소임을 맡게 됐다.

해방 전·후의 혼란한 시국과 한국전쟁의 와중에서도 송광사를 지키려는 노력은 눈물겨울 정도였다. 여순사건과 한국전쟁의 폭풍은 천년을 넘게 수행자들의 보금자리가 되었던 송광사에도 불어 닥쳤다. 낮에는 토벌대가 밤에는 산사람들이 진을 쳤다. 불보살을 모신 도량에는 총칼로 무장한 국군과 빨치산들의 날카로운 눈초리가 번뜩거렸다.

송광사 스님들은 역대 조사들이 외호해 온 도량을 수호해야 한다는 마음에 애간장을 녹여야 했다. 인암 또한 대중들과 함께 도량을 지키려는 방법을 찾았다. 부처님 제자로서의 당연한 의무였다.

'인암시조선'에는 당시 상황을 생생하게 기록해 놓았다. 전쟁 소식이 송광사에 이르자, 대중들은 긴급하게 비상회의를 열었다. 인암은 어쩔 수 없이 절을 떠나야 했던 사연을 시조로 지었다.

대책구수회의

> 비우고 떠나자는 둥, 지킬 대로 지키자는 둥,
> 양론도 결정전에 반군 이미 와 있는데,
> 금품과 식량 등은 요구대로 뺏겼다.
> 총소리 불탄 연기 앞뒤로 자욱했다

전쟁의 검은 바람은 송광사를 끝내 비켜가지 않았다. 전란의 한복판에 선 인암은 청장년 시절을 보낸 송광사를 위해 목숨을 걸어야 했고, 스님은 당연한 듯 목숨을 걸었다. 그러나 도량을 수호하기 위해서는 좌우익의 '눈치'를 볼 수밖에 없었던 '암흑의 시절'이었다. 때문에 스님이 겪은 고통은 형언할 수 없을 정도였다.

인암은 "태어난 뒤 처음 보고 처음 듣는 전율살풍에 하루에 몇 번 죽고 몇 번 살고 참새 떨 듯 했다"면서 다음과 같이 기록하였다.

> 두고 온 절 살림살이 빼내오려 드나들다,
> 함께 붙잡힌 절 머슴은 총탄 맞아 쓰러지고,
> 그 총구 방향이 틀어져 내 몸 피격은 면했다

날로 치열해 지는 양측의 공방에 토벌대가 스님들을 마을로 모두 내려 보낸 후 누군가 놓은 불길에 송광사는 불타버렸다. 인암을 비롯한 송광사 대중들은 마음이 찢어졌다. 전쟁이 한창이던 1951년 5월11일 밤 11시. 사월초파일 전날 송광사는 불길에 휩싸였다. 빨치산을 토벌한다는 명목이었지만, 사실은 국군 장교가 송광사의 국보급 문화재를 달라고 한 것을 스님들이 거절해 발단이 됐다.

송광사 전각들이 순식간에 화마(火魔)의 입에 들어갔고, 국군은 출입을 봉쇄했다. 마을로 쫓겨난 인암스님은 바라보고만 있을 수 없었다. 스님은 금당(錦堂).성공(性空)스님과 함께 경비망을 피해 큰절에 들어갔다. 벌겋게 타오르는 전각을 보고 계곡으로 달려가 장삼을 벗어 물에 적신 후 불길을 잡으려고 했다. 수십 번을 오가며 화마를 물리쳤고, 끝내 국사전을 지켰다. 이 이야기는 불교신문 2023호 13면에 상세하게 실려 있다. 인암은 '화제삼승(火際三僧)'이란 제목의 시조에서 당시 정황을 이렇게 적고 있다.

> 신묘년 4월7야(夜) 대화재로 번질 때,
> 총소리 불탄 소리 함께 튀여 번지는 가운데,
> 금당, 성공, 인암 셋이 함께 뛰어들었소.

'4월 7야'는 음력 4월 7일 저녁이라는 뜻으로 양력으로 치면 5월 11일이다. 인암은 이때 보조국사의 가사와 장삼을 꺼내지 못했던 것을 두고두고 안타까워했다고 한다. 화재가 났을 때 목숨을 걸고 불 속에 뛰어든 인암이 자칫 목숨을 잃을 것을 염려한 금당스님이 나오라고 소리치며 만류했기 때문이었다.

송광사에는 오래전부터 전해오는 국보와 보물이 많았다. "국보와 보물을 간직하는 사명을 생명으로 살았다"고 회고한 인암은 "마지막 혼자 궁리 끝에 보물들을 천정 속에 숨겨야"했다. 수복일 정해 놓고 고스란히 챙겨 담아 낱낱이 점검하여 난전난후(亂前亂後) 그대로 정성껏 보관하다가 부처님께 바쳤다"고 한다.

한국전쟁이 끝난 후 스님은 취봉스님 등 송광사 대중과 함께 복원에 나섰다. 교무국장을 거쳐, 1967년에 주지로 추대된 인암스님은 복원불사에 박차를 가했다. 당시 송광사 대중에서는 "인암스님의 수행과 덕이 마침내 대중을 이끌어갈 원만한 덕으로 회향되었음을 증명하는 것"이라면서 "길고 먼 생애를 오직 송광사를 위해 헌신하신 산증인이며 어른스님이었다"는 평이 나왔다.

1955년에는 송광사 교무국장을, 1967년에는 송광사 주지의 소임을 맡은 인암스님은 송광사를 찾은 참배객들에게 구수한 남도사투리로 송광사를 안내하였다. 햇볕이 내려쬐는 한여름이나, 차가운 칼바람이 도량을 휩쓸고 가는 한겨울에도 사찰안내에 열변을

토하는 '할아버지 스님'을 만날 수 있었다. 무뚝뚝한 사람도 속사포처럼 쏟아내는 스님의 '명안내'를 듣고 나면, 환한 미소를 지었다고 한다.

자칫 불교하면 어려운 종교로, 스님하면 접근하기 어려운 사람으로 이해하는 많은 관광객들에게 자상하게 재미있는 불교를 맛보여 주었다. 스님의 재미있는 도량 안내는 사람들의 입을 거쳐 먼 마을까지 소문이 났다. 일부러 인암스님의 사찰 설명을 들으려고 오는 참배객도 있었다. "구수한 목소리에 속사포처럼 쏟아지는 인암스님의 송광사 안내는 서울의 5대 일간지가 지면을 할애하여 보도할 만큼 유명했다"는 이야기가 지금까지 전해올 정도이다.

또한 인암스님은 비나 눈이 오는 궂은 날씨에도 매일 송광사 도량을 포행하였다. 전각 하나 나무 하나를 유심히 살펴보면서 천천히 걸음을 옮기는 모습이 단순한 산책 같아 보이지는 않았다. 때로는 뿌리가 드러난 나무에 흙을 덮어주고, 때로는 신도들이 넘어질까 염려하여 길에 놓인 돌멩이를 치웠다.

스님의 이 같은 모습을 본 대중들은 "송광사 도량의 건물에서부터 불상, 탱화, 보물은 물론 관목 하나 개울의 징검다리에 이르기까지 스님의 발길과 손길이 가지 않은 곳이 없고 또한 스님의 손길이 수없이 닿았다"고 회고한다. 이처럼 송광사에 대한 스님의 '끝없는 사랑'은 도량을 찾아온 참배객들에게 구수한 설명을 자청했던 중요한 까닭 가운데 하나이다.

수행자의 덕목 가운데 하나가 말을 적게 하는 것이다. 꼭 필요한 경우가 아니면 입을 열지 않는 것을 예로부터 수행자의 미덕으로 여겨왔다. 하지만 말을 많이 했던 인암스님은 예외였다. 물론 실속 없는 이야기는 적었고, 꼭 필요한 말을 많이 했을 뿐이었다. 대화의 상대는 주로 도반이나 후배스님들 그리고 재가불자들과 일반인들이었다.

"불교는 뭐니 뭐니 해도 대자대비(大慈大悲) 정신이 근간입니다. 부처님께서 중생들을 바른길로 인도하는 교훈도 대자대비에 있습니다." 스님은 "나 또한 자비심을 베풀어야겠다 싶어 그쪽으로 많이 노력했다"면서 "부처님 정신을 이어받자는 뜻에서도 항상 웃음을 띄운다."고 말했다.

다른 사람이 보기에 얼굴 찌푸릴 일이고, 마음을 다칠 상황에 부딪혀도 미소를 잃지 않았던 스님의 행동은 부처님의 대자대비 정신에서 비롯된 것이다. '마음먹기에 따라' 극락도 지옥도 갈 수 있다는 생각을 스님은 갖고 있었다.

"지금 사회는 부처님 가르침과는 너무나 다른 것 같아요. 조용히 정진만 하는 것을 이해하지 못하지요. 그것에 비해서 사회 인심은 아주 험해요. 아버지가 자식을 죽이지 않나 자식이 아버지를 죽이지 않나, 이런 때일수록 불교인들이 적극 나서서 좋은 곳으로 선도해야 합니다. 즉 포교를 해야지요. 여기 송광사의 구산스님이나 법정스님처럼 큰 포교를 해야지요. 사회로 진출해서 그들의 고통과 가난을 함께 해야지요."

송광사 스님들은 인암스님을 두고 "청빈한 수행자의 모범이라 스님의 삶 자체가 후학들로서는 깊이 명심하지 않을 수 없는 가르침"이라면서 "도량을 가꾸어 나가는 것도 적은 대로 만족하고 소박한 것에 마음 쏟을 줄 아는 스님이셨다"고 회고한다.

1983년 부처님오신 날을 앞둔 어느 날 송광사에서 후학들과 차담을 나누던 인암스님은 후학들에게 "나는 이제 얼마 안 남았어. 시간이 다 되었어."라며 사바세계와 인연을 마칠 때가 됐음을 예고했다. 한 생을 마감하는 날이 다가오고 있음을 '자연스럽게' 인식한 노스님의 말을 들은 대중들은 가슴이 철렁 내려앉는 것 같았다고 한다. 그러나 평생 송광사 도량을 외호하며 넉넉한 웃음과 재미있는 말씀으로 후학을 인도하고 불자들을 부처님의 세계로 안내했던 인암스님의 표정에는 미동이 없었다. 스님은 그저 방을 한 바퀴 둘러보고, "내가 송광사에서 청춘을 바쳐 살았지만 후회는 없고, 한 달을 더 살던 일 년을 더 살던 간에 바람이 하나 있지. 악한 말 하지 않고 목숨 다할 때까지 마음 착하게 쓰다 가야지. 희망하는 것은 오로지 선(善)하게 사는 것이요."

인암스님은 1986년 11월14일 송광사에서 원적에 들었다. 이때 스님의 세수는 78세, 법납 60세였다.

조계총림장으로 다비를 모신 후 은사의 유품을 정리하던 상좌들은 다시 한 번 놀랐다고 한다. 교구본사 주지를 역임했지만 예금통장 하나 간직하지 않을 만큼 청빈한 삶을 살았다. 말년에는 그나마 있는 모든 것을 사중에 회향했다. 남아 있는 물건이라고는 당신이 평생 삐뚤빼뚤한 글씨로 쓴 철자법 틀린 시조를 모아놓은 공책 몇 권이 전부였다. 스님의 상좌들은 뒷날 시조집을 근간으로 〈인암시조선〉을 펴내 스님의 뜻을 세상에 알렸다.

스님은 평생 시조(時調) 형식의 일기를 썼다. 다소 투박하지만 오히려 스님의 솔직담백한 모습을 보여주는 글이다. 스님이 원적에 든 후 제자들이 시조를 묶어 책을 펴냈다. '송광사순례시조(松廣寺巡禮時調)'란 부제가 붙은 〈인암시조선(忍庵時調選)〉이 그것이다. 300여 편의 시조가 담겨있다.

인암스님의 상좌인 보휘(普輝)스님은 〈인암시조선〉을 펴내면서 "평소 가난한 수행자로 안과 밖의 살림살이를 꾸려 오신 시조를 통해 다시 한번 스님의 모습을 보는 듯한 느낌"이라면서 "스님의 상신(相身)은 갔지만 남기신 시조들은 목탁소리 되어 조계산에 언제까지나 울리고 있다"고 은사스님을 추모했다.

송광사 안내하는 인암스님이야기.

구수한 전라도 사투리와 속사포처럼 쏟아지는 송광사 설명은 인암스님을 많은 사람들이 지금까지 기억하게 하는 이유이다. 더구나 시골 할아버지처럼 친근한 스님의 '용모'는 불자들과 관광객들에 편안한 마음을 갖게 했다고 한다. 마치 고향을 떠나지 않고 묵묵하게 지키며 사는 촌로(村老)를 만난 듯 마음이 홀가분해짐을 느꼈다. 또 송광사 도량을 근거로 부처님 가르침을 쉽게 알아듣도록 이야기보따리를 풀어 포교의 중요한 역할을 했다.

스님은 몸이 불편하더라도 사찰 안내를 부탁하는 관람객이 있으면, 자리를 훌훌 털고 일어났다. "아이고, 내 설명을 들으려고 먼 길 마다않고 여기까지 왔는데 내가 누워 있으면 안 돼지." 요사채를 나선 스님은 당신과 나이가 비슷한 주장자를 들고, 108염주는 목에 걸고 나섰다.

"앞서시오. 어디부터 말해줄까요." 스님의 도량 안내가 시작되면, 얼마 되지 않아 기차놀이 하는 것처럼 많은 사람이 모여들었다. 그리고는 곧 박수소리와 웃음소리가 절 마당을 메웠다. 어떨 때는 너무 많이 운집해 뒤에 있는 사람들이 "앞에 있는 분들은 좀 앉으세요"라며 투정 아닌 투정을 할 정도였다.

송광사를 중창한 보조국사는 자신이 입적하기 전 짚고 다니던 지팡이를 땅에 꽂아 심으며 다음과 같이 말했다고 전해진다.

> 향나무야, 향나무야. 너와 나는 생사고락을 같이하자꾸나.
> 내가 죽으면 너 또한 숨죽였다가
> 내가 후생에 태어나 이 도량에 다시 오거든
> 그때는 너도 다시 새 잎을 피우며 나랑 같이 살자꾸나.

관람객들을 두고 인암스님은 그 나무 앞에 서더니 "괘씸타, 이 고향수야! 네가 죽었으면 정녕 썩어 문드러져야 도리지, 옳고 아니 죽었다면 무성하게 잎을 피워서 무더운 여름날 지나가는 길손의 땀이라도 씻어주는 그늘이 되든지 해야 마땅하거늘 죽은 것도 산 것도 아닌 헛것이 어찌 감히 사람을 우롱한단 말이냐! 이 싸가지라곤 어림 반 푼어치 없는 놈의 향나무야. 오지도 않을 보조국사 지눌일랑 혀 빠지게 기다리지 말고 차라리 눈보라 휘몰아치는 엄동설한에 과부방 구들장이나 데우는 땔감이 되는 것이 어떠한고?"라며 호통을 치니 관람객들은 손뼉을 치며 가가대소를 터뜨린다.

승보전 옆에 용도불명의 속이 움푹 파인 통나무 통이 있었으니 이름하여 '비싸리구시'였다. "요 물건이 도대체 무엇이냐? 어떤 여고생들은 이 통을 보고 아이고 중들이 여고서 꾀 벗고 목간허던 목간통인가 보다 호호호 웃고 할머니들은 아따, 중들이 얼마나 밥을 많이 먹는디 요로코롬 밥통이 크다냐 히히히 웃는디. 요 물건이 어디 쓰는 물건이냐면 초 파일날 사부대중 먹일 밥 퍼담어 놓는 통이여.

이 나무를 오대산에서 궁궐 기둥으로 쓸려고 베는디 꿈쩍하지를 않어. 야, 이늠아. 임금님 계신 궁궐 기둥으로 쓸란디 한 번 움직여봐라. 그래도 소용없어. 지리산, 화엄사, 속리산, 법주사…. 왼갖 절 이름을 불러제껴도 당최 꿈쩍을 안 하거든. 그래서 마지막으로 송광사 절 기둥으로 쓸란다고 허니깨 슬슬 움직이더란 것이여." 사람들은 또 웃는다..

지장전 앞에 있는 한 그루의 나무가 있는데 스님은 그 나무를 '간지럼 타는 나무'라 했다. 실제로 그 나무는 이파리 하나를 건드리자 점점 크게 일렁이더니 나중에는 나무 전체가 부르르 떨었다. 이렇게 재미있게 걸쭉한 입담으로 송광사를 안내하는 덕에 스님은 당시 스타가 되었다.

하루는 은사의 건강을 염려한 상좌가 인암스님에게 어렵게 말문을 열었다. "은사스님, 몸이 편찮으실 텐데 오늘은 쉬시지요." 그러나 스님의 답은 분명했다. "아니다. 이렇게 설명하는 것 또한 불교포교의 길이다."며, 자칫 불교하면 어려운 종교로, 스님 하면 접근하기 어려운 사람으로 이해하는 많은 관광객들에게 자상하게 재미있는 불교를 맛보여 주었다. 스님의 재미있는 도량 안내는 사람들의 입을 거쳐 먼 마을까지 소문이 났다. 일부러 인암스님의 사찰 설명을 들으려고 오는 참배객도 있었으며, 주요 일간지에도 보도되었다.

인 암시조선에서...

#...인암시조선의 첫 작품인 '귀의삼보'

　　복덕구족하신 완인격(完人格)에 귀의합니다.
　　이 몸이 완인성취되야 이고득락 하여지고,
　　온 누리가 미(美)의 세계로 장엄되어 지이다.
　　부처님 지혜광명 그대로 귀의합니다.

　　밝은 빛 법계편만(法界遍滿) 두루 퍼져 번지옵고,
　　모두가 진(眞)의 세계로 전개되여 지이다.
　　부처님 평등자비 화목화합에 귀의합니다.

　　이 귀의 승화하여 인류가 모두 완인성취되여,
　　모두가 끼리끼리 선의 세계로 이뤄 지이다."

#...행자시절

　　굴레도 덜째인 채 잡아매어 길 안들이고,
　　멍에를 들러씌워 벅찬 힘 못 이긴데,
　　무거운 짐을 끄니 무용우(無用牛)로 풀렸소.

　　기왕에 일을 맡았으면, 최선을 다해야 하지 않었어.
　　할 수 있는 만큼 노력을 다하는 것이 옳제.
　　무슨 일이든 긍정적으로 마음을 먹으면 일이 풀링께.
　　낙담하면 안되제. 그렇게 살았어. 지금도 그렇고.

#...1920~1930년대 먹고 살기 힘들었던 절집 분위기.

　　고삐 없이 놓아 먹여 길 안들인 송아지에,
　　창(倉) 곡식 축낼까봐 웅성거린 사육주(飼育主)님,
　　먹이에 혹(酷) 눈초리 도적 대하듯 매서롭다.

#...한창 공부할 무렵 겪었던 어려움을 표현.

　　태산령(泰山嶺) 넘어서면 평탄지(平坦地) 나온다고 하는데,
　　갈수록 험산(險山)이요 형극험산(荊棘險山) 첩첩(疊疊)이네,

아뿔싸 여호(女狐) 몰려들어 진퇴양난이옵네.

#...미소

누구든지 먼저 보면 웃어버리지요.
뾰라지가 나더라도 먼저 미소를 지으면
상대방이 기분 좋아라하고
그렇게 해서 남하고 싸운 일이 없어요.

우사충정(憂寺沖情)/ 한국전쟁 당시 큰절을 비울 당시 참담한 심경.

빈 법당 옛 부처님 산 속에 모셔두고,
부모님 떼어 내는 듯 잊을 수 없음에라.
등불 앞 불나비처럼 드나들던 일단심(一丹心).

#...국군의 소개령에 의해 송광사 대중들이 강제로 절을 떠났다가 돌아오던 날을 인암은 이렇게 기억한다.

피난 짐 걸머지고 기구하게 돌아오니,
예보던 나무들은 졸린 듯 고요하고,
산새는 제 알아본 척 다람쥐는 숨더라.

#...송광사로 돌아온 인암은 어렵게 위기를 넘긴 성보를 일일이 챙기고 점검했다.

구출된 너희들이 고스란히 모였구나.
오늘에야 너희들 얼굴을 내다본다.
한 손에 목록 책을 들고 눈물겨워 하노라.

#...후학들은 1986년 인암스님 영결식에서 한국전쟁 당시 고초를 겪으며 도량을 외호한 인암스님의 행장을 이렇게 기술하고 있다.

전쟁의 참화를 피해 산지사방으로 뿔뿔이 흩어져 버린 대중들.
가고 없는 텅 빈 송광사를 지키며 스님께서는
필설로 다 할 수 없는 고초를 겪으셨습니다.
낮에는 경찰들에게 두들겨 맞고
밤에는 공비들에게 생명을 위협 당하며
그나마 남은 삼보의 정재를 보호한 위법망구의 고행을

오늘 우리들이 어찌 상상이나 하겠습니까

#...노산 이은상 과의 '시조대결'

노산 이은상.

어디메 계시나요 언제 오시나요
말세 창생을 뉘 있어 건지리까
기다려 애타는 마음 임도 하마 아시리.

인암 스님.

살아서 푸른 잎도 떨어지는 가을인데
마른 나무 앞에 산 잎 찾는 이 마음
아신 듯 모르시오니 못내 야속합니다.

#...노초절(老初節)

박식(薄識)에 무능(無能) 겹쳐 스님 축에도 못 드는데,
부처님께 받은 은혜로 재앙과 재난을 피하고 살아난 몸
은혜를 느껴, 절을 위하는 마음을 생명으로 삼으며 반 백년을 늙었소.

#...대자대비

나도 자비심을 베풀어야겠다 싶어 많이 노력했어라.
부처님 가르침을 이어받으려고 항상 웃음을 지엇당께.
누구든 먼저 보면 웃어 버려.
그럼 상대방 기분이 좋아져 싸울 일이 없지라.

#...자연사랑

아침 문 일찍 열면 산(山)을 즐긴 마음이오.
저녁 창(窓) 늦게 닫음은 달을 사랑한 탓인데,
백운(白雲)에 절을 한 것은 무애자재(無碍自在) 따르고파.

#...조계산찬가(曹溪山讚歌)

山(산)아 曹溪山(조계산)아 네 이름이 장하구나

쓰러가는 祖道正法(조도정법)을 이르켜 세운 네 이름이

山(산)아 曹溪山(조계산)아 네 이름이 壯(장)하구나
億萬年(억만년) 이 疆土(강토)를 지켜 가꾸어 주신 네 모습이

山아 曹溪山아 네 얼굴이 찬란하구나
曹溪宗家(조계종가) 十六國師(십육국사)를 나 길르신 네 정성이

山(산)아 曹溪山(조계산)아 네 氣象(기상)이 雄壯(웅장)하구나
不逼風雨(불핍풍우) 億萬年(억만년)에 우리 民族(민족) 얼일런가
勇隆(용융)한 네 氣象(기상)이

山(산)아 曹溪山(조계산)아 네 모습이 柔軟(유연)하구나
어머니 품안처럼 慈軟(자연)스러운 네 모습이

山(산)아 曹溪山아 네 肉德(육덕)이 푸근하구나
오늘도 또 와서 나부대니 하마한들 버리시랴

#...해탈문

　　까닭도 모르는 채 얽힌 대로 얽힌 인간,
　　풀면 풀리는 걸 풀 줄 모른 범부(凡夫)이라,
　　부처님 대자대비(大慈大悲)로 해탈문을 여소서.

#...일상생활을 하면서 물고기와도 평등한 마음을 가졌던 시

　　양치솔 입에 물고 메기밥 손에 든 채,
　　고기떼 노는 양(樣)을 이윽고 내려다본다,
　　그림자 물에 잠겨 나도 또한 고기떼.

#...달을 씻는 누각

　　마음의 밝은 빛을 무명(無明) 구름 뒤덮으니,
　　사상산(四相山아상, 인상, 중생상, 수자상) 중생들이 어둠 속에 헤매는 구나,
　　저 구름 거두기만 한다면 삼천대천(三千大千) 밝는 걸

일각스님
1924~1996년

은사 효봉스님.
상좌 대우스님

회 광당(廻光堂) 일각(壹覺)스님..

은사효봉스님. 송광사 삼일암에서 입적.

"승려는 원래 가사를 벗지 않아야 한다. 가사를 입는 것 자체가 자신의 수행에 한점 흐트러짐도 없이 정진 하겠다는 발원이다."며 평생 가사장삼을 수하고 지낸 일각스님. 스님은 당신 스스로 후학들에게 계율을 소 중히 여겨야 함을 행동으로 보여 주었다. 가사를 수하 는 이유에 대한 일각스님의 법음이다.

구 산스님의 뒤를 이어 조계총림 방장을 역임한 회광당 일각(壹覺)스님은 철저하 게 효봉가풍을 이었다. 일제시대를 거치며 대처승들의 절이 되어버린 송광사는 1937년 효봉(曉峰 1888~1966)스님의 등장으로 새로운 전기를 맞게 된다. 효봉스님 이 근대 한국불교에서 송광사의 가풍을 세우고 기틀을 닦았다면, 그 맏상좌인 구산(九 山)스님은 해인총림에 이어 호남의 송광사에 조계총림의 문을 열고 초대 방장으로 취 임해 송광사 선풍을 진작시킨 양대 거목이라 할 수 있다. 따라서 근대불교에서 송광사 의 역사는 효봉문중의 역사라고 할 수 있을 것이다.

구산스님의 뒤를 이어 방장을 역임한 일각스님과 그 뒤의 방장보성(普成, 1928~)스 님은 철저하게 효봉가풍을 이어갔다. 효봉스님의 상좌인 일각스님은 교사출신으로 아 이를 때리는 자신의 모습을 보며 자괴감과 허무함을 느껴 출가했다고 한다. 일각스님 도 효봉, 구산 스님에 이어 24시간의 용맹정진과 14시간 가행정진을 함께 하며 수행 에 모범을 보였다. 구산스님에게 사미계를 수지한 보성스님은 율사로 이름이 높다. 구 산스님의 상좌들은 대대로 주지와 선원장을 역임하며 송광사의 가풍을 지켜나갔다. 현고스님, 현묵스님, 현봉스님 등이 그들이다.

일각스님은 1924년 2월 15일 평안남도 개천군중남면 청곡리 454번지에서 연안 김씨 재혁을 아버지로 이연희를 어머니로 6남매중 둘째 아들로 출생하였다.

1943년 평안남도 안주 공립농업학교 졸업, 당시로는 신식교육을 받은 스님은 동국대의 전신인 혜화전문학교에 입학해 국문학과에서 수학한 후, 1947년 지리산 칠불암에서 효봉스님을 은사로 모시고 출가해 탄허스님을 계사로 사미계를 수지하고, 효봉스님 밑에서 수행정진했다.

1948년 해인사 가야총림에서 안거 이래 12하안거 성만한 스님은 통도사에서 자운스님을 계사로 보살계 및 비구계를 수지했다. 1957년 동화사 금당선원에 입승을 보며 수행정진에 박차를 가하였다. 1960년 미래사 주지, 1962년 충무 용화사 주지를 역임하였다.

1968년 4월 세계불교도대회 콜롬보 제10차 대회 한국대표로 참가하여 우리 불교를 세계에 알리는데 역할을 다하였으며, 1968.4~1970.8 WFB 초청으로 한국불교 전통계맥 연구차 유학(태국, 인도, 동남아 등)에 유학하였으며, 1970.4.1~9일 세계불교홍법대법회 (홍콩) 한국대표로 참가하였다.

1970-1974년 중앙종회의원, 중앙감찰위원, 1971.1-1973.7 송광사 주지, 1972.10월 통도사 금강계단에서 근본불교 전통계맥 계승을 위하여 태국 고승 10인 초청, 비구계 산림 봉행(시 동계 수계자 53명), 1973.2.21일 태국불교사절단을 초청하여 한국불교계 순방, 한 태 불교 교류 증진 등 스님은 한국불교를 국외에 널리 선양하였다.

1983.11월 유럽순방 도중 조계총림 방장 구산스님 입적하자 귀국하여 1984.4.25일 조계총림 제3대 방장에 취임하였다. 이후 하안거 결제부터 상당법어, 납자 제접을 하며 일각스님은 당신 스스로 후학들에게 계율을 소중히 여겨야 함을 행동으로 보여 주었다.

일각스님은 스스로의 진면목을 발견하려면 참선을 게을리 해서는 안된다고 강조했다. "우리는 언제 참선해야 합니까. 이런 생각도 필요가 없는 것입니다. 참선을 하는 시간이 따로 있을 수 없으니까요. 시시각각 하루 스물 네시간. 이틀이면 마흔여덟 시간. 그 모든 시간이 바로 자신을 비추는 반조의 시간이요, 참선의 시간이 돼야 한다는 겁니다.

인생살이가 모두 반조의 시간이요, 참선의 시간이 되야 합니다. 반찬거리를 사러 가서도, 부부싸움을 하면서도 스스로를 비춰보십시오. 내가 지금 하고 있는 행위가 무엇인

가를 분명히 알지 못하면 한낱 몸뚱이의 움직임일 뿐이고 그것을 알면 인간의 생명을 가치있게 이어 나가는 것이라 할 수 있겠습니다."

1984.5월 조계총림 전국불일회 총재 취임하였으며, 효봉문도회 문장에 추대되었다. 1987.1월 보조사상 연구원 총재에 취임, 이듬해 1988.10월에는 송광사 대웅보전 낙성식 및 제8차 중창 불사 증명하였으며, 1989.9월 세계불교도국 순례 (미주, 유럽, 동남아 등 : 시자 대우)를 하고 돌아왔다.

1990년 대한불교 조계종 원로회의 의원에 추대되었고, 1994년 조계총림 제4대 방장에 재임되어 총림을 반석위에 올려 놓았다.

1995년 대한불교 조계종 원로회의 부의장 , 조계종단 단일수계산림 증사, 1996.5월 송광사 서울분원 법련사 영산대법전 낙성식 및 삼세여래 사대보살상 봉안 증명 등 스님에게 맡겨지는 모든 소임을 성실히 수행하였다.

그리고.. 스님은 1996년 6월23일 오후 9시30분 송광사 삼일암에서 입적했다. 승납 50세, 세수 73세.

悟道頌(오도송)

　　一擧一投卽禮佛　일거일투즉예불
　　손 한번 들고 발 한번 옮기는 것이 곧 부처님 앞에 예배 올리는 것이요

　　言言語語是誦經　언언어어시송경
　　말 한마디 한마디 계속 하는 것이 부처님 경전을 외움이 되는 것이다.

　　若無禮佛誦經時　약무예불송경시
　　만약에 그대가 부처님 앞에 예배도 올리지 않고 경전도 외우지 않으면,

　　閑日樓上一太鍾　한일루상일태종
　　한가한 날 누각 위에 매달려 있는 하늘보다 더 큰종을 볼 수 있으리.

臨終偈(임종게)

　　念起念滅卽生死　염기염멸즉생사
　　생각이 일어나고 생각이 없어지는 것이 곧 생사요

　　無起無滅卽涅槃　무기무멸즉열반

일어나지도 없어지지도 않는 것이 곧 열반이다

生死涅槃誰由事 생사열반수유사
생사와 열반이 누구를 말미암아 있는 일이냐

古往今來手裏掌 고왕금래수이장
옛날부터 오늘날까지 손등과 손바닥이니라

일각스님의 법문

'불법재세간(佛法在世間)하니 불리세간각(不離世間覺)이라' 는 말이 있습니다. 이 말은 '부처님의 법이 세간에 있으니 세간의 깨달음을 떠나지 않는다' 는 뜻입니다. 흔히 부처님을 출세간(出世間)한 분이라고 합니다. 세간을 떠난 사람이라는 말입니다. 또 스님들도 출가(出家)한다는 말을 합니다.

그런데 부처님 법이 세간을 떠나 있는 게 아닙니다. 부처님이나 스님들이 모두 세간을 떠나 살고 있는데 부처님 법이 세간에 있다는 말은 얼른 생각하면 모순처럼 보입니다. 그러나 그것은 모순이 아닙니다.

세간이라고 하는 것은 우리의 마음이 세간에 집착해 있는 상태를 말하며 세간살이의 집착을 떠난 상태를 말합니다. 이 세상살이에 자기의 고집이 서 있으면 그것은 세간이 되는 것이고, 고집없이 살면 그것은 출세간인 것입니다.

다시 말해 이 세상을 살아가는 것은 마찬가지지만 고집불통으로 살면 세간이고, 고집 없이 원융(圓融)하게 이해성이 깊고 마음이 두루 통할 때는 출세간이라 합니다.

부처님이나 스님들이 세간을 떠나서 사는 것은 이 세간의 고집을 떠나려는 것입니다. 비록 스님들이 출가를 했다해도 마음의 고집을 버리지 않으면 그것은 출세간이 아닙니다. 반대로 집에서 가정생활을 하며 살더라도 마음의 고집불통만 떠났다면 그것은 진정한 의미의 출세간입니다. 부처님 법의 최후의 목적은 고집을 떠나는 것에 있습니다.

반야심경의 '아제아제 바라아제 바라승아제' 라는 말도 마음의 고집을 버리라는 뜻이라고 합니다. 부처님의 마음은 그런 고집을 부리지 않는 마음입니다. 고집을 부리지 않는 청정한 마음이 곧 부처님 마음인 것입니다.

부처님의 거룩한 외형적 모습만 보고 부처님이라 하면 안됩니다. 마음이 청정한 것을 보고 부처님이라고 해야 합니다. 아집없는 청정한 마음으로 몸뚱이 받는 게바로 부처님 몸이며, 부처님의 마음입니다.

마음이 청정하다고 하는 것은 물로 씻어서 깨끗한 상태를 말하는 것이 아니라 허공처럼 통하지 않는 곳이 없이 두루 미치는 것을 말합니다. 허공이란 막힘이 없이 어느 곳에나 다 통하는 것입니다. 그런데 마음에 어떤 고집이 있으면 고집에 걸려 통하지 않게 됩니다.

부처님 마음이란 터럭 만한 고집도 없는 청정한 마음을 가리킵니다. 청정이 곧 부처님입니다. 청정한 마음으로 몸뚱이를 받는 것이 부처님 몸이며, 부처님 마음입니다. 마음이 걸림 없으면 몸뚱이도 걸림 없이 행동하게 됩니다.

마음의 고집만 떠날 수 있다면 그것이 바로 출세간입니다. 머리를 깎지 않았어도, 가사(袈裟)를 입지 않았어도 마음의 고집을 떠나면 진짜 출세간인 것입니다. 세간, 출세간은 마음 따라서 있는 것이니 부처님 법이 세간에 있는 것입니다.

또 깨달음은 세간을 떠나서 있는 게 아닙니다. 부처님 말씀을 전해 듣고, 마음의 고집만 떠난다면 모든 곳에 두루 통하게 되므로 출세간이 됩니다. 세간에서 법을 깨치는 것이지 결코 출세간에서 깨치는 것이 아닙니다. 집안 살림살이를 하면서 마음이 두루 다통할 수 있도록 고집을 없애면 되는 것입니다.

마음의 고집을 없애는 것은 마음이 청정해지는 것이며, 청정해진다는 것은 허공과 같이 통하지 않는 곳 없이 두루 통하는 것입니다.

흔히 청정해진다고 하면 아무 생각도 하지 않고 우두커니 앉아 있는 것으로 오해하고 있습니다. 청정해진다는 것은 그런 것이 아닙니다. 우리의 마음, 즉 본심은 처음부터 청정하다고 합니다.

이 본래 청정한 마음을 자꾸 사용해야 합니다. 이 청정한 마음은 아무리 사용해도 더러워지지 않습니다. 청정한 것을 자꾸 사용하니까 그대로 청정한 것입니다.

우리가 누구와 마음이 늘 통해 있다면 그런 마음으로 한 사람과 통해 있는 것보다 열 사람하고 통해 있는 것이 훨씬 좋습니다. 이 세상 물건은 쓰면 때가 묻고 부서지지만 우리의 본심은 쓸수록 더 청정해집니다. 그것이 부처님 법입니다.

그런 청정한 마음은 자기의 마음이 있는 곳에 있으며, 바로 자신이 있는 곳에 있습니다. 학교에 가면 학교에 있으며, 부엌에 있으면 부엌에 있고, 절에 가면 절에 있는 것입니다. 그래서 부처님 법이 세간에 있다고 하는 것입니다. 깨달음은 세간을 떠나지 않는다는 말입니다.

세간을 떠나 부처님 법을 구하려는 것은 마치 "토끼의 뿔을 구하는 것과 같다"고 육조 혜능 스님께서도 말씀하셨습니다. 절에 가야 부처님 법이 있다고 하거나, 도시가 아닌 산중에 가야 부처님 법이 있다고 생각하는 것은 잘못된 것입니다.

자신의 마음이 있는 곳이 바로 부처님 법이 있는 곳입니다. 지금 자신이 고민하고 있는 곳, 불안해하고 있는 곳에 부처님 법이 있다고 생각해야 합니다.

'마음이 괴로우니까 절에 가야겠다'거나, '절에 부처님 법이 있으니까 절에 간다'는 생각보다 마음 괴로운 여기가 부처님 법이 있는 곳이라고 생각해야 합니다. 그래야만 불안이 해결됩니다. 절에 가서도 그렇게 생각하지 않으면 해결되지 않습니다.

게송에 '원각도량하처(圓覺道場何處) 현금생사즉시(現今生死卽是)'라는 말씀이 있습니다. 이 말은 부처님이 갖추신 원만한 깨달음의 장소가 어디냐는 물음에 현재 나고 죽는 바로 이 자리라는 대답입니다. 여기서도 나타나듯이 자신의 마음을 떠나서 무엇을 생각할 것이 아니라 자신의 마음 그 자체를 들여다보는 것이 바로 깨닫는 장소라는 것입니다.

마음은 본래 나쁜 일을 할 수도 있고, 착한 일도 할 수 있습니다. 부처님이나 조사 스님들은 본래 마음은 선하지도 않고, 악하지도 않은 것이라고 했습니다. 우리가 아무 것도 생각하지 않을 때는 선하지도 악하지도 않습니다.

한 생각 악한 일을 생각했을 때 악한 것이 되고, 한 생각 선한 생각을 했을 때는 선한 것이 됩니다. 이처럼 악하지도 않고, 선하지도 않는 본래 마음을 바르게 쓰는 것이 부처님 마음입니다.

우리의 마음을 착하게 쓴다고 해서 악한 마음이 없는 것은 아닙니다. 훌륭한 사람과 그렇지 못한 사람의 차이는 악한 마음을 나타내지 않을 능력이 있다는 것입니다. 우리의 마음을 한 번 잘못 쓰면 악한 사람이 되는 것입니다.

부처님 법이란 바른 일을 하는 것이며, 부처님의 제자들은 마음에 중생심이 있으면서도 바른 마음이 되게 하는 것입니다. 이런 관점에서 볼 때 불(佛)이란 부처님의 청정한

마음이며, 법(法)은 청정한 마음이 바른 생각을 하는 것이고, 승(僧)은 바른 생각으로 중생심을 변하게 하는 것이라고 할 수 있습니다.

불법(佛法)이 반드시 절에만 있다거나, 출가를 해야 한다는 것은 잘못된 생각입니다. 자기 자신이 있는 여기가 바로 불·법·승이며, 자기 자신이 바로 불·법·승이 되는 것입니다.

우리의 마음은 습관들이기에 달려 있습니다. 바른 마음을 익히면 바르게 되고, 삿된 생각을 계속하게 되면 삿된 마음이 싹트게 됩니다. 한 생각 삿되게 되면 구렁이가 되지만 한 생각 자비심을 내면 보살이 되는 것입니다. 이렇게 우리의 생각은 천변만화(千變萬化)하는 것입니다. 이런 우리의 마음을 잘 다스려 세간에 살면서 출세간의 삶을 꾸려 나가야 할 것입니다.

회 광당 일각 스님 법어집 중에서

玄妙한 이치는 깊고 깊어서...

도저히 눈이나 귀나 마음으로 측량할수도 없고 눈이나 귀나 코나 이 육근으로도 알 수 없고 마음으로도 알 수 없으며 생각으로도 미치지 못하고 그 무엇으로도 알수 없는것이다.

마치 가을날에 과일이 익으면 저절로 붉어지는 것처럼 붉어지는것이 보이지 않지만 어느새 빨갛게 과일이 익는거와 같다.. 妙理란 그런것이다.

부처님 법은 그러한 묘한 이치, 알 수 없는 그런 이치에서 나온것이다.옛날 모든 선사들이 그 묘한 이치를 터득해서 그 묘한 이치속에서 살아 가셨다.

毛呑大海芥納須彌 모탄대해개납수미...

조그마한 터럭속에 바다를 넣고 겨자씨 속에 수미산을 넣는다는 말이다. 겨자씨속에 어떻게 수미산을 넣고 터럭속에 어떻게 바다를 넣을수 있느냐고 생각 할 지 모르지만 "넣을수 있다" 하지만 억지로 넣으면 겨자와 터럭이 상하게 되어 결국은 탈이 난다.

하지만 서로 옳게 넣는것이 묘리이니 어떻게 하면 되느냐? 그것은 우리 자신이 배워서 스스로 해야지 누가 해주지는 못한다. 부처님도 대신 해 주실수가 없다. 그 방법이 이 세상의 법가지고 될리가 없다.

어떻게 겨자씨 속에 수미산을 넣을것이며 어떻게 우리 머리털 속에 바다 물을 다 넣을 수 있겠느냐? 도저히 이거는 불가능한 것이며, 그렇게 생각하는것 자체가 잘못이다.

그것을 넣으려고 하는 행동은 마치 기와장을 갈아서 거울을 만들려는 사람과 같고 또 눈(雪)을 모아서 쌀을 만들려는 사람과 마찬가지이다.

그러면 어떻게 해야 옳게하는것인가?

"一切唯心 일체유심이요 萬法唯識 만법유식이라" 는 생각이 바로 들어가면 되는것이다. 산이라고 하니까 저 멀리 보이는 산을 생각하고 머리털이라고 하니까 사람의 머리털을 생각하고 바다라고 하니까 태평양 바다를 생각하면 될리가 없다.

다만 일체는 유심이요, 만법은 유식이니 이 세상 모든것은 전부 마음이요. 알음인 것입니다. 산은 산이 아니요. 물은 물이 아닙니다. 산은 산이 아닌 마음이요, 물은 물이 아닌 마음이다.

그러니까 산도 마음이요.. 물도 마음이요.. 사람도 마음이요.. 집도 마음이요.. 절도 마음이요.. 하늘도 마음이요... 일체 모든것은 전부 마음이라고 이렇게 생각해야 합니다.

그러면 머리털도 마음아닙니까? 태평양 물도 마음 아닙니까? 마음과 마음이 상통해서 마음에 마음이 들어가는데 무슨 문제가 있읍니까?

평양 물도 진짜 마음이고 물이 아니라는 말입니다. 이렇게 사고방식이 옳게 들어가면 머리털 속에 태평양 물이 다 들어 갈 수 있고, 겨자씨 속에 수미산이 들어가는 그런 이치를 깨닫게 되는것입니다.

일타스님

1929~1999년

은사 **고경** 스님, 계사 자운스님
상 좌 성진, 혜인, 혜국, 향적, 돈관스님 등 1백여명..

근 · 현대 한국불교를 대표하는 율사 동곡당 일타 스님. 법호는 동곡(東谷), 삼여자(三餘子)이다.

자운율사 계맥 전수 받은 근 · 현대 대표율사.

해인총림 율주와 해인사 주지, 단일계단 전계대화상, 원로의원, 은해사 조실 등의 소임을 맡으며 중생들에게 지혜와 자비를 구족할 것을 당부하신 스님은 1999년 11월 29일 하와이 와불산 금강굴에서 원적에 들었다. 많은 율사 가운데 일타스님은 우리시대 중생들에게 교훈으로 다가온다.

일 타스님은 1929년 충남 공주에서 태어나 14세라는 어린 나이에 외할아버지의 손에 이끌려 양산 통도사의 고경스님을 은사로 삭발염의했다. 나이 스물여섯에 통도사 강백이 될 정도로 경학에 밝았던 고경 스님 밑에서 공부를 시작한 스님은 송광사 삼일선원과 속리산 복천암 선원 등지에서 참선을 하며 깨달음에 대한 수행을 시작했다. 1943년 4월 통도사에서 자운스님을 계사로 사미계 수지했고, 1949년 통도사 불교전문강원을 졸업하고 범어사에서 동산스님을 계사로 보살계를, 자운스님을 계사로 비구계를 받았다.

비구계와 보살계를 수지한 스님은 이듬해부터 일대사 인연을 해결하기 위해 다시 운수납자의 길에 들어섰다. 1946년 송광사 삼일암에서 수선안거를 시작한 이래 응석사 선방, 범어사, 창원 성주사 등 제방의 선원을 돌며 평생 정진의 정진을 거듭했다. 이 과정에서 스님은 위계질서가 문란한 승가를 보며 "부처님 율장에는 이런 현상들을 뭐라고 했을까"라는 의문이 들어 율사인 자운스님에게 의논하자 스님이 '사분율', '범망경' 등 3권을 주어 율서를 읽기 시작하며 율사의 길을 가고자 결심하였다. 일타스님은 이듬해 본격적으로 율 공부를 하기 위해 통도사 천화율원으로 자운 율사를 찾아가 '사분율'(60권), '근본율'(250권), '오분율'(50권) 등 율장 1천부를 1년이 조금 넘는 짧은 시간에 독파하고, 계법(戒法)을 정립하면서 본격적인 율사의 길로 접어들었다.

그러나 그토록 무섭게 계율공부를 하던 스님은 그로인해 시시비비를 가려야 하는 대중공사가 열릴 때마다 불려 다니는 등 불편한 일들이 생기자 회의가 들었다. 또한 그 무렵 "어릴 때 출가해서 나이 26살이 되도록 무엇 하나 뚜렷하게 이룬 것 없이 중 생활을 해왔는데 이래서 되겠는가?" 하는 생각이 들면서 '화두 하나만 갖고 살다가 죽겠다'고 결심했던 발심을 돌이켜 보게 되었다. 그리고 미련 없이 모든 것을 훌훌 털어버리고 오대산으로 들어갔다. 나이 26세에 오대산 서대에서 생식과 장좌불와로 그해 하안거를 마친 스님은 하안거 해제 후 7일간 매일 3천배 용맹정진을 한 다음 자신의 오른손 열두 마디를 태우는 연지 공양을 단행했다. 연지 공양으로 큰 발심을 낸 스님은 1955년 태백산 도솔암으로 들어가 6년간 동구불출(洞口不出), 장좌불와(長坐不臥), 오후불식(午後不食)하며 용맹정진 끝에 깨달음을 얻게 된다.

> 頓忘一夜過　몰록 하룻밤을 잊고 지냈으니,
> 時空何所有　시간과 공간은 어디로 가버렸나,
> 開門花笑來　문을 여니 꽃이 웃으며 다가오고,
> 光明滿天地　광명이 천지에 가득 넘치는구나.

스님은 6년간 태백산에서 홀로 결사를 마쳤음에도 언제나 수행을 게을리 하지 않았고, 경전공부는 물론 책 읽기에도 한 치의 방일함이 없었다. 또한 차(茶)를 사랑하고 좋아하는 마음에서 글쓰기 중 '다향산방'을 즐겼고, 조주의 끽다거를 '끽다거래'로 표현하며 스스로도 그렇게 살아갔다. 이어 제방의 선지식을 찾아 정진하던 중 1976년 48세의 나이에 해인총림 율주로 와달라는 청을 받고 해인사 지족암에 주석하면서 후학을 제접하는 한 편 '사미율의'와 '불교와 계율' 등 율서들을 출판하며 일제강점기에 무너진 계율을 재정립하는데 전념했다.

정진을 통해 정법을 체득한 스님은 이후 종회의원, 교육위원, 법규위원, 역경위원 등을 역임하면서 종단의 궂은일도 마다하지 않고 나섰을 뿐 아니라 일반 재가들을 대상으로 법문과 사미율, 법공양문, 범망경대강좌, 기도, 생활속의 기도법, 범망경 등 20여 권의 신행서를 출판하면서 중생교화에도 앞장섰다.

그 중에서 '범망경'은 대승불교의 청정 생활규범으로, 일타 스님의 엄격한 계율 해석을 담고 있어 출가수행자는 물론 오늘날 극단적인 이기주의에 빠져 있는 일반인들에게도 훌륭한 생활규범을 제시해주고 있다는 평가를 받고 있다.

평생을 몸을 사리지 않는 수행과 정진, 자신을 원하는 곳이면 원근을 가리지 않고 찾아가 교화활동을 펼쳤던 일타 스님은 1999년 11월 29일 미국 하와이 와불산 금강굴에서 세수 71세, 법랍 58세로 입적했다.

열반송

一天白日露眞心	하늘의 밝은 해가 참 마음 드러내니
萬里淸風彈古琴	만리의 맑은 바람 옛 거문고 타는구나
生死涅槃曾是夢	생사열반 이 모두가 오히려 꿈이러니
山高海闊不相侵	산은 높고 바다 넓어 서로 침범하지 않네

일 타스님 자신의 수행이야기...

萬里靑天	가없이 푸른하늘에
雲去雨來	구름흘러 비내리니
空山無人	인적없어 텅빈산에
水流花開	물흐르고 꽃이 피네

우리 집이 친 외가를 포함해 모두 41명이 출가를 했다는 사실은 널리 알려져 있어요. 이렇게 지중한 불연의 연원은 외증조모님부터 시작됩니다.

외증조모님은 슬하에 3형제를 두었는데 모두 솜 타는 공장 일에 매달려 있었습니다. 일본에서 들여온 기계로 실을 짰는데 거의 독점적이었던 관계로 돈을 참 많이 벌었어요. 매월 그믐날 이익분배를 했는데 수익을 4등분해서 1등분은 외증조모님 몫으로 하고 나머지는 외증조모님이 아들집에 머무르는 기간에 따라 할당을 했답니다. 즉 가장 오래 머무른 아들한테 제일 많이 주는 식이었지요. 그러자 서로 모셔가려고 야단이었습니다. 자연히 자식들 간에도 내왕이 잦아지고 우애가 돈독해질 수밖에요. 주변에 효심이 소문날 정도였고 외증조모님의 3형제 자랑도 늘어만 갔습니다.

그런데 하루는 관옥 같은 얼굴의 비구니스님 한분이 탁발을 왔다가 집을 나서면서

"가정에 너무 집착하면 업이 된다."고 하셨어요. 당시 충청도에서는 '업'이라는 말이 최대의 욕이었는데 업은 곧 구렁이를 의미했지요. 외증조모님은 그 말에 충격을 받고 십리를 좇아가서 스님을 다시 집으로 모셔와 업을 피할 방도를 물었지요. 그 스님은 밤새 좌선만 하고 새벽녘이 되어서야 비로소 말문을 열어 "업이 되기 싫으면 자식 자랑 하지 말고 문밖출입을 삼가며 '나무아미타불'을 지극정성으로 염송하라"고 말해주었습니다.

이후 외증조할머니는 바깥출입을 삼가고 돌아가실 때까지 30년 동안 '나무아미타불' 염불을 계속했답니다. 그러자 신통력이 생기기 시작했어요. 하루는 아들더러 "오늘은 불기운이 있으니 공장을 돌리지 말고 물을 준비해라"고 하셨는데, 아니나 다를까 그날 옆집에 불이 났어요.

우리 어머니를 시집보낼 때도 외할아버지를 부르시더니 북쪽으로 30리가면 연안 김씨 집안에 연분이 되는 젊은이가 있으니 혼사를 추진하라고 하셨어요. 외증조모님이 돌아가시자 집주변이 백야처럼 환하게 7일간이나 방광(放光)을 했는데 이 기이한 현상을 본 가족과 친지들이 발심을 하게 된 것입니다.

우리 어머니 역시 외증조모님의 영향을 받아 불심이 돈독했습니다. 선친 역시 불심이 깊었는데 40대 초반에 어머니와 함께 만공스님을 찾아가 스님께 '만법귀일 일귀하처 (萬法歸一 一歸何處)' 글씨를 받아 집에 가져와서는 방벽에다 붙여놓고 틈나는 대로 화두를 들고 좌선을 하셨답니다. 서로 자신이 누워 자는 벽 쪽에다 만공스님의 글을 뗐다 붙였다 하면서 경쟁적으로 공부를 하셨지요. 두 분은 아마도 전생에 우애 깊은 도반이셨을 겁니다.

나 역시 어릴 때부터 불교가 낯설지 않았습니다. 막내외삼촌이 일본 명치대학에 유학한 엘리트였는데 그 외삼촌이 저한테 '일체유심조'란 얘길 처음으로 들려줘 조그만 목판에다 새겨놓고는 수시로 외웠습니다. 한번은 뛰어가다 넘어져서 무릎을 심하게 다쳤는데 이를 악물고 일체유심조를 외우면서 마음도리로 돌렸더니 이내 아픔이 사라졌던 경험이 있습니다.

출가한 이후로도 나는 여러 번의 기도를 통해 신비한 체험을 하게 되고 정진할 수 있는 힘도 얻게 되었습니다.

염불기도 단식기도 절수련 등 기도를 하면 업장이 소멸되고 심신이 정화되는 효과가 있어 화두참선에 들어가기 전에 한번쯤 해볼 필요가 있습니다. 궁극적으로는 일상생활 자체가 기도가 되면 바람직하겠지요. 그러려면 순간순간이 기도가 되어야 하는데 만나는 사람이나, 대하는 물건마다 기도하는 마음으로 정성을 다하면 됩니다. 싫은 사람을 만났을 때도 그 사람을 위해 기도해 준다면, 그리하여 두두물물이 둘 아닌 도리로 돌아가게 한다면 따로 기도시간을 낼 필요도 없게 됩니다.

외삼촌이 또 신묘장구대다라니도 가르쳐주어 마치 노래 배우듯이 어렵지 않게 익혔어요. 또 천수경도 다 외웠습니다. 한번은 소풍가서 장기자랑을 하게 되었는데 학생들이 그걸 외워보라고 해요. 그래서 어깨춤을 덩실덩실 추면서 "…일쇄동방결도량 이쇄남방득청량 삼쇄서방…" 했더니 장내가 온통 폭소도가니로 변했어요. 그때 스님이란 별명도 얻었지요. 14세 되던 해 초등학교를 마치자 아버지는 만공스님 회상으로 입산하시고 나는 외할아버지 추금스님의 손을 잡고 양산 통도사로 들어가 고경스님을 은사로 삭발하게 됩니다.

고경스님은 26세 때 불보종찰 통도사의 대강백이 되실 정도로 경학에 밝으신 분으로 대강백이 되어서도 빨래나 청소를 직접 하시는 바람에 간혹 강백실을 찾은 손님들이 청소중인 고경스님을 시자로 착각, 스님의 행방을 묻는 일도 종종 있었지요. 스님은 또 노모가 늙어 홀로 지내시기 어렵게 되자 통도사로 모셔와 조석으로 문안드리며 지극정성으로 봉양했습니다. 육십이 다 되어서도 팔십 노모를 위해 손수 김도 굽고 반찬도 만들어 드리는 등 효도가 지극하셨어요. 어머니께 염불수행 할 것을 깨우쳐 '나무아미타불' 염불 속에서 편안히 돌아가실 수 있게 했지요. 스님은 참으로 밝은 거울과 같은 분이셨습니다.

정화가 한창이던 때로 기억됩니다만 관청에 반강제로 불려간 적이 있습니다. 당시 '율장에 대처승을 하면 안 된다는 조항이 있는가?' 의 여부를 두고 논쟁이 있었는데 해명을 요구받았었지요. 그래서 율장에 있는 사바라이를 근거로 음욕계를 범하면 반석을 깬 것과 같고 대망어죄를 범하면 목을 벤 것과 같아서 태다라 나무심을 끊어버리면 다시 움이 나지 않고 바늘귀가 똑 떨어지면 다시는 사용할 수 없는 것과 같다고 말해주었습니다.

이런 일을 자주 겪다보니 나중에는 대중공사에서도 자꾸 불러서는 율장에 대한 얘기를 묻는 겁니다. 화두하나만 갖고 살다가 죽겠다고 결심했는데 엉뚱한 일에 휩쓸리다보니 안되겠다 싶어 오대산으로 들어갔습니다. 굳은 심지가 없이는 생사일대사를 해결할 수 없다는 생각이 들어 연비공양을 올리기로 했습니다.

손가락이 없으면 세속적인 모든 생각이 뚝 끊어질 것이고 손가락 없는 나에게 누가 사람노릇 시키지도 않을 것이란 생각이 들었지요. 연비에 대한 마음도 점검할 겸 여름한철동안 장좌불와를 했는데 어느 날 문득 대관령꼭대기에 구름 한점이 흘러가는 것을 보고 인생무상이 뼈저리게 와 닿았습니다.

"이 몸뚱이는 뜬구름과 같아 어디선가 왔다가 어디론가 가 버리는 것에 불과한 것. 이럴 때 깊은 연(緣)을 심어놓아야 허생명사(虛生命死)를 면할수 있으리라" 이렇게 생각하고는 오대산 적멸보궁에서 매일 3천배씩 7일 동안 기도를 드린 후 오른손 네 손가락 열두 마디를 모두 연비하였습니다. 모든 미련을 연비와 함께 태워버리고 홀로 태백산 도솔암으로 들어갔습니다.

아무도 없는 도솔암에서 동구불출하고 오후불식하며 장좌불와하기로 했습니다. 마음 깨치는게 정화지 절 뺐는게 정화인가 하는 생각이 들면서 한 십년간 가부좌를 틀어야 겠다는 각오가 생겼습니다.

화두를 들고 공부를 했는데 화두참구법은 자기가 자기를 돌아보는 공부요, 내 마음을 가지고 내 마음을 잡는 공부입니다. 화두는 마치 열쇠와 같아서 의문이라는 열쇠를 가지고 팔만사천법문이 가득 차있는 근본 마음의 문을 열어 부처를 이루게 하는 도구요 방편입니다. 그러나 이것은 쉬운 일이 아닙니다. 화두가 잘되지 않으면 부처님 명호를 외우듯 속으로 화두를 외우는 송(誦)화두라도 해야 하고 그게 계속되다 보면 생각으로 화두를 드는 염(念)화두가 됩니다.

염화두가 지속되면 일을 하면서도 말을 하면서도 화두가 또렷하게 들리는 간(看)화두가 되고 거기서 대 용맹심을 발하여 한걸음 더 나아가면 참(參)화두가 되는데 참화두만 되면 깨침은 그리 멀지 않습니다. 참 화두로 나아가기 위해서는 수마, 즉 잠이라는 관문을 넘어서야 하는데 이때 필요한 것이 칼끝에 털을 놓고 훅 불면 털이 끊어진다는 취모리검(吹毛利劍) 즉 대 용맹심입니다.

나는 밤에 잠이 오면 경전을 소리 내어 읽기도 했었는데 앉아서 졸망정 누워 자지는 않는다는 각오였어요. 그런데 밤에 경전을 소리 내어 읽다가 딱 그치면 밖에서 "스님 경전 다 읽었다. 가자가자" 하며 사람들이 흩어지는 느낌이 옵니다.

옛 게송에도 "깊은 밤에 경을 읽으면, 보고 듣는 사람 하나 없어도 스스로 천룡팔부가 있어 귀 기울여 듣고서 헤어지더라."는 말이 나옵니다. 지금도 그렇게 열심히 수행하던 때로 돌아가고 싶을 때가 종종 있습니다.

하루는 낮에 하도 졸려서 머리하고 아랫배를 사정없이 두들겨 팬 적이 있어요. "고인들은 공부할 때 잠 오는 것을 경계하여 송곳으로 찔렀거늘 나는 왜 이리 방일한가. 옛어른들은 하루 해가 지나가면 다리 뻗고 울었거늘 나는 왜 이리 방일한가"하면서 막쥐어박았지요. 그날 저녁을 먹고 앉았는데 그야말로 성성적적이라 잠도 안 오고 아주생생한게 밤새도록 화두도 순조로웠습니다. 시간이 얼마 지나지 않은 것 같은데 어떻게 된 셈인지 창문이 자꾸 밝아져 열어보니 날이 훤히 밝았어요. 하룻밤이 후딱 지나가버린 겁니다.

그런데 문을 열어놓고 보니까 평소에는 무심코 지나쳤던 목단 꽃이 봉오리를 활짝 피운 채 벙긋벙긋 웃고 있는 거예요. 웃음 소자와 꽃필 소자가 같은데 꽃이 나를 보고 웃으니 그게 바로 염화미소라 느꼈습니다. 기분 좋다는 말로는 표현이 안 될 정도로 환희심이 차올라 밖으로 뛰쳐나오니 햇볕은 따스하고 새들은 뒤에서 정겹게 지저귀고 있었어요. 이제부터 진짜 공부라는 생각이 들었어요. 이대로 10년만 꾸준히 하면 위없는삼매에 들 것이란 확신이 들었습니다. 그런데 몇 년 지나니까 주위에서 내버려두질 않습디다.

강물 흘러가는 것을 보면 인간의 삶도 물 흐르듯 하나도 고정됨이 없이 흘러가는 것을느낄 수 있습니다. 나그네 길처럼 지나온 일생을 돌이켜보면 모든 것이 인과윤회의 도리로 진행되는 것을 알 수 있습니다. 한 치의 어김도 없이 말입니다.

요사이 세상이 혼란하고 몹시 어지럽지요. 이런 때일수록 사람들 마음까지 각박해지고어두워지기 십상입니다. 그러나 어둡고 혼란할수록 마음의 문을 열어 부지런히 수행에힘써야 합니다. 수행정진에 힘쓰면 마음이 공(空)해집니다. 공해지면 마음이 훤해지고밝아집니다. 그 빛은 밖으로까지 뻗쳐 나와 그 빛을 받는 주위 사람들까지 기쁘고 즐겁고 편안해질 수 있습니다.

나는 상좌들에게 당부를 했어요. 내가 몸을 벗으면 바로 그 곳에서 화장을 해서 3등분하되 한 움큼은 큰 고무풍선에 매달아서 허공에 실어 보내고 또 한 움큼은 찰밥에 섞어산에 흩어주며 나머지는 강이나 바다에 뿌리라고 말입니다. 그래서 새와 산짐승 그리고 물고기의 밥이 되도록 해 달라고요. 부도탑 조차도 거추장스러워요. 생사가 둘이 아닌데 몸을 벗었다고 해서 요란스럽게 떠들 이유가 없습니다.

일 타스님의 '집착을 버리면 행복이 보인다'에서...

#...일심으로 정진하라

옛날, 지극한 마음으로 극락세계에 가기를 원했던 사람이 있었습니다. 그는 만나는 사람마다 극락에 갈 수 있는 방법을 물었고, 그 방법만 알려주면 무엇이든지 하겠다고 했습니다. 마침 땡추중이 이 말을 듣고 그 어리석은 사람을 불렀습니다.

"내가 시키는 일을 하면서 10년 만 시봉하면 극락에 보내주마."

그 사람은 땡추중의 지시라면 입 속의 혀처럼 순응했습니다. 이렇게 10년이 지나자 땡추중은 부자가 되었고 그 사람은 이제 극락에 보내 달라고 했습니다. 땡추중은 그 사람을 데리고 산 위의 절벽으로 갔습니다. 그리고 절벽 위의 소나무에 올라가 두 손으로 가지를 잡고 매달리게 한 다음 자기가 하라는 대로 하라고 했습니다.

"자, 이제 한 손을 놓아라."

그 사람은 한 손을 놓고 한쪽 손으로 매달렸습니다.

"자, 이제 나무아미타불을 외우면서 한쪽 손도 놓아라."

그 사람은 나무아미타불을 외우며 한쪽 손을 놓는 순간, 수천 길 낭떠러지 아래로 떨어졌습니다. 바로 그 순간 오색구름이 나타나더니 그 사람을 태우고 가버리는 것이었습니다.

땡추중은 기가 막혔습니다. 10년 동안 일만 시켜놓고 마지막에 그를 죽이려고 한 것인데 정말로 극락으로 가버린 것이었습니다. 땡추중은 자신의 실력으로 그 사람이 극락에 간 줄로 착각했습니다.

그는 자기도 극락에 가고 싶어 소나무 위로 올라갔습니다. 땡추중은 소나무 가지에 매달려 스스로에게 말했습니다.

"한쪽 손을 놓아라."

"자, 이제 나무아미타불을 외우면서 한쪽 손마저 놓아라."

그는 나무아미타불을 외우면서 마지막 다음 손도 놓아 버렸습니다. 땡추중은 수천 길 벼랑 아래로 떨어져 산산조각이 나버렸습니다.

매우 우스운 이야기 같지만 이것은 일심으로 정진하면 해탈의 경지에 이를 수 있음을 은유적으로 표현한 것입니다. 팽추중에게 속은 그 사람은 오직 극락에 가겠다는 일념으로 일을 해왔기 때문에 참으로 극락에 가는 과보를 받은 것입니다.

우리 불자들은 위없는 깨달음을 얻고자 수행하고 있습니다. 그렇다면 그 깨달음을 이를 수 있는 방법은 무엇이겠습니까? 많은 수행자들은 이를 궁금하게 생각합니다. 그러나 이에 대한 해답은 '일심정진' 이외에는 특별한 방법이 없습니다. 마음을 하나로 모아 부지런히 나아가는 것, 이것이 해탈의 첩경입니다.

문제는 뒤돌아볼 때 생깁니다. 머뭇거릴 때 병은 함께 일어납니다. 분명히 나아가야 할 길을 알았으면 앞으로 나아가기만 하면 될 것을, 공연한 의심을 갖고 게으른 생각을 일으켜서 발걸음을 멈추게 하는 것입니다.

바로 이런 때를 조심해야 합니다. 이 순간에 모든 마(魔)가 함께 일어나는 것입니다. 여기서 발걸음을 돌리면 처음부터 다시 시작해야 합니다. 아니 다시 시작하기조차 어려워집니다. 최초의 그 순수한 마음이 많이 퇴색해 버리기 때문입니다.

그러므로 언제나 깨달음의 길을 열어 보이신 부처님과 언제나 변함이 없는 진리와 나보다 앞서 수행하여 깨달음을 이루신 승보를 생각하면서 거듭거듭 정진의 고삐를 잡아당겨야 합니다.

일심정진으로 이루어지지 않는 일은 없습니다. 지극한 마음으로 법답게 수행하면 반드시 해탈할 수 있다는 것을 명심하시기 바랍니다.

#...세속에서 도를 이룬 부설거사

신라시대 때 부설거사라는 분이 있었습니다. 성은 진씨. 이름은 광세이며 선덕여왕 때 경주에서 태어났습니다. 어려서 출가하여 불국사에서 원정스님의 제자가 된 뒤 여러 곳을 다니며 수행했습니다.

부설스님은 어느 해 오대산으로 가던 중 구무원의 집에서 하룻밤을 묵게 되었습니다. 이 집에는 18세된 묘화라는 처녀가 있었는데 이 처녀가 부설스님을 보는 순간부터 스님을 사모하게 되었습니다. 그 처녀는 결국 부설스님에게 함께 살자고 애원하기에 이르렀습니다. 그러나 부설스님은 승려의 본분을 들어 번번이 거절하자 묘화는 마침내 자살을 기도했습니다.

이에 부설스님은 생각했습니다. '모든 보살의 자비는 중생을 인연따라 제도하는 것이 아닌가.'

부설스님은 마침내 묘화와 부부의 여인연을 맺었습니다. 이제 스님이 아니라 부설거사가 된 그는 15년을 살면서 아들 등운과 딸 월명을 낳았습니다. 그들이 장성하자 부설거사는 아이들을 부인에게 맡기고 따로 별당을 지어 수도에만 전념했습니다. 거사의 몸은 비록 마을에 있었으나 어느덧 마음은 지극히 순화되어 견성을 이루었으니 늘 기쁘고 즐겁고 편안한 마음이 되었습니다. 세수를 안 해도 얼굴에는 항상 광명이 나고, 옷을 빨아 입지 않아도 때가 묻지 않는 이구지보살이 되었습니다. '이구지'라는 말은 때가 떨어져 나갔다는 말로서 마음의 때가 없으니 몸에도 때가 묻지 않는다는 뜻입니다.

이 부설거사가 참선을 하고 있던 어느 날 옛날에 함께 수행했던 영조, 영희 두 스님이 찾아왔습니다. 두 스님은 처자식을 거느리고 참선하는 부설 거사를 비웃었습니다.

"이 사람아, 처자식 거느리고 사는 맛이 어떤가? 이제 도는 멀리 가버렸겠구먼!"

"나는 그저 이렇게 세월만 보낸다네. 자네들은 그 동안 산수 좋은 수도처를 다니면서 도를 많이 닦으셨겠네. 내가 자네들이 올 줄 알고 저기 물병 세 개를 걸어 놓았네. 우리 저 물병으로 도력을 한 번 시험해 보세."

두 스님은 이상한 시험도 다 있다 하면서 부설거사가 시키는 대로 방망이를 가지고 차례로 병을 때렸습니다. 먼저 영조스님이 방망이로 병을 딱 때리니 병이 깨지면서 물이 쏟아졌습니다. 그 다음에 영희스님이 방망이로 두번째 병을 때리니 마찬가지로 병이 깨지고 물이 쏟아졌습니다. 마지막으로 부설거사가 방망이를 받아 병을 때리자 병은 깨졌는데 물은 그대로 허공에 대롱대롱 매달려 있었습니다.

"우리는 출가한 사람이면서도 도력이 미치지 못했네. 재가의 처사가 이런 높은 도력을 지니고 있다니 정말 놀라울 따름이네."

그러자 부설거사는 이렇게 게송을 외웠습니다.

눈으로 보되 보는 바가 없으니 분별할 것이 없고, 귀로 듣되 듣는 바가 없으니 시비가 끊어졌도다. 분별심과 시비의 마음을 다 놓아 버리니 다만 마음 부처를 보고 스스로 귀의할 뿐이다.

인도의 유마거사, 중국의 방, 거사와 함께 부설거사는 우리나라의 대표적인 거사로 손꼽힙니다.

물론 수도 환경이 좋은 산중에서 도를 닦으면 더욱 좋겠지만, 세속에 살면서도 꾸준히 참선, 염불 등의 수행을 하면 마음이 차츰 순화되고 절로 선행을 하게 됩니다.

우리 불자들은 언제 어디서나 어떠한 환경에 놓이더라도 선행을 놓지 말아야 합니다. 출가해서는 비구, 비구니로 재가에서는 우바새 우바이로서 선행을 닦아야 합니다. 출가한다고 해서 도가 저절로 이루어지는 것이 아니듯이, 세속생활을 한다고 해서 도가 달아나는 것은 아닙니다. 비록 세속에 살지라도 마음을 닦아 선행을 이루면 몸만 출가하고 마음은 출가하지 못한 수행인보다 훨씬 공덕이 많습니다. 부디 우리 불자들은 어떤 환경에 처하든 마음 닦는일에 게으르지 말기를 당부드립니다.

#...자신에게 솔직하라.

내 나이 다섯 살 때, 우리 마을을 찾아와서 천수경을 외우며 탁발을 하는 스님이 있었습니다. 그런데 어린 마음에 그 스님의 천수경 외우는 소리가 어찌나 듣기 좋았던지 하루 종일 뒤를 졸졸 따라다녔습니다. 스님은 나를 기특하게 여겨 엿을 듬뿍 사주었습니다. 그 엿을 주머니에 넣고는 한 개씩 꺼내어 씹어 먹으면서 죽자고 따라다니며 '원왕생.. 원왕생..'을 외웠습니다. 어머니 말씀에 따르면 그날 밤 나는 잠을 자면서도 천수경을 외웠다고 합니다. 그러다 보니 언제 외웠는지 모르게 천수경을 다 외웠고 그 외에도 몇가지 경을 나도 모르는 사이에 외우고 있었습니다.

초등학교를 들어간 지 얼마 되지 않았을 때 누구든지 교단 앞에 나와 자유롭게 이야기하는 시간이 있었습니다 나는 그때 앞으로 나가 춤을 추면서 천수다라니를 외웠습니다. "다모라 다나다라 야야 나막알야..." 내가 춤을 추며 이상한 말을 하자 선생님은 물론 아이들까지도 배꼽이 떨어져라 웃었고 그때 이후 내 별명은 중이 되어버렸습니다. 그 뒤 집안의 친가, 외가 식구 49명이 차례로 출가하였고 나도 초등학교를 마친 14세 때 외할아버지의 손을 잡고 통도사에계시는 고경스님을 뵙고 출가하였습니다.

이와 같이 출가한다는 것은 단순한 인연으로 이루어지는 것이 아닙니다. 정녕 전생의 깊은 인연이 없었다면 나의 출가는 이루어지지 않았을 것입니다.

이제 내가 출가한 지도 50년이 넘었습니다. 1949년 나와 함께 통도사 강원을 졸업한 승려는 50명이나 되었는데 지금까지 중노릇을 하고 있는 사람은 나밖에 없습니다. 속가로 돌아가거나 죽은 이를 제외하면 한 두명 있기는 하지만 현재 제대로 중노릇을 하는 이들이 아니기 때문에 나밖에 없다해도 틀린 말은 아닐 것입니다.

그리고 약 20년 전에 해인사 약수암에서 12명의 비구니에게 수계한 일이 있는데 지금은 두 명밖에 남아 있지 않습니다. 제대로 중노릇하기란 이렇듯 어려운 것입니다. 진정 이렇듯 어려운 것이 출가의 길이기 때문에 수행인은 몸과 마음을 함께 출가하여 도에 합치되도록 피나는 수행을 해야 합니다. 그러기 위해서는 항상 처음 발심하였을 때 이루고자 했던 그 맹세를 상기하면서 자신을 꾸짖고 게으름에 빠지지 않도록 경계해야 합니다.

또한 인과의 법칙을 철저히 믿고 항상 바른 신심 속에서 불법을 실천해 갈 수 있도록 자기의 몸과 마음을 다스려야 합니다. 지금의 내가 손 한 번 들고 발 한 번 놓는 일이 복 짓는 일이 아니면 허물을 짓는 일이요, 말 한마디로 사람을 죽이기도 하고 살리기도 하며, 한생각 잘 하느냐 못 하느냐에 따라 복과 허물이 천양지차로 벌어지게 된다는 사실을 명심한다면 어찌 경망되이 노닐 수 있겠습니까?

그리고 잘못한 것이 잇으면 곧바로 잘못을 인정하고 고쳐나가야 합니다. 사실 어느 누구를 막론하고 자기의 잘못을 인정하기란 쉬운 일이 아닙니다. 자기에게 솔직하기가 쉽지 않다는 이야기입니다. 그래서 부처님께서는 보지 않은 것은 보지 않았다고 말하는 것, 듣지 않은 것은 듣지 않았다고 말하는 것, 깨닫지 못한 것은 깨닫지 못하였다고 말하는 것, 알지 못하는 것은 알지 못한다고 말하는 것, 이 네가지를 일컬어 성스러운 말이라고 하셨습니다. 이를 바꾸어 말하면 자신에게 솔직해지지 않으면 성스러운 경지 속으로 들어갈 수 없다는 것입니다.

수행인이라면 그 무엇보다 자기에게 솔직해야 합니다. 아울러 나의 허물에 대해 냉철한 이성을 갖추어야 하고 잘못을 알았으면 곧바로 고쳐 나가는 사람이 되어야 합니다. 출가하신 부처님 역시 출가 전의 모나고 날카로운 부분들은 모두 갈고 닦았기 때문에 원만한 인격을 갖추게 되었음을 알아야 합니다.

진정 우리 불자들은 항상 자기를 성찰하고 채직질하여 모난 구석을 다듬고 부드러움과 원만함을 갖추는 일에 게을리 해서는 안 될것입니다.

#...금생을 놓치면 기회가 없다.

부처님의 10대 제자 가운데 아난존자가 있었습니다. 어느 날 아난존자가 조용히 앉아 좌선을 하고 있는데 모기 한 마리가 앵하며 날아와 뺨에 붙었습니다. 그런데 쫓는다고 건드렸다가 그만 죽여 버렸습니다. 아난존자는 죽은 모기를 손바닥에 놓고 왕생극락을 기원하며 염불을 하다가 모기의 전생을 살펴보았습니다.

그 모기는 삼생 전에 인도 천지를 뒤흔들던 대장군이었습니다. 그러나 장군은 강한 자에게는 약하고, 약한 자에게는 강한 사람이었습니다. 특히 그는 왕에게는 지나치게 아부를 했습니다. 그 결과 다음 생에는 기생의 팔자를 타고 태어났습니다. 뭇 남성들에게 갖은 애교를 떨며 돈을 모았고 남자들의 진액을 빨아들이며 한평생을 보내다 죽었습니다. 마침내 다음 생에는 앵—하며 간드러지는소리를 내며 날아들어 사람의 피를 빨아 먹는 먹이가 되고 말았습니다.

우리는 다행히 사람의 몸을 받았습니다. 생각하는 동물, 만물의 영장으로 태어난 것입니다. 이때를 놓쳐서는 결코 안 됩니다. 바로 이때 마음을 좋고 또 좋게 써서 보다 나은 삶의 길로 나아가야 합니다. 야운스님은 이렇게 말씀하셨습니다. "그대가 사람의 몸을 받아 태어나는 것은 눈 먼 거북이가 구멍 뚫린 나무를 만나는 것처럼 어려운 일이다. 한평생이 얼마나 되기에 도를 닦지 않고 게으름만 부릴 것인가? 사람으로 태어나기 어렵고 불법을 만나는 일은 더욱 어렵나니, 금생에 도를 닦지 않고 헛되이 죽어 버리면 만 겁을 지나도 다시 만나기 어려우니라."

맹구우목盲龜遇木

천 년에 한 번씩 바다 위로 나와 바람을 쐬는 눈먼 거북이. 그렇지만 눈이 멀어 몇 번 허우적 거리다 걸리는 것이 없으면 도로 물 속으로 들어갈 수밖에 없습니다. 그런데 마침 가운데 구멍이 뚫린 나무토막 하나가 파도를 타고 떠다니다가 거북이의 몸에 걸리게 되면 거북은 얼마 동안 편안하게 휴식을 취한다는 것이 맹구우목의 이야기입니다.

이 얼마나 드문 일입니까? 이처럼 사람으로 태어나기 어려운 일이요, 부처님의 법을 만나기는 더욱 어려운 일입니다. 그러나 우리는 다행히 부처님의 법까지 만났습니다. 그런데도 열심히 도를 닦으려하지 않는 사람이 많습니다. 인생이 그토록 긴 것입니까? 오늘 하루 편안하면 그뿐입니까? 죽음의 공포가 눈앞에 다가오면 그 어떠한 것도 힘이 되지 못합니다. 내가 지운 업만이 나를 따를 뿐이요, 힘써 닦은 도만이 나를 구원한다는 것을 잊지 마십시오.

행장...

　　1942년- 양산 통도사에서 윤고경 스님을 은사로 출가. 1943년 4월 15일- 양산 통도사에서 김자운스님을 계사로 사미계 수지. 1947년 7월 이후- 송광사를 비롯해 전국 선원에서 동·하안거 성만. 1949년 3월 14일- 범어사에서 하동산스님을 계사로 보살계 수지. 범어사에서 김자운스님을 계사로 비구계 수지. 1949년 6월- 통도사 강원 대교과 졸업.

1954년- 오대산 적멸보궁에서 매일 3천배씩 7일간 기도끝에 오른손 네손가락 12마디를 연비한 후 태백산 도솔암에 들어가 6년 동안 용맹정진.

1962년 2월- 대덕법계 품수. 1962년 2월- 대한블교 조계종 비상종회의원 역임. 1962년 12월- 대한불교 조계종 초대 중앙종회의원 이후 2,3대 중앙종회의원 역임.

1965년 4월- 제 12교구 해인사 해인총림 율주 역임. 1984년 12월- 제 12교구 본사 해인사 주지 역임. 1991년 이후- 대한불교 조계종 제 12교구 본사 해인총림 전당 수좌 1993년 이후- 대한불교 조계종 단일계단 전계대화상 역임.1993년 이후 대한불교 조계종 원로회의 의원 1994년 6월- 제 10교구 본사 은해사 주지 역임.

1996년 5월 (99년 현재)- 제 10교구 본사 은해사 조실 1999년 11월 29일(음 10.22)- 미국 하와이 와불산 금강굴에서 입적. 성진, 혜인, 혜국, 향적, 돈관스님 등 1백여명의 상좌와 고목 선조 태경 장적 성공스님 등 1백여명의 손상좌를 두었다.

저서-『생활속의 기도법』『기도』『자기를 돌아보는 마음』『시작도 끝도 없는 길』『집착을 버리면 행복이 보인다』 등 10여권.

1960년대 중반부터 해인사 지족암에 주석해 온 일타스님은 평소 제자들에게 "다음 생에는 불법이 미약한 서양, 특히 미국에서 태어나 고등교육을 마치고 한국의 해인사나 송광사에서 수도한 후 미국을 비롯한 서양에 부처님의 가르침을 전파하고 싶다"며 미국에서 환생할 것임을 여러 차례 언급했다고 한다. 또한 "미국에서 20세 가량의 비구승이 찾아오면 나인줄 알아라"고 했다고 한다.

열반게 　死生出沒　나고 죽음은
　　　　　月轉空中　달의 공전과 같네
　　　　　東谷日陀　동쪽 계곡에 해 저물면
　　　　　西岸月明　서쪽 해안에 달 밝으리.

자운스님

1911~1992년

은사 혜운스님. 계사 일봉·남전스님
상좌 보경, 지관, 현경, 보일, 정원, 원묵, 해은, 도근, 상공스님

4만 8천여권 율서 발간한 근현대 한국불교 율 중흥에 헌신한 자운성우율사(慈雲盛祐律師). 81년 전계대화상 추대, 수계제자가 10만여 명.

만하승림(萬下勝林)-성월일전(惺月一全)-일봉경념-운봉성수(雲峰性粹)-영명보제(永明普濟)-동산혜일(東山慧日)-고암상언(古庵祥彦)-석암혜수(昔庵慧秀)로 이어지는 계맥을 전수했으며, 다시 종수·일타·지관·성우·철우·정행·인홍·명성·묘엄 스님에게 전했다.

자운 스님은 근현대 한국불교를 대표하는 율사로 추앙 받는 인물이다. 일제시대 왜색화된 한국불교를 중흥시키기 위해 청정계율을 근간으로 수행하면서 후학들을 지도했는가하면 율장 연구와 한국불교 율 중흥을 위해 노력했던 대표적인 인물이기 때문이다. 1981년 조계종 단일계단 전계화상으로 추대됐으며, 동국역경원장 등을 역임했다. 계율 홍포와 여법한 제도 확립에 공이 커 율 중흥조라 불린다.

1911년 3월3일(음력) 강원도 평창군 진부면 노동리에서 부친 김자옥과 모친 장씨의 5남으로 출생한 자운스님은 본관은 경주. 나이 15세 되던 1926년 오대산 상원사에서 혜운스님이 들려준 '세속의 100년 3만 6000일보다 출가의 반나절이 더 낫다.'라는 청나라 순치 황제의 출가시를 듣고 출가의 발원을 세우고 이듬해인 1927년 해인사에서 혜운스님을 은사로 불문에 들었다. 해인사에서 남천옹규 율사를 계사로 사미계를 받았고, 은사 스님을 시봉하며 1934년 부산 범어사 강원 대교과를 마쳤다.

1934년 범어사에서 일봉경념(一鳳敬念)율사로부터 보살계와 비구계를 수지하며, "내 이제 부처님 전에 금계를 수지하니 시방제불 모든 부처님이여 증명하소서. 오늘 이후 정각을 얻을 때까지 만 번 죽어 목숨이 다한다 해도 결코 계를 범하지 않으리라.”고 서원을 올렸다.

출가 이후 수행자로서의 본분이 무엇인지를 깊이 사색하던 스님은 이때부터 해인사 선원에서 수선안거를 시작으로 용성 선원, 김용사, 울진 불영사, 통도사 등지에서 장좌불와, 오후불식을 철저히 지키며 용맹정진을 거듭하던 중 1938년 도봉산 망월사에서 용성스님을 친견한 후 더욱 탁마에 열중했다.

수행의 깊이를 인정한 용성스님은 자운스님을 법제자로 받아들이고 전법게와 의발을 전했다. 교(敎).선(禪)을 두루 익힌 스님은 이후 율(律)에 관심을 가졌다. 용성(龍城)스님에게 법맥을 전수받은 후에도 자운스님은 정진을 게을리 하지 않았다. 오히려 더욱 정진에 몰두했다.

1939년 4월15일부터 100일간 오대산 적멸보궁에서 정진한 자운스님은 “조국해방을 이루고, 민족정기를 되살리고, 불교의 빛나는 전통을 중흥시키겠다”는 발원을 세우고 오대산 상원사에서 하루 20시간씩 ‘100일 문수기도’에 들어갔다.

99일째 되던 날 꿈에 문수보살이 청사자를 타고 나타나 “선재라 성우(盛祐)여. 마땅히 이 나라 불교의 승강(僧綱)을 회복토록 정진하라”면서 계척(戒尺)을 전해 주었다. “굳건히 계율을 지키면 불법이 다시 흥하리니 정진에 매진하라”는 문수보살의 계시를 받고 크게 감복해 한국불교를 중흥시키는 것은 계율을 철저히 지키는 것에 있음을 확신했다.

이후 1940년대 초반 서울 종로 대각사에서 ‘만속장경’을 열람하고 본격적으로 율장 연구를 시작했다. 삼복더위에도 두꺼운 장삼을 벗지 않고, 선풍기조차 변변하게 없는 도서관에서 계율 관련 자료를 찾아 탐독했다. 이때 ‘만속장경’에 실려 있는 ‘오부율장’ 과 그 주소)를 직접 옮겨 적는 등 방대한 양의 율장(律藏)을 살폈다. 훗날 스님이 한국불교의 율맥(律脈)을 재흥하는 튼튼한 초석을 놓은 배경에는 이 같은 숨은 노력이 있었다.

1948년 문경 봉암사에서 처음으로 보살계 수계법회를 봉행하고, 이때부터 ‘천화율원 감로계단’을 설립하고 율문을 강의했다. 대각사에서 『범망경』의 사미율의, 사미니율의, 비구계본, 비구니계본 등의 간행을 준비했다.

그러나 1950년 발발한 한국전쟁으로 스님이 수집한 자료는 모두 잿더미로 변했다.

한순간에 스님의 모든 노력이 날아간 것이다. 그러나 스님은 좌절하지 않았다. 이후 스님은 부산 감로사에서 다시 자료를 수집, 한글, 한문본 율서 4만 8000권을 간행 유포해 현대 한국불교에서 율이 다시 일어날 수 있는 토대를 마련했다.

1955년 해인사 주지를 시작으로 해인학원 이사장(1956년), 해인사 금강계단 전계대화상(1956년), 범어사 주지(1967년), 조계종 총무원장(1976년), 동국역경원장(1979년) 등의 소임을 맡으면서 종무행정에도 탁월한 능력을 보여주기도 했다.

스님은 단일계단이 설립되기 이전인 1980년까지 해인사와 통도사 금강계단의 전계사로 비구 876명, 비구니 953명, 사미 207명, 사미나 212명 등 2248명에게 계를 설했다. 단일계단 설립 후인 1981년 조계종 단일계단의 전계대화상으로 추대돼 1991년까지 1076명의 수계자를 배출했다. 수계제자가 10만여 명에 이른다.

스님은 입적을 앞두고 제자들을 모아놓고 윗사람은 부모처럼 아랫사람은 자식처럼 여길 것을 당부했다.

"나는 이제 여생이 상유(桑楡)에 임박하고 사대육신은 마치 포류(蒲柳)와 같이 쇠잔하였으니 일락서산(日落西山)의 시기가 얼마남지 않았다. 청시(靑)도 오히려 홍시(紅)보다 먼저 떨어지는 경우가 적지 않으며 춘상(春霜)이 아름다운 춘화(春花)를 숙살(肅殺)하는 수도 있거늘 어찌 추엽(秋葉)이 청계(淸溪)에 떨어지는 것을 애석하다 하겠는가. 상자(上者)는 부모와 같이 여기고 하자(下者)는 적자(赤子)처럼 사랑하여 상하(上下)가 육화정신(六和情神)으로 화합하고 무례한 행동이 없도록 하며 파납(破衲)과 철발(綴鉢)로 항상 사의정신(四依精神)을 잊지말라."

평생을 한국불교 율 중흥을 위해 노력했던 자운 스님은 1992년 2월 7일 해인사 홍제암에서 세수 82세, 법랍 66세로 입적했다. 장례는 2월13일 해인사에서 원로회의장으로 엄수됐다.

상좌로는 보경(寶瓊).지관(智冠).현경(玄鏡).보일(寶一).정원(淨願).원묵(圓).해은(海恩).도근(道根).상공(相空)스님이 있다.

2005년 10월 15일 자운스님의 사리탑이 경국사에 조성됐다. 자운 스님 문도회가 2년간의 준비와 제작 끝에 완성된 사리탑비는 근대 한국불교 율맥(律脈)을 이어가고 있는 자운 대율사의 전계제자들의 면면을 새겨넣은 것이 특징이다. 사리탑비는 국내에서는 보기 드물게 계단형 부도탑으로 조성됐으며, 스님의 사리 3과와 유골 등이 안치됐다.

록 & 법문, 업적

#... "권속들이 모여 호법(護法)이 아닌 이권으로 파벌을 짓는 일에는 절대로 관여하지 말고, 수행과 포교에 전념하고, 부득이한 경우를 제외하고는 주지 등 외호직(外護職)은 사양하라."

#... "수행과 함께 비전(悲田)에 속하는 사회복지에도 전력(全力)하라."

#... "밖으로는 우리와 함께 살며 고난 받고 있는 모든 중생들의 마음을 사랑해 보고, 그들의 고통이 남의 고난이 아니라 바로 우리들 자신의 것이라는 마음을 갖고 그들의 고난을 덜어주기 위해 한 층 더 힘쓸 수 있는 다짐을 해두어야겠습니다."

#... "깨달음에 이르는 길은 이와 같이 근기와 인연에 따라 다르지만 하나 같이 소중히 해야 할 것이 있으니 바로 허물을 뉘우치되 계율을 스승삼아 앞으로 지을 허물을 경계하여 짓지 않는 지혜인이 되어야 진정한 대자유를 성취할 수 있는 것입니다."

#... "계로 인해 수행이 나오고, 계에 의해 정견이 나오고, 계에 의해 선이 나오는 것이다. 계가 없으면 모든 것은 다 끊어지는 것"

#... "윗사람을 부모처럼 모셔라"

#... "내가 참된 율사라면 일생 산문밖을 나가지 않아야 할 것이다. 그렇지 못하였으니 율사(律師)라는 호칭을 받기에 부끄럽다"

#...스님은 문도들에게 "권속들이 모여 호법(護法)아닌 이권으로 파벌을 짓는 일에는 절대로 관여하지 말고 수행과 포교에 전념하고 부득이한 경우를 제외하고는 주지 등 외호직은 사양하라"고 강조했다.

#...스님은 "자심정토(自心淨土)를 원하고 열 가지 참회를 발원한다"며 열가지 가르침을 중생들에게 주었다.

"무시겁(無始劫)으로 지금에 이르도록 세간의 부모와 출세간의 불법승 감보와 스승, 그리고 일체 선지식이 수승한 도반에게 불효했던 것을 발로하여 참회하나이다. 참회한 이 공덕으로 세간과 출세간의 대효(大孝)가 법계에 충만하길 발원합니다."

"무시겁으로부터 지금에 이르도록 남의 생명을 해친 것이 광대무변하여 항하사수와 같은 대죄를 발로하여 참회하나이다. 이 참회한 공덕으로 다생겁으로 오면서 살생한

원한이 풀어지고 삼악도가 없어지고 인간과 시방(十方)의 모든 중생이 다 불국정토에 화생하는 자유의 몸이 되어지기를 발원합니다."

#...자운 스님은 지계와 참회를 근본으로 한 염불수행자였다. 스님은 해인사에 출가해 팔만대장경판전에서 1만 배를 올렸고, 오대산 적멸보궁에서 1일 20시간씩 백일간 문수기도를 봉행하기도 했으며, 평소매일 수천 배씩 절을 하는 등 참회를 게을리 하지 않았다.

또 매일 고성염불을 10만 번씩 예참했는데, 중국의 도작이나 선도처럼 아미타불명호만 부른 것이 아니라 아미타불종자진언과 아미타불본심미묘진언 무량수여래근본다라니 등을 외우며 정진했다. 스님은 다른 불자들에게도 이 같은 수행을 권했다.

#...한국전쟁의 원인을 국민 개개인의 업(業)이 공업(共業)으로 작용한 인과의 도리로 해석하고, 참회를 강조했던 자운 스님은 1951년 감로사에서 자비도량참법, 문수예참 등의 참법 수행을 통한 3000배 참회 법회를 시작했다.

자비도량참법이 한국에 전래된 시기는 확실치 않으나 한국에서는 1106년 10월 고려 예종이 자비도량참법을 베풀었다는 기록이 남아있고, 조선시대 들어서도 〈상교(詳校)정본자비도량참법〉이 여러 차례 간행된 것으로 보아 조선시대에도 참법이 열렸음을 알 수 있다.

자운 스님은 자비도량참법 보급을 위해 참법을 소개한 서적을 여러 차례 간행·유포했다. 자비도량참법은 해인사 홍제암을 비롯해 봉녕사 석남사 진관사 감로사 등에서 지금도 봉행되고 있다.

#...계율홍포 통한 교단정화와 승가화합

구한말 이후 승가의 기강은 무너지고 일본불교에 의한 침탈과 타락이 심각했다. 이때 자운 스님은 교단을 정화하고 종풍을 되살리기 위해 가장 시급한 것은, 운영권과 종단의 재산 회복보다도 '계율수지'라고 봤다.

이를 위해 스님은 1948년 문경 봉암사에서 처음으로 보살계 수계법회를 열었고, 1953년 양산 통도사 금강계단에서 첫 비구계 수계법회를 가짐으로써 청정승가 회복의 기틀을 다졌다.

동산·효봉·성철·청담·경산 스님 등과 더불어 교단 정화운동을 주도한 자운 스님은 1954년 전국수좌대표자대회에 참석해 교단정화의 방향과 노선을 정하고 본격적인 정화운동에 동참했다. 정화 과정에서 승가 화합이 위태로울 때는 더욱 계율 엄수를 강조했다.

'동일갈마(同一 磨) 동일설계(同一說戒)' 즉 계내(界內) 전 비구가 모인 여법한 회의와 결의, 그리고 전원이 참석한 여법한 포살의식이야말로 승가의 화합이라는 율장의 가르침대로 자운 스님은 율장을 홍포하고 계율을 강설하고, 율사를 양성함으로써 궁극적인 승가의 화합을 도모했다.

계율홍포 차원에서 스님은 1951년에 한문본 〈범망경〉〈사미니율의〉〈비구계본〉〈비구니계본〉 등 5종의 율서를 2만5000권 간행했고, 이후 우리말 번역본 4만8000권을 간행했다. 또한 1951년 통도사에 천화율원을 설립해 출가수행자를 대상으로 율학을 강수했다.

#...수계의식정비와 관련한 자운 스님의 대표적인 업적은 단일계단 확립과 이부승수계(二部僧授戒) 복원이다.

단일계단법은 각 본사나 사찰별로 율사스님들에 의해 시행되던 수계산림을 단일화해 종단차원에서 시행하는 것을 말한다. 조계종 첫 단일계단 수계산림은 자운 스님을 전계사로 1981년 개최됐다. 스님은 총 12회에 걸친 단일계단의 수계산림을 통해 비구(니)계 · 사미(니)계 · 보살계 · 재가계를 정비했다.

이부승수계란 비구니가 비구니계단에서 계를 받고, 이어 비구계단에서 다시 계를 받는 것을 말한다. 율장에 따르면 사미니는 식차마나니(式叉摩那尼)의 6계를 받고, 비구니계를 배운 다음 삼사칠증(三師七證)으로부터 비구니계를 받고, 다시 비구의 삼사칠증으로부터 인증적인 수계절차를 거치도록 돼 있다. 하지만 한국이나 중국에서는 잘 지켜지지 않아, 비구 · 비구니가 한자리에서 구족계를 같이 받아왔다.

이부승수계는 1986년 범어사에서 거행된 제7회 단일계단수계산림에서 처음 시행됐다. 이로써 율장에 근거한 수계의식 절차가 완성됐다.

혜 총스님의 회고

열한 살에 동진 출가해 율풍진작과 한국불교를 중흥시킨 자운 스님을 40여 년 동안 시봉한 것으로도 유명한 혜총 스님의 은사 자운스님 이야기...

나의 은사이신 자운스님은 일생을 율을 위해서 사신 분이다. 계율로서 스승을 삼고, 염불로서 종을 삼는 어른이었다. 봉암사 결사 때 참선도 중요하지만 계율을 지키지 않으면 승려로써 자격이 없는 것이라며 비구계를 지키지 않을 것이면 이 결사는 의미가 없는 것이다 라고 강조하셨다. 스님의 말씀이나 행동, 모든 것이 율에서 나온다.

돌아가신 날 시자에게 혜총을 불러오라 했다는 말씀에 한달음에 달려갔더니 "혜총아! 내 지금가도 되나?"하시기에 "스님이 언제 내 허락받고 다니셨습니까? 스님 가시고 싶으신 곳 있으시면 어디든지 가세요. 저 오늘 엄청 바쁩니다."하고 시자에게 스님 잘모시라고만 했습니다.

"공양도 잘 하시고 평소대로 염불도 잘하시던 스님이기에 염불소리가 끊어진 것이 입적한 것이란걸 몰랐습니다. 조용히 염불만 하시다가 아미타불이 딱 끊어지면서 가신 것입니다. 나는 그때 큰 충격을 받았습니다. 도인의 경계를 그대로 보여주신 것입니다. 큰산이 무너진 아픔보다 가시는 모습에서 조차 법을 설하신 그 모습을 보며 재 발심하게 되었습니다."

'사람 몸 받았을 때 부지런히 정진하라'며 앞에서 나서기 보다는 뒤에서 지켜준 스님.. 경책보다는 제자의 마음이 열리길 기다려준 스님.. 새벽 2시에 일어나 큰 소리로 염불하시어 제자들을 부처님의 말씀으로 깨워주신 스님.. 하루 종일의 행이 그대로가 법문이셨던 스님.. 잘하는 부분은 칭찬해 주시고, 잘못한 부분은 경책을 해주던 은사가 떠난 지금 마음이 너무 아픕니다. 정말 그립습니다. 어디다 물어야 할 지... 허전하고, 어렵습니다. / 혜총

#...자운스님의 평소 생활은 흐트러짐이 없었다. 특히 세수 50이 되는 해부터는 매일 아미타불 10만념(念), 아미타경 48편(遍), 아미타 예경 1080배, 문수 예찬 108배 등의 정진을 했다. 어기는 일이 단 한 번도 없었다. 매월 음력 보름(15일)에는 방생(放生)을 했다. 그리고 계율에 따라 갈아입을 옷 외에는 의복을 단 한 벌도 두지 않았고, 비시식계(非時食戒)를 지켜 오후불식을 준수했다.

#...스님은 철저한 분이셨고, 그 어떤 것도 소홀하지 않으셨다. 수계식 행사가 있는 날이면, 그 전날 밤을 새워 골똘히 생각하는 모습을 여러 차례 목격했다.

#...스님이 통도사에 주석했을 당시의 일이다. 세수 46세가 된 자운스님이 화엄경을

읽고 있었다. 혜총스님이 "스님, 화엄경을 왜 또 보십니까"라고 물었다.

이미 오래전에 읽었을 화엄경을 다시 보고 있으니, 출가한지 3년밖에 안된 시자 혜총스님이 의문이 들었던 것이다.

자운스님이 답했다. "그때 배우던 화엄경하고 지금 보는 것이 틀리다."

혜총스님은 "부처님이 설하신 것인데 틀릴 이유가 뭐가 있습니까. 틀린다면 그것이 잘못된 것 아닙니까"라고 다시 질문했다.

자운스님은 빙그레 미소를 지은 후 답했다. "너도 나중에 알게 될 거야." 당시 일을 회고하면서 혜총스님은 "지극히 평범한 평점심을 보여 주신 것"이라고 말했다.

#...선.교.율에 깊은 식견을 갖춘 자운스님은 외전(外典)도 자주 보았다. 혜총스님의 기억에 따르면 수호지, 삼국지 등 중국서적을 원전(原典) 그대로 읽는 자운스님을 여러 차례 목격했다고 한다. 혜총스님이 물었다. "스님은 무엇 때문에 외전을, 그것도 원전으로 읽으십니까." 자운스님이 답했다. "세속의 지혜가 이 속에 다 들어 있구나."

#...1960년대 초에 자운스님이 해인사 주지 소임을 보고 있을 무렵, 법정스님이 한주로 머물고 있었다. 자운스님은 주지실 옆 시자 방 옆에 법정스님의 방을 내 주었다. 당시 법정스님은 대중과 어울리기 보다는 당신 공부에 집중하고 있었다. 그런 법정스님을 자운스님은 각별하게 대해 주었다.

시봉하던 혜총스님이 자운스님에게 물었다.

"스님, 대중과 잘 어울리지 않는 법정스님을 무엇 때문에 그렇게 챙기고 예뻐하십니까."

자운스님은 이렇게 답했다.

"그 스님이 중노릇을 잘하는 거야. 너의 눈에는 잘못하는 것으로 비춰질지 모르지만, 그렇지 않아. 나중에 종단을 위해서 그리고 부처님 은혜를 톡톡히 갚을 분이고, 한국불교를 빛낼 분이다. 그 스님을 잘 모셔라."

당시에는 의아하게 생각했지만, 혜총스님은 자운스님의 말씀에 따라 법정스님을 잘 모셨고, 가까워졌다. 혜총스님은 "법정스님이 자운스님의 영향을 많이 받았다"면서 "법정스님의 생활이 자운스님의 생활 그대로"라고 회고했다.

혜총스님은 "법정스님이 일생 동안 자운스님을 가장 존경했다"며 "법정스님의 글에도 그 같은 사연이 나온다"고 말했다. 법정스님이 유일하게 추천사를 쓴 책이 혜총스님의 저서인 '꽃도 너를 사랑하느냐'인 것도 이 같은 인연에 따른 것이다.

#...법정스님의 생전육성이다.

"자운 큰스님께서는 어떤 것이 진짜 부처님 제자고 수행승인가 하는 것을 말씀 보다는 당신 스스로 보여주셨다. 걸어다니는 법문이었다. 염불로 수행하고, 계율을 받들고 실천하는 스님은 나의 중 생활에 가장 영향을 끼친 분이다. 겉으로는 엄한데 개인적으로는 인자하신 분이다. 자운 큰스님은 나의 계사(戒師)일 뿐 아니라 중노릇을 하는 데 많은 영향과 가르침을 주신 은혜로운 스승이시다. 큰스님은 손상좌인 혜총 스님을 시자로 두셨는데, 노스님과 손상좌 사이가 곁에서 보기에도 아주 좋았다. 그것은 어려서부터 자식처럼 길러온 큰스님의 자상한 정도 있겠지만, 온갖 정성을 다해 큰스님을 섬긴 시자의 한결같은 성실성도 작용했을 것이다."

#...성철스님의 사숙 자운스님

성철 스님의 도반(道伴)을 말하자면 같은 해인사에 머물렀던 자운(慈雲) 스님을 얘기하지 않을 수 없다. 성철 스님은 해인사 부속 암자 중 가장 외진 곳인 백련암에 머물렀고, 자운 스님은 큰절 바로 왼쪽에 있는 홍제암에 오래 머물렀다. 두 스님은 해인사에 무슨 큰 일이 있을 때마다 서로 숙의해 방침을 일러주던 양대 거목이었다.

절집의 촌수로 따지자면 자운 스님은 성철 스님의 아저씨뻘, 즉 사숙(師叔)이 된다. 자운 스님은 3.1운동 독립선언에 참여한 33인이었던 용성(龍城) 스님의 제자. 성철 스님은 용성 스님의 제자인 동산(東山) 스님의 제자, 다시 말해 용성 스님의 손자뻘에 해당된다.

세속처럼 혈연관계에 따른 촌수는 아니지만 절집에서도 이런 식의 사제 관계에 따른 나름의 촌수가 엄연히 존재한다. 세속의 나이로는 자운 스님이 성철 스님보다 한 살 위였지만 어쨌든 촌수로는 아저씨뻘인 셈이다. 그러나 두 스님은 세속의 형제, 절집에서 말하는 사형사제처럼 허물없이 지냈다.

두 스님이 처음 만난 것은 금강산 마하연 선방이니 1940년. 자운 스님이 92년 입적할 때까지면 52년의 긴 인연이다. 자운 스님은 평생 지기(知己)로 지내면서 괄괄한 성철 스님의 성정을 잘 이해해주었다. 성철 스님과 같이 봉암사에서 살던 무렵 누구보다 앞장서서 고생을 감내한 것도 자운 스님이다.

성철 스님은 봉암사 시절을 회고할 때면 늘 "부처님 가르침대로 탁발해서 공양하기로 했는데, 모두 어렵던 시절이라 탁발도 쉽지 않았제. 그 때 제일 많이 탁발을 다녔던 분이 자운 스님" 이라고 말하곤 했다.

앞서 언급했듯 자운 스님은 성철 스님의 제안을 받아들여 새로운 가사와 장삼의 모델로 삼을 보조국사의 옷을 보기위해 전남 순천 송광사까지 다녀왔을 뿐 아니라, 그 본을 따 현재 조계종 스님들이 입는 옷을 만들어내기도 했다.

자운 스님은 이후에도 스님뿐 아니라 재가자들이 지켜야할 각종 계율을 정리, 조계종의 선풍(禪風) 을 확립하는데 크게 공헌한 대율사(大律師) 다.

자운 스님의 성품, 성철 스님과의 우애를 말해주는 얘기로는 대구 파계사 부속 성전암 시절 일화가 유명하다.

하루는 자운 스님이 걸망에 원고뭉치를 잔뜩 지고는 칩거하던 성철 스님을 찾아왔다.

"운허 스님이 금강경을 번역한 원고네. 노스님께서 교정을 받고 싶으시다고 하니 한번 읽어줘야겠어."

성철 스님은 길게 얘기하지 않는다.

"내가 우째 노스님 원고를 교정본다 말이고. 나는 못하니까 다시 싸 짊어지고 가소."

성철 스님을 잘 아는 자운 스님은 이런저런 다른 얘기를 하다가 원고를 다시 짊어지고 내려갔다. 그리고 몇 달 뒤, 자운 스님은 다시 그 원고를 지고 와 교정을 봐달라고 했다.

성철 스님은 다시 거절했다.

다시 몇 달 지나 세번째로 자운 스님이 원고를 들고 왔다. "어른 체면을 봐서라도 이번에는 꼭 봐줘야겠네." 성철 스님이 고집을 꺾을 사람이 아니다.

또 거절하자 점잖은 자운 스님이 불같이 화를 내 성철 스님에게 소리를 질렀다.

"아무리 무심한 수좌라지만 내가 세 번이나 올라와 부탁하고, 또 노스님이 세 번이나 교정한 글을 한번 못봐주나. 인간의 도리상으로라도 어떻게 그렇게 거절할 수 있는가."

한참 후 성철 스님이 말했다.

"스님, 생각해 보소. 스님 말처럼 그 사이에 운허 스님께서 세 번이나 다시 교정하고 윤문하셨다는데 내가 더 손댈 것이 뭐 있소. 내가 손대면 그게 바로 노스님에게 불경(不敬) 하는 거 아인가요. 원고는 그만하면 됐으니 성을 푸소."

자운 스님이 자리를 털고 일어서면서 말했다.

"아이구, 저 고집은 내가 언제 꺾어볼꼬?"

성철 스님은 이런 얘기를 해주면서 늘 "자운 스님은 그런 분"이라고 말하곤 했다. 이런 신뢰가 있었기에 성철 스님은 성전암에 머물던 당시인 56년 해인사 주지로 추대되자 이를 거절하면서 자운 스님에게 그 자리를 맡겼다. 그리고 자운 스님은 거꾸로 67년 "해인사의 법통을 지키기 위해서는 성철 스님이 있어야 한다"고 주장, 경북 문경 김용사에 머물던 성철 스님을 해인사 백련암으로 옮겨오게 했다.

#... "종단의 백년대계는 율이 아니면 끌어갈 수 없다고 자운 큰스님께서는 강조하셨다"고 말했다. 자운스님은 "계로 인해 수행이 나오고, 계에 의해 정견이 나오고, 계에 의해 선이 나오는 것이다. 계가 없으면 모든 것은 다 끊어지는 것"

#...나는 꽃을 좋아한다. 해인사 살 때다. 며칠간 부산 나들이를 하고 돌아와 보니 그동안 기르고 있던 꽃 중에 근 90여 포기가 말라 죽어있었다. 물을 주지 않아서였다. 마음 아파하고 있는 나를 불러 노스님인 자운 스님께서 이렇게 말씀하셨다. "너 왜 그리 마음 아파하느냐. 네가 꽃을 사랑하느냐?" "네!" "그럼 꽃도 너를 사랑하느냐?"

나는 그 말씀에 아무 대답도 못했다. 아니 대답을 감히 할 수가 없었다. 그동안 나는 꽃이 나를 사랑하는지 않는지는 생각도 않고 그저 혼자 좋아서 꽃을 길러왔기 때문이다. 그런 부족하고 어리석은 제자에게 스님은 "꽃이 너를 사랑할 때까지 너는 꽃을 사랑하지마라"고 하셨다. "산에서 잘 자라는 꽃과 나무를 임의대로 뽑고 캐다가 뿌리 자르고 가지치고 게다가 철사로 동여매기까지 하여 가두어 길렀잖느냐. 그러고도 물을 주지 않아 말라 죽게 했으니 그보다 더한 괴롭힘이 어디 있느냐." 고 하셨다.

그말씀에서 나는 '나의 입장에서만 생각하고 행동하지 말고 상대방 입장에 서서 생각하고 행동하라.'는 가르침을 깨달았다.

자 운스님의 행장

해인사서 출가, 용성스님 법맥 계승. 출재가자 포함 수계제자 10만 여명.

1911년 3월3일(음력) 강원도 평창군 진부면 노동리에서 부친 김자옥(金玆玉) 선생과 모친 인동장씨(仁同張氏)의 5남(男)으로 출생했다. 본관은 경주.오대산에서 탁발 나온 혜운(慧雲)스님을 만나 불법(佛法)의 세계에 관심을 가졌고, 이후 합천 해인사에서 혜운스님을 은사로 불문(佛門)에 들었다. 이때가 1927년이다. 스님은 남전(南泉)스님을 계사로 해인사에서 사미계를 받았고, 은사 스님을 시봉하며 1934년 부산 범어사 강원 대교과를 마쳤다. 1934년 범어사에서 일봉(一鳳)스님에게 보살계와 비구계를 수지한 후 해인사 선원에서 수선 안거를 한 이후 제방에서 화두를 참구했다.

특히 1935년부터 울진 불영사에서 결사(結社)를 하며 용맹 정진했다.1938년 도봉산 망월사에서 용성(龍城)스님을 친견한 후 더욱 탁마(琢磨)에 열중했다. 수행의 깊이를 인정한 용성스님은 자운스님을 법제자로 받아들이고 전법게와 의발을 전했다. 교(敎). 선(禪)을 두루 익힌 스님은 이후 율(律)에 관심을 가졌다.

1940년대 초반 서울 대각사에서 머물며 율장을 깊이 공부했으며, 1948년에는 문경 봉암사에서 보살계 수계법회를 봉행했다. 이때부터 '천화율원(天華律院) 감로계단 (甘露戒壇)'을 설립하고 율문(律文)을 강의했다. 또한 스님은 『사미율의』『사미니율의』『범망경』『비구계본』『비구니계본』 등을 한문본 2만5000권과 한글본 4만 8000권을 간행했다. 이밖에도 『무량수경』『정토삼부경』『아미타경』 등을 운허 (雲虛)스님 번역으로 간행한 것도 10만부에 달한다. 스님은 단일계단이 설립되기 이전 인 1980년까지 해인사와 통도사 금강계단의 전계사로 비구 876명, 비구니 953명, 사미 207명, 사미나 212명 등 2248명에게 계를 설했다. 단일계단 설립 후인 1982년부터 8년간 1076명의 수계자(스님)를 배출했다. 수계제자가 10만여 명에 이른다.

이후 스님은 해인사 주지(1955년), 해인학원 이사장(1956년), 해인사 금강계단 전계대화상(1956년), 범어사 주지(1967년), 조계종 총무원장(1976년), 동국역경원장 (1979년) 등의 소임을 맡아 헌신했다. 스님은 1992년 2월7일(양력) 해인사 홍제암에서 입적했다. 세수 82세, 법납 65세. 장례는 2월13일 해인사에서 원로회의장으로 엄수됐다. 상좌는 보경(寶瓊).지관(智冠).현경(玄鏡).보일(寶一).정원(淨願).원묵(圓).해은(海恩).도근(道根).상공(相空)스님이 있다.

재선스님

1912~?

석영당 재선스님.
사제 정영·혜원·조카상좌 일화

석영당 재선스님. 천축산무문관6년수행후행방불명. 사제정영. 혜원. 조카상좌일화(대전관음사)

윤회의 실체와 인과법을 깨닫고 출가.

오늘날까지 그 누구도 스님의 생사를 알지 못한다.

1972년 4월28일, 부처님오신날을 한 달여 앞 둔 이날 도봉산은 사람들로 북적였다. 6년 전 8평의 좁은 방에 들어가 면벽 정진하던 스님들이 나오는 날이었다. 천축사 무문관 폐관정진(閉關精進) 수행자를 맞이하기 위해 종단 중진스님들과 신도 등 1000여 명이 좁은 천축사 경내와 주변 산을 가득 메웠다. 이날 회향한 스님은 모두 5명이었다. 불교신문은 5명의 명단을 관응, 석영(夕影), 현구(玄球), 경산, 지효스님으로 적고 있다.

이 중 석영스님이라고 발표된 분은 석영당 제선스님을 말하는 것이다. 석영스님, 즉 제선스님은 6년을 정진했다. 석영스님은 무문관 개원 6개월 전부터 정진을 시작해 이미 1971년 6월 만료했기에 회향식에는 참가하지 않았다. 대중들과 불자들이 우르르 몰려들 것이 뻔하고, 마침 한 거사가 스님의 수행을 자랑한답시고 TV인터뷰를 추진하자 "마땅히 수행자로서의 본분을 다한 것을 무슨 자랑이라도 하란 것인가? 아님 구경꾼이 되라는 것인가?" 라며, 자취를 감춘 것이었다.

한참 불교정화운동이 일어나고 있을 때 제선 스님은 "불교의 정화란 권력이나 명예를 다투고 투쟁을 하는 것이 아니라 여법한 수행을 하기 위한 운동이니만큼 이럴 때 일수록 수행을 더욱 잘 해야 한다."면서 사제인 정영스님이 천축사 주지에다 총무원 총무부장을 맡자 무문관 개설을 권유했다.

'무문관수행'이란 스님들이 화두(話頭)를 안고 밀폐된 공간에서 장기간 침묵수행을 하는 것을 말한다. "이 자리에서 깨치지 못한다면 일어서지 않으리라."는 서원을 하고, 겨우 몸 하나 움직일 만한 공간, 움막이나 토굴로 들어가 철저하게 세상과 단절하고 하는 수행이다.

한 번 들어갔다 하면, 몇 년이고 바깥세상을 피하고, 아예 출입을 하지 못하게 입구를 막아버리거나 못질을 해버리는 수행자도 있었다. 음식물이 드나들 조그만 구멍만 남긴 채 문을 막고 하루 1종식, 묵언, 혹 의사소통이 필요할 경우에도 필담을 하며 철저히 외부와 단절된 수행이다. 일종의 사투인 셈이다.

육조 혜능대사로부터 법맥을 이어온 조계선종의 유일한 적자(嫡子)임을 자부하는 한국 불교의 상징이다. 중국의 조주, 고봉스님 등이 죽기를 각오하고 정진했다는 "사관(死關)"도 무문관 수행의 일종이었고, 구한말 경허스님이 동학사에서 폐문 수행하고, 일제강점기에 효봉스님이 금강산 신계사 선방에서 3년간 두문불출하며 정진한 것도 무문관 수행이라 할 수 있다.

근대들어 "무문관"이 하나의 보통명사로 자리 잡게 된 것은 1964년 도봉산 천축사에서 정영스님이 "무문관"이라는 참선수행도량을 세우면서부터이다. 도봉산 천축사 무문관에서는 석가모니의 6년 설산고행이라는 시간에 맞춰 6년을 정하고 수행에 들어갔다. 그 창시에 제선스님이 있었다. 천축사 무문관 입방 당시 나이는 40대 후반이었다.

그때 제선스님의 곁에 혜원스님이 있었다. 입방 때부터 출방 때 까지..

제선스님은 6년간 관촉사 주지를 역임했지만 실질적 운영은 사제인 혜원스님에게 맡기고 선방으로만 다녔다. 그러다 무문관 수행을 들어간 것이다. 제선스님의 사제인 혜원스님은 제선스님이 무문관에 들어가자 외호(外護)를 자청했다. 입방 당시 불교신문은 혜원스님에 대해 이렇게 보도했다. "혜원스님은 6년 정진을 하며 공양주를 자처했다. 스님은 '나는 입실 자격이 없고 하여 선실에 견성할 스님의 뒷바라지가 나의 소원이다'라며 공양주를 살았다." 6년을 외호한 혜원스님은 제선스님이 정진을 마치고 떠날 때 시봉하던 제자 일화스님을 부산까지 따라 보내며 배웅토록 했다.

1971년 마침내 단 한 순간도 방을 벗어나지 않는 6년 폐관정진을 회향했다. 음력 5월 5일 단오날 제선스님이 산을 떠나겠다고 통보했다. 혜원스님은 상좌 일화스님을 불러 시봉토록 했다.

**일**화스님의 기억이다.

　　김포공항으로 가서 비행기를 타고 부산으로 갔다. 해운대에서 이틀을 자며 바닷가를 거닐고 영화도 보았다. 그리고 중앙동 여객터미널에서 여수로 가는 배를 탔다. 스님은 오랜 좌선으로 걸음을 잘 못 걸었는데 배를 타자마자 3등 칸에 드러누우셨다. 나보고는 가라고 하셔서 순진하게도 나는 내렸다. 아마 지금 같으면 절대 안 내리고 동행했을 것이다.

그것이 스님의 마지막이다. 나는 그 뒤 제선스님을 찾아 전국을 누볐다. 제선스님을 보았다는 소식만 들리면 어디든 찾아갔다. 섬에서 보았다는 이야기도 있고 강원도 산골에서 보았다는 소문도 있어 찾아 갔지만 전부 거짓이었다. 제선스님은 평소 몸을 바꾸어야겠다는 말을 했다.

제선스님은 "겨울에 오대산 북대에서 정진하는데 아무리 추운데 앉아도 춥지 않고 따뜻한 기운이 올라와 정진력을 시험한다며 나무를 쌓고 자화장(스스로 火葬)을 시도했다. 처음에는 무념의 경지여서 불이 붙어도 아무렇지 않았는데 그만 성불했다고 생각을 하는 순간 불이 붙어 3도 화상을 입었다. 당시 희찬스님이 앰뷸런스로 서울 큰 병원으로 옮겨서 목숨을 건졌지 그렇지 않으면 큰 일 났을 것이다." 후일 이 일화를 언급하며 마장에 걸리지 않도록 하라는 말씀을 자주 하셨다.

화상 후 제선스님은 그 전과 같은 정진력이 나오지 않아 몸 바꾼다는 이야기를 자주 한 것이다. 몸 바꾼 스님들의 일화는 많다. 얼마 전 마곡사의 진철스님이 몸 바꾼다며 배낭에 돌을 가득 넣고 통영 앞바다로 들어갔으며 어떤 도인들은 짐승들에게 보시라도 한다며 홀로 산으로 들어가기도 하는 등 선객들은 정진이 잘 되지 않으면 다양한 방법으로 육신을 벗는다.

　그 후 1년을 더 천축사에 머물던 혜원스님과 일화스님은 대전으로 내려와 작은 사찰을 건립했다. "은사 스님과 대전으로 내려와 벽돌을 쌓아 관음사를 창건했다. 나는 다시 걸망을 지고 선원으로 다니며 정진했다" 23세에 6.25전쟁을 피해 남으로 내려와 제선스님을 만나 그림자처럼 옆에 있으면서 공부를 돕는다는 원력 하나로 무문관에 함께 입방했던 혜원스님은 그토록 그리워하던 사형의 소식을 끝내 듣지 못하고 지난 1999년 75세로 입적했다.

그러고도 한참.... 세월이 흘렀지만 아직까지 제선스님은 소식이 없다...!

일 타스님이 생전에 남긴 제선스님 이야기...

일타스님은 형과 외삼촌들이 제선스님 사제여서 많은 이야기를 들을 수 있었다고 한다. 지금은 누구도 그분의 생사여부를 알지 못하지만, 이 시대의 고승 중 제선스님이란 분이 계신다. 스님은 출가하기 전, 일본에 유학하여 대학을 다니면서 독립운동에 참여하였는데, 졸업 후 제주도로 돌아와서 하는 일없이 지내자 일본경찰들이 요시찰인물로 지목하여 감시를 늦추지 않았다.

때마침 집안 어른들은 적당한 규수가 있다며 결혼을 시켰고, 얼마 후 잘 생긴 아들을 품에 안을 수 있게 되었다. '아무리 뜯어보아도 나무랄 데 없는 놈이야. 이 아이를 나라의 재목으로 키워야지!' 아들에게 특별한 정을 느꼈던 그는 아들을 지극정성으로 키웠다. 옷도 먹는 것도 제일 좋은 것들로만 사주면서 애지중지 키웠다. 그런데 아이가 초등학교에 입학하고 며칠이 지났을 무렵, 잘 놀던 아이가 갑자기 "아야!" 하더니 탁 쓰러져서 영영 깨어나지 않는 것이다.

그는 아이의 시체를 안고 몇 날 며칠 동안 밥도 먹지 않고 눈물로 지새웠다. 날이 갈수록 그의 우울증은 커졌고 집안은 엉망이 되어갔다. 보다 못한 어머니가 분위기를 바꾸면 좋아지지 않을까 하는 생각에서 돈을 주며 여행할 것을 권하였다. "금강산 구경이나 다녀오너라." 그러나 금강산을 가기는커녕 서울에서 내기 바둑을 두다가 받은 돈 모두를 날려버렸다. 어차피 특별한 의욕이 없었던 그는 노동판에서 일도 하고 구걸도 하며 이곳저곳을 떠돌아다녔다. 그럭저럭 그의 발길은 묘향산에 이르렀고, 그곳에서 넓은 감자밭을 일구며 토굴살이 하는 노스님을 만나게 되었다. 토굴에서 며칠을 붙어 살다가 스님과 가까워지자 그는 아들을 잃은 이야기를 들려주었다.

"그런데 스님, 그 아이가 왜 그렇게 죽어버린 것일까요? 그 까닭은 알지 못하고는 제대로 살 수 없을 것 같습니다." "그것 알아보는 것이야 간단하지. 7일만 잠 안자고 기도하면 금방 알 수 있어." "정말입니까?" "만일 그렇게 해서 기도 성취 못하면 내 목을 베어라. 아니, 부처님의 목도 떼어버려라." "좋습니다."

그날부터 기도는 시작되었다. "관세음보살 관세음보살..."

평소 아들 생각에만 빠지면 잠자지 않고 며칠을 지새던 그였는데, 이상하게도 기도를 시작하자 잠이 마구 퍼붓기 시작하는 것이었다. 그러나 스님은 그의 졸음을 허용하지 않았다. 조금만 졸면 언제 나타났는지 주장자로 머리를 탁때리면서 호통을 치곤 하셨다.

"때려 치워라. 벌써 졸았으니 소용없어. 기도성취 보려거든 다시 시작 해." 며칠 동안 졸고 혼나고 졸고 혼나기를 거듭한 그는 '먼저 잠 안자는 연습부터 해야겠다.'는 결심으로 깡통을 두드리며 감자밭 주위를 돌아다니기 시작했다. 그렇지만 졸음을 이기기는 쉽지가 않았다.

어떤 때는 밭두렁에서 떨어져 거꾸로 쳐박힌 채 잠에 곯아떨어지기도 하였다. 깨고 나면 목이 퉁퉁 부어 있고... 이렇게 갖은 고생을 하며 잠과 싸운지 42일째 되는 날, 물건들이 커 보이기도 하고 작아 보이기도 하는 등 시야를 흐렸지만 잠은 오지 않게 되었다.

"오늘부터 다시 기도를 시작해라." 스님의 지시대로 그는 7일 동안 잠을 자지 않고 관세음보살을 끊임없이 불렀다. 하지만 아들이 죽은 까닭을 알 수가 없었다.

'속았구나. 부처도 관세음보살도 원래 없는 것이구나.' 이렇게 생각하니 성이 나서 불상의 목을 떼겠다며 불단 앞으로 가다가 탁자에 소매가 걸려 앞으로 넘어졌다.

바로 그 찰나, 아들이 그의 앞으로 다가오고 있었다. 너무나 반가워 안으려 하자 아들은 '히히' 웃으며 저만치 물러서는 것이었다. 무거운 발걸음을 옮겨 겨우 다가서면 또 도망가 버리고 도망가 버리고... 마침내 그는 화가 머리끝까지 치솟았다.

'저런 놈은 아예 없애버려야 한다. 저놈을 어떻게 할까? 돌멩이로 머리를 쳐버릴까보다!' 이렇게 못된 생각까지 하다가 아이의 엉덩이를 발로 차자, 아이는 '아야!' 소리를 지르며 뒤로 돌아서는데, 순식간에 개로 변하는 것이었다.

순간 그의 뇌리에 일본에서의 유학시절이 주마등처럼 스치고 지나갔다.

대학을 다닐 때 머물렀던 친척 아저씨 집에는 개가 한 마리 있었다. 개는 그를 열심히 따랐을 뿐 아니라 말귀도 매우 밝았다. 산책을 갈 때도 극장 구경을 갈 때도 개는 열심히 쫓아왔다. "너는 극장에 못 들어간다. 집에 가 있다가 나중에 오너라." 그러면 개는 집으로 갔다가 그가 극장에서 나올 시간에 맞추어 다시 와서 좋다고 매달리는 것이었다.

그렇게 영리하던 개가 어느 날 갑자기 병이 들어 통 먹지를 않았다. 얼마 더 지나 뼈만 앙상하게 남아 곧 죽을 것처럼 되자, 친척 아저씨는 개를 버리기로 마음먹었다.

"도시 한복판에서 개가 죽으면 재수 없다. 상자에 실어서 교외로 가지 고 나가 버려라.” 할 수 없이 개를 담은 상자를 자전거에 싣고 교외로 나간 그는 숲속에 상자를 내려놓고 개에게 말하였다.

“나는 너를 버리고 싶지 않지만 어쩔 수 없구나. 네가 죽을병이 들어 밥도 먹지 않으니… 여기 있다가 편안하게 죽어라.”

순간, 개는 눈물을 뚝뚝 흘렸다. 가슴이 아팠지만 일어서서 자전거를 끌고 돌아서는데, 개가 ‘왕’ 소리를 지르며 쫓아오는 것이었다. 비실비실 쫓아오다가 쓰러지고, 쫓아오다 쓰러지고…

어느덧 날도 저물고 교외의 어떤 집에 들어가서 하룻밤 신세를 지기로 하였는데, 거기까지 쫓아온 개는 그의 곁에 바싹 붙어 떨어지려고 하지 않았다. 마치 ‘나를 버리고는 못간다’는 듯이. 마침 바짝 마른 개를 측은하게 여긴 그 집 주인은 장국에 밥을 말아주었고, 이제까지 먹지 않던 개가 기운을 차려야겠다고 결심한 듯 그릇까지 싹싹 핥아먹었다.

그리고 이튿날 아침에도 장국 한 그릇을 말끔히 먹어치우고는 병이 나은 듯이 움직이기 시작했다. 그가 자전거를 타고 달리기 시작하자 개는 죽을힘을 다하여 뒤를 따랐다. 천천히 달리면 천천히, 빨리 달리면 빨리 쫓아오는 것이었다. 그러다가 개가 포플러나무에 오줌을 누는 틈을 타서 그는 힘껏 자전거를 몰았다. 최대 속력을 낸 결과 개를 따돌릴 수 있었다.

그런데 세 달이 지난 후, 그 개가 집으로 돌아온 것이었다. 학교가 파하고 돌아와 보니 개가 와 있었고, 개는 섬뜩한 눈빛으로 그를 계속 쏘아볼 뿐 만지는 것도 옆에 오는 것도 허락하지 않았다. 그렇게 한 주일 정도 집에 있다가 개는 다시 사라져버렸다.

“아하, 그 개가 나의 아들로 태어나서 제 찢어진 마음의 앙갚음을 하였구나!”

이렇게 인과의 법칙을 깨닫고 가야산 해인사 백련암으로 출가하여 승려가 된 제선스님은 열심히 참선 수행하여 높은 경지를 이루었고, 나이 60이 조금 못되었을 때 천축산 무문관으로 들어가 방 밖으로 한 발자국도 나오지 않고 6년 동안 정진하였다. 그런데 6년을 며칠 앞두고 행방불명이 되었다. 한 거사가 스님의 수행을 자랑한답시고 TV인터뷰를 강요하자 자취를 감춘 것이었다.

그리고 그만이었다…

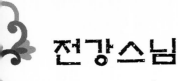

전강스님

1898~1975년

은사 인공스님. 만공스님. 제자 송담. 정무.
봉철. 범주. 정공. 정우. 정대. 정락. 성관 등 50여명.

전강영신스님. 경허·만공 이후 선종의 맥을 잇는 가교역할을 한 현대 선종의 대표적 선지식.

이십대에 깨달음을 얻은 스님은 이후 운수행각을 하며 당대의 선지식인 혜봉·혜월·용성·한암·금봉·만공 스님 등을 찾아 수많은 선문답을 통해 그의 철저한 견성을 인가 받았다. 특히 스님은 1923년 그의 나이 25세 되던 해 덕숭산 금선대에서 만공 스님으로부터 전법게를 받고 선종 77대 법맥을 잇는 대선사로 명성을 날리게 된다.

근대 선종의 중흥조였던 경허 스님의 오도송에 대해서도 허물을 지적할 정도로 선지가 밝았던 스님은 지혜 제일이라는 명성을 날릴 만큼 대중들에게 알아듣기 쉬우면서도 날카로운 선지의 법문으로 유명하다.

스님의 속성은 정(鄭)씨이며 전남 곡성출신으로 부친 해룡, 모친 황계수사이에서 태어났다. 어려서 모친과 사별한 후 인생무상을 절감한 스님은 16세 되던 해 수행자의 길에 들어섰다. 해인사에서 인공스님을 득도사로 응해스님을 계사로 사미계를 받았다. 법명은 영신(永信).

1918년 해인사 강원에서 대교과를 수료한 뒤, 김천 직지사 천불선원, 예산 보덕사, 정혜사 등에서 8년간 치열한 정진 끝에 곡성 태안사에서 오도하였다. 이 기간 동안의 수행은 타의 추종을 불허하여 덩어리 같은 피가 코와 입으로 흘러나오거나 머리가 터져 삭발조차 할 수 없었다고 하며, 특히 100일 동안 자지 않고 수행한 일화는 지금까지도 유명하다.

23세가 되던 1921년 태안사에서 화두를 참구한지 2년 뒤 4집을 모두 떼자 그는 선방으로 가서 화두와 사생결단하고 싶은 충동을 억제할 수 없었다. 그래서 새벽 예불 끝에 태안사를 뒤로 하고 길을 나섰다. 당시 태안사는 교통이 험했다. 20여리를 걸어 나와서 섬진강을 건너려고 징검다리에 올라 반쯤 건너다 다리 밑을 내려다 봤다. 강물에는 머리 깎고 먹물 옷 입은 보잘 것 없는 자신의 그림자가 선명히 나타난다. '저게 나란 말이지?' 하며 자신의 모습을 보는 순간 가슴에 사무치는 환희로움이 용솟음 치며, 가슴이 탁 트이고 눈 앞이 맑아졌다. 그 찰라 그는 자신의 본래면목을 발견한 것이다. 마침 그때 아침해가 찬란히 그를 밝혔다.기쁨을 이기지 못한 그는 그 자리에서 이렇게 노래했다.

昨夜月滿樓　　어젯밤 달빛은 마루에 가득차고
窓外蘆花秋　　창밖의 갈대꽃은 눈처럼 희다
佛祖喪身命　　부처와 조사도 신명을 잃었는데
流修過橋來　　흐르는 물은 다리를 지나고 있다

그 길로 수덕사 정혜선원에 계신 만공스님을 찾아가서 법거량을 통해 마침내 인가를 받았다. 만공스님은 그에게 '전강(田岡)'이라는 법호(法號)를 주시며 이르시기를,

"네가 비록 알았다 해도 그것을 꾸준히 보림(保任)하지 않으면 알음알이로 둔갑한다는 것을 명심하거라." 알음알이(知解)란 일종의 간혜(乾慧)이니 총명한 의식으로 사량계교(思量計較)하는 것을 말한다. 번뇌 망상이 완전히 사그러진 무심에서 우러나는 지혜라야 생사의 굴레에서 벗어나 각자(覺者)가 되는 것인데 총명의식으로 진여(眞如)를 헤아리는 지혜를 메마른 지혜(乾慧)라 한다. 견성하고서도 깨친 경지를 잘 보호하고 임지(任持)하여야 한다. 선가(禪家)의 견성이란 교가(敎家)에서는 해오(解悟)라 하며 보림(保任)의 과정을 거쳐 확철대오(廓徹大悟)한 것을 교가에서는 증오(證悟)라 한다. 그래서 보림에 게을리 말도록 만공스님께서 그에게 엄히 이르신 것이다.

전강스님은 그 말씀을 깊이 듣고 세상을 보임지로 정한다. 세상에서의 보림을 끝내고 스님은 33세 때인 1931년 통도사 보광선원의 조실을 시작으로, 1934년 법주사 복천선원, 1936년 김천 수도선원, 1948년 광주 자운사 등 전국 유명선원의 조실을 역임하면서 중생교화에 임하였다.

 6.25 한국전쟁 당시 피난을 거듭할 때는 행여 제자인 송담에게 해가 올 것을 걱정하여 집 천장에 숨겨두고 스스로 구멍가게를 열어 제자를 지켜주기도 하였다.

그러한 전강스님의 노력으로 송담스님은 오늘날 한국 선종의 선맥을 이끌어 가는 거목이 되어 북송담 남진제라는 말이 나올 정도의 선승이 되었다.

1955년부터 해남 대흥사주지, 담양 보광사조실, 인천 보각사조실을 역임하였고, 1959년 구례 화엄사 주지 및 전라남도 종무원장이 되었다.

1962년 대구 동화사조실과 인천 용화사 법보선원(용화선원)을 건립하고 주석하면서 송담이라는 걸출한 제자를 남기기도 했다. 1966년 부산 범어사조실, 1967년 천축사 무문관조실 및 대한불교조계종 장로원장로를 역임하였고, 1970년 용주사에 중앙선원을 창설하였으며, 1974년 지리산 정각사선원의 조실을 역임하면서 각 선원을 다니며 후학들을 지도하고 많은 제자들을 양성해 내었다.

스님은 불자들에게 가장 쉬운 것이 불법이라면서 "세상의 모든 일은 자기 마음 바깥 것을 찾는데 애를 쓰지만 불법은 가장 가까운 자기 마음을 바로 보는데 있다. 정각의 자리에 오르기 위해선 마음을 바로 알아야 한다."고 강조했다.

스님은 "마음이란 무엇인가? 밥 먹고 옷 입고 가고 오는 주인공이다"라면서 "행주 좌와하는 주인공이 곧 마음이요, 이 마음을 찾는 공부가 참선법이다"라고 지적했다.

"나와 가장 가까운 자기 자신의 마음을 찾는 참선법. 이 법은 세상에서 가장 쉬운 일이지만 모양도 없고 빛깔도 없는 것이기에 어리석은 자는 믿지를 못한다.…"

현대 한국 선종의 혜맥을 이은 전강 스님은 1975년 1월 13일 영가를 위한 천도법문을 마치고 점심공양을 한 후 시봉하는 제자에게 "나 오늘 가야겠다"며 입적을 미리 알렸다. 놀란 제자들이 한 자리에 모이자 이렇게 일렀다.

"여하시(如何是) 생사고(生死苦)인고? (어떤 것이 생사대사(生死大事)인고?)할~"
"구구(九九)는 번성팔십일(成八十一)이니라."

"나 죽은 후 사리(舍利)를 수습하지 말고 재는 서해에 뿌리거라"

그리고..제자들이 지켜보는 앞에서 세수 77세, 법납 62세로 좌탈입망했다.

제자로는 전법제자(傳法弟子)인 송담을 필두로, 정공(正空), 정우(正愚), 정무(正無), 정대(正大), 정락(正樂) 등 50여명과 손상좌 200여명이 있다.

저서로는 『전강법어집』이 있다.

제자 송담스님...

　　전강스님은 평생 활구참선(活句參禪)을 제창하였고, 판치생모(板齒生毛:이빨에 털이 난 도리가 무엇인가) 화두로써 학자들을 제접하였다.

또한, 입적한 날까지 15년 동안 새벽마다 수행자들을 위하여 설법하였으며, 특히 700 여개의 육성테이프를 남겨 후학들이 참선공부를 할 수 있는 지침을 마련하였다.

전강스님의 제자 송담 스님은 80을 넘긴 연세에도 불구하고, 조실 추대를 거절한 채 여전히 열반한 스승을 조실로 모시고 지금도 전강 스님의 육성녹음 테이프를 듣고 난 뒤 상당법문을 하고 있다.

법보(비구)선원 외에 시민선방과 보살선방까지 운영하고 있는 용화사에선 30년이 지난 오늘도 전강 선사의 테이프(700여 개의 육성 녹음 남김) 법문이 매일 흘러나온다. 이는 "가고 옴이 없음이 여래의 진면목, 중생의 눈엔 전강 선사께서 돌아가신 걸로 보이나 생사 없는 도리를 증득한 스님은 열반상만 보이는 것이기에, 전강 조실스님은 생존시와 똑같이 항시 도량에 계시며 후학을 지켜보고 계신다"는 송담 스님의 뜻에 따른 것이다.

이 절, 저 절에서 앞 다투어 나이든 스님들을 조실로 추대하는 이른바 '조실 홍수시대'를 맞고 있는 이때, 조계종에서 최고의 선사 중 한 분으로 추앙받고 있는 송담 스님은 "자격이 없다"고 겸양하며 여전히, 스승의 상징인 조실 자리를 마다하고 있다. 이는 전강 선사가 생전에 '조실제도의 미비'를 지적하면서, "조실이란 불조의 혜명을 잇는 명맥인데, 스승의 인가 없는 조실이 날로 많아져서 큰일이다"고 개탄한 사실과 맥을 같이 한다.

제자 범주스님...

　　범주 스님은 학창 시절 예술에 대한 열망 속에서 예술을 통해 인생의 진리를 찾고자 한 것이 홍익대학교에 입학한 동기였단다. 젊음과 예술론이 함께하는 재학시절이었지만 방황과 번뇌는 끊이지 않았다. 우연히 보게 된 금강경을 통해서 불교의 가르침을 접하게 되고 여기에서 참 진리를 찾을 수 있다는 생각에 1966년 홍익대 미대를 졸업하고 "예술과 인생을 제대로 알고자" 전강 선사를 스승으로 삼아 출가했다.

한동안 경전 공부에 매달리기도 했으나 문자로서는 삶의 해갈을 얻지 못할 것 같아 인천 용화사의 전강선사 문하에서 참선공부를 하게 되었다. 그때 은사스님은 내게 이렇게 말씀해 주셨다.

"생사가 本來(본래) 없는 역사를 歷史가 없는 나를 이 내를 내가 모르고 이게 사는 것인가? 뭣 하는 것이냐 말여? 참 별일이지 좀 생각해봐. 지혜 있는 사람은 안 생각할래야 안 생각할 수 없는 일이지. 복을 많이 지어서 꽉 찰수록에 법문이 더 안 들겨. 여지없이 믿어봐라. 안될 이치가 있는가? 참선은 옳게 듣고 옳게 믿어야하는 것이다."

"배가 고픈 듯 하고 차운 듯 해야 좀 도를 닦아보지... 배가 부르고 배가 뺑뺑해 가지고 그 몸이 무겁고 못 닦아 죽기 전에 해얄것 아니야 늙기 전에 해얄것 아니야. 그 젊고 기운 좋을 때 왜 못해. 과거 스님네도 도 닦을 적에 세철 넘어간 이가 없다했어. 불과 세철안데 다 득력을 했다했어. 세철이면 그 뭐 활구 참선법이란 것은 그렇게 쉬워. 옳게만 해 나가면 활구참선법 밖에 깨달을 것이 없어. 인생 일생이 얼마나 되나? 깊이 깊이 생각해 봐라. 왜 절로 놀아지나? 어째서 신심이 없어서 놀아지나? 어째 그렇게 안하고 지내가나?"

"한바탕 해보자 그게 용맹심이여. 거기 가서 발심이 있고 거기 가서 신심이 있고 거가 분심이 있고 다 갖추어져 있느니라. 어째 그것 한번 못해내느냐? 과거에 모든 우리 선각자(先覺者) 佛祖 전부 그렇게 애를 써서 그 일인 장락을 해서 그렇게 닦아오지 않았는가? 어째 닦지 않는가? 이놈들아!"

"요새 참선한다는 학자들 그 냄새 나서 볼 수가 없다. 그 말이다. 고린 냄새가 나서 볼 수가 없어 그저 왔다 갔다 왔다 갔다 뿐이다. 세상에 내 화두해서 안 낫는 병이 없는 것이여 이까짓 색상 몸뚱이도 병 없는 곳을 관하고 앉았으니 이뭣고를 하고 앉았으니 옳게만 잘 해 나가면 뭐 거기서 운동 다 갖춰져 있어 왔다 갔다 왔다 갔다 그렇게 지내니 될 수가 있나? 암만 좀 살펴봐도 옳게 닦아나갈 학자가 하나도 보이질 아니하니 어쩔 것이냔 말여!"

"내가 그 진짜 학자를 만날라고 이렇게 애를 쓰고 이렇게 자꾸 올라와 내가 무려 常住說法을 이렇게 한단말여 진짜학자 참 도를 깨달라야겠다고 또 도밖에 없다고 이렇게 믿는 학자가 아니면은 주먹으로 멱아지 때겨쳐 버리는 성격여 뭐 여러말 할 것도 없어!"

"믿기만 해도 하근은 아니다. 몇 생 공부했으면 상근이 되는 것이지. 육조스님 나무장시 하다가 한마디 듣고 툭 깨듯이. 어쩐지 아무 힘도 안든 것이언만 생각허기가 어렵고 생각만 허면은 잡심이 들어오고 하도 제가 지어놨기 때문에 잡된 지어놓은 것이 모두 금생에 와서 그놈이 모두 습성이 되야가지고 허물이 되야가지고 그 정법화두만 들면은 그 놈이 벌써 앞에 나온다. 하나 나와 가지고는 백가지 천가지 구백가지 生滅心을 일으킨다. 그건 잃어버릴 필요가 없을 것 같은데 그렇게 잘 가버리거든. 어디로 휙 가버리고는 못된 망념만 들입다 일어나고 일어나거들랑 또 관계 말아뿌러라. 일어난 놈을 또 미워하지 말고 없앨라고도 말고 그저 이뤗고다."

"아 느가 지금 생사 병에 들어 걸려 있으니 몸뚱이 받아 왔다만은 뒈질 날이 어느 날이냐? 뒈질 날이 어느 시간이냐? 한번 숨 들이쉬고 한번 숨 내쉴 때에 아-그만 뒈지는 것이 우리 인생 몸 중생 몸인디 어째 왜 그렇게 정신못채려? 왜 닦지안혀? 다섯 시간이나 네 시간 푸욱 자고나서 꾸벅꾸벅 졸기만 하니 그거 무슨 경계여 맹렬한 마음이 있어봐라! 요새 학자라는 것은 돌아댕기는 것이 그만 그것이 습관성여! 견성은 커녕 발심도 못한 것이 이래 될 수가 있나? 發心을 못해 놓으니 그저 그만 돌아댕길라나 하고, 어디 가서 쫓아가 먹을라고 하고 어디 앉으면 잠이나 잘라하고 게을러 맞어서 그저 그만 게을러 그런거여 다른거 아녀 순전히 게을러서 생긴 병여 그걸 병이라고 그려 병 아녀? 걸어 댕길 줄만 알만 그저 부지런히 닦고 부지런히 하면 도 못 닦을 사람이 누가 있고 見性 못헐 사람이 누가 있고 누가 상근대지 아닌가? 어디 말세 있겠나."

"거지라도 일등거지지 이 몸을 살리는 것은 도 닦기 위해서 이 몸을 먹여야 되니까 못된 마음이 났거나 말았거나 그건 관둬버려 그저 이뤗고다 몸뚱이만 들어앉어서 번듯이 뻔뻔하게 아주 그만 체면도 없이 해 주는 밥 가만히 앉어서 삼시주식을 뱃속에 그득히 채워 놓고 등한 과일 등한히 화두는 없이 헛되이 날을 지낼 것이냐? 그 밥 어떠한 밥이며 참 시은인가! 어떤건디 가만히 앉어서 먹고 망상이나 내고 잠이나 자고 요렇게 등한히 날과 밤을 지낼 것이냐. 생사 일자를 생각해봐라. 죽을 것을 생각해봐라. 지금 있다고 믿느냐? 성하다고 믿느냐? 한번 생각해 봐라. 여기가 어디라고 밥을 축내고 있어? 이 문둥이만도 못한 것들아! 왜 정법을 믿지도 못하고 정법 설하는 데도 가기 싫어하고 법을 듣기 싫어하니 뭘 하는 거여! 뻘로 듣지 마라 잘 새겨들어 뼉다구 속으로 들으란 말이여! 화두가 뭐 그렇게 화두에게 있나 내 본인의 분심과 본인의 신심과 본인의 결정심에서 화두가 되는 것이지 화두 하나 딱 얻었으면 무별리심으로 무변개심으로 화두를 추켜들고 해나가는 용맹심에 있지 조금 깔짝깔짝 해보다 안 된다고 의심 안난다고 고래서는 소용없어 허리터분허니 귀신 참선하지 마라. 잠 참선 말어라. 여법히 안 되드라도 앉어서 자선 할 때에는 화두가 집요하게 독로하게 이뤗고가 오래 너무 끊

어지지 않게 용력을 다해라."

이러한 말씀들을 듣고 진정한 믿음을 가지고 시작한 참선의 세계는 또 다른 환희의 세상이었다고 스님은 그때를 회고하며 말씀을 이었다.

"당시 은사스님은 경허-만공으로 이어지는 법맥을 전수받아 선풍을 날리고 계셨다. 그 문하에 들어감으로 인해서 당대의 내로라 하는 선지식들을 접할 수 있었다. 그리고 많은 공부를 할 수 있었다. 우리 은사는 100일 동안 잠을 자지않고 수행한 스님이라 우리 스님만 위대한 줄 알았는데.. 스님의 도반 스님들을 접하다 보니 그때 그 분들 모두가 나름대로의 고행정진으로 선지를 얻었다는 것을 알 수 있었다. 그때부터 나는 참선의 중요성을 알고 각고의 정진을 하게 되었다. 그렇게 참선을 하며 달마를 그리기 시작하였는데 기교로 그리던 속세의 그림과 참선을 통하여 얻어지는 기로 그리는 그림이 너무나 다름을 체험하였다. 이로써 참선공부는 내 삶의 전부가 되었다. 물론 은사스님을 발가락 만큼도 못 따라가지만, 은사스님을 욕 먹이는 제자는 안 되려고 노력한다."

필자는 범주스님과의 오랜 인연으로 그분이 겸양의 말씀을 하신다는 것을 안다. 많은 스님들을 봤지만 이렇게 철저하게 참선을 통한 예술을 하시는 분은 많지 않다는 것을.. 달마도가 어느 때부터인가 부적이 되어 아무나(?) 그려 팔고 있는 현실에 개탄에 눈물을 쏟는 것을 본 적이 있다. 동류로 오해될까 하여 붓을 던지고 싶었던 때도 있었다고 한다. 그러나 그것조차도 당신의 오만이 아닌가 하여 참회하였다고 하는 스님의 이야기를 들으며 깊은 감응을 받았었다. 이후 나는 스님을 존경하게 되었고, 자주 뵙게 되었다. 스님을 만나고 나오는 날은 내게 항상 즐거운 날이 되었다.

이번에 책을 집필하며, 아니 정확히 얘기하면 여기저기 흩어져 있는 선사들의 주옥같은 삶의 조각들을 찾아 엮으며 그 분들의 제자들을 찾아 한 조각도 흘리지 않고 담아보려 하고 있다. 범주 스님은 전강스님의 제자인지라 찾아 온 것이다. 스님은 은사에 대해 묻는 필자에게 다음과 같은 일화와 생전육성이 담긴 테이프를 들려 주셨다.

일화...
30세 전 후 만공스님에게서 깨달음을 인가받아 전강을 받은 후 스님은 엿목판을 짊어지고 이 고을 저 고을 순행하며 엿장수 노릇을 하며 하심을 하는 수행을 하고 있었다. 그런데 여름 어느 날 도반 설봉이 찾아왔다. 여름안거의 반살림 시기를 맞추어 서울 대각사 조실이신 용성스님이 전국 각 선원으로 설문을 띄어 답을 받고 있었는데 그 답이 모두 시원치 않아 영신이를 찾아 답을 듣고 오라고 했다는 것이다.

"그래 무슨 내용인가? 남들은 뭐라 했는가? 다 말해보게"

"설문의 내용은 안수정등화(岸樹井藤話)이네. '한 나그네가 평원광야를 혼자서 걷고 있었다. 이 때 미친 코끼리 한 마리가 나타나더니 불문곡직하고 밟아 죽일 듯이 달려드는 것이었다. 나그네는 젖먹은 힘까지 다 쏟아 도망갔는데 그 코끼리는 막무가내로 뒤쫓아 오는 것이었다. 결국 지치고만 나그네는 영락없이 코끼리에 밟혀 죽게 되었는데 바로 그 때 그의 앞에 오래된 낡은 우물이 있는지라. 나그네는 우물로 뻗어 내려간 등나무를 부여잡고 우물 속으로 몸을 숨겼다. 미친 코끼리는 우물을 빙빙 돌며 고래고래 소리를 지르며 위협해 왔으며 나그네는 가까스로 죽음을 면하게 되자 사방을 두리번거리며 살펴보니 우물 밑바닥에는 팔뚝만한 독사떼가 있어 나그네가 내려오면 물어 죽이겠다고 혀를 날름거리고 있고 우물 사방에도 독사가 머리를 내밀고 있었다. 위를 쳐다보니 흰쥐 검은쥐 두 마리가 번갈아 가며 나그네가 붙잡고 있는 등나무를 갉아 먹는 것이 아닌가? 등나무를 다 갉아 먹으면 나그네는 우물 바닥으로 떨어져 독사떼의 밥이 될 것은 뻔한 일이었다. 그런데 두 마리의 쥐가 등을 갉아먹으며 마침 근처에 있는 벌집을 건드리니 벌집에 고여 있던 꿀방울이 뚝뚝 떨어지는 것이었다. 나그네는 전후좌우의 긴박한 상황을 깜박 잊고 꿀 받아먹기에 여념이 없었다. 자, 이 상황에서 어떻게 해야만 나그네가 위기에서 벗어나 살아나게 되겠는가?'

제방의 각 선원에서 30여통의 답이 대각사에 도착했는데 어느 스님은 '작야작몽(昨夜作夢)' '광상(狂象)이다' '상강(霜降)에 월색한(月色寒)이다' 등등의 답들이이었다. 이 답을 다 본 용성스님이 "영신의 답을 듣고 싶구나." 하여 내가 온것이네. 자네 답을 말해주게."

"선방에서 모두 시은(施恩)만 축냈네 그려." "우물 속에 갇힌 나그네가 어떻게 하면 출신활로(出身活路)를 얻겠는가?" 엿목판을 짚어진 채 그 무거움도 잊은 전강스님이 바른 손을 번쩍 들면 외치기를, "달다" 하는 것이었다. 설봉스님이 돌아가서 그대로 말씀들이니 용성스님은 들고 계시던 국그릇을 떨구고 말았다. "과연 영신(永信)이 있었군" 하시며, '包瓜花穿籬出하야 臥佐痲田上이라/ 박꽃이 울타리 뚫고 나와서 삼밭 위에 누워 있도다.' 하시자 후에 그 답에 대해 전강(田岡)스님은 용성선사의 자답(自答)도 어줍잖다고 했다고 한다.

육 성법문 중

#...내 마음 밖에서 무엇을 구하느냐. 삼라만상이 내 마음으로 부터 난것이다. 두두물물(頭頭物物)이 다 내 마음에서 지어낸 것이다. 내가 하늘이고 내가 우주 만물을 만들어낸 주인공이여.

#... "원하자...도 닦기를 원하자. 오늘 이렇게 살고 내일 이렇게 살고 몇 년을 이렇고 살고... 참말로 온 곳도 이렇게 모르고 갈 곳도 어디로 쫓아 갈런지 알 수 없으니 두렵구나...도 닦아 보자...도를 한번 닦아보자" 사람의 마음이면...사람이면 이래야지...

#...누가 죄를 주어서 받나? 지가 지어서 지가 받는다. 염라 대왕은 죄를 벗겨 주어서어서 참선해서 해탈해서 죄를 짓지마라...일러주지만 모르고 지가 들어간다. .. 이 육적 놈이 따라가지고는 요놈의 것이 죄만 져. 죄만 퍼지니 다생겁중으로 내려오면서 죄만 하도 하도 많이 많이 지어놨기 때문에 '이뭣고'를 한 번 해볼라고 하면은 그 못된 익혀 논 죄업 익혀 논 지은 죄업 습기가 그렇게 동(動)해.

#...아무데나 가서 불법 믿는다고 다 불법여? 몸뚱이는 어머니 뱃속에서 장만해 가지고 왔지만은 그 몸뚱이 만들어 가지고 나온 그 주인공은 어디서 온지도 몰라. 본인도 그 어디서 뭐가 돼 가지고 있다가 어머니 뱃속에 왔는지 어느 세상에 살다가 왔는지 사람이 되야 살다가 왔는지 무슨 뭐가 돼야 왔는지를 모른다 그 말씀이여! 누구 다 막론하고 이것을 인생문제라.. 사람이락 하는 것이 사람의 근본원리를 알고 살어야 헐턴디 내 근본원리를 몰라 내가 나를 모르니까 내가 나를 까마득 모르는 것이 인생문제라는 겁니다.

#...왜 사람이 돼야가지고는 왜 사람 짓을 못허고 사람이 돼야가지고 출가해서 중이 돼야가지고서 중노릇 못하느냐? 사람이 돼야가지고도 만물의 영장이니 만물에 제일가는 신령스런 사람이니 사람의 원리를 깨달라 사람이 사람을 바로 봐 알아야 한단 그말여 중이면 중되야 가지고 중의 면목을 봐야한다. 그 말여! 사람이 면목에 '이뭣고'고 중의 본래 낯반대기가 '이뭣고'여 이뭣고 뿐이여 이뭣고를 중이 되야가지고는 도학자가 되야가지고는 보덜 못허고 오늘 내일 이렇게........ 이뭣고를 꼭 잠 잘 외에는 밥 먹을 때도 해야 하고 똥 쌀 때도 해야 하고 오줌 쌀 때도 해야 하고 왜 헛되이 오줌을 싸냐? 왜 헛된 발자국을 옮기느냐? 발자국 옮길 때도 허고 밥 먹을 때도 왜 밥만 먹냐? 음식 맛에 팔려서? 참 한바탕 해봐라 '이뭣고'!

#...부모형제가 그 좋은 것 같지만은 부모형제 오욕에 애착되야 도 못 닦게 만드는 것

이 부모형제 가족 모두 그런 것이여. 나를 도 못 닦게 만드는 그게 외도(外道)여. 한번 믿고 들어왔으면 몸이 죽은들 나갈 수 없다. 선전이 아니면 약도 못 파는 법이고 참선도 못 가르쳐!

#...참선법이라는 것은 공중에 새 날라 가듯이 아무 자취 없어. 운력이 없으면 보행이라도 하루에 한 시간만이라도 걸어라. 가만히 이뭣고만 한다고 병들면 못혀. 천하에 두렵고 무서운 것이 도에 방해되는 마구니가 병이여 이 몸뚱이에 병 안들게 대중이 아침저녁 한 시간씩 운력하면 도량은 깨끗하고 이 몸에는 얼마나 운동이 되는 줄 알어?

#...낮에는 차 한 잔 마시고 밤이 오면 한숨 잔다. 다 들은 법문이라고 용이심을 내서 관문상을 지어서 모두 자울지 말고 잘 들이란 말여! 우리가 지금 어느 분상에 있어? 어디서 있다가 왔느냐 말씀이여? 기가 막히지...온 곳 모르는 것 보담도 이놈의 송장 몸뚱이 끌고 못된것 만 일러주는 중생심, 송장 속에서 이러고 있어서 될 것인가? 좀 잘 들어야 할 것 아닌가... 눈감고 자울지 말고 법문 좀 들으시오. 오장에 불이 올라오네..눈 한번 감으면 죽은 송장인디, 나도 밤에 보살님네 보담 잠을 덜 잤소... 이 "이뭣고(화두)" 한번 찾아보란 말여. 이 몸뚱이 내버릴 그 시간을 누가 아느냐 말여. 일향간에 있다.. 숨 한번 들이쉬고 내쉬는 가운데 있다. 이 소소영영한 주인공은 똥을 아무리 묻힐래야 묻지도 않는다. 이렇게 껌껌해 가지고 오늘 살면 뭣하고 내일 살면 뭣혀? 내가 나를 깨달아야지...

#...생사 면하는 견성성불법에는 무슨 체면이 있겠는가... 또 잔다 자! ~ 자러 왔는가? 자고는 웃는다. 당신들 위해서 이렇게 애써서 법문 해주는데 인정도 없다...체면이 있어? 만년을 잠자고 코골고 있어보지... 그게 중생산데 천하에 중생사 같이 불쌍한게 없어. 내가 여기서 7년동안을 설법을 해주어도 법문 듣고는 나가면서 잊어버리고, 뭔 짓을 허고 계시다가 오시는고...늘 깜깜하네 뭣혀? 내가 그 죽어 버릴수 밖에 없다 이맘 밖에는 안나.. 지금도 이런말 하고 있으니 내 눈껍질 속에서는 눈물이 핑도네...

#...마음 모양을 묻는 것이여. 무슨 물건이 왔노?

꽉 맥혔지. 꽉 맥힌 그것이 도학자(道學者)여. 참말로 도학자기 때문에 맥혔지. 도학자가 아닐 것 같으면 무엇이라도 따져서 대답할 것이여. 거기다 맨들어서 마음이 뭣이다 별별 소리를 다 붙일 것이여. 하지만 꽉 맥혔어. 이뭣고? 몸뚱이 끌고 다니는 이것이 뭐냐 말이여? 송장을 끌고 다니는 이것이 뭐냐 말여. 마음이 뭣이여? 별소리 다 같다 붙여놨자 뭘혀. 소용없는 거라 말이여. 밥을 먹지, 옷을 입지, 가고오지, 아 이런 물건

이 뭐냐 말이여. 도대체. 꽉 맥혀서 알 수 없다. 이 물건을 알 수 없는 물건, 내 물건 알수 없다 말이여. 그렇게 꽉 맥힌 것이 의심이여. 의심이 일어나면서 그만 분심(憤心)이난다. 내가 나를 모르다니, 어째 이것을 모른단 말이냐. 빛깔은 어떻게 생겼으며, 모양은 어떻게 생겼으며, 몸뚱이는 코도 입도 귀도 있지만 그놈은 눈도 코도 아무것도 없는놈이어떻게 생겼으며 어디서 왔으며, 천만겁에 상주불멸(常住不滅)하는 것인데 대체그놈이 어떻게 생겼난 말여. 알 수가 있나. 알 수가 없으니 의심이란 말여. 그놈이 확일어나면서, 어떻게 내가 나를 몰랐냐 말여. 어찌 내가 이렇게 나를 몰라. 기가 막힌 일아닌가. 스승이 묻는 바람에 꽉 맥혔어. 육조스님이 "무슨 물건이 이렇게 오느냐?"이 한마디에 꽉 맥혔네. 알 수가 없는 마음이 나면서 분심이 일어나. 내가 나를 그렇게몰라? 과거에 든 부처님은 모두 다 깨달아서 생사 없는 도리를 증득했는데, 나는 이렇게 생사 있는 허망한 몸뚱이를 가지고는 내 몸인 줄 알고 송장 끌고 다니는 놈을 몰라.기가 차지. 분심이 일어나면서 그만 신심이 난다. 꽉 믿어. 내가 나를 꼭 깨달아야겠다.내가 나를 깨닫는데 중요한 것이 이 법이구나. 이 뭣고 뿐이여.

이뭣고? '이' 한놈이 뭐냐 그 말여. 육조스님이 처음 한 화두여. 부처님도 견명성오도(見明星悟道)했지. 그게 '이뭣고'였지. 가섭존자는 부처님이 거염화하는 바람에척 깼지. 그게 다 이 뭣고 도리지 뭐여. 부처님 화두가 없다 해서 없는 건가? 알 수 없는 그것을 의심하는게 참선법이여. 활구참선법이여. 하는 법이 이 뭣고여. 이뭣고 뿐이여! 밥 먹는 놈 이뭣고, 옷 입는 놈 이뭣고, 가는 놈 이뭣고, 오는 놈 이뭣고. 이것이 무엇이여? 이 뭣고하는 놈이 이 뭣고를 모르는디 이뭣고 뿐이지. 가는 놈, 오는 놈, 밥숟가락 든 놈, 젓가락 든 놈 이렇게 뭐있어. 당장 이뭣고 한놈이 다 알지.

그런데 이뭣고를 모르니 이뭣고지. 이뭣고를 꼭 허되 이뭣고 조차 생각생각 상속을 못할 적에는 망념이 들어오니까, 자꾸 망상이 쳐들어오니까 이뭣고를 자꾸 갖다 붙여. 이뭣고에 이뭣고를 또 붙이고. 이뭣고를 자꾸 염염상속(念念相續)할 거 같으면. 한달 혀,두달 혀, 일년 혀, 삼년 혀. 삼년만 철두철미하게 인사도 허지 말고, 인사한다고 맨날돌아 댕기지 말고 어디 나가지 말고 잠도 꼭 잘만큼 자고는 이뭣고만 정성스럽게 닭이알 품듯 이뭣고만 해보란 말여.

처음에는 망상도 일어나고 가슴 속에서 망념도 쉴 새 없이 자꾸 물에 거품 일어나듯,화로에 불꽃 일어나듯 자꾸 일어난단 말여. 그놈이 내 본각을 가려버리고 캄캄하거든.그러나 이뭣고를 해 의단이 독로하면 일체망념이 들어오지 못하니까 이뭣고 뿐이니까.이뭣고만 자꾸자꾸 하면 이뭣고가 그만 일체 망상 덩어리가 이뭣고에 와서 오지도 못하지. 이뭣고만 쏙 해서 툭 터질 것 같으면, 본래면목 내 이뭣고 본래면목이 그대로 나와. 어디 감춰났나? 감춰놓은 것이 있어야지. 거기서 툭, 그놈이 무슨 마음이다, 성품이다 그런 것 같고는 안돼. 따지는 참선은 사량분별 참선이라 안하는 것이 낫단 말여. 화두 없이 가만히 앉아있는 참선은 묵조사선(默照死禪)이여. 죽은 참선, 송장을 들여다보고 있는 참선이여. 그게 다 같은 것 같지만 같은 것이 없습니다. 석가모니 부처님이 바로 설산 들어가서 6년만에 확철대오 이뭣고를 깨달아서 척 나와서 이뭣고 참선법 하나 전했지 다른 법 절대 없습니다. 49년 설법할 때 모두 이뭣고 깨달으라고 그 많은 방편 일렀지. 방편요설을 하셨지만 꼭 이뭣고 깨달으라는 것 뿐이여. 이뭣고 하나 꼭 가지고 이렇게 화두참선을 해야 선이지, 이뭣고 밖에 무슨 죽은 놈의 참선.... 우리 부처님 말씀에도 활구참선법, 견성성불법 밖에는 없으니까.

화두를 꼭 이뭣고 해나가기를 부탁합니다. 이뭣고를 잘해나가면 더할 게 없지. 항상 이뭣고여. 자나오나 이뭣고여. 항상 이뭣고를 배꼽 단전 밑에 놓고 이뭣고를 하는디 왜 단전 밑에 두라 하냐면 참선하는 노인네가 이뭣고를 단전 밑에 두라 했는데 상기(上氣)가 올라올까 두려워니까. 눈썹 사이에도 이뭣고 둘 수 있고 코에 둘 수 있는데 이뭣고를 어따가 못 둘 것이여. 하지만 그놈 두는 장소를 배꼽 밑에 두라 했단 말이여. 왜 그러냐면, 그놈이 그만 상기가 돼. 상기가 돼서 머리가 아프기 시작하고 육단심이 동하면 생각하는 가운데 병이 되가지고 못쓴단 말이야. 배꼽 밑에 둬서 이뭣고를 하는데 그놈을 하는 방법이 내가 병을 걸렸다 나았으니까 이런 말을 하는 것이여. 참선하는 사람이 선방에 들어와서 모두 그 병이 걸린단 말이여. 조식을 잘 못해 걸리는 것이여. 이뭣고, 이뭣고 하다가 숨이 차기도 하고 육단이 동하기도 하고 상기가 올라와 못쓴단 말이여. 이뭣고 할 때 알 수 없는 의심이 배꼽 밑에 가서 딱 붙어 있습니다. 고렇게 해버릇해서 한번허고 두번허고 살살 그놈을 묘리있게 해나갈 것 같으면 머리가 대번에 상쾌합니다. 아주 상쾌해. 이뭣고를 조식으로 해나갈 것 같으면 상기가 없습니다. 상기가 들어오면 도는 못닦습니다.

스님들은 상단전 수련처럼 눈으로 상단전을 "관" 하는 것은 아니지만, 의식으로 항상 화두를 붙잡고 있다보면 자연스럽게 머리에 기운이 집중 되는 현상 때문에, 당연히 상기증에 시달리는 것으로 보입니다. (선도이론에 의하면, 의식을 집중하는 곳에 반드시 기가 모입니다.) 깨달음을 얻는 수준까지는 한참 먼 스님들 중에도 무당수준의 특이능력을 갖고 있는 분들이 많다고 합니다. 그 이유는 상단전 수련을 하면 무당수준의 능력이 잘 생기는 것과 깊은 연관이 있을 것입니다.

정무스님

1931~2011년

은사 전강, 동산 스님
상좌 세영. 심경 스님

원공당 정무대종사.
언제 어디서나 늘 효를 가르치고, 실천.

정무스님은 1931년 전북 군산에서 출생했으며, 전북대 수의학과를 졸업했다. 1958년 은적사에서 전강 스님을 계사로 사미계를, 1965년 범어사에서 동산 스님을 계사로 비구계를 수지했다. 김제 부흥사 등 제방선원에서 수행정진했으며, 조계종 중앙종회의원, 남양주 용주사·여주 신륵사·이천 영월암 주지, 한국대학생불교연합회 지도법사를 역임했다. 포교 활성화에 기여한 공로로 1977년 종정 표창을 받은 데 이어 2007년에 포교대상을 받았다. 2007년 조계종 원로의원에 선출됐으며, 이듬해 조계종 최고 품계인 대종사 반열에 올랐다.

효사상으로 청소년의 심성을 치유해야 한다고 늘 강조했던 스님은 1971년부터 1983년까지 제2교구본사 용주사 주지로 재임하면서 선원을 개원하고, 신도수련회와 대학생불교학생회 수련회를 시작했다. 포교자료집을 자체적으로 발간해 배포하는 등 신도교육에도 열의가 높았다. 지난해까지도 여분의 보시금이 생기면 대학생불교학생회에 쾌척하며 후학들에게 모범을 보였다. 대구 정법거사림회, 한국관음회, 세불회(稅佛會), 경찰대학불교학생회, 한국대학생불교연합회 지도법사를 역임하였다.

스님이 재가불자들에게 전하는 인생의 지침이다. "첫째 깨끗한 자연환경에서 살며, 둘째 본성을 해지는 직업은 버려라. 셋째 시간과 돈은 일의 가치 순위로 쓰며, 넷째 항상 공부하고 실천해야. 그리고 다섯째로 은혜를 알고 은혜를 갚는 사람이 되라."

정무스님은 또한 항상 수행자의 본분을 강조하고 실천했다. 1963년 김제 흥복사에서 5하안거를 지낸데 이어 대구 동화사 금당선원 등 전국의 선원을 찾아 참선수행을 했다. 문서포교에도 관심이 많았던 스님은 『용주사 본말사지』를 발행한데 이어 『정명의 길』 『은혜를 갚은 사람』 『평생공부』 『마음공부』 등 다수의 저서 및 역서를 펴냈다. 또 용주사에 한글부모은중경탑을 세워 사찰을 찾는 사람들에게 효사상의 중요성을 전하고자 했다.

그리고.. 조계종 원로의원 원공당 정무대종사2011년 9월29일 오전8시40분경 주석처인 안성 석남사에서 원적에 들었다. 법랍 55년, 세수 81세. "내가 이 세상에 인연 따라 왔다가 바르고 정직하게 열심히 살다 간다. 도솔천 내원궁에서 우리 거기서 만나자"는 열반송을 남기고...

빈소는 출가본사인 용주사에 마련됐으며, 영결식은 10월3일 오전10시 제2교구본사 용주사에서 원로회의장으로 엄수되었고, 스님의 다비는 같은 날 안성 석남사에서 거행되었다.

정 무스님 행장

1931년 4월 19일(음) 전북 군산시 임피면 죽산리에서 출생/ 1958년 1월 15일 군산 은적사에서 전강선사를 계사(은사)로 사미계 수지/ 1965년 3월 15일 부산 범어사에서 동산선사를 계사로 보살계 구족계 수지/ 1963년 4월 15일(음) 김제 흥복사에서 전강선사를 조실로 3하안거 성만/ 1966년 4월 15일(음) 대구 동화사에서 효봉선사를 조실로 3하안거 성만/ 1987년 10월15일(음) 속리산 복천암에서 3하안거 성만.

1968년 10월 15일 영주 포교당 주지/ 1970년 8월 10일 제2교구 3대 중앙종회의원/ 1971년 10월 22일 제2교구본사 용주사 주지/ 1974년 9월 제2교구 4대 중앙종회의원/ 1978년 9월 제2교구 5대 중앙종회의원/ 1980년 4월 제2교구 6대 중앙종회의원/ 1981년 3월 7일 조계종 중앙종회 선거관리위원/ 1993년 4월 1일 대구 법왕사 회주/ 1983년 6월 3일 제2교구 여주 신륵사 주지/ 1999년 7월 1일 조계종 총본산 성역화 추진위원/ 2000년 11월 제2교구 안성 석남사 주지/ 2007년 3월 제2교구 안성 석남사 주지/ 2007년 4월 조계종 원로의원 추대/ 2008년 10월 대종사 법계 품수/ 2011년 9월29일 오전8시40분 석남사에서 입적—법랍 55년, 세수 81세.

정무스님의 상좌 세영스님은 가시는 스님에게 이런 편지를 올렸다.

"나의 은사 정무스님은 진정 가셨습니다. 내게 너무나 큰 가르침을 주시고..

스님은 수행자 본분사에 어긋나게 행동하는 것을 가장 싫어하셨으며, 상좌들에게도 포교를 늘 강조하시고 포교야 말로 세상을 이익 되게 하는 본분사이니 중요하게 여기라는 말을 입이 닳도록 하셨습니다. 스님의 상좌로서 스님의 가르침과 사랑을 듬뿍 받은 제가 이제 그 가르침을 실천하려 합니다. 은사스님께 받은 만큼은 못 될지라도.. 힘껏 해보겠습니다. 후배들에게 효를 가르침은 물론이요 실천하겠습니다. 불자들에게 가정의 소중함을 일깨워줌은 물론이요 가정을 살리는 법을 가르치겠습니다. 불자들과 승려들과 함께 수행에 매진하겠습니다. 어려운 이웃을 찾아 살피고 도와주며 살겠습니다. 주어지는 모든 사명 온 몸을 바쳐 매진하겠습니다. 다가오는 모든 인연 감사하며 존중하여 좋은 관계 맺어나가겠습니다. 겸손하게 살아가겠습니다. 청빈하게 살아가겠습니다. 온유하게 살아가겠습니다. 무엇보다도 스님처럼 진정한 수행자로.. 포교사로.. 살아가겠습니다. 이렇게.. 스님의 뜻 어기지 않고 살다가 스님계신 도솔천 내원궁으로 찾아뵙겠습니다. 2011년 겨울.. 존경하는 스님의 제자 세영 올립니다."

상좌 세영스님이 본 은사 정무스님...

"우리는 은혜 속에 태어나 은혜 속에 살다가지. 부모의 은혜, 스승의 은혜, 이웃의 은혜, 자연의 은혜, 국가의 은혜가 다 그런 거야. 하지만 이 중에서도 부모의 은혜가 근본이야. 부모의 은혜를 정말 안다면 천지만물의 은혜를 알게 되고, 또 천지만물의 은혜를 알게 되면 물건이든 시간이든 하나도 낭비할 수 없게 돼있어. 『부모은중경』의 10가지 은혜는 자식이 부모에게 효도해야 하는 이유고, 거꾸로 부모가 자식에게 베풀어야 할 10가지 의무이기도 해." 라며 효를 강조하셨습니다

"부모에 대한 효를 강조 하는 것은 어쩌면 종교적 교설을 뛰어 넘는 것일 수도 있습니다. 그러나 불교에서 얘기하는 효의 당위성이란 보살행의 근본으로 강조되고 있는 만큼 수행의 한 과정으로 효의 실천을 삼아도 무방할 것이라 여겨집니다. 부모에게 불효하는 업장을 지으면 그 어떤 선업을 지어도 소용이 없습니다. '효는 백행의 근본'이란 말이 있지만 효는 실로 백가지 선업의 근본이 되어야 한다는 것을 강조하고 싶습니다."

"〈부모은중경〉은 부모와 자식을 동시에 교육시키는 훌륭한 교과서입니다. 부모도 자식이고 자식도 부모가 되기 때문이죠. 은혜의 종류가 무엇 무엇이라는 것을 구분해 잘 아는 것도 사실은 중요하지 않습니다. 그건 그저 그렇게 나누어 설명을 하고자 하는 것뿐 이고, 우리의 삶이 그 은혜로 인해 가능하며 그걸 갚는 것이 바로 보살행임을 알아 행하는 것이 중요하다 할 수 있을 겁니다."

스님은 속가의 어머니를 절에 모시고 살며 지극 정성 봉양하셨습니다. 스님은 단 한 번도 어머니의 뜻을 거스르는 일이 없었을 뿐 아니라 어머니께서 드시고 싶다는 게 있으면 스님이 직접 먹거리를 마련해 봉양하고, 행여 몸이 편찮으실 때면 약재를 구해와 손수 다려드리고 그 옆에서 밤새 간호하며 기도를 하셨습니다.

그렇게 효심이 강한 스님이 용주사 주지를 맡게 되자 부모은중경탑을 세우고 용주사를 '효심의 본찰'로 만드셨습니다. 용주사는 1790년 효심이 강한 조선 임금 정조가 아버지인 사도세자의 능을 화성으로 옮긴 뒤, 그 옆에 능을 보호하고 그 혼을 위로하고자 세운 사찰이라는 것은 다 아실 겁니다. 그런데 스님이 막상 주지로 가셨을 때는 말이 교구본사였지 퇴락할 대로 퇴락해 대웅전을 비롯한 법당조차 언제 무너질지 모를 지경이었습니다.

그러나 평소 워낙 청빈하였기에 불사를 할 금전이 없었습니다. 그렇다고 신도들에게 불사를 강요하거나 돈 많은 불자의 도움을 얻어야겠다는 생각은 추호도 없었기에 스님은 장기적으로 불사를 계획하시고 오히려 한 사람이 많은 보시금을 내지 못하도록 하는 대신 적은 돈이라도 많은 사람이 보시할 수 있도록 하셨습니다.

"지나치게 돈을 강조하다보면 출가수행자가 장사꾼으로 전락한다."는 스님은 용주사 재건 불사도 오랜 시간 차근차근 진행 하셨는데, 대부분 스님이 상좌들과 신도들을 데리고 손수 하셨습니다. 정부 소유로 있던 6만평의 땅을 이양 받음으로써 용주사의 기틀을 확립한 스님은 일주문과 용주사사적비를 세우고, 대웅전·지장전·요사채 등을 대대적으로 보수하였으며 이곳이 정조대왕의 깊은 효성과 관련이 있다는 점을 감안해 경내에 큼직한 '부모은중경탑'을 건립하여 용주사를 '효심의 본찰'로 만드셨고, 신도들도 꼭 형편에 맞추어 시주하라고 당부하셨습니다.

대부분의 절에서 연등 크기나 모양에 따라 차별화된 가격을 매기는데 반해 우리스님이 계시는 절에서는 '봉축시주함'이라 하여 시주할 사람은 성의껏 내도록 하고 연등은 그냥 하나씩 나누어 주었는데 어려운 형편의 사람은 시주를 안 해도 연등을 나누어

주며 연등 크기 따라, 다는 장소 따라 가격을 매기는 행위를 "불교 망치는 짓"이라고 질색하셨습니다. 49재나 천도재를 지낼 때도 마찬가지였습니다. "가격을 정해 주십시오." 라는 신도들에게 스님은 "내가 댁의 형편을 어떻게 압니까? 가난한 이가 많이 해도 욕먹고 부자가 조금 해도 욕먹는 겁니다. 그러니 형편껏 하세요." 라며 재를 지내는 이들의 마음을 편안하게 해주셨습니다.

사찰재정을 걱정하는 이들에겐 부지런히 일하여 자급자족하고 절약하면 큰돈이 필요치 않다며, 사찰 불사를 할 때도 직접 공사 현장을 돌아다니며, 나무 한 조각이라도 헛되게 버리지 않도록 감시하고, 불사를 지도했을 뿐 아니라 하루에도 30번 이상 손을 씻을 정도로 흙속에 묻혀 '일일부작 일일불식'의 백장청규를 실천하셨습니다. 스님은 늘 맨발로 겨울에도 웬만한 추위에는 방에 불을 넣지 않고 지내셨고, 평생 자가용 없이 버스와 지하철로 법문을 다니면서 삼보정재를 아꼈지만, 포교를 위해 필요한 곳이 있으면 아낌없이 쾌척하셨습니다.

스님은 오늘날 모든 사찰에서 시행하고 있는 수련회 개최의 '선구자' 이셨습니다. "교리와 수행에 대한 이해가 전혀 없이 그저 복만 비는 것으로는 불교의 미래가 암담하다." 며, 스님은 수련회라는 말 자체가 생소했던 1968년, 주석하고 있던 영주포교당에서 신도수련회를 처음 열었고 청년불자들인 대학생 불교회 수련회도 처음 시작하는 등 수련회 개최의 '선구자'로 알려져 있습니다. 특히 스님이 수행과 법문 중심으로 2박3일간 실시했던 정진 프로그램은 불교 수련회의 효시로 교계에 센세이션을 불러일으켰습니다.

효 사상으로 청소년의 심성을 치유해야 한다고 늘 강조했던 스님은 1971년부터 1983년까지 제2교구본사 용주사 주지로 재임하면서 선원을 개원하고, 신도수련회와 대학생불교학생회 수련회를 시작하였으며, 포교자료집을 자체적으로 발간해 배포하는 등 신도 교육에도 열의가 높았으며, 여분의 보시금이 생기면 불교학생회에 쾌척하셨습니다. 이후 스님은 어느 사찰에 주석하고 계시든지 신도들을 위한 수련회를 직접 마련해 신도들을 교육하고, 수련회를 열겠다고 하는 단체에는 누구에게나 문을 활짝 개방하셨습니다.

또한 우리스님은 한결같이 일상에서의 수행을 강조하셨습니다. "기도, 참선, 주력, 경전공부 등 어떤 수행을 하느냐가 중요한 것이 아닙니다. 흔들림 없이 꾸준히 실천해 자신의 삶을 변화시킬 수 있어야 수행이라 할 수 있습니다. 그러기에 습관이 중요한 것이라는 것입니다. 병이 생겼을 때 의사가 치료해 주는 것이 아니라 스스로 생활을 바로 잡아야 근본적인 치유가 되듯이..” “또한 진심을 내어 수행하고 진심으로 일하고 생활하되 그 상에 걸리지 말아야 합니다. 이 얼마나 어려운 일입니까. 이걸 이생에 다 마칠 수 있다면 얼마나 좋겠습니까. 그렇다고 욕심을 부릴 수도 없고 욕심낸다고 될 일도 아니잖습니까.” “그럼 어쩌란 말입니까.” “그저 이 순간 나의 참 마음을 의심하지 말고 이 순간 내 일을 해나가는 것이 최선입니다. 허세와 허욕을 경계하고 마침내 ‘허세다 진심이다’ 라는 구별마저 하지 않으며 ‘지금 여기의 나’에게 충실하는 것이 불성의 여여한 모습을 구현하는 길일 뿐 입니다.”

“사람들이 자꾸 물어요. 어떻게 수행하느냐고. 참선할 때 집중 안 된다는 사람도 있어요. 믿음이 중요합니다. 나에게 불성이 있다고 하는데 그것을 믿는 확신이 깔려있어야 수행이 제대로 되지요. 자꾸 세상이 어지러워 갑니다. 사회가 복잡할수록 밖으로 휘둘려져 마음이 약해지고 정신을 못 차립니다. 그래서 수행이 더욱 필요합니다.”

“ ‘삼일 닦은 마음은 천년의 보배고 백년을 탐낸 마음은 하루아침의 티끌에 지나지 않는다’는 말이 있습니다. 한순간을 진심으로 닦는다면 그 한순간은 진심으로 살게 됩니다. 내게 갖춰진 참마음, 바로 불성 그 자체로 여여한 마음자리를 찾는 일에서 오늘의 경제 위기와 각박해진 시류를 치료할 수 있을 것입니다.”

스님은 화성 용주사·여주 신륵사·이천 영월암·안성 석남사 주지를 다니면서, 가시는 곳마다 가건물과 수세식 화장실을 헐어버리셨습니다. 절은 수행도량으로서의 면모와 품위가 있어야 하는데 쉽게 지은 가건물들이 오히려 절을 절답지 못하게 만든다면서, 편리함을 쫓는 마음이 가장 큰 수행의 걸림돌이자 불행의 시작이라고 하셨습니다.

정말 스님의 일상은 단조로웠습니다. 새벽 4시 예불을 봉행하고 5시에서 1시간동안 참선삼매. 6시부터 대중 모두와 도량을 청소하며 자신의 마음에 끼어있는 때를 씻는 시간을 갖고, 7시 아침공양, 12시 점심공양 때까지 사중의 일을 보거나 공부에 몰두. 점심공양이 끝나면 또 청소를 하고 5시까지 가람 정비와 채소를 가꾸는 울력. 6시 저녁공양. 7시 저녁예불. 이후 행자 교육을 하셨습니다.

한편으로 스님은 행자를 자상하면서도 엄격하게 가르치시는 것으로 유명하셨습니다. 행자나 상좌들에게 늘 강조하는 것이 “초발심 때의 그 간절한 마음을 지속시키고 하심과 인욕을 평생 간직해야 한다. 수행을 겉으로 하지 말라. 모든 일을 배울 때 지극한 마음으로 간절하게 하며 은혜를 알고 은혜를 갚을 줄 아는 수행자가 되어야 한다.”였습니다.

"발심출가 한다는 자체가 보통 일이 아니지요. 발심했다 하면 어디서든 도 닦을 수 있어요. 발심이라는 말 자체가 도 닦으려는 마음을 100% 냈다는 것이지요. 발심했을 때의 마음을 지속한다면 어떠한 열악한 여건 하에서도 도를 닦을 수 있습니다. 수행자가 환경을 탓해서는 안 되지요. 요즘 보면 출가자나 재가자나 양다리 걸치고 있어요. 노후 걱정을 하질 않나, 무슨 걱정거리가 그리도 많은지… '양다리 걸치는' 마음으로 수행한다면 그것은 벽돌을 갈아 거울을 만들겠다고 하는 것과 같다. 초발심 때는 구도심이 견고했는데 중간에 흐지부지 됐다는 사람들도 있는데 다 엉터리다. 철저하게 발심이 안 되어 있다는 거지, 철저하게 발심이 되어있는 사람은 자연히 불퇴전(不退轉)이된다. 백척간두에 서 있다는 간절함으로 해야 하며, 발심이 약해지면 부처님의 삶을 생각하라."

정무스님의 말씀 중..

1965년에 밀양 표충사에서 살 때의 일입니다.

표충사에는 사명대사의 유물들이 있는데 나는 그곳에서 사명대사의 목판본 문집들이 정리되지 못한 채 산질이 된 것을 보고 그것을 정리하기로 했습니다. 문집의 목판본은 크게 세 가지로 나눌 수 있었습니다. '분충서란록'과 '사명집' 그리고 '제영록'이 그것인데 보관상태가 좋지 못했습니다. 더러 유실된 판본도 많다는 이야기를 듣고 목판들을 차근차근 열람했습니다.

그런데 뜻밖의 사실을 알게 되었습니다. 판본의 내용을 열람해 보니 판본이 제대로 관리되지 않아서 산질이 된 것처럼 보였을 뿐 내용상 세권의 문집이 완벽하게 보관돼 있었던 것입니다. 더러 탈자가 된 것이 있어 순서가 흐트러져 있었던 것입니다. 여름내내 판본들을 내용에 따라 맞추고 손상된 판들을 보강했더니 사명대사의 문집이 고스란히 살아났습니다. 참으로 보람된 작업이었습니다. 판본을 정리해 인쇄를 한후 각 대학과 사찰에 보냈더니 다들 "참 훌륭한 일을 했다"고 말하더군요. 나는 그때 온 마음을 바쳐서 일을 하면 안 되는 것이 없다는 것을 절감했습니다.

그리고 3년 후에 나는 경북 영주에 가게 되었습니다.

범어사를 가기 위해 중앙선 열차를 타고 가다가 영주에 내리게 된 것입니다. 허물없이 드나들던 안약국(安藥局)에 들렀습니다. 당시 영주의 안약국은 유명했습니다. 지나가는 객스님들이 그 약국을 객사로 이용했던 겁니다. 약사 부부의 장한 신심으로 약국이 절집같이 되어 버린 겁니다. 영주 안약국과 대구 대남한의원, 경주의 대자한의원은 스님들에게 소문이 난 곳이었습니다. 스님들에게 치료를 잘해주는 것은 물론 스님들을 공양하는데 지극했으니까요. 대자한의원은 고아원과 다름 없을 정도로 길에서 헐벗고 굶주린 아이들을 데려다 돌보기도 했습니다.

아무튼 안약국에 갔는데 주인이 "신심이 떨어져서 개종을 하든가 어찌해야겠다"며 머리를 절래절래 흔들었습니다. 그 이유를 물어보니 그럴만도 하더군요. 영주포교당 때문이었습니다. 시내에 위치한 이 포교당은 한 달에 한 번씩 주지가 바뀌면서 혼란에 빠져 있었습니다. 그 이유는 포교당의 운영권을 두고 비구와 대처의 실랑이가 끊이지 않았기 때문입니다. 조계종 측 주지가 들어가면 다른 쪽 신도들이 험담을 하고 애를 먹이다가 여비를 줘서 다른 곳으로 보내버리기를 거듭하고 있었습니다.

이런 모습을 보며 안약국의 주인이 마음이 상하는 것은 당연한 일이었을 겁니다. 그래서 나는 물어봤습니다. "그럼 지금은 누가 주지를 맡고 있느냐"고. 그랬더니 "지금은 스님이 없는 상태"라는 것이었습니다. 나는 '이것도 나의 사명이구나' 싶어서 범어사 가는 것을 포기하고 영주포교당으로 들어갔습니다. 장작개비를 마련해 포교당에 들어가니 가운데는 법당이 있고 남쪽 요사채는 텅 비어 있는데 북쪽 요사채에는 대처승의 신도가 예불도 안하고 법회도 안 열면서 자리만 지키고 있었습니다.

나는 그 추운 겨울바람을 연탄난로 하나로 의지하며 혼자 밥을 지어 먹는 생활을 시작했습니다. 다들 저러다 떠날 것이라고 생각했던 것은 당연한 일 아니겠습니까. 그렇지만 나는 마음을 다 잡아 먹고 다음날 새벽부터 도량석을 돌았습니다. 그저 절 마당을 도는 것이 아니라 시내를 한 바퀴 도는 그런 도량석을 시작한 겁니다.

처음에는 누구도 관심을 갖지 않았지만 석달을 계속하니까 신도들이 조금씩 달라졌습니다. "정말 스님다운 스님이 왔다"는 말이 전해진다고 안약국의 주인이 말해 주더군요. 경찰들이 새벽에 주민의 잠을 깨운다는 이유로 말렸지만 "새마을 운동이 한창인데 누가 늦잠을 자느냐. 어서어서 일어나 일을 하자고 이렇게 목탁을 치는 것이니 말리지 말라"고만 대답했습니다. 서 너 번 말리던 경찰도 나중에는 아무 말을 않더군요.

2년간을 그렇게 새벽 도량석을 모시는 가운데 포교당은 안정을 찾을 수 있었습니다. 2년째 되는 해 가을에 포교당 뒤안에 선 벚나무에 꽃이 피었습니다. 가을에 벚꽃이라니 얼마나 신기한 일입니까. 물론 기온이 따뜻해서 철모르고 꽃을 피웠던 것이지만 많은

신도들이 몰려들어 "이제 포교당은 부처님 법이 살아 있는 도량이 된 것이다"고 흥분을 감추지 못하더군요. 이유야 어찌됐던 혼란스럽던 도량에서 여법한 법회도 열리고 아침저녁으로 염불소리가 울리게 되었으니 참으로 잘 된 일이었습니다.

나는 "그간 고생이 얼마나 많으셨냐"며 부끄러워 하는 신도들에게 말했습니다.

"마음을 바쳐서 매진하면 안되는 일이 없습니다. 절은 절인 채 늘 여기에 있습니다. 어떤 스님이 주지를 맡아 관리하든 절은 변하지 않습니다. 부처님 법도 늘 그렇게 법다운 채 우주에 충만해 있습니다. 개인 개인이 그 법을 자신의 것으로 만들어 쓰느냐 법을 법으로 보는 눈이 없어 미혹을 헤매느냐 하는 차이가 있을 뿐입니다"라고.

참마음을 내며 사는 것 그 자체가 하나의 수행

자신이 하는 일이 옳은 일이고 반드시 해야 할 일이라는 판단이 서는 순간부터 진심을 내어야 합니다. 허세와 허욕이 끼어들 틈을 주지 않고 진심으로 일에 몰두해야 합니다. 그러면 자신의 능력을 훨씬 넘어선 곳에서 능히 그 일을 이루어 내는 힘이 나옵니다. 우리 민족은 역사적으로 거듭되는 환란을 겪어 왔습니다. 외부의 침탈에 짓밟히면서도 꿋꿋하게 견뎌 온 우리 민족이 요즘의 경제위기를 극복하지 못할 이유는 없습니다. 모든 것이 잘 될 거라는 생각과 능히 할 수 있다는 생각으로 진심을 내는데서 이 위기를 극복하는 지혜도 나온다는 믿음을 가져야 합니다.

그러나 진심으로 산다는 것은 그리 쉬운 일이 아닙니다. 일마다 어려움이 따르고 그 어려움에 처해 스스로 나약해 지기가 쉽기 때문입니다. 진정 진심으로 사는 사람은 스스로 진심을 지녔다는 생각조차도 갖지 않습니다. 그래서 참마음을 내며 사는 것 그 자체가 하나의 수행이라 해도 틀린 말이 아니라고 하는 겁니다.

상(相)을 내지 말라는 것은 진심의 자리를 여여(如如)하게 두고 살라는 것입니다. 스스로 상을 내는 사람은 진심의 그림자에 얽매인 것입니다. 나의 은사이신 전강스님은 상을 내는 마음이 수행자의 가장 큰 장애라고 늘 강조하셨습니다.

정무스님 법문 중...

인생의 빚은 어떻게 갚는가!

오늘은 근본적으로 인생이 무엇인지, 우리는 왜 이 세상을 왔다 갔다 하는지부터 짚고 넘어 갑시다. 인생 바로 나 자신, 이것이 뭐냐? 경상도 사투리로, '이 뭣고?' 입니다. '팔만대장경 다 제쳐 놓고 한 말씀 이르시오?' 이것이 화두입니다. 대답이 있을 때까지 계속 의문을 해 나가야 합니다.

그렇다면 과연 인생이 뭡니까? 불교는 뭡니까? "모른다." 이것이 정답으로 가는 길입니다. 모르는 것, 그래서 화두, 의심이 생기는 거예요. '이 뭣고?' 하고 의심하는 게 정답으로 가는 길입니다. 그것이 화두요, 참선이요, 수행입니다.

싯다르타 태자는 생로병사가 겁이 나서 왕궁을 버렸어요. 참! 그쯤 되어야 무엇을 이루는 거예요. 오늘날 정신과학에서는 싯다르타 태자처럼 6년 만에 불생불멸의 실상자리에 들어간 경지는 과거, 현재, 미래의 어떠한 사람도 이루지 못한다고 합니다. 어느 누구도 6년에 해낼 수가 없어요. 단 아주 머리 맑은 선승은 20년을 골똘히 하면 도달할 수 있습니다. 여러분처럼 보통 사람은 될 수도 없는 일이죠.

그런데 여기서 우리가 잘 알아야 할 게 있어요. 그렇게 할 사람도 없고, 그렇게 할 필요도 없습니다. 싯다르타 태자가 부처님 되는 그 순간에 일체중생이 다 성불했다 이 말씀입니다. 그러니까 행불(行佛)하자, 부처님 행한 대로 따라만 가면 된다 이거예요. 기억을 잘 해놔야 되요. 헛수고 할 일이 없습니다. '성불하세요'라는 인사는 잘못 된 거예요. '행불하세요'라고 해야 합니다. 부처님을 따라만 하면 됩니다. 부처님께서 팔만대장경에 다 말했잖아요. 성불한 내용이 이미 나와 있습니다. 그대로 우리가 부처님 정법에 의해서 살면 됩니다.

우리는 인생을 왜 삽니까? 이 세상에 왜 왔습니까? 빚 갚으러 왔다고 합니다. 빚은 은혜와 원수 두 가지예요. 그런데 살다보니 이 둘이 따로 있는 게 아니라, 은인이 곧 원수예요. 둘이 한 나무, 여반장(如反掌)입니다. 그런데 부처님 법을 알게 되면 원수도 은혜도 못 갚아요. 이걸 알아야 합니다.

그러면 여기서 부처님께서 말씀한 은혜에 관해 잠깐 살펴봅시다. 부처님께서 『부모은중경(父母恩重經)』에서 억천만겁을 내려오면서 전생에 부모 아닌 중생이 하나도 없다고 했어요. 일체중생이 부모예요. 원수도 부모 아닌 이가 없습니다. 그러면서 부모 은혜 열 가지를 설명하시고, 부모를 모시는 마음으로 중생을 똑같이 모셔야 보살이라고 했습니다. 부모님 은혜가 열 가지로 지중하지만 어리석은 자녀들은 오히려 배반을 합니다.

『부모은중경』에는 은혜를 못 갚는 여덟 가지가 나와요. 그 중 첫 번째 예를 들면, 부모님을 업고 살가죽이 닳아 뼈에 이르고 또 뼈가 닳아 골수에 이르기까지 수미산을 오백 생 동안 돌더라도 부모의 깊은 은혜는 다 갚지 못 한다고 했어요. 그런데 심청이가 효녀이겠습니까? 말도 안 되는 어림도 없는 소리예요. 애시 당초 갚을 수가 없어요. 갚는다는 것이 뭡니까? 플러스(+) 마이너스(−) 해서 제로(0)가 되어 없어져야 갚는 거 아니에요. 은혜도 원수도 갚아서 되는 게 아니에요. 부모님이 이미 돌아가셔서 효도를 못한다고 슬퍼하는데, 그럴 필요 없어요. 부모에게 효도를 했든 불효를 했든 과거는 지나갔습니다. 과거는 다리 밑의 이미 지나간 옛날 물입니다.

그런데 부처님 말씀에 인간은 인생의 80%를 과거 속에서 산다고 합니다. 단지 오늘 현재를 충실하게 살면 됩니다. 앞서 말씀드렸지만, 내 부모만 부모가 아니에요. 일체중생이 모두 부모예요. 부모 은혜 갚는다는 것은 일체중생의 은혜를 갚는 것입니다. 부모가 혼자 삽니까? 부모도 사회적 동물이에요. 부모 은혜를 비롯해 국가 은혜, 이웃 은혜, 스승 은혜, 자연 은혜 등 다섯 가지가 오종대은(五種大恩)입니다. 이 오종대은을 명심불망(銘心不忘), 항상 생각하면서 잊으면 안 된다는 거예요. 은혜를 알고 은혜를 갚는 자가 보살, 바로 불자입니다.

효도에는 하품, 중품, 상품 효도가 있습니다. 하품은 의식(衣食), 즉 물질적으로 잘 보살피는 것이고, 중품은 마음을 편안하게 해드리는 것입니다. 그리고 상품은 부모님이 선행 공덕을 짓게 해드리고 그 공덕을 부처님께 회향하는 것입니다. 이 가짜 몸뚱이에 잘 먹이고 잘 입히는 것이 중요한 게 아닙니다. 부처님의 가르침은 진짜 마음을 깨달아 영원 생명을 살라는 거예요.

그러면 우리는 인생을 어떻게 살아야 하느냐? 학생인 동시에 선생님으로 사는 거예요. 평생 죽을 때까지 공부하고 죽을 때까지 선생노릇 하는 겁니다. 해인사 원당암에 가면 큰 돌에 "공부하다 죽어라"라고 새겨져 있습니다. 죽으면서도 공부해야 해요. 공부가 뭡니까? 정신 차리는 거예요.

티벳 사람들은 생일잔치 안 합니다. 울면서 이 세상에 태어난 것이 축하할 일이냐는 거죠. 죽을 때 정신 차리고 가게 수행을 잘하자, 이것이 티벳 사람들의 논리입니다. 그러므로 부모님, 일체중생이 영원 생명을 살 수 있도록, 상품 효도를 행하는 것이 진정한 효도인 줄 우리가 잘 알아야 합니다.

부처님 법의 상속자가 되어 생각을 건강하게 하자. 부처님 법은 치료가 아니라 예방입니다. 바르게 살기예요. 우리는 한 생각 잘 못해서 이 세상에 왔어요. 여러분, 부처님 가르침이 무엇입니까? 영적 진화를 해서 천상이나 극락으로 가야지, 여기 이곳에 왔다 이겁니다. 여기 오는 것은 인생 재수, 삼수하는 거예요. 이제 졸업을 해야 하지 않겠어요. 그러면 어떻게 살아야 하느냐? 지금 세상은 시간이 모자라다고 합니다. 24시간은 정해져있는데, 할 일은 왜 이렇게 늘어나느냐 이거지요. 이 많은 일을 어떻게 감당하느냐 이겁니다. 그런데 걱정할 거 없어요. 일의 가치 순위를 순서로 정해서 쓰면, 절대 부족하지 않아요. 오히려 시간이 남게 됩니다. 요즘은 과학의 힘으로 서울에서 부산까지 한 나절도 안 걸리잖아요. 그러면 우리가 살면서 가치의 우선순위보다 더 중요하게 꼭 해야 할 일이 무엇일까요? 그것은 바로 인사입니다. 가족끼리도 인사를 해야 해요. 인사를 하면서 눈 맞추기 30초 안 하면 안 됩니다. 부부간에도 눈 맞추지 않으면 평생을 살아도 친구로 입력이 안 됩니다.

예를 들어 남편이 정년퇴임하고 집에 있으면, 그 날부터 큰일 난 겁니다. 동창회도 마음대로 못가고 이런저런 잔소리에 시달리게 됩니다. 인생의 동반자가 아니라 원수가 되는 거지요. 그래서 황혼이혼이 크게 늘고 있어요. 지금부터라도 아침저녁으로 출퇴근할 때 30초씩 눈 맞추기를 하세요. 정직한 눈 맞추기 30초를 생활화하면, 정년퇴임하고도 꼭 둘이 손잡고 법회에도 오고 여행도 같이 다니게 됩니다. 그 밑에 자녀는 걱정할 것 없어요. 그 집안의 정서상 저절로 잘 자라게 됩니다.

눈 맞추기를 하면 서로 긍정적 희망의 대화를 하게 됩니다. 웃음이 넘쳐나고 하루 스트레스가 확 달아나지요. 그 집은 청소도 잘 되어 있을 것이고, 사랑이 담긴 음식도 그 자체가 약입니다. 자녀교육 따로 할 필요도 없어요. 그야말로 건강과 행복이 가득한 가정이 되는 것입니다. 눈 맞추기가 안 되면 그 집안은 안 봐도 훤합니다. 집안은 정돈이 안 되어 있을 것이고 서로 상처 주는 말만 오갈 것입니다.

우리는 생각이 건강해야 합니다. 우리 삶의 문제를 해결하는 치료제가 따로 있는 것이 아니에요. 제가 동서양을 망라해 수많은 나라를 여행했는데, 우리나라만큼 살기 좋은 나라가 없어요. 혹한과 혹서도 없고 큰 지진과 해일도 없어요. 참 선택받은 민족입니다. 이것은 부처님 원력이고, 부모님 은혜며, 나의 공덕입니다. 이 세 가지가 모여 좋은 환경이 되는 거예요.

그래서 우리나라 사람은 본래로 심성이 어집니다. 부처님께서 누누이 법의 상속자가 되어야 한다, 재물의 상속자가 되면 안 된다고 하셨습니다. 널리 중생을 이롭게 하는 것을 법으로 깨우쳐 줘야 합니다. 우리 민족에게는 용맹한 기상이 있습니다. 엄살떨지 말고 불끈 일어나서 부처님 정법으로 용감하게 삽시다.

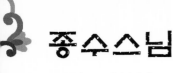

종수스님

1918~1985년

은사 **자운**스님
법상좌 종진. **은**상좌 법성.회암.법륜.**제**자 성우스님

일우당(一愚堂) 종수(宗壽)스님은 만하승림(萬下勝林)-성월일전(惺月一全)-일봉경념-운봉성수(雲峰性粹)-영명보제(永明普濟)-동산혜일(東山慧日)-고암상언(古庵祥彦)-석암혜수(昔岩慧秀)-자운성우(慈雲盛祐)로 이어지는 계맥을 전수받은 율사이다.

1918년 1월27일 경북 의성군 달천면 국장리에서 부친 서공삼 모친 강씨 사이에서 둘째 아들로 태어났다. 속명은 경진(敬鎭)이다. 모친이 "노스님이 발우를 갖고 오는 꿈을 꾸었다"고 한다. 어려서부터 범상치 않았던 그는 1935년 열일곱살 되던 해에 팔공산 파계사로 출가해 벽담(碧潭)을 은사로 모시고 정진했다. 동화사 강원에서 동명(東溟)스님에게 경학을 연마한 종수스님은, 동화사 금당에서 100일간 일식불와(一食不臥)하며 용맹정진했다.

파계사와 동화사에서 공부를 마친 그는 금강산 마하연에서는 만공(滿空)스님에게, 오대산에서는 한암(漢岩)스님 문하에서 불법을 배우고 익혔다. 1943년 25세 되던 해에 범어사 금강계단에서 율사인 영명(永明)스님에게 대소승계체(大小乘戒體)를 수지했다. 스님은 1963년 동화사에서 자운(慈雲)스님에게 율맥을 이어받아 조계종 전계대화상에 추대되었고, 16교구 본사인 고운사 주지와 조계종 원로의원을 역임하는 등 종단의 초석을 다지는데 큰 힘을 보탰다.

세속 나이 46세라는 젊은 시절 중앙종회에서 전계대화상으로 추대된 종수스님에 대해 당시 종정 효봉스님이 바로 추인할 만큼 신망을 받았다. 율사로 존경을 받고 있는 자운스님 또한 "율에 있어 종수스님을 따라갈 수행자는 없을 것"이라면서 "종수스님을 모두 본받아 정진하라"고 당부했다고 한다.

자운스님이 종수스님에게 율맥을 전한뒤 비구계를 설하면서 건네는 계첩에 사용할 도장을 전했다. 자운스님은 "이제 종수스님에게 계를 전하는 율맥을 전했으니, 내가 비구계를 설할 수는 없다"면서 종수스님에게 도장을 보낸 것이다. 하지만 종수스님은 "자운스님이 계신데 내가 굳이 계를 설할 필요는 없다"면서 도장을 도로 반납했다. 소식을 전해 들은 자운스님은 "하여튼 누구 말대로, 고집은 세어 가지고"라며 종수스님의 뜻을 받아들였다고 한다.

비구계를 설하는 자리는 한사코 마다했던 종수스님이었지만, 보살계(菩薩戒)를 펴는 자리는 마다하지 않았다. 이유가 무엇인지 궁금하다. 생전의 종수스님 육성을 통해 그 까닭을 들어본다. "보살계 자체가 불교에 대한 신심을 깊게 하는 힘이 있고, 인생을 살아가는데 기반이 될 수 있는 소지가 있습니다. 보살계는 불교를 종교로 믿든지 믿지 않든지 간에 사람이 사람답게 살아가는 데 작은 보탬이 될 수 있습니다."

"내가 중노릇을 잘하기 위해서 계율을 지키는 것뿐이지, 내가 스스로 율사라는 생각을 단 한 번도 가져본 적이 없습니다."고 겸손하게 말했다. 스님은 "그저 다른 사람들이 나를 율사라고 해서 율사로 불리어질 뿐입니다. 그런 내가 어떻게 다른 사람에게 계를 설할 수 있겠습니까"라면서 계단(戒壇)에 서는 것을 한사코 마다했다.

그러나 종수스님이 청정 율사라는데 이견을 다는 스님이나 재가불자는 없다. 스님 스스로 계행을 철저히 지키며 수행정진했던 분이기 때문이다. 스님은 "사람은 안팎이 같게 살아야 한다. 말과 행동이 달라서는 절대로 안 된다"는 점을 늘 강조했다. "특히 수행자는 홀로 있을 때 더욱 계행을 잘 지켜야 합니다. 혼자 있다고 계를 소홀히 해서는 안 됩니다."

일우당(一愚堂) 종수(宗壽)스님은 1963년 자운스님에게 율맥을 이어받아 조계종 전계대화상이 되었다. 계단을 설치하고 운영하며 수계식 등을 관장하는 소임인 전계대화상으로 위촉된 사실만 보더라도 종수스님의 율 정신을 알 수 있다.

스님은 항상 "연꽃처럼 청정하게 정진하라. 더러움에 물들지 말고 항상 깨끗하게 사는 연꽃처럼 처렴상정(處染常淨)의 정신을 잊지 말고 부지런히 정진해야 한다." "계율은 엄격한 것만이 아니라 아집(我執)을 없애고 남을 위해 자비심을 키우는 것이다. 계율의 엄격성과 절제야 말로 승단뿐 아니라 사회를 바르게 만드는 방법이다."라고 계율의 소중함과 후학들의 정진을 당부했다.

1983년에는 고운사 주지와 조계종 원로의원으로 추대되었다. 자운스님은 계율을 청

정하게 지키며, 언제나 겸손함을 잃지 않았던 종수스님에 대한 각별한 생각을 지니고 있었다. 종수스님을 조계종 원로의원으로 추천했던 어른이 자운스님이었는데, 당시 자운스님은 "율문(律門)에서 중노릇을 제일 잘하고, 전계대화상인 종수스님이 원로 의원이 돼야 한다."면서 "나를 원로의원에서 빼더라도 종수스님은 반드시 넣어야 한다."고 했을 정도로 아꼈다.

평생 부처님이 남기신 계율을 지침으로 삼고 곧은 수행으로 일관한 종수스님을 두고 절집에서는 "스님은 율사가 딱 전공이다"라는 말이 있다. 그 만큼 빈틈없이 엄격하게 정진했던 어른이다. 스님은 언제나 하심하는 모습으로 수행자의 전형을 보여주었다. 조용하고 소탈하게 살았으며, 누구나 자연스럽게 대하고 권위를 내세우지 않았다. 상좌나 행자들이 잘못을 하더라도 자상하게 타이르고 이렇게 말할 뿐이다. "니 그래 하면 우째된대이." 종수스님은 상좌들에게 이렇게 당부했다. "중노릇하려고 들어왔으니 니는 니 중노릇, 나는 내 중노릇을 하면 된다. 결국은 너도 니 중노릇했을 때 정각 (正覺)의 길로 가는 것이지 나 하고는 아무 상관이 없다." 인연에 얽매이지 말고 열심히 정진하라는 스님의 뜻이다.

스님은 지난 85년 11월21일 사바와의 인연을 놓았다. 세수 69세, 법납 44세였다. 원적에 들기 하루 전 문도들에게 유훈을 남겼다. 스님의 상좌로는 법상좌 종진. 은상좌 법성, 회암, 법륜, 원각, 법련, 정각, 보성, 보광, 보설, 보운스님 등이 있다.

일타스님은 종수스님의 비문에 "일생을 변함없이 시원(十願)의 율신(律身)으로 고고하고 탈속(脫俗)하게 소요자재(逍遙自在)하시던 큰스님"이라는 글을 남겼다.

스님의 임종게이다.

古今大智人	예나 지금이나 지혜로운 사람은
念念知幻身	생각 하고 생각 하니 허깨비로다
知幻便離幻	허깨비임을 알고 허깨비에서 벗어나니
當當現本身	마땅히 본래의 몸이구나
七十人間事	70년 살았던 일이
一場春夢間	한바탕 꿈이로세
汝曹參此理	너의 위치를 헤아리니
坐臥志如山	누워 있는 산과 같구나

상좌와 제자들의 회고

#...파계사앞 주차장은 본래 연못이 있던 자리이다. 지난 70년대 중반 여름 어느 날 이곳을 포행하고 있던 종수스님 앞에 뱀이 한 마리 나타나 입을 크게 벌렸다. 이를 바라 본 종수스님은 "이놈, 니 얼마나 배가 고프면 그러느냐. 자 실컷 먹그라"라면서 뱀을 피하지 않고, 당신 다리를 걷어붙였다.

뱀이 "이게 웬 떡이냐"며 스님의 다리를 덥석 물었다. 멀리서 이 같은 모습을 바라본 상좌 보광(거창 성불사 주지)스님이 부리나케 달려왔다. 다리가 퉁퉁 부어오른 은사스님을 업고 병원으로 달려 간신히 위험을 넘겼다. 후에 알고 보니 이 뱀이 독사였기에, 자칫하면 스님의 목숨이 어려운 상황에 처할 뻔 한 것이다. 이처럼 종수스님은 당신의 몸을 돌보지 않고, 부처님 가르침을 펴고자 했다. 뱀에게 다리를 내민 것도 그 같은 까닭이다.

#...율사로서 청정계율을 호지했던 스님이 상좌들에게 당부한 수행자의 자세는 지금도 유효한 이야기이다. "중이 되어 수행하는데 있어 여자와 돈을 조심해야 한다. 둘을 멀리하는 것이 수행의 첫걸음이다."

이를 듣고 있던 상좌가 "그래도 번뇌가 쌓이면 어떻게 합니까"라고 질문을 하자, 종수스님은 이렇게 대답했다. "그럴 때마다 너의 깎은 머리를 만져보거라" 수행하다 마장(魔障)을 만났을 때는, 출가할 당시의 초발심으로 돌아가 수행자의 본분(本分)을 꼼꼼히 생각해 보라는 뜻이다.

#...종수스님이 도반들과 함께 기차를 타고 대구에서 서울 갈 때의 일화이다. 계율을 엄격하게 지키던 종수스님을 골탕 먹이기 위해 도반스님들이 궁리를 한 결과 "기차에 탄 여인으로 하여금 종수스님에게 말을 건네게 하자"고 의견이 모아졌다. 스님들의 부탁을 받은 한 여인이 종수스님에게 다가가 인사를 드렸으나, 스님은 차창 밖을 쳐다보면 아무 말이 없었다. "스님, 말씀 좀 묻겠습니다"라며 여인이 여러 차례 대화를 시도했으나, 종수스님은 입을 꼭 담은 채 묵묵부답. 결국 도반스님들의 장난은 물거품이 되고 말았다.

#...지나치게 꼼꼼할 정도로 청정한 계행을 지녔던 스님이지만, 어린이들을 만나면 동심(童心)으로 돌아가고 말았다. 천진난만한 표정으로 아이들과 손을 잡고 놀았으며, 모아둔 사탕을 건네며 "그놈, 참 귀엽게 생겼구나"라며 볼을 쓰다듬어 주었다. 어린이들의 깨끗한 마음이 부처님의 마음과 일맥상통한다는 생각을 갖고 있었던 것이다. 파

계사 연못에 얼음이 꽁꽁 얼어 빙판이 만들어지면, 스님은 동심으로 돌아가 썰매를 타며 환한 미소를 짓기도 했다. 매서운 추위를 피하기 위해 털모자를 눌러쓰고, 썰매를 지치는 노스님의 모습은 상상만 해도 즐겁다.

#...상좌들에게도 엄하면서도 때로는 인자하게 대해 주었다. 시봉하는 스님들이 노스님 방을 청소하고 나면 간단하게 법문을 들려주었다. 조용조용한 말투로 부처님의 생애나 부처님의 전생담같은 이야기를 일러주었다. 특히 갓 출가한 초발심 수행자들에게는 마치 할아버지가 손자에게 하는 것처럼 자상하게 이야기를 풀어 놓았다. 간혹 당신의 뜻과 맞지 않게 행동하면 다정한 목소리로 이렇게 말할 뿐이었다. "야 임마 니 그래 하면 우째 된대이."

#...인류역사에는 부처님과 공자, 예수, 소크라테스를 비롯한 많은 성인들이 있는데, 종수스님은 다른 성인들과 부처님은 어떤 차이가 있는지에 대해 밝힌 바 있다. 보광스님에게 말했던 종수스님의 육성이다. "성인 과거, 현재, 미래 어느 때나 존경을 받아야 한다. 그런 까닭에 남이나 자기 스스로 목숨을 잃어서는 안 된다. 부처님은 바로 그 같은 조건을 완벽히 갖춘 분이기에 성인 가운데 성인이다."

#...1969년부터 1971년까지 파계사에서 종수스님을 모시고 살았던 성우스님의 기억이다. "체구는 비록 작으셨지만 아주 당당하신 모습이셨습니다. 대화를 할 때면 아주 조용조용하게 말씀하시고, 소탈한 성품을 지니고 계셨지요. 누구에게나 자연스럽게 부담이 없도록 대해주셨습니다. 결코 아랫사람들에게 권위 같은 것을 내세우지 않으셨습니다."

#...1964년 경주에서 언양으로 향하는 시외버스 안에 스님 2명이 자리를 같이 하고 앉았다. 그러나 두 스님은 아무 말도 건네지 않고, 침묵만을 지키고 있었다. 아침 일찍 파계사를 나와 저녁 늦게 석남사에 도착할 때까지 두 스님은 단 한마디도 건네지 않았다고 한다. 석남사에서 열리는 보살계에 참석하기 위해 길을 나선 종수스님과 어른을 시봉하려고 따라 나선 종진스님(파계사 영산율원 율주)이 그 주인공이다. "종수 노스님은 아주 과묵하셨던 분"이라며 "버스 안에서 뿐만 아니라 평소에도 별로 말씀을 하시지 않았다"고 회고한다. "노스님은 수행자의 본 모습을 지키려고 아주 최선을 다하는 그런 스님이셨습니다. 때문에 허투른 말씀 하나 하시지 않으셨습니다. 수행자의 본분을 다하기 위해 언제나 빈틈을 두지 않았던 분입니다."

#...종진스님이 종수스님을 처음 만나게 된 1955년도 부석사에서도 같은 일이 있었다.

홀로 동안거 결제를 한 종수스님은 예불과 참선정진을 하는데 있어 아무 말도 하지 않았다. 다른 스님이나 불자들과 일체 말을 하지 않고, 오로지 정진 삼매에 빠져있었다. 곁에서 지켜보던 종진스님은 당시 '참 수행을 철저하게 하는 스님이구나'라는 생각을 가졌다고 한다.

#...종수스님의 계맥(戒脈)을 이는 법상좌(法上佐)인 종진스님은 1985년 여름에 '연담(蓮潭)'이라는 법호를 받았다. 종진스님의 계속되는 말이다. "언변이 뛰어나거나 달변가는 아니셨습니다. 또 수완이 좋거나 행정을 하는데 밝지도 않으셨습니다. 철저하게 계율을 지키면서 수행자로 올곧게 살려고 노력하신 분입니다."

#...종수스님이 젊은 시절 경전 공부를 할 때는 한번 자리에 앉으면 여간해서는 일어나지 않았다. 한 여름에는 모시로 만든 옷이 땀 때문에 헤질 정도로 경전을 살폈다고 한다. 아침 예불을 마친 종수스님은 늘 사중 일을 몸소 했다. 스님 스스로 할 수 있는 일을 남에게 맡기는 일이 없었다. 스님 수첩에 기록된 1983년 1월 3일 일과는 이렇다. "차담 그릇에 밤(栗)을 한 개를 부엌에 불을 헤치고 묻어 두었다가, 10분 후에 먹으면서 옛날 선사가 감자를 구어 잡수시는 생각이 났다. 석공(夕供) 얼마 후 빈대떡 2개를 갖다 주기에 먹으니 맛이 '무미(無味)'였다. 부엌 나무 무너져 다시 쌓고, 청소를 깨끗이 하고 부엌문을 닫고 방으로 들어왔다."

#... '원칙주의자'로 불릴 만큼 빈틈없는 수행으로 정평이 나 있는 종수스님을 시봉하는 것은 쉽지 않은 일이었다. 하지만 시봉을 마치고 나면 수행자로 어떻게 사는 것이 바른 길인지는 저절로 알게 된다고 상좌들은 한 목소리를 낸다.

법상좌 종진 스님은...

1940년 강원도 강릉에서 태어났다. 55년 동화사에서 석우 스님을 계사로 사미계를, 1961년 해인사에서 자운 스님을 계사로 구족계와 보살계를 수지했다. 63년 해인사 강원 대교과를 졸업하고 1970년 지관 강백스님으로부터 강맥(講脈)을, 85년 일우 율사 스님으로부터 계맥(戒脈)을 이었다. 1970년부터 89년까지 세 차례에 걸쳐 해인사강원 강주를 지냈으며 1985~98년 해인총림 율원장, 1999~2004년 파계사 영산율원 율주, 해인총림 율주, 조계종 계단위원, 법계위원, 의제실무연구회 위원. 지난 2008.08.26 부산 몰운대종합사회복지관장 서봉스님과 해인사승가대학 강사 원경스님에게 경전과 발우, 가사를 전하며 강맥을 전수했다.

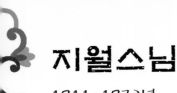

지월스님

1911~1973년

은사 **지암.** 계사 **일봉스님. 상좌** 도견.도성.온범.

도완.도선.도일.도각.도허.도혜.도공.도산.도청.도현.도원

해인총림 초대 주지. 해인사의 '주리반특가'

성철 스님도 존경하고, 벽초스님도 인정한 진승.

인욕 · 자비 보살.

지월 스님은 역대 선사들이 걸어간 길을 그대로 실천하며 수행정진에만 묵묵히 임할 뿐, 스스로 깨달은 자라고 자만하거나 자비와 인욕을 실천하는 사람이라는 것도 내세우지 않았다. 스님은 마치 법화경의 상불경 보살처럼 모든 사람을 보살이라고 부르고 실제 보살로서 대하며 자신을 낮추는 인욕 · 자비 보살의 삶을 살려고 노력했다. 스님의 이런 점 때문이었을까. '가야산의 호랑이'라고 불리던 성철 스님이 존경하는 마음으로 머리를 숙인 몇 안 되는 사람이자 대화를 할 때 존대를 했던 몇 안 되는 인물 중의 하나가 바로 지월 스님이었다는 이야기가 전해 내려오고 있다.

평생을 가야산 총림에서 수행정진에 임했던 지월 스님은 해인사의 '주리반특가'로 불린 인물이었다. 서슬 퍼런 선기나 출중한 면을 겉으로 드러내 보이지는 않았지만 묵묵히 정진에 정진을 거듭해 마침내 선지식의 경지를 이룸으로써 모든 대중들의 존경을 한 몸에 받은 인품과 생애가 주리반특가의 그것과 닮았기 때문이다. 부처님의 제자 주리반특가는 머리가 둔한 데다가 배운 것도 없어 매우 무식하다는 평가를 받았지만 누구보다도 더 열심히 수행정진에 임해 마침내 아라한(阿羅漢)의 경지에 오른 인물이다.

1911년 2월 전북 남원에서 태어난 지월 스님은 16세 되던 해에 오대산 월정사로 출가해 지암(智庵) 이종욱 스님을 은사로 득도한 후 상원사 한암스님 밑에서 공부에 전념

했다. 25세 되던 해에 범어사에서 율사 일봉(一鳳)스님에게 구족계를 받고, 금강산 마하연 만공 스님 회상에서 수행하던 어느 날 문득 '환영이 만들어낸 텅 빈 몸뚱아리가 곧 천진스러운 부처'라는 경계를 홀연히 깨달아 체득했다.

26세에 일봉(日峯)스님에게 비구계를 받았으며, 월정사에서 사교를 마친 후 42안거를 성만한 지월스님은 57세에 해인총림 초대주지에 취임해 해인사를 수행도량으로 장엄했다.

지월스님은 세속 인연을 끊고 출가한 수행자들에게 치열한 구도심으로 정진할 것을 당부했다. "우리는 마땅히 한바탕 안난 셈 치고 또 한 번 이미 죽은 셈 치고 어천천만만사(於千千萬萬事)를 걷어치우고 필생의 노력을 다하여 일념정진에만 몰두해야 합니다. 거품과도 같고 비지덩어리 같은 이 몸뚱이에 속아 살며 탐욕심과 짜증과 교만한 마음을 만들어 밝고 밝은 자성광명을 흐리게 하는 것이 중생입니다. 여기에 한 생각을 쉬고 다시 푹 쉬고 한 마음을 돌이켜 자성을 반조하면 이것이 참선공부입니다. 입지여산(立志如山)하고 안심사해(安心似海)하면 마음은 언제나 기쁘고 즐겁고 편안해집니다. 이것을 인욕정진이라 합니다" 스님은 또한 부처님 가르침이 곧 인과를 아는 것이라며 '인연농사'를 잘 지어야 한다고 강조했다. 그리고 윤회의 고리를 끊기 위해선 참선공부를 소홀히 해서는 안 된다는 점을 지적했다.

이후 평생을 수행 정진에만 전념하던 지월 스님은 50~60년대 종단이 정화로 몸살을 겪자 청담, 운허, 홍경, 탄허, 고암, 구산 스님 등 당대 고승들과 '축성여석회(築城餘石會, 남은 돌들의 모임)'를 만들어 종단의 대소사를 걱정하기도 했다. 그러면서 스님은 후학들을 가르치는데도 지극한 정성을 기울였다. 여석회 회원은 다음과 같다. 지월.운허.홍경.영암.탄허.고암.벽안.구산.석주.자운.석암.청우.대휘.서옹.월하.청담스님.

회갑이 지난 후 설악산 봉정암과 오대산 상원사 등의 적멸보궁과 호남지역의 고찰(古刹)을 순례했다. 1973년 몸이 쇠약해져 자리에 눕게 되자 지월 스님은 제자들에게 "수행력이 모자라 이렇게 눕게 돼 면목이 없습니다. 놀지 말고 수행하세요. 스님 노릇 하는 것은 한량없는 복을 받은 겁니다."라는 말을 했다. 그리고 그해 1973년 3월 27일 밤 문도들에게 "불조(佛祖)의 말씀대로 간단(間斷)없이 각자 노력하라"는 당부를 남기고 홀연히 입적했다. 스님의 세수 63세, 법납 47세였다. 스님의 부도와 비는 해인사에 모셨다. 상좌로 도견.도성.운범.도완.도선.도일.도각.도허.도혜.도공.도산.도청.도현.도원스님을 두었다.

조계종 전계대화상을 지낸 일타스님은 지월스님의 비문에서 "자비삼매에 들어 사무량심(四無量心)을 수용처로 삼고, 일체평등법으로 소주처(所住處)를 삼으시니 제방이 자비보살 인욕보살이라 한다"면서 "스님의 얼굴을 보는 이나 그 음성을 듣는 이가 모두 함께 마음에 조용함을 느끼니 이것은 스님의 구김 없는 수행력 방편 삼매력이다"라고 밝혀 놓았다. 후학들은 스님 입적 후에 행장과 사진을 담은 〈지월대선사영첩(指月大禪師影帖)〉을 발간했다.

해인사 극락전 건너편엔 행자실이 있다. 새내기 출가승들이 절의 법도를 익히며 맵디매운 행자살이를 감내하며 중물을 들이는 첫 관문이다. 우리나라에서 가장 많은 승려를 배출하는 해인사 행자실의 '군기'는 방장이나 주지도 어쩌지 못하는 치외법권 지대다. 특수부대의 3년 훈련은 견뎌도 해인사 행자생활 반년은 견딜 수 없다는 말이 나올 정도다. 치외법권 지역에 유일한 법이 있다. '下心'이라고 지월스님이 붓으로 길게 쓴 글씨다. 불상도 아닌 족자 앞에 향불이 피워져 있다. 행자실에선 '하심'이 가 부처다. 행자들은 불상 대신 이 족자 앞에서 계를 받는다. '자신을 낮추고 마음을 내려놓는 것'이야말로 수행의 출발점이자 종착점인 때문이다. 처음 이 절에 들어오는 행자들은 누구나 지월 큰스님의 하심을 먼저 배운다.

지월스님의 말씀들...

#... "우리는 모름지기 지성스러운 마음을 내어야만 하겠습니다. 그리고 대용맹심(大勇猛心)을 발하여 부지런히 공부해야 합니다." 해인총림 초대 주지였던 지월(指月)스님의 법어이다. 평생 화두를 참구하며 수행의 길을 걸었던 지월스님은 제방(諸方)에서 불리던 호칭이 자비보살(慈悲菩薩)이며 인욕보살(忍辱菩薩)이었다.

#... "거품과도 같고 비지덩어리 같은 이 몸뚱이에 속아 살며 탐욕심과 짜증과 교만한 마음을 만들어 밝고 밝은 자성광명(自性光明)을 흐리게 하는 것이 중생입니다."

#... "자비심이야 말로 자리이타(自利利他) 이리원성(二利圓成) 사무량심(四無量心)의 길이니 일체 중생의 괴로움을 다같이 괴로워하고 힘을 다해 건져주어 그로 하여금 즐겁게 하고 남의 즐거움을 기뻐하며 미움과 고움에 절대 평등한 마음을 마련하는 것입니다. 이래서 자비심은 바로 출세심(出世心)이라 하였고 이 마음을 가질 때에 인욕정진을 성취하게 됩니다."

#... "인욕과 정진은 부처님이 성불하신 양대력(兩大力)입니다. "인욕은 안락행(安樂行)이요, 정진은 열반도(涅槃道)라 합니다."

#... "스님들 오늘은 가야산 부처님을 뵈러 갑시다." 구름 한점 없이 날씨가 좋은 날이면 지월(指月)스님은 해인사 대중들에게 가야산 산행에 함께 나설 것을 권유했다. 지월스님의 마음은 산에 오르려는 목적보다는 가야산 중턱에 서 있는 마애불에 공양을 올리기 위해서다. 큰절 법당에 모셔진 부처님이야 매일 조석예불과 사시불공으로 불자들의 참배가 끊이지 않지만, 가야산 중턱 오솔길 옆에 자리한 '외로운' 마애부처님도 공양을 받아야 한다는 생각을 스님은 지녔던 것이다.

#...만행 길에 올랐다가, 외딴 곳에서 아무도 돌보지 않는 석불(石佛)을 만나기라도 하면 지월스님은 그냥 지나치는 법이 없었다. 비록 떡과 과일 등의 공양물을 차리지는 못한다 하더라도 합장삼배하고 심경(心經)을 봉독한 후에야 발걸음을 옮겼을 정도이다.

#... "이 세상 사람들이 아무리 편하게 산다 해도 한량없는 번뇌 망상에 얽어 맺히어 걱정 근심하고 슬퍼하고 괴로움에 시달려 살아가고 있으니 이 어찌 한가롭다 할 수가 있겠습니까?" 사바세계에서 탐진치 삼독으로 고통 받고 있는 중생들을 구제하는 원력을 잊지 말고 빈틈없이 정진을 거듭해야 한다는 간절한 발원을 느낄 수 있는 스님의 마음이다.

#... "일인(一忍)이 장락(長樂)이라 했는데 어찌 하지 아니하며, 하면 되는 것을 하지도 않고서 안 된다고만 해서야 어찌 되겠습니까." 참는 것을 공부의 근간으로 삼았던 스님의 뜻을 알 수 있는 대목이다.

#... "부처님 앞에 광대심심(廣大甚深)의 서원(誓願)을 세워야 합니다. 사나이로 태어나 이왕 출가 수행자의 길에 접어들었으니, 모든 것은 부처님에게 맡기고 열심히 정진해야 합니다. 이런 저런 세상일이나 개인 일을 마음에 두지 말고 내려놓으세요. 어금니를 지그시 깨물더라도 참으시고 정진하세요." 출가사문의 길에 접어든 젊은 수행자들에게 한 말씀이다.

#... "...콩 심은데 콩 나고 팥 뿌린데 팥 나듯 삼세인과(三世因果)는 분명 역연(歷然)한 것입니다. 참선을 하지 아니하면 도저히 인과윤회를 면할 수 없습니다. 참선 공부는 눈에 보이지 않는 공부이기에 해도 표가 나는 것이 아닙니다. 그래서 더듬어 잡을 수가 없고 아무 재미가 없어서 잘 안 되는 것 같지만 정신이 한곳으로 모이는 그 힘이란 되지 않는 일이 하나 없고 일체 만법의 근원이 되는 것입니다.

구구(久久)하면 필유입처(必有入處)라 쉬지 말고 꾸준히 해나가면 반드시 깨달음이 있게 되고 설사 금생에 깨치지 못하더라도 내생출두(來生出頭)에 일문천오(一聞千悟) 득대총지(得大持)하리니 세계의 역사를 움직이는 대천재(大天才)들은 모두 전생에 닦은 금생의 결과인 것입니다. 하지 않고 되는 일이 어디 있나요. 다만 끝까지 애쓸 따름입니다. 애쓰는 그것이 바로 공부입니다."

지월스님에 관한 일화

#...해인사에 산내 대중들이 공부하는데 방해를 하는 빈대를 잡기 위해서 살생을 금하는 부처님 가르침을 어기는 것이지만 빈대를 잡기위해 해충약을 쓰자는데 의견을 모았다. 다음날 마을에서 해충약을 사온 대중들이 법당과 요사채, 공양간을 돌며 구석구석 약을 뿌렸다. 하지만 지월(指月)스님 방만은 스님이 한사코 마다해 약을 치지 못했다.

"스님들은 빈대가 물면 아파서 공부하는데 방해가 되는 귀찮은 해충이지만, 나에게는 그렇지 않소. 내가 밤에 화두를 들고 공부할 때 수마가 찾아올만하면 나를 물어서 잠을 쫓아주니 얼마나 고마운 도반이요. 그러니 밤에 스님들이 와서 나를 잠 못 자게 경책해줄려면 약을 치고, 그렇지 않으면 그냥 돌아가시오." 지월스님이 당시 찾아온 젊은 스님들께 이렇게 말했다.

#...선방에서 유나 등의 소임을 보면서 안거를 지낼 때 스님은 묵언을 근간으로 삼고는 당신이 몸소 정진하는 모습을 보이는 것으로 후학들을 지도했다. 수좌들 사이에서는 "지월스님은 그저 참선의 시작과 끝을 알리는 죽비소리만 내실 뿐"이라는 이야기가 전해온다. 잘못이 있어 야단을 칠 일이 있어도 큰소리를 내지 않고, 그저 미소와 '눈물'로 바른길에 접어들 수 있도록 경책했던 분이다.

선방에서 전해오는 유명한 일화 하나를 소개한다. 어느 안거철이었다. 수좌들이 정진하다가 잠시 포행을 하거나 차담을 나누며 쉬는 시간이 되었다. 평소 선방에서 정진하는 시간에는 팽팽한 긴장감마저 돌지만, 휴식을 취하는 시간은 그래도 자유스러운 편이다. 한 수좌가 "우리 노래자랑 한번 합시다"라고 권유하자, 긴장도 풀 요량으로 대중들이 동의했다.

큰방에 두 줄로 마주 앉은 스님들이 돌아가며 노래도 부르고 장기도 자랑하면서 쉬는 시간을 보내기로 한 것이다. 제법 즐거운 시간을 보냈는데, 한쪽 줄에 있는 스님들의 표정이 굳어지기 시작했다. 상대편 줄에 앉아 있던 스님들은 "무슨 일이지" 하면서 주위를 살피었고, 앞에 나와 노래를 한곡 멋있게 부르던 스님도 고개를 돌려 바라보았다.

당시 선방에서 유나 소임을 보고 있던 지월스님이 물끄러미 바라보면서 눈물을 흘리고 있었던 것이다. 대중들은 찬물을 끼얹은 듯 조용했다. 젊은 스님들의 마음을 모르는 것은 아니지만, 공부에 전념해야 할 수좌들이 노래를 부르는 모습이 스님은 안타까웠던 것이다 그러나 지월스님은 아무 말 없이 발길을 돌렸을 뿐이다. 노스님의 '눈물 경책'에 수좌들은 가부좌를 하고 잠시 놓았던 화두를 다시 들었음은 물론이다.

#...어느 겨울날 지월스님이 해인사 행자방을 찾았다. 겨울 산사의 날씨는 뼈가 시릴 정도로 춥다. 행자 방은 땔감을 가득 넣은 덕분에 가마솥처럼 펄펄 끓고 있었다. 가만히 아랫목에 앉은 지월스님은 곁에 있는 행자들에게 방석을 하나씩 계속 달라고 했다. 여섯 장 정도 방석을 깔고 앉은 스님은 조용히 이렇게 말했다. "방이 너무 더워. 요새 방에다 장작을 몇개 넣었는고" "열개 넣었습니다" 행자의 답이 있자 지월스님 이렇게 경책했다. "안 얼어 죽을 정도만 되면 되지, 수행자가 너무 절절 끓는 방에서 공부하면 안 되지요" 지월스님이 열반하신 다음해 해인사는 거름이 부족했다고 한다. 스님 생전에는 부목들과 함께 낙엽이나 풀을 모아다 해우소에 대변과 함께 쌓아 거름으로 사용했는데, 스님이 돌아가신 뒤에는 아무도 돌보지 않았기 때문이다.

#...지월스님의 하심과 관련된 일화 하나. 스님은 제자나 후학들이 잘못을 해도 경책하거나 야단을 치지 않았다. 오히려 당신부터 마음을 내리고 지도하니 따르지 않을 수 없도록 만들었던 것이다. 해인사 운동장에서 눈물을 보인 지월스님의 일화는 여태껏 전설처럼 내려온다. 영암스님이 대중들의 체력증진을 위해 마련한 해인사 운동장은 젊은 스님들이 정진하는 틈틈이 '축구울력'을 하는 아주 소중한 공간이다. 때문에 지금도 해인사 스님들의 축구실력은 상당한 수준이라는 평이 나올 정도이다. 하지만 지월스님의 눈에는 축구하는 젊은 스님들의 모습이 그저 안타까울 뿐이었다.

그러나 지월스님은 "축구 그만하고 공부하라"며 꾸짖지 않았다고 한다. 단지 운동장을 찾아 먼발치에서 공을 차는 학인들을 물끄러미 바라볼 뿐이었다. 그런데 공을 차던 학인들이 하나 둘 제자리에 멈추어 서고 마는 것이었다. 무슨 일일까. 지월스님이 눈물을 흘리고 있었기 때문이다. "시(時), 분(分)을 아껴 공부해야 하는데 젊은 학인들이 축구공이나 쫓아 뛰어다니니 안타까울 뿐이다" 라는게 스님의 속마음이었다.

노스님의 이 모습을 보고 축구를 계속하는 학인들은 아무도 없었다. 학인들도 노스님의 속마음을 알았던 것이다.

#...해인사에 머물던 한 젊은 스님이 입영영장이 나와 군에 입대하기 위해 인사차 지월스님을 찾았다. 노스님은 젊은 스님의 두 손을 꼭 잡고 "공부하는 곳이 따로 정해져 있는 것은 아니니, 군에 가서도 열심히 정진하고 정진하라"는 당부를 했다. 노스님은 인사를 마치고 돌아가는 젊은 스님을 하염없이 바라보았고, 산중턱에서 이를 본 또 다른 젊은 스님이 군에 가는 스님께 상황을 설명하자, 뒤늦게 그 같은 사실을 알고는 노스님이 계신 곳을 향해 길에서 삼배의 예를 올렸다. 노스님은 지월스님이고, 군에 가는 스님은 향적스님, 귀뜸해준 스님은 현호스님이었다.

#...지월스님이 후학을 지도하는 방식은 남다른 점이 있었다. 언성을 높이기보다는 당신 먼저 모범이 되는 행동을 하고, 또 지적해야 할 이야기가 있으면 불러놓고 다정다감하게 자세한 설명으로 이해를 시켰다. 상좌뿐 아니라 지월스님과 대중생활을 같이했던 후학들은 한결같이 "지월 큰스님을 뵙고 음성을 들으면 모두다 마음이 조용해지는 것을 느꼈다"고 회고한다.

#...해인사 대중들은 70년대 초반 사중에서 지월스님을 만나면 한참동안 말씀을 들어야 했다. 특히 막 계를 받은 사미스님이나, 출가한지 얼마 되지 않는 행자들은 '통과의례'처럼 지월스님의 이야기를 들었다고 한다. 해우소에 갈 '급한 일'이 있더라도 지월스님의 '노상법문(路上法門)'을 피할 수는 없었다.

다른 절에서 정진하다가 해인사에 방부를 들이기 위해 온 스님이나, 잠시 들른 객스님도 지월스님을 만나면 당황했다고 한다. 노스님이 먼저 합장 반배로 인사를 하고 "안녕하십니까. 스님은 어디서 오셨습니까?"라며 인자하게 말을 건네 왔기 때문이다. 그리고는 "은사스님이 누구십니까"라는 질문에 답을 하면 지월스님은 "아주 훌륭하신 분입니다. 은사스님 뜻을 어기지 말고 열심히 정진하세요."라고 격려했다.

#...삼보정재를 소중하게 여겼던 지월스님과 관련된 또 하나의 일화이다. 한번은 해인사 수곽(水廓,우물)에서 쌀을 씻던 행자가 미처 반토막난 쌀이 떨어진 것을 모르고 공양간으로 돌아왔다. 우연히 수곽을 지나던 지월스님이 물을 마시려다 바닥에 떨어진 쌀 반톨을 보았다.

조금 뒤 "오늘 공양주 행자가 누구요"라며 공양간에 들어섰다. "네, 스님 접니다" 공양주 행자가 노스님 앞으로 다가오자, 지월스님은 손바닥위에 놓인 쌀반톨을 보이며 조용한 목소리로 말을 건넸다. "이게 뭡니까" "쌀 반톨입니다" "이게 수곽에 떨어져 있어요" 공양주 행자가 말을 잃고 서 있었다. "쌀 한 톨에 시은(施恩)이 일곱근이라고 할 만큼 중요한데, 쌀을 소홀히 하는 것은 수행자 자세가 아닙니다." 조용하고 자상하게 일러주는 스님의 경책이 서운할리 없다. 그 뒤로 해인사는 쌀 한 톨도 소중하게 여기는 가풍이 마련됐다.

#...열반을 앞두고 몸이 편찮으실 때 봉선사에 주석하던 운허스님이 문병하기 위해 찾아왔다. 운허스님이 "스님, 화두가 들립니까?"라고 물으니, 지월스님은 "내가 내 집을 두고 어디를 가는가?"라고 답했다. 또 어느 날 상좌들이 "스님 염라대왕이 보입니까"라고 질문하자, 스님은 "내 눈에는 안보여"라고 대답을 했다. 수행자의 길을 묵묵히 걸어온 노스님이 평생 공부한 내용을 알 수 있는 대목이다.

행자시절에 만난 지월스님 / 일면(불임사 회주)

1960년대 해인사 공양 간에서 나는 어찌할 줄 몰라 안절부절 못하고 있었다. 대중들의 아침공양에 올릴 밥을 제대로 짓지 못하고 망쳤기 때문이다. 뜸을 제대로 들이지 못해 밥이 위에는 설고 아래는 타버렸던 것이다. "아침공양을 망쳤다"는 대중스님들의 불호령이 떨어질 것을 염려해 노심초사 하고 있던 내 앞에 노스님 한 분이 다가왔다. 차근차근 상황을 살펴본 노스님이 나의 어깨를 두드리며 한마디 했다. "일면보살, 밥이 꼬들꼬들한 것이 맛이 좋네요." 이 스님은 행자들을 부를 때 꼭 아무개 보살이라고 했다.

그리고 며칠이 흘렀다. 또 내가 밥을 했는데 이번에는 물을 너무 많이 넣어 죽처럼 되고 말았다. 지난번에는 노스님 덕에 무사히 넘어갔지만, 또 다시 실수를 했으니 야단맞을 각오를 했다. 마침 그때 노스님이 내 앞에 나타났다. 역시 정황을 살펴본 노스님이 이번에는 "일면보살, 밥이 촉촉하게 되었군요."라며 미소를 지었다. 그 뒤로 이 나는 밥을 짓는데 더 이상 실수를 하지 않았으며, 하심과 인욕으로 후학을 지도했던 노스님의 뜻을 언제나 마음에 두고 정진하고 있다. 이 노스님은 지월(指月)스님이었다.

스님은 울력이 있을 때 마다 한 번도 빠지지 않았다. 도량의 풀을 뽑는 일이나 마당을 비질하는 일에도 늘 앞서 나섰다. 울력이 없을 때도 포행하다가 휴지를 보면 지나치는 법이 없었다. 구석구석 돌아보며 당신이 직접 도량을 깨끗하게 청소했던 것이다. 하심과 인욕으로 솔선수범하는 지월스님 자체가 후학들에게 깊은 감명을 주었던 것이다.

스님은 해인사를 찾아오는 객스님의 바람을 들어주며 출가 본사와 은사스님을 물어보시고 어느 도량 어느 스님 문하라고 하면 "보살은 참으로 거룩한 도량에서 오셨습니다. 보살은 참으로 거룩한 스승을 두셨습니다. 이제 할 일은 공부뿐입니다"라고 하셨다. 때때로 스님을 모르는 객스님들 중에 초라한 행색을 보고 귀찮은 마음에 거드름을 피우며 법명을 묻던 스님들은 그 스님이 바로 가야산에서 성철 선사가 유일하게 존경하던 지월스님인 것을 알고는 쥐구멍을 찾곤 했다.

스님은 누구에게나 '보살'이라고 부르셨다. 한번은 이런일이 있었다고 한다. 어느날 어떤 사람이 해인사를 들어섰는데 꾀죄죄한 누더기를 걸친 스님이 다가와 어디에서 오셨냐. 무슨일로 오셨냐고 묻자 귀찮게 한다며 스님의 뺨을 때렸다고 한다. 그런데 스님은 화를 내기는 커녕 얼른 그의 손을 쥐고 "얼마나 아프냐"고 했고, 누굴 놀리나해서 쳐다보던 그 사람은 스님의 말과 표정과 행동이 한 치의 어그러짐 없이 진실하게 보여 눈물을 흘리며 대참회를 했다고 한다.

그런데 스님이 원래부터 그렇게 하심하고 자비한 분이 아니었다고 한다. 키가 작았지만 차돌멩이처럼 단단하고 성정이 불같았던 스님은 얼마나 싸움질을 했던지 삭발한 머리통이 상처투성이였을 정도로 이름난 괴각이었다. 금강산 마하연과 덕숭산 정혜사 만공 회상에서 공부할 때도 대중들에게 쌍욕을 해댔고, 계율에 철저했던 오대산의 한암 가풍과 달리 자유로웠던 만공스님을 치받기 일쑤였다. 그런데 어느 날 사람들이 생불로 떠받들던 만공스님의 행실을 공개적으로 힐난한 뒤 어디론가 사라졌다. 3일 뒤 한 승려가 가야산 위에서 서쪽을 향해 합장을 한채 망부석이 되어있는 지월스님을 발견했다. 산문을 박차고 나간 뒤 그 자리에서 그대로 3일 동안 삼매에 들어 전혀 다른 경계를 체험한 것이다. '휴휴경휴휴 만해상파정(한 생각을 놓고 또 놓아버리니 온 바다의 파도가 고요하도다)' 스님은 그 때 모든 경계를 벗어나 만공스님에 대한 분별과 시비마저 놓아버리고, 전혀 다른 보살의 세계를 열었던 것이었다. 그때부터 스님은 하심을 제일로 삼고 행하셨으며, 처음 절 생활을 시작하는 행자들부터 하심을 가르쳤다. 그래서 행자실에 지월스님의 글이 걸려있는 것이다.

만공스님의 제자인 벽초스님은 누구라도 큰스님입네, 도인입네 하는 꼴을 절대로 봐주지 않기로 유명했다. 그래서 어느 누구도 감히 벽초스님 앞에선 큰스님 행세를 할 수 없었다. 그런 벽초스님에게 진승이 누군가 하고 물으면 "진승(진짜중)? 지월 스님이 진승이지"라고 당연하듯 말했다고 한다.

그때 나는 지월스님의 상좌가 되길 청했었다. 그러나 스님은 "늙은이 시봉할 시간이

어딨나요? 일면보살, 그저 정진 또 정진하세요. 사나이 대장부로 태어났으니 큰 도를 이루어야죠?"라며, 완곡히 거절하셨다. 나뿐이 아니라 스님은 젊은 스님들 공부에 방해 된다고 평생 상좌두기를 마다하셨으나 스님이 연로해지자 다른 스님들의 배려로 상좌를 두게 되었다고 한다.

설곡스님이...

불교수행의 목적은 지혜의 완성과 자비의 실현에 있다. 지혜의 완성은 자신에 관한 문제이고, 자비의 실현은 타인과의 관계를 지혜롭게 하는 것이다. 지혜와 자비가 둘인 듯 하지만, 사실 그 둘은 손바닥과 손등의 관계처럼 떨어질래야 떨어질 수 없는 관계다.

한국불교는 대승불교를 표방한다. 본래 대승이란 자신의 문제인 깨달음보다 다른 이의 고통을 덜어주고자 하는 자비 실현에 더 큰 비중을 두는 것이 특색이다. 그래서 대승불교를 자비의 상징인 보살중심 불교라고 하는 것이다. '성불을 한 생 늦추더라도 중생교화에 내 모든 것을 바치리라'고 서원하는 것이 대승수행자들이다. 그럼에도 불구하고 자비의 실현보다 오히려 깨달음에 더욱 치중하는 감을 주는 것이 오늘날 한국 불교의 현실이다.

보살도를 실현하는 대승수행자는 권위적으로 군림하지 않는다. 그들은 대접받으려 하는 자들이 아니라 모든 사람을 대접하는 사람이다. 모든 생명의 존재를 인정하고 보살펴주기 위해 자신을 희생하는 자들이다. 자비실현을 서원하는 수행자들은 그 삶 자체가 이미 자신을 위한 것이 아니다. 세상의 모든 것을 끌어안을 만한 관용과 어떠한 생명도 지극히 존경할 수 있는 겸허함이 수행으로 다져져 있어야 대승수행자라고 할 수 있다.

이러한 대승수행을 주장하고, 겸손을 애써 익히려 노력하고 있는 오늘의 나를 있게한 마음속 영원한 스승 한 분이 있다. 그 분은 일생동안 한번도 명예나 권력에 눈길을 주지 않았고 대중의 수행을 위해, 불법을 위해, 새로 출가한 수행자를 위해, 자신을 송두리째 헌신하고 살다 가신 수행자다. 한 번도 큰소리로 대중을 꾸짖어 통솔하려 한 적이 없고, 한번도 대중을 원망하여 도량을 이끌어 가려고 해본 적 없이 주지 소임을 사신, 보살 같은 스승, 그 분이 바로 지월(指月)스님이다.

지월스님을 처음 뵌 것은 60년대 중반 해인사에서였다. 그 때 스님은 해인사 선원의 선덕(禪德)으로 계셨는데, 해인사 비상종회에서 해인총림이 결성되자 스님께서 주지에 선임되셨다. 스님은 주지소임을 맡기 전이나 후나 조금도 다름없이 생활하셨다. 나는 그때 해인사에서 행자생활을 다시 하고 있었다.

스님께서는 매일 도량을 여러 바퀴 도는 것으로 당신의 정진을 삼으신 듯했다. 손에 봉투를 하나 들고 도량에 버려진 휴지나 관광객이 버린 담배꽁초를 주어 모으는 것이 일과였다. 그러다가 도량을 급하게 뛰어가는 사미나 행자들을 보면 으레 껏 스님은 그들 앞에 나타나시곤 했다. 그리고 그들에게 최상의 예를 다하여 허리를 굽히고 머리 숙여 절을 하셨다. 그 당시 나도 스님과 도량에서 마주치기를 수없이 했는데, 그럴 때마다 엉겁결에 머리 숙여 절하고 일어서 보면 스님은 여전히 깊숙이 머리를 숙이고 계셨다. 두 번, 세 번 머리를 숙였다 들었다 해도 스님은 머리를 숙인 채로 얼마나 공손하게 서 계신지 당황하지 않을 수 없었다. 이런 일이 어쩌다 일어나는 것이 아니라 하루에 몇 번을 만나더라도 만날 때마다 그렇게 정성을 다해 인사를 하셨다.

그리고는 자상하게 손을 잡아주시며 "우리 보살이 무슨 일이 그리 급하여 달려가십니까? 부처님 제자가 되려면 위의가 점잖아야 합니다. 그리 급하게 뛰어가면 화두가 챙겨집니까? 행동이 차분해야 마음이 차분히 가라앉을 수 있습니다." 스님의 말씀은 계속되었다. "한국불교의 운명이 스님의 두 어깨에 달려 있습니다. 모든 어려운 일을 어금니를 지긋이 물고 참아야 합니다. 내가 스님에게 한국불교의 장래를 특별히 부탁합니다."

스님께서는 진정으로 한국불교의 장래를 염려하시고 모든 후학에게 그것을 간곡하게 당부하셨다. 그 때 나는 그 '특별히 부탁한다.'는 말씀을 듣고 나에게 무엇인가 장래에 대한 믿음이 있는가 싶어 스스로 은근한 기대를 가지기를 여러 번 하였다. 그러나 나중에서야 스님께서 말씀하시는 그 '특별히'는 누구에게나 똑같이 특별히 부탁한다는 것을 알게 되었다. 상대에게 '특별히'가 아니라, 스님께서 최대의 관심을 가지고 특별히 부탁한다는 것이었다.

어쩌다가 대중이 의견이 맞지 아니하여 언쟁이 생기면 당신이 제일 먼저 일어서서 대중을 향해 절을 하고, "그것은 소승의 불찰입니다. 소승이 잘못한 것입니다. 내가 덕이 없고 수행이 부족해 그러한 것이니 저를 용서해 주십시오." 참회를 하셨다. 그러면 아무도 더 이상 언쟁을 계속할 수 없게 되었다. 언제 어느 곳에서나 인욕정진과 하심(下心)하시는 스님에게 누구도 거역할 수 없었던 것이다.

승려들도 초심이 흔들리고, 독신 출가자의 고독한 삶에 크게 방황하기도 한다. 그러면 스님은 "고래등 같은 지붕 아래서, 거울 같은 장판 위에서, 백옥 같은 쌀밥을 먹으며 해탈을 위해 정진하는 우리가 공부 말고 다른 무엇이 더 필요합니까." 라고 스님은 열 번이고 스무 번이고 이 말을 되풀이했다. 승려들은 느리지만 온 가슴의 정성이 담긴 스님의 말을 듣고선 가슴이 뭉클해져 현실에 대한 불만을 놓고 다시 수행 정진할 마음을 내었다.

도견스님이...

지금 내가 머물고 있는 해인사 극락전 뜨락에는 더덕 한 그루가 자라고 있다. 더덕의 넝쿨은 위로 자꾸 올라가는 성질이 있어 큰 대를 이파리에 매어 주었더니 하늘 높은 줄 모르고 잎이 올라간다. 이른 아침, 운동 삼아 극락전 뜰을 호미질하면서 더덕 잎 올라가는 것을 보고 있노라면 때로 저 수십 년 전의 행자시절이 떠오르곤 한다.

행자시절 초엽이었을 게다. 더덕을 한 가마니 지고 처사 한 분이 동관암에 올라왔다. 일제 치하, 전쟁이 막바지에 이르러 너나할 것 없이 초근목피로 살아가던, 참으로 먹고 살기 어렵던 시절이었다. 인적 드문 산중에서 한곳에 뭉쳐 자라고 있던 더덕을 운좋게 발견해 캔 모양이었는데, 우리 암자로 와서는 쌀로 바꾸어 달라고 사정했다. 자비롭기 그지없던 내 은사 스님은 '얼마나 살기 어려웠으면 이 깊은 산속까지 찾아왔겠느냐'며 두말없이 있는 쌀을 다 내어 주었다. 소두 한 말은 족히 되었을 것이다. 덕분에 은사 스님과 나는 삼동 내내 더덕을 달여 그 물을 마시고, 노골노골해진 더덕을 씹어 먹으며 겨울을 났다.

나이가 많든 적든 남자는 징병대로, 여자는 정신대로 잡아가 제 나라 천황을 위해 목숨 바칠 것을 요구하던 일본 사람이 밉고 싫어서, 소년시절 나는 늘 절로 떠날 궁리를 했다. 불교가 무엇인지 알아 그랬던 것이 아니었다. 보기 싫은 일본사람들을 피해 어딘가 깊숙이 숨고 싶었던 것이다. 돌이켜 생각하면 불가와 인연이 깊은 까닭이었다. 살만한 집 다른 부모들은 자식에게 '돈을 얼마든지 줄 테니 어디든 피해 있다 살아만 돌아오라 '고 했으나, 내 부모님은 자식의 내면에 깊이 흐르고 있는 불연을 감지했음인지 내가 집만 떠나면 찾으러 다녔다.

일본인들도 일본인들이지만 그런 부모님 때문에 나는 고향인 강화를 떠나 강원도 인제의 아주 깊숙한 골짜기로 들어갔다. 열아홉 살 때였다. 해어진 옷을 깁기도 하고 별 말

없이 지내는 나를 지켜보던 주인집 아주머니가 하루는 혼잣말처럼 그랬다. "저 학생은 행동이 꼭 절에 사시는 스님 같네. 뭐든 혼자 하는 것이며 마음씨도 세속의 우악스러운 사람과 다른 것이 스님 되면 좋겠어."

주인집이 다니던 절이 오대산 관음암이었고, 내가 주인집 아주머니를 따라 오대산 비로봉을 넘어 관음암에 가니 댓돌을 내려서는 한 스님이 있었다. 위 아래 가사는 물론, 양말까지 누덕누덕 깁고 또 기워 입은 외양이었으나, 스님의 얼굴은 참으로 맑고 따뜻해 보였다.

때는 봄, 푸르름으로 둘러싸인 조촐한 암자며 누더기 차림의 스님이 첫눈에 긴 여운으로 마음에 남았다. 내 은사 스님이 된 지월스님과의 첫 만남이었고, 수행자로의 첫 발걸음은 그렇게 시작되었다. 같이 있던 한 스님이 어디론가 떠나고 은사 스님과 단둘이 살며 행자생활을 했다. '초발심자경문'을 전부 외우시던 내 은사 스님은 글자로가 아니라 얘기로 그것을 가르쳐주셨다. 그런 가운데 '천수경'을 외우고 불교의식을 눈으로 보며 익혔다.

자비 보살과 다름없던 은사 스님은 내게 이래라 저래라 시키는 법이 없으셨다. 보름마다 물을 데워 목욕을 했는데, 목욕을 하러 들어갔다 나와 보면 스님은 내가 벗어 놓고 들어간 옷을 전부 빨아 놓곤 했다. 또 어느 날 아침에 일어나보면, 내가 신던 헌 짚신을 버리고 슬며시 새 것을 가져다 놓기도 했다. 밥도 찬도 전부 당신이 끓여 내 앞에 내놓곤 했는데, 은사스님을 시봉하는 것에 대해 보고들은 게 없으니 중들 사는 것이 그런 것인 줄만 알았다.

그렇게 지내던 어느 날이었다. 객스님 한분이 오셨다. 서로 반가워하는 것으로 보아 잘 아는 분이었던 것 같았다. 그런데 그 객스님이 며칠 동안 우리 사는 모양을 보더니, 하루는 나를 불러 앉혔다. "윗어른 시봉하는 것이 어찌 그러한가?"

어찌나 호되게 야단을 치던지 눈물이 쑥 빠질 지경이었다. 객스님은 보름 동안 머물면서 내게 스님 시봉하는 법을 가르쳤다. 그 뒤부터 밥하고 찬하고 빨래하는 것은 물론, 내 것과 은사 스님의 위 아래 누더기 옷을 깁는 것까지 모두 내가 했다. 호롱불 아래 앉아 깁고 또 기워 다 닳아빠진 가사며 양말을 깁고 있노라면 어찌 그리 시간은 빨리 가는지. 눈 한숨 붙이고 일어나 새벽예불 도량석에 서면 쏟아져 내리던 달빛이며 별빛, 바쁜 나날이었으나 고단한 줄 몰랐고, 어느 것 하나 걸릴 것 없이 마음은 넉넉했다.

겨울 오대산에는 참 눈이 많이 내리곤 했다. 한번 눈이 내리면 이듬해 봄이 될 때까지

녹지 않아 두 다리가 푹푹 빠지는 눈길을 걸어 다니곤 했다. 그 순백의 눈길에는 때로 짐승들의 핏자국이 보이기도 했는데, 먹고 살기 어려운 마을 사람들이 바윗돌에 숨어 있던 토끼며 노루들을 잡아간 흔적이었다.

그 당시 상원사에는 한암스님이 주석하고 계셔 전국 방방곡곡에서 공부하러 오는 스님들과 신도들이 많았다. 지금은 스님들과 신도들이 따로 안거를 나며 공부를 하고 있지만, 그 시절 상원사에서는 한 방에 둘러앉아 공부를 했다. 방사가 좁았기 때문이다. 어쩌다 은사 스님의 심부름으로 상원사에 들러보면 스님들과 신도들이 한방에 앉아 참선을 하고 있는 모습을 볼 수 있었다. 나중에 나도 한암스님으로부터 계를 받고 그분 밑에서 공부를 했다. 경내 여기저기를 다니시다가 일하는 우리에게 이것저것 자상하게 일러주던 모습이 선연하다. 어느 날엔가는 장독대에서 간장을 뜨고 있는데 다가오시더니, '간장은 이렇게 뜨면 흘리지 않고 담을 수 있다' 하시며 손수 모범을 보이셨던 기억도 난다. 돌아보면 그런 것 모두가 수행을 익히는 기초였다는 생각이 든다.

세상 모든 것은 다 연기법緣起法 속에서 움직이기 마련이다. 오대산으로 가기 전 열일곱에 지리산으로 갔었다. 처음 영원사로 갔는데 마침 그 절에 불이 났던 터라, 잘 데도 없고 먹을 것 또한 곤궁하기 짝이 없어 '중 되러 왔다' 는 말을 꺼내 보지도 못하고 돌아섰다. 다시 그 너머 화엄사로 갔더니, 그 곳 또한 한 입 먹거리가 아쉽던 때라 소리 없이 사람을 밀어냈다. 그래서 다시 찾아간 것이 칠불사였다. 체구가 장대하고 위엄 있어 보이던 설석우스님이 조실로 계시던 큰 선방이었는데, 그 곳 역시 내게 손을 내밀어 주지 않았다. 그렇듯 지리산은 내게 인연이 없는 곳이었다.

그러나 불교가 무엇인지, 수행이 무엇이며 중노릇은 어떻게 해야 하는지 아무것도 모르고, 그저 절로 가야겠다는 생각 하나뿐으로 들어간 오대산은 따뜻하게 나를 품어 주었다. 불교에 대한 은사 스님의 말씀은 내 뜻과 무엇 하나 걸림 없이 척척 계합이 되었고, 오랜 동안 떠나 있다 돌아온 고향처럼 느껴졌으니, 오대산은 내게 '인연' 이상의 그 무엇이었다.

은사 스님께 험한 말 한 번 들어보지 못했던, 일체 바깥 세상을 잊어버리고 순진하기만 했던 그 한 해 동안의 행자시절, 그로부터 참으로 숱한 세월이 흘렀다. 이제 일흔이 넘어 뒷방 늙은이로 나앉아 있는 지금, 요즘은 후학들은 행자생활을 어떻게 하고 있는지 모르겠다. 나는 그저 계율을 잘 지키는 이들이 좋게 보일 뿐이다.

철우스님

1895~1979년

은사 정암스님. 계사 보경스님. 수월. 혜월스님께 사사.
제자 정우. 우산. 지우. 용담. 원담. 청공. 대우. 우견. 우공.

철 우태주(鐵牛太柱)스님.생식수좌. 묵언수좌 별칭.
20대에 조실로 추대. 수월·혜월 인가. '평생
납자' 본명은 정만갑(鄭萬甲). 본관은 동래(東萊).

철우스님은 1895년 3월8일 경남 밀양시 밀양읍 가곡
리에서 부친 정기철과 모친 천주옥 사이 넷째아들로
태어났다.전형적인 유학자 집안에서 성장한 그는 어려
서 서당을 다니며 한학을 익혔다. 여섯 살(1902년)부
터 출가직전까지 밀양 금서서당에서 노재영 선생에게
통감과 사서를 배웠다.

출 가이후 일생을 수좌로 살았지만, 공부의 바탕에는 한학에 정통했던 실력을 갖추
고 있었다. 그가 불교에 관심을 갖게 된 인연은 부모님이 별세한 뒤였다. 7세에
부친이 돌아가시고, 13세에 어머니마저 세상을 떠났다. 그는 당시 심경을 이렇게 밝
혔다. "의지할 곳이 없어 큰 형님 댁에 있으면서도 돌아가신 어머님에 대한 그리움
에 일이 손에 잡히지 않을 뿐 아니라 서당에 가는 일이 시들해졌다. 다른 이들에 비해
왜 우리 부모님은 일찍 저승으로 가셨을까. 생각하면 할수록 다시 못 오시는 어머님에
대한 그리움에 마음 붙일 곳이 없었다." 1908년 12월 초하루에 출가한 스님은 1년간
행자생활을 거쳐 이듬해 12월 표충사에서 정암스님을 은사로, 보경스님을 계사로 사
미계를 수지했다. 이때 그는 경학보다는 참선에 뜻이 있어 해인사 선방으로 갔다. 이
때 함께 선방에서 공부한 도반이 경봉스님이었다. 세속 나이는 경봉스님이 세살 위였
으며, 출가연도도 경봉스님이 1년 빨랐다. 더구나 경봉스님의 고향도 밀양이었다. 두
스님은 평생 뜻을 같이하며 정진했다. 1911년 해인사 선원에서 안거를 성만한 이후
25하안거를 성취하며 납자의 길을 걸었다.

해인사 선원에서 결제한 후 현풍 유가사 도성암에 방부를 드릴 때의 일이다. 이때 안변 석왕사에서 온 유현 수좌가 방부를 드리려 하자, 원주스님이 "식량이 없어 안 된다"며 거절했다. 이 일을 목격한 그는 이때부터 10년간 생식(生食)을 했으며, 몇 년 동안 묵언 수행을 병행했다. 그 뒤로 제방선원에서는 철우스님을 '생식수좌' '묵언수좌'라는 별명으로 불리었다. 참선을 시작한지 4년째인 1913년 태백산 각화사 동암에서 지견(知見)이 열려 다음과 같은 게송을 지었다.

心月孤圓 萬古空　　마음 달이 외로이 둥글어서 만고에 공했고,
光舍天地 照無窮　　빛은 천지를 머금고 비추어 다함이 없도다.
若能識得 箇中意　　만약 능히 이 가운데 이 뜻을 알아 얻을 것 같으면,
震震刹刹 極樂宮　　세계 조그마한 티끌까지도 모두 극락의 집이로다.

깨달음의 향기를 맛본 그는 그 뒤로 제방선원에서 화두를 들었다. 통도사를 비롯해 지리산 칠불선원·오대산 상원사 선원·금강산 마하연 등에서 정진, 묘향산 보현사 수월스님 회상에서 공부하며, 금선대에서 참선을 하던 중 또 한 번의 깨달음을 얻게 된다. 확철대오한 것이다. 그리고 다음과 같은 게송(偈頌)을 남겼다.

오도송　吾道本虛靈　　나의 도는 본래 허허하면서도 영영한데
　　　　千古云呵寧　　천고에 정녕이 말했거늘
　　　　萬山杜宇夢　　일만산에 두견새가 꿈을 깨니
　　　　忽罷一枝靑　　문득 나무 한 가지가 푸르더라

그가 게송을 수월스님에게 보이니 수월스님이 인가를 해주시며, "이제는 여기에 머물지 말고 남방으로 내려가면 만공과 혜월이 있으니 그들을 찾아 더욱 많은 것을 배우고 정진하여 후학을 양성하라"고 당부했다. 걸망을 메고 보현사 일주문을 나서는데 마침 수월스님이 감자밭을 메고 있었다. 합장 반배로 인사를 드리며 수월스님에게 질문을 했다. "남방으로 내려가 공부한 다음 중생교화를 어떻게 할까요." 그 말을 들은 수월스님이 호미를 들고 감자밭 한 가운데에서 몸을 한 바퀴 돌리면서 두 팔을 벌리고 춤을 추었다. 수월스님은 춤을 추며 "如是(여시) 如是(여시)"라고 외쳤다. 이에 그도 밭에 놓인 호미를 들고 수월스님과 똑같이 춤을 추면서 말했다. "여시여시하겠습니다." 그러자 수월스님은 그의 손을 잡고 한마디 더 했다. "다시는 의심하지 말아라."

수월 스님이 호미를 든 것은 평상시에 밭 갈듯이 일과 오후(悟後)수행이 둘 아닌 평상심으로 보살행을 실천하라는 뜻을 담고 있다. 또 두 팔을 벌리고 춤을 춘 것은 동체대

비의 정신으로 중생의 모든 고뇌와 아픔을 받아들여 그들과 생업과 이익, 고락, 화복을 함께 하면서 진리의 길로 이끌어 들이는 속에 즐거움이 있다는 것을 가르쳐 준 것이다. "다시는 (깨달음을) 의심하지 말라."고 당부한 것은 깨달음에 별달리 기특한 것이 없으며, 다만 본래 부처로서 부처행을 하고 사는 것이 도의 정수임을 강조한 것이다. 참으로 평생을 중생들의 아픔을 함께하며 그곳에서 열락을 체험한 수월스님 다운 가르침이었다.

그의 나이 21세 되던 1915년 4월 합천 해인사에서 제산(霽山)스님을 계사로 비구계와 보살계를 받았다. 또한 표충사 호산스님에게 사집과를, 고성 옥천사 서응(瑞應)스님에게 사교과를, 순천 선암사 진응(震應)스님 회상에서 대교과를 마쳤다. 25세 되던 해에 부산 선암사로 가서 혜월혜명스님에게 인가를 받고, '철우'라는 법호를 받았다. 그때 혜월스님은 철우스님에게 '인가게송'을 지어 건넸다.

一切有爲法　　일체의 유위법은
本無眞實性　　본래 진실 된 모양이 없으니
於相若無相　　저 모양 가운데 모양이 없으면
卽名爲見性　　곧 이름하여 견성이라 함이라.

인가를 받은 철우스님은 은사 혜월스님을 모시고 부산 선암사에서 정진하면서 은사스님을 모시는데 소홀함이 없었다. 그 당시 기가 막힌 일이 생겼다. 철우스님의 두 스승(수월, 혜월)의 은사이신 경허스님이 북방의 갑산에서 1년 전에 입적하셨다는 소식을 들은 것이다. 혼비백산한 혜월스님과 만공스님은 몇 명의 수좌들을 데리고 경허스님의 유골을 수습하러 갔다. 그때 철우스님이 함께 했다. 경허스님의 유골은 장대한 황골(黃骨)이었는데 만공, 혜월스님이 정성껏 수습하여 다비식을 하였다. 그때 은사스님의 눈물을 처음 보았다. 두 어른 스님들의 눈에서 하염없이 흘러내리던 눈물은, 눈물이 아니라 핏물처럼 보였다. 바라보는 제자들도 뒤돌아 소리 없이 울었다.

혜월스님 문하에서 공부에 한창이던 어느 날 통영 용화사 도솔암에서 혜월스님에게 조실을 청하는 문서인 '조실청장(祖室請狀)'을 들고 왔다. 사시공양이 끝난 후 혜월스님은 대중들을 모이게 했다. 그리고는 철우스님 앞에 '조실청장'을 놓게 하고 삼배의 예를 올리도록 했다. 그리하여 철우스님은 불과 27세의 젊은 나이에 조실의 자리에 오르게 됐다.

1922년 통영 용화사 도솔암 조실로 주석하면서 스님은 수좌들을 지도했다. 너무 젊은 나이에 조실에 오른 철우스님의 당시 별명은 '소년조실'이었다. 하지만 공부에 빈틈이 없고 화두를 타파하는데 모자람이 없었기 때문에 철우스님의 주변에는 정진하려는 수좌들이 모여들었다. 철우스님은 이어 동화사 금당선원, 파계사 성전암, 순천 선암사 칠전선원, 금강산 마하연, 순천 선암사, 선산 도리사 태조선원의 조실을 역임하며 납자들을 깨달음의 길로 안내했다.

1952년 구미 금강사를 창건한 후 납자들을 제접하고 불자들에게 '유마경' 강의를 하며 불법을 폈다. 스님은 구미 금강사에 머물면서 신도들을 대상으로 '경산림(經山林)'을 많이 했다. 특히 정월달에 실시한 경산림에서는 주로 유마경을 강의했다. 참선 정진을 강조했던 스님이었지만, 경을 결코 소홀히 하지 않았다. 본래 한학에 정통했던 스님의 강의는 원근에 널리 알려졌다. 신도뿐 아니라 스님들도 경산림에 동참했다. 심지어 성주군 월악면에 사는 유생들도 경산림을 듣기 위해 달려왔을 정도였다.

벽진 이씨 문중의 유생들은 스님을 마을로 초청해 강의를 듣기도 했다. 두루마기를 입고 갓을 쓴 유생들에게 철우스님은 "죽을 때 어디로 가는 거요"라는 질문을 했다. 유생들은 아무 답도 하지 못했고, 그러면 스님은 다시 말문을 열었다. "그러면 마음을 내어 보시오. 지금 선생들이 갖고 있다고 믿는 마음을 나에게 내어 보시오." 유생들은 경청할 뿐 답을 내지 못했다. "사람이 100년을 사는 것이 아니니, 마음이 무엇인지를 알면 죽는 것이 겁이 안 나고 두렵지 않은 것이오." 이렇게 스님은 한학에 대한 이야기를 하시다가도 화두법의 중요성을 강조하였다. 상좌인 정우스님은 "큰스님을 모시고 월악면에 있는 유생들의 재실에 가서 묵은 적이 여러 번"이라면서 "스님에게 '시심마(是甚麿)'의 화두를 받은 유생들은 "멀리서 도인스님이 오셨다"면서 별미인 국수를 내오는 등 극진한 예우를 아끼지 않았을 만큼 큰 감명을 받았다"고 회고했다.

그 뿐 아니었다. 대구에서 전매서장의 공직에 있었던 서운스님의 출가동기도 철우스님이었다. 우연히 참석한 법회에서 "사나이 대장부로 태어났으면, 활연대장부가 돼야지, 죽은 장부가 되서야 되는가. 활연대장부는 바로 대자유인이다"라는 스님의 법문을 듣고 전율을 느끼고, '내가 지금 무엇을 하고 있는 것인가? 사나이로 태어났으니 활연대장부가 되어 대주유를 만끽해봐야겠다.'는 생각으로 출가하게 되었다고 한다. 또 김해 육조사에 주석했던 대의스님도 철우스님의 법문을 듣고 발심 출가했다. 성철스님도 철우스님과 인연이 깊었다. 산철에 성철스님이 오면 "철수좌가 공부한다고 애썼어"라며 격려를 아끼지 않았다. 향곡스님이 오면 "향곡이 왔나"라며 반갑게 맞이

했던 어른이 철우스님이었다. 종정과 총무원장을 역임했던 청담(靑潭)스님의 속명인 순호를 기억하고 "순호 수좌가 총무원장이 되었다지, 종단을 위해 큰일을 할 거야"라는 따뜻한 격려를 보냈다.

구미 금강사를 주석처로 삼은 철우스님은 대중을 위한 설법을 여러 차례 했다. 특히 결제철과 해제철을 맞아 설한 법문은 수좌뿐 아니라 재가불자의 정진을 독려한 내용을 담고 있다. 1963년 4월15일 하안거 결제를 맞아 구미 금강사 반야선방에서 행한 법문에서 스님은 "수좌들이 진정으로 공부를 하려면 대분심(大忿心)·대의심(大疑心)·대발심(大發心) 없이는 견성(見性)할 수 없다"고 일렀다. "고인(古人)들은 크게 의심하는 가운데 크게 깨친다고 했습니다. 선사들은 어떻게 견성했는지, 다른 스님들은 견성하여 평생사를 마쳤는데 나는 왜 못하는가?라는 대분심이 가슴에 응어리 져야 공부를 뚫어낼 수 있습니다. 그냥 앉아서 꾸벅꾸벅 배꼽만 내려다보고 졸기만 하면 인연을 맺을지는 몰라도 견성해서 장부의 일대사를 마치기는 어렵습니다. 오늘이 결제이니 만큼 내 몸 축나는 것은 생각지 말고 화두하고 씨름하여 결판을 내 보십시오."

스님은 언제나 수좌들이 오면 반갑게 맞이했다. 해제 때 수좌들이 찾아오면 "공부하느라 힘들었지"라면서 어깨를 두드려 주었다. "어디서 살다온 수좌인고. 그리고 어디로 가려고 하는고"라며 수좌들의 정진을 당부했던 철우스님이다. 넉넉한 살림은 아니었지만 수좌들에게는 반드시 여비를 챙겨 주었다. 여의치 않으면 당신의 의복이라도 건네주어야 마음이 편했다고 한다. 한번은 빨랫줄에 걸어놓은 양말을 수좌의 걸망에 넣어주며 "열심히 참선 정진하라"며 손을 꼭 잡아주었다고 한다.

스님은 유독 참선을 강조하였다. 제자들이 조금만 게으름을 피워도 용납하지 않으시고 "어떠한 일이 있어도 참선을 해야지, 참선을 안 하려면 뭐 하러 집을 나서 출가를 했노? 머리를 깎았으면 공부 하는 것은 당연한 일이지. 그렇지 않으면 집에서 부모님께 효도하고, 아들 농사지으며 사는 게 옳지. 참선을 않고 경을 아무리 보아도 소용없고, 염라대왕 앞에 가서도 방망이를 못 면한다."라고 경책하였다."

스님은 참선에 대해 "참(參)이라는 것은 결택하는 것이요, 선(禪)이라는 것은 눈이 바른 것"이라면서 "눈이 바르면 꿈이 없고, 꿈이 없으면 허깨비가 멸하니, 허깨비가 멸한 즉 부처"라고 지적했다. 스님은 이 글에서 모든 이들이 참선정진에 몰두하여 깨달음의 향기를 맛볼 것을 당부하고 있다. "원컨대 모든 동포는 지말에도 돌아가고 근본에도 돌아가서, 머리를 돌이켜 자기의 신령스러움을 반조하여 이 마음을 요달하여 깨치면, 무명의 긴 밤에 생사의 물결이 일시에 다 말라 버리고, 가이없는 묘용이 환하게 눈앞에 드러나 어느 곳에나 명쾌하게 활용할 수 있으리니, 어찌 다행이 아니런가. 이야말로 이른바 한 푼도 들이지 않고 풍광을 사서 얻는 것이로다." 철우스님의 '참선포교문(參禪布敎文)'의 내용이다.

스님은 '마음 궁구하기를 권하는 글'인 '권구심문(勸究心文)'을 통해서도 마음 깊이 참구할 것을 당부하고 있다. "몸은 풀잎 끝에 매달린 이슬과 같고 목숨은 바람 앞에 흔들리는 등불과 같다"면서 "일생이 얼마나 오래 가겠는가. 달리는 말이 틈새로 지나가듯 빠르다"고 지적했다. 또한 스님은 천지를 호령하던 영웅열사와 명성을 떨치던 문장호걸도 모두 북망산으로 돌아갔다며 인생무상을 바르게 볼 것을 가르치면서, 이를 면하기 위한 방책을 이르고 있다. "옛날에 익혀둔 천 가지 묘책과 만 가지 특수한 온갖 학술을 다 내다버리고 다만 한 마음만 쫓아 힘써 연구하되 죽음에 이르도록 물러서지 아니하면 반드시 활로에 서 있으리라." 노구에도 스님의 하루 일과는 빗자루로 마당을 쓰는 것이었다. 입적하기 며칠 전까지도 몽당 빗자루를 들고 손수 절 마당을 비질할 정도로 건강했던 스님은 1979년 3월12일(양력) 오후 11시20분 원적에 들었다. 세수 84세, 법납 71세.

평생 검소하게 살았던 스님의 유품은 몇 벌의 승복과 계첩, 경전이 전부였다. 스님 유품 가운데 눈길을 끄는 것으로는 안경, 삭도(削刀), 인두, 가위 등이 있다. 안경은 경전을 읽을 때, 삭도는 삭발을 할 때 이용했으며, 가위와 인두는 스님이 헤진 옷을 손수 꿰매 입을 때 사용했던 것이다. 상좌나 신도들이 대신 한다고 하면 "예끼, 내 할 일은 내가 해야지"라며 당신의 일은 스스로 처리했다고 한다.

스님은 노년에 "경허 가풍에는 사리가 안 나온다. 그러니 사리는 기대하지도 말거라"는 말을 상좌에게 자주 했다. 스님의 원적 소식을 듣고 수좌들이 전국에서 찾아왔다. 스님의 법구는 꽃으로 장엄된 상여에 모셔졌다. 신도들이 만장을 들고 앞에 섰고, 수좌들이 상여를 메었다. 도보로 구미 시내를 지난 철우스님의 장례행렬은 다비장이 있는 김천 직지사로 향했다. 이때 신이(神異)한 일이 생겼다. 직지사 일주문을 통과할 무렵 상서로운 광명이 나투었던 것이다. 동참 대중 모두 목격했다. 직지사 대웅전 앞에서 거행된 영결식에서도 같은 일이 일어났고, 다비를 모시는데 또 다시 서기광명이 있었다. 3월 16일 1000여명이 넘는 대중이 운집한 가운데 전국수좌장(全國首座葬)으로 엄수된 후 김천 직지사에서 다비를 모셨다. 수좌장으로 장례를 모시는 예는 드물다. 그만큼 수좌들 사이에서 존경받던 스님의 행장을 증명하는 사례이다. 현재 스님의 부도탑은 구미 금강사에 모셔져 있다.

구미 금강사에는 금란가사가 보관되어있는데, 이는 조선 왕실에서 1898년(고종 35) 봄 가야산 해인사 조실인 경허선사에게 지어 준 것으로, 경허-혜월-철우선사로 이어진 것이다. 금란가사는 석가모니의 이모였던 마가파도파제 부인이 석가모니에게 금색의를 한 벌 지어 올린 데서 유래하였다. 이때부터 금란가사는 국가적 차원의 행사에서 당대 최고의 고승인 증명법사 한 사람만이 입는 법의가 된것이다. 이로써 철우스님의 당대의 위치가 어떠했는가를 알 수 있다.

일화...
상좌 정우스님(구미 금강사 주지)이 들려주는 은사 철우스님의 일화들...

#... "자네들이 내 머리를 깎고 중을 만들어 주겠는가?" 1908년 12월 초하루 불과 13살 된 한 소년이 밀양 표충사에 찾아와 스님들을 향해 '엉뚱한 소리'를 했다. 기가 막힌 스님들이 "뭐 이런 놈이 다 있어" 라며 시비가 붙고 말았다. 하지만 소년은 물러서지 않았다. 밀양은 전통적으로 유생(儒生)들이 많이 사는 고장이었지만 소년의 행동에 스님들은 기가 찼다. 소란스러운 소리에 문을 열고 나온 한 노스님이 소년에게 자초지종을 물었다.

"무슨 일 때문에 머리를 깎으려고 하는가." 소년은 "모친이 돌아가신 후 마음 붙일 곳이 없어 골똘히 생각하다가 밀양에서 제일 큰 절인 표충사에 와서 머리를 깎고 싶었다."고 답했다. 이 일이 인연이 되어 소년은 표충사에서 부처님 제자가 되었다. 이 소년이 바로 철우(鐵牛)스님이다.

#...스님이 양산 미타암에서 머물며 정진할 때, 3·1 독립만세운동의 기운이 전국을 휩쓸고 있었다. 당시 서울에서의 궐기 소식은 경상도까지 도달했다. 독립을 열망하는 양산·동래 등 부산지역 주민들은 모월 모시를 기해 만세시위를 하기로 의견을 모았다. 궐기문을 작성한 주민대표들이 한학(漢學)에 조예가 깊었던 철우스님을 만나 취지를 설명하고, 궐기문의 일부 문구를 수정받았다.

며칠 뒤 양산 동래 지역에서 만세시위가 일어났고, 관련자들이 연행됐다. 일경의 가혹한 고문을 받던 시위 주모자들이 궐기문 작성에 철우스님이 관여됐다는 실토를 하고 말았다. 곧바로 일경에 강제 연행된 스님은 갖은 고문을 받았다. 일경들은 스님의 코에 고춧가루 물을 붓는 것은 물론, 손톱과 발톱에 못을 치는 고문을 가했다. 더구나 스님의 온몸에 상상하기 힘든 '모욕적인 고문'을 했지만 스님은 아무 말도 하지 않았다. 당시 스님은 묵언(默言) 정진 중이었기 때문이었다. 궐기문을 갖고 주민대표들이 왔을 때도 묵언하고 있었던 까닭으로 한마디 말도 않고, 단지 문안 가운데 일부만을 고쳐주었다. 묵언수행을 철저하게 지켰던 스님에게 주위에서는 '벙어리 스님'이라는 별명을 붙였을 정도였다.

#...일경에 체포되어 말문을 열지 않은 스님은 궐기문을 작성해 준 일로 인해 1년 6개월간 수감되었다. 묵언정진을 했던 스님은 붓마저 들지 않았다. 이유는 이렇다. 스님의 생전 육성이다. "부모님께 물려받은 몸을 온전히 보전하지 못하고, 왜놈들이 손톱과 발톱에 못을 치는 등 갖은 모욕을 받았으니, 나는 부모님께 불효를 한 것이다. 또 스승의 얼굴을 볼 면목이 없으니 내 다시는 붓을 들지 않겠다고 다짐을 했다."

그런 이유 때문에 1920년대 이후 스님의 친필 글씨는 한 장도 남아있지 않다. 철우스님이 출감하는 날 부산 인근의 스님들 뿐 아니라 서울에서 만해스님도 찾아왔다고 한다. 이때 찾아온 많은 스님들이 "벙어리 수좌 왜 말을 못하지, 이렇게 몸을 못 쓰게 되어 나왔어"라며 눈물을 흘렸다고 한다.

#...철우스님은 만해스님과 뜻이 통했던 동지(同志)였다. 만해 한용운 스님이 서대문 구치소에서 옥고를 치른 뒤 출옥해 1944년 5월 9일 성북동의 심우장(尋牛莊)에서 입적했을 무렵 철우스님은 또 한번 수감이 되었다. 입적 소식을 듣고 상경한 철우스님이 "삼천리 강산아 울지 마라, 연(緣)이 오고 때가 오면 다시 빛을 찾으리라"고 땅을 치며 만해스님을 추모했기 때문이다. 만해스님의 입적에 너무 슬퍼하지 말고, 반드시 조국 광복은 이뤄질 것이라는 의미를 담고 있었다. 그일로 일본경찰에 의해 스님은 또다시 경찰서에 구금되고 말았다.

#...스님이 금강산 신계사에 머물 무렵 설봉스님이 입산 출가했다. 당시 신계사에는 수좌 30여명이 정진하고 있었다. 설봉스님은 철우스님보다 늦게 출가했지만 세속 나이는 10살이나 많았다. 어느 날 아침 설봉스님이 철우스님에게 질문을 했다. "스님, 출가자가 되려면 스승은 누구로 해야 됩니까?" 그 말은 들은 철우스님이 답했다. "신계사에는 스님들이 많이 주석하고 있으니, 그 가운데 스승으로 모시고 싶은 스님 앞에 가서 절을 하고 예를 올리면 됩니다."

같은 날 사시 공양 시간이 되어 스님들이 모두 대중방에 모였다. 그때 설봉스님은 철우스님 앞으로 나와 절을 세 번 올리고, "은사스님으로 모시고 싶습니다"라고 밝혔다.

하지만 철우스님은 한사코 은사가 되기를 사양했다. 결국 설봉스님은 다른 스님을 은사로 모시고 정진했다. 하지만 선지와 학문이 출중했던 설봉스님은 철우스님을 은사처럼 모시면서 정진했다고 한다. 설봉스님은 당신이 해야 할 상단 법문(法門)도 철우스님에게 양보할 정도로 깍듯이 모셨다.

#...스님이 1950년대 초반 이후 줄곧 주석했던 금강사와의 인연은 1945년 해방 이전으로 올라간다. 전국의 선방을 옮겨 다니며 정진하던 스님이 금오산 마애불에서 정진할 때의 일이다. 마애불 밑에는 용샘이라 불리는 샘물이 있었다. 가부좌를 하고 앉아 화두를 들고 일념(一念)하고 있으면, 호랑이가 근처에 와서 지켜보고 있었다는 것이다. 함박눈이 펑펑 쏟아지는 한겨울에도 참선을 하고 있다가 눈을 뜨면, 또 다시 근처에 호랑이가 다가와 꼬리를 보이고 있었다고 한다.

이 같은 인연으로 해방 후 다시 구미를 찾은 철우스님은 해운사에 며칠 머물다 마애불을 친견하러 다녀오곤 했다. 그때 한 신도가 스님에게 현재의 금강사 자리에 절을 창건해 스님이 머물 것을 권했다. "나에게 머물 절은 필요하지 않다"고 한사코 사양했지만, 신도들의 뜻을 저버릴 수는 없었다. 그렇게 하여 지은 절이 1952년에 창건한 금강사이다.

스님이 노년시절 구미 금강사에 주석할 때의 일이다. 지금은 사라진 일이지만 당시만 해도 정오가 되면 사이렌이 울렸던 시절이다. 젊은 수좌가 찾아왔는데 마침 사이렌이 울렸다. 인사를 받은 철우스님이 가만히 있다가 젊은 수좌의 소매를 잡으며 말했다. "무슨 소리여" 수좌가 답했다. "무슨 소리 들으셨습니까" 노스님과 젊은 수좌의 법거량이 벌어진 것이다. 철우스님이 말했다. "소리를 듣고 안 듣고도 없어야 하는 거여"

#...철우스님의 키는 대략 170cm 정도. 당시로서는 작지 않은 법체를 지녔던 스님이었다. 늘 하심하는 마음으로 공부하는 수좌들을 보살폈다. 때문에 스님을 따르는 수좌들이 많았다. 후학들의 존경을 한 몸에 받았던 스님이었다. 철우스님이 대구 동화사 금당에서 한철 정진을 마치고 시내에 있는 보현사에 갔을 때의 일이다. 그곳에는 동화사 금당에서 함께 화두를 들었던 고송(古松)스님과 한송(寒松)스님이 원주(院主)와 별좌(別座) 소임을 보고 있었다. 절 살림을 책임지고 있던 두 스님은 '장바구니'를 들고 나서다 철우스님을 만났다. 철우스님은 그 자리에서 '장바구니'를 뺏어들고 내동댕이쳤다. 깜짝 놀란 고송스님과 한송스님이 철우스님의 얼굴을 멍하니 쳐다볼 뿐 말이 없었다. "수좌들이 무슨 살림입니까. 제대로 공부하려면 한시도 화두를 놓아서는 안

되는데 말입니다." 철우스님의 '호통'에 마음이 상할 수도 있었지만, 고송스님과 한송스님은 곧바로 보현사로 돌아와 걸망을 챙겨들고 선방으로 갔다고 한다.

#...태백산 각화사 동암으로 자리를 옮긴 철우는 삐죽삐죽한 철사를 얽은 모자를 만들어 쓰고, 이를 줄로 시렁과 연결했다. 잠을 쫓기 위해 졸면 이마가 철사에 찔려 피투성이가 되는 이런 고행을 감행한 것이다. 그러다 홀연히 안목이 트이니 불과 18살이었다. 선방을 다니는 도중 그는 동굴에서 연명하며 정진하기도 했다.

어느 해 한겨울 금오산을 지나던 철우는 마애석불 옆 용샘굴에서 1주일 동안 머물렀다. 밖에 눈이 하얗게 쌓인 날 그가 추위를 잊은 채 선정에 빠져있는데, 갑자기 등에 따스함이 느껴졌다. 슬며시 눈을 떠보니, 그의 등에 기대 앉은 호랑이의 꼬리가 무릎 앞에 놓여 있는 것이 아닌가. 그가 인기척을 하니 호랑이는 살짝 일어서 자리를 떴다고 한다.

#...각별한 도반 사이였던 철우(鐵牛)·운봉(雲峰)·운암(雲庵)스님의 속성이 모두 정씨라 사람들은 그들을 삼정승으로 불렀다고 한다. 그 당시 세 분은 함께 만행을 다니며 정진했는데, 이들이 나타나면 주위에서 "삼정승이 나타났다"며 반가워했다고 한다. 철우스님은 말씀을 아꼈고, 운봉스님은 점잖은 편이었다. 하지만 운암스님은 장난이 잦았다. 이들이 팔공산 동화사를 거쳐 태백산 각화사로 갈 때 장난스런 운암스님으로 인해 하루 동안 세 번이나 마을 사람들과 시비가 붙어 곤욕을 치렀다는 일화가 유명하다.

동화사를 거쳐 한 마을에 삼정승이 들어섰다. 마침 공양시간이 되어, 한 집을 찾아갔다. 입담 좋은 운암스님이 목소리를 높였다. "지나가는 중입니다. 요기나 주시요." 그런데 집안 분위기가 심상치 않았다. 그래도 운암스님이 요기를 달라고 소리를 지르자, 한참 만에 부인이 나와 스님들을 향해 쏘아 붙였다. "이보시오. 남의 아들은 병에 걸려 죽느니 사느니 하는데, 요기를 달라니요." 물러설 운암스님이 아니었다. "우리에게 요기를 주면 아들이 나을 것이고, 그러지 않으면 고생을 더 할 거요." 그 소리를 들은 부인이 빗자루를 들고 나와 운암스님의 멱살을 잡고 흔들었다. 철우스님이 간신히 뜯어 말려 수습이 되었다고 한다.

그곳을 나와 고개를 넘어서는데 한 사내가 지게작대기를 들고 숨을 헐떡이며 달려오고 있었다. 사내가 스님들을 향해 "여기 웬 계집 하나 넘어가지 않았소"라고 말했다. 그 소리를 들은 운암스님이 "그래, 방금 전에 계집 하나가 내빼더라." 어처구니없는 표정을 지은 사내가 "내가 계집이라고 한다고, 스님도 계집이라고 합니까." 운암스님과 사내가 싸움 붙을 것을 말린 것 역시 철우스님이었다.

점심공양도 하지 못하고 두 번이나 시비가 걸려 신심이 지칠 무렵이었다. 해는 산을 넘어가고 있었다. 어느 동네 어귀에 도착했는데, 마침 샘이 있었다. 샘을 둘러막은 돌담 위에 운암스님이 걸망을 내려놓다가, 걸망이 풀어지고 말았다. 그로인해 우물이 엉망이 되었다. 지금 같은 양말이 아니라, 헝겊으로 발을 동여맨 '양말'을 신던 시절이다. 만행 때문에 며칠 동안 신은 양말까지 우물에 빠져버린 것이다. 때문에 우물은 더 이상 식수로 사용하기 어려울 지경이 되었다. 마을사람들과 싸움이 붙고야 말았다. 그 싸움도 철우스님과 운봉스님이 겨우 중재해서 마무리됐다는 이야기다. 이 일화는 재미있는 이야기로 웃고 넘어가라고 전해지는 것은 아닐 것이다. 세월이 흐르면서 만행은 커녕 정진조차도 제대로 하지 않는 후학들에게 선배들이 내려준 경책이었을 것이다.

어록...

#... "일생은 달리는 말이 틈새로 지나가듯 빠르다"

#... "참선 안하면 출가사문이 될 필요가 없어."

#... "그냥 앉아 배꼽만 보면 견성 못해" "화두하고 씨름해서 결판내야"

#... "수좌들이 진정 공부할려면 대분심(大忿心)·대의심(大疑心)·대발심(大發心) 없이는 견성(見性) 못한다."

#... "마음 밖에 따로 부처를 찾는다면 영겁(永劫)을 참선해도 도(道)에 들지 못하며 생사해탈(生死解脫)을 얻지 못하리라."

#... "출가대장부란 출가수행의 목적을 달성한 사람이라야 장부라고 할 수 있어. 그렇지 못하면 남자로 태어났으면서도 졸장부(拙丈夫)야."

#... "선가(禪家)에서는 본시 말의 길이 끊어지고 행적(行蹟)의 자취가 적요(寂寥)한데 무엇을 남기겠느냐."

"몸은 풀잎 끝에 매달린 이슬과 같고 목숨은 바람 앞에 흔들리는 등불과 같다"면서 "일생이 얼마나 오래 가겠는가. 달리는 말이 틈새로 지나가듯 빠르다"

#... "옛날에 익혀둔 천 가지 묘책과 만 가지 특수한 온갖 학술을 다 내다버리고 다만 한 마음만 쫓아 힘써 연구하되 죽음에 이르도록 물러서지 아니하면 반드시 활로에 서 있으리라."

철 우스님은...

1895년 3월 8일(음력) 경남 밀양생. 1908년 음력 12월 초하루 밀양 표충사로 입산. 이듬해 12월 표충사에서 정암스님을 은사로, 보경스님을 계사로 사미계를 수지했다. 1915년 4월 합천 해인사에서 제산스님을 계사로 비구계와 보살계를 받았다. 표충사 호산스님에게 사집과를, 고성 옥천사 서응스님에게 사교과를, 순천 선암사 진응스님 회상에서 대교과를 마쳤다.

1911년 해인사 선원에서 안거를 성만한 이후 25하안거를 성취하였으며, 1913년 태백산 각화사 동암에서 깨달음을 성취하고 오도송을 남겼다. 이후 묘향산 보현사 금선대에서 수월스님, 부산 선암사에서 혜월스님의 가르침을 받았다. 1922년 통영 용화사 도솔암 조실로 추대된 후 대구 동화사 금당·대구 파계사 성전·금강산 마하연·순천 선암사 칠전·구미 도리사 태조선원 등 제방선원 조실을 역임. 1952년 구미 금강사 창건. 1979년 3월12일(양력) 오후 11시20분 원적에 들었다. 세수 84세, 법납 71세. 은법 제자로 정우 우산 지우 용담 원담 청공 대우 우견 우공 연우 현우 재우 스님, 건당제자로 만우 청강 덕암스님이 있다.

상 좌 정우스님은...

금강사 주지를 맡고 있는 정우스님은 구미지역 직장신행단체들의 '대부'로 통한다. 1979년 금강사 주지를 맡은 후 스님이 대한불교청년회 구미지회와 구미반야학생회 창립 등 사찰 내부 조직 창립은 물론 10여개에 이르는 직장 불자회 창립의 산파역을 맡았다. 1985년 구미사암주지연합회장을 맡으면서부터는 그 활동이 더욱 확대됐다. 구미고·구미여고·구미여상·금오공고 등 구미지역 고등학교에 불교학생회를 필두로 시청·경찰서·교사·운전기사 불자회·코오롱 청년회 등 스님이 창립한 단체만도 20여 곳이 넘는다. 1989년에 설립된 반야유치원은 현재 200여명 정원에 7개 학급으로 운영되는데 입학시즌이면 예불시간부터 학부모들이 줄을 서는 진풍경이 벌이지는 곳이다. 스님은 최근 금강사를 시민문화공간으로 활용하기 위한 중창불사를 추진 중에 있다. 도심 속에 있는 만큼 대중 속으로 파고드는 포교가 필요하다는 생각에서였다.

청담스님

1902~1971년

은사 규영·박한영스님. 제자 혜자·정천·혜명·혜정.

혜성·현성·법화·혜운·동광·보인·광복·설산·도우·정혜·혜덕

불교정화운동의 선봉장.

1902년 11월 19일 경남 진주시 수정동에서 아버지 이화식, 어머니 고부용의 의 1남3녀 중 장남으로 태어났다. 속명 이찬호(李讚浩) 법명 순호(淳浩) 법호 청담(靑潭).1910년 봉부차재에서 한학을 수학하고, 1918년 진주 제일보통학교 입학한 그는 1919년 17세의 어린나이로 진주지역의 3·1독립만세운동의 선봉에 서서 일본 관헌에 붙잡혀 고통을 당했다. 학교를 졸업한 그는 집안의 강권으로 부인 차점이와 결혼을 하게된다.

그러나 어릴 때부터 유난히 애국심이 강했던 그는 진주농림학교에 입학하여 뜻 맞는 학생들과 학우단을 조직하여 항일운동을 시작하였다. 그러나 당시 어린 그가 세상에서 할 일은 별로 없었다. 그래서 당시 용성, 만해스님이 하는 독립운동에 함께 하고 싶어 출가를 하려 하였으나 결혼을 했다는 이유로 퇴짜를 맞곤 했다. 그때 진주 호국사에서 박포명 스님의 법문을 듣고 난 후 스님께 출가의 뜻을 밝혔고 스님은 그를 흔쾌히 받아주어 드디어 그는 불문에 입문하게 되었다. 그의 나이 22세였다. 이후 해인사로 가서 정식승려가 될 것을 간청했으나 거절당하고, 백용성스님이 있다는 백양사를 찾았으나 용성 스님은 이미 그곳에 없었다. 그러는 사이 농고를 졸업하게 된 그는 일본을 이기려면 일본을 알아야겠다는 생각과 일본에 가서 불교를 배워야겠다는 두 가지 목적을 가지고 25세 때(1926)에 일본으로 건너가 병고현 송운사에 들어가 아끼모도 준가 스님 밑에서 9개월간 행자수업을 했다. 일본에서 1년 반 만에 귀국한 그는 마침내 고성 옥천사에 가 남규영스님을 은사로 출가하여 청담(靑潭)이라는 법호를 받았다.

서울로 온 그는 개운사 대원불교전문 강원에 들어가 당대의 대 강백 박한영스님에게 사사, 경·율·론 삼장을 마쳤다. 이런 중에도 1927년 조선불교학인대회 발기를 위해 전국의 강원을 순방, 1928년 학인대회를 개최하고 '조선불교학인연맹'을 결성하여 1929년 제2차 학인대회를 개최함으로 왜경에 잡혀 7개월간 옥고를 치렀다. 출옥 후 봉선사에서 박영호 율사를 계사로 구족계를 수지하고, 북간도에서 만행을 하고 있는 수월스님을 찾아가 그 밑에서 1년간 정진하다가 스님이 '고국으로 돌아가 큰일을 하라'며 등을 떠밀어 그길로 금강산 마하연 만공회상에 들어가 공부를 하였다.

견성대오의 소식이 있기 전에는 절대로 나오지 않으리라는 각오로 3년 동안 묵언과 장좌불와 등 죽기를 다하여 정진하였다. 마침내 만공스님이 그를 인가하였으나 '아직 멀었다'며 다시 수도행각에 나섰다. 1932년 묘향산 보현사 설령대, 1933~1935년 덕숭산 수덕사 정혜선원 만공회상에서 용맹정진 끝에 견성대오하였다. 아래의 오도송을 지어 만공스님으로부터 견성인가를 받고 올연(兀然)이란 법호를 얻었다.

上來佛祖鈍痴漢　　　 예부터 부처와 조사는 어리석고 미련하기 그지없어
安得了知玆邊事　　　 어찌 이쪽 일을 제대로 깨우쳤겠는가?
若人問我向所能　　　 만약 내게 한 소식 한 바를 묻는다면
路傍古塔傾西方　　　 길가의 고탑이 서쪽으로 기울었다 하겠네.

견성 후 서울로 내려와 선학원에서 선부흥대회를 조직하고, 종단기구를 구성하는데 주도적 역할을 하자 요시찰 인물로 일본경찰의 감시를 받게 되었을 뿐 아니라 일경의 탄압으로 무산되었다. 그는 덕숭산 정혜사로 만공스님을 찾아갔다. 이때는 1937년 만공스님이 미나미 지로(南次郎) 조선총독에게 "데라우치(寺內) 총독은 죽은 뒤에 어디에 갔느냐"며 일침을 가한 후였다. 항일의식이 누구보다도 강했던 두 분은 밤을 지새우며 한국불교의 장래를 염려하였고, 정화를 해야 한다는 것에 의견을 모았다. 그러나 그 당시상황은 그것을 불가능 하게 했고, 그 원력이 성취되기 시작한 것은 해방(1945)이 되고도 10여 년 후인 1954년이었다. 1937년 운허스님 부탁으로 춘원 이광수와 소림사에서 일주일간 불교사상에 대해 격론을 피며, 춘원의 법화경 번역을 제지하였다. 그 후 수덕사, 금강산 마하연사에서 안거를 하고, 1941년 조선총독부의 편향적 불교정책에 대응하여 운허스님, 적음스님과 함께 선학원에서 유교법회(遺敎法會)를 개최하였다. 서울 선학원에서 학인대회가 아닌, 전국 승려대회를 개최하게 된 것이다. 스님은 '불법에 대처승이 없다'는 뜻을 역설했다. 불교가 속화된 것은 모두 승려가 취처를 하기 때문인 것이었다.

1942년 속리산 복천암에서 생식을 하며 동안거하고, 일경의 눈을 피해 동관음 토굴에 피신하기도 하였으나 1943년 결국은 독립운동 혐의(금강회 사건)로 복천암에서 체포, 상주경찰서로 연행, 심한 고문을 당했다. 투옥 중에 이질에 걸려 피병사에 감금된 후 상주포교당으로 주거 제한 규제가 되어 풀려난 스님은 1944년 문경 사불산 대승사 쌍련선원에서 성철스님, 우봉스님 등과 안거 중 이듬해 해방을 맞는다.

1946년 봉암사를 거쳐, 1947년 가야총림 교수와 화주 소임을 맡았으나 뜻이 맞지않아 다시 봉암사로 돌아가서 이듬해 진주배영초등학교 강당에서 7일간 "우주와 인생" 이라는 주제로 시민대법회 실시하였다. 그러나 가야총림 무산으로 '봉암사 결사'를 추진하게 된다. 당시 홍가사 목발우 등이 폐쇄되고 백장청규를 본받아 공주규약을 제정하여 용맹정진을 다짐한다. 봉암사 결사의 발의는 청담과 성철에 의해 이루어졌지만 처음 결사에 동참한 승려는 성철·자운·우봉·보문 등이었고, 이후 향곡·월산·종수·도우·보경·혜암·법전·성수·의현·지관 등 20여명이 참여하였으며, 1949년 5월 12일자로 결사에 참가한 승려는 인근 백련암에서 별도로 수행하던 묘엄·묘련·묘각·수진·청련화 등 비구니를 포함해서 27명이다.

이 가운데서 4명의 종정과 7명의 총무원장이 배출되었고, 그 이념이 현재까지 존중되고 있다는 점에서 한국 현대 불교의 뿌리가 봉암사결사에 있다고 해도 지나치지 않다고 본다. 그러나 이 결사는 6.25전쟁으로 더 이상 지속할 수가 없게 되었다. 청담은 고성 문수암으로 옮겨 금선대 토굴에서 4년간 정진하고 내려와 동산·효봉·금오스님과 더불어 불교정화에 매진했다.

1954년 불교교단 정화추진위원회가 선학원에서 구성되고 제1차 전국비구승대표자대회 개최에 따른 정화추진위원으로 선출되어 주도적인 역할을 하게 된 스님은 금오·적음·월하·원호스님 등과 경무대를 방문하여 이승만대통령을 만나 정화의 타당성을 전하였다. 그리고 그해 11월 태고사에 진입하여 태고사 현판을 조계사로 변경, '불교조계종 중앙종무원' 현판을 부착하였다. 12월에 조계사에서 제3차 전국비구비구니대회 개최. 교단정화의 역사적 당위성에 대해 열변으로 대회를 주도하였다. 그때 대처승 쪽에서 청담의 처와 딸을 문제 삼고 나왔다. 그러자 스님은 "맞다. 난 파계승이다. 정화가 끝나면 난 뒷방으로 돌아가 참회하며 살겠다"고 선언했다. 순간, 그 자리는 얼어붙은 듯 침묵이 감돌았고 이후 스님들 사이에 시비가 없었다.

1955년 사부대중 347명과 정화불사 성취를 위한 단식 묵언 기도에 이어 제4차 전국비구승니대회를 통해 조계종 교단 정화운동의 합법적인 정통성을 대내외에 천명, 조계종 초대 총무원장에 취임, 대각회총재에 취임하여 용성스님 등과 더욱 정화운동에 박차를 가하게 된다. 1956년 조계종 종회의장에 선출되었다. 정화 1주년 기념행사로 보살계 대법회에서 350여 명의 수계와 법문을 행하고, 네팔 주최 제4차 세계불교도대회에 한국대표로 참석하였고, 1958년 제5차 태국 방콕에서 세계불교도대회에 대표로 참석하였다.

1957~1960년 해인사 주지를 역임하고, 1960년 종단기관지인 '대한불교(불교신문)'를 창간하고 편집 겸 발행인으로 초대사장에 취임하였다. 범어사에 금강계단을 설치하여 동산스님과 더불어 제1기 비구 수계식을 거행하고, 이승만 대통령 하야 후 대처승 반격에 대응해 '한국불교정법수호순교단'을 조직하여 불교정화대책위원회 위원장으로 활동하는 한편 조계사에 중앙 금강계단 제4회 보살계 대법회를 실시했다.

1961년 도선사 주지 취임, 재건국민운동본부 중앙위원 취임, 캄보디아에서 개최된 제6차 세계불교도대회에 한국대표로 참석, 전국신도회 부총재 취임, 1962년 룸비니 한국협회 총재 취임, 불교재건비상중앙종회 의장에 취임하고, 대한불교조계종 대종사 법계를 품수했다.

1962년 이른바 통합종단(統合宗團)이 이루어지는데 성공했으나 현실적으로 조계 · 태고로 나뉘게 되었다. 그러자 소년시절과 청장년기를 살아오면서 축적된 항일정신을 가진 그는 왜색불교에 대한 증오심으로 비구 · 대처 분규에 누구보다 강경하게 대응했다. 이는 수행인이라는 차원을 넘어 대처불교는 한국불교의 존폐에 암적 존재라는 인식을 갖고 있었기 때문이다. 그래서 그는 과격했다. 일부 정화주도 스님들이 "비구승은 수도할 몇 사찰만 갖자"고 했을 때, 청담은 그럴꺼면 정화운동은 왜 했느냐고 불같이 화를 내었다.

1966년 중앙종회의장에 재 취임하게 된 스님은 그해 11월 일본정부 초청으로 방일하여 사또 수상 및 전 수상들과 면담, 이마 이즈미 천태종 관장 등 일본 불교계 인사들과 접견, 동경대학에서 '불교사상으로 본 인류의 구제방안'이라는 주제로 강연을 하고 돌아와 군승단을 창단하고 전국신도회 총재에 취임한다. 동년 12월, 64세에 한국불교에 최고 지도자인 종정에 추대된 스님은 그 자리를 놓고 도선사에 들어가 '호국참회원' 건립에 착수했다.

비구승단인 조계종에 종권 다툼이 시작됐다. 이에 스님은 "한국불교는 절간만 남았다. 이제 종지는 사라졌다"고 개탄하며 화합을 호소했으나, 누구도 그의 말에 귀를 기

울이려 하지 않았다. 정화주도자로서 참으로 부처님께 참괴스러웠던 그는 1969년 여름, 조계종을 탈퇴했다. 조계종에 남아 있을 이유가 없었기 때문이다. 그러나 그 후 전 불교도의 간곡한 호소가 있어 70세 고령에도 불구하고 다시 총무원장직을 맡았다. 마지막 봉사로 임한 것이다. 1971년 한국종교협의회 회장을 맡아 종교간의 유대와 화해를 주도하고 세계 고승법회를 주재하여 한국불교의 세계적 위치를 확보하는 등 큰 역할을 담당하였다.

"성불(成佛)을 한 생 늦추더라도 중생을 건지겠다. 다시 생을 받아도 이 길을 다시 걷겠다. 육신은 죽어도 법신(法身)은 살아있다."고 말씀하시던 청담스님은 마침내 1971년 11월 15일 입적했다. 세수 70세, 법랍 45세였다. 사리 8과를 남기어 도선사, 옥천사, 문수암, 고창 선운사 등에 사리탑 부도를 조성하여 봉안하였다.

그리고 스님의 뜻을 기리는 비(碑)에는 '삼업에 정려하여 탈선치 않으시고 참선에 치우쳐 공부하시고 마음의 구슬은 도에 심으시어 칠정이 서로 빛나고 지혜의 달과 자비의 꽃은 삼공이 줄지어 비침이었도다' 라고 새겨졌다.

청담스님 제자로는 선묵(禪默) 혜자(慧慈)스님, 정천(正天)스님, 혜명(慧明)스님, 혜정(慧淨)스님, 진불장 혜성(振佛藏 慧惺) 스님, 경하 현성(玄惺) 스님. 법화(法華) 스님, 혜운(慧雲)스님스님, 동광(東光)스님, 보인(寶忍)스님, 광복(光福)스님, 설산(雪山)스님, 보봉 도우(菩峰 道雨)스님, 정혜(定慧)스님, 혜덕(慧德)스님 등이 있다.

청담스님 열반 후 다른 분들은 그를 이렇게 평했다.

"청담스님은 늘상 출가승이기 전에 인간이라는 차원에서 사바세계를 헤매는 중생과 더불어 함께 살며 그들의 고뇌와 아픔을 자신의 고통으로 인식하며 살기를 원한다. 근세와 현대를 통해서 이러한 서원을 실현시킨 대표적인 스님이 바로 청담이다. 스님은 항상 번뇌 많은 이 세상을 성직자연하며 내려다보지 않고 도리어 삶의 무의미(惑) · 죄책감(業), 그리고 생과 사의 공포를 중생과 똑같이 느끼며 호흡했다."

"청담스님의 사상의 요체는 그의 많은 법문에서 극명하게 드러나 있듯이 윤회사상의 존재론적 풀이와 법신(法身)의 탄생, 즉 유심철학까지 광범위하게 전개되고 있다. 그가 늘 말한 '사람이 산다는 것은 바로 죽는다는 것' 이란 말은 전자에 속하고, '육신은 비록 죽어도 법신은 살아있다' 는 말은 후자를 잘 대변해 주는 대목이다. 따라서 청담스님은 현세를 무엇보다 중요하게 생각한다. 이 세계(중생)에서 자기의 원력을 성취함으로써 성불에 값하겠다는 서원을 세웠고, 승단 정화에 대한 끝없는 투쟁으로 일관하게 되었다고 할 수 있다."

"그는 '일체 만물이 부처님의 진리로 인하여 새롭게 태어나는 시점까지 자신의 성불을 미룰 것'이라고 말한다. 그래서 많은 사람들은 불교를 통한 사회정의와 인간의 자유를 실현키 위해 행동하고 그것을 위해서 온갖 고난을 기쁨으로 짊어진 청담스님을 이 땅의 '최후의 비구'로 평하기도 한다."

"그는 '나'라는 소우주와 '대아'라는 대우주를 수시로 넘나들며 서원의 여행(勵行)에 그때마다 새로운 마음가짐으로 대하는 영원한 구도자였다."

"그는 부처님의 자비 속에서 자기 고통의 위안을 발견하는 것이 아니라 인간의 고통과 악에 대한 부처님의 가르침을 사회적으로 행동하는데서 만이 구원한 부처님이 될 수 있다는 것이다. 부처님에 대한 이러한 이해가 곧 청담 사상의 근본이 되고 있다.."

"청담스님을 말할 때 '불교정화'를 빼놓을 수 없다. 그는 늘 "설령 금생의 성불을 미루는 한이 있더라도 모든 사람을 다 건져놓고 부처가 되겠다"고 했다. 그는 승단이 살기위해서는 3대 사업을 펼쳐야만 한다고 주장했다. 즉 도제양성·역경·포교가 그것이다. 그러나 천신만고 끝에 이룩한 종단이 파벌과 권력 싸움에 휘말리자 그는 크게 낙심했다. 그가 한때 조계종을 탈퇴한 것은 '희생'을 자청한 것이다. 이 '쇼크 요법'은 성공했다. 다시 종무원장에 추대되는데, 그러나 이미 그 육신은 노쇠해 있었다. 참으로 애석한 일이었다."

#... "비구 수백 명이 정화를 촉구하며 이승만 대통령이 있던 경무대로 몰려갔다. 그러나 경찰의 봉쇄로 가지 못했고 조계사로 돌아왔다. 서로 화가 나서 책임을 묻고 있었는데 갑자기 한 젊은 비구가 통솔을 잘못했다며 대뜸 청담 스님의 뺨을 때렸다. 그런데 청담 스님은 표정 하나 바뀌지 않았다. 참고 인내한다는 의미의 '인욕제일 이청담'이라는 말이 그냥 나온 것은 아니었다."

#...종정이던 동산 스님이 대처승 측과의 협상에 불만을 표시하며 청담 스님에게 "네 이놈, (넌) 대처승 편"이라며 목소리를 높였다. 역시 변명도 없었고 표정도 바뀌지 않았다. 나중에 동산 스님은 "내가 성질이 급해 그랬네" 하며 미안함을 표했다.

#...헌칠한 모습의 스님은 금강경과 능엄경 법문이 특히 뛰어났고, 신바람이 나면 30분의 법문이 세 시간, 네 시간으로 길어졌다. 30대 중반일 때 당대의 대소설가인 춘원 이광수를 만나서는 일주일간 불교사상에 관한 격론을 펼쳐 춘원이 불교에 귀의하는 계

기를 만들기도 했다.

#...그는 결코 산 속에서만 은거하는 소극적인 수행자가 아니라 바깥세상 속에서 불타의 정견을 펴기를 서원하고 몸소 행동하는 수행자였다. 따라서 근세의 고승들이 그들대로의 투철한 정진을 통해서 자기 세계를 구축하는데 성공했다면 이청담 스님은 그러한 내면적 견성(見性)보다는 중생 속에서 자기의 원력을 성취함으로서 성불에 갈음하고자 했던 것이다.

#...그는 당시 박정희 대통령 앞에서도 당당하였다. 김수환 추기경, 한경직 목사 앞에서 '당신들이 예복을 벗으면 나도 이 가사장삼을 벗겠다' 고 해 모두를 놀라게 했다. 스님의 이러한 독보적인 행위는 그 속에 철저한 종교적 신념이 있었기 때문일 것이다.

일화...

#...출가 전의 일이다. 삼동(三冬)의 추위가 살을 파고들던 어느 날 옷을 훌훌 벗은 채 진주 남강에 들어갔다. 얼굴만 내밀고 밖으로 나오지 않았다. 사람들이 이를 이상하게 여기고 "젊은 사람이 추운 날씨에 무엇 때문에 그렇게 있는가" 라고 물었다. 답변은 이러했다. "인내심을 시험하고 있는 겁니다. 나라를 구하는 일꾼이 되든지, 아니면 인류를 구원하는 고승이 되려면 무엇보다 인내심이 필요한 것 아니겠습니까. 저의 인내력이 어느 정도 되는지 알아보려고 이렇게 하고 있는 겁니다."

#...설악산 봉정암에서 정진 할 때의 일이다. 공부하고 쉬는 시간을 따로 두지 않고 수행에 몰두했다. 너무 열심히 공부하는 스님을 남겨놓고 도반들이 모두 떠나고 말았다. 그 같은 일도 모른 채 스님은 화두를 들었다. 얼마나 지났을까, 선정에서 나온 스님은 도반들이 모두 백담사로 떠난 것을 알았다. 하지만 밤도 깊었고, 폭설이 내려 움직일 수 없었다. 기왕 이렇게 된 일. "오히려 공부에 집중할 수 있게 되어 잘 됐다"면서 식량도 변변치 않은 상황에서 보름이란 시간동안 용맹스럽게 정진했다. 당시 홍천군수와 경찰서장 꿈에 설악산 산신이 나타나 "지금 봉정암에 도인이 공부하고 있으니, 빨리 가서 공양을 하라"고 했다. 꿈이 일치하는 것이 신기하여 부하 직원을 대거 동원해 봉정암에 갔더니 피골이 상접한 청담스님이 정진하고 있었다고 한다.

#...청담스님이 6·25직전 봉암사에서 수행할 때 빨치산들이 습격을 했다. 빨치산 대장이 절의 원주스님의 머리에 총구를 겨누고, "천당입네, 극락입네, 지옥입네, 그렇게

있다고 헛소리를 하느냐? 도를 닦았으니 죽어 극락갈거라 무섭지 않을 것 아닌가?"
하며 죽일기세로 위협했다. 그것을 보던 청담스님이 한마디 했다.

"이보쇼. 당신도 극락과 지옥이 있다면 극락을 가고 싶을 것 아니오? 지금 이 사람을
살려줘야겠다고 생각하면 바로 그 마음이 극락이요.. 이 사람을 죽여야겠다고 생각하
면 그 마음이 바로 지옥인게요. 어디 이 사람을 죽이고 지옥을 택할 것이요?" 청담스
님의 이 한마디에 빨치산 대장은 마음을 움직여 총을 거두었다.

#... 청담스님은 정화불사에 대한 확고한 신념을 갖고 있었다. 또한 출가수행자의 길에
대한 뚜렷한 신념도 있었다. "성불을 한생 늦추더라도 중생을 건지겠다. 다시 생(生)
을 받아도 이 길을 다시 걷겠다. 육신은 죽어도 법신은 살아있다." 효봉.동산.금오스
님 등과 함께 참여한 청담스님은 '정화불사의 야전사령관' 역할을 담당했다. 궂은일
도 마다하지 않았으며, 오직 한국불교의 정체성을 회복하고 교단을 바로 세워야 한다
는 일념이었다. 스님은 "난잡한 요정으로 변해버린 사찰이 부처님의 청정도량으로 정
화될 때까지 목숨을 다받쳐 싸우겠다"고 다짐했다. 정화 과정에서 스님은 젊은 수좌
들에게 이렇게 당부했다. "저쪽에서 때리면 맞아라. 그리고 오직 부처님의 가르침대
로 온화한 성품과 자비로운 마음으로 맞서라." 그러나 물리적 충돌은 피할 수 없었다.
양쪽 모두 한발도 물러서지 않았다. 유혈사태까지 벌어졌다. 그같은 일이 발생하면 스
님은 홀로 불전(佛前)에서 한없이 눈물을 흘리며 안타까워했다고 한다.

#... 박정희 군사독재정권 치하에서 대통령의 권한은 그야말로 막강했다. 국민 한사람,
한사람의 생사여탈권은 물론이요, 날아가는 새도 떨어뜨릴 수 있는 무소불위의 권력이
통째로 대통령 손안에 있었다. 1960년대 초반. 육영수 여사가 서울 우이동 삼각산 도
선사로 청담스님을 만나뵈러 왔다. 당시 도선사를 가려면 누구든 수유리 종점에서부터
걸어가지 않으면 안되었다. 수유리 종점에서부터 도선사까지는 등산객이 다니던 소로
길 밖에 없었다. 그것도 장장 3Km가 넘는 비탈길이었다. 대통령 부인 육여사가 그 멀
고 가파른 산길을 걸어 도선사에 올라온 것이었다. 제자 현성이 청담스님께 급히 아뢰
었다.

"스님, 대통령 영부인께서 오셨사온데, 스님께 인사부터 올리시겠다 합니다." 청담
스님은 고개부터 저으셨다. "무슨 소리. 누구든 절에 왔으면 부처님께 절부터 올려
야 하는 법, 석불전부터 참배토록 해야할 것이야." "예 스님, 그리 하도록 모시겠습
니다." 그래서 제자 현성은 육여사를 석불전으로 안내, 부처님께 인사부터 올리게 했
다. 이 때 육여사는 도선사에 며칠 머물면서 '대덕화(大德華)'라는 법명을 받고 석

불전에 지극정성 불공을 올렸다. 청담스님은 이때 대덕화보살에게 간곡히 당부했다. "대덕화는 이제부터라도 보살행을 부지런히 닦아야 해." "…어떻게… 닦아야 하는지요, 스님?" 청담스님은 나직히 말씀하셨다. "남을 즐겁게 하는 것이 보살이요, 남을 이롭게 하는 것이 보살이요, 남을 살리는 것이 보살이야." "그러면 오로지 남을 위해서만 살아라, 그런 말씀이시옵니까?" "남을 위해 살면 보살이요, 자기를 위해 살면 중생인게야." "예 스님 명심하겠습니다. 하온데 스님…. 스님께서는 국모한테도 '너너' 하십니까?" "무엇이라구? 국모라고 그랬나?" "옛날 같으면 그렇다는 말씀입니다. 스님." 육여사는 여전히 웃으면서 그렇게 말했다. 청담스님은 정색을 하고 말했다. "그렇다면 내 국모대접을 제대로 해줄테니 어디 한번 받아 보겠는가?" "아, 아이구 아닙니다요 스님. 스님께서 스스럼없이 너너 해주시니, 꼭 친정 아버님을 보는 것 같아서 제가 어리광 한번 부려 봤습니다."

#…스님이 서울 강북구 삼각산 도선사에 머물 때의 일이었다. 이 무렵 모든 백성들의 삶이 초근목피로 연명되던 형편이었으니, 절집 살림도 궁핍하기 짝이 없었다. 그래서 청담 스님은 도선사의 모든 수행자들은 아침에는 반드시 죽을 쑤어 먹도록 했다. 그리고 그 죽에도 조건이 따라 붙었다. "자고로 옛 스님들은 아침에 죽을 쑤되 그 죽에는 하늘이 보여야 하고, 방안에서 들여다보면 그 죽에 천정이 그대로 다 들여다보일 정도가 돼야 한다." 죽을 쑤되 그야말로 멀겋게 쑤라는 것이다. 식량이 넉넉지 못하니 절약해서 살자는 뜻이 담겨있는 당부이셨지만, 그 보다는 '시주의 은혜'가 막중하니 쌀한 톨이라도 소중히 여기라는 청담 스님의 가르침이었다.

어느 날 스님은 도선사 뒤뜰 쓰레기통에서 버려진 콩나물 대가리를 발견했다. 스님은 그 콩나물 대가리를 주워 들고 공양간으로 가서 행자생활을 하고 있던 혜자를 불러 세웠다. "이것 보아라. 누가 버렸는지 모르겠다마는 이 콩나물 대가리가 쓰레기통에 버려져 있었다. 이 콩나물 대가리를 내 너에게 맡길 것이니 반드시 내일 아침 내 밥상에 반찬을 만들어 올리도록 해라."

#…1960년대는 너나없이 가난한 삶을 살고 있었다. 자동차도 지금처럼 흔하지 않았고 서울 인구도 500만명 안팎일 때라 그때만 해도 공해문제는 거론조차 된 일이 없었고 자연보호니 환경보호라는 말은 나온 일조차 없었다. 이 당시 도선사 바로 아래 계곡에는 맑은 개울물이 사시사철 흘러내리고 있어 도선사 스님들은 누구나 이 개울로 내려가서 몸도 씻고, 채소도 씻고, 빨래도 했다. 어느날 젊은 스님이 도선사 아래 개울로 내려가 시원한 개울물로 머리를 씻고 있었다. 비누질까지 신나게 하고 있는

데 이 모습을 도선사에서 내려다보고 계시던 청담 스님이 벽력같이 소리를 지르셨다. "야 이놈아, 왜 그렇게 물을 함부로 쓰며 더럽히느냐!" "이건…흘러가는 개울물 아닙니까요 스님?" "흘러가는 개울물이니까 더 그렇지. 저 아래 계곡에서 이 물로 마을 사람들이 채소도 씻고, 과일도 씻고, 들놀이 나온 서울 사람들은 이 물로 밥도 짓고, 국도 끓이는 걸 네 눈에는 안 보인다는 말이냐?"

#...1960년대에 스님이 신을 수 있던 신발은 고작해서 검정고무신 뿐이었다. 겨울철 스님들은 그 검정고무신을 새끼줄로 동여메고 도선사 까지 오르는 3km에 달하는 험한 산비탈길을 오르내려야 했기에 미끄러 넘어져 다치는 사람들이 많았다. 그때 청담 스님의 걸망 속에는 언제나 꽃삽이 들어 있었다. 산길을 내려오다가 혹은 산길을 오르다가 비탈길에 눈이 얼어붙어 있거나, 얼음이 얼어 붙어 있으면 반드시 그 꽃삽으로 미끄러운 눈과 얼음을 떼어내었다. 당신은 이미 지나왔지만, 뒤에 올 사람을 위해 그렇게 한 것이다.

#...청담 스님이 정화 종단의 총무원장자리에 계시던 그때의 일이었다. 청담 스님의 속가 따님이 출가하여 비구니가 되었는데 그 비구니 묘엄 스님이 동국대학교 불교학과에 다니고 있었는데 어느날 점심 무렵, 청담 스님을 안국동 선학원에서 뵙기로 약속이 되어 있었다. 묘엄 스님이 선학원으로 찾아뵈니, 아버지 청담 스님이 마침 정심 공양상을 받고 있었다. 그런데 총무원장을 맡고 있는 청담 스님의 점심 밥상에는 밥 한 그릇, 시래기 국 한 그릇, 김치 한 접시 그리고 간장 종지 하나가 달랑 놓여 있었다. 밥 한 그릇을 빼고 나면 반찬은 간장까지 합해도 모두 세 가지 뿐이었다. 속가 따님인 묘엄 비구니의 가슴은 허전하기 그지 없었다.

"아이구 스님…공양상이 이래 허술해서…어쩝니까…." "공양상? 이기 이래도 나한테는 한 가지가 더 있는기다." "무엇이 한 가지 더 있다는 말씀이십니까?" "그래도 오늘은 간장이 한 가지 더 올라 왔구먼. 중 밥상 3찬이면 족한기다." 청담스님은 반찬이 모자라자 밥에도 간장을 쳐서 맛있게 비우시며 흡족하게 웃으셨다. "중 밥상 3찬이면 족한기다." 시래기 국, 김치, 간장 세가지 반찬이면 족하다는 청담 스님의 그 날, 그 말씀은 그로부터 40년의 세월이 흐른 오늘날 우리에게 큰 교훈을 주고있다.

#...20대 초반 출가하려고 했지만 이미 처자가 있다는 이유로 퇴짜를 맞기도 했던 스님은 출가 뒤 경남 진주의 속가를 찾았다가 유언이라며 가문의 대를 이어 달라는 노모의 간청을 뿌리치지 못한다. 지옥에 갈 각오를 하고 하룻밤 파계를 한 스님은 참회를 위해 10년 세월 동안 맨발의 고행을 감행한다. 그 후 오대산에 머물던 스님은 속가로부

터 딸을 낳았다는 전보를 받는다. 효도행을 위해 지옥행을 각오한 파계임에도 대를 잇지 못한 스님은 방성대곡하고 땅에 칼을 박아놓고 자결을 시도한다. 이때 오대산 원보산스님이 '그 목숨을 불교를 위해 대신 써 달라'고 설득했다. 훗날 청담 스님은 노모를 직지사로 모셔 출가하도록 했고, 하룻밤 파계로 얻은 둘째 딸은 성철 스님의 권유로 출가해 우리나라 비구니계를 대표하는 묘엄스님(입적)이 됐다. 1971년 청담 스님 입적 뒤 묘엄스님이 다시 속가 어머니를 삭발 출가시켜 청담 스님 집안에서 네 식구가 출가했다.

옛 아내에게 보낸 편지

부처님께 귀의합니다. 그 동안 염불공부 잘하셔서 죽을 때에 귀신한테 끌려서 삼악도로 가지 아니하고 극락세계의 아미타불님 회상으로 가실 자신이 섰습니까? 모진 병 앓고 똥이나 싸버리고 정신없이 잡귀신들에게 끌려가서 무주고혼이 되어서 밤낮으로 울고 천만겁으로 돌아다니면서 물 한 그릇도 못 얻어먹는 불쌍한 도가비 귀신이나 면해야 할 것이 아닙니까? 다 늙어서 서산에 걸린 해와 같이 금방 쏙 넘어가게 될 형편이 아닙니까?

살림걱정, 아이들 걱정 이 걱정 저 걱정 다 해봐야 보살에게는 쓸데없는 헛걱정이오, 죄업만 두터워질 뿐이니 다 제쳐놓고 염불공부나 부지런히 하시오. 앞날이 급했지 않습니까? 내나 보살이나 얼마 안 있어 우리들이 다 죽어서 업을 따라서 제각기 뿔뿔이 흩어지고 말 것이 아닙니까? 부디 쓸데없는 망상은 다 버리시고 염불만 부지런히 하셔야 하지요. 곧 떠나게 된 인간들이 제 늙은 줄도 모르고 망상만 피우고 업만 지으면 만겁의 고생을 어찌 다 감당할 것이오? 극락세계만 가 놓으면 우리가 만날 사람은 다 만날 수 있을 것이 아닙니까? 다 집어치우고 자나 깨나 나무아미타불, 급했습니다. 부탁입니다. 절하고 빕니다. 늙은 중 합장

청담스님 법문
#... '자셔야 자신 거죠'

생각으로 아무리 생각해 봤자 될 만큼 되고는 더 안 됩니다. 그러므로 이러니저러니 망상 내지 말고 네가 할 수 있는 일 아무 생각 없이 부지런히 해라. 망하든지 흥하든지 집착할 것 없이 농사짓게 되거든 농사짓고 장사하게 되거든 장사해야 합니다. 흉년이 들

던지 풍부하게 되려는지 앞으로의 일을 알 수 없습니다. 볏단 거두어 놓고도 그렇고 타작 다 해서 곳간에 들여 놔도 그런 줄 알고 하면 아무렇게 해도 안심이 되는 겁니다.

여기 인과를 믿는 기이한 얘기가 있습니다.

스님이 상좌를 하나 뒀는데 이 상좌가 꼭 스님에게 어겨서 반대로 말을 합니다. 무슨 뜻이 있는 말인데도 그렇게 합니다. 봄에 산 한쪽에 밭을 일구어 가지고 메밀을 갈았는데 그것을 갈아 놓고 와서는 "야, 야, 금년 가을에는 메밀은 실컷 먹겠다."

그러면 그 상좌는 "자셔야 자신 거죠." 하고 빗대서 대답합니다. "네, 그렇겠습니다." 하고 대답하면 마음이 편할 건데 이것도 수양이 덜 돼서 그런 겁니다. "저놈이 꼭 내가 말을 하면 긍정을 안 하고 반대로만 하고 고약한 놈이다." 속을 썩입니다.

그 뒤에 메밀이 꽤 커서 김매고 거름을 뿌려 주고 나서 "이만큼 잘 됐으니까 가을엔 꼭 먹는가 보다." 이러니까 이놈이 또 "암만 해도 자셔야 자신 겁니다." 이렇게 말합니다. 스승이 가만히 생각해 보면 말은 옳아서 나무랄 수도 없고, 속으로만 꽁해 가지고 그럭저럭 메밀이 다 익어서 다 베어가지고 와서 타작해 가지고 마당에 널어놓고는 두들기면서 스승이 하는 소립니다. "인제 내년까지는 잘 먹겠다.", "암만 그러셔도 자셔야 자신거지요."

그 말은 그렇다 하지만 한 번이라도 어른 대접을 하여야 할 텐데 속이 상해서 빨리 말려 가지고 가루를 만들어 가지고는 "오늘 저녁은 많이 먹어 놨구나." 하니 상좌가 또 "암만 그러셔도 자셔야 자신 겁니다." 반죽을 하고 물을 뿌려 가며 연방 누르면서 "참 오늘 저녁에 냉면 한 그릇 잘 먹겠구나.", "암만 그려서도 자셔야 자신 거지요."

그래서 이놈 봐라 두고 보자 하고는 냉면을 실제로 좋은 동치미국에다 말아 놓고는 "너도 냉면 먹고 나도 이렇게 참 냉면 한 번 잘 먹는 게 아니겠느냐." 하니 역시 "그래도 자셔야 자신거지요." 화가 머리끝까지 난 스승은 냉면 그릇을 밀뜨리면서, "이놈의 자식 어른을 놀리느냐." 그러니까 "보십시오, 자셔야 자신 게 아닙니까."

그러니까 그 아이 말이 옳은 겁니다. 세상에 믿을 게 하나도 없는 거지요. 그게 스님이 아이한테 딸리는 겁니다. 인격적으로 모자라고, 하는 것도 딸리고 생각도 딸리고 아이가 웃을 일입니다. 스님도 그런 줄 알고 말이 옳은 줄은 첫마디부터 알긴 알지만 내가 어른이라는 그런 '아상'이 있어서 그 '아상' 때문에 그러다 결국은 그만 국수를 못 먹었습니다.

"아! 거 네 말이 옳구나." 그랬으면 마음이 편히 지냈을 건대 서로 안 지려는 '아상' 때문에 둘이 똑같긴 같습니다. 나중에는 생기든지 말든지 사발이 깨질 때 깨지더라도 농사를 또 부지런히 지어야 합니다. 또 다른 사람이 누가 먹더라도 그것도 먹는 거니 아무 생각 없이 농사를 지어야 합니다. 아무 생각 없이 장사를 하고 오고가는 데도 난리가 나도 아무 생각 없이 남이 뛰면 나도 뛰어서 피난 간다고 가도 그게 죽으러 가는 건지 어떻게 압니까. 그렇지만 그렇게 갑니다.

세상일이라는 것이 그때그때 어떻게 됐다고 해서 그게 아주 망하는 건가, 이렇게 말할 수도 없는 거고, 지금 한참 잘된 것이 나중에는 큰 화근이 되어 백 년 살 것을 십년도 못 살고 죽는 일이 생겨날지도 모르는 겁니다. 좋은 일이 아무리 생겨도 그것을 좋다고 생각 안 하고 아무리 지금 불행한 일이 생겼다 하더라도 그것도 나중에 복 받을 일인지 알 수가 없습니다. 그런데 이것도 오히려 조작이 붙은 속입니다. 그것도 저것도 없는 도대체 아무 생각 없이 하는 것이 무소주(無所住)입니다.

#... '들려주고 싶은 진주 송보살 이야기'

진주에 가면 송 보살이라고 내가 어려서 봤는데 길가에 다니다가 만나서 우리가 '어디가십니까?' 인사를 하면 '응' 하고 사람은 쳐다보지도 않고 그대로 가기만 하는 그런 여자가 한 분 있었습니다. 내가 중이 된 뒤 그이가 거의 구십 살이나 살다가 돌아가셨는데 그 집이 가난한 살림인데 절에 불공이 있으면 와서 거들어 주고 떡 부스러기나 얻어다 아이들 먹이는 이런 형편입니다. 그렇게 가난하게 살면서도 염불을 자나 깨나 하고 있는 그런 보살입니다. 그 분이 돌아가신 뒤에 내가 진주에 가보니까 시내 연화사(蓮華寺) 포교당(布敎堂)에 낯설은 탑이 하나 생긴 것을 보고 '이게 무슨 탑이냐?'고 물었더니 이렇게 얘기하는 것을 들었습니다.

이 송보살이 자기가 죽기 나흘 전에 진주 신도들을 다 찾아보면서 '내가 나흘 뒤 아무 일 저녁을 먹고서 어둑해질 때 가겠으니 부디 염불 잘 하십시오. 나는 먼저 극락세계 가니까 같이 거기 가서 만납니다.' 이런 인사를 하고 다니는데, 사람들은 아마 나이가 하도 많은 노인이라 망령이 들어서 정신이 좀 이상해진 것 같다고 모두 곧이듣지를 않고 지나쳐 버렸습니다. 그런데 그날 아침 먹고 나서 손자고 누구고 식구들을 아무데도 못 가게하고는 불러 앉혀 놓더니 '내가 오늘 저녁때 해질 무렵에 간다. 너희들은 부디 딴 짓 하지마라. 극락도 있는 거고 천당도 있고 지옥도 있는 줄 알고 또 사람이 부처가 되는 법이 있으니 잘 명심(銘心)하고 신심으로 살아야 한다.'고 당부를 하더라는 겁니다.

일념으로 마음이 통일이 되어 놓으니까 그 무식한 노인이지마는 밝은 마음의 혜가 열려서 무얼 알던 모양입니다. 그리고 오후가 되니까 '가서 물 데워 오라'고 해서 목욕을 하고 새 옷으로 갈아입고는 '너희들 밥 먹고 나서 아무데도 가지 마라. 저녁 일찍해 먹으라.'는 겁니다. 그래서 식구들은 할머니가 뭐 정신이 돌았거나 망령이 든 것 같지도 않게 태연하고 엄숙하니까 행여나 싶어서 식구들이 모두 시키는 대로 저녁 일찍 해 먹고 모두 아이들도 못나가게 하고 그랬는데 어두워지기 시작하니 요를 펴라고 해서 요를 펴니까 요 위에 앉아서 또 얘기를 합니다.

"이 세상이 다 무상하고 여기는 고해고 불붙은 집이고 그러니 아예 방심하지 말고 네 일 좀 해야지 만날 육체, 몸뚱이 그렇게 가꾸어 줘 봐야 갈 때는 헛수고했다고 인사도 안하고 나를 배반하고 가는 놈이며 몸뚱이라는 건 그런 무정한 놈이니 그 놈만 위해서 그렇게 살지 마라. 나도 평생에 염불해서 이런 좋은 수가 있지 않느냐. 구십장수(九十長壽)도 하고 병 안 앓고 꼬부러지지도 안하고 그리고 가는 날짜 알고 내가 지금 말만 떨어지면 간다. 곧 갈 시간이 되었어. 이러니 너희들도 그랬으면 좀 좋겠느냐. 두 달이고 일년이고 드러누워 똥을 받아 내고, 이래 놓으면 그 무슨 꼴이냐. 너희한테도 빌어먹을 것도 못 벌어먹고 모자간에 서로 정도 떨어지고 얼마나 나쁘냐. 부디 신심으로 염불도 하고 부디 그렇게 해라." 이렇게 말한 뒤 살며시 눕더니 사르르 잠든 것처럼 가버렸는데 그리고 얼마 있다가 그만 그 집에서 굉장히 좋은 향내가 나고 또 조금 있으니 서쪽을 향해서 환히 서기방광을 해서 소방대가 불났다고 동원이 되기까지 했다는 겁니다.

불교 신도들이 이 소문을 듣고 송 보살이 예언 한 대로 돌아갔다. 열반을 했다. 이래 가지고 진주 신도라는 신도는 수천 명이 모여 와서 송장에 대해서도 부처님같이 생각하고 무수배례(無數拜禮)하고 마당에서 길에서 뜰에서 신도들이 꽉 차게 모여 가지고 절도 하고 돈도 내고 해서 장사를 아주 굉장하게 화장으로 지내는데 사리가 나와서 사리탑을 지어 모셔 놓은 것이 연화사에 있는 낯선 저 탑이라는 것입니다. 그러니 '나무아미타불, 나무아미타불' 그것만 불러도 이렇게 됩니다. 아무 뜻도 모르고 극락세계 갈 거라고 그 것만 해도 공덕이 되고 정신통일이 되어 혜(慧)도 열립니다./물처럼 바람처럼...

#... '꿈이냐 망상이냐'

참선을 하든지 열불을 하든지 하여 번뇌를 쉬고 망상을 끊어야 한다. 허망한 것은 간직할 것 없다. 간직해 보아야 없어지니까 허망하지 않은 걸 찾자. 그것은 내 마음밖에 없다. 다른 건 다 허망하다. 우리가 이름 지을 수 있는 것은 모두 다 부처도 허망이고 진리도 허망이며 허망한 것은 전부 허물어지는 범소유상 개시허망이다. 모든 허망에서 탈피하여서 허망을 내 마음에서 버릴 때 나는 곧 내 본래 부처를 만날 수 있다. 딴 데 간 것도 아니고 다만 육체를 나라는 착각 때문에, 딴 착각을 해서 그것이 바빠진 것뿐이다.

우리는 육체를 나라하고 오온을 나라고 하기 때문에 천당 지옥을 생사윤회하고 있다. 만날 돌아다녀 봐도, 시집을 천만번 가 봐도 소용없고 장가가도 별 수 없고 세계 갑부가 되어도 별 수 없다. 생로병사를 면할 수 없고 반야 지혜는 얻을 수 없다. 지금부터 밤낮을 가리지 말고, 오나가나 가만히 있거나 부지런히 일을 하거나 않았고 누워 있는 동안이라도 다만 모든 일에 무심할 줄만 알아 가면 자연히 만사에 잘못을 따지는 분별심이 없어지며, 또한 어디에 의지할 생각도 없어지며, 어느 한 곳에도 눌러 붙어 살고자 하는 애착도 없으며 또한 사방으로 돌아다니고자 하는 벌떡거리는 망상도 없어지리라.

우리가 천당 갔다 지옥 갔다 하고 육도세계를 돌아다니고 윤회를 하고 그것이 다 번뇌의 업에 의해서 그렇게 되는 것이지만, 그러나 번뇌의 잠재의식이 우리의 근본 마음자리를 떠나서 마음으로부터 독립되어 돌아다니는 것은 아니며 마음자리가 한 것이다. 그러니 죽어서 천당에 가도 그 실상자리, 자기 근본정신이 올라간 것이지 망상 그것이 자체가 있어서 본마음을 떠나서 올라간 것이냐 하면 그렇지 않다. 마음이 우주에 편만했다. 즉 크다고 하지만 그것도 아니고 그렇다고 해서 작은 거냐 하면 바늘 가지고 찔러 볼 수도 없는 아무 것도 없는 존재이다. 그러면 아무 것도 없는 거면서 그 속에 우주가 다 들어가 있다.

지금 그대가 망상을 일으키고 있으나 그 망상이 일어나는 줄 아는 자리는 망상이 아니므로 그것이 곧 부처님이다. 그러므로 만약 모든 망상을 근본적으로 딱 끊어버리고 나면 그 자리는 또한 부처도 아니다. 왜냐하면, 부처도 중생도 아니고 본래부터 그대로인 이 마음에서 그대가 '나는 부처가 아니다'는 다른 망상을 낸다면 그것이 허물이 되어서 그대는 또한 다시 이유 없는 망상을 일으켜 '나는 성불해야 할 것이다'고 생각할 것이며, 또 한 중생이 있다고 생각할 때에는 '저 중생들을 제도해야 한다'고 나설 것이다. 그러니 헤아릴 수 없는 생각들이다. 그대 스스로가 그렇게 생각하며 그렇게 볼 뿐이다. 망상의 늪에서 헤매 일 때, 우리는 결코 나를 찾을 수 없다. 망상은 나의 부재에서 생겨나는 괴물이다. 나의 파괴자는 바로 망상, 그것이다.

도가 높아지면 죽을 때 몸뚱이를 옷 벗듯 벗고 간다. 실은 죽는 것도 아니지만 육체가 죽는다고 보고 지게를 지고 가다 지게를 세워 놓듯이 한다. 그렇게 놓고도 어머니 뱃속에 들어갈 때는 미해서 망상이 일어나고 하는 자세한 이야기는 여러 가지 있지만 탁한 마음, 곧 색정이 일어난다. 금생의 자기 몸뚱이는 옷 벗듯이 했지만 어머니 뱃속에 들어갈 때 깜짝 미해서 피로 엉켜서 있다.

그런데 도가 더 높은 사람을 뱃속에 들어갈 때는 미하지 않고 자기 공부 그대로 하고 있는데 그렇게 열 달 동안 가만히 하는 이도 있고 아홉 달 만에 자기 공부하던 걸 나와서 미한 사람도 있고 또 여덟 달에 미한 사람, 한 달에 미한 사람, 또 열 달을 다 선방에 앉아서 공부하는 모양으로 정진하는 사람도 있다. 그런데 이렇게 2백 80일 동안 하다가 어머니 뱃속에서 나올 때 그 속에서 나오느라고 큰 고통을 겪게 되므로 출태할 때 제일 미하다. 그래서 깊고 완전하게 될 때까지 계속 닦지 않으면 안 된다.

 마누라를 자기 명령에 복종하도록 만든 것은 정말로 5천년을 통한 영웅 가운데 한 사람도 없지 않은가! 천하 없는 영웅도 마누라한테는 꼼짝 못한다. 백만 대병을 거느리는 대장이라도 부하를 물속, 불속으로 들어가게 명령 하는 것은 할 수 있고, 항우 같은 천하장사를 단번에 때려눕힐 수는 있을지 모르지만 기운 없는 마누라에게는 어떻게 할 도리가 없고 마음대로 할 수도 없다.

우리가 기분으로 만물을 대하고 사람을 대하니 제 기분대로 비판해 치워버린다. 남의 말을 들어도 자기 기분 좋을 때는 그 말이 좋게 들리고 기분 나쁠 때는 나쁘게 처리되어 버리니 이것이 망상이다. 그것은 결국 육체 때문에 하루 밥 세 그릇 먹느라고 그렇게 되는 것이다. 좋은 말도 나쁘게 받아들이고 나쁜 말도 좋게 받아들이는 것은 필요 없다. 나는 물질도 허공도 아니니 자살도 할 수 없고 타살도 할 수 없고 죽을 방법이 없다. 그게 이렇게 얘기하고 듣고도 있다. 이것이 마음이다.

늘 이것을 앞세워서 나다, 남이다 하는 것이 없는 생활을 해야 중생을 초월하게 된다. 불이 꺼져도 눈으로 깜깜하게 어두운 것을 보고 불이 켜져도 환하게 밝은 광명을 보는 것이니 어두운 때나 밝은 때나 보는 눈은 변동이 없고, 이 마음자리는 볼 때나 안 볼 때나 변하지 않는다. 중생들은 미래 것은 모르고 과거의 기억은 희미해져서 망각해야 되는 것은 번뇌 망상으로 경계를 치고 그 틈바구니에 끼어 있기 때문에 망상 그것만이 나인 줄 알고 깨끗하고 자유 자재한 본체가 있다고 여간 설명해줘 봐도 좀체로 인정할 생각을 내지도 않는다.

그렇지만 망상이 어떤 자체가 있어서 능동적으로 그런 행동을 하는 것이 아니고 내가 그러는 것이고 마음의 본체가 그러는 것이다. 마치 파도와 물이 따로따로 있는 것이 아니고 물의 움직임이 파도고 파도 자체가 물이듯이 실상 망상도 마음을 떠나서 존재하는 것은 아니다. 그래서 마음이 착각을 한 것이 망상일 뿐 마음을 다 정리해 놓고 보아도 그전 마음 그대로이다. 산은 높은 그대로 있고 물도 깊은 그대로이며 성불을 해도 항상 그대로이다.

육지와 바다가 갈린다는 걸 부처님께서 늘 말씀해 놓으셨는데 그런 예로 봐서 이 지구가 항상 안전하게 있는 그대로만 있는 것이 아님을 알 수 있다. 물론 자주 있는 것도 아니다. 사람도 얘기하다가 갑자기 사망하듯이 지구도 역시 그런 변동이 있다. 그러니까 현상계인 이 땅덩어리도 그렇게 믿을 수 없는 무상한 존재이고 몸뚱이도 믿을 수 없는 허망한 것이다. 양은 줄곧 이리떼의 침공을 받아왔지만 결코 그것들을 모방하려 들지는 않았다. 낭성을 본받아 미친놈처럼 고함을 지르는 허스키의 유행가가 번지는가 하면, 발작하는 간질환자처럼 온몸을 비틀고 궁둥이를 휘두르는 것으로 첨예를 자처하거나, 제임스 딘의 영화 한두 편으로 이유 없는 반항을 시도 한다든가, 텍사스 황야의 개척자를 흉내 내어 권총강도질, 폭력단의 조직, 몽둥이를 휘둘러 행인을 노리고.. 확실히 우리는 무언가 빠져 달아난 것만 같다.

정진하는 사람에게 가장 고민되는 것은 망상에 얽히어 정진이 잘되지 않는 그것처럼 괴로운 것이 없다. 무엇을 먹을 수도 없고 바짝바짝 사람이 마른다. 이렇게 고생을 하다가 번뇌 망상이 뚝 끊어질 때면 참 이렇구나 하는 생각을 안 낼 수가 없다. 깊은 산골짜기에만 살던 사람이 어느 날 우연히 높은 산꼭대기에 올라가서 앞이 툭 트인 무변대해를 바라다볼 때 앗! 소리를 안 지르는 사람이 누가 있겠는가? 넓은 창해를 볼 때 기쁜 마음이 일어나듯이, 번뇌 망상이 뚝 끊어진 경지에 들어가면 이만하면 됐다 하는 생각을 하게 마련이다. 번뇌 망상에 짓밟혀 가지고 맥을 못 쓰다가 큰 우주를 발견하고 보면 온 우주가 내 기운이 된다.

 모든 생각을 다 쉬고, 쉬었다는 생각마저 없으면 천진본래의 자기 부처가 뚜렷이 나타나는 도리를 모르기 때문이다. 마음이 곧 부처이며 부처가 곧 중생이다. 중생인 시절에도 이 마음은 조금도 덜해진 적이 없었고, 부처가 된 때에도 이 마음은 또한 늘어나

지도 아니하는 것이다. 아무리 그대들이 별별 망상을 다 내고 온갖 망동을 다 저지른다 할지라도 어찌 텅 비어서 아무 것도 아닌 이 마음을 떠나서 할 수 있는 일인가. 비어서 아무 것도 아닌 이 마음은 본부터 클 수도 작을 수도 없으며, 어디로 새어서 흘러 갈 수도 없으며 아무 것도 하는 일도 없으며 또한 아득한 일도 없으며 깨달아 아는 일도 없는 것이다. 그러므로 이렇게도 분명하며 진실하고 확실하여서 털끝만한 물건도 얻어볼 수가 없으며 또한 범부도 부처도 아니라서 한점 만큼도 아는 것도 없다. 이 마음은 어디에 의지해 있는 것도 아니며 어디다가 붙여서 꾸며진 것도 아니다. 끝까지 청정한 이 마음은 진리며 진아인 것이다.

 그러니 어찌 따져보려고 할 수가 있겠는가. 참으로 부처는 입이 없기 때문에 설법을 할 줄 모르는 것이며, 허망하지 아니한 이 마음에 는 귀가 없는데 그 무엇이 들릴 것인가? 당장에 무심한 줄 알면 만법에 두루하며 천지 이전의 본래 부처 자리가 곧 우리의 이 마음인 것을 알게 되는 것이다. 그것은 마치 저 해가 떠서 온 세계를 비추어 아무 데도 거리낌이 없는 것과 같다. 도를 배우는 사람은 다만 보고 듣고 따지고 생각하며 행동하고자 하는 모든 생각만 놓아버리면, 이 본래 있는 마음만이 온전히 남아 앞뒤가 뚝 끊어져 있으며 또한 깨달아서 들어설 곳도 없으며 들어설 나도 없으므로 보고 듣는 것이 눈이나 귀가 아니고, 곧 이 마음인 것이다. 모든 생각과 일체 망상, 이것은 다 그대가 스스로 일으켜 낸 것이 아닌가.

그대가 일으키면 계속해서 있고, 내지 않으면 없는 것이다. 단지 말하는 이 마음이 곧 무심하며 또한 본래 부처인 줄 확실하게 알고 보면 이 마음은 본래 망상이 없었던 것이다. 그런데 그대 스스로가 부질없이 망상이거나 하는 딴 생각을 낸 것이다. 산은 높고 물은 깊다. 여기에 무슨 허물이 있다는 말인가. 정말 안타까운 일이다.

상좌 혜자스님...

은사 청담스님을 모시고 살면서 열반할 때까지 곁에서 시봉을 한 혜자스님은 현재 도선사주지로 학교법인 청담학원 운영, 청담장학문화재단, 복지시설인 청담종합사회복지관, 혜명양로원, 청담치매노인단기보호센터, 혜명보육원, 장애인주간보호시설인 청락원, 청담어린이집을 비롯한 10곳의 어린이집 등 도선사가 운영을 책임진 복지단체도 20여 곳에 이른다. 선묵스님은 또 신도들의 교육을 위해 설립한 실달학원에서 기초교리반을 운영하면서 법사로도 활동하고 있다. 그 살림을 사는 것도 만만치 않다. "모두 다 신도들이 복 짓는 일이고, 인연에 따라 모인 사람들이기 때문에"라며 스님은 묵묵히 그 일을 감내하고 있다. 과연 그 스승의 그 제자의 모습이다...

추담스님
1898~1973년

은사 회명당 **일승**스님.

상좌 **지**하, **법**타, **경**철스님

근대에 가장 확실한 불법 포교사..

사상과 이념, 실천을 고루 갖춘 선승.

그 한 몸이 선원(禪院)이요, 포교당이었다. 막힘없는 말, 거침없는 글, 그리고 미묘한 법이 약동하는 서도(書道)를 통해 중생을 일깨우고, 정법(正法)을 펼치는 사문(沙門)이었다. 그리고 정화의 화신이었다. 그 한 몸이 선(禪)이자 교(敎)였다. 글이자 말이었다. 온 몸짓으로 불법을 드날린 만다라의 빛이었다. 말 아닌 말로써, 글 아닌 글로써, 선(禪)만도, 교(敎)만도 아닌, 무상대도(無上大道)의 설법으로 사바세계를 얼어붙도록 침묵시켰고, 그 벅찬 침묵 속에서 유마힐(維摩詰)다운 사자후를 연발하는 그의 행장은 오직 불립문자의 선필(禪筆) 아님이 없었다. 세상 사람들은 추담(秋潭)을 이렇게 극찬했다. 그만큼 그가 남긴 궤적이 남달랐기 때문이리라.

추담스님은 1898년 10월 27일 함경남도 함흥의 명문가에서 차남으로 태어났다. 부친은 박영숙, 모친은 파평 윤씨, 스님의 속명은 박정걸(朴定杰)이었다. 일곱 살 때부터 서당에 다니기 시작했는데, 어찌나 영민하고 공부에 열성이었는지 신동이 났다는 칭송이 동리 원근에 자자했다. 어린 시절부터 그는 당돌하면서도 의협심이 강했다. 13세 되던 해, 조선 사람을 못살게 굴던 일본 관리가 말을 타고 지나가자 그의 정강이를 물어뜯어 소란스러웠던 일도 있었다.

함흥고보에 진학한 후에도 일본인들의 강압적인 교육에 반발해 그의 학교생활은 순탄치 못했을 뿐 아니라 3·1만세운동에 연루되어 옥고를 치렀다. 결국 그는 일본 관리의 압제를 피해 유학을 가기로 했다. 일본 유학 직전에 집안어른들의 성화로 조봉녀라는 처자와 결혼을 했다. 일본에 건너간 그는 대정 대학에서 불교철학을 공부했다. 그런데 불교의 철리(哲理)란 배울수록 심오하고 대단한 것이 아닌가. 드디어 그는 발심을 하기에 이르렀고, 마침내 고베의 선광사(善光寺)와 인연이 되어 축발을 하고 승려가 되었다. 불문에 본격적으로 발을 들여놓았지만 그의 마음은 답답하기만 했다. 불교철학을 공부하여 대학을 마친 후 머리를 깎고 중이 되어 독경을 하고 염불을 하며 수행을 해보았지만 대오(大悟)는 결코 다가갈 수 없는 경지로만 느껴질 뿐이었다.

그는 26세 되던 해 고향으로 돌아와 청년불자들을 규합해 해동불교청년회(海東佛敎青年會)를 조직하는 등 불교 포교에 앞장선다. 불교청년회를 발족한 이유는 단순히 불교만을 알리는데 그치지 않고, 나라 잃은 청년들에게 민족정신을 전파하려는 뜻도 담고 있었다. 이 당시 그는 불교를 공부하는 가운데 한편으로는 사회운동과 민족운동에 적극 참여하기 시작한 것이다. 당시 독립운동가인 만해스님과 용성스님의 당당한 기백에 남몰래 환호하며 그분들의 뒤를 따르며, "우리 민족과 함께 해온 불교의 가르침을 통해 민족정기를 바로 세울 수 있으며, 빼앗긴 나라도 되찾을 수 있다"는 신념을 가졌다.

만해스님과 밀착해 활동한 그는 6.10만세 사건 후 신간회 활동 등 항일운동을 펼치다가 왜경에게 잡혀 상당 기간 옥고를 치르기도 했다. 6.10만세 사건은 1926년 6월 10일 조선의 마지막 국왕인 순종 황제의 국장일을 기하여 일어난 독립운동이다. 오전 8시 30분경 황제의 상여가 종로 단성사 앞을 통과할 때 중앙고보생이 '일본 제국주의를 타파하라, 토지는 농민에게 돌리라, 8시간 노동제를 채택하라'는 내용이 적힌 전단을 뿌리며 만세를 부르기 시작하였다. 이에 모든 민중이 호응하여 관수교, 황금정 3정목, 훈련원, 동대문 동묘, 청량리에 이르는 상여통과 예상 연도에서 독립만세를 불렀다. 만세운동은 그 후 전국으로 전파 확산되어, 순창, 군산, 정주, 홍성, 공주 등 전국적으로 확산되었다. 많은 사람이 잡혀가 고초를 겪었고, 그 중에 추담이 있었다. 1927년에 부여에서 일본경찰에 체포됐다.

옥고를 치르고 나온 그에게 병마가 찾아오면서 불연을 맺었다. 목숨이 경각(頃刻)에 달릴 만큼 위기에 봉착했던 그는 요양차 고향에 있는 절 함흥 설봉산 귀주사에 머물게 되면서 재 발심을 한다.

'나는 이제부터 금강석처럼 부서지지 않는 몸으로 걸림이 없이 자유자재하게 빛나는 숲을 장식하리라.' 그는 병고를 훌훌 떨치고 일어섰다. 생로병사의 고통을 극복한 추담의 지혜는 날로 깊어지고, 수도는 완전한 길에 접어들었다.

서울 정릉 약사사에 다시 입산하여 회명당(晦明堂) 일승(日昇)스님 문하에서 재득도 수계를 받았으니, 이때 받은 법호가 추담이다. 이어 금강산 건봉사에서 대교과를 수료하고 금정산 범어사를 비롯한 제방선원에서 화두를 들고 용맹정진한다. 이때 받은 법명은 순(純)이었다.

그러나 사회 활동을 하고 난 뒤라 그가 풍기는 인상은 재래의 승려의 그것이 아니었다. 그는 때로는 원효의 무애행을 서슴지 않았고, 때로는 심신을 속계에 던져 교화의 덕을 쌓았다. 때로는 곡마단 대열에 합류하여 창을 부르기도 하였는데, 그의 노랫가락이 얼마나 구성졌던지 가는 곳마다 대단한 인기를 끌었다. 그러나 이 모든 기행들은 자신의 진면목을 찾으려는 추담스님의 치열한 구도 행각에 다름 아니었다. 잃어버린 참 나를 찾고, 진면목을 확연하게 깨우치려는 숨 막히는 노력으로 진흙탕을 헤매는 일종의 모험이었던 것이다.

1945년 해방이 되자 서울 적조암에 주석처를 마련한 스님은 일제강점기를 거치며 돌보는 이가 없어 쇠락한 적조암을 다시 세우는 불사를 하는 한편 법문을 통해 많은 사람들을 불교로 이끌었다. 친척이 적조암에서 49재를 지낸 것이 인연이 되어 추담스님과 교류를 갖게 된 여성 정치지도자 박순천 여사도 "추담스님 만큼 변술(辯述)이 능한 스님은 처음"이라며 스님의 대기설법에 칭찬을 아끼지 않았다.

독립운동에 직접 참여해 옥고를 치렀던 스님은 해방 후 귀국한 상해 임시정부 요인들과 교류가 잦았다. 독립지사들을 적조암으로 초청해 신생 독립국가의 건국과 향후 방향에 대한 논의를 가졌다. 장덕수 선생, 백성욱 박사, 김법린 박사 등과 뜻을 같이하면서 "신생 한국에 어떻게 불국토를 세울 것인가"라는 고민을 했다. 백범 김구 선생과 민족 진로에 대한 열띤 토론을 벌이기도 했으며, 5.10 국회의원 총선 당시 백범의 성북구 출마를 강력하게 권유하기도 했다. 당시 스님은 '총선에 참여하지 않겠다는 백범 선생의 뜻을 돌릴 수는 없었지만, 나라의 건국부터 잘돼야 겨레가 편안해질 수 있다'는 확신을 갖고 있었다. 하지만 김구 선생이 안두희에 의해 암살되는 등 민족주의자들이 해방공간에서 제대로 자리를 잡지 못하고, 한국전쟁까지 발발하자 스님은 부득이하게 부산으로 피난을 가게 된다.

영도 법화사와 좌천동 연등사에 주석하면서 피난민을 대상으로 포교활동을 벌였다. 1951년 늦은 봄 추담스님은 범어사 금어선원에 방부를 들였다. 광덕스님은 생전에 "당시 금어선원에 온 추담스님은 옷차림부터가 포교를 하는 스님이라는 느낌이 들었다"며 첫 인상을 밝힌 적이 있다. 당시 금어선원에는 전국 각지의 선원에 흩어져 정진하던 수좌들이 전쟁을 피해 모여들었다. 결제철 처음에 방부를 들일 때는 20여명에 불과했지만, 해제철에는 수좌들의 숫자가 50여명을 훌쩍 넘었을 정도였다.

이때 동산스님의 권유로 수좌들에게 법문을 하게 된 추담스님은 '불교정화'의 필요성을 역설했다. "젊은 수좌님들이 가만히 있어서는 안 됩니다. 단결해서 불법을 수호해야 합니다." 청정비구 승단의 재건이 '시대적 사명'임을 강조했던 것이다. 금어선원에는 동산스님과 광덕스님을 비롯해 경산, 혜진, 청호스님 등 정화불사의 중추적인 역할을 담당했던 스님들이 운집해 있었다. 일제 강점기부터 교단 정화와 정법수호의 원력을 이어오고 있던 수좌들이 정화불사의 필요성에 공감했다. 추담스님은 이때 구성된 불교정화추진위원회의 5인 대표를 맡아 정화불사의 선봉에 섰다.

스님은 "정법수호에 의한 불교 정화운동은 어디까지나 사부대중 모두 극락장엄의 세계에 이르는 길입니다. 불심이 지극한 승려로서 사도를 경계하고 불교 본연의 자리를 생활화하는 노력을 게을리 해서는 안 됩니다. 불교는 어디까지나 인간 중심의 종교입니다. 무엇인지 알지 못하는 불가지계(不可知界)에 관한 가설은 불교에서는 배척합니다. 어디까지 현실로 활동하고 있는 세계의 인생 사실, 그대로 살아가는 데 어디까지나 상식적인, 과학적인, 철학적인, 현실적인 종교가 바로 불교입니다."라며, 불교의 출발점은 현실이라는 것을 강조했다.

스님은 분명한 것을 좋아했다. 무슨 일이건 어영부영 넘어가는 경우가 없었고, 한번 뜻을 세운 일은 반드시 성취하고야 말았다. 때문에 주변에 있던 인사들은 "금강석과 같은 불퇴전의 정진력을 갖고 있던 스님"으로 기억하고 있다. 어찌나 성품이 까다로웠는지 어지간히 상좌들은 그 아래에서 오래 버티지 못했다. 아무리 사랑을 받던 상좌라도 일단 잘못을 저지르면 된통 야단을 맞아야 했다. 그러나 그가 무작정 상좌들에게 꾸중을 내린 것은 아니다. 서릿발처럼 야단을 치기에 앞서 야단을 맞아야 하는 이유를 서론 본론 결론으로 나누어 논리적으로 설명하곤 했으니, 제자들로서는 달리 불평이 있을 수 없었다. 후학들을 아끼고 사랑하는 마음 역시 지극하기 이를 데가 없었다. 자기가 할 일을 찾아서 하고 예의에 벗어나지 않으며 수행자로서 지켜야 할 법도를 지키는 제자들은 깍듯하게 대접했다.

추담스님은 정화 불사는 물로 사찰 불사에도 많은 업적을 남겼다. 이 모두가 한번 일을 시작하면 반드시 끝을 보고야 마는 그의 성정에서 비롯된 것이었다. 해방 후 적조암, 자재암, 법주사 등에서 주지 소임을 보며 중창불사를 원만하게 회향한 것도 스님의 이같은 원력이 크게 작용했다.

금산사와 전남의 본사인 백양사를 성공적으로 정화함으로써 호남 불교를 유신시킨 주인공이라고 불렸다. 스님의 정화 방법은 지극히 합리적이어서, 대처승 세력이나 용화교도 등 이교도 들이 아무리 세력을 떨치고 있어도 곧 이들을 능수능란하게 다스려 물의 없이 정화를 이뤄냈다. 대처승이라고 해서 무조건 내치지 않고, 유연하게 단계를 거쳐 정화를 추진함으로써 다소 시일이 걸리더라도 완벽하게 정화를 추진했다. 예컨대 비구승이 정도라는 점을 인정하는 대처승에게는 대소 사찰의 주지 자리를 주어 그들의 불만을 달랬다. 그러나 정도에 따르지 않고, 끝까지 사찰을 사수하려는 대처승이 있으면 파사현정의 기개로 불복시켰다.

정화를 추진하다 보면 불가피하게 숱한 법적 소송에 휘말리게 마련이다. 그러나 추담 스님은 따로 변호사를 두지 않고 직접 법정에 나서, 조리 있게 변론함으로써 재판을 승소를 이끄는 탁월한 수완을 보이기도 했다. 스님은 호남 일대의 사찰 정화를 마친 후 강화 전등사를 정화했고 그 여세를 몰아 법주사와 시흥사 등 중부 일원의 주요 사찰들의 주지를 맡아 본연의 위상에서 크게 벗어나 있는 사찰들은 정법 도량으로 쇄신하는 등 사격의 기틀을 본격적으로 다졌다. 정화뿐만이 아니라 큰 절 주지로 봉직하며 대작 불사를 진행시킬 때 보인 그의 추진력은 대단했다. 특히 속리산 법주사의 미륵대불 불사를 이루기 위하여 박정희를 만난 그의 원력은 지금도 화젯거리가 되고 있을 정도다.

추담스님은 청담스님이 발행호를 내고 사실상 중단 상태에 있던 조계종 기관지 '대한불교'를 살리는 산파역을 담당하는 등 문서 포교에도 혁혁한 공을 세웠다. 당시 김춘강과 함께 대한불교를 인수해 경영해 온 이희익 옹은 이렇게 증언했다. "이 대한불교가 살게 된 원동력은 추담스님한테 있지요. 스님은 김춘광 씨와 내가 만나게 하는 결정적인 역할을 하셨고, 또 이 신문을 인수하여 살린 것도 추담스님의 공덕입니다."

1969년 5월 28일 불교신문 지령(紙齡) 300호를 기념하는 스님의 글이다. "종단은 신문을 통하여 불교를 사회인에게 널리 포교해야 한다는 것은 불교도의 당연한 소망이 아닐 수 없다. 교세를 확장하고, 동시에 참신한 신자를 얻자는 데 뜻이 크다. 그만큼 필요한 존재가 신문임과 동시에 그만큼 종단에 대한 신문의 사명이 큰 것이 사실이다. 그러므로, 불교가 발전하고, 불법이 발전하면 곧 종단이 발전하게 되고, 종단이 발전하게 되면 자연 불교신문은 더욱 발전하게 되는 것이다."

'추담사 법력의 원천은 포교'라는 말이 나왔을 정도로 포교에 대한 그의 원력은 대단했다. '한국 불교의 발전은 오로지 포교에 달려 있다'는 것이 그의 한결같은 주장이었다.

스님은 취침 시간에도 늘 수첩과 필기도구를 머리맡에 두었다. 이는 언제든 좋은 착상이 떠오르면 바로 기록에 두었다가 저술이나 설법에 활용하려는 그의 철저한 포교 일념에서 비롯된 것이었다. 스님을 시봉하던 상좌의 말이다. "어떻게 해서든지 포교를 하고 전교(傳敎)를 해서 신도를 많이 만드는 데 주력을 했고, 포교를 위해서 참으로 많은 글들을 쉬지 않고 써 나갔죠. 노스님은 아무튼 공양 시간만 빼면 그저 쓰는 것밖에 모르셨습니다. 입적할 때까지 그러하셨습니다."

추담스님은 제자들에게 "무엇보다도 참선이 제일이다"라고 강조하며, 그 자신 하루 일과의 상당 부분을 참선에 할애할 만큼 선 수행을 중시했으므로 상좌들에게 참선의 중요성을 강조하는 것은 당연한 일이었다. 그러나 그가 강조하는 것은 사교입선(捨敎入禪), 즉 교학에 대한 기초가 완성된 다음의 선 수행이었다. 스님은 또 "항상 마음 속에 젊음을 간직하고, 언제나 교육을 완전하게 받아 한국 불교를 이끌어라. 인생을 살아감에 있어서 자비를 베풀면서 누구나 이해하고 존경하라. 모든 사회생활을 하는 데 있어서 선하게 대하라. 남보다 내가 잘 났다거나 원망하는 마음을 버리고 하심 해야 한다. 진리를 알고자 하는 금강석(金剛石)같은 정진의 힘도 중요하지만, 나를 낮추는 겸손의 미덕도 함께 지녀야 한다."는 그의 좌우명이자 제자들에게 내리는 생활지침을 틈나는 대로 후학들에게 가르쳤다.

그리고 불교와 첫 인연을 맺은 재가불자들에게는 "부처님께 절을 많이 해야 한다"며 탐진치 삼독으로 물든 마음을 내려놓을 것을 당부했다. 무엇 때문에 절을 하고 절에는 어떤 의미가 있는지에 대한 스님의 가르침이다. "머리를 숙여 합장 배례하면 무엇보다 잡념이 없어집니다. 나만 복되게 해달라고 빌기 보다는 일체 잡념을 없애고, 모두 다 함께 바르게 살겠다는 발원을 해야 합니다."

한편 추담스님은 상좌들에게 법(法)자, 금(金)자, 전(傳)자 돌림으로 법명을 준 것으로 유명하다. 법주사 주지 소임을 볼 때 들인 상좌들은 법자 돌림을, 정화불사 당시 금산사에 주석하면서 맞이한 상좌들에게는 금자 돌림을 썼다. 그리고 전등사에 있을 때 받아들인 제자에게는 전자 돌림으로 법명을 지어주었다. 추담스님의 상좌들은 법명을 살피면 어느 도량에서 출가하고 계를 받았는지를 바로 알게 된다. 굳이 수계 도량에 근거해서 제자들의 법명을 지은 이유가 있다. "출가수행자가 되어 처음 계를 받을 때의 마음가짐을 잊지 말고 정진하라"는 뜻을 담고 있는 것이다. 부처님 제자에게 가장 중요한 부분이 초발심(初發心)이라는 사실을 제자들에게 전하고 심었던 스님의 마음이 느껴진다.

1967년 신흥사 주지로 부임한 추담스님은 말끔히 정리되지 않았던 정화를 추진하는 한편 한국 전쟁으로 문서가 소실되면서 잃어버렸던 사찰 소유 임야 1200만 평을 직접 강릉의 영림서를 찾아가 지적도를 입수해 조사한 끝에 되찾아 종단에 귀속시켰다. 또한 본사는 물론이요 산내 암자와 기도처를 말끔히 손질하는 등 오늘날 설악산 신흥사 사격의 토대를 마련했다. 그러나 앞장서서 일하는 사람에게는 본시 인심이 붙지 않는 법. 사찰의 땅을 찾고 가람을 일으키는 동안 정작 동리 사람들과는 서먹한 관계가 되자 스님은 설악산과의 인연이 다했음을 감지하고 지체 없이 소요산으로 거처를 옮겼다. 본사에서 자그마한 암자로 선뜻 자리를 옮기는 것은 그때나 지금이나 결코 쉬운 일이 아니었다. 어쩌면 이것은 그가 이미 무심도인의경지에 이르러 세속적 이해를 뛰어넘었기에 가능했을 것이었다.

73세의 노구에 소요산 자재암으로 온 추담스님은 청정 도량에서 모처럼 소요 자재한 나날을 보낼 수 있었다. 지금까지 살아온 부산한 세월들과는 다르게 무상안온(無上安穩)의 경지를 잠겨 법열을 만끽했다. 관조의 세계, 추담은 모처럼 이곳 나한 도량에 와서 무아경을 실감할 수 있었다. 78세 되던 해 '독서신문'에 실린 글이다.

"부처는 곧 깨달음이요, 깨달음은 곧 부처라. 깨달음을 얻음이 선불(禪佛)이며. 깨달음을 얻은 데 동중(動中) 정(靜)이 어디에 있음이며, 정중(靜中) 동(動)인들 무슨 상관이오. 선방은 방이 따로 있겠고, 청정한 마음속에 분열을 느끼며, 낮이 밤이요 밤이 낮이지만, 정각(正覺)을 펼치면 욕망의 사사로움이 멸하는 것이니, 이것이 바로 무아라"

1978년 가을 일주일간 '마지막 선서화전'을 열었다. "부처님도 여든한 살에 가셨으니, 나도 여든한 살 되는 올 가을이 되면 갈란다. 더 살면 탐심(貪心)일 뿐이야."라며, 병마(病魔)와 싸우는 와중에도 대중과 작별인사를 하는 자리로 삼았다. 선서화전을 회향한 뒤 불과 한 달 만에 열반에 들었다. 선서화전에 출품된 작품은 스님이 평소 후학들에게 당부했던 내용들이다. 때문에 선서화전은 스님이 사바세계에 남긴 마지막 유훈이나 마찬가지이다. "백인(百忍), 남북통일(南北統一), 초지일관(初志一貫), 인고(忍苦), 소요자재(逍遙自在), 자비무적(慈悲無敵)" 스님의 좌우명과 법소식이 묵향(墨香)과 함께 대중들에게 전달됐다. 선서화전 당시 동국역경원장 운허(耘虛)스님은 "추담선사는 그 동안 혹독한 병마와 맞서 쾌히 극복했다"면서 "탁출(卓出)한 안목과 활달한 기개, 청고한 기품과 뜨거운 대자비 원력을 일호일자(一毫一字)에 전면 노출하고 있다"고 추담스님의 뜻을 높이 샀다.

선서화전을 마친 스님은 상좌들에게 '나들이'를 하고 싶다는 뜻을 밝혔다. 11월3일

상좌와 산문을 나선 스님은 금산사, 내장사, 백양사, 실상사 등 호남지역 사찰을 순례했다. 당신이 금생에 인연을 맺었던 도량들로 특히 정화불사 기간에 신명을 바쳤던 곳이다. 한때 스님의 주석처였던 도량을 참배하며 마지막 '하직인사'를 올렸던 것이다. "영남지방까지 돌아보겠다"고 뜻을 냈지만, 기력이 쇠잔해진 스님은 자재암으로 돌아왔다.

입적 직전 제자들을 불러 '즉사이진(卽事而眞)', 즉 세상을 살아가면서 겪는 모든 일들 그대로가 진리와 다를 게 없다는 가르침을 유언으로 남겼다. 세상을 회피하거나 당한 일을 피해 가려 하지 말고 당당히 맞서고 부딪쳐서 해결해 나가는 것이 진실한 수행자의 길이라는 의미이다. 그리고 그의 말처럼 세수 81세가 되는 1978년 11월26일 오전 8시15분 세연을 다하고 조용히 원적에 들었다. 법납 42세였다.

영결식은 이틀 뒤 조계종 원로원장(元老院葬)으로 자재암에서 거행됐다. 당시 총무원장 월하스님은 영결식에서 "선사께서는 일찍이 불교정화의 선봉장 역할을 하시었고, 뒤 이어 종단의 여러 중책을 맡아 종단의 지도에 헌신하셨다"면서 "선사의 금생은 선교서(禪敎書)가 하나였으며, 종단의 정법수호와 중생의 교화가 둘이 아니었다."고 추모했다. 추담스님 상좌로는 지하스님, 법타스님, 경철스님 등이 있다.

상좌 법타스님에게 듣는 추담스님의 일화와 법문

#...함흥에서 태어난 추담스님은 일곱 살 때부터 서당에 다니기 시작했는데, 어찌나 영민하고 공부에 열성이었는지 신동이 났다는 칭송이 동리 원근에 자자했다. 그의 불연은 연날리기를 하다가 시작됐다. 무슨 일에든 일단 한번 몰두하면 끝까지 파고드는 성미여서 때때로 야단을 맞기도 했는데, 어느 날 연날리기를 하며 바람 부는 대로 날리는 연을 따라서 들판과 산을 누비고 넘어서 내달리다가 마침내 집에서 시오리의 거리에 있는 설봉산 귀주사(歸州寺)에 당도했던 것이다.

당시 그는 저녁 무렵 석양에 물든 귀주사를 바라보며 야릇한 감흥에 젖어들었다. 겨울 찬바람에 처마 끝에 달린 풍경은 싸늘한 소리를 내고, 법당에선 목탁 소리가 아련하게 들려왔다. 어린 나이였지만 문득 온몸이 뜨거워지는 느낌을 받았다.

'스님들은 이 절에서 무엇을 하는 것일까?' 문득 마음이 평안해지고 절에서 스님들이 사는 모습이 궁금해지기 시작했다. 집에 돌아와 야단을 맞으면서도 그는 귀주사가 어떤 절이냐고 여러 차례 따져 물었다. 본래 이성계가 글을 읽던 서당 자리에 세워진 절로 거기에 가서 부처님을 믿게 되면 사람이 죽지 않고 영원히 사는 길을 찾게 된다는 답변을 듣고 나서는 '죽지 않고 영원히 사는 길이 있다니…….'라고 혼자 중얼대는 일이 잦았다. 이것이 불연의 시작이었던 것이다.

#… "하나님이란 분은 도대체 어디로부터 생겨난 분입니까" 1912년 함흥의 한 중학교에서 학생 한명이 눈을 동그랗게 뜨고 교장 선생님에게 불쑥 질문을 던졌다. 중학교 교장은 미국에서 조선인들에게 '복음'을 전하겠다고 온 예수교 선교사였다. 키 작은 중학생의 당돌한 질문에 미국인 교장은 서툰 우리말로 "본래부터 하나님은 계신 것이니 그런 것은 궁금해 하지 말고 무조건 믿으면 되는 것"이라며 얼굴을 붉혔다. 불과 15살 된 어린 중학생이었지만 미국인 교장 선생의 답에 만족하지는 못했다.

소년은 속으로 "본래부터 그냥 있다니, 믿을 수가 없다" 며 더 이상 말을 건네지 않고 발을 돌렸다. 원하는 답을 듣지 못한 소년은 며칠 뒤 학교를 그만두고 일본으로 건너갔다. 그리고 7년을 일본에 머물며 불교와 인연을 맺고 조선으로 돌아왔다. 교장 선생님에게 '대들었던' 당돌한 소년이 바로 추담(秋潭)스님이었다. 목표를 세운 것은 반드시 이루고 마는 성품은 이때부터 나타났던 것이다.

#…스님은 1919년 함흥고보 재학시절 독립만세운동에 참여했다가 연행되어 투옥되는 등 두 차례에 걸쳐 옥고를 치렀을 만큼 뚜렷한 민족의식을 갖고 있었다. 스님은 출가이전부터 해동불교청년회장으로 활동하면서 민족대표 33인 가운데 한 분이었던 만해 한용운 스님과 교분을 가졌다. 지향점이 동일했던 두 스님은 서울 선학원 등에서 직접 만나 불교를 통한 민족문제해결에 뜻을 같이했다. 하지만 추담스님은 당신이 독립운동을 했다는 사실을 대중들에게 직접 꺼내 알리지는 않았다. 단지 후학들이 물어보면 "응당 해야 할 일을 했는데… 그 뭐 대단한 일이라고…"라면서 더 이상 말을 하지 않는 겸손함을 보였다.

#…추담(秋潭)스님이 속리산 법주사 주지 소임을 보던 때의 이야기다. 일본인 관광객 17명이 몰려와 팔상전 참배를 마치고 법주사 불사에 동참하겠다며 2천 원을 시주했는데, 하필이면 그 돈이 이토 히로부미의 초상이 선명한 일본 돈이었다. 경내에 있는 다른 전각을 참배하기 위해 일본인 관광객들이 팔상전을 나온 뒤에 시주금을 살펴본 스님의 얼굴이 상기됐다. 즉시 시주를 한 일본 관광객들을 불러 모아 호통을 쳤다.

"조선왕조를 무너뜨리고 일제 강점을 가져오게 한 장본이 이토 히로부미는 우리 민족에겐 쓰라린 한을 품게 한 역사의 원흉이 아닐 수 없소. 당신들이 조금이라도 양심과 생각이 있었다면 이 돈을 한국 돈으로 환전해 시주했어야 마땅할 것이오. 우리 민족의 원흉이 인쇄된 돈을 당신들이 이 나라에서 사용한다는 것은 아직도 침략 근성을 버리지 않았다는 증거가 아니겠소. 이 돈은 받을 수 없으니 도로 가지고 돌아가시오. 법주사는 법이 머문다는 뜻이며 법은 곧 올바른 것인데, 여러분은 과연 바른 일을 했는가에 대해 양심에 물어보고 반성해야 할 것이오." 일본인들은 한마디 변명조차 못하고 시주금을 되돌려 받고 물러나올 수밖에 없었다. 항일운동에 적극 참여했던 추담스님의 의지를 엿볼 수 있는 일화이다. 일본 사람들에게 시주 돈을 되돌려준 이 이야기는 며칠 후 《충청일보》와 《경향신문》에 크게 보도되어 화제를 불러일으켰다.

#...1960년 8월부터 1966년 말까지 법주사 주지 소임을 본 추담스님은 일제강점기부터 진행된 미륵대불 조성불사 회향을 위해 정성을 다했다. 나라 경제가 어려웠던 시절이기에 일반 불자들의 화주 갖고는 턱없이 부족했다. 하지만 원력 세운 것은 반드시 성취하고야 마는 스님의 열정은 어려움을 헤쳐 나가는 묘안을 찾게 된다. 5.16쿠데타로 정권을 장악한 박정희가 최고회의 의장으로 있던 시절, 추담스님은 불사의 재정 문제를 타개할 목적으로 박정희 의장을 면회하기로 했다. 그는 국고 보조를 요청할 요량이었다. 그러나 박의장과의 면담이 여의치 않자, 스님은 면담이 성사될 때까지 매일같이 박의장이 출근하는 길목에 서서 석가모니불 정근을 했다. 날이 좋으나 궂으나 거르지 않았다. 승복 입은 스님이 박의장 눈에 띄지 않을 리 없었다.

궁금증이 생긴 박의장은 육영수 여사와 친분이 있던 청담스님을 통해 추담스님을 초청했다. "무엇 때문에 매일같이 서 계신지요" "저는 법주사 주지인데, 민족통일을 염원하는 미륵대불 불사를 마치기 위해서는 나라에서 관심을 가져 주셔야겠기에 그렇게 매일 서 있었습니다" 그 뒤로 육영수 여사와 이방자 여사도 법주사를 직접 참배하는 등 정부차원의 관심과 지원이 있었다고 한다. 이에 앞서 1961년 초반에는 윤보선 대통령도 법주사에 들러 치하했을 정도로 추담은 많은 노력을 했다.

근대의 이름난 조각가 김복진 선생이 일제강점기부터 시작한 법주사 미륵대불은 뜻을 세운지 50여년만인 1964년 6월 14일 단오절을 맞아 점안법회를 성대하게 거행했다. 일중 김충현이 글씨를 쓰고, 추담스님이 지은 비문에는 미륵불을 조성한 까닭을 이렇게 적고 있다. "발을 천천히 미래에 두고 현실을 재촉하여 나아가는 자책과 노력으로써 이상은 각각으로 실현되리니, 현실에 이상이 내재된 소이인 것이다. 항상 현재에서의 새로운 각오 밑에 정법신심(正法信心)을 견고히 하라. 영원한 현재, 유유히 현실에 충실하여 자중(自重)에 노력할 것이다."

#...신학문과 함께 선교(禪敎)의 이치를 두루 섭렵한 스님은 1950년대 불교정화운동

에 참여하면서 직접 대중들을 만나고 기회 있을 때마다 법문을 했다. "우리의 목적은 이상과 실현의 행복을 얻는 데 있어, 두 날개는 자비와 지혜로 비지원만(悲智圓滿)에 있다"고 강조했다. "자비는 평등으로 나타나고, 지혜는 자유로 나타나니, 자유와 평등은 종(綜)과 횡(橫), 질적과 양적으로 민주주의의 근간이기도 한 것이다."

#...추담스님은 특히 신라시대 불교의 씨앗을 뿌린 이차돈의 예를 들며 "불자들은 호법(護法)과 구법(求法)의 정신을 잃지 않아야 한다"고 강조했다. 1966년 불교신문에 실린 추담스님의 법음(法音)이다. "우리들 조계종도가 일심단합(一心團合)하여 옛날의 엄행(嚴行)을 본받아 지금 시련당하고 있는 한국불교를 더욱 근대화하고 본자리에 갖다놓기에 신심(身心)을 아끼지 않았으면 한다."

#...출재가를 막론하고 욕심을 버려야 한다는 점을 기회 있을 때마다 강조한 추담스님이다. 1950년 3월 대중들에게 설한 스님의 법문이다. "사람이 자기 욕심만을 차려서 모든 것을 자기 표준으로만 탐하다가 그 욕심을 이루지 못하는 날에는 남을 욕하고 원망하며, 저주하다가 나중에는 강도 살인까지 저지르게 되는 것이니, 이런 무리들은 죽은 다음에 지옥을 가는 것이 아니라 그 살인의 큰 죄를 저지르기 전에 벌써 지옥에 떨어지고 만다."

#...추담스님은 정각(正覺)에 오르기 위해선 자각(自覺)과 각타(覺他)가 둘이 아님을 지적했다. "대인격의 자각은 그 자체가 필연적으로 각타를 동반하는 것이다. 자각각타. 각행궁만(覺行窮滿)을 일체의 인류로 하여금 자기와 동일의 지위를 획득케 하고자 하는 각타의 대행(大行)이 뒤따르는 자각을 가지는 것이다. 그런즉, 자각의 속에는 각타의 정신이 내재적으로 포함되어 있는 것이다."

#...1970년대 중반 70세를 훌쩍 넘긴 추담스님이 어느 날 법상에 올라 법문을 할 때의 일화는 두고두고 화제가 되고 있다. 법상에 오르자마자 추담스님은 법당이 떠나갈 정도로 크게 웃었다. "허허…. 하하…." 법당을 가득 메운 스님과 불자들은 노스님의 행동을 보고는 영문을 몰라 눈을 크게 떴다. 그렇게 한참동안 웃던 스님이 이번에는 울음을 터트리는 것이었다.

"아이고, 아이고, 어엉 어엉" 눈물까지 흘리며 대성통곡하는 스님의 이같은 '기행'에 법당에 운집한 사부대중은 어찌된 일인지 알 수 없어 당혹스러웠다. "노스님이 왜 그러시나. 혹시 뭐가 잘못되셨나"라는 의문까지 들었지만, 노스님의 뜻을 몰라 법당은 조용한 침묵과 팽팽한 긴장감으로 가득찼다. 그렇게 상당한 시간이 흐른 뒤에서야 스님이 목소리를 가다듬고 진지한 표정으로 한마디 던졌다.

"우리 인간 세상에 모든 법이 이렇게 웃다가 우는 것입니다. 인생이 이로부터 시작하는 겁니다." 인간사의 기본인 희로애락에 끄달리지 말고 정진하라는 스님의 경책이었다. 부처님의 가르침을 쉽고 빠르게 받아들일 수 있도록 설법을 했던 추담스님의 마음을 들여다볼 수 있는 일화이다.

평소 "무엇이든지 나에게 있다"면서 인과(因果)의 중요성을 대중들에게 역설했던 추담스님의 법문은 모든 것을 남의 탓으로만 돌리는 요즘 사람들에게 주는 경책이다.

"천우(天佑)이든 천벌(天罰)이든 그 어느 것이나 모두 자업자득(自業自得)입니다. 필연의 결과로서 나타나는 겁니다. 천재(天災)라 할지라도 자기에게 있어 필연적으로 일어날 운명, 즉 자기가 개척한 운명의 행로에 있어 필연적으로 일어날 이유가 있어서 일어난 것입니다. 그러므로 천벌이 아니라 자벌(自罰)입니다. 천재가 아니라 자기가 스스로 한 재(災)일 뿐입니다."

추 담스님은…

1898년 10월 27일 함흥에서 출생/ 1919년 3. 1운동 참여 옥고 치름/ 1921년 일본에 건너가 대정 대학에서 수학/ 1925년 함흥 일능 사립학교 설립 / 1937년 사회 활동을 접고 삼각산 약사사로 재입산/ 1952년 금정산 범어사에서 정화 역설/ 1956년 조계종 교무부장/ 1957년 금산사 주지/ 1960년 '대한불교' 초대주간, 법주사 주지 / 1969년 신흥사 중창/ 1978년 조계종 원로 추대. 10월 26일 입적.

법 타스님은…

1965년 속리산 법주사에서 추담스님을 은사로 출가했다. 동국대와 대학원 인도철학과에서 학사 및 석사학위를 받았다. 1969년 월남전에 참전, 호국 백마사 건립을 주도했다. 1980년대에 도미(渡美)해 '20세기 근세 북한불교에 관한 연구'로 종교철학 박사학위를 받았다. 불교계의 통일과 인권운동 활동을 선도해온 스님은 1992년 평불협을 결성, 지금껏 남북교류 사업에 매진하고 있다. 2004년 만해대상을 수상했다. 총무원 총무부장, 불교신문 부사장, 대구불교방송 사장, 은해사 주지 등을 역임했다.

춘성스님
1891~1977년

은사 **만해**스님
　　　상좌 **수명** 스님. 제자 **월**송. 견**진**스님

만해 스님의 유일한 법제자였고, 번뜩이는 선기로 한국불교사에 뚜렷하게 족적을 남긴 춘성스님은 종교의 참뜻을 깨우친 선승이요, 평생을 옷 한 벌로 살다간 무소유의 실천가였다. 또한 백용성과 함께 '화엄경' 사상을 웅변적으로 전하였던 화엄법사요.. 덕숭산 끝자락 만공 회상에서 장좌불와를 하며 지독스럽게 참선 수행을 하였던 간화선 수행자요.. 도봉산 망월사에서 수좌들을 매섭게 지도하였던 어른이요.. 저자거리에서 헐벗고 가난한 사람을 만나면 당신이 지니고 있는 모든 것을 주어버린 두타행(頭陀行)요.. 번뇌에 파묻혀 살던 중생들에게 "극락이 마음을 떠나 따로 없고, 종교도 본래 없는 것이다."라며 통쾌한 법문을 주며 수많은 보살들을 부처님 세상으로 이끌었던 그야말로 근대에 참 중이었다.　그러나 스님은 평생 옷 한 벌 바리때 하나로 살다간 '무소유의 실천가'요.. '욕쟁이 도인'으로 유명할 뿐이다.

춘성 스님은 세인들에게 널리 알려진 스님이 아니었고 큰 감투를 별로 쓴 일이 없었기에 언론매체에 자주 소개되는 일도 없었다. 그러나 스님은 시원스런 육두문자를 거침없이 날려 1960년대, 1970년대 한국불교계에서는 '욕쟁이 스님' 하면 모르는 사람이 없을 정도로 유명했다. 지나치게 화장을 하고 사치스런 옷을 걸친 여자가 절에 오면 스님은 아무리 지체가 높은 고관대작의 부인이라고 하더라도 즉석에서 "씨부랄 년!" 이라는 욕부터 쏟아냈고, 값비싼 털옷을 입고 온 여자의 털옷을 벗게 한 뒤 그 자리에서 태워버린 일까지 있었다.

그런데 걸림 없이 쏟아내는 스님의 무지막지한 욕설을 들어도 누구 한사람 감히 항의하거나 대들지 않았을 뿐만 아니라 시원스러움을 느꼈다고 한다. 스님의 욕설에서는 천박한 냄새가 나는 것이 아니라 상큼하고 속 시원한 지혜가 번뜩였으니, 이것은 아마도 걸쭉하고 질퍽한 스님의 육두문자와 욕설 속에 선지(禪旨)가 담겨있었던 탓이 아닌가 싶다.

스님의 막내 상좌 수명스님은 "사람들이 춘성 스님에 대해 많이 물어봅니다. 정말 그렇게 욕을 잘 하셨냐구요. 그런데 저는 그게 너무 안타깝습니다. 우리 스님이 욕을 아주 잘 하셨는데, 그게 말로 설명하면 만날 욕이나 하는 이상한 스님이 되어버리거든요. 하지만 실제로 스님이 크게 육두문자를 내지르는 것을 직접 뵈면, 기분이 나쁜 게 아니라 환희심이 납니다. 가슴이 뻥 뚫리기도 하고, 정신이 번쩍 나기도 하고, 기분이 좋아지기도 하고 그렇습니다. 저만 그런 게 아니라 누구나 스님 뵈러 왔다가 욕을 못 듣고 가면, 법문 못 듣고 가는 것 같아 아쉽다고들 했으니까요" 라고 한다.

춘성스님은 1891년 강원도 속초에서 태어났다. 속명 창림(昌林), 본관은 평창(平昌), 성(姓)은 이(李)씨, 법명은 춘성(春城), 법호 또한 춘성(春性) 이다. 태몽에 하늘에서 동자가 오색구름을 타고 어머니 품안으로 들어왔다고 한다. 어린 시절 영민함이 유난히 남달랐던 창림은 9세에 어머니를 따라 신흥사에 가서 대웅전 부처님을 뵙고 난 후 출가의 뜻을 세워 1901년 13세의 어린나이로 설악산 백담사에서 만해 스님을 은사로 출가하였으며, 20세에 동선 스님으로부터 구족계를 받았다.

백담사에서 10여 년 간 만해스님을 시봉한 춘성스님은 25세에 평안도 안변 석왕사에서 불교전문강원 대교과를 수료, 강학(講學)을 전공하고 강백(講白)으로서 전국의 운수납자를 들끓게 했다. "사람의 마음은 생기지도 않고 없어지지도 않으며, 때가 묻지도 않고 깨끗하지도 않으며, 불어나지도 않고 줄어들지도 않는다. 이 마음은 마치 거울과 같다."고 춘성스님은 후학들에게 마음의 소중함을 강조했다.

30세에 신흥사 주지를 맡았으며, 35세에 석왕사 주지를 맡아 불사(佛事)를 이룬 후 서울 삼청동에 많은 신도들의 힘으로 칠보사를 창건하고 도봉산 원통사를 중창하고, 40세에 덕숭산 수덕사 만공스님 휘하에서 법사로 전법 수행하였다. 만공스님께서 '별전일구(別傳一句)가 재기처(在基處)요' 하자, 춘성스님이 우렁찬 목소리로 일갈(一喝)하며 되받으나, 만공선사께서 이를 수긍치 않으시자 스님은 수덕사 정혜사에서 겨울에 불도 지피지 않고 장좌불와를 거듭하였다. 매일 아침 문틈으로 넣어주는 생식 공양이 그대로 있어, 변고가 생긴 줄 안 대중이 강제로 문을 열자, 춘성스님은 미동도 않고 참선에 들어있었다고 한다.

한때 '화엄법사'로 명성을 날릴 만큼 교학에 밝았던 춘성스님이 만공스님에게 화두를 청하니 "자네는 글을 너무 잘하니 글을 놓아야 화두를 주겠다"고 했다. 스승의 뜻에 따라 글을 놓은 지 3일째 되는 날 춘성스님은 만공스님에게 '萬法歸一一歸何處(만법귀일일귀하처—일만 법이 하나로 돌아가니, 하나는 어디로 갈 것인가)'를 화두로 받았다. 이에 "현재가 가장 중요하다"는 깨우침을 얻어 훗날 스님은 무(無)를 강조하며 당신을 남기려고도 하지 않았고, 상(相)에 얽매이지도 않으려고 했다.

그 후 금강산 유점사에서 3년간 수행하였는데 마지막 동안거 결제일에 '이제 잠은 항복 받았다'며 성만하였다. 그때의 일화이다.

스님은 정진 중에 사정없이 몰려오는 졸음을 물리치기 위해 비장한 마음으로 법당 뒤 빈터에 구덩이를 파고 그 자리에 큰 항아리를 묻은 다음 그 항아리에 냉수를 가득 채웠다. 엄동설한, 자칫하면 항아리에 가득 찬 냉수가 얼어 항아리가 터질 지경이었는데, 춘성 스님은 참선수행을 하다가 졸음이 밀려오면 옷을 훌렁훌렁 벗어 던지고 그 찬물 담긴 항아리 속으로 들어가서 머리만 내밀고 앉아 정진을 했다. 발가벗고 항아리 속에 들어 앉아 참선하면서 춘성 스님 은 쾌재를 불렀다. "허허! 이제야 졸음한테 항복을 받았다!"

서대문 감옥에 갇힌 만해 한용운 스님에게 '조선독립의 서'를 받아 그것이 '독립신문'에 실리도록 중국 상하이에 있는 대한민국임시정부에 전달하게 한 사람이 바로 춘성스님이었다는 사실은 잘 알려지지 않았지만 은사 만해스님 옥바라지 할 때의 일화는 너무 유명하다.

스님은 스승이 감옥생활을 하고 있는 동안 엄동설한에도 아궁이에 불을 피우지 않은 채, 냉방에서 견디고 있었다. 이때 그 절에 찾아왔던 다른 스님이 돌아보니 절에는 땔감도 많이 있었다. 그런데도 불을 때지 않은 채 냉방에서 자고 있으니 이상하게 생각해서 스님에게 물었다. "아니, 저렇게 땔감이 많이 있거늘 어찌하여 아궁이에 불을 피우지 않고 냉방에서 덜덜 떨면서 자는 게요?" "그야 물론 장작이야 넉넉히 있지요. 허나, 스승께서 독립운동을 하다 왜놈들한테 붙잡혀 지금 서대문 형무소 추운 감방에서 떨고 계실 텐데, 제자인 내가 감히 어찌 따뜻한 방에서 잠을 잘 수 있겠습니까? 스승께서 나오시기 전에는 결코 아궁이에 불을 넣지 않을 것입니다." 그렇게 대답하면서 겨우내 아궁이에 불을 넣지 않았다.

춘성스님은 만해스님의 유일한 제자였다. 그리고 만해스님도 춘성스님을 제자로 늘 자랑했다.

그런데 만해스님이 독립운동을 하다 붙잡혀 서대문 형무소에 갇혀 지내던 어느 날, 제자인 춘성이 추위에 고생하시는 은사 만해스님을 위해 두툼한 솜바지 저고리 한 벌을 지어 가지고 형무소로 면회를 갔다. 내복도 없던 시절, 홑옷만을 입으신 채 형무소 바닥에서 엄동설한에 고생하실 스승을 염려한 나머지 제자 춘성이 정성을 기울여 만들어 온 솜바지저고리였다. 제자가 만들어온 새 솜바지저고리를 넣어드리자 만해 스님이 제자에게 물었다.

"이것 보아라. 이 솜바지저고리를 만들라면 수월찮은 돈이 있어야 할 텐데, 그대가 도대체 무슨 돈이 있어서 이 비싼 솜바지저고리를 만들어 왔느냐?"

"스님, 염려마시고 따뜻하게 입으십시오." "무슨 돈으로 만들었냐고 물었다. 대체 무슨 돈으로 이 솜바지저고리를 만들어 왔느냐?"

"사실은 … 달리 돈을 마련할 길이 없기에 절에 딸린 텃밭을 팔아 그 돈으로 이 솜바지저고리를 만들어 왔습니다. 걱정 말고 입으십시오." "너 이놈! 절에 딸린 텃밭은 부처님 재산이거늘, 그걸 감히 네 마음대로 팔았단 말이더냐?"

"텃밭은 나중에 다시 사면 될 것 아니겠습니까?" "아니 될 소리! 너는 부처님 재산인 사중 땅을 사사롭게 쓰기 위해 함부로 팔아먹었으니 죄 중에도 큰 죄를 지었다. 나는 너 같은 상좌를 둔 일이 없으니 오늘부터 당장 내 제자라는 소리는 입 밖에 내지도 말라!" 만해 스님은 이렇게 매섭게 제자를 꾸짖고 정성들여 만들어온 솜바지저고리 받기를 거절했다.

그 후로는 누가 물어도 춘성 스님은 이렇게 대답했다. "나에게는 은사가 안 계십니다."

춘성스님은 6.25 당시 홀로 의정부 망월사를 지켰으며 강화 보문사 등 여러 절에서 후학을 길렀다. 전쟁이 끝난 후 폐허가 된 망월사에 혼자 남아 있던 춘성은 절을 중수하기 위해 허가도 없이 벌목을 하였다가 의정부 영림서로부터 출두 명령을 받았다.

춘성이 영림서에 들어가니 마침 서장이 조서를 작성하기 위해 이것저것을 물었다. 춘성이 산림법 위반으로 경찰서에 잡혀갔다. 경찰이 주소를 묻자 "우리 엄마 XX다"라고 대답했다. "본적은?" "우리 아버지 XX다." 라고 하니 서장이 호탕한 웃음으로 풀어주고 말았다.

스님은 50여년을 망월사에서 보냈는데, 80 노구에도 잠을 주무시지 않고 수행에 전념하는 모습과 망월사 선원 큰방에서 대중들과 같이 수행에 전념하는 모습은 이제 하나의 전설이 되었다. 수행자로서 춘성 스님은 참으로 무서운 분이었고 서릿발 같은 분이었다. 도봉산 망월사에서 참선 수행을 할 적에 젊은 수좌들이 담요를 덮고 자다가 춘성 스님에게 들키면 그 자리에서 벼락이 떨어졌다고 한다. "수행자가 편하게 따뜻한 잠을 자는 것은 있을 수 없는 일이다! 야 이 씨부랄 놈아. 그 담요 당장 이리 내놓아라!" 라며 스님은 기어이 젊은 수좌로부터 담요를 빼앗아 그 자리에서 불태워 버렸다고 한다. 그토록 수행에 철저했을 뿐 아니라 전국에서 결제철이면 전국에서 수좌들이 우루루 몰려들었는데 스님은 그들과 거침없이 법거량을 해주어 그들의 마음을 용맹심으로 거듭나게 해주었다.

"당시 이불 없는 선원은 망월사 선원밖에 없었습니다. 방석 한 장으로 하안거, 동안거를 났습니다. 그리고 우리 스님은 항상 저녁 9시에 취침에 들어 밤 12시면 어김없이 일어나서 새벽 3시 도량석을 당신이 직접 하셨습니다. 그런데 도량석 하러 나가실 때면 일렬로 누워있는 수좌들의 발을 툭! 툭! 툭! 좌르르 걷어차면서 나가셨습니다. 깨워주시는 거예요. 그리고는 도량석을 하는데, 대부분 도량석하면 이삼십 분 정도 하잖아요. 그런데 우리 스님은 항상 55분을 하셨습니다. 여든이 다 되신 어른이 그 큰 장군목탁을 가슴에 안고 얼마나 우렁차게 도량석을 하셨는지 모릅니다." 수명스님.

45세에 25하안거를 마치셨고, 60세인 1950년 6.25전쟁 때에는 북한산의 망월사를 떠나지 않았다. 60세 이후 망월사 주지, 강화 보문사 주지 등을 역임하셨으며, 80세까지 망월사 조실로 계시다가 81세 홀연 만행을 떠나시고 87세에 스님은 화계사에서 문도를 모아두고 ..

'허공에 골체(骨體)를 보았느냐? 만월청산(滿月靑山)에 무촌수(無寸樹)하니 현애철수장부아(懸崖撒手丈夫兒)니라, 팔십칠년사가 칠전팔도기로다. 횡설여견설(橫說與堅說)이여 홍로일점설(紅爐一點雪)이니라.' 라는 마지막 법어를 내리고 홀홀히 떠났다.

만해스님의 유일한 직계상좌로, 만공스님의 전법제자로, 함께 화엄학을 공부한 용성스님과 3.1운동 동지였던 스님은 당대 최고의 스승 세 분에게 가르침을 받은 대 강백이었으나 '무'자 한마디로 글문을 닫아버리고 한평생을 철저한 무소유의 일의일발만으로 깨친 본래대로 자재롭게 걸림 없는 삶을 살다가 가신 춘성스님은 가시는 길도 여법했다. 1977년 봉국사(奉國寺)에서 "나에 대한 일체의 그림자도 찾지 말라! 사리도 찾지 말고 비석과 부도도 세우지 말 것이며, 다비(茶毘)한 재는 몽땅 바다에 뿌리고, 오직 수행에만 힘쓰라 "는 유언을 남기고 세납 87세, 법랍 74세로 입적(入寂)하였다.

제자들은 유언대로 사리까지도 모두 서해에 던졌는데 그 사리는 매우 크고 영롱하였다고 전한다. 투철한 수행과 일반인의 눈에 특이하게 보이는 기행으로 한 생을 살다 간 스님을 보내는 날 밤, 후배 선승들은 다비식장에서 춘성스님이 생전에 즐겨 불렀던 〈나그네 설움〉 등을 부르며 그를 보냈다고 한다.

욕쟁이 도인 춘성스님의 일화.

 #...춘성스님은 생전 서랍이든 문이든 잠그지 않았다. 걱정이 된 제자 하나가 스님에게 물었다.

"스님 그래도 잠가야죠" "야 이눔아! 내가 아비 어미 다 버리고 중이 되었는데 무엇이 그리 중요한 게 있다고 잠그겠냐"

#...어느 겨울날 춘성은 지금의 창경궁 정문 앞을 지나다가 공중변소 앞에서 떨고 있는 초로(初老)의 남자를 만났다. 궁색한 행색에 옷조차 제대로 입고 있지 못한 것을 본 춘성은 지체 없이 자신이 입고 있던 옷을 모두 벗어주었다. 속옷만 달랑 걸친 알몸이 된 그는 대낮에 거리를 다닐 수가 없어 공중변소 안에서 날이 어둡기를 기다렸다. 날이 어둑어둑해지자 춘성은 남이 볼세라 혜화동 로터리를 지나 성북동의 한 비구니 절로 달려가 문을 두드렸다. 비구니들은 혼비백산해서 서둘러 장삼을 가지고 나왔다. 자초지종을 전해 듣고서야 비구니들은 감동을 하고, 따뜻한 밥과 국을 대접하고 밤새 춘성이 입을 의복을 지었다. 춘성은 새로 지은 옷을 입으면서도 "헐벗고 굶주린 중생들이 이 추위를 어떻게 견딜 고..."라며 중생들에 대한 걱정을 멈추지 않았다.

#...통행금지가 있을 때 이야기이다. 하루는 통행금지 시간을 지나서 춘성스님이 서울 시내를 돌아다닐 일이 있었다. 순찰하던 방범대원이 춘성스님 쪽을 향해 플래시를 비추면서 물었다.

"거기 누구요" "나? 중대장이야" "아니! 중대장이 아니라 스님 아닙니까?" "아이사람아, 내가 중의 대장이니까 중대장이지"

#...서울근교 어느 비구니사찰 중창불사를 위한 법회에서 "시집 장가가는 데는 자X와 보X가 제일이듯 중창불사 하는 데는 돈이 제일이니, 오늘 이 법회에 온 귀부인 년들

아 ~ 돈 많이 시주하고 가거라! ”

#...춘성스님이 서울역에서 기차를 탔다. 잠시 후 "예수천국, 불신자 지옥" 피켓을 들고 기독교 신자들이 스님이 있는 칸에 우르르 몰려 탔다. 그들은 스님을 보더니 스님 앞에 다가와 깔보는 투로 말했다.

"죽은 부처 따위 믿지 말고 부활하신 우리 예수를 믿으시오 그래야 천국에 갑니다"

기차안 사람들 눈이 휘둥글해 졌다 스님의 기골이 장대한 편이라 분명 싸움이 나려나 예상했다. 춘성 스님이 그 말을 한 사람을 올려다보고는 물었다.

"부활이 뭔데?" "죽었다 살아나는 것이오. 부처는 죽었다가 살아나지 못했지만 우리 예수님은 부활하셨소. 그러니 죽은 부처보다 부활하신 우리 예수님이 훨씬 위대하지 않소? 예수님을 믿으시오" "죽었다가 살아나는게 부활 이라고?" "그렇소"

춘성스님은 그 사람을 빤히 쳐다보고 말했다.

"그럼 너는 내 거시기를 믿어라 내가 여태 살면서 죽었다가 살아나는 것은 거시기 밖에 보질 못했다. 내 거시기는 매일아침 부활한다. 예수는 내 거시기와 같으니 너는 내 거시기를 믿거라" 피켓을 든 기독교인들은 혼비백산 사라졌고 이를 지켜보던 전철 승객들은 박장대소 했다고 한다.

#...박정희 대통령 재임 시절, 어느 날 춘성 스님은 육영수 여사 생일에 초대되어 간 적이 있었다. 그 자리에서 불자인 박 대통령과 육 여사가 법문을 청하자, 춘성 스님은 마이크 앞에 아무런 말도 않고 잠자코 있었다. 시간이 많이 흘러 결국 참가자들의 기다림이 한계점에 이르렀을 때 춘성 스님은 갑자기 법문 한 마디를 하였다.

"오늘은 육영수 보살이 지 애미 보지에서 응아하고 나온 날입니다."

듣고 있던 대중들은 영부인의 생일에 한 이 법문에 놀라 서로 얼굴만 바라보고 어쩔 줄 몰라했다. 그러나 스님은 아무 표정 없이 "할말"을 했을 뿐이었고, 육여사 또한 스님의 법력을 아는지라 미소를 보였다고 한다.

#...또 한 번은 어느 때 육여사가 춘성스님이 큰스님임을 깨닫고 뵈러갔었는데, "나와 연애 한 번 하자.'고 말을 하니, 육여사가. " 몸과 마음을 바쳐 불사에 힘쓰겠다.'고 하고는 이 사실을 박대통령에게 알리니 "불교계에 큰스님이 났다."며 칭찬을 아끼지 않았다고 한다.

#...춘성스님에게 신자들이 당시로선 고가인 양복을 해왔다. 그러면 스님은 그 양복에 나비넥타이까지 매고 중절모를 쓴채, 서울 시내에 나가 지인에게 맥주 한잔 얻어먹는 것을 즐겼다. 그러나 양복은 그의 몸에 이틀을 붙어있지 않았다. 헐벗은 걸인들을 만나 그들에게 훌쩍 벗어주고 속옷바람으로 돌아오기 일쑤였다고 한다.

#...하루는 제자 하나가 스님에게 질문하였다. "스님! 백척간두에서 다시 한 발 내디디면 그 다음 경계는 어떤 것 입니까" "야! 이 새끼야. 내가 떨어져봤어야 알지"

#...춘성 스님이 입적을 앞두고 있는 상황에서 후학이 스님에게 물었다. 열반에 들어 다비를 하고 난 후, 스님의 사리가 안 나오면 신도들이 실망 할텐데요?

"야, 이 시발 놈의 자슥아! 내가 신도 위해 사냐?"

#...장성한 딸을 둔 노 보살이 있었다. 딸의 소견이 좁은 것을 염려한 이 보살은 딸을 춘성의 처소로 보내 법문을 청해 듣도록 했다. 보살의 딸을 본 춘성이 대뜸 말하길 "내 그 큰 것이 네 그 좁은 데 어찌 들어가겠느냐?" 고 했다. 순간 딸은 얼굴이 벌게지면서 방문을 박차고 나가 버렸다. 집으로 돌아온 딸은 어머니에게 법문 내용을 사실대로 전했다. 그러자 노파는 "스님은 엉터리" 라고 푸념을 늘어놓는 딸을 호되게 야단쳤다.

"아이구 이것아 네가 그래서 소견이 좁다는 것이야. 큰스님의 법문이 네 쪼그만 소견 머리 속에 어찌 들어가겠느냐" 어머니의 말을 듣고서야 딸은 소중한 법문을 잘못 알아들은 것을 마음 깊이 참회했다.

#...춘성 스님이 기차를 타고 부산에서 서울로 올라오는 중에 함께 탄 목사가 기독교를 믿으라면서 하나님은 무소부재(無所不在)라고 했다. 춘성이 물었다. "그러면 하나님은 없는 데가 없다는 말이냐?" "그러지요!" "그러면 하나님은 똥통 속에도 있겠네?" 이 말을 들은 목사는 춘성을 노려보면서 "감히 하나님에게 불경스러운 말을 쓴다"고 화를 내며 물었다. "부처님도 없는 데가 없느냐?" "없는 데가 없지!" "그러면 부처님도 똥통 속에 있겠네?" "똥이 부처님인데 똥통 속에 있고 말고 말할 것이 뭐 있어?"

#...1910년 8월 설악산 백담사에는 만해스님이 머물고 있었다. 당시 시봉은 춘성스님. 한동안의 가뭄 끝에 소나기가 쏟아졌다. 갑자기 춘성스님이 옷을 모두 던져 버리고 절 마당에서 춤을 덩실 덩실 추면서 은사를 찾았다. "스님. 비가 와요. 소나기가 와요."

놀란 만해스님이 방문을 열고 마당으로 나왔다. 만해스님은 소낙비를 바라보며 "중생의 애를 태우고 이제야 퍼붓느냐"고 말했다. 춘성스님은 계속 춤을 추었고, 만해스님은 춤추는 것을 막지 않았다.

#...어느 날 만해 한용운 스님이 춘성 스님을 부르더니 "너는 장가도 가지 말고, 공부도 하지 마라."고 했다는 것이다. 이에 춘성 스님은 그 까닭도 묻지 않고 '네' 하고 답했고, 그 길로 스님은 공부와 연을 끊고 참선인의 길로 들어서 입적하는 날까지 배운 바 하나 없는 노승의 모습으로 머물다 갔다. "스님, 만해 스님 자신은 글을 숭상하면서 상좌인 스님의 글공부는 왜 못하게 했습니까?" "그거야 내가 하기 싫어서지. 하지 말란다고 하고 싶은 것 내가 안 하나." "스님이 가지고 계신 조선어 독본을 빼앗았다고 들었는데요." "어떤 궁녀가 나에게 글을 배우라고 책을 주었는데 어설픈 글은 왜놈의 앞잡이 밖에 될 게 없다. 차라리 무식한 편이 이 왜놈 앞잡이도 피하고, 그 편이 낫다며 책을 뺏어 가셨어." "글공부는 그렇다 하지만, 왜 장가드는 것은 막으셨습니까." "우리 스님 말씀이, 무식한 놈이 권속은 무슨 재주로 먹여 살리느냐 이거야. 당신도 권속을 못 먹였으니 옳은 말씀이야."

#... "어느 땐가 하안거 해제날이었습니다. 스님이 마을에서 맥주 두 박스를 시켰어요. 그 동안 공부 열심히 했으니 오늘은 마음껏 먹고 마시라고 말이죠. 지금도 놀랄 일인데 그때는 기절할 일이었습니다. 다들 스님이 따라준 맥주잔을 들고서 어쩔 줄을 몰라 했습니다. 마실 수도 없고, 안 마실 수도 없고…. 결국 스님 호통에 못 이겨 입으로 들어가는지 코로 들어가는지도 모르고 마셨죠. 그런데 그러고 나서 스님께서 느닷없이 법문을 하시는 겁니다. 오늘 먹은 것만큼 더 공부해라. 그때 그 말씀이 얼마나 서릿발 같고 무서웠는지…. 참 특별하신 어른이었습니다." /수명스님.

#...춘성 스님이 열반에 드시기 얼마 전 수명 스님은 노사를 모시고 제주도 여행을 떠났었다 한다. 그런데 비행기에 올라탄 지 10여 분 정도 경과했을까. 갑자기 춘성 스님이 내리겠다며 걸망을 지더란다. 수명 스님이 깜짝 놀라 비행기는 기차가 아니라 내릴 수 없다고 노사를 설득하자, 춘성 스님이 이렇게 말했다고 한다. "비행기는 떴다 하면 바로 내린다고 들었다. 벌써 10분이 지났는데 왜 못내리느냐."

#...스님이 조계사 법당의 기둥에 등을 기대고 앉아서 장좌불와(長坐不臥)를 하시는 어느 날의 해질녘이었다. 육십고개를 갓 넘은 부인이 스님을 찾아와서 큰절을 하고서 하는 말이 "스님이 도인이라고 해서 왔습니다. 묻고 싶은 일이 있는데 물어도 괜찮겠습니까" 하였다. 그 말을 들은 스님이 웃으면서 "나를 도인이라? 물을 것이 있으면 점

쟁이를 찾아가야지. 도인이 무엇을 안다고 도인에게 묻겠다는건가. 도인은 워낙이 할 말이 없는 법이야" 하셨다. 그래도 부인이 자꾸만 스님에게 묻고 싶다고 하니, 스님은 "내 말은 저녁 찬거리의 양념도 안 돼. 그래도 묻고 싶으면 물어 보지" 하셨다. 가까스로 승낙을 받은 부인이 털어놓은 이야기는 고부(姑婦)사이의 갈등이었다.

청상과부로 외아들을 키워 장가를 드린 지 1년이 지났는데 며느리와의 사이가 좋지 않다는 것이었다. 아무리 며느리를 예쁘게 보려고 해도 그러면 그럴수록 며느리의 미운 점이 생각 나서 마음이 더 편치 않다는 것이었다. 그리고 며느리는 며느리대로 시어머니의 간섭을 마땅치 않게 여기니 마주치면 된소리가 오간다고 했다. 그래서 아들 며느리와 떨어져 살 생각도 해 보았으나 그럴 형편도 못되고, 그러니 어떻게 하면 좋으냐는 것이었다. 한참을 듣고 있던 스님이 당신의 얼굴을 부인의 얼굴 가까이 대고서 작은 소리로 "며느리가 밉다는 생각을 버리면 되네." 하셨다.

그러나 부인이 "어떻게 해야 밉다는 생각을 버릴 수 있습니까." 물었다. 스님은 쯧쯧 혀를 차고서 "며느리가 밉다. 시어머니가 밉다고 흔히 말하지만 며느리가 미운 것도 아니고 시어머니가 미운 것도 아니야. 며느리가 언제 어떤 미운 짓을 했다던가 시어머니가 언제 며느리를 구박했다고 하는 기억이 미운 것이야. 그 기억을 버리면 미워할 일이 없지"

"거울에 똥이 비쳤다고 해서 거울이 더러워지면 아름다운 꽃이 비쳤다고 해서 거울이 깨끗해지는가. 거울은 더러워지지도 않고 깨끗해지지도 않는다. 그것이 '불구부정'이다. 거울에 무거운 것이 비쳤다고 해서 거울이 무거워지고 그 무거운 것을 비추지 않는다고 해서 거울이 가벼워지는가. 거울은 무거워지지도 않고 가벼워지지도 않는다. 이것이 '부증불감'이다. 사람의 마음도 그와 같아서 미워할 일을 비추지 않으면 미워하지 않게 된다."

이 말을 듣고 크게 깨달은 부인은 며느리와의 갈등을 없앴다고 한다. 그 뒤로 스님의 법문을 듣고, 고부사이의 갈등이 없어졌다고 하는 소문은 여기저기로 퍼져서 고부간의 갈등이 있는 사람들이 자주 스님을 찾아와 물으면 으레 며느리 밉다는 생각을 버리고 며느리의 미운 짓을 기억하지 말라고 하셨다. 또한 며느리가 와서 물으면 시어머니 밉다는 생각을 버리고 시어머니의 구박을 기억하지 말라고 하셨다.

#...어느 날, 한 시어머니가 찾아와서 기독교를 믿는 며느리와의 갈등을 이야기하였다. 제사도 지내려 하지 않고 시어머니 절에 가는 것을 마귀 싫어하듯이 싫어한다는 것이

었다. 그 때, 스님은 한 마디로 며느리와 함께 교회에 나가라고 하셨다. 영문을 몰라 어리둥절해하는 시어머니에게 "한 달쯤 열심히 며느리를 따라서 교회에 다닌 다음, 며느리에게 절에 가자고 권하시오. 시어머니가 며느리를 따라서 교회에 다녔으니 다음에 며느리가 시어머니를 따라서 절에 가는 것은 공평한 것 아니겠소" 하셨다.

그러자 시어머니 "며느리를 따라서 교회에 가는 것은 어렵지 않지만 며느리를 데리고 절에 가기는 쉽지 않습니다. 전에도 여러 번 절에 가자고 권해 보았으나 막무가내였습니다. 설사 절에 간다 해도 절에 가서는 무엇을 어떻게 합니까?" 하였다. 시어머니의 목소리에 전혀 자신감이 없었다. 그러는 시어머니에게 스님은 단호하게 "무엇을 하기는, 참선을 시켜야지. '내가 누군가' 생각하라고 해. 이것이 화두야" 하셨다.

이 일이 있은 뒤, 두어 달이 지난 늦가을의 어느 날, 그 시어머니와 며느리가 함께 스님을 찾아왔다. 며느리는 처음 시어머니가 자진해서 교회에 따라나섰을 때는 시어머니의 심경이 어떻게 해서 갑자기 바뀌었는가 의심했다. 그러나 교회에 함께 가시는 것이 고마워서 묻지 않았다. 아무 말 없이 한 달가량 교회에 나가시던 시어머니가 하루는 함께 절에 가자고 해서 당황하고 또 그러한 속셈이 있었구나라고 생각하니 시어머니가 밉기 짝이 없고 배신감이 느껴져서 화가 치밀었다. 그리고 그 얄미운 지혜를 가르쳐 준 사람이 더욱 미워서 그 사람을 만나 한바탕 해댈 양으로 만난 사람이 스님이었다.

그 때, 스님께서 며느리에게 "절에 오지 않아도 좋으니 내가 누구인가'를 항상 생각하라"고 이르시고 "머지않아서 며느리를 맞아 시어머니가 되었을 때의 나를 생각하라"하신 말씀을 하셨다. 그 말을 듣고 며느리는 종교가 다르다고 해서 시어머니 대하기를 마귀 대하듯 한 자기의 허물을 통감했고 앉은 자리가 꺼지는 것 같은 현기증을 느꼈다고 한다. 그 뒤로 '내가 누구인가'를 생각하면서 자연히 반성을 하게 되고, 시어머니에게서 미래의 자기 자신을 보게 되었다고 하였다.

수명스님...

막내상좌였던 수명 스님이 이십년 가까이 보아온 은사스님의 모습이다.

"춘성 스님이요? 정말 보여드리고 싶어요. 우리 스님이 얼마나 멋진 어른이셨는지, 얼마나 천진하셨는지, 그 선기는 또 얼마나 대단하셨는지 보여드릴 수만 있다면 보여드리고 싶을 뿐입니다. 그 모습을 어떻게 말이나 글로 표현할 수 있겠어요? 저는 처음 뵌 날부터 좋았습니다. 할아버지 같았고 그러면서도 천진한 모습이 참 좋았습니다. 그리고 우리 스님은 항상 우리하고 같은 방에서 생활하셨거든요. 승가의 위상으로 보면 보통 어른이 아니었지만, 전혀 그런 격을 내세우지 않으셨습니다. 나중에 우연히 우리 스님이 옛날에 대단한 강백이었다는 것을 알았을 때도 전 정말 깜짝 놀랐습니다. 단 한 번도 당신이 배운 티를 내지 않으셨거든요. 그래서 어느 날은 제가 슬쩍 스님을 떠볼 요량으로 한자를 내밀고 여쭤본 적이 있었습니다. 하지만 스님은 일자무식자처럼 생활 하셨습니다. 마음 하나만 밝히고 산 어른, 그런 어른이 또 있을까요?"

춘성 스님의 삶과 수행은 수많은 기행으로 점철되어 있다. 그리고 그 곁에는 늘 수명 스님이 있었다. 누가 글을 써달라고 찾아오면 춘성 스님은 서예를 잘하는 수명 스님을 자랑하며 대신 쓰게 했고, 곡차를 찾으면 곡차를 대령했고, 양복을 입고 싶다 하면 양 복을 대령했다. 수명 스님은 춘성 스님의 입에서 말이 떨어지면 '네'라는 말 외에는 하지 않았다고 한다. 도저히 들어드릴 수 없는 말일지라도 수명 스님은 옳고 그름을 따 지지 않았다. 다만 무슨 수를 써서라도 이루어드리려 애쓸 뿐이었다.

"왜냐구요? 물론 그 행동의 연유를 저희는 알 수도 없고 이해하려 해도 이해할 수 없 습니다. 그러나 분명히 확신할 수 있었던 것은 그 어른은 가장 맑고 청정한 자유인이었 다는 것. 그것만은 알 수 있었거든요." "우리 스님이 당부했던 건 세 가지입니다. 주 지하지 마라. 총무원에 들어가지 마라. 독방 쓰지 마라. 아마 우리 스님이 아니었으면 지금도 저는 많은 것을 욕심내며 살고 있을 거예요. 제가 욕심이 많거든요. 그래서 늘 감사합니다. 우리 스님 만난 것…."

춘성 스님…

1891년 출생. 13세에 백담사에서 만해 스님을 은사로 출가하였으며, 20세에 동선 스 님으로부터 구족계를 받았다. 25세에 평안도 안변 석왕사에서 전문강원 대교과를 수 료, 강학(講學)을 전공하고 강백(講白)으로서 후학 양성에 힘썼다. 40세에 덕숭산 수덕 사에서 만공 스님 휘하에서 정진하였으며, 금강산 유점사에서 활연대오했다. 45세에 25하안거를 성만했으며, 60세부터 망월사에 주석했다. 1977년 화계사에서 세수 87 세 법랍 74세로 입적했다.

수명 스님…

1963년 동화사에서 출가했으며, 1964년 망월사에서 춘성 스님을 은사로 재출가했다. 1977년 춘성 스님이 입적하실 때까지 망월사에서 시봉했으며, 서예와 서화로 등단하 였다. 수명 스님의 글과 그림을 춘성 스님이 아꼈으나, 지금은 모두 놓아두고 용인 바 라산 서광사에서 수행정진하고 있다.

취봉스님
1898~1983년

은사 **남호**스님. **은허**스님.

상좌 **원공**스님. **범종**스님

6.25때 불탄 송광사 복원에 헌신. 무소유, 무애자재한 삶의 실천가. 후학양성에 힘쓴 유학생 출신의 강백. 옷 한벌 조차도 입지않고 뼈만 남은 고행자의 모습으로 입적.

1898년 8월 29일 경남하동군 화개면 운수리 쌍계사 아랫마을에서 나주임(林)씨 상묵씨의 셋째아들로 태어났다. 15세 되던 1912년 1월 쌍계사에서 입산출가하여 19세 때 송광사에서 남호스님을 은사로 사미계를 받고, 이듬해인 1917년 4월 8일에 호은(虎隱)스님을 계사로 비구계와 보살계를 받았다.

1923년 26세 때 송광사 불교전문 강원을 이수한 취봉스님은 일제강점기에는 송광사에서 세운 벌교 송명학교 교원으로 봉직하면서 교육불사에 전념했다. 이때 스님은 틈틈이 제방 선지식을 찾아 화두를 점검받았는데, 수덕사 정혜사의 만공스님과 충무 용화사의 효봉스님과 인연이 닿았다. 1939년 41세 때 금당스님과 함께 유학길에 올라 일본경도에 있는 임제전문학교에서 3년 공부를 한 후 졸업하고 본사로 돌아와 송광사 강원의 강사로 취임하여 후학들을 가르쳤다.

스님은 예산 정혜사의 만공선사 회상과 통영 용화사 도솔암의 효봉선사 회상에서 안거 정진한 경우를 제외하고는 거의 한평생인 70여 년을 송광사에서만 지냈다. 1949년과 1963년, 1970년 이렇게 세 차례나 주지소임을 맡아 가람수호와 대중 외호에 진력하였던 스님은 특히 6·25사변 당시 큰 화재로 거의 폐허가 되다시피 한 송광사 복원불사의 선봉에서서 여러 가지로 어려운 여건 아래서도 당시 주지인 금당스님을 비롯한 본사 스님들과 힘을 모았다.

해방이후 혼란한 정국의 바람이 산중 절까지 몰아 닥쳤다. 밤에는 빨치산이 낮에는 국군 토벌대가 번갈아 장악하며, 스님들은 많은 고초를 겪어야 했다. 송광사 역시 대중들이 모두 절을 떠나야 했다. 그러나 취봉스님과 주지 금당스님은 끝까지 남아 송광사를 지키고자 했다.

"내가 그때 살아남은 것은 신심이었다네. 아! 그때는 사람목숨이 파리목숨보다 못할 땡께 꺼꿋하면 총으로 쏴버려. 그러면 죽지 별수 있간디. 그때는 좌파니 우파니 해서 많이 죽었거던, 아 스님들도 죽지 않아서 총맞아서. 나는 절에 있다가 가슴에 여러번 총을 들이 대는 꼴을 당했어. 그렇지만 그 사람들이 내 얼굴 쳐다보고는 총을 내려. 그리고는 가라고 해. 그래서 살았지." 하지만 이러한 취봉스님을 비롯한 대중들의 수호노력에도 불구하고, 송광사는 몇몇 전각을 빼고는 모두 불타버렸다.

1000년 이상 된 전통가람이 불에 타 없어지는 것을 자신의 눈앞에서 지켜봐야 했던 스님은 자신의 손으로 송광사를 복원하겠다는 발원을 세우고 천일기도를 입제하고, 바랑 하나 만을 메고 순천을 시작으로 전국 방방곡곡을 찾으며 탁발에 나섰다. 보리 한 홉을 주어도, 쌀 한됫박을 주어도 "감사합니다" 를 연발하며 탁발을 마친 스님은 조계산 송광사로 발길을 돌렸다.

당시 상황을 기억하고 있는 송광사 아래 마을 주민들은 '해가 뉘엿뉘엿 질 때 걸망을 메고 도반들과 함께 산사로 오르던 모습' 을 떠올린다. 그리고 탁발을 하다가 '봉변' 을 당해도 묵묵하게 참아내며 부처님 모실 법당을 다시 세우기 위한 정진을 하던 취봉스님이었다. 이렇게 모은 쌀은 한 톨도 소홀히 여기지 않고 모두 사중(寺中)에 내놓았다. 한국전쟁에 불타버린 송광사를 복원하는데 사용할 시주물이기 때문이다.

지금의 대웅전, 설법전, 박물관 건물 등이 취봉스님의 정성이 들어간 전각이다. 송광사 주지를 역임했던 인암(忍庵)스님은 취봉스님의 이 같은 원력에 대해 다음과 같은 글을 남겨 놓았다.

"송광사가 전화(戰禍)를 입어 하루아침에 폐허가 되었을 때 복구에 나서 발분노력하시더니 소인들이 말하기를 취봉당(翠峰堂)이 이 시주에서 할리(轄利)를 먹지 않고서야 저렇듯 헌신 노력할 수 없다고 헐뜯어도 시종일관 묵빈대처 해내셨지요."

취봉스님은 송광사 복원을 위해 당신이 할 수 있는 일은 모두 다했다. 본래 검소하고 청빈한 생활을 했던 스님이지만, 기차를 탈 때도 3등 칸만을 애용했다.

차비를 조금만 더 내면 2등칸 정도 탈 수 있었지만, 콩나물시루처럼 빼곡한 3등 칸을 타며 아끼고 아끼었다.

뿐만 아니라 바깥출입을 할 경우 절에서 마련해간 떡 몇 조각으로 공양을 대신했지 식당을 이용할 생각은 전혀 하지도 않았다. 이처럼 알뜰하게 아낀 정재(淨財)는 모두 송광사를 다시 세우는데 사용하기 위해 내 놓았다. 이 같은 노력 끝에 1960년 1차로 대웅전 복원을 마무리 짓고 이후 설법전, 명부전, 응향각, 그리고 종각과 차안당 등을 차례로 복원했다.

스님의 송광사에 대한 애정은 여기에 그치지 않았다. 1969년 종단의 도제양성 기관인 조계총림이 송광사에 세워질 무렵 구산 방장스님과 뜻을 같이하여 총림설립에 결정적인 역할도 하였다. 그 당시 일부 재적 대처승들의 거센 반발을 원만하게 처리하면서 꾸준히 추진한 끝에, 결국 오늘과 같은 도제양성기관인 송광사 조계총림의 모습을 갖추게 했다. 이후 염불원 회주로 추대된 취봉스님은 이때부터는 오직 수행자로서의 본분에만 전념했다.

스님은 "참선공부를 통해 진리의 참맛을 느껴야 한다. 부처님과 인연이 닿아 출가사문의 길에 들어선 만큼 생명을 걸고 정진하는 자세가 필요하다. 장부로 태어나 반드시 마쳐야 할일이 바로 선을 공부하는데 있다."고 항상 강조하면서 입적하시기 얼마 전까지도 80의 노구임에도 불구하고 참선수행과 조석예불은 물론 공양과 울력에는 꼬박꼬박 참석하여 후학들의 모범이 되었다.

그 모습에 후학들은 긴장을 놓지 않을 수 있었다고 한다. 꼬부리고 앉아 잡초를 뽑고, 마당을 깨끗하게 비질하던 취봉스님의 모습은 후학들에게 그대로 본보기가 되었으며 송광사의 '아름다운 전통'으로 자리 잡았다.

또한 스님은 공(公)과 사(私)를 엄격히 구별한 분으로 유명하다. 삼보정재를 대하는 것을 부처님 대하듯 한 스님은 주위사람들에게도 "쌀 한 알에 중의 죄가 서근이다"라는 속담을 자주 일러주었다고 한다. 다 떨어진 신발을 꼼꼼히 기우고 때워 신었으며, 승복 역시 여분을 두려고 애쓴 적이 없던 스님은 검소한 차림을 넘어 '남루한 형색'을 하고 있는 경우가 적지 않았다.

또한 사중에서 나오는 그 어떠한 시주물도 사사로이 이용하지 않았을 뿐만 아니라 불사 후 남은 시주금은 통장에 고스란히 넣어두었다가 다음 불사 때 이자가 붙은 통장을 그대로 내 놓았고, 주지소임을 마친 스님에게 사중에서 보시금을 전하자, 그 자리에서 송광사 복원 불사 화주책을 새로 꺼내 제일 처음 당신 법명을 적은 후 보시금 전액을 되돌려 주었으며, 입적 직전에도 당신 명의로 되어있는 통장을 송광사 복원불사에 사용해달라며 내놓았다.

스님은 많이 노쇠하게 되자 그전까지 거의 거르는 일이 없던 조석 예불과 큰방 공양에 불참하는 일이 잦게 되었다. 그러면서 이 세상을 하직할 준비를 하나하나 해 나갔다. 어느 날은 옷가지와 일용에 쓰던 물건들을 사중에 들여놓거나 이웃에 나누어주는가 하면, 또 어느 날은 목욕을 하고 나서 큰절 각 법당과 비전이며 화엄전에 가서 불전에 하직인사를 드리기도 하였다.

너무 쇠약하여 시자들의 부축 없이는 움직일 수 없는 상태였는데도, 서너 차례나 예고도 없이 불쑥 큰방공양에 참례하여 공양대중을 놀라게 하였다. 또 하루는 재무스님을 불러 돈 백만원을 사중에 내놓으면서 그중 50만원은 장학기금으로 나머지 50만원은 법당건립에 써달라고 부탁하였다. 스님은 마지막 돌아가실 때까지도 인재양성과 가람수호에 지극한 관심을 보이셨다.

스님의 입적 석달 전 일이다. "원공 수좌. 향합(香盒)에 남아있는 향을 갖고 오게" 아침 일찍 삭발하고 목욕을 마친 취봉스님이 시자를 불렀다. 뼈가 드러날 정도로 하루가 다르게 법체가 무너지고 있던 스님은 상좌와 함께 불편한 발걸음으로 대웅전으로 가서 손수 가져온 향을 부처님 앞에 올리고 3배의 예를 올렸다.

부처님께 마지막 인사를 드리는 것이었다. 대웅전을 나선 스님은 관음전, 명부전, 국사전 등 경내에 있는 모든 전각을 돌며 불보살에게 '하직인사'를 드렸다. 그때마다 당신 방에서 가져온 향을 하나씩 올리며 세 번 절을 했다. 이어 보조국사를 비롯해 송광사를 거쳐 간 스님들의 부도가 모셔져 있는 곳도 들려 향을 피웠다.

그리고 나서 스님은 "중은 어쩌든지 죽은 뒤가 깨끗해야 되거던 자질구레한 물건도 남기면 안돼. 죽을 때는 아무것도 없이 깨끗하게 죽어야 해." 스님은 당신이 보던 책들을 사중에 반납하면서 "책은 공용으로 쓸 때 그 가치가 있는 것"이라고 말했다.

당신의 모든 용품을 사중(寺中)으로 돌리고, "내 죽은 후에 49재를 지내는 번거로움을 덜고자 미리 재를 지내니, 그리 알거라"라며 당신의 49재를 미리 올렸고, 한 재속(在俗)제자를 불러서는 서둘러 관을 짜놓으라고 당부하기도 하였다.

그리고..

스님은 입적 8일 전 '나는 더 이상 먹지 않을 것이여, 이제 육신을 버릴 것이여.' 라며 곡기를 끊었다. 빨래할 때 갈아입을 옷조차 남기지 않고 모든 것을 사중으로 돌린 스님은 목욕재개 후 실오라기 하나 걸치지 않고 방에 앉아 좌선을 한 채로 고요히 열반에 드셨다. 취봉스님의 몸은 부처님 고행상을 연상시키듯 비록 힘줄과 뼈만 앙상하게 드러났지만 피부 색깔만은 어린아이처럼 맑고 깨끗했다. 나이가 들면 나타나는 검버섯이나 주근깨조차 스님의 몸에서는 발견할 수 없었다.

그때가 1983년 8월 6일 밤 9시 10분. 스님의 세납은 88세, 법납은 70세 되던 해이었다. 1983년 8월10일 오전 9시. 조계총림 송광사 다비장. 취봉스님의 다비식이 조계총림장(曺溪叢林葬)으로 봉행되었다. 방장 구산스님과 법정스님을 비롯해 상좌 광훈스님(입적)과 원공스님, 범종스님을 비롯해 환속 상좌 김정수 전 고교교장 등 사부대중 500여명이 동참해 스님의 가시는 길을 지켜보았다. 이날 구산스님은 눈물을 보일만큼 취봉스님의 입적을 안타까워했다. 학처럼 살다 간 취봉스님의 향기는 이제 송광사 도량을 넘어 많은 후학과 불자들에게 전해지고 있다. 수행자의 참모습을 잃지 않고 정진했던 어른인 취봉스님은 평소에 상좌들에게 이런 말을 자주 했다고 한다.

#... "중은 어쩌던지 신심이 있어야 되야.. 열심히 정진하고 정진해야 해"

#... "중은 돈도 쉐양 (소용) 없어. 다 망상 이여."

#... "들은 풍월로 아는 체 사는 선객이 되어 지은 시은과 망어죄를 어찌 할 고"
#... "일대사 해결 공부는 진속의 처소가 상관없어야."

#... "정신상 화두만 순일 일여하면 정처 요처가 없을게, 세진에서도 정진 잘 해야 혀

#.... "세월은 빠르게 지나가, 유수와 같다고 했으니 인생 일세는 잠깐이여."

#... "속가의 형제친척도 생각 말고 스님도 걱정말고 정진 일로 에만 분투해야 혀.."

#... "중은 어쩌던지 죽은 뒤가 깨끗해야 되거던... 자질구레한 물건도 남기면 안 돼. 죽을 때는 아무것도 없이 깨끗이 죽어야 혀."

#... "쌀 한 알에 중의 죄가 서근이다."

#... "선생활(禪生活)을 위주자(爲主者)는 절대의 제일관문에 투입하여야한다. 이 길

은 여법(如法의 정진이다. 백척간두에 진일보, 갱생일보(更生一步), 노(老)서 우각(牛角)에 도단일로(到斷一路)다. 장부의 료사필(了事畢)이다. 불철의 정진에 있다. 한번은 생명을 걸고 대정진하여야 한다." 장부로 태어나 반드시 마쳐야 할일이 바로 선을 공부하는데 있음을 강조한 스님의 가르침이다.

1979년 11월 5일 상좌인 원공스님에게 보낸 글의 내용이다. "세월이 빠르니 선을 하기로 하면 정진을 열심히 하여야 하네. 세월보내기로 하면 미륵불 출세까지여도 자기도 구제하기가 어렵다고 하였네. 명심하소 고인(古人)의 말씀에 이 몸을 금생에 제도 못하면 다시 어느생을 기다려 제도할가 하였으니 만사를 방하착하고 생명을 걸고 정진하기로 하소. 그러치 아니하려면 절을 하나가지고 수호가람을 해서 복전의 일을 하든지, 나이도 삼십을 지내서 사십으로 가니 세월감은 빠르고 빠르네."

"평소에 법문 한번 하신일 없건만 방과 할이 자재하며, 생전에 글 하나 남기신 일 없건만 문향(文香)이 가득하고, 두드러진 부촉(附囑)하나 없으되, 도량에 몸담은 이 누구든 청정하고 고매한 수행의 인품 기억하지 않는 이 없습니다." 취봉스님 상좌인 원공스님(부안 정토사 주지)은 은사에 대한 생각을 이렇게 드러낸다.

1898년 8월 29일 태어난 취봉스님은 1983년 6월28일 오후 9시 원적에 들었다.

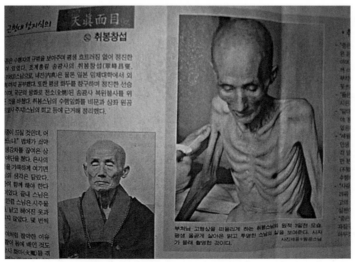

부처님 고행상을 떠 올리게 하는 취봉스님의 원적 3일전 모습.

탄성스님

1930~2000년

은사 금오스님
제자 노현, 석주, 명진스님

진공당 탄성스님.

삼일수심(三日修心)은 천재보(千載寶)요

백년탐물(百年貪物)은 일조진(一朝塵)이라.

1930년 10월 1일 충북 보은에서 태어난 스님은 1944년 10월 8일 계룡산 갑사 사자암으로 출가하여 행자생활을 시작했고, 1945년 3월 갑사에서 금오(金烏)스님을 은사로 모시고 사미계를 받고, 수좌들이 '호랑이스님'이라고 부르는 금오스님을 모시고 선방 수좌들의 뒷바라지를 하면서 자연스럽게 참선 공부에 몰두하게 되었으며 여러 선지식을 참방하여 절차탁마하였다. 1955년 범어사에서 고암스님을 계사로 비구계를 수지한 후 제방 선원과 전국 각지에서 수행 정진했다. 1961년 수덕사에서 안거에 동참한 이후 송광사 수선사, 현풍 도성암 선원, 문경 봉암사 선원 등에서 17하안거를 성만했다.

1970년 청계사 주지, 1972~1976년 조계종 중앙종회의원, 1974년 공림사 주지, 1975년 안심사 주지, 1976~1982년 법주사 주지를 역임하고, 1981년 폐사지나 다름없는 공림사 주지로 부임하게 되었는데, 그곳에서 가장 먼저 한 일이 감인선원의 재건이었다. 은사인 금오스님이 "중이 글공부하면 신세 망치는 줄 알라. 올바른 수행자가 되기 위해서는 참선수행으로 용맹정진 해야 한다"고 하신 말씀 따라 스님 역시 참선에 매진해왔고, 수좌들에게도 언제나 참선수행을 강조한 스님이기에 선원을 재건하여 오로지 깨달음을 향한 정진의 도량을 열기 위한 것이었다.

스님은 "선은 단순한 문명을 뛰어 넘어 진정 인류가 궁극적인 곳에 도달해야 할 최종 종착지"라며 "선이 대중화된다면 인류의 미래는 밝아질 것"이라고 내다보았다. 대중적으로 시민선방이 도심 속에서 자리를 잡아가는 것에 대해 "각박한 사회생활 속에서 참선 수행을 하겠다는 생각만 가져도 청정국토로 변할 가능성이 높은 것인데 몸소 실천한다면 더 말해 무엇 하겠는가. 치열하게 정진하는 수행의 힘이 본질적으로 세상을 맑히는 거지. 승재가 모두가 참선 수행을 한다면 분명코 이 땅은 청정국토로 변할 겁니다."라며, 스님들도 하기 어려운 선 수행을 출가수행자도 아닌 일반인들이 생활 속에서 실천한다는 것은 사회가 맑게 변화할 조짐을 보이는 것이라 하였다.

또한 스님은 처음 참선을 시작하는 재가 불자들에게 "평소 마음이 무엇인가를 생각하는데 집착할 필요가 없고 오히려 그 마음의 쓰임을 온유하게 하고 맺지지 않게 하는 것이 더 중요하다. 살아가는 것 자체가 수행이다. 삶이 힘들고 허망한 것이라고 할지라도 그 속에 무궁한 법이 있고 그 법을 알면 최상의 열락이 있으니 열심히 참선하여 마음자리를 흩뜨리지 않도록 하라."고 일러주었다.

조계종단이 큰 비바람에 흔들리는 돛단배의 지경에 처했을 때는 유능한 선장이었으며 항해사였다. 80년 신군부에 의해 자행된 10.27 법난 직후 정화중흥회의 상임위원장을 맡아 종단 안정의 기틀을 다졌다. 94년 당시 의현 총무원장 퇴진 문제로 불거진 분규 때는 개혁회의 상임위원장 겸 총무원장을 맡아 종단 개혁의 구심점 역할을 했다. 98년 11월 월주 총무원장 3선 시비로 빚어진 조계종사태 때도 수습에 심혈을 기울였다. 그러나 언제나 사태가 수습되고 새 총무원장이 뽑히면 곧장 수행처인 공림사로 내려가 수행에 전념했다.

종단이 어려울 때마다 산문 밖으로 나온 이유를 묻는 질문에 스님은 "종단에 힘이 되어야 한다는 생각으로 나를 부르는 청을 외면하지 않았다. 산문 밖을 나갈 때나 지금이나 수행한다는 생각은 다르지 않다"며 수행자의 면모를 보여줬다.

1990년대 들어서만 세 차례의 분규를 겪은 조계종과 불교에 대해 희망을 잃지 않았으며, 대중들에게 희망을 불어넣어 주었다. 지난 해 4월 교계신문과의 인터뷰에서 "앞으로 10년만 지나면 한국불교는 놀라울 정도로 변할 수 있을 것이다. 지금껏 종단을 이끌어왔던 정화세대가 물러나고 체계적인 교육을 받은 스님들이 종단 전면에 등장하는 시기가 바로 그 시기다"고 말했다. 오늘의 우리에게 스님의 이 같은 말은 경책의 죽비소리이며, 희망을 잃지 말라는 다독임에 다름 아니다.

출가를 발심케 했던 "사흘 닦는 마음은 천년을 두고 보배요. 백년동안 물건을 탐낸다 해도 하루아침에 티끌이다"는 옛 스님의 가르침처럼, 소탈하고 검소하게 살았다.

그 흔한 승용차도 갖지 않았으며, 긴 시간 법문하는 경우가 아니면 법상에 오르기를 사양했다. 겨울에는 털신, 여름에는 흰 고무신이 눈부셨다. 법어집 한 권 남기지 않았음도 말없는 경책이다.

1994년 개혁회의 상임위원장 겸 총무원장 소임을 맡으면서 개인 일로 외출할 때는 시자를 물리치고 혼자서 버스나 지하철을 이용한 일화는 유명하다. "사람들의 소망을 자세히 들여다보면 타인의 희생을 전제하는 것에서 이루어지는 것들이 대부분입니다. 또 한시적인 것이고요" 라는 말을 그대로 보여준 삶이었다.

1999년 4월 조계종 원로회의 의장 소임을 맡게 되었다. 당시 스님은 "출가사문의 뜻은 깨우침에 있는 것이다. 자기 수행을 철저히 하고, 출가 당시의 마음 즉 초발심으로 돌아가는 것이 가장 중요하다"고 강조했다. 스님은 또 출재가 불자들에게 "각자가 맡은 일을 충실히 하며 자기수행에 전념" 하기를 당부했다. "불교는 근원적으로 자기수행입니다. 또한 누구나 다 수행해서 깨칠 수 있다는 점에서 누구에게나 열려있는 평등성을 지니고 있습니다. 불자라면 마음을 닦아 생사해탈 할 수 있는 진리를 알기 위해 수행하고 또 수행해야 합니다."

스님의 제자인 석주스님은 탄성스님의 마지막을 이렇게 말한다.

"2000년 탄성스님께서 극심한 통증으로 고생하셨습니다. 입원하여 수술하여야 한다는 의사의 말을 들은 시자스님들이 스님을 모시고 입원 수속을 밟고 있을 때였습니다.

어떤 제자가 스님께 물었습니다. '스님께서는 병자들을 위하여 기도하신 적이 있습니까.' 이 말을 들은 탄성스님, '그렇구나, 네 말이 옳다.' 하시며 입원수속을 즉시 중단시키고 절로 돌아가셨습니다. 두 달 후 스님께서는 입적하셨습니다. 교계의 큰 어른 탄성스님은 그렇게 가셨습니다. 하늘의 별들을 모두 삼켜버린(呑星) 참 수행자의 모습입니다. 수행인의 삶의 정곡을 찌른 그 스승에 그 제자의 문답입니다.

생사가 하나이고, 영원한 현재를 살아가신 스님의 모습입니다. 아픈 이들을 위하여 축원하셨듯이 스스로의 몸의 아픔을 통하여 뭇 삶들의 아픔을 껴안았습니다. 두 달 동안의 일념정진, 그 발원이 무엇인지 말로 남기시지는 않았습니다만, 미루어 짐작할 수는 있습니다. 육신의 질병치료보다는 온 생명의 아픔들을 껴안으시는 서원이셨을 것입니다."

탄성스님은 2000년 6월8일 오후 5시 괴산 공림사 감인선원 선심당에서 법랍 47세,

세수 71세로 입적했다.

임종게

> 山色人我相 산빛도 인아의 모습이요
> 流水是非聲 흐르는 물도 시비의 소리로다
> 山色水聲離 산빛도 물소리도 떠난 곳에
> 聾啞居平生 귀머거리도 벙어리도 평생을 살리라

약력

1930. 10. 1 충북 보은 生, 44년 갑사에서 금오스님 은사로 득도, 1945년 화엄사 승가 대학 졸업, 1955년 범어사에서 고암 스님 계사로 비구계 수지, 1961년 수덕사 하안거 이후 송광사 수선사, 도성암, 봉암사 태고선원 등 제방선원에서 17 하안거 성만. 1970년 청계사 주지 / 1972~1976년 조계종 중앙종회의원, 1974년 공림사 주지, 1975년 안심사 주지, 1976~82년 법주사 주지/ 80년 불교정화중흥회의 상임위원장, 1981년 공림사 주지, 1994년 개혁회의 상임위원회 위원장 겸 총무원장, 1997. 3. 10~ 원로회의 의원, 1999. 4. 2~ 원로회의 의장, 2000. 6. 8 공림사에서 입적.

탄성스님의 법문...
#...인연.

신도안에 살던 어린 시절에 어머니를 따라 어느 절에 가게 되었는데 거기서 어떤 처사들이 얘기하는 걸 옆에서 듣게 되었습니다. 그들의 대화는 이런 것이었어요.

"신원사에 갔더니 젊은 스님이 '삼일수심은 천재보요 백년탐물은 일조진이다' 라는 말을 해 주더군. 그 절에서 이런 글을 공부한다는 것이야." "그래? 그런데 그 의미는 뭐라던가?"

"사흘 닦은 마음은 천년 두고 보배고 백년 물건 탐내는 건 하루 아침 티끌이라고 풀이해 주더구면." "스님들이라 참 좋은 공부를 하시는구면."

나는 그 사람들의 말을 마음에 새겨 두었습니다. 왠지 좋아서 말입니다. 그리고 집에와서도 골똘히 생각했지요. 그 말이 참 좋아 오래 가슴에 새겨져 있었고 그 말을 생각하다가 '나도 절에 가서 글공부를 많이 하고 싶다'는 생각도 하게 되었습니다. 그러나 아버님이 타계하셔서 어머님과 형님을 모시고 사는 내가 출가를 한다는 말을 할 수

는 없었습니다. 그렇게 몇 해가 가고 21살이 된 해 가을에 순천 선암사에 계시는 스님 한분께서(우리 집과 내왕이 있던 분) 갑사에 와 계신다는 소식을 듣고 갑사로 놀러 가는 걸 허락 받았습니다. 갑사를 다녀와서 더욱 출가를 하고 싶어 어머니께 "갑사 스님들이 사자암에 와서 올 삼동(三冬)을 나면서 글이나 배우랍니다." 라고 말씀 드리고 사자암으로 가게 되었는데 그 길이 출가의 길이었고 음력 10월 8일의 일이었습니다. 사자암으로 가며 마음속으로 "삼일수심…"을 거듭거듭 되뇌었습니다.

그렇게 해서 동안거에 행자 노릇을 하고 새 봄에 수좌님들이 '호랑이 스님' 이라고 무서워 했던 금오스님을 은사로 머리를 깎았습니다. 참 이상스런 인연이지 뭡니까. 그 글귀가 나를 출가승으로까지 만들었으니 그것도 지중한 인연이 아닐 수 없습니다.

여러분의 생활 가까운 곳에 여러분이 모르는 사이에 얼마나 많은 인연이 생겼다 사라지는가 생각해 보십시오. 마음이 맑은 사람은 그런 귀한 인연을 귀하게 가꾸며 살고 마음이 산란하여 탐욕스런 사람은 아무리 좋은 인연이 다가와도 외면해 버리는 것입니다. 그러니 단 사흘이라도 수행을 하면 천년의 보배가 된다는 가르침의 의미를 소홀히 해서는 안 되는 것입니다.

나는 '초발심자경문'의 한 글귀를 맘에 새기고 글공부나 할 수 있길 바라며 출가 했는데 그 글공부하는 인연도 출가하는 인연과는 다른 것 인줄은 나중에 알았습니다. 나의 은사이신 금오스님께서는 경전공부는 고사하고 '초발심'도 글로 공부하지 말라고 하셨거든요. "중이 글공부하면 신세 망치는 줄 알아라." 라고까지 하셨습니다. 스님께서는 하나도 참선 둘도 참선 셋도 참선만 하라 하셨습니다. "참선하여 마음 깨쳐야 생사해탈을 한다." 는 말씀을 평생을 두고 한결같이 하신 어른을 모시고 살았으니 무슨 글공부의 인연을 만났겠습니까.

지나면서 생각해 보면 금오스님의 말씀이 '經을 경으로 안 보고 경을 글로 보면 안 된다.' 는 의미였던 것 같습니다. 경은 부처님의 마음을 문자로 전한 것일 뿐.. 거기에 얽매여서는 안 됩니다. 경을 글로 보면 알음알이를 토대로 언어를 희롱하고 마음을 가식하여 진리를 흐리게 하는 것입니다. 그런 속된 습성은 경의 가르침을 출세와 명예의 도구로 전락시킬 위험으로 연결되는 것이니 경계하지 않을 수 없는 것입니다. 배를 타고 강을 건너면 배는 버리는 것과 같은 이치입니다.

금오스님께서는 경전을 공부하여 그 문자풀이나 얽매이고 그 뜻을 풀어 아상만 짓는 것은 수행에 아무런 도움이 안 되니 아예 문자를 가까이 못하게 하셨던 것이지요.

실제로 스님께서는 무섭게 정진하셨는데 며칠씩 잠을 털어내며 용맹정진 하시는 것을 자주 뵈었습니다. 스님께서는 "수마(睡魔)를 이기는 것만도 큰 공부다"라는 말씀을 자주 하셨습니다. 젊은 수좌들에게는 호랑이 스님으로 통하셨지만 진짜 호랑이 같이 무서운 면모는 스님 스스로의 수행에 있었던 것을 생각하며 금오스님의 가르침을 내 가슴 깊이 새기고 있습니다.

아무튼 나는 경전공부와 인연이 먼 상태로 출가승의생활을 하게 되었는데 그나마 축발한 해에 전쟁이 터져서 고생을 해야 했습니다. 그때 나는 서암스님, 도천스님과 일행이 되어 안면도로 가고 있었습니다. 가는 길에 끼니때가 되면 밥을 얻어먹었는데 서암스님과 도천스님은 밥을 많이 얻어 와서 내게 나누어 주었습니다. 하루는 내가 밥을 얻으러 갔는데 때가지나 밥이 없다는 아낙의 말을 듣고 얼굴이 빨개져서 일행 있는 곳에 와 보니 도천 스님이 밥을 많이 얻어와 내 몫을 남겨 놨더군요. 그 후 나는 동냥(탁발)을 더러 다니긴 했지만 밥을 얻으러 다니지는 않았습니다.

금오스님께서 화엄사에 계실 적에 일 년에 한 두 번씩은 모든 대중을 동냥하러 내 보냈습니다. '무연중생불능제도(無緣衆生不能濟度)'라는 말이 있습니다. 인연이 없는 중생은 제도할 수 없다는 이 의미는 부처님 당시부터 강조되어 온 것입니다. 그래서 부처님께서도 칠가식(七家食 일곱 집의 밥을 얻어 식사함)을 하셔서 여러 중생과 인연을 맺으셨던 것입니다.

금오스님께서도 그런 인연 만들기를 위해 납자들을 동냥길로 내보내셨는데 차비를 제법 줘서 보내시니 동냥이야 큰 의미가 없었습니다. 그런데 우리들은 스님의 염불보시와 재가인의 재물보시가 어우러지는 동냥을 하며 참 많은 걸 몸으로 배웠습니다. 공양의 의미를 제대로 배운 셈이지요. 무엇보다 하심(下心)의 도를 배울 수 있었고 재물, 그것도 정재의 청정함을 배울 수 있었습니다.

여러분은 무엇이든 흔한 시대를 살아가니까 재물의 소중함을 망각하기 쉽습니다. 흔할 수록 아껴야 합니다. 흔한 곳에서 귀한 걸 알아야 밝은 눈인 것입니다. 흔하다고 흥청망청 하면 이내 낭패를 당합니다. 모든 물건은 인연을 따라 모였다 흩어지는 것이어서 지금 흔한 것이 언제 귀해질지 모르는 것입니다.

한 그릇의 밥과 국도 내가 직접 동냥을 다니며 얻은 것이라 생각하면 음식쓰레기 문제가 왜 나오겠습니까. 불자님들은 일곱 집의 밥을 얻으셨던 부처님의 가르침을 잘 기억해야 합니다. 그렇게 인연을 지어 성불의 길로 이끄는 것이 불자의 도리입니다.

그러는 가운데 하심하고 검소해야 하는 것은 다시 말할 필요도 없겠습니다.

'참선하여 마음 깨쳐야 생사 해탈한다.'는 말씀을 드렸는데 도대체 마음은 무엇입니까. 나는 아직 깨치질 못해 이걸 단정 지어 말할 수는 없습니다. 금오스님의 얘기를 다시 하겠습니다. 스님께서는 무슨 꾸러미를 묶은 끈을 절대 가위나 칼로 자르지 못하게 하셨습니다.

싹둑 자르는 그 순간 사람의 마음도 그렇게 날카로워 지고 예민해 진다는 이유에서 말입니다. 그래서 뭐든지 끈을 풀어서 물건을 쓰게 하셨는데 인간의 마음도 싹둑 자르는 것이 아니고 풀어내는 것이라는 가르침이었던 것입니다.

보따리를 쌀 때도 보자기 끝을 옭아매지 못하게 하시고 고를 지어 매게 하셨는데 풀기 쉬워야 한다는 이유에서였습니다. 그리고 남과 상대하여 얘기할 때도 하찮은 것이라고 흘려버리지 말고 그 속에 중요한 것이 있을 수 있음을 잊지 말라고 하셨습니다. 말을 삼가 막말을 하는 것을 경계하신 것도 말로 인해 마음을 다치게 해서는 안 된다는 뜻이었습니다. 그런 세심한 행위 하나하나가 다 마음을 다스리고 닦는 수행이었던 것입니다.

마음이 무엇이냐를 생각하는데 집착할 필요는 없습니다. 오히려 그 마음의 쓰임을 온유하게 하고 맺히지 않게 하는 것이 더 중요합니다. 그것은 살아가는 과정에서 늘 해야 하는 수행입니다. '행주좌와 어묵동정'에 마음이 없는 순간이 없으니 말입니다. 여러 선방을 다니며 정진을 하다보면 어떤 때는 정진이 잘되어 신심이 솟고 어떤 때는 그렇지 못하기도 합니다.

내가 선방에 앉아 있는 자세는 하나일지라도 그 속의 마음이란 그렇게 시시각각 변화무쌍한 겁니다. 스스로 마음에 속으면 허수아비로 앉아 있는 꼴이 되는 것이니 화두를 놓치지 않으려는 용맹심을 한 순간도 버려서는 안 되는 것입니다. 불자님들이 세상을 살아가는 모습 그것도 그대로 수행입니다. 끈 하나 매고 푸는데도 도가 있음을 알면 되는 겁니다.

삶이 힘들고 허망한 것이라 할지라도 그 속에 무궁한 법이 있고 그 법을 알면 최상의 열락이 있으니 열심히 참선하여 마음자리를 흩트리지 않도록 하십시오. 그런 가운데 기도를 열심히 하는 것도 중요합니다. 아까 인연 얘기를 했지만 기도는 선한 인연을 만드는 불가해한 힘입니다. 기도하는 마음자리에 좋은 인연의 씨가 싹트는 것입니다.

밥을 얻어먹으며 안면도로 가다가 전쟁을 만나 다시 계룡산으로 돌아 왔는데 나는 그 난리 통에 기도의 인연으로 죽을 목숨이 살아나는 걸 체험했습니다.

하나는 나의 얘긴데 인민군에게 잡혀 계룡면 면소재지의 좁은 방에 갇혔습니다. 다른 곳에서 잡혀온 사람들 30여명이 그 좁은 방에 쪼그린 채 닷새를 지냈는데 나는 관음주력을 열심히 했습니다. 그저 관음주력만 하며 닷새를 보내고 나니 해거름에 소장(지서장)이 나를 불러 절로 돌아가라더군요.

뒤 돌아볼 겨를 없이 절로 왔는데 나중에 알고 보니 어느 스님이 지서로 와서 사정사정한 덕에 내가 방면이 되었더군요. 나는 관음주력의 영험으로 살아난 것입니다. 다음날 아침 나머지 사람들은 공주로 끌고 가 길에 죽 세워 놓고 따발총을 난사해 다 사살해 버렸다는 소식을 들으니 등에 식은땀이 흘러내리더군요.

그런데 그 무자비한 사살에서 딱 한 사람이 살아났는데 그는 갑사 위에 사는 스님(대처승)의 아들이었습니다. 아들이 끌려간 후 아버지는 스님 된 입장에서 얼마나 간절히 기도를 했겠습니까. 닷새 밤을 지새운 아버지의 기도가 그 아들을 살렸는데 더 놀라운 것은 아들이 총알을 여섯 군데나 맞았는데 모두 살갗을 스치기만 했더라는 것입니다. 전쟁 통에는 그런 기적도 있는 것인데 나는 그 아버지의 기도가 아니었으면 도무지 있을 수 없는 일이라고 생각합니다.

그때 잡혀온 30여명 가운데 한사람은 잡혀 오자마자 어머니의 부음을 듣고 풀려났다는 얘기를 들었습니다. 그 사람은 대학생이었고 어머니는 신원사에서 기도를 하고 있었는데 어머니를 만나러 와 절에 있다가 인민군에게 잡혔던 것입니다. 그런데 어머니는 아들이 잡혀가고 바로 타계를 했으니 어미의 목숨을 아들의 목숨과 바꾼 격이 아닙니까. 실로 눈물겨운 일이어서 잊히질 않습니다.

또한 그 대학생의 형은 인민군에 잡혀 대전교도소에 있었는데 어느 날 밤 꿈에 어머니가 나타나서 "내일 밖에 나갈 일이 생기는데 나가는 즉시 뒤돌아보지 말고 도망가라"고 했답니다. 정말 아침이 되니 모두 마당으로 집합하라고 난리를 치는데 그 틈에 도망을 쳐서 살아났다는 얘기도 뒷날 들었습니다. 그 어머니는 지성으로 기도를 하고 몸을 버려 아들을 구했고 또 다른 아들은 영혼이 되어서 구했던 셈입니다. 이것이 기도하는 사람에게 생기는 불가해한 인연의 힘인 것입니다.

#... "어디서 무엇을 하든 삼매에 들면 그곳이 선방"

칼로 자르듯 구분할 수는 없는 것이지만 내 마음자리를 편케 하는 것이 참선이고 내 몸을 안위하는 것이 기도입니다. 둘 다 중요한 불자들의 실천 사항입니다. 누구에게나 성불의 가능성은 있다고 하지 않습니까. 하루하루 마음자리를 잘 조절하여 편케 하고 몸을 함부로 하지 아니하여 좋은 인연의 실체를 영위하는 지혜를 가꿔야 합니다.

은사스님은 제자들이 글 공부나 경공부를 하는 것을 보면 그때마다 호통을 치셨습니다. 출가자가 된 것은 확철대오하여 견성성불하자는 것인데, 설익은 글 공부, 설익은 경 공부로는 확철대오할 수 없다는 게 스님의 신념이요, 철학이었던 것 같습니다. 한번은 스님께 "참선만 해야 하는 까닭은 어디에 있습니까?" 여쭈었지요.

"여기 한 사람이 방안에 들어 앉아 종이 위에다 금강산 이름을 천 번 쓰고, 천 번을 외웠다고 치자. 그 사람이 금강산 이름을 천 번 쓰고 천 번 외웠다고 한들, 금강산에 단 한 번도 가본 일이 없다고 하면 과연 그 사람이 금강산을 잘 안다고 할 수 있겠느냐.

상업학교를 삼년 다닌 사람과 시장 바닥에서 장사를 삼년 해 본 사람과 어느쪽이 장사에 대해서 더 알겠느냐. 글자나 경구에 얽매이면 그것은 지식을 챙기는 일에 불과한 것이다. 금강산 이름을 천 번 넘게 쓰고, 금강산의 높이와 면적은 얼마이다 라는 것을 달달 외운다 해도 한 번도 금강산에 가보지 아니하면 그것은 쓸데없는 지식만 보탤 뿐 정작 금강산이 어떠하다는 것은 알지 못하는 것이다"고 말씀해 주셨습니다.

나도 수좌들이 비슷한 질문을 해오거나 법문할 때 금오스님이 해 주신 말씀을 예를 들어 설명해주곤 합니다. 그러면 다들 쉽게 이해하더라구요.

출가한 그해 10월부터 금오스님을 모시며 행자생활을 시작해 이듬해 3월 사미계를 받았습니다. '참선만이 가장 수승한 법문이다'라고 강조하시며 용맹정진 하시는 금오스님을 모시며 선방 수좌들의 뒷바라지를 했으니 나 역시 자연스럽게 참선공부에 몰두했지요. 무엇보다 금오스님의 투철한 수행모습과 법문은 많은 수좌들의 사표가 됐습니다. 은사스님의 수행은 곧 제자들에게는 말없는 법문인 셈이지요. 며칠씩 끄덕없이 밤을 새워가며 용맹정진하는 모습을 자주 뵐 수 있었습니다.

수좌들이 참선수행을 하려면 반드시 화두를 받게 되지요. 그런데 간혹 화두를 일러주는 사람은 바로 일러줬는데 화두를 받는 사람이 잘못 받아서 헛수고하는 경우가 종종 있습니다. 선을 할 때는 반드시 화두결택을 잘해야 됩니다. '이뭣고'라는 화두를 결택했다고 가정합시다.

육조단경에 보면 육조스님이 법문을 하려고 법당에 앉아서 말씀하시기를 "내게 한 물건이 있으니 위로는 많은 것을 지탱하고 아래로는 땅을 버렸으며, 밝은데 비유하면 백천일월보다 더 밝고 어두운데 비유하면 칠통보다 더 어둡다. 큰 데다 비유하면 천지허공을 다 삼켜도 차지 아니하고 작은데 비유하면 티끌보다 더 작아서 보이지 않는다. 그런데 이것은 이름도 없고 형상도 없다. 대중은 이것이 무엇인지 아느냐"고 물었습니다.

모든 대중들이 다 묵묵부답하고 있는데 신해선사가 일어나서 절을 하고 답하기를 "제불지본원신해각성(諸佛知本原信解覺成)"이라고 말했습니다. 그러니 육조스님께서 "내가 이름도 없고 형상도 없다고 했는데 너는 왜 이름을 짓느냐"고 되물었습니다. 이 물건이 뭐냐하면 바로 '마음(心)'입니다. 이 물건은 우리 개개인에게 다 있습니다. 우리는 말로만 마음 마음 하면서 사실 그게 무엇인지 모르고 삽니다.

육조스님이 말씀하신 그 물건이 있는데 이 물건이 무엇인고 한다고 해서 화두이름을 '시심마(이뭣고)'라고 합니다. 어떤 수행자는 이를 '이 몸뚱이 끌고 다니는 것은 무엇인고'라고 합니다. 이것은 잘하는 것입니다. 화두이름이 '이뭣고'라고 해서 덮어놓고 '이뭣고 이뭣고'라고만 하는 사람이 있기 때문입니다. 화두를 받은 사람이 잘못 들어서 뜻도 모른 채 '이뭣고 이뭣고'하며 입으로만 읊조린다고 수행 잘하는 것이 아닙니다. 화두를 잘못 드는 것이지요. 화두를 결택하고 선을 할 때는 반드시 화두를 분명하게 들어서 올바르게 참구해야 합니다. 그렇지 않으면 시간만 낭비하는 것입니다.

그래서 옛날 스님들이 말씀하시기를 화두를 참구할 때 '고양이가 쥐잡듯이 해야 한다'고 강조한 것입니다. 이 말을 액면 그대로 고양이가 쥐를 잡는구나 라고 생각하면 안되지요. 고양이가 쥐를 잡으려고 쥐구멍앞에 쪼그리고 앉아 있을 때를 한번 주의깊게 살펴보십시오. 그때는 개나 닭, 사람이 옆에 와도 절대 돌아보지 않습니다. 왜 그러냐 하면 돌아보는 그 순간에 쥐가 도망가 버리기 때문입니다. 주위의 환경에는 신경을 쓰지 않고 오직 쥐구멍만 뚫어져라 응시하고 있는 것입니다. 그처럼 어느 한순간도 잡념을 두지 말고 고양이가 쥐잡는 것처럼 일념으로 챙기라고 한 것입니다.

'닭이 알을 품는 것처럼 해야 한다'라는 말도 있습니다. 닭이 알을 품을 때 그 따뜻한 기운이 식게 되면 알이 곯게 돼 병아리가 되지 못합니다. 알을 품고 있다가 배가 고

파 내려와 모이를 먹을 지라도 알이 식지나 않을까 해서 조금만 먹고 빨리 올라가 알을 품습니다. 화두 참구는 그와같이 하라고 했습니다. 이처럼집중되고 한결같은 마음으로 참구하다 보면 언젠가는 마음을 깨칠 때가 온다고 합니다.

너무 조급한 생각도 금물입니다. 예를 들어 서울을 가야하는데 빨리 갈 생각으로 뛰어만 간다면 얼마 안가서 숨이 차 결국 쓰러지고 맙니다. 수행도 마찬가지입니다. 초심자의 경우 이같은 실수를 할 우려가 높습니다. 특히 문제는 이러한 실수를 하면서도 왜 이같은 일이 발생했는지 근본원인을 찾지 않는다는 것입니다. 내가 이렇게 쓰러질 정도로 열심히 공부를 했는데 깨치지 못하니 모두다 소용이 없구나 라고 망상을 부린다면 깨침과는 더욱 더 멀리 떨어지게 됩니다.

수행자들은 이를 항상 경계해야 됩니다. 하지만 자신의 역량에 걸맞게 황소가 걸음을 걷듯이 천천히 참구하며 서울을 가게 된다면 무사히 도착할 수 있을 것입니다. 화두를 참구할 때도 너무 조급한 생각을 내게되면 몸은 병들기 쉽고, 마음이 산란하고 분별심이 생겨 공부가 어렵게 됩니다.

예전에 선방수좌 한분이 나를 찾아와 깊은 산골에 농가 한 채를 얻어 혼자서 농사일 하며 정진하게 됐다고 말하는 거예요. 그래서 잘됐다, 열심히 정진하라고 일러주고 보냈습니다. 그런데 다음 해 스님이 또 찾아왔어요. 이제는 돈이 많이 든다는 거예요. 선방에서 한철을 보내고 와보니 수리도 해야 되고 이것저것 필요한게 많다는 것이었습니다. 그 모든 것이 결국 세간살이가 아니냐고 물으니 그 수좌는 세간속에서 정진하는 것을 이겨내야 진짜 선객이 아니겠느냐고 되묻더라구요. 그렇다면 열심히 정진해보라고 격려하고 보냈습니다.

나중에 들으니 그 수좌는 공양주도 들이고 신도도 생긴 것입니다. 선수행하는 토굴이 어느덧 포교당화된 셈이지요. 이 스님이 잘한 것인가요, 아닌가요. 부처님이 말씀하신 하화중생의 본래 임무인 중생구제의 터전을 마련했다고 보아야 하느냐, 아니면 선수행의 열의가 변질됐다고 보아야 합니까.나는 고민하지 말아야 한다고 생각합니다. 포교를 하든 참선을 하든, 빨래를 하든 시장을 보든, 모든 일이 삼매속에서 여여하게 이뤄질 때 그곳이 바로 깨침의 선방인 것입니다.

부처님당시 한 제자가 있었는데 용맹정진해서 빨리 깨치려 하다가 병까지 났어요. 이를 지켜보고 있던 부처님은 그를 불러서 "네가 세속에서 무엇을 좋아했느냐"고 물으니 거문고를 좋아한다고 답했습니다. "거문고 소리를 잘 나게 하려면 어떻게 해야 하느냐"고 다시 물으니 "줄이 너무 팽팽하면 끊어지고 너무 느슨하면 소리가 안납니다"라고 답했습니다.

부처님께서 공부도 그와같이 해야 한다고 했습니다. 너무 조급히 서두르면 몸이 허락치 않아서 공부가 안된다는 뜻입니다. 깨치는 것은 승속도, 남녀노소도, 귀천도 따로 없지요.

해와 달이 밝아서 우주를 비추는데 친소도 없고 원근도 없이 어느 곳이든지 똑같이 비춥니다. 그런데 해가 뜰 때는 가장 높은 봉우리를 먼저 비춥니다. 우주를 평등하게 비춰주는 해와 달이 차별을 하려고 해서가 아니라 해가 뜨다보니 가장 높은 봉우리를 먼저 비추는 것입니다.

부처님께서는 특정인만을 제도하려 하지 않지만 제일 먼저 착하고 신심있는 사람을 먼저 제도하게된다고 말씀하셨습니다. 법문도 많이 듣고 경전도 많이 읽어야 합니다. 그렇지만 아무리 법문을 많이 듣고 경전을 많이 읽는다 하더라도 스스로 행하지 않으면 이익이 없는 법이지요. 듣고 읽는다는 것은 불교와의 인연은 될지언정 도를 깨치는 데는 아무런 도움이 되지 않아요.

그런데 옛스님들이 말씀하시기를 선은 활줄에다 비유했고 염불 주력은 화살 등에다 비유했습니다. 이것이 무슨 뜻인가 하면 활줄은 곧으니 가깝고, 활등은 굽으니 멀다는 뜻입니다. 즉 참선을 하면 쉽게 깨치지만 염불 간경 주력 등은 더디 깨치게 된다는 말입니다. 이것을 언어로 표현하다보니 부득이 이렇게 표현한 것이고 참선을 한다고 해서 먼저 깨치고 염불이나 주력을 한다고 해서 더디 깨친다는 법은 없습니다. 다만 얼마나 열심히 하느냐에 따랐지요.

요즘 도심속에서 시민선방들이 자리를 잡아가고 있는 것으로 압니다. 다행스러운 일이라고 생각합니다. "선만큼 쉬운 것은 없다"고 하신 분들도 더러 있지만 사실 어렵습니다. 그런데 출가수행자도 아닌 일반인들이 생활중에 참선 수행을 한다는 것이 얼마나 다행스럽고 바람직한 일이겠습니까. 각박한 생활속에서 참선 수행을 해야겠다는 생각만 갖고 살아도 좋은 일인데 말입니다. 여러 여건으로 금생에 마음껏 수행하지 못한다 하더라도 다음 생에는 참선 수행에 전념할 수 있는 계기가 될 것입니다.

내가 눈을 떠야 남을 인도할 수 있습니다. 견성을 위한 수행에 다함께 용맹정진합시다.

탄허스님
1913~1983년

은사 한암스님
제자 혜거스님

범어를 익혀 방대한 불서를 역경한 불교학자. 유불선을 두루 통달한 도인. 미래를 예견한 예언가, 지독한 수행을 한 수행자. 높은 학식으로 후학을 가르친 대강백. 법명은 택성(宅成)이고, 탄허는 법호이다.

탄허스님은 1913년 3월 7일 전북 김제 만경에서 유학자 이었던 김율제 선생의 둘째 아들로 태어났다. 13세까지는 부친이 종사하고 있던 정읍의 증산교의 일파인 차천자교(車天子敎)에 있는 서당에서 한문과 서예를 배웠고, 충청도 기호학파의 최대 유학자인 면암 최익현의 문하 이극종 선생에게 한학을 연마하여 도학에도 상당한 경지에 올랐다.

그러나 어릴 때부터 득법을 하고픈 열망을 가진 그는 세속 학문에 한계를 느끼고, 보다 궁극적인 진리를 배우고 익히기 위해 스승을 찾아 나섰다. 이때 인연이 닿은 분이 오대산에 주석하고 있던 한암(漢岩)스님이다. 18세 때부터 한암스님과 3년간 장문의 편지를 주고받으며 가르침을 꾸준히 받아온 그는 진리의 근본을 탐구하고 또한 인생의 진수를 터득하기 위하여 상원사로 입산했다. 이때 스님의 나이 21세였다. 새벽 2시면 언제나 일어나서 반드시 참선을 하고 경전을 읽었으나 늘 뭔가 부족함을 느꼈던 스님은 한암 선사처럼 참선도 흉내 내어 보았으나 만족할 수 없었다. 그렇다고 불법에 이르지도 못하고 이대로 하산할 수는 더더욱 없었다. 결국, 어느 날 갑자기 그는 한암 선사에게 정식으로 승려가 되겠다고 삭발을 요청하기에 이르렀다.

속세에 자식과 부인을 버리고, 속세와의 모든 인연을 끊은 채로 출가한 이듬해부터 3년간 묵언참선(默言參禪)으로 용맹정진했다. 이렇게 3년을 묵언과 참선으로 지난 후 서장(書狀)을 읽어 보니까 글자 위로 뜻이 살아 나와 영롱한 오색 무지개를 발하는것 같았다. 그때부터 스님은 다시 14년 동안 두문불출하고 한암스님한테 매달려 불교의 방대한 경전들을 섭렵하기에 이른다. 실은 참선을 바랐으나 한암스님께서 선(禪) 보다는 경(經)을 택하라는 권유가 있었기 때문이었다.

스님이 속세에서 한학을 통달한 것을 아는 스승께서는 "선(禪)은 앉아서도 할 수 있지만, 이력이 붙으면 일어서서 할 수도 있고 걸어 다니면서도 쉽게 할 수 있는 것이다. 그러나 지식 있는 자는 경(經)을 배워 중생에게 이익을 주도록 해야 이 세상 업보도 갚는 것이 아니겠는가. 한문으로 된 경전만 보면 우리는 중국불교를 따를 수밖에 없으니 경전을 깊이 연구하여 우리의 경전을 만들어 중생을 이롭게 하라"고 강권하였다.

이에 탄허스님은 스승의 가르침을 되씹으며, 방법을 바꿔서 범어(梵語) 즉 '산스크리트'어를 배워 경전의 한문 글귀를 보지 않고 본래의 뜻을 따라 참뜻을 이해하기에 이른다. 마침내 경전을 통달하게 된 것이었다.

이때부터 스님은 불경을 번역하기 시작했다. 여기에 현토(懸吐)와 역주(譯註)를 달아 역경사업을 통한 불경의 한국화 및 현대화에 모든 노력을 기울이게 되었다. 불교학의 최고 학설인 화엄경 120권을 번역, 출간하고 그 밖에 선(禪) 사상의 중요 경전이자 강원의 교재인 『』 능엄경 『』 기신론 『』 금강경 『원각경』 『사집』 『치문』은 물론이요, 중요한 선어록인 『육조단경』 『보조법어』, 『영가집』, 유가와 도가의 경서인 『주역』 『노자도덕경』 『장자』에 이르기까지 방대한 양의 역서를 내놓았다.

1975년 8월 1일에 간행된 『신화엄경합론』은 탄허스님의 대표적 번역물이다. 대승 경전의 꽃이자 선불교의 교학적·사상적 바탕이 되는 경전으로 한국 불교에서 차지하는 위치는 대단하다. 탄허스님이 우리말로 완역한 신화엄경합론은 원전인 『화엄경』 80권과, 중국의 화엄학자 이통현이 해설한 『화엄론』 40권, 그리고 만당 때의 유명한 화엄 학승 청량징관이 주석한 『화엄경소초』 150권을 합한 책이다.

『화엄경』 『화엄론』 『화엄경소초』는 화엄학의 3대서로 불린다. 고본으로 총 270권, 원고 매수 6만2500여장, 번역 기간 10년, 출판 기간 7년 등 총 17년의 결과물로 '신화엄경합론' 완역은 탄허스님의 생애에서 빼놓을 수 없는 사건이요, 업적이라고 할 수 있다. 탄허스님은 이 화엄학 3대서를 직접 현토, 완역·간행했으며, 그 밖에 화엄학의 개설서인 계환의 『화엄요해』와 『화엄현담(8권)』 그리고 고려시대 보조국사 지눌이 저술한 『원돈성불론』까지 번역, 수록하여 화엄학과 관련된 중요한 자료를 모두 집대성했다.

부처가 행한 49년 설법 중에서 가장 심오하고 위대하며 광대무변하다는 화엄경은 원문이 10조9만5천48자에 달하며 탄허스님이 번역, 주석해 집필한 원고지가 6만2천 500여장을 헤아렸다.

이 일을 종단이나 기관의 도움 없이 혼자서 순수하게 해낸 것이 가능했던 이유는 3살부터 20살까지는 유가를 공부했고, 20대에는 불교를, 30대에는 도가를 스스로 깨우쳤기 때문일 것이다. 전 세계에서 유일하게 '화엄론을 자국어로 번역한 탄허스님의 이 작업은 원효·의상대사 이래 최대의 불사로 평가받고 있다.

스님은 불승이었지만 불교에 얽매이지 아니하고 유학과 노장 등 동양사상을 통섭했다. 불교는 물론 유가의 7서, 노자, 장자 등 제자백가에 대해서도 즉석에서 거침없이 설파하는 위엄을 떨쳤다. 그래서 그를 '유불도 삼교의 통섭자' 또는 '동양학의 대가' 라고 한다.

그런 스님이 무엇보다도 중요하다고 하여 추진한 것은 1956년에 시작한 '대한불교 조계종 오대산 수도원'과 '영은사 수도원'이다. 이 두 수도원은 장래 한국 사회와 불교를 이끌 인재를 양성하는 것이 목적이었다. 스님은 이곳에서 불교와 동양철학을 바탕으로 지성과 인격을 갖춘 인재를 양성하려고, 단신으로 불교와 동양사상 전반에 걸쳐 하루 6시간 이상 강의했다. 이 과정에서 수도원생들을 위한 항구적인 교재로 번역하기 시작한 것이 '화엄학 3대서' 등이다.

탄허스님이 화엄경, 화엄론, 화엄사상을 좋아했던 이유는 화엄사상이야말로 갈수록 복잡성을 띠며 심화되어 가고 있는 인간관계, 사회관계, 국제관계를 해결할 수 있는 미래사회의 대안이라고 보았기 때문이었다. 스님은 그 이유를 다음과 같이 간결하게 설명했다.

"첫째, 화엄의 가르침은 방대하고 심오하여 모든 불교의 진리를 포괄하고 있고, 간명하면서도 '누구나 다 성불할 수 있다'는 진리를 밝히고 있기 때문이었다. 이통현의 '화엄론'은 유교와 도교를 끌어다가 포용하고 있기도 하다. 두 번째, 화엄경은 대승불교 최고의 경전으로 선(禪)의 사상적 기반이며, 특히 돈오頓悟(일거에 깨닫는 것) 사상을 담고 있기 때문이다. 세 번째, 화엄의 사사무애관, 즉 법계연기사상은 각기 자신의 정체성을 상실하지 않으면서도 원융무애하게 공존한다고 하는 탈 영역, 탈 관념의 세계관을 담고 있다." 이러한 것들이 스님이 자유롭게 불교와 유학, 노장학을 넘나들면서 세계관을 확장할 수 있게 한 원동력이 되었다.

스님은 선(禪)과 교학을 겸비한 선승으로서 본분사를 다한 분이다. 항상 학문과 참선에 몰두했고, 명예 같은 것은 무가치한 것, 권력은 와각쟁투(蝸角爭鬪·달팽이 뿔을 서로 차지하려고 싸움)로 여겼다. 늦어도 새벽 2시 반쯤이면 일어나 좌선을 했던 스님은 생활은 소탈·검소·겸손했다. 또한 누구에게나 절대 3배를 하지 못하게 하였고, 누구든 찾아오면 예의를 갖추어 맞이했으며, 손님이 가면 항상 문까지 배웅하였다.

스님은 불교정화운동의 선봉에 서서 활약을 하며 종단의 기틀을 세우는데 공헌을 했고, 6·25의 전화(戰火)로 폐허가 된 월정사를 지금의 훌륭한 도량으로 중흥시켰다. 위 같은 업적에도 불구하고 스님은 "나는 한 잔의 물, 이것으로 산불을 끄겠느냐" 고 겸양의 말로 당신을 드러내지 않으려 했다.

그러나 스님 생전에는 늘 찾아오는 이들이 많았다. 정치인을 비롯한 유명 인사들이 끊임없이 찾아오거나 가르침을 청하였는데, 특히 당대 최고의 석학 함석헌 선생이 동양사상에 대한 의문점을 해소하려고 아침 일찍부터 안암동에 있는 대원암에 자주 방문했고, 자타가 공인하는 천재 양주동 박사는 '장자'에 관한 가르침을 청하러 월정사에 며칠씩 머무르다 갔다고 한다.

한번은 젊은 제자 향봉이 스님을 찾아와 물었다. "스님! 道가 있습니까"

"환한 길이 바로 보이지. 도(道)의 근본이란 바른 것이니까. 도란 진리의 대명사가 아니겠나. 한마디로 길을 가리킨 거야. 길을 걷되 길 밖으로 빠져나가는 것을 경계해야 돼. 왜냐하면 길이란 오름 길이든 오솔길이든 내리막길이든 외진 길이든 길은 길이 아니겠나.

그런데 길 밖으로 빠져나가면 진흙 덩이와 가시덩굴 속에서 갈팡질팡하게 되겠지. 어둠 속에서 방황하면 얼마나 괴롭겠나. 탈선이란 어느 의미에서도 괴로운 결과를 가져온다는 사실을 잊어서는 안 돼. 길은 또 하나의 생명줄이야. 생명을 아끼려거든 자기 나름대로의 선택한 길을 꾸준히 걷는 강인한 인내심이 필요하지. 그래야 목표에 도달할 수 있지."

"옛 말씀에 이런 대목이 있네. 도(道)를 잃으면 덕(德)이라도 갖추어야 하고, '덕'을 잃으면 인(仁)이라도 베풀 줄 알아야 하며, '인'을 잃으면 의(義)라도 지켜야 하고, 만일 '의'를 잃으면 예(禮)라도 차려야 할 줄 알아야 한다는 말씀이야. 그런데 요즈음은 '예'도 찾기 어려우니... 그러니까 법률이 나오지 않았겠어. 현재의 많은 사람들을 보면 이런 생각이 들어. 자의로 자기의 길을 걷는 나그네들이 아니라 타의에 의한 방랑자들 같다는..". 스님의 설법은 오늘을 사는 현대인들에게 하나의 살아가는 지혜를 제시해 주고 있었다. 다만 우리가 모르고 살아가고 있는 것이다.

공·맹과 노·장은 물론이고 역학까지 경지에 이르렀던 스님의 예지력은 널리 알려져 있다. 6·25 전쟁을 1년 전 예견하고 월정사 승려들을 통도사로 미리 피신시킨 것이나, 울진·삼척에 무장공비가 몰려들기 직전 화엄경의 번역 원고를 월정사에서 영은사로 옮겨 분서(焚書)를 막은 것은 유명한 일화다.

그러기에 동양사상과 주역을 바탕으로 한반도의 미래를 예측한 그의 말이 관심을 받고 있는 것은 당연한 일일 것이다. 스님은 5000년 동안 고난과 역경 속에 살아온 우리 민족의 불행한 역사가 머지않아 종결될 것으로 내다봤다. 오래지 않아 위대한 지도자가 나와 분단된 조국을 통일하고, 평화로운 국가를 건설할 것이라고 예언했다. 또 양극화, 세대 갈등, 가치관의 충돌 같은 국내 문제를 해결하고 국위를 선양할 것이며 우리나라의 새로운 문화는 다른 나라의 귀감이 되어 전 세계로 전파될 것이라고 말했다.

이런 예언을 남겼던 탄허스님은 자신이 죽을 날짜와 시간까지도 예언했는데 그 시간이 정확하게 적중되었다. 1983년 6월 5일 유시(酉時)인 오후 6시 15분에 "김탄허 대선사"는 '오대산 월정사 방산굴' 스님의 처소에서 입적했다. 당신이 예언했던 죽음의 시간에 열반한 것이다. 이 시각에 스님은 월정사의 모든 승려들을 당신이 거처하던 '방산굴'로 모이게 했다. 이때 사부대중들은 막 저녁을 들려고 밥상 앞에 모인 시각이었다.

"이제 간다." 그러자 옆에 있던 제자가 물었다. "큰스님 여여(如如) 하십니까." 원래 선상(禪床)에 앉아서 입적하겠다고 했으나 몹시 고통스러워서 눕겠다고 말한 뒤였다. 그러나 환한 미소를 지우면서 "그럼 여여하지. 멍청이" 가쁜 숨을 한번 몰아쉬고, 두 눈을 부릅뜨고, 주위를 둘러보더니 편안히 눈을 감고 갔다.

유-불-선 3교를 회통하고 수많은 업적을 남긴 탄허스님은 1983년 오대산 월정사 방산굴에서 그렇게 열반하였다. 세수 71세, 법랍 49세로...

스 승인 한암스님과 제자 탄허의 서신대화.

    탄허스님은 18세 때부터 한암스님과 3년간 장문의 편지를 주고받으며 가르침을 꾸준히 받았었다.

#...탄허가 한암스님에게..

俗生 宅成은 白하노이다

未번 德儀하고 遽以書훈 하니 誠惶誠恐하야 莫知措躬이니다. 而自以區區素仰은 殆未 弛於食食하야 只有心夢이 往來코 而莫之及也니다. 伏惟 尊候萬福하시며 結珠煉丹에 從容精熟하사

日有海豁 天高底氣象否닛가 無任欽羨讚賀之至오이다. 俗生宅成은 素以井邑賤종으로 流落湖西를 四載於此하야 年今二十에 根淺而學소하야 聞道不信하고 信道不篤하야 多 有懷珠喪珠와 騎驢覓驢之失하야 因致喚鐵作銀하며 磨전成鏡之病하니 良可嘆也니다.

加以家累外聞으로 人慾日肆하야 而蕩於聲하고 目眩於色하야 比如牛山之木이 已被斧 斤之伐하고 而又爲牛羊之牧하니 非無雨露之所潤이나 而萌蘖이 不得以長焉하니 其餘 存者가 嗚呼幾何닛가 詩云心之憂矣라 如非澣衣라하니 正是俗生之謂也니다.

自顧身邊에 如是可憐하야 竟作何漢同歸하니 那得碧山白포에 濯垢滌塵하고 洗心淨念 하야 永受淸福於三淸界二大宮耶닛가 何其執下는 有此淸福하사 入山修道하시고 脫사 忘世닛가 雖欲從之나 末由也己니다. 當진明春하야 晉謁로 爲計나 而塵緣이 未盡하고 道路가 且遠하야 亦不可必也니다.

顧此氣質이 懦弱하고 心志가 搖楊하야 未堪當途循轍이나 唯其所望者는 幸得長者之敎 하야 以補其過니다. 然而爲人이 如是하니 君者 肯與之語哉닛가 執下가 당不置 棄而辱 敎之則宅成之至願이 可云畢矣니다. 壬申年 八月十四日(나이 20세)

속생(俗生)은 글을 올리나이다. 거룩하신 모습을 뵙지 못하고 당돌하게 글을 올리게 되 어 참으로 황공하여 몸 둘 바를 모르겠나이다. 저희가 구구하게 우러러 생각하옴은 잠 시도 쉬지 아니하여 다만, 마음과 꿈이 오가면서도 따를 길이 없나이다. 엎드려 생각하 오니 존후께서 만복 하시오며 도를 닦아 이루시는데 조용하고 정숙하여 날마다 바다가 넓고 하늘이 높은 기상이 있으시옵니까? 흠모하고 부러워하여 무척 거룩하게 생각하 나이다.

속생은 본디 정읍에 태어나 천한 출신으로 호서에 흘러 온지가 지금 4년이 되었고 나 이는 지금 20세로서 근기가 옅고 배움이 낮아서 도를 들어도 믿지 아니하고 도를 믿는 것도 돈독하지 못하여 구슬을 가지고도 구슬을 잃어버리거나 나귀를 타고서 나귀를 찾 는 허물이 많고, 쇠를 은으로 여기고 벽돌을 갈아 거울을 만들려는 병폐가 있사오니 참 으로 한심하옵나이다.

더구나 집안의 누(累)와 외부의 사정으로 인욕(人欲)이 날로 커져 귀는 소리에 끌려가고 눈은 빛깔에 어두워져서 마치 산의 나무와 풀이 도끼와 같은 연장으로 토벌을 당하고 또 소와 염소에게 뜯어 먹히는 꼴이 되었습니다. 아무리 비와 이슬이 적셔주어도 싹이 자랄 수 없게 된 것 같사오니 그밖에 남아있는 것이 얼마나 되겠습니까.

'시경'에서 "마음에 근심됨이 때 묻은 옷과 같다는 말이 바로 속생을 두고 한 말 같습니다. 제 신변을 돌아보면 그와 같이 가련하여 마침내 어떤 놈과 같이 되었사오니 어떻게 푸른 산과 흰 폭포수에서 때와 먼지를 깨끗하게 씻고 마음과 생각을 씻어 청정하게 하여 삼청계 이대궁에서 맑은 복을 길이 받겠나이까.

어찌 집하(執下)께서는 그러한 맑은 복이 있으시어 입산 수도하시며 헌신짝 벗듯이 속세를 잊으셨나이까. 그 뒤를 비록 따라가려고 하나 따를 수가 없나이다. 명년 봄을 기하여 나아가 뵈올 계획이오나 속세 인연을 끝내지 못하고 길도 또한 멀고머니 꼭 단정할 수는 없습니다. 돌아보건대 제 기질이 나약하고 심지가 굳지 못하여 좋은 발자취를 따라가지 못하오나 오직 바라는 바는 다행히 장자의 가르침을 얻어서 그 허물을 적게 하는 것뿐이옵니다. 그러나 사람됨이 그와 같사오니 군자께서 잘 보살펴 말씀해 주시겠습니까. 집하께서 버리시지 않고 가르쳐 주신다면 속생의 지극한 소원은 이루게 되리라고 봅니다. 임신년(1932) 8월14일

#...한암스님이 탄허에게/ 呑許스님에게 보낸 漢岩스님의 答

細讀來書하니 足見向道之誠也라. 年壯氣豪하여 作業이 不 識好惡之時에 能立丈夫志하여 欲無上道하니 非宿植善根 之深이면 焉能如是요. 多賀多賀하노라. 然이나 道本天眞하면 亦無方所하여 實無可學이라 若情存學道하면 却成迷道하거니 只在當人의 一念眞實而已니라. 且孰不知道理요만은 知而不行故로 道自遠人하나니라.

昔에 白樂天이 問道於鳥 禪師한테 師曰 諸惡을 莫作하고, 衆善을 奉行이니라. 天이 曰 三歲小兒라도 亦能說得이니 師曰 三歲小兒雖說得이나 八十老人行不得이라하시니 此語 雖似淺近이나 然이나 介中에 自有深妙道理則 深妙 元不離 於淺近中 做將去也라.

不心뇨求靜하고 棄俗向眞이니라 每求靜於(시)하고 壽眞於俗하야 求之壽之하야 到無可求無可壽之處則自然 (시)不是(시)요 靜不是靜이며 俗不是俗이요 眞不是眞이라 呼地折 地斷矣니라

到恁摩時하야 喚甚摩道오. 是可謂一人이 傳虛에 萬人이 傳實이니라. 然이나 切忌錯會니다. 一笑하니라.

보내온 글을 자세히 읽어보니 만족하게 도에 향하는 정성을 보겠노라. 장년의 호걸스러운 기운이 넘쳐 업을 지음에 좋은 일인지 나쁜 일인지도 모를 때에 능히 장부의 뜻을 세워 위없는 도를 배우고저 하니 숙세에 심은 선근이 깊지 않으면 어찌 능히 이와 같으리오. 축하하고 축하하노라. 그러나 도란 본래 천진이라 방소가 없어서 실로 가히 배울 수 없음이라. 만일 도를 배운다는 생각이 있다면 문득 도를 미(迷)함이 되나니 다만 그 사람의 한 생각 진실됨을 요함이니라. 또한 누가 도를 모르리오마는 알면서도 실천을 하지 않으므로 스스로 멀어지게 되나니라.

예전에 백낙천이 조과선사에게 도를 물으니 사가 이르기를 "모든 나쁜 짓을 하지 말고 착하게 살아라" 하니까 천이 이르되 "그런 말은 세 살 먹은 애기라도 할 수 있는 말입니다." 스승이 이르되 "세살 먹은 애기라도 비록 말은 할 수 있지만, 팔십 먹은 노인이라도 실천하기는 어렵다" 하니 이 말이 비록 얕고 가까운 것 같으나 그러나 개중에는 깊고도 오묘한 도리가 있으니 깊고 오묘함이 원래로 얕고 가까움을 여의지 않고 이루어지나니라.

반드시 시끄럽다고 고요한 곳을 구하거나 속됨을 버리고 참됨을 향하지 말지니라. 매양 고요함은 시끄러운데서 구하고 참됨은 속됨속에 찾는다. 구하고 찾는 것이 가히 구하고 찾음 없는데 도달하면 시끄러움이 시끄러운 것이 아니요, 고요함이 고요한 것이 아니며 속됨이 속된 것이 아니요, 참됨도 참된 것이 아니니라. 부르면 꺾어지고 고함 지르면 끊어지느니라. 이러한 시절을 무어라고 말해야 하는가. 이것이 이른바 한 사람이 헛됨을 전함에 만 사람들이 진실을 전함이니라. 그러나 간절히 바라노니 잘못 알지 말지어다. 한 번 웃노라.

남긴 말씀들...

#... "생사 문제야말로 무엇보다 앞선 궁극적인, 그리고 이 세상에서 몸을 담고 살아가는 동안 기필코 해 나가야 할 중심문제다."

#... "마음에 생사가 없다. 마음이란 그것이 나온 구멍이 없기 때문에 죽는 것 또한 없다. 본디 마음이 나온 것이 없음을 확연히 갈파한 것을 도통했다고 말한다. 우리 자신

의 어디든 찾아보라. 마음이 나온 구멍이 있는지. 따라서 나온 구멍이 없으므로 죽는 구멍도 없다."

#... "우리의 삶은 간밤에 꿈꾸고 자는 것이나 같이 생각한다고 할까. 간밤 꿈꾸고 다닌 사람이 꿈을 깨고 나면 꿈속에선 무언가 분명히 있었긴 있었으나 헛것이든 그렇게 삶을 본다."

#... 달마 스님은 원래 미남자였다. 그런데 도교(신선교)에 시해법이란 게 있다. 시해법이란 몸을 한 곳에 머물러 두고 정신은 수만 리라도 다니는 것을 말한다. 달마 스님이 시해법을 했다. 신선교를 하는 사람 중에는 시해법을 하는 사람이 많았다.

어느 날 신선교에 시해법하는 사람이 지나가다 보니 자기는 험악하게 생겼는데, 달마 스님은 몸이 미남이라. 달마 조사가 시해법하느라 잠시 몸을 벗어 놓은 사이 시해법하는 사람이 '기회는 이때다!'라고 생각하고 달마 스님의 몸에 들어가 달아나 버렸다.

그리하여 달마 스님은 어쩔 수 없이 흉악한 신선의 몸에 들어갔다. 결국은 본신은 빼앗기고 남의 몸을 대신해서 얻은 것이다. 그래서 달마 스님의 상이 그리 흉측하게 생겼다고 한다. -〈탄허록〉233쪽-

#... 스님은 동양의 역학 원리로 어제의 역사를 되돌아보고 내일의 역사를 예지했다. 50여 년 전 주역의 원리를 적용해 "대양의 물이 불어 하룽 440리의 속도로 흘러내려 일본과 아시아 국가들을 휩쓸고 해안 지방이 수면에 잠기게 된다. 일본 열도의 3분의 2가량이 바다 속에 침몰한다."고 예측했다. 아울러 탄허스님은 "일본은 과거에 지은 업보로 가장 불행한 나라가 되며, 피해 후에는 자주력이 없으므로 한국의 영향권 안에 들어온다."라고도 예언했다.

#... "지구촌에서 소규모 전쟁은 계속 일어나지만, 인류를 파멸시킬 전쟁은 일어나지 않고 다만 지진에 의한 자동적 핵폭발이 있게 되는데, 이때는 핵보유국들이 말할 수 없는 피해를 보게 될 것"이라 했다. 실제 40여년이 지난 지금, 잇따른 동남아 쓰나미, 일본 열도 지진으로 인한 후쿠시마 원전사고 등이 발생했다. 스님은 모두가 말세라 할지라도 정신 차리고 있으라 당부한다. 말세라고 막연히 깨달은 사람이 나타나길 기다릴 게 아니라 나 자신부터 도를 닦을 것을 권고한다.

#... 팔만대장경은 모두 죽은 말이다. 왜냐하면 그것은 생각이 붙고 말이 붙기 때문이다. 모든 생각과 말이 끊어진 이 자리는 팔만대장경으로도 알지 못할 것이다. 수천 길

벼랑에서 떨어지다 나뭇가지 하나를 붙잡는다는 것은 참으로 다행한 일이다. 그러나 그것으로 만족해서는 안 된다. 그러기에 선가에서는 여래선보다 조사선의 가치를 더 높이 평가하지 않는가? 본래 청정하며 실다운 부처님의 마음자리를 견실심이라 우리는 일컫는다. 견실심의 밑바닥까지 가서 이것을 완전히 보았을 때 비로소 조사선이라 할 수 있을 것이다.

일찍이 앙산이 향엄에게 "사제의 요사이 견처가 어떠한가?" 하고 물으니 향엄이 대답하기를 "내가 창졸간에 말할 수 없나이다." 라고 하며 다음과 같이 게송으로 말하였다.

"去年貧未是貧 지난해 가난은 가난하달 것 못되나 今年貧是始貧 금년 가난이야말로 참말 가난이다. 去年貧無卓錐之地 지난 해 가난은 송곳 세울 땅이 없더니 今年貧錐也無 금년 가난은 송곳도 없네."

그러자 앙산은 "그대가 여래선은 얻었으나 조사선은 얻지 못하였네." 하였다.

또한 예전에 어떤 스님은 "내가 조사선을 얻었다." 하니 다른 스님이 말하기를 "아직 멀었다" 한다. 그러자 그 스님은 향을 피워 놓고 선정에 들어 그 향이 다 타기도 전에 열반에 들었다. 그러나 후자의 스님이 하는 말이 "네가 앉아 죽고 서서 죽는 것은 마음대로 하되 조사선은 못 보았다" 고 했다.

이와 같을진대 팔만대장경은 모두 죽은 말이다. 왜냐하면 그것은 생각이 붙고 말이 붙기 때문이다. 그러므로 모든 생각과 말이 끊어진 이 자리는 팔만대장경으로도 알지 못할 것이다. 방 안으로 들어가는 것이 목적이라면 방 안에 들어왔을 때 비로소 목적을 달성한 것이지 대청이니 문 밖 바로 앞에 왔다 해도 아무런 의미가 없는 것이다.

#... 예전에 여동빈이라는 사람이 신선도를 닦아 5만년 사는 법을 성취하였다. 이 사람이 300여 세 되는 때에 황룡선사가 설법하는 곳에 허락 없이 들어가 도청을 하였다.

선사가 대중을 훑어보며 "이 가운데 어느 놈이 있어 법을 도둑질하는고?" 하였다.

여동빈이 "신선도로써 5만년을 사는 도리를 성취한 여동빈입니다." 하니, 선사가 그에게 묻기를 "그렇다면 내 그대에게 묻거니 천지가 생기기 전의 면목이 무엇인고?" 하였다. 여동빈이 묵묵부답으로 아무런 대꾸를 못하자 선사가 말하였다.

"물이 다하고 땅이 다하고 나면 황룡이 출현한다."

이에 활연대오 한 여동빈은 신선도 닦기를 집어치우고 발심하여 불문에 귀의하였다 한다. 그가 비록 수만 년 사는 도리를 얻었다하나 황룡선사를 만나기 전에는 그 바닥을 보지 못했던 것이다. 이렇듯 여래의 본래정정심의 밑바닥을 보기가 심히 어려우나, 일단 발심을 하였으면 가다가 말겠다는 결심으로는 참된 진리의 바닥을 볼 수 없다.

#... 진리의 나뭇가지를 붙잡은 데서 그쳐서는 안 된다. 그 손을 놓고 참된 진리의 자리로 떨어져 죽을 용기가 있어야 한다. 그때 비로소 다시 사는 것이다. 그러기에 주자는 "사람이 배를 타고 갈 때 온 몸뚱이가 물속에 빠진 것이 되어야 옳다"라고 한 것이다.

#... 사람들이 미혹하여 이 같은 진리의 바닥을 향하여 매진할 용기를 갖지 못해서 집에서 기르던 개 한 마리를 잃어버리면 온 집안 식구가 찾아 나서지만, 자기 마음이 바깥 경계에 부딪쳐 잃어버렸을 때는 아무도 찾아나서는 사람이 없다.

#... '장자'에 나오는 돼지는 제관이 와서 "내가 일주일 동안 너를 호화스럽게 먹여주고 오색 비단옷을 입혀 오색 도마 위에 모셔 천자로부터 백관이 모두 너에게 절을 할테니 제물이 되겠느냐?" 하니 돼지는 그렇게 해서 자기가 희생이 되느니 차라리 더러운 우리 안에서 더러운 음식 찌꺼기를 먹으면서 자기를 보존하는 쪽을 택하겠다고 대답하였다.

돼지도 하물며 이와 같은데 사람들은 어찌하여 자신의 중요성을 망각하고 잃어버린 자기를 찾으려 하지 않는가?

#... 거울 안에 삼라만상이 비쳐질 때 우리 범부는 거울보다도 거기에 비친 상에만 집착한다. 그러나 그것들은 어디까지나 거울에 비친 영상에 불과함을 우리는 확실히 알아서 그 마음 거울의 본체를 깨닫고 그 밑바닥까지 철저히 찾고야 말겠다는 철두철미한 발심을 해야 할 것이다.

#... 불교와 동양사상을 습득한 탄허스님은 생존 시 깜짝 놀랄 만한 예언을 남겼다.

탄허스님이 남긴 주요예언은 다음과 같다.

#...간방에 간도수가 접합됨으로써 이제 한국에 어두운 역사는 끝맺게 되었다. 인류 역사의 시종이 이 땅 한국에서 이루어지게 되어 있다.

#...소녀인 미국은 부인으로 밖에 볼 수 없다. 이런 점에서 미국의 우리나라에 대한 도움은 마치 아내가 남편을 내조하는 것과 같다. 그래서 그 결과는 남편의 성공을 만들어 내는 것을 뜻한다.

#...지금은 결실의 시대다. 열매를 맺으려면 꽃잎이 져야 한다. 꽃잎이 지려면 금풍이 불어와야 한다. 그 금풍이란 서방 바람을 의미한다. 우리나라가 미국의 도움으로 인류 역사의 열매를 맺고 세계사의 출발을 한반도에서 출발 시킨다는 천기를 보여주는 증좌이다.

#...현재의 중국 영토로 되어 있는 만주와 요동반도의 일부가 장차 우리의 영토로 다시 복귀하게 될 것이다.

#...일본 열도의 3분의 2 가량이 바다 속에 빠져서 침몰할 것이다.

#...한반도의 동해안도 해일과 지진으로 침몰하고 그 대신 서해안이 한반도 2배로 융기된다.

#...지구가 23도 7분 삐뚤어져 있다. 북빙하가 녹아 내려 미국의 서부해안과 일본 열도가 침몰할 것이다. 이에 따라 지구는 생태계 변화가 다가오고 천지개벽이 일어난다.

#...지진에 의한 원자력 발전소의 폭발, 핵폭발 등이 일어나 핵보유국들이 말할 수 없는 피해를 입게 될 것이다.

#...인류의 운명에 비극이 다가오고 있다. 인류의 60-70%가 소멸된다. 그러나 육지의 면적이 더 넓어져 생존하는 인류가 더 윤택하게 살게 될 것이다.

#...오래지 않아 한반도는 국운이 융성해질 뿐만 아니라 위대한 인물들이 나타나서 조국을 통일하고 평화로운 국가를 건설할 것이다.

행장...

　　김(金). 속명은 금탁(金鐸). 자(字)는 간산(艮山). 법명은 택성(宅成: 鐸聲), 법호는 탄허(呑虛)이다. 1913년 음력 1월 15일. 전북 김제 만경(萬頃)의 독립운동가 율재(栗齋) 김홍규(金洪奎) 선생의 차남으로 태어나다.

1918~1933(21세) 6세에서 21세까지 사서(四書) 삼경(三經) 및 노장(老莊) 등 제자(諸子)의 전 과정을 마치다. 1934(22세) 오대산 상원사에 입산, 방한암(方漢岩)스님을 은사(恩師)로 구족계(具足戒)를 받다.

1936(24세) 상원사에 '강원도 3본산(유점사, 건봉사, 월정사) 승려(僧侶) 연합수련소'를 설치(設置), 탄허스님은 한암스님의 증명(證明) 하에 중강(中講)으로서 금강경(金剛經), 기신론(起信論), 범망경(梵網經) 등을 강의하다. 전례 없는 이 일은 불교계에 초미(焦眉)의 관심사였다.

1939(27세) 신화엄경합론(新華嚴經合論)(47권)을 비롯한 사교(四敎), 사집(四集), 사미(沙彌) 등 불교내전(佛敎內典) 총 14종, 70권의 불교경전을 현토(懸吐), 역해(譯解)하다. 이는 후일 역경의 저본이 되다.

1949(37세) 한암스님을 모시고 15년 동안 선원에서 참선 하다. 강원의 이력(履歷) 과정, 보조법어(普照法語), 육조단경(六祖壇經), 영가집(永嘉集), 전등록(傳燈錄)과 선문염송(禪門拈頌), 선어록(禪語錄) 등 주요경전을 사사(師事)하다.

1955(43세) 대한불교 조계종 강원도 종무원장 겸 월정사 조실에 추대 되다.

1956(44세) 오대산 월정사에 대한불교 조계종 오대산 수도원을 설치하다. 불교와 사회전반에 걸쳐 인재를 양성하겠다는 이상 하에 이루어진 최초의 교육결사였다. 〈신화엄경합론(新華嚴經合論)〉 번역 착수하다.

1958(46세) 영은사로 옮겨 1962년 10월까지 인재양성의 교육 불사를 이어가다. 1960(48세) 〈현토 역해 육조단경(六祖壇經)〉을 간행하다.

1962(50세) 월정사 주지에 임명되다. 1963(51세) 〈현토 역해 보조법어(普照法語)〉 간행하다. 1965(53세) 동국대학교 대학선원장(現 正覺院長)에 임명되다.

1966(54세)수원 용주사(龍珠寺)에 설립된 동국역경원의 초대 역장장(譯場長)에 추대되다. 1967(55세)10년 만에 드디어 62,500여 장에 달하는 〈신화엄경합론〉 번역 원고

를 탈고하다.

1969(57세) 대전 학하리에 자광사(慈光寺)를 창건하다.오대산 월정사 대웅전을 중창하다.

1972(60세) 화엄학 연구를 위하여 서울 낙원동에 화엄학연구소를 설립하다. 1972(61세) 3월부터 〈신화엄경합론(新華嚴經合論)〉 간행에 착수하다.

1975(63세) 동국학원(東國大學校) 이사에 취임하다.〈신화엄경합론〉 총 47권을 간행하다. 〈신화엄경합론〉 간행 공로로 동아일보사 주최 제3회 인촌문화상과 대한불교 조계종 종정상을 수상하다.

1976(64세) 강원의 사집과 교재인 〈서장(書狀)〉, 〈도서(都序)〉, 〈절요(節要)〉, 〈선요(禪要)〉를 간행하다. 1977(65세)월정사에서 〈신화엄경합론〉 간행을 기념으로, 제1회 화엄법회를 개최하다.

1980(68세) 〈능엄경(楞嚴經)〉, 〈금강경(金剛經)〉, 〈원각경(圓覺經)〉, 〈기신론(起信論)〉 등 사교(四敎)와 〈부처님이 계신다면〉을 간행하다.

1981(69세)〈치문(緇門)〉과 〈초발심자경문(初發心自警文)〉을 간행하다.

1982(70세)〈현토 역해 주역선해(周易禪解)〉, 〈현토 역해 도덕경선주(道德經選註)〉를 간행하다. 음력 4월 24일(양력 6월 5일). 오대산 월정사 방산굴(方山窟)에서 세수(世壽) 71세, 법랍(法臘) 49세로 열반하다. 1983년 정부에서 국민훈장이 추서되다.

1984년 탄허불교문화재단이 설립되다.1986년 오대산 상원사에 부도(浮屠)와 비가 세워지다.1997년 유고 〈피안을 이끄는 사자후〉가 간행되다.2001년 유고 〈현토 역해 영가집(永嘉集)〉이 간행되다.2001년 〈발심삼론(發心三論)〉이 간행(刊行)되다.

2002년 〈동양사상(東洋思想)〉 특강 CD 18장(교재1권 포함)이 제작되다.

2004년 유고 〈장자(莊子) 남화경(南華經)〉과 법문 CD가 간행되다. 2010년 탄허대종사기념박물관이 개관되다. / 탄허불교문화재단 자료.

제자 혜거스님

1959년 저는 속가 삼촌인 김지견 박사의 소개로 탄허스님께 갔습니다. 추운 겨울 석탄차를 타고 태백으로 달려가 탄허스님을 은사로 모시고 삭발염의 했습니다.

이런 세상도 있구나 싶었습니다. 하루 종일 경 읽는 소리가 끊이지 않던 영은사의 풍경이며, 주경야독하며 선교겸수의 양날을 벼리던 대중스님들은 하나같이 맑고 청아해보였습니다. 이제 겨우 16살인데도 너무 늦게 왔다는 후회까지 되었습니다. 게다가 탄허스님께서는 행자 첫날부터 공부를 가르쳐주셨거든요.

생각해보세요. 언감생심 이제 막 출가한 행자가 어떻게 스님들과 강을 들을 수 있겠습니까? 그것도 탄허 스님의 화엄경 강의를 말이죠. 행자 시절 3년 동안 화엄경 80권을 다 보고, 사집과 영가집 그리고 모든 범패의식까지 다 배웠습니다. 그런 스승이 어디에 있겠습니까. 우리 스승이었기에 가능한 일이었지요.

저는 그때 신명나게 공부하고 배우며 수행의 첫걸음을 내딛었습니다. 어려운 만큼 더 열심히 했고, 남들보다 더 잘하고 싶어 세 번 네 번도 부족하다 여기며 공부해서 강을 받치면 탄허 스님은 명쾌하게 길을 짚어주곤 하셨습니다. 한국불교 역경사의 금자탑을 세웠던 대강백이요, 대선사 탄허스님의 가르침을 그렇게 온 몸으로 받아들이며 공부했습니다.

스님은 '바쁘다, 시간이 없다'는 말씀을 하신 적이 단 한 번도 없습니다. 그렇게 수많은 경전을 번역하고 글을 쓰면서도 늘 한가로우셨습니다. 저녁 9시면 어김없이 취침에 들었고, 새벽 1시면 어김없이 일어나 경전을 보셨습니다. 그리고 해가 뜨면 대중과 함께 계셨습니다. 그런 중에 틈이 나면 편안하게 숨을 쉬듯 경전을 보고 번역을 하셨습니다. 아무렇지도 않게, 고요하게 그 어마어마한 대작불사를 이뤄내셨던 겁니다.

그 많은 경을 번역하는 스님의 책상에는 사전이라든가 참고서적 한 권이 없었습니다. 어떤 경구든지 직독직해가 되었고, 동서양 철학에 막힘이 없었고, 내전 외전 경계 없이 두루 통달하셨던 겁니다. 그 기적 같은 일을 이뤄낸 스승을 옆에서 시봉한 저는 정말 행운이었습니다. 그런데 그땐 어리석어 미쳐 그것을 깨닫지 못했습니다.

스님 밑에서 한참 화엄경 공부를 할 때였죠. 지금 생각해보면 화엄경 완역이라는 역사적인 대불사를 앞두고 미력이나 힘을 보태던 시절이었는데, 스님께서 어느 날 어떤 일로 제게 크게 역정을 내셨습니다. 그런데 그때는 그게 그렇게 서운할 수가 없었습니다.

그 길로 짐을 싸서 선원으로 갔습니다. 물론 훗날 생각해보면 그때 선원에서의 경험 또한 소중한 자산이 되었지만, 아무튼 몇 년의 세월을 돌고 돌아 돌아와 보니 화엄경 완역은 끝이 나 있었고, 한 참 무르익던 제 공부도 무뎌져 있었습니다. 화 한번 냈을 뿐인데, 얼마나 많은 것을 잃었습니까?

그 후 스님 곁에서 스님의 입적하시는 날까지 시봉하였습니다. 갈증이 컸던 만큼 지난 공부를 새롭게 점검받고 다시 채워가는 충만한 나날이었습니다.

스님은 칭찬을 많이 안하셨어요. 그런데 어느 날부턴가 손님들이 와서 스님께 공부에 대해 물어보면, 저를 불러 답하게 하셨습니다. 그리고 스님은 뒤에서 묵묵히 증명해주셨는데, 무언의 다독임이라 여겼습니다. 그렇게 세월이 깊어지면서, 비로소 저는 그 어떤 일에도 서운치 않게 됐죠. 오히려 스님이 꾸지람을 주시면 마음으로 참 행복하고 좋기도 하고 그랬습니다.

그 마지막 6년은 스님께서 제게 준 마지막 큰 선물이라고 생각합니다. 은사스님은 제가 닮을 수만 있다면 온전히 닮고 싶었던 참 스님이었습니다.

탄허스님직계 제자인 혜거(慧炬) 스님은 지난 1988년 개포동에 금강선원을 열고 도심 한가운데서 수행과 실천이 하나 되는 불법(佛法)을 전하는 한편 탄허 대종사의 사상과 업적을 기리기 위해 2010년 11월 26일 개관했다.

금강선원(선원장 혜거 스님)은 11월 26일 서울 자곡동 탄허기념박물관에서 박물관개관 1주년 기념식과 '만일 결사 선포식'을 개최했다. 만일 결사는 매일 소리내 관세음보살을 3000번 염불하는 '염불회', 하루 두 번 금강경을 독송하는 '독송회', 하루 1시간 좌선을 거르지 않는 '참선회'의 세 그룹으로 나눠 진행된다. 5명씩 한 팀을 이뤄 매달 한 번 수행과 봉사 실천을 점검한다.

혜거 스님은...

1959년 영은사에서 탄허 스님을 은사로 출가했다. 탄허 스님 회상에서 대교과를 마치고 묵호 대원사와 서울 대원암 주지를 역임했으며, 2001.06~ 한국전통불교연구원 원장, 2005년 부터 탄허불교문화재단 이사장을 맡아 운영하고, 서울 개포동 금강선원에서 20년째 불교진리와 참선을 지도하고 있다. 불교방송과 불교TV 경전 강의를 통해서, 쉬지 않고 쉽고 행복한 부처님 말씀을 전하고 있다.

태허스님. 운암김성숙

1898~1969년

은사 풍곡신원스님.
계사 월초거연스님. 독립운동가.

독립운동가. 스님 출신으로는 유일하게 대한민국 임시정부 국무위원을 역임한 태허스님. '운암 (雲巖) 김성숙(金星淑)'으로도 널리 알려져 있는 태허 스님은 만해스님, 용성스님 등과 함께 항일운동에 앞 장선 불교계의 대표적인 독립운동가다.

1898년 평안북도 철산군 서림면 강암동에서 부친 김 문환과 모친 임천 조씨의 아들로 태어났다. 어릴 때 이 름은 성암(星巖), 아호는 운암, 성숙은 법명이다. 자식 이 없어 고심하던 그의 어머니는 미륵부처님께 3년간 기도를 하고 그를 낳았다.

농사일을 도우며 틈틈이 글방에 나가 한문을 배우던 중, 1905년, 전국 곳곳에 독 립학교가 설립됐다. 그의 고향에도 대한독립학교가 세워져 10살의 나이로 입학 하여 그곳에서 을지문덕, 이순신 등 외부침략으로부터 나라를 구한 위인들에 대해 공 부 하며 애국심을 키워나갔다. 그러나 한일합방 이후 학교는 문을 닫고, 그 자리에 일 본의 보통학교가 들어섰다. 그러자 그의 할아버지가 '절대로 일본놈들이 하는 학교 는 보낼 수 없다'고 하여 그만두고 할아버지로부터 직접 한문을 배웠다. 그때 그의 집을 찾아온 삼촌의 영향을 받게 되었다.

그의 삼촌은 대한제국의 군관으로 정위를 지내다 1907년 군대해산 뒤 만주로 망명, 독립운동에 뛰어든 인물이다. 삼촌으로부터 독립군 소식을 전해들으며 독립운동에 가 담할 것을 결심하게 된 그는 1916년 봄, 18세의 나이에 만주 신흥군관학교에 입학하 려고 집을 나섰다. "독립군 얘기를 들으면서 가만히 있을 수 없었다. 그래서 만주 신 흥학교로 가겠다고 마음을 먹고 집을 나왔다. 마침 집에서 땅을 판 돈이 있어 그 돈을 몰래 갖고 왔다. 집안 어른들께는 죄송했지만 독립을 위해 쓴다면 용서해줄 것이라고 생각했다." / 혁명가들의 항일회상에 실린 태허스님의 회고.

집을 나와 평양에서 원산까지 가서 다시 배를 타고 청진으로 건너가는 길을 택했다. 그러나 원산에 도착하자마자 평안도 사투리를 쓰는 통에 일본군에 붙잡혀 여관에 붙들려 있게 됐다. 그때가 마침 부처님오신 날이라 원산에 사는 사람들은 모두 서강사로 구경을 가 시내가 텅 빌 정도였다. 그를 감시하라고 명을 받은 여관주인도 절에 참배를 가야 했기에 두고갈 수 없었던 그를 데리고 서강사로 갔다. 그곳에서 그는 스님을 한 분 만나 감시를 벗어나고자 스님에게 데려가 줄 것을 청했다. 그 스님이 바로 태허스님을 불가에 출가시킨 양평 용문사 풍곡신원스님이었다. 그길로 스님을 따라 나선 그는 용문사로 가서 출가 하고, 그곳에서 2년 6개월 정도 수학했다.

"그런데 내가 한문을 아니까 경전을 배우는 속도가 빨랐어. 흥미도 커지고. 그래서 2년 반쯤 초보 중노릇을 하는 모든 방법을 배웠지. 그리고 나니 나를 경기도 광릉의 봉선사로 보내 경전을 정식으로 배우게 하더군."

봉선사에서 3년 간 머물면서 불교학과 경전 등을 공부하면서 동시에 과학 관련 서적도 탐독하여 견문을 넓혔다. 경전을 공부하는 한편, 사찰의 사무도 맡아 처리하면서 당시 봉선사 주지인 월초스님에게 사미계를 받고, 1922년 4월8일 성월스님을 계사로, 월초스님을 존증아사리로 비구계를 수지했다. 이 때 받은 법명이 성숙이다.

그곳에서 민족대표 33인인 손병희와 만해스님을 만나게 된다. "노스님은 손병희와 막역한 사이였는데, 스님은 손 영감이 오면 나에게 시중을 들라고 했다. 그래서 그와 가까워졌다. 만해스님과 김법린도 자주 만났는데 두 사람 모두 그 때 이름이 널리 나 있었다." 그 인연으로 그도 3.1운동에 가담하게 된다. 독립군이 되겠다고 집을 나선지 5년만의 일이다.

스님은 봉선사 몇몇 스님들과 경기도 양주와 포천 지역에서 독립선언서를 돌리고, 3월 1일 만세 운동이 발생하자 승려로 만세운동에 가담, 독립운동에 투신했으며 이때 이순재, 김석로, 강완수 등 봉선사 스님들 몇 분과 함께 비밀리에 독립문서를 제작, 인쇄하여 일반 대중에게 돌리다가 일본경찰에 체포되어 서대문 형무소에 수감되어 약 2년간 복역하였다.

1920년 출옥 남양주 봉선사로 되돌아갔으나 독립운동에 대한 스님의 열망은 사찰에 가만히 앉아서 수행만 하고 있기엔 너무 컸다. 마침 그 무렵 조선에는 만주, 상해, 시베

리아에서 활동하던 운동가들이 속속 귀국해 비밀리에 사회주의 활동을 벌이고 있었다. 그도 1922년 무산자(無産者)동맹회와 조선노동공제회에 가담하고, 전국 각지를 돌아다니며 강연활동을 하며 대중에게 독립정신을 고취시켰다. "처음에는 그저 가난한 사람들을 돕는 일에 참여한다는 마음에 가입했지만, 이 단체를 통해 사회주의운동에 발을 들이게 됐다"는 것이 스님의 설명이다.

충북 괴산에서 일어난 소작쟁의의 진상을 서울 본회 및 각 지방 지회에 알리는 등 스님 신분으로 적극적 항일민족운동을 전개하기 시작했으나 일본경찰의 감시가 심해지자 1923년 김규하.김봉환.김정완.윤종묵.차응준스님 등 5명과 함께 중국 북경으로 건너가 민국대학에 입학하여 정치학과 경제학을 공부하며 고려유학생회를 조직, 회장으로 활동하는 한편 중국에 망명하여 창일당을 조직하면서 『혁명』이라는 기관지를 발간, 한인 사회운동의 분열을 반대하며 단결을 촉구하였다.

또한 일본제국의 침략 수뇌부를 암살하는 독립운동 단체인 조선의열단에 가입, 의열단 선전부장, '혁명동맹'의 주필을 맡았다. 1926년 유학한국혁명청년회를 조직하고 기관지 『혁명행동』을 발간하였으며, 1927년 8월 중국공산당의 광주봉기와 대한독립당촉성회 광동지구 분회를 조직하는데 참여였다. 이후 재중국조선청년동맹 등을 직접 조직하는 등 활발한 항일운동을 펼쳤고, 독립단체 조직 및 조선의용대1931년 반제동맹에 가입, 반제동맹의 기관지 『봉화』와 『반일민중』이라는 잡지의 편집위원으로 활동하는 한편 중국군 19로군에도 종군하기도 하였다.

1936년 중국 각지의 독립운동가들을 모아 조선민족해방동맹을 조직, 선전부장에 취임하였다. 1937년 중 · 일전쟁이 발생하자 정당통합에 참여하여 조선민족해방동맹 · 조선혁명자동맹 · 조선민족혁명당 등 3개 단체를 통합하여 조선민족전선연맹을 조직하는데 가담하였다. 1938년 민족혁명당의 부당수 김원봉에 의해 설립된 조선의용대 정치부 주임, 조선의용대 지도위원 등을 지냈다. 태평양 전쟁 후반 무렵, 김원봉 일파와 김구 일파와 크게 대립하자 중재에 나섰다. 당시 김원봉은 중국 국민당의 강택파로부터도 지원을 받았고, 김구는 중국 국민당의 진립부 계열의 지원을 받고 있었다.

1942년 대한민국임시정부를 중심으로 독립운동단체를 통합할때 민족전선연맹을 해체하고 대한민국임시정부에 입각하였으며, 이때 임시정부 국무위원과 내무차장, 외교연구위원으로 활동하면서 주 중국 소련 대사관과 임정간의 외교를 담당하며 대소련 외교의 창구 역할을 하였다. 그러나 구미외교위원부 위원장 이승만이 미국과 접촉하면서 반소 활동을 한 사실이 알려지면서 소련의 항의를 받자, 이승만을 면직시켜야 된다며 비판하기도 했다.

광복 직전1945년 2월부터 구미위원장 이승만은 미국 국무부를 찾아가 OSS 합동군사훈련을 제의하며 한국의 독립을 승인해줄 것을 요청하였다. 이때 소련이 적화 야욕을 드러내며 한반도를 강제로 삼킬 것이라고 발언하였다. 이승만의 발언이 전해지자 그는 이승만의 소련 비난에 대한 비판, 항의 전보를 미국으로 보냈다.

1945년 5월 샌프란시스코에서 열린 유엔창립총회에서 이승만은 프랭클린 루스벨트가 얄타에서 한반도를 소련에 양도해 주었다는 정보를 접한 뒤 소련을 맹공격하는 선전을 하였다. 이승만은 유엔 창립총회에 참석하려는 한국인들에게 중국의 외교부장 송자문(쏭쯔원)이 좌우합작을 주장한 데 대해 맹렬히 반대성명을 발표했다.

이때 이승만이 돌린 반소 전단지가 소련측 대표들의 수중에도 들어가게 되어 소련 외상이자 소련 수석대표인 몰로토프(Vyacheslav M. Molotov)는 이승만과 임시정부를 극도로 적대시하게 되었다. 중국공산당의 유일한 유엔대표였던 둥비우로부터 소식을 전달받은 그는 임정 국무위원회 석상에서 이승만을 주미외교위원장직에서 해임하고 임정은 소련에 해명과 사과를 해야 된다고 주장하였으나 임정 내 우파들의 반대로 거부당하였다.

1945년 12월 3일, 임정요인 환국 제2진으로 귀국하였다. 1946년 2월 4일 이승만·김구 등 우익 진영에서 비상국민회의를 결성하고 2월 14일 좌익에서는 민주주의 민족전선을 결성하자 그는 모두를 비판한 뒤, 독립노동당을 창당하고, 장건상, 김원봉과 함께 임정을 떠나 민족주의민주전선에 가입하여 부의장을 맡아 〈노동신문〉을 창간했는데, 미군정 반대를 주장한 혐의로 전주형무소에서 6개월간 옥고를 치렀다.

1947년 전국혁명자총연맹 창립에 참여하여 위원장을 지냈으며, 5월에는 근로인민당 결성에 참여해 중앙위원에 선출되었다. 당시 제2차 미소공동위원회 참여를 통한 한국 통일 임시정부 수립 문제 해결과 단독정부 수립 등에 반대하여 미군정과 이승만 계열의 정적으로 부상되었다.

정부 수립 초기인 1948년 2월 김구, 김규식 등이 남북협상에 참여하였으나, 그는 남북협상의 실패를 예견하고 대한민국 단독 정부 수립론을 지지하였다. 그해 대한국민의회 의장에 선출 되었으나 국민의회가 몰락하자, 좌익계열을 제외한 인원으로 통일독립운동자중앙협의회를 결성하여 대표간사에 취임하였다. 이후 단주 유림 등과 독립노농당을 결성하고 야당 정치인으로 활동하였다.

1950년 6월 25일 6.25 동란이 발생하자 은신하여 납북되는 것을 면하였다. 1952년 부산광역시에서 야당과 연합해 한국민주주의자총연맹을 결성하여 이승만 정권의 재집권에 반대하였다. 1955년 조봉암 등과 접촉하여 진보당 추진위원회에 관여하였으나, 실패할 것이라 예상하여 조봉암의 진보당에 참여하지 않는다.

1957년 근로인민당을 재건하려 했다는 이유로 경찰에 체포되어 수감되기도 하였고, 1958년에는 제1공화국 정부에서 조작한 '진보당 사건'에 연루되어 옥고를 치루기도 하였다. 1960년 3·15 부정선거와 4·19 혁명으로 이승만 정권은 붕괴되었으나 장면 내각에서도 그는 혁신정당 창당 운동에 가담하여 야당에 머물렀다. 생애 후반 1961년 5.16 군사정변 이후 군정에 의해 특수반국가행위사건 관련자들을 체포할 때 6월 22일 공포된 특별소급법 '특수범죄처벌에 관한 특별법'이 제정되었다.

이때 그는 통사당사건으로 임시정부때부터 같은 동지이자 같은 혁신계 활동해왔던 장건상과 체포되어 10개월간 감옥에서 지냈다. 그나마 환갑이 넘고, 임정의 국무위원을 지낸 독립유공자임이 참작돼 석방될 수 있었던 것이다. 이 때부터 그를 도와주던 손길도 끊어졌다. 정권의 눈이 두려웠기 때문이다.

출감 이후 1965년 혁신정당인 통일사회당 창당에 발기인으로 참여하였고, 통일사회당 대표위원으로 추대되었다. 그러나 통일사회당은 곧 신한당에 흡수되었다. 1966년 윤보선 등과 함께 신한당에 발기인으로 참여, 창당후 신한당 정무위원회 위원에 선출되었다. 1967년 신한당과 민중당의 통합으로 재야통합 야당인 신민당이 창당되자, 신민당에 입당하였으며, 신민당 운영위원, 1968년 신민당 지도위원에 선출됐다. 1969년 4월 12일 71세로 사망하여 정부는 장례를 사회장으로 하고 조계사에서 영결식을 거행하였다.

가난 속에서 병고와 싸우다가 쓸쓸하게 절명하면서도 그가 했던 말은 "무슨 상을 바라고 독립운동을 한 것이 아니야"였다. 공산주의보다 민족해방을 우선에 뒀던 태허스님.. 3.1운동에 가담해 투옥되고, 다시 중국으로 건너가 해방되는 날까지 숨 가쁘게 투쟁해왔고 해방 이후에는 좌우로 갈라진 조국을 통일하기 위해 애썼던 그에게 '해방된 조국이 준 선물은 미군정반대라는 죄목으로 내려진 6개월 금고형, 좌익인물이라는 낙인, 그리고 박해'였다.

신동아에 실린 '김성숙 회고록 – 한국현대사, 중도좌파의 비극적 종말'에는 해방 이후 고단했던 그의 삶을 조금이나마 엿볼 수 있다. 1969년 4월15일에 실린 동아일보 기사 표제는 '애국지사 고(故) 김성숙 옹, 중태 이르도록 병원 한번 못간 가난, 유산은 단칸집 한 채, 퇴원비 만원 없어 허덕여' 였다.

정신적으로 경제적으로 힘들었던 그 때 운허(耘虛)스님(1892~1980)은 가끔 쌀을 보내 성숙의 생계를 도왔다. 말년에 천식으로 고생했던 그는 가난 때문에 변변한 치료조차 받지 못하고 숨을 거뒀다. 1955년 2월23일자 일기에 "오늘 200원을 꾸어 쌀을 사왔다. … 내가 독립운동을 하고 정치를 한다고 돌아다니면서도 가족을 굶기고 살고 있구나."라고 적혀있어 그의 말년의 가난을 알 수 있다.

핍박받는 민중을 위해 독립운동에 나섰고, 가난한 자들을 돕기 위해 사회주의자가 됐던 태허스님에게 되돌아온 것은 가난과 탄압이었지만, 부정과 불의에 굴하지 않고 고집스레 자신의 길을 걸었다. 그러나 만해스님, 김법린과 마찬가지로 불교계를 대표하는 독립운동가요, 정치가였음에도 불구하고 세상에서 그는 잊혀진 존재였다. 겨우 사후 13년 뒤, 1982년 건국훈장 국민장을 추서받았고, 2004년 국립묘지 임시정부 요인 묘역에 유해가 안장되었다.

운암김성숙 기념사업회 자료.

2005년 운암선생기념사업회가 외손자인 민성진에 의해 결성되어 2006년 국가보훈처 산하 사단법인으로 등록되었다. 2006년 1월 서울 종로구 세종로 동아미디어센터에서 김창수 고려학술재단 이사장, 김창 심산 아카데미 상임고문, 김학준 동아일보 사장, 김자동 대한민국임시정부기념사업회장, 김성숙 선생의 손자인 김덕천 씨, 윤소암 스님, 민성진 김성숙기념사업회 사무국장 등의 주도로 '운암김성숙 기념사업회'가 창립, 발족되었다. 2008년 대한민국 국가보훈처, 광복회, 독립기념관이 심사하는 '4월 이달의 독립운동가'로 선정되었다.

운암 김성숙스님이 1964년에 쓴 친필 일기를 엮어 2012년 3.1절에 『운암김성숙 혁명일기』라는 제목으로 책을 발간했다. 단행본으로 첫 선을 보이는 이 책은 중국에 있던 태허 스님의 세 아들이 보관하던 일기 중 일부를 스님의 친손자인 김덕천(金德川, 73)씨가 2008년 국내로 가져와 보관하던 것을 운암김성숙선생 기념사업회(회장 민성진)가 찾아내 출간하게 됐다.

이 책에서 1960년대의 사회상황과 태허 스님의 투철한 삶의 의지, 박정희 군사정권에

대한 비판, 가족애, 정치현실비판, 6.25 전쟁과 한일협정에 대한 비판 등을 읽을 수 있다. 스님은 사회주의 진영에서 독립운동에 참여했다는 점이 부각된 나머지 지금까지 한국 독립운동사에서 크게 조명받지 못했다. 이번에 공개되는 일기에는 그간의 평가와 달리 좌우 대립을 넘어 남북통일을 추구한 민족주의자의 면모가 곳곳에 나타난다고 기념사업회는 설명했다.

공개되는 일기에는 그간의 평가와 달리 좌우 대립을 넘어 남북통일을 추구한 민족주의자의 면모가 곳곳에 나타난다. 6월 25일자 일기에서 6.25전쟁의 성격을 놓고 "남.북한의 외세 의존주의자들이 미.소를 대리해 동족전쟁을 감행한 역사적으로 가장 무가치하고 추악한일"이라며 남.북한 정권을 모두 비판했다. 스님은 일기에서 '북괴'라는 표현을 여러 차례 쓰는 등 북한 정권에 우호적인 태도를 드러내지 않는 점 등을 미뤄볼 때 스님에게 붙은 좌익 독립운동가라는 수식어는 잘못됐음을 파악할 수 있다.

12월 23일자 일기에는 "나의 일관한 주장은 우리나라가 아직 독립이 되지 못하고 외국 세력하에서 전 민족이 신음하고 있으므로 독립운동을 계속 해야 한다는 것이다. 아직은 논공행상할 때가 아니다"라며 독립유공자 표창 소식에 심드렁한 반응을 보이는 한편 당시 한반도 상황을 평가했다. 스님은 3월1일자에서 "30여년간 목숨을 걸고 지켜오던 태극기와 삼일절을 친일파 민족 반역자들에게 빼앗겼다"며 "나는 매년 삼일절에 참석하지 않고 그 기념식을 마음속에서 저주하게 됐다"고 불편한 심기를 드러냈다.

야당과 대학생들의 한일협정 반대 시위를 박정희 정권이 탄압하자 스님은 "5.16 이후 금일까지 군인들이 저지른 죄과는 반드시 국민 대중의 정당한 심판을 받게 될 것"(6월 3일), "계속 고조되는 학생 데모의 역사적 의의와 본질을 정당하게 이해하려 들지 않고 오직 권력으로 억압하면 된다는 파쇼적 사고방식"(6월4일), "외교적으로는 미국 일변도, 국내적으로는 독재"(10월 20일) 등 군사정권에 대한 비판을 쏟아냈다.

신운용 김성숙연구소장은 "철저한 민족주의자였던 김성숙에게 사회주의나 공산주의는 민족주의 실천의 방법론이었고 그의 사상을 지배한 것은 불교였다"며 "민족주의 좌. 우파의 단결을 이끌어 낸 김성숙과 같은 이들이 해방 후 한국사회를 이끌었다면 6.25의 비극과 독재, 인권유린의 역사를 겪지 않았을 것"이라고 말했다. 민성진 회장은 발간사를 통해 "이 단행본을 시작으로 중국에 있는 해방 이전부터 1969년까지 작성된 운암 선생의 친필일기를 전집으로 출간할 예정이다"며 "발간되면 한국 독립운동사, 근대사에 새로운 자료로 활용할 수 있을 것"이라고 말했다.

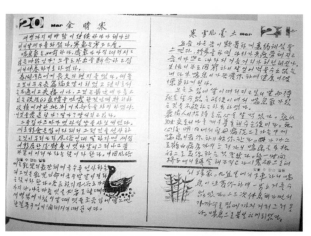

태허스님. 운암 김성숙 친필일기

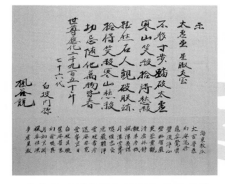

용문사 시절(1916~1918) 풍곡신원
선사께서 태허스님께 내리신 글

경기도 광주 봉은사에서
1916년 12월 3일 발급된 도첩

경기도 봉선사에서 1917년 7월 15일
발급된 사미과정 수료증

경기도 양주 자재암 금강계단에서
1922년 4월 8일 발급된 비구계첩.

태허스님
1905~1979년

불입종 창종주
은사 경운스님

태허 홍선 대종사..

불입종은 부처님의 지견(知見)을 구현(具現)하는 불교로서 일상생활을 종교적으로 실천 수행하는, 고려의 의천 대각국사 종조와 창종조 태허 대법사의 유지를 받들어 법화사상을 홍통하고 중생의 길잡이가 되는 종단이다.

극락·천당을 찾는 불교가 아니라 해탈과 열반을 추구하는 불교.. 복을 비는 불교가 아니라 복 될 일을 하자는 불교.. 재래 인습적인 타율적 종교가 아니라 자율적인 종교로서 자오(自梧), 자각(自覺), 자증(自證)의 불교 신앙을 목표로 하고 있다.

법화계의 출발과 맥을 함께 하면서, 법화계의 단일화와 법화신앙의 한국화를 위해 혼신을 다했던 스님은 그러나 "나는 언제나 법화행자"라고 겸손했던 분이다.

대한불교 불입종, 佛入宗 (창종주 태허스님은 법명은 홍선(泓宣) 당호는 태허(太虛)이며, 전주 이씨로 속명은 용이(龍伊)이다. 1905년 서울 종로구 견지동에서 아버지 선준과 어머니 묘행심(妙行心)을 연으로 출생했다. 1919년에 경성고등전문학교를 나온 후 한동안 나라를 배앗긴 울분 속에 방황했다. 스님은 유문집인 『성불도』의 자서론 '산문山門'에서 일본과 만주일대를 유랑하던 시절, 권투구락부를 경영하여 독립자금을 대던 시절을 자세히 밝힌다. 이때에 조병옥 박사와 친교가 깊었음도 밝힌다.

스님은 1928년부터 불교에 심취하다가, 1930년 선암사에서 조선불교 선교양종의 교정인 경운(擎雲)스님을 은사로 득도했다. 이때부터 4년간 경론과 참선의 수행을 가지면서 공부를 하였으나 그것으로는 미진하다는 생각에 1935년부터 소요산 백운암에 들어가 천일기도를 하였다.

그 후 중국 산서성으로 구법을 떠나 여러 명찰을 순례하며 고승들의 가르침을 받았고, 1940년 서울 종로구 숭인동 낙산 밑에 묘각사를 창건, 법화신앙의 근본도량을 마련했다. 그러다 한국전쟁이 일어나자 경북 상주 백화산으로 자리를 옮겨 백화암을 창건하고 6년간 수선하였다. 그 후 서울로 돌아와 하루도 빠짐없이 탑골공원에 나가 일없이 그곳을 찾는 사람들에게 2년여에 걸쳐 거리설법으로 장안에 삿갓도인으로 칭명되기도 했다.

스님은 대승불교 법화회·현정회를 거쳐 불입종을 세우기까지 법화계의 통합을 가장 열망했던 분이다. 따라서 종정 재임기간에 여러 차례의 통합을 모색했고, 그 염원을 법제자들에게까지 당부했다. 스님이 법화신앙에 귀의한 것은 이미 해방 전의 일이지만, 육이오동란 중 경북 상주 백화산 백화암을 창건하면서 본격적으로 몰입했고, 이를 통해 독창적인 법화사상의 체계를 세운다. '법음주송' '3대비법의 관행법' '종지의 성립'을 꾀하였고, 또한 불입종의 생활신조, 인생탈춤, 성전요품, 불종대의, 원비경 등 17권의 저술을 남겼다.

1957년에는 법화계통을 규합하여 일승불교현정회를 창립하고 회장에 취임했으며, 1960년에는 '생일회'를 조직하였다. 1965년 12월 8일에는 대한불교 佛入宗 (불입종)을 창종했다. 이듬해 초대 종정이 되신 스님은 제자들을 가르치며 포교에 전력하여 불입종을 크게 발전시켰다. 또 1970년에는 한일불교친선회 고문으로 추대됐고, 1971에는 정부로부터 보국훈장(保國勳章)을 받았고 전일본불교회의 초청으로 일본불교계를 시찰했다. 청소년포교의 중요성을 느낀 스님은 1973년 마하불교학생회를 창립했고, 불교잡지 '범성(梵聲)'을 창간했다.

1975년 한중불교회고문, 1976년 국가총력안보협의회 불교대표로 추천됐으며, 같은 해 묘각사 대웅전을 중창했다. 또한 고희의 나이에도 법화경 홍보에도 힘을 써 백일기도 중에도 법화경을 사경하여 법보로 모시기도 했다. 법화사상의 유포와 불입종의 포교에 힘쓰던 스님은 1979년 6월 24일 세수 74세 법랍 50세로 묘각사에서 입적하였고, 다비를 하니 128과의 사리가 수습되어 묘각사 경내 사리탑에 봉안됐다.

저서로는 성불도(成佛道), 인생탈춤, 법화문증선집, 해동천태법화법맥소고, 믿음의 생활상, 피안의 등대 등이 있다.

태허홍선스님은 유난히 민족사관이 강했다. 생일회를 조직한 스님은 종도들에게 서약서를 받았다. 법화의식의 한국적인 통일화를 하였다. 또한 황가사를 무상으로 배부하여 승려의 예의작법을 가르쳤다. 더불어 매월 군묘지를 참배하여 호국 영령을 위한 기도회를 가졌다. 이러한 민족의식은 자신이 세운 불입종의 종교 내용 속에 철저히 심어 놓았다.

김경암 스님은 '성불도'에서, 마지막으로 스님을 뵈었을 때 임종 직전의 스님이 광복절의 태극기 계양을 염려하던 모습에서 도(道)의 참모습을 보았다고 술회한다. 1979년 스님 입적후 사리 128과가 나와 그중 28과를 법화경 28품에 맞추어 사리탑을 조성하고 묘각사 대웅전 옆에 봉안했다. 스님은 법화계 인사중 유일하게 선법(禪法)에 밝아 '기해단전법'의 체계를 세우기도 했다. 현재 스님의 부도탑은 총본산 송화사에 모셨다.

대한불교불입종은...

부처님의 지견(知見)을 구현(具現)하는 불교로서 일상 생활을 종교적으로 실천 수행하는 종단. 극락·천당을 찾는 불교가 아니라 해탈과 열반을 추구하는 불교. 복을 비는 불교가 아니라 복 될 일을 하자는 불교. 재래 인습적인 타율적 종교가 아니라 자율적인 종교로서 자오(自梧), 자각(自覺), 자증(自證)의 불교 신앙을 목표로 하는 종단. 고려의 의천 대각국사 종조와 창종조 태허 대법사의 유지를 받들어 법화사상을 홍통하고 중생의 길잡이가 되는 종단이다.

연혁... 1965. 12. 8. 태허 홍선대법사 대한불교불입종 창종. 1972. 10. 21. 대한불교불입종으로 명칭 변경 . 1979. 12. 제2대 종정에 경조 대법사 추대. 1988. 10. 일부사찰 관음종으로 분종. . 종정 : 초대 태허홍성(1966-1979), 제2대 경조(鏡照) 우상윤(禹相允)(1979~현재)

개요... 종조 : 대각국사

종지 : 구원실성 석가모니불의 출세본회인 불지지견 개시오입의 법화묘리를 정혜겸수로써 체득하여 인류대중의 성불을 실현코자 함.

본존불 : 석가모니불을 본존으로, 상행, 무변행, 정행, 안립행 등 4대보살을 보처보살로 모심.

소의경전 : 묘법연화경 단 다른 경전의 연구는 제한하지 않음. 범어로 '나모삿달마푼 다리카수트라'를 염송함.

교세... .총본산 : 충청북도 제천시 봉양읍 옥전리 송화사 .총무원 : 충청북도 제천시 청전동 86-4 송화사 . .전국118사찰, 308승려, 426,469신도, 송화사 : http://www.songhwasa.or.kr

주요행사..석가탄신일(음 4.8), 성도절(음 12. 8), 출가일(음 2.8), 열반절(음 2.15), 우란분절(음 7.15), 창종기념일(음 5.24), 종조열반일(음 6.24), 신곡재(음 10월)

역대종정 : 초대 태허홍성(1966-1979), 제2대 경조백상(1979-현재), 제3대종정 면철(현 강서 금강암 주석)

임원 현황..총무원장 경암, 호법원장 인수, 교육원장 지학, 종회의장 법진, 종회부의장 상운, 포교원장 혜련, 총무부장 보성, 역경부장 혜광, 재무부장 묘훈, 사회부장 봉산, 감찰부장 송광, 호법부장 선율, 포교부장 명진, 서울·경기 종무원장 지철, 부산·경남 종무원장 대원, 법화사상연구소 소장 혜광, 법화불교 교육대학학장 혜광, 영남범음범패교육대학학장 대원.

산하기관..불입종 전국신도회, 법련봉사회, 청년청우회, 불교학생연합, 유마거사회, 마야부인합창단, 법화사상연구원, 법화유치원, 승려교육원, 세간불교사

송화사는 대한불교 불입종의 총본산 사찰이다. 1988년부터 2012년 현재까지 불입종 총무원장을 맡고 있는 경암스님이 1973년 쌀 닷말 값을 가지고 바랑 하나 멘 채 옛 문경사터라고 전해져온 제천읍 팔송리 마산 절골에 흙벽돌로 초암을 짓고 포교를 시작한 것이 창건의 시원이다.

그 후 초·중·고등학생들을 가르치며(불교교리, 천자문, 서예) 학생법회를 창립하고 각 신행단체를 결성하여 현재 자비 어린이회, 오파야 중등부, 비리야 고등부학생회, 본화불교청년회, 마야부인회, 법련회, 유마거사회, 화심회, 총신도회가 있으며 부처님의 가르침을 배워 아름다운 삶을 꾸려가고 있다.

창건 20년이 되던 1993년 현 위치인 맑기로 소문난 노목계곡 옆봉양읍 옥전리 271-3번지 화계산에 2만여 평의 부지를 마련하고 중창불사를 시작하였다. 법당과 성보전,

종각, 적묵당, 영산전 등의 공사에 이어 계속해서 적멸각, 묘설당, 일주문, 일승문 등의 불사를 추진하고 있다.

1998년에 대한불교 불입종 총무원 직할 사찰로 지정되었으며 2006년 7월 21일 총본산으로 승격되어 법화사상(法華思想)의 홍통과 전법에 주력하는 생활불교 운동의 요람으로서 그 역할을 다하고 있다.

화계산 송화사는 불교재산관리법에 의해 국가에 등록된 18개 종단중 하나로 대한불교 불입종 총본산으로 지정된 뒤 전국 152개의 말사를 관할하고 있다. 경내에는 대웅전을 중심으로 좌측은 성보전과 범종루, 오른쪽은 영산전과 적물상이 있다.

사찰 내에는 묘법연화경(목판본, 1527년작), 지장보살본원경(목판본 경상도 함양벽송사 판, 1797년 작), 금강반야바라밀경 상(금산 신안사 판 1537년 작)을 비롯한 다수의 경전류와 만여권의 장서가 소장 돼 있다.

또, 성보전에는 여러 불교국가들의 다양한 불교문화재들이 전시돼 있다. 송화사는 창건과 함께 미래의 청소년 포교활동에 관심을 가지고 제천의 유일한 불교유치원(법화유치원)을 운영하고 있으며 유치원 내'진여원'이라는 포교당을 개설 시내 신도들의 기도처로 제공하고 있다. 특히 제천관내에 불교 중·고등학생들로 구성된 오파야중등부, 비리야고등부 학생들은 매년 작품전시회도 갖을 만큼 어느 곳에 내놓든 자랑할 만하다.

이 밖에도 본화불교청년회, 화심회, 유마거사회(법련회), 총신도회 등이 활발하게 움직이고 있으며, 특히 마야부인합창단은 그동안 아름다운 가게물품 판매 행사 등 우리주변의 힘들고 어려운 시설을 찾아 봉사활동과 함께 사랑나누기에 동참, 부처님의 사랑을 베풀어 오면서 제천시로부터 자원봉사 대상을 받기도 했다.

면 철스님...

불입종 현 종정인 면철스님은 현재 부산 강서 금강암에 주석하고 있다.

강원도가 고향인 면철스님은 중학교를 다닐 때 6.25 사변이 발발하여 부산으로 피난길에 올랐다 승려의 길에 들어서게 되었다. 60년을 승려로 살아오며 제자의 본분을 다하지 못함이 부끄러워 남은 생 부처님 전에 귀의 한다는 마음으로 법화경 7권 28품을 원본은 원본대로 사경하고, 우리말로 사경을 하여 불자들에게 전해 주고자 불철주야 노력하고 계신다. 꾸밈이 없고, 간결 하면서도 필력이 살아있는 서체는.. 미화된 수많은 인쇄물과 사경을 접해본 내 가슴 속에 깊숙이 담기며 60년의 농축된 법력이 그대로 파고 들어오는 듯하다.

한생을 살아온길 무엇으로 답을하리 젊음이 살았을땐 천하가 녹아들고
녹아든 그것들은 임자따라 길떠나고 떠나간 뒤안길엔 촌로만이 홀로일세
주섬주섬 주워보니 다시금 빈손이고 펼칠것은 많았으나 한 낮 꿈일세나

혜광스님...

불입종 역경부장, 법화사상연구소 소장, 법화불교 교육대학학장을 맡고 있는 혜광스님은 대전 법화사 주지로 대전대학교 한방병원 법회를 하고, 자애원(고아원) 법회를 하며, 사찰에서는 정기적으로 어린이 법회를 하고 있다. 자운대에서 법화경 강설을 하다가 대전에 터를 잡고 법화사를 창건하여 법화경 강의를 하고 있다.

"식물이건 동물이건 그가 성장하기 위해선 충분한 영양분을 고루 섭취해야 된다. 그래야 잘 자랄 것이고, 쓰임 있는 곳에서 역할을 할 것 아니겠나! 인간을 쓰임 있게 성장시키려면 많은 교육을 받아야하며, 받을 것은 받고, 버릴 것은 버리면서 스스로 자정능력을 키울 수 있는 그때까지 일관된 마음을 놓지 말아야 한다. 빨리 성장시키고, 결과를 좋게 하기위해 금비를 쓰면 한번 빼먹고 말고, 고유의 맛을 상실하는 어리석음만 따를 뿐이다. 자식을 한번 써먹고 말 것인가? 모진풍파 속에서도 버틸 수 있는 기반이 튼튼한 강한 재목으로 키우려면 인성교육이 우선시 돼야 하며, 그것은 그 과정을 거쳐 온 우리세대가.. 지도자가 해야 한다." 라며 법화경을 강설하시면서도 무엇보다도 어린이들에게 정성을 쏟는 혜광스님...!

지금 우리 앞에 놓여 진 세상의 바람은 더욱 세게 부는데... 세상은 우리의 어린 자식들에게 인간의 뿌리인 인성교육(人性敎育)을 소외시키고 그저 겉모습과 지식(智識)만을 강조하고 있다. 가슴은 여린데 머리만 웃자라게 해서 과연 우리의 국가관(國家觀) 민족사관(民族史觀)이 어디로 갈 것인가? 씨앗을 뿌려놓고 때를 기다릴 줄 아는 농사꾼의 근기(根氣)를 상실(喪失)하고, 한번 팔아먹고 마는 장사꾼들이 정치(政治)를 하는 모습을 보면 대한민국(大韓民國)의 장래(將來)가 보이는 듯하다. 작은 곳에서 작게 시작하며 내가 썩어서 씨앗의 거름이 되겠다는 혜광 스님. 그 거름이 있어 반만년의 역사를 이어온 이 땅과 내가 있음인 것을... 나무관세음보살!

관음종 개산조 태허스님 집중조명/ 법보신문 기사

대한불교관음종 개산조 태허당 홍선스님의 생애와 사상 그리고 가르침을 학술적으로 조명하고 평가하는 자리가 마련된다.

관음종(총무원장 홍파)은 2010년 11월 1일 오후 1시 30분 총본산 낙산 묘각사에서 '관음종 개산조 태허당 홍선 스님 조명 학술대회'를 개최한다. 관음종이 주최하고 서울불교문화대학이 주관하는 이번 학술대회는 태허스님의 생애와 사상 그리고 신앙을 주제로 학자들의 발표와 토론이 이어진다.

이번 학술대회는 올해 태허스님 탄신 105주년과 관음종 창종 45주년을 맞아, 태허 스님의 행장과 가르침을 학술·역사적으로 평가함으로써 개산조를 선양하고 관음종의 정통성을 확고히 다지는 계기를 마련코자 마련됐다.

특히 그동안 태허 스님의 유지에 따라 외부에 드러내지 않았던 태허 스님의 일제강점기 독립운동 활동과 한국전쟁 전후 불교혼란기의 포교활동을 집중 조명함으로써 근현대 한국불교사에 있어 관음종 역할을 되짚어 보고, 향후 나아갈 방향을 모색하기 위해 마련한 자리다.

이에 학술대회는 △태허스님의 생애와 성장 및 학문세계 △독립운동 행적 △선암사 출가와 경운 선사의 만남 △1000일 안거와 묘법연화경 수행 △근대 한국불교에 남긴 가르침 △서민 속의 태허 스님 등 6개 소주제로 세분화해 진행되며, 모두 14명의 학자들이 논문을 발표한다.

논문 발표에는 동국대 교수 보광 스님이 '칭명 염불과 창제신앙에 관한 연구', 연세대 강찬국 교수가 '삼거사거 논쟁에 대한 길장의 회통논리와 태허의 법화경관', 동국대 고영섭 교수가 '한국불교사의 흐름에서 본 태허조사의 사상', 동국대 김광식 교수가 '태허의 불교 혁신론−관음종의 정체성 추구와 관련하여'를 주제로 각각 발표한다.

또 동국대 김선근 교수가 '초기 대승경전의 관음신앙과 태허 조사', 연세대 신규탁 교수가 '근현대 한국불교 사상의 지평에서 본 태허 조사의 불교관', 중앙승가대 양승규 교수가 '태허 조사스님의 보살사상에 대하여', 동국대 오형근 교수가 '지관수행의 역사에서 본 태허 조사의 수행관'에 대한 논문을 발표한다.

이와 함께 동방대학원대 차차석 교수 '태허 홍선 스님의 역사의식 탐구', 금강대 최기표 교수 '법화신앙의 근본이념·자자 대사 및 태허 조사설을 중심으로', 서울불교문화대학 최봉수 교수 '『법화경』 성립에 관한 고찰-아함부, 반야부의 연결고리를 통하여'를 비롯해 동국대 김용표 교수, 뉴욕주립대 박성배 교수도 연구 내용을 발표한다.

이날 충남대 이평래 교수는 '태허 스님의 생애와 법화정신'을 주제로 대담을 진행할 예정이다.

관음종 총무원장 홍파 스님은 "태허당 홍선 스님 학술대회는 스님의 탄신 105주년을 맞아 스님의 육필원고를 중심으로 스님의 사상과 깨달으신 자리를 세상에 알리고, 일불승(一佛乘) 사상과 선교일체의 맥을 강조하신 스님의 가르침을 세상에 전하고자 마련된 것"이라며 "향후 관음종은 물론 한국불교가 나아갈 방향을 제시하는 자리에 사부대중의 많은 관심과 참여를 당부한다"고 말했다.

한편 1905년 8월 종로구 견지동에서 태어난 태허 스님은 1925년 경성예비학교를 졸업하고 1929년 조계산 선암사로 출가해 조선불교선교양종 교정 경운 선사에게 득도했다. 이후 소요산 백운암 1000일 안거를 비롯해 전국 제방선원에서 수선안거 했으며, 1951년 상주 백화산 백화암을 창건하고 6년간 폐관정진했다.

태허 스님은 특히 대중포교에도 각별한 관심을 보였다. 1958년부터 2년간 서울 파고다공원에서 매일 거리설법을 했으며, 1960년에는 전국을 순회하며 포교활동을 전개했다. 또 1961에는 라디오서울에서 신앙강좌를 진행했으며, 1973년에는 월간 「범성」을 창간해 불교를 이해하지 못한 국민들에게 바른 교리를 가르치려 노력했다. 또 일제강점기에는 서울에 '멕시코'라는 커피숍을 열어 지식인을 중심으로 독립운동을 전개하고 만주독립군을 지원하는 통로의 역할을 하기도 했다.

관음종 총무원장 홍파스님은 서울 종로에 있는 낙산 묘각사 주지이다. 1930년 5월 태허 대종사께서 창건하였고, 그 뒤 두 차례의 증, 개축을 하였는데 1997년 2월에 화재로 전소되었던 사찰을 현주지 홍파스님의 크신 원력으로 중창불사 7년 만에 크게 복원하여 현재의 웅장한 신행도량을 열게 되었다. 2002년 세계 월드컵 대회 때부터 전통불교 문화체험인 템플스테이 사찰로 지정되어 올 하반기만 12차 템플스테이 참가자들이 사찰의 문화체험의 인연을 맺었다. 낙산 묘각사 도량에는 태허 대종사의 사리탑과 법성보살의 공덕비가 조성되어 도심 속에서 느낄 수 있는 전통사찰의 면모를 갖추고 있다.

학명스님

1867~1929년

은사 금화, 설유스님
　　제자 운곡스님, 고벽스님, 손상좌 다천스님

금화스님의 상좌. 설유 의제자. 백파(白坡)의 7대 법손, 설두스님의 증손. 법맥은 상언(尚彦)-긍선(亘璇)-설두(雪竇)-설유(雪乳)-학명-운곡으로 이어진다. 내장사 중창주. 선농일치 주창·실행. 법명은 계종(啓宗), 법호가 학명(鶴鳴)이다.

고종4년(1867) 수원 백씨 백락채를 아버지로 박씨를 어머니로 하여 전남 영광에서 태어난 그는 어릴 때 서당에 나아가 글을 배웠으나 부친이 일찍 작고함으로 집안이 빈한하여 붓을 만들어 팔며 부모와 두 동생을 보살폈다.

20세가 되던 해에 어머니마저 세상을 떠나자 무상을 느껴 전국의 산천을 정처 없이 유랑하던 어느 날 한사람의 스승을 중심으로 학인스님 40여명이 빙 둘러 앉아 경전 강(講)을 하고 있는 모습을 보고 "마치 선경의 세상 같구나. 나도 저렇게 공부하고 싶다."라는 생각이 들어 그 자리에서 출가를 결심하였다. 이때의 강사는 당대에 강백 설두스님이었다. 집으로 돌아가 동생들에게 출가의 의사를 밝히고, 불갑사의 금화장로에게 머리를 깎고 득도하였다.

이어 영구산 구암사의 설유처명스님을 계사로 삼아 구족대계를 받았으며, 10여 년 동안 영원사·벽송사·선암사·송광사 등 여러 절을 찾아 제산의 선지식을 두루 참방하며 부처님 일대시교와 경(經), 율(律), 론(論)의 삼장(三藏)을 널리 배워 마치고는 구암사로 돌아와 강단에 오른 뒤 스승인 설유스님의 법통을 이어받아 백파(白坡) 스님의 7대 법손(法孫)이 되었다. 따라서 스님은 백파긍선 선사의 일곱 제자 중 가장 뛰어나신 설두유형 선사의 손제자로 백파긍선의 증손자에 해당되며, 같은 스님으로부터 같이 전강을 받은 석전영호스님(박한영스님)과는 법 형제간이 된다.

학명스님이 금화스님의 뒤를 이어 구암사와 운문사에서 법강을 할 때, 제자가 되고자 찾아오는 사람들이 구름 같이 몰려들었다고 한다. 그렇게 강사의 길을 가던 스님은 "불교의 궁극적인 목표가 생사해탈에 있는데, 이렇게 경전을 연구하는 것만으로는 해탈이 불가능 하다. 참선수행을 하여 깨달음을 구해야겠다."는 결심을 하고 1902년 학인들을 모두 해산시킨 다음 법석을 떠나, 선방에 들어 몇 개의 포단(蒲團)이 닳아 헤지도록 정진에 몰두, 십 수 년 간 밤낮을 가리지 않고 정진하여 부처님과 조사들의 입명(立命)한 경지를 깨달았다고 한다. 그 과정 중에도 학명스님은 부안 내소사와 변산 월명암의 주지를 임명받아 소임을 다해야 했다.

스님은 1914년 봄 백양사(白羊寺) 산내 암자인 물외암(物外庵)에서 깨달음의 경지를 노래한 '백양산가'를 지었다.

오도송

前生誰是我　　전생에는 누가 나였으며
來世我爲誰　　내세에는 내가 누구 될 것인가
現在是知我　　현재의 이 나를 알면
還迷我外我　　미혹을 돌이켜 나 밖의 나를 알리로다

그리고 곧 바로 바랑을 메고 운수행각을 떠나 중국의 소주와 절강성, 일본의 이름난 가람을 두루 돌면서 이름난 선승을 만나 서로 같고 다른 것을 비교하였다. 소주에서 당대의 선지식으로 유명했던 비은(費隱)선사와 수시(垂示)문답을 나눠 선지를 인정받고, 곧바로 일본으로 건너가 이름난 사찰들을 살폈는데, 이때 일본의 선학(禪學)을 세계에 널리 선양한 스즈끼 다이세스의 스승인 임제종 본산인 원각사의 관장 석종연(釋宗演)선사와 만나 필담으로 선문답을 나눴다. 이일은 당시 동행한 아사히 신문기자에 의해 대서특필되어, 학명의 특출한 조사선의 기풍이 일본 천하를 뒤흔들었다고 한다. 그때 석종연이 학명에게 묻기를, "그대 이름이 정녕 학명(학의 울음)일진데, 어디 한번 학 울음소리를 내보라!"

"늙은 소나무가지가 굽 돌고 옹이가 많아서 발붙일 데가 없나이다."

이에 석종연선사는 무릎을 치면서, "이는 조선 고불(古佛)이로다 !" 하고 찬탄하며 부처님 뵙는 예를 표했다고 한다.

1년간의 여행을 마치고 학명은 1915년 고향으로 돌아와 부안 내소사(來蘇寺) 주지로 잠시 있다가, 변산 월명암의 선원 조실로 있으면서 만허(滿虛) 등과 함께 폐허로 방치되었던 월명선원을 중흥했다. 특히 그는 월명암의 제4대 중창주로서 십여년동안 머물며 후학들에게 깊은 선지를 가르쳤다.

1919년 3월에는 훗날 원불교를 창교한 소태산 박중빈이 월명암을 찾아와 10여일을 머물렀다. 이때 학명이 소태산의 물음에 답하며 불법에 대해 이야기를 나누었다. 7월에는 소태산이 자신의 제자이자 훗날 2대 종법사가 되는 정산 송규를 수개월간 학명스님의 상좌로 맡겼다. 그 후 소태산은 월명암 근처 실상사 옆에 두어 칸 초막을 짓고 봉래정사라 이름 짓고 창교 준비에 몰두했다.

한편 1923년 만해 한용운스님이 월명암 근처에 있는 양진암에 잠시 머물다 떠나면서 학명스님에게 "이제 그만 세간에 나오셔서 중생을 제도하시라"는 간곡한 청이 담긴 시문을 드려, 학명스님은 이틀 밤낮을 주장자를 짚고 선원뜨락에 서서 지새우며 고민했다. 마침내 스님은 하산하여 퇴락한 정읍 내장사를 일으켜 세워달라는 당시 백양사 주지 만암스님의 청을 받아들여 주지로 전임했다.

養眞庵臨發贈鶴鳴禪伯二首양진암을 떠나면서 학명선사에게 준 두 수(만암)

世外天堂少　이 세상 밖에 천당은 없고
人間地獄多　인간에게는 지옥도 있는 것
佇立竿頭勢　백척간두에 서 있는 그뿐
不進一步何　왜 한걸음 내딛지 않는가

내장사는 본래 백제 영은조사가 창건한 사찰로 임진왜란 때 왜구의 침공을 막기 위해 승병과 의병이 주석했던 집결지이다. 왜군에게 지목되어 마침내 임란 중에 그 많던 사우가 모조리 불탔다. 이후 겨우 명맥만 유지하던 내장사에 학명스님이 와서 선방을 새로 짓겠다고 하니 신도들이 십시일반으로 시주하여 마침내 수 십 명이 공부 할 수 있는 큰 선방이 이룩되었다.

학명스님은 내장사 중창불사에 앞장서 3년 만에 극락보전을 중건하고 선원을 새로 짓고, 흩어져 있던 부도를 모아 부도전에 안치했다. 참선하는 대중들을 받아들였고, 절 살림을 유지하기 위해 황무지를 개간해 전답이 80두락에 이르렀다.

그 후 선원을 유지할 경제적 토대로 벼 40여석을 추수할만한 농토를 확보했다. 학명스님은 항상 수좌들에게 "농사를 지으면서 참선을 해야한다"는 반농반선(半農半禪)을 주창하여, 놀고 먹는 중이라는 비난을 듣지 않도록 당부했다. 특히 학명은 스스로 호미를 들고 일하면서 조사들의 화두(話頭)를 드는 모범을 보였다. 또한 그는 학인들에게 범패(梵唄)와 창가(唱歌)를 부르며 선리(禪理)를 연구하도록 했다.

그때 학명스님은 내장선원의 규칙으로 "첫째, 선원의 목표는 반농반선으로 변경한다. 둘째, 선회(禪會)의 주의는 자선자수(自禪自修)하면서 자력자식(自力自食) 하기로 한다."고 정했다. 나아가 아침에는 글을 읽고, 오후에는 노동하고, 야간에는 좌선한다는 원칙을 정했다.

이 규칙에서 보는 바와 같이 학명은 승려들이 신도들의 시주에 의지하여 편하게 먹고 자며 수행하는 것을 경계하고, 스스로 농사를 지어 먹게 함으로써, 수행 과정에 있는 승려들로 하여금 보시(布施)의 참다운 의미를 깨닫도록 했다. 이외에도 그는 인근의 어린 학동들을 모아 '천수경'과 '발원문'을 가르쳐 어린이 포교에 문을 열기도 하였다.

한편 학명스님은 달마도를 잘 그렸다고 전하는데, 스스로 "나를 보고 혹 달마와 흡사하다고 말하는 사람이 있어, 그 말을 듣고 보니 갑자기 나도 그 말이 진실인가 여겨진다."고 찬(贊)을 붙였을 정도였다. 1929년 3월 통도사 극락암에서 수행하던 경봉(鏡峰)과 선문답을 나눈 편지를 주고받았다. 그것을 끝으로 그해, 즉 1929년 3월 27일 목욕재계하고 달마도 좌상(坐像) 6장을 그린 후 제자 운곡(雲谷)을 불러 '원각경(圓覺經)'의 보안장(普眼章)을 독송하게 하고, 가부좌를 틀고 앉아 미소 지으며 입적하였다. 세수 63세, 법랍 43세였다.

학명스님이 입적하던 날 저녁 한 줄기의 흰 광채가 하늘 서쪽까지 3일 동안 뻗혔다고 전한다. 3일후 다비를 마치니 손가락 세 개 넓이의 백색 영골(骨) 한 조각과 오색 사리 70과(顆)를 얻었다. 1934년 12월 학명의 제자 고벽(古碧), 매곡(梅谷), 다천(茶泉) 등이 주도하여 석전(石顚) 박한영(朴漢永)이 찬한 비명(碑銘)을 받아 사리탑을 세웠다. 현재 내장사 부도전에 세워져 있다.

저서로는 '백농유고(白農遺稿)'가 있었는데 책 출간을 위해 준비하다 전량 소실되었고 전한다. 이외에도 인생무상과 불교의 자비를 노래한 『원적가』 『왕생가』 『신년가』 『해탈곡』 『선원곡(禪園曲)』 『참선곡』 『망월가』 등이 있다.

일화...

학명스님이 일본에서 편지 한 통을 받은 것은 1914년 겨울 월명암에 주석할 때였다. 일본 임제종 총본산인 원각사(圓覺寺) 관장 소오엔(釋宗演, 1859~1919)이 보낸 것이었다. 편지봉투 안에는 달마대사가 갈대를 타고 강을 건너는 그림과 함께 '나는 묵은해를 보낼 터이니 그대는 부디 새해를 맞으소서(我送舊年 汝迎新年)'라고 정성껏 쓴 연하장이 들어있었다. 편지를 열어 본 스님은 빙그레 웃었다. 지난 일년간 이국천리를 떠돌던 기억이 주마등처럼 스쳐갔기 때문이다.

학명스님이 해외 고승들을 찾아 길을 나선 건 그해 봄이었다. 학명은 자신의 깨달음이 얼마나 올곧은지 확인하고, 또 위기로 치닫는 조선불교의 활로를 모색할 수 있지 않을까 하는 사명감에서였다. 그는 먼저 중국의 유명 수행도량을 찾아다니며 그곳 선원들의 특성을 파악하고 중국 당대의 선지식이라는 비은 선사를 비롯해 많은 수행자들과 불꽃 튀는 법거량을 벌이기도 했다.

중국에서 돌아온 학명스님은 일본에 소오엔이라는 세계적인 선승이 있다는 소문을 들었고, 곧 현해탄을 건널 것을 다짐했다. 소오엔은 소문처럼 교리에도 밝고 선기도 대단히 뛰어나 34세에 이미 우리나라의 조실격에 해당하는 관장에 오른 인물로, 스리랑카에서도 3년간 공부함으로써 대소승의 교학과 수행에도 깊은 조예가 있었다. 특히 1893년 미국 시카고에서 열린 만국종교대회에 일본대표로 참석한 것을 계기로 서구에 선을 알리는데 큰 기여를 했으며, 베르그송 등 세계적인 석학들과 토론을 벌여 그들로부터 깊은 존경을 받고 있었다. 또 세계적인 선사상가 스즈키 다이세츠와 일본의 대문호로 훗날 일본 화폐에도 등장하는 나스메 소세키도 그의 제자였다.

일본으로 건너간 학명스님은 발우 하나 들고 수십 일을 걸어 소오엔이 있다는 교토 원각사에 이르렀다. 그러나 소오엔은 원각사를 떠나 인근 묘심사(妙心寺)에 잠시 머무르고 있음을 알았고, 학명은 다시 묘심사로 향했다. 몸은 지쳤지만 결기는 사그러지지 않았다.

스님은 문을 두드려 소오엔을 만나러 왔다는 뜻을 전했다. 하지만 일본인 수행자들도 만나기 어렵다는 대본산의 관장이 말도 통하지 않는 식민지 조선의 선객을 쉽게 만나줄리 만무했다. 스님은 일본인들이 관장을 만나기 위해서는 7일간 장좌불와(長坐不臥)하며 정진해야 한다는 얘기를 전해 들었고 그 즉시 사찰 입구 앞에 가부좌를 틀고 앉았다.

묘심사 승려들은 그런 학명을 내심 못마땅하게 여겼고, 먹을 것은커녕 머리에 물을 쏟아 붓는 등 그를 내쫓으려 안간힘을 썼다. 그러나 정좌를 하고 있는 학명스님은 마치 태산이라도 된 양 미동도 하지 않았다. 그렇게 일주일이 흘렀고 스님은 마침내 객승들이 기거하는 지객료(知客寮)로 안내됐다. 하지만 객실까지 왔다고 하여 융숭한 대접을 받거나 당장 관장을 만날 수 있는 것은 아니었다. 스님은 또다시 가부좌를 틀고 앉았다. 그런 스님에게서 나약하고 피곤한 기색은 전혀 찾아볼 수 없었다. 처음 하루 이틀이면 슬며시 도망갈 거라 생각했던 묘심사 대중들도 나중에는 학명스님의 고고함과 기백에 극진한 존경의 예를 표했다.

그리고 열흘의 긴 시간이 지난 뒤에야 학명스님은 마침내 소오엔과 마주앉게 됐다. 그 자리에는 때마침 묘심사를 방문한 아사히신문 기자도 배석하고 있었다. 말이 통하지 않는 학명스님과 소오엔은 붓으로 서로의 의사를 전달하는 방법을 택했다. 먼저 학명스님이 '白鶴鳴'이라는 자신의 이름을 써 건넸다. 누더기 승복을 걸치고 있는 학명스님을 유심히 바라보던 소오엔이 먼저 치고 들어왔다.

소오엔.. '이름은 흰 학인데 어찌 먹물 옷을 입었는고?'

학명.. '화상께서는 어디서 흰 학을 보셨소?'

소오엔.. '산하대지 모두 흰 학의 자리 아닌 곳이 없으니 마땅히 학의 울음소리를 내보시오?'

학명.. '세계가 모두 흰 학뿐이라면 노화상께서는 어느 곳을 향해 안심입명 할 수 있겠소?'

소오엔.. '안심입명하는 일이야 차 마시고 밥 먹는 일 같이 쉬운 것이니, 화상은 향상일구를 어서 내놔보시오?'

학명.. '소나무가 늙고 구부러져 학이 깃들기 어렵겠소이다.'

소오엔.. '참으로 좋은 일구요. 가히 외로운 학이 가을 하늘에서 우는구료.'

깨달음을 논하는 자리에 무엇 하나 향상일구 아닌 게 있느냐는 날카로운 비판이었다. 소오엔은 학명스님의 선기(禪機)를 인정하지 않을 수 없었다.

그제야 학명스님도 서슬 퍼런 취모검(吹毛劍)을 내려놓고 '소승의 죄가 크오이다' 라며 한 걸음 물러섰다.

소오엔은 그 자리에서 학명스님을 찬탄하는 게송을 지었다.

靈山會上曾相逢　영산회상에서 일찍이 서로 만났더니
今日再來見道容　오늘 다시 찾으심에 도인의 용모 뵙는구나.
未發片言意先解　몇 마디 내지 않아도 그 뜻 알아 깨닫는지라
秋風古寺鶴一聲　가을바람 부는 옛 절에 학의 일갈 쩌렁하구나.

이후 두 사람의 법거량이 신문을 통해 일본 전역에 알려지자 학명스님을 보려는 사람들로 묘심사가 북새통을 이뤘고, 이에 번잡함을 꺼려하던 학명스님은 곧 귀국했다. 그리고 이 일이 있은 지 몇 달 뒤 소오엔으로부터 연하장을 받은 것이다. 학명은 잠시 후 붓을 들었다. 그리고는 『전등록』에 나오는 향엄지한(?~914)의 게송을 일필휘지로 써내려갔다.

불이(不二)문중에 나와 너, 묵은해와 새해가 어디 있을까만 학명스님은 이를 모를 리 없을 대선사 소오엔의 글에서 자신에게 거는 기대와 신뢰를 보았던 것이다. 스님은 겉치레 인사보다는 주관과 객관이 무너진, 찰나의 번뇌조차 여읜 자신의 경계를 보이는 게 낫다고 판단했다. 그리하여 학명스님은 향엄이 앙산에게 견처(見處)를 보였던 게송과 함께 '봉래월명백학명(蓬萊月明白鶴鳴)'이라는 자신의 이름만 기입해 답장을 보냈다.

선사는 자기가 죽는 날을 알고 있었다 한다.

백학명스님의 용모는 꼭 달마상을 닮았었다고 한다. 그래서 그가 달마상 그리기를 좋아했는지도 모른다. 그리고 학덕이 높고 선의 깊은 도를 깨친 살아있는 부처라 하여 생불이라 불리기도 했다. 학명스님이 돌아가기 몇 달 전부터 내장사에는 신기한 일들이 벌어졌다.

내장사 뒤쪽에 자리잡은 석란정에서 밤이면 호랑이가 울었다. 깊은 밤만 되면 이곳에 내려와 슬피 울고 가는데 이런 일이 몇 달이나 계속되었다. 이런 일이 계속되는 동안 며칠간은 갑자기 수많은 까마귀 떼들이 몰려와 내장사의 상공을 오랫동안 배회하다가 사라지곤 했다. 이것을 본 많은 사람들은 이것이 무슨 큰 징조인데 알 수 없는 일이라고 걱정을 했다. 후에 짐승들까지도 선사의 열반을 예감하고 그 징조를 보여 주었던 것임을 알고, 다 부처님의 영험으로 일어난 일이라고 믿는 사람들이 많았다.

1929년 3월 27일 아침의 일이었다. 학명스님은 제자인 고벽(古碧)을 시켜 "오늘이

마침 정읍 장날이군. 얼른 정읍시장에 나가 무명베 4필, 짚신10켤래, 그 외 상례(喪禮)에 필요한 물품을 알아서 사오도록 하게. 지금 당장 떠나게." 하는 것이었다. 고벽은 그 이유를 알지 못했다. 스승의 부탁이므로 시행은 해야 했지만 마침 비가 죽죽 내리고 있어 다음 장날이나 가려고 하고 있는데 선사의 독촉이 또 있었다.

고벽이 장을 보러 떠나자 스님은 목욕재개를 하고 평상시와 마찬가지로 손상좌인 다천을 불러 먹을 갈게 하며 달마상을 그렸다. 그때 6장의 달마상을 그렸는데 평소에는 갈대타고 강을 건너는 절로도강(切路渡江)의 입상을 많이 그렸으나 그날은 좌상만을 그렸다고 한다.

그림을 다 그린 백학명스님은 자리에 몸을 눕히고 제자인 운곡(雲谷)과 대중들에게 원각경을 외우도록 하여 독경 속에 미소를 지으면서 고요히 멸도(滅度)했다. 그때가 1929년 3월 27일 오후 2시였으니 수많은 불자들의 슬픔은 너무도 큰 것이었다. 고벽스님은 정읍장에서 사온 상례물품을 그대로 쓸 수 있었으니 백학명선사의 영감의 계시가 아니고 무엇이겠는가? 선사가 열반한 이후에 또 이적이 일어났다. 화장한 그의 몸 속에서 70개의 백색 문양사리가 나왔으며 큰 고승에서만 볼 수 있는 영골까지 나왔으니 현세에 드문 불도정진의 결정체였다.

선 농가-백학명스님

야야 우리 동무님네 땅파면서 노래하세.

호미잡고 한번파니 一生參學 이아닌가. 호미잡고 두번파니 二八青春 조흔때다.
호미잡고 세번파니 三生因緣 반가워라. 호미잡고 네번파니 四大色身 虛妄하다.
다섯번재 파고나니 五瑚烟月 行脚하세. 여섯번재 파고나니 六根淸淨 아니될가.
일곱번재 파고나니 七顚八到 닷시할가. 여덜번재 파고나니 八識風浪 고요하다.
아홉번재 파고나니 九天明月 닷시본다. 열번파고 쉬엇스나 十十無盡 나아가세.

踏翻地軸地不動   지축을 밟아 뒤집으려 해도 땅은 끔쩍하지 않고,
推倒天關天更高   하늘문을 밀어 넘어뜨려 봐도 하늘 외려 높도다.
穩泛鐵船歸少室   쇠로 만든 배 둥실 띄워 소실산으로 돌아온다만,
至今天下起風濤   오늘 날 세상에는 바람과 물결이 일어나는구나.

壬戌仲秋 月明白鶴鳴 寫   임술년(서기1922년) 8월 백학명이 그리다.

한암스님

1876~1951년

스승 경허스님

상좌 탄허스님

6·25때 상원사를 지킨 일화가 유명. 조선불교 조계종 초대종정. 근대 한국불교를 크게 진작시킨 고승으로, 성은 온양 방(方)씨, 호는 한암(漢巖)이다. 한암스님은 수행을 '소치는 구도행' 이라고 비유하며 '돈오점수'를 설파했다. 하지만 한암스님은 경허의 법맥을 잇되, 파계를 넘나들며 대자유의 활달한 무애행을 펼친 경허의 선풍을 그대로 좇지는 않았다. 참선을 하되 계와 율을 따르고, 경전 공부를 게을리하지 않는 돈오점수의 엄정한 선풍을 독자적으로 일구었다...

이 같은 입장은 보조국사 지눌 이래 정혜쌍수(定慧雙修·참선과 지혜를 함께 닦음)를 기치로 선교(禪敎)의 균형을 추구해온 전통 선풍을 되살리려는 시도였다. 조선조 말 1876년 강원도 화천에서 부친 방기순과 모친 선산 길씨 사이에서 태어난 그는 천성이 영특하고 총기가 빼어났으며, 한 번 의심이 나면 풀릴 때까지 캐묻기를 그만두지 않았다. 1897년 22세 때 우연히 금강산 구경길에 나섰다가 기암절벽의 하나하나가 부처의 얼굴이 아니면 보살상 을 닮은 것으로 느끼고 깊이 감격하여 입산수도를 결심하였다. 장안사 행름스님을 은사로 모시고 삭발 출가한 한암스님은 "진정한 나를 찾고, 부모의 은혜를 갚으며, 극락에 가겠다." 는 3가지 원을 세우고 수도를 시작하여 열심히 정진하던 중 금강산 신계사의 보운강회 구업에서 보조국사의 수심결을 읽고 깨달음을 얻었다.

이에 전국의 고승을 찾아 구도의 길에 나선 그는 성주 청암사에서 경허선사를 만나 『금강경』을 배우던 중 '범소유상 개시허망 약견제상비상 즉견여래'라는 구절에서 큰 깨달음에 이르게 하는 개안의 기회를 얻고 경허스님으로부터 인가를 받게 된다.

그때가 1899년 스님 나이 24세 였다. 그 후 스님은 해인사, 통도사를 거쳐 평안도 맹산군 도리산에 있는 우두암에서 홀로 참선수행하던 중 아궁이에 불을 지피다가 홀연 큰 깨달음을 얻고 다음과 같은 오도송을 읊었다.

> 부엌에서 불 지피다 홀연히 눈 밝으니
> 이로부터 옛길이 인연따라 분명하네
> 만일 누가 달마스님이 서쪽에서 오신 뜻을
> 나에게 묻는다면
> 바위 밑 샘물소리 젖는 일 없다 하리.

금강산 장안사(長安寺)에서 수도를 시작한 스님은 이후 청암사 수도암에서 경허 스님을 만나 설법을 듣고 전법제자가 돼 수년간 문하에서 참선 공부를 했다. 1903년 해인사에서 『전등록』을 읽다가 "한 물건도 작용하지 않는다"는 구절에 이르러 의단이 끊어지는 경지를 만나 확철대오한 한암은 금강산 장안사 지장암에서 수행하던 중 1921년 건봉사 주지 이대련 등의 청을 받아들여 건봉사 조실로 주석처를 옮겼다. 그리고 그곳에서 선의 요체 21개조에 대한 답변을 글로 정리하면서 선의 본질과 수행방법을 구체적으로 설명했다. 자신이 전하고자 하는 선의 요체를 담은 것이다. 이때 이와 함께 행한 법어, 게송, 가사 등의 어록을 정리한 '한암선사법어'가 편집되기도 했다.

보조국사 『수심결』 내용 중 "만약 마음 밖에 부처가 있고 자성 밖에 법이 있다는 생각을 굳게 집착하여 불도를 구하고자 한다면 오랜 세월이 지나도록 소신연비의 고행을 하고 모든 경전을 독송하더라도 마치 모래를 쪄서 밥을 짓는 것과 같아 오히려 수고로움을 더할 뿐이다"라는 대목에서 지견을 얻었던 한암 스님은 이후 수행과 후학양성 과정에서 보조 스님의 가르침을 금과옥조로 여겼다. 한암의 수행정신은 교와 선을 일치하는 교선일치, 정혜쌍수의 특성이 두드러진다.

때문에 고려시대 보조국사 지눌의 정혜쌍수를 계승한 선지식으로 불리기도 했다. 한암이 보조국사를 대하는 면면은 경봉 스님에게 보낸 편지에서도 잘 드러나고 있다. 스님은 경봉 스님에게 보낸 편지글에서 "만약 일생의 일을 원만하고 구족하게 하고자 한다면 옛 조사의 방편 어구로서 스승과 벗을 삼아야 됩니다. 우리나라 보조국사께서도 일생토록 『육조단경』으로 스승을 삼고 『대혜 서장』으로 벗을 삼았습니다. 조사의 언구 중에서도 제일 요긴한 책은 대혜의 『서장』과 보조의 『절요』와 『간화결의』가 활구법문이니 항상 책상 위에 놓아두고 때때로 점검해서 자기에게 돌린 즉, 일생의 일이 거의 어긋남이 없을 것입니다. 제(弟) 또한 여기서 힘을 얻은 것이 있습니다."라고 했다.

스님은 이어 "또한 '서장'과 '결의'와 '절요'의 끝부분을 의지한다면 활구를 깨닫기가 쉽고도 쉽습니다. 이 말이 비록 번거로운 것 같지만 그러나 일찍이 방랑을 해보아야 나그네의 심정을 안다고 했으니 제발 소홀히 하지 마십시오. 만약 한 때의 깨달음에 만족해 뒤에 닦음을 지속하지 않으면 영가께서 말한 바, '모두 공이라고 여겨 인과를 무시하고 어지러이 방탕하여 재앙을 초래한다'는 것이 이것이니…"라며 천하의 경봉 스님에게까지 보조국사의 '절요'와 '간화결의'에 의지해 정진할 것을 재삼 당부했다.

스님은 또한 『보조선사 어록 찬집중간 서』에서 "보조선사께서 후학을 연민히 여기시어 경책하여 분발시키심이 매우 간절하시기에 그 연민과 경책 그리고 분발의 의지를 뜻이 같은 이들과 생각을 함께하여 몇 편의 법어를 편찬하는데 스스로의 아는 바 엷음도 잊어버리고 감히 토를 달아 함께 사는 도반에게 준다"며 '보조어록'에 토 붙이기를 마다하지 않았다. 한암은 자신의 깨침 역시 경전 열람이라는 계기에서 나왔음을 솔직하게 밝히기를 꺼리지 않았다. 하지만 경전과 어록 공부를 강조하면서도 항상 "참선을 거쳐야만 교학의 진수를 얻을 수 있다"며 선 수행의 중요성을 간과하지 않도록 후학들을 지도했다.

먹을 것이 부족한 시대였음에도 공부를 하겠다고 찾아오는 이가 있으면 '적더라도 나눠 먹으면서 살자'고 했던 한암은 항상 보조국사의 어록이나 경전 강의를 그치지 않았다. 그러나 그때마다 스님은 "내가 아무리 법문을 잘해도 고 조사나 부처님만 하겠느냐. 법문을 따로 들으려고 하지 말고 경전이나 어록 속에 담겨 있으니 내 말보다도 부처님 말씀과 경전을 잘 배워야 한다"고 했다.

한암의 수행정신은 교와 선을 일치하는 교선일치, 정혜쌍수의 특성이 두드러진다. 때문에 고려시대 보조국사 지눌의 정혜쌍수를 계승한 선지식으로 불리기도 했다. 그러나 한암 스님도 단박에 확철대오의 경지에 이르지는 못했다. 스님은 '일생패궐'에서 자신의 공부가 아직 미치지 못해 스승 경허 스님으로부터 지적을 받았던 일화를 솔직히 소개했다. 즉 "경허화상께서 하안거 해제일 법상에 올라 대중들을 돌아보시면서 말씀하시길 한암 중원의 공부가 개심(開心)의 경지를 넘었도다. 하지만 아직은 무엇이 체(體)고 무엇이 용(用)인지 잘 모르고 있다."는 것이 그것이다. 이는 대부분의 선사들이 수행담이나 오도담을 지나치게 과장시키는 것과는 달리 수행자의 인간적인 면모를 볼 수 있는 대목이다.

스님과의 일화 가운데 가장 유명한 것은 6.25전쟁 때 상원사를 지켜낸 일이다. 따로 설명이 필요없을 정도이다. 한암스님이 세존응화 2956년 남긴 '불영사 수선사 방함록서'는 한시도 공부의 고삐를 놓지 말아야 함을 간절하게 기원하고 있다.

상원사로 주석처를 옮긴 뒤 스님 문하에서 정진하려는 수좌들의 발길이 이어졌다. 건봉사.신흥사.유점사 등 강원지역 3본사가 공동으로 수련원을 개설하면서 대중이 100여명에 이르렀다. 산간 오지의 작은 암자에 불과했던 상원사(당시는 상원암)가 수행의 중심도량으로 떠올랐다. 스님은 대중들에게 혼자 공부하는 '독(獨)살이'의 병폐를 경계하고 "절집을 떠나지 말라"며 대중처소에서 정진할 것을 당부했다. 대중과 떨어져 정진하면 아무래도 공부에 소홀해지고, 생활이 방만해질 수 있기 때문이다. 대중이 '나의 공부'를 격려하고 나태함을 경계하는 좋은 벗이 된다는 것이다.

1941년 일본불교와 차별화하기 위해 뜻있는 우리 스님들에 의해 창종된 불교교단이 바로 '조선불교조계종'이었는데 이때 한암스님이 초대 종정이 되셨다. 오대산 그대로 들어앉아 계시면서도 초대종정에 추대된 것이었다.

1943년 봄, 전주 청류동 관음선원의 묵담선사가 한암스님께 실참법문을 내려주십사 간청하자 한암스님께서는 한산시 24편을 손수 써서 보내주셨는데 그 가운데는 하나이다.

> 남을 속이는 자 살펴보니 바구니에 물을 담고 달려가는 격
> 단숨에 집으로 돌아온들 바구니 속에 무엇이 있을꼬.

그렇다. 남을 속이고, 자신을 속여가며 직위를 탐내고, 부(富)를 탐내며, 천하의 부귀영화를 향해 미친 듯 달려가지만, 그것들 모두 '바구니에 물을 담고' 달려 가는 격이 아니겠는가? 과연, 바구니에 물을 담고 달려간들, 이 얼마나 부질없는 짓인가. 한암 스님은 이 한산시를 통해 어리석은 우리 중생들에게 큰 가르침을 내리신 셈이다.

1925년 오대산으로 들어가 '천고에 자취 감춘 학(鶴)'이 되어버린 한암 큰스님은 일사후퇴로 모두 피난을 떠난 지 두 달쯤 지난 1951년 3월 21일(신묘년 음력 2월 14일) 아침, 죽 한 그릇과 차 한잔을 마시고는 손가락을 꼽으며 "오늘이 음력으로 2월 14일이지" 하고는 가사와 장삼을 찾아서 입고 청량원에서 법상에 좌선한 채 세수 75세, 법랍 54세로 입적했다. 한암스님의 제자로는 보문(普門), 난암(煖岩), 탄허(呑虛)등이 있다.

임종게 却下靑天頭上巒　발아래 하늘 있고 머리위에 땅 있네
　　　　本無內外亦中間　본래 안팎이나 중간은 없는 것
　　　　跛者能行盲者見　절름발이가 걷고 소경이 봄이여
　　　　北山無語對南山　북산은 말없이 남산을 대하고 있네.

　한암 스님은 이야기 남기는 것을 좋아하지 않아 「일발록(一鉢錄)」 한 권을 남겼는데 그마저 1947년 봄, 상원사에 불이 났을 때 타고 말았다. 이 책은 뒤에 1995년 월정사 주지 현해스님이 문도들의 뜻을 모아 「한암일발록(漢岩一鉢錄)」 으로 재간행하였다.

일화...
#...스승 경허스님과.

　한암 스님이 해인사에서 머물고 계실 때, 스승이신 경허 선사께서 정처없는 만행길에 올라 해인사에 오셨다. 경허 선사는 발길을 다시 북쪽으로 돌려 해인사를 떠나면서 한암을 데리고 가고 싶은 마음에 간절한 글 한 편과 시(詩) 한 수를 지어 한암에게 전했다.

　"나는 천성이 화광동진을 좋아하고 더불어 꼬리를 진흙 가운데 끌고 다니기를 좋아하는 사람이다. 다만 스스로 삽살개 뒷다리처럼 너절하게 44년의 세월을 지내다 우연히 한암을 만나게 되었다. 그의 선행은 순직하고 또 학문이 고명하여 1년을 같이 지내는 동안에도 평생에 처음 만난 사람인양 생각되었다. 그러나 오늘 서로 이별하는 마당에 서게 되니, 아침저녁의 연운과 산해(山海)의 멀고 가까움이 진실로 보내는 회포를 뒤흔들지 않는 것이 없다. 하물며 덧없는 인생은 늙기 쉽고, 좋은 인연은 다시 만나기 어려운 즉, 이별의 섭섭한 마음이야 더 어떻다고 말할 수 있으랴. 옛날 사람은 말하기를 '서로 알고 지내는 사람은 천하에 가득 차 있지만, 진실로 내 마음을 알고 있는 사람은 과연 몇이나 되랴'고 하지 않았던가.

　과연 한암이 아니면 내가 누구와 더불어 지음(知音)이 되랴. 그러므로 여기 시(詩) 한 수를 지어 뒷날에 서로 잊지 말자는 부탁을 하노라."

　　　북해에 높이 뜬 붕새 같은 포부/ 변변치 못한 곳에서 몇 해나 묻혔던가.
　　　이별은 예사라서 어렵지 않지만/ 뜬 목숨 흩어지면 언제 다시 만날 수 있으랴.

이 간절한 스승의 글과 시를 받아 본 한암 스님은 다음과 같은 시 한 수를 스승께 바쳤다.

> 서리국화 설중매는 지나갔건만/ 어찌하여 오랫동안 곁에 둘 수 없을까.
> 만고에 변치 않고 늘 비치는 마음 달/ 뜬세상에서 뒷날을 기약해 무엇하리오.

그리고 한암 스님은 스승 경허 선사와 헤어졌다.

#... 한암 스님이 봉은사 조실로 있을 때.

한번은 한암 스님이 강화도 전등사, 보문사 참배길에 오르셨는데, 이 때 시봉을 들고 있던 수좌는 성관이었다. 지금은 드넓은 다리가 두 곳에 놓여서 강화도 가는 길이 편하지만 당시에는 김포와 강화도 사이에는 다리가 놓여지기 전이라 배를 타고 건너다닐 때였다. 우선 김포나루에서 배를 타고 강화도로 건너가서 거기에서 수십리길을 걷고 걸어서 길상면 전등사까지 가자니, 어느새 날이 어두워져버렸다. 게다가 비까지 억수로 퍼부었다. 하는 수 없이 남의 집 신세를 지지 않으면 안되게 되었는데, 하필이면 인색하기 그지없는 부잣집이었다. 그 부잣집 주인이 거드름을 피우며 스님께 빈정거렸다.

"스님들은 탁발을 나오기만 하면, 보시하라, 나누어 주어라, 그러시던데, 재산이 좀 있다고 해서 허펑허펑 남에게 퍼주기만 하면 그게 옳은 일이겠습니까? 아니면, 안 쓰고 절약해서 자기 재산을 늘리는 게 옳겠습니까? 어디 한 번 대답을 해보시오."

이때 한암 스님은 빙긋이 웃으시며 부잣집 주인에게 말씀하셨다.

"주인 어른께서는 오른손을 한 번 펴보시지요." "손을 펴라니, 이렇게 손가락을 펴란 말씀이십니까?"

"그렇소이다. 주인장께서 지금 손가락을 쫙 펴셨는데, 그 손가락을 오무리지 못하면, 그것은 불구이겠습니까, 아니겠습니까?" "그, 그야 편 손을 오므리지 못하면 불구입지요."

"그럼 이번에는 주먹을 한 번 쥐어보시지요." "이, 이렇게 말씀입니까?"

"그렇소이다. 주인장께서 지금 주먹을 꼭 쥐셨는데, 이 손을 펴지 못하면, 그것은 불구입니까, 아닙니까?" "아, 그야 주먹을 펴지 못하면 그것도 불구입지요."

"재물도 그와 같다고 할 것입니다." "재물도... 그와 같다니요?" "재물도 덮어놓고 허펑허펑 허비하는 것도 옳은 일이 아니요. 그렇다고 재물을 덮어놓고 움켜쥐고만 있으면 그 또한 옳은 일이 아닙니다. 손을 펼 때 펴고, 오므릴 때 오므릴 수 있어야 정상이듯이, 재물도 또한 아낄 때는 아끼고, 쓸 때는 제대로 쓸 줄 알아야 옳은 일이라 할 것입니다." 주인은 그제서야 부끄러워하며 스님을 극진히 모시는 것이었다.

#...한암스님이 상원사에 주석하면서 하지만 풍족하지 않은 상원사 살림으로 '먹고 사는 일'이 숙제였다. 큰절에서 보내오는 1년 치 식량은 쌀 4섬에 불과했다. 비록 생사를 넘나드는 공부를 하지만 무조건 굶을 수는 없었다. 식량을 마련하는 일은 큰 문제였다.

더욱 심각한 것은 병자(病者)가 생겼을 경우였다. 사중에서 치료하는 것도 쉽지 않았다. 한겨울이 되어 오솔길까지 막히면 더욱 난감해졌다. 이처럼 '비상 상황'이 발생하면 조실 방에 있는 꿀단지의 뚜껑이 열렸다. 쾌유를 기원하는 스님의 따뜻한 정과 함께 꿀 한 그릇이 전해졌다. 그러나 스님은 당신을 위해서는 한 번도 꿀단지를 열지 않았다. "벌 수백 마리가 열심히 일해 만든 공을 함부로 할 수 없다." 결국 조실 방의 꿀단지는 대중들의 비상약 이었다.

#... 한암스님이 '조선불교조계종' 초대종정이 되자 당시 미나미(南次郞)총독이 한암 종정 스님을 총독부로 초청하였다. 그러나 한암 큰스님은 불출동구를 접지 않고 일언지하에 미나미 총독의 초청을 거절했다. 이에 입장이 난처해진 미나미 총독은 부총독격인 정무총감 오오노를 오대산으로 보내 배알케 했다. 이때 오오노가 한암 큰스님께 법문을 간청하자 스님은 묵묵히 백지 위에 '정심(正心) 두 글자만 써주었다.

그후 경성제대 교수로 와있던 일본 조동종(曹洞宗)의 명승 사또오가 월정사로 한암 스님을 찾아 뵙게 되었다. 큰 절 월정사에서는 급히 한암 스님이 계시는 상원사로 사람을 보내어 한암 스님으로 하여금 월정사로 내려와 사또오 교수를 만나라고 전했다. 그러나 대중들과 김장준비 울력을 하고 있던 한암 스님은 일언지하에 거절했다. 할 수 없이 사또오 교수가 상원사로 한암 스님을 찾아뵈었다.

사또오 교수가 스님께 인사를 올리고 나서 물었다. "어떤 것이 불법(佛法)의 대의(大義)입니까?" 스님은 묵묵히 놓여있던 안경집을 들어 보였을 뿐이었다. 사또오가 또 물었다. "스님은 일대장경과 모든 조사어록을 보아오는 동안 어느 경전과 어느 어록에서 가장 깊은 감명을 받았습니까?" 스님은 사또오의 얼굴을 물끄러미 들여다보시면서 한 말씀 하셨다. "적멸보궁에 참배나 다녀오게."

사또오가 또 물었다. "스님께서는 젊어서 입산하여 지금까지 수도해 오셨으니, 만년의 경계와 초년의 경계가 같습니까, 다릅니까?" 스님은 한마디로 잘라 답했다. "모르겠노라." 사또오가 일어나 절을 올리며 말했다.

"활구법문(活句法門)을 보여 주시어 대단히 감사합니다." 이에 스님께서는 사또오의 말이 끝나기도 전에 한마디 하셨다. "활구라고 말하여 버렸으니 이미 사구(死句)가 되어버렸군." 사또오는 이때 상원사에서 3일을 머물다 돌아갔는데 어느 강연회에서 "한암스님은 일본 천제에서도 볼 수 없는 도인임은 물론 세계적으로도 둘도 없는 인물"이라고 평가하는 등 극구 칭송하고 다녔다.

그 후 2차 대전이 막바지에 이르렀을 무렵, 한암 큰스님의 도(道)가 보통이 아니라는 소문을 전해들은 일본정부의 경무국장 이께다(池田淸)가 오대산으로 찾아와 한암 스님을 뵙고 한마디 물었다.

"이번 전쟁은 어느 나라가 이기겠습니까?" 순간, 지켜보고 있던 사람들이 바짝 긴장했다. 스님께 질문을 던진 사람은 날아가는 새도 떨어트릴 수 있는 일본의 경무국장. 만일 연합국인 미국, 영국, 프랑스가 이긴다고 대답하면 길길이 날뛸 것이 아닌가? 스님께서는 과연 뭐라고 대답하실 것인가? 그러나 스님은 태연히 말씀하셨다.

"그야 물론 덕(德)이 있는 나라가 이길 것이오." 스님의 이 대답을 들은 일본의 경무국장 이께다는 더 이상 아무소리도 못한 채 두 어깨를 죽 늘어뜨리고 오대산을 떠났다고 한다.

#... 1951년. 6.25한국전쟁으로 남북이 밀고 올라갔다가, 밀려 내려왔다를 거듭하고 있던 1월. 느닷없는 중공군의 개입으로 1.4후퇴까지 겪어야 했지만, 바로 이 무렵 오대산에서는 밤낮으로 치열한 공방전이 벌어지고 있었다. 그러던 어느 날 저녁, 한 국군장교가 한 무리의 병력을 이끌고 한암스님과 수좌들이 수행하고 있던 상원사에 들이닥쳤다. 모든 스님들을 절마당으로 모이게 한 뒤, 그 국군장교가 선언했다.

"공비들이 절을 거점으로 암약하므로 오대산에 있는 모든 사찰은 다 불태워 없애라는 명령이 떨어졌소! 이 절도 불태워야겠으니 스님들은 모두 짐을 챙겨 속히 떠나시오!"

이때 한암 스님은 잠시만 말미를 달라고 한 뒤 안으로 들어가서 가사 장삼을 수하시고는 법당으로 들어가 정좌하고 앉으신 채 국군장교를 불렀다. "이제 준비가 다 되었으

니 불을 지르시게." 국군장교가 소스라치게 놀라 발을 구르며 소리쳤다. "이러시면 안됩니다. 어서 나가시오!"

그러나 스님은 법당 앞에 정좌한채 요지부동이셨다. "그대는 군인이니 명령을 따르는게 본분이요. 나는 출가수행자니 법당을 지키는게 본분. 둘 다 본분을 지키는 일이니 어서 불을 지르시게."

국군장교는 범접할 수 없는 한암 큰 스님의 법력 앞에 어쩌지 못한 채 부하들에게 기상천외의 명령을 내렸다. "이 절의 문짝들을 뜯어다 마당에 쌓아라!"

그리고 그 국군장교는 문짝만을 뜯어다 마당에 쌓고 그 위에 휘발유를 뿌려 불을 지른 뒤, 총총히 산속으로 사라졌다. 우리의 자랑스런 고찰, 상원사가 불타지 않은 채 오늘까지 그 자리에 그대로 서 있는 것은 바로 저 한암 큰스님의 법력 덕분이었다.

#...한국전쟁 이전부터 빨치산이 오대산에 나타나면서 국군이 주둔했다. 간혹 군인들이 상원사 계곡에서 밥을 지어 먹는 일이 있었다. 군인들이 밥을 먹고 난 뒤 계곡 곳곳에는 생쌀과 밥풀이 흩어져 있는 경우가 많았다. 우연히 이 모습을 본 스님은 아무렇지도 않게 그들이 버린 밥알을 모두 주워 씻어 먹었다.

"쌀 한 톨이 썩어 나가면 그만큼 복(福)도 따라 나간다"며 평소 근검절약을 강조했던 스님이다. 음식을 소중히 해야 한다는 것을 몸소 보여 준 것이다. 제자들이 가끔 상추 잎 등을 버리면 "먹을 수 있는데 왜 버렸냐. 이 보다 못한 풀도 먹는다"는 경책을 들어야 했다. 치약은 고사하고 소금으로 양치하는 일도 상상 못했다. 버드나무 가지를 다듬어 양치를 대신했다.

#...한암스님과 어느 여인

한암스님이 어느날 길을 가는데 비가 억수같이 쏟아져내렸다. 쉴 곳이 없어 주막에 들렀는데 한 여인이 혼자 지내고 있었다. 한암스님을 모시는 시자가 하룻밤만 유숙하게 해 달라고 간청을 했지만 끝끝내 허락을 해주지 않고 오히려 여인은 한암스님께 관상을 좀 봐 달라는 것이었다. 시자는 한암스님은 그런분이 아니라 하며 간신히 청을 물리친 후 한암스님과 함께 여인이 일러준 집을 찾아가 하루를 유숙하게 되었다.

다음날, 한암스님은 다시 주막에 들렀다. 여인의 일방적인 간청을 묵과하는 것도 마음에 걸리고 쉴수 있는 집을 일러준 것에 대한 감사의 마음도 표하기 위해서다. 그러나 무엇보다도 그 여인에게 참다운 진리가 무엇인가를 가르쳐 주기 위해서다.

여인에게 관상을 보아 주겠다고 하니 여인은 얼굴을 씻고 화장을 하고 오겠다고 했다. 그러나 한암스님은 "화장을 하고 오면 상이 삼천리나 멀리 도망가니 그대로 있으시오."라고 한 뒤 질문을 시작했다.

"손과 발 중에 어느 것이 예뻐야 하겠소" "그야 물론 손이 예뻐야겠지요." "그러면 손과 얼굴 둘 중에 어느 것이 더 예뻐야 하겠오." "그야 물론 얼굴입지요." "그러면 얼굴은 예쁜데 마음이 예쁘지 못한 것과 설사 얼굴이 밉다해도 마음이 예쁜 것 가운데 어느 쪽이 낫겠오." "그야 얼굴만 예쁘고 마음이 못되면 안될 일이지요. 마음이 예뻐야 겠지요." "그렇소. 족상(足相)이 수상만 못하고(不如手相), 수상이 관상만 못하며(不如觀相), 관상이 심상만 못한 것이오(不如心相). 그러니 마음을 잘쓰도록 하시오. 그러면 복을 받고 앞길이 훤히 열릴 것이오."

한암 스님의 생애와 사상, 수행 및 구도 과정이 생생히 기록된 '일생패궐'.

'일생패궐'은 한암 스님의 생애와 사상, 오도 과정 등을 자서전 형식으로 적은 것으로 폭 20cm, 길이 120cm의 순 한지(漢紙)에 만년필로 씌여진 두루마리 본이다. 글씨 서체로 보아 한암 스님의 수제자인 탄허 스님이 기록한 것으로 보이는 이 자료는 한암 스님이 구술하고 탄허 스님이 필사한 것으로 추정된다. 원래 이 자료는 한암 스님의 제자였던 보문스님이 간직하고 있었던 것으로 당시 보문스님을 모셨던 초우스님(전통도사 주지)이 지난 2001년 월정사 주지로 있던 현해 스님에게 기증하면서 세상에 공개됐다.

#...내가 스물네 살 되던 기해년(己亥年 1899) 7월 어느 날 금강산 신계사 普雲講會(보운강원)에서 우연히 보조국사의 「수심결(修心訣)」을 읽다가, "만약 마음 밖에 따로 부처가 있고 성품 밖에 법이 있다는 생각에 굳게 집착하여 불도를 구하고자 한다면, 비록 티끌과 같은 세월(劫) 동안 몸과 팔을 태우며 운운(云云), 내지 모든 경전(經典)을 줄줄 읽고 갖가지 고행을 닦는다고 하더라도, 그것은 마치 모래를 쪄서 밥을 짓는 것과 같아서 한갓 수고로움만 더할 뿐이다."는 대목에 이르러, 나도 모르게 몸과 마음이 떨리면서 마치 커다란 후회를 맞이하는 듯 했다. 게다가 장안사 해은암(海恩庵)이 하룻밤 사이에 전소되었다는 말을 듣고는 더욱 더 무상(無常)한 것이 마치 타오르는 불과 같아서 모든 계획이 다 몽환(夢幻)과 같이 느껴졌다.

#...신계사 강원에서 하안거를 마친 뒤 도반 함해 선사(含海 禪師)와 함께 짐을 꾸려 행각 길에 올라 점점 남쪽으로 내려가 성주 청암사 수도암에 도착하여, 경허 화상께서 설하시는 『금강경』 설법 중 "무릇 모습을 갖고 있는 것은 다 허망한 것이다. 만일 모든 형상이 허상임을 간파한다면 (그대는) 곧 바로 여래(如來)를 볼 수 있을 것이다."는 대목에 이르러 문득 안광(眼光)이 확 열리면서 삼천대천세계를 덮어 다하니, 만나는 것마다 모두가 다 자기 아님이 없었다(첫 번째 깨달음, 1899년 가을).

#...수도암에서 하룻밤을 묵고 나서 다음 날 경허화상을 따라 합천 해인사로 가는 도중에 문득 화상께서 나에게 물으셨다. "고인(古人)이 이르기를 '사람이 다리 위를 지나가네. 다리가 흐르고 물은 흐르지 않네.' 이것이 무슨 뜻인지 아는가?" 내가 답하였다. "물은 진(眞)이요, 다리는 망(妄)입니다. 망(妄)은 흘러도 진(眞)은 흐르지 않습니다."

경허화상께서 말씀하셨다. "이치로 보면 참으로 그렇지만, 그러나 물은 밤낮으로 흘러도 흐르지 않는 이치가 있고 다리는 밤낮으로 서 있어도 서 있지 않는 이치가 있는 것이네." 내가 다시 여쭈었다. "일체 만물은 다 시작과 끝, 본(本)과 말(末)이 있습니다. 그러나 우리의 이 본래 마음은 탁 트여서 시종(始終)과 본말(本末)이 없습니다. 그 이치가 결국은 어떠한 것입니까?"

경허화상께서 답하셨다. "그것이 바로 원각경계(圓覺境界)이네. 『경(經)』에 이르기를 '사유심(思惟心)'으로 여래(如來)의 원각경계를 헤아리고자 한다면 그것은 마치 반딧불로써 수미산을 태우려고 하는 것과 같아서 끝내는 태울 수 없다'고 하였네."

내가 또 여쭈었다. "그렇다면 어떻게 해야만 여래의 원각경계로 들어갈 수 있습니까" "화두를 들어서 계속 참구해 가면 끝내는 (원각경계로) 들어갈 수 (깨달을 수) 있게 되는 것이네." "만약 화두도 망(妄)이라는 사실을 알았다면 어떻게 해야 합니까?" "화두도 망(妄)이라는 사실을 알았다면 그것은 곧 (화두 참구가) 잘못된 것(失脚)이므로 그 자리에서 즉시 '무(無)'자 화두를 참구하게."

#...해인사 강원에서 동안거를 보내고 있던 중 하루는 게송을 하나 지었다.

> 다리(脚) 밑에는 푸른 하늘이요 머리 위에는 땅이 있네.
> 쾌활한 남아(男兒)가 여기 이른다면
> 절름발이도 걷고 눈먼 자도 볼 수 있으리
> 북산(北山)은 말없이 남산(南山)을 마주하고 있네."

경허화상께서 이 게송을 보시고는 웃으시면서 말씀하셨다. "'각하청천(脚下靑天)과 북산무어(北山無語)' 이 두 구(句)는 맞지만 '쾌활남아(快活男兒)와 파자능행(跛者能行) 구(句)는 틀렸다."고 하시었다.

#...해인사에서 동안거를 지낸 뒤 화상께서는 통도사, 범어사 등으로 떠나셨지만, 나는 그대로 남아 있다가 우연히 병에 걸려 거의 죽을 뻔하다가 살아났다. 하안거를 마치고 곧바로 만행 길에 올라 통도사 백운암에 이르러 몇 달 있던 중 하루는 입선을 알리는 죽비 소리를 듣고 또다시 개오처가 있었다.(한암의 두 번째 깨달음).

#...그 뒤 동행하는 스님에게 이끌려 범어사 안양암에서 겨울을 지내고 다음 해 봄에 다시 백운암으로 돌아와 하안거를 보내고 있었다. 당시 경허화상께서는 청암사 조실로 계셨는데, 급히 편지를 보내 나를 부르셨다. 나는 행장을 꾸려 가지고 청암사로 가서 화상을 뵈었다. 청암사에서 하안거를 지낸 다음 가을에 다시 해인사 선원으로 왔다. 계묘년(1903) 여름, 사중(해인사)으로부터 화상을 조실로 모시고자 청하였다. 그 때 화상께서는 범어사에 계시다가 해인사 선원으로 오시어 선원 대중 20여 명과 함께 하안거 결제를 하셨다.

#...하루는 대중들과 함께 차를 마시던 중 어떤 수좌가 『선요(禪要)』에 있는 구절을 가지고 경허화상에게 여쭈었다. "고봉화상의 『선요』에 보면 어떤 것이 진정으로 참구하는 것이며, 진정으로 깨닫는 소식인고? 답하기를 남산(南山)에서 구름이 일어나니 북산(北山)에서는 비가 내리도다." 이런 말이 있는데, 묻겠습니다만 "이것이 무슨 뜻입니까?"

화상께서 말씀하셨다. "비유한다면 그것은 마치 자벌레가 한 자를 갈 때 완전히 한 바퀴 굴러야 하는 것과 같은 것이다." 하시고는 대중들에게 "이것이 무슨 도리인고?" 하고 물으셨다. 내가 답하였다. "창문을 열고 앉으니 담장이 앞에 있습니다."

화상께서 다음 날(하안거 해제일) 법상에 올라 대중들을 돌아보시면서 말씀하셨다. "원선화(漢岩 重遠)의 공부가 개심(開心)의 경지를 넘었도다. 하지만 아직은 무엇이 체(體)고 무엇이 용(用)인지 잘 모르고 있다." 이어 동산(洞山)화상의 법어를 인용하여 설하시기를, "늦여름 초가을 사형사제들이 각자 흩어져 떠나되 (곧바로) 일만리 풀 한 포기도 없는 곳으로 가라고 했지만 나는 그렇게 말하지 않겠노라. 나라면 '늦여름 초가을 사형사제들이 각각 흩어져 떠나거든 길 위의 잡초를 밟고 가야만 비로소 옳다'고 말하리니, 나의 이 말이 동산의 말과 같은가 다른가?" 홍익학당.

 **한**암스님이 세존응화 2956년 남긴 '불영사 수선사 방함록서'

"모두들 그럭저럭 광음을 보내다가 모르는 결에 공부 짓는데 친절하고도 간곡한 경책을 모르고 도 닦음에 장구한 판단이 서지 않아 정신자세가 흐트러지고 게을러져서 그만두어 버리니 이미 헛되이 생사(生死)에 유랑함이라 실로 통탄하고도 아깝도다" "슬프다, 인생의 한 세상이 아침이슬과 백년 광음이 일찰나 사이에 문득 지나가나니 원컨댄 모든 참선하는 고사(高士)들은 생각을 여기에 두고 부지런히 정진하기를 머리에 불이 붙은 듯이 하여 큰일을 속히 이루기를 지극히 빌고 지극히 비노라…"

"선(禪)을 알지 못할때에는 불불조조가 입을 벽위에 걸고 눈을 이마 뒤에 두거니와 선을 잘 아는 때에는 말이 천하에 가득하더라도 말의 허물이 없으니 이제 말의 허물이 없는 소식을 가지고 한줄기 도를 통하려 한다 … 이 심성을 깨달으면 일반적으로 모든 부처와 평등하고 이 심성을 미하면 만겁에 생사를 수순하나니 삼세 보살이 한가지로 배움이 이 마음을 배움이요. 삼세 제불이 한가지로 증득함이 이 마음을 증득함이요, 일대장교에 나타냄이 이 마음을 나타냄이요"

"그러나 한 생각의 기미를 돌이키면 대지광명(大智光明)이 사람마다 본래 스스로 구족하여 불조로 더불어 털끝만큼도 다르지 않아서 상근기의 큰지혜는 한번 들으면 천번 깨달아서 대총지(大總持)를 얻나니 얻고 나서는 노단하면 잠이나 자는 것만큼 쉽다."

"견고한 '당사자 신심'만이 깨달음을 성취할 수 있다" 한암스님은 출재가를 막론하고 '당사자의 신심'이 견고해야 깨달음을 성취할 수 있다고 강조했다.

"항상 안심(安心) 정려(靜慮)하여 터럭 끝만치도 마음을 일으키거나 생각을 움직이지 마십시오. 더 나아가서 마음을 일으키거나 생각을 움직인다(번뇌를 일으킨다는 생각)는 생각까지도 없어야 됩니다. 오로지 방법은 마삼근 화두가 제일 묘방이온데 잘못하면 최고로 맛있는 음식도 도리어 독약이 될 수 있는 것과 같습니다. 화두를 참구할 때는 급하지도 느리지도 않게 하십시오. 묘방은 거기에 있습니다. 잡념은 조금이라도 없는 가운데서 화두를 들되, 재미도 없고 사량 분별도 할 수 없게 하여 참구하십시오. 그리고 약간 정신을 가다듬어 이것이 무슨 도리(道理)인고? 이와 같이 오래도록 익히고 익혀서 일구월심하면 자연히 천진묘성(天眞妙性)에 계합하게 됩니다. 항상 마음을 편안하고 자유롭게 하십시오. 무심(無心), 안심(安心), 정심(靜心), 섭심(攝心)이 제일 상책의 묘도(妙道)입니다. 그러나 이 화두공부는 마음을 담백하게 하고 생각을 고요하게 한다는 생각마저도 버려야 합니다. 그러므로 사의(思議)할 수 없다고 말하는 것입니다.

또한 이 도(화두참구)는 부모가 자식에게 전해줄수도 없고 자식이 부모에게 전수받을 수도 없는 것입니다.

오로지 당사자가 한 생각 진실하게 가져서 마치 모양(즉 模本)에 의거하여 그림을 그리되 그리고 또 그리면, 홀연히 축착합착(섬돌 맞들 맷돌 맞듯)해서, 본래 생긴 그대의 불성(佛性)을 다시 닦고 알고 찾고 보면, 여러 가지 잡된 말이 끊어집니다. 아무쪼록 심사(深思), 정사(靜思), 안사(安思)하여 기운이 순하게 하고 혈기를 순하게 하여 홀연히(한생각) 돌이키면 오히려 전에 병이 없을 때에 느꼈던 낙(樂)보다 더 상쾌하고 시원할 것이올시다." 〈1948년 11월6일 한암스님 편지에서〉

"참선법은 불성을 명백하게 요달해서 다시는 업에 구애받지 않음을 목적으로 하는 것입니다. 그러나 화두를 들 때에는 온갖 생각을 허락지 아니합니다. 다만 화두에 대한 의심만 일여(一如)하게 생각할 뿐입니다. 말이 번다하면 도리어 공부에 방해가 되기에 이만 그칩니다." 〈1949년 1월 12일 한암스님 편지에서〉

"화두를 참구할 때에는 한결 같이 하여 똥 누고 오줌 눌 때에도 끊어짐(間斷)이 없어야 합니다. 그런데 하물며 조석(朝夕)을 논해 무엇 하겠습니까? 일체처(一切處) 일체시(一切詩)에 화두를 참구해야 합니다. 간단(間斷)없이 화두를 참구하는 것이 가장 중요합니다. 고요한 곳과 시끄러운 곳, 움직일 때나 가만히 앉아 있을 때나, 그리고 행주좌와와 깊은 산속, 도시를 막론하고 다만 화두를 참구하여 오래토록 익히는 것에 주력하십시오.

재가자(신도)와 출가자(스님)를 막론하고 참선하여 도(道)를 깨친 사람은 무수히 많습니다. 꼭 부처님 앞에서(사찰에서) 참선해야만 되는 것이 아닙니다. 오히려 사무를 보는 복잡한 가운데에서 득력(得力)하는 것이 적정(寂靜)한 곳에서 득력하는 것보다 10만억배가 더 중요하오니 문제는 오로지 당사자의 신심이 얼마나 견고한가? 그것이 관건입니다." 〈1949년 2월 4일 한암스님 편지에서〉

"이 몸은 고(苦)의 뿌리입니다. 무슨 병이든지 발생하면 완쾌되기란 매우 어렵습니다. 음식을 잘 조절하고 양생/섭생하면 고통이 줄어듭니다. 이것이 가장 좋은 효과인데 오래도록 잘 조절/관리하여 신(神)의 경지에 들어가면 혹 아주 쾌차되는 때도 있습니다. 그러나 업이 무거우면 아니 됩니다. 화두는 이것저것 따질 필요 없이 오로지 정신을 차려서 '이것이 무슨 도리(道理)인고?' 하고 의심할 뿐이요, 다른 생각은 조금도 용납하지 않습니다."

해안스님

1901~1974년

스승 만암스님
상좌 혜산, 동명스님

젊은 시절에는 문맹퇴치운동, 순회포교사로 호남 불교 진작. '동 경봉' '서 해안'이라 불린 선지식. 불교전등회(佛敎傳燈會) 발족.

해안스님은 1901년 음력 3월7일 전북 부안군 산내면 격포리에서 부친 김치권과 모친 은율 송씨 사이에서 3남으로 출생했다. 스님의 속명은 성봉(成鳳). 성장해서는 봉수(鳳秀)라 불렸다. 열 살을 전후해 서당을 다니며 한학을 익혔다. 조용한 성품이었던 그는 스승이 가르쳐주는 한학을 배우고 익히는데 게으르지 않았다.

그래서 남보다 빨리 배웠다. 더 이상 서당에서 동문들과 함께 할 수 없는 지경에 이른 그는 당대 한학에 대해 높은 실력을 지니고 있는 학자로 명성이 자자한 고찬 선생이 내소사에서 '맹자(孟子)'를 천독(千讀)하고 있다는 소문을 듣고 가르침을 받기 위해 변산 내소사로 향했다. 그때 그의 나이 14살이었다. 그것이 평생 승려로 살아갈 인생의 첫 걸음이 되었다.

"늙은 스님 네가 앉아서 조는 것이 좋아 머리를 깎게 되었습니다." "홍안백발(紅顔白髮)의 노승이 삽살개 눈썹을 하고 전면(前面) 어간(御間)에 가부좌를 틀고 앉아 머리를 조아려 꾸벅꾸벅 조는 모습은 어느 선인도(仙人圖)에서나 볼 수 있는 아름다운 한 폭의 그림 이었다. 제자와 신도들을 대할 때 늘 웃음으로 맞이했던 스님 모습은 마치 선인도에 나오는 '주인공'과 다름없었다. 스님의 원력은 부귀영화도 천당지옥도 초월한 무사태평의 자리에 가는 것이었다."

"머리를 깎게 된 또 하나의 동기는 염불하는 것이 좋아서였습니다. 다음으로는 예참(禮懺)하는 광경이 좋아서 머리를 깎게 되었습니다. 그 다음으로 머리를 깎게 된 동기의 하나는 바랑(背囊) 살림이 부러워서였습니다. 그 다음으로 빼놓을 수 없는 동기 중의 하나는, 주장자(拄杖子) 법문 때문이었습니다." 스님은 "입산의 동기야 어찌 되었든지 만나기 어려운 불법을 만나게 되었고 더욱이 입기 어려운 법복(法服)을 입었다" 면서 출가동기에 대한 이유를 몇 가지 더 밝혔다.

"내소사에서 한학을 공부하고 있을 때, 이때 가장 인상 깊게 느껴진 것은 새벽 종소리와 목탁소리였습니다. 이 종소리와 목탁소리가 나를 꼬여서 머리를 깎게 한 첫째 동기가 되었던 것입니다. 동지섣달 새벽달이 유난히 밝게 창에 비칠 때, 달도 희고 눈도 희고 산도 흰데 똑, 똑, 똑 울리는 목탁소리, 그리고 새벽하늘 고요한 적막을 흔들어 놓고 낮에 은은히 울려 퍼지는 맑은 종소리란 무어라 형언할 수 없이 아름다운 딴 세계였습니다." 1969년 7월 서래선림에서 밝힌 출가동기이다.

그는 3년 뒤에 장성 백양사에서 삭발을 하고 만암스님을 계사로 사미계를 받고, 백양사 지방학림에 입학했다. 이때부터 그는 심오한 불법을 익히고 배우는데 최선을 다했다. 1918년 12월. 백양사 선원에 방부를 들이고, 선원에서 연례행사로 갖는 7일 용맹정진에 동참하였을 때 그는 조실 학명스님에게 "은산철벽을 뚫으라"는 화두를 받았다. 몸이 부서지라 밤낮을 가리지 않고 일념으로 정진했다. 학명스님도 대중들의 정진을 매일 점검하고 경책했다. 때로는 따끔한 호통으로 죽비를 내렸고, 때로는 따뜻한 법담(法談)으로 지도했다.

나흘째 되던 날 학명스님은 그를 불러 앉히고는 호된 꾸중과 함께 방밖으로 나가라고 했다. 얼마 뒤 학명스님은 그를 다시 불렀다. "봉수야~" 조실스님 목소리를 듣고 방으로 들어가려 했지만, 이미 문은 안에서 잠긴 상태. 그는 이때 피가 끓는 분심(忿心)이 일어나 입술을 깨물고 다짐했다. 그리고 그 일이 있은 후 더욱 화두를 잊지 않고 정진했다. 그렇게 낮과 밤을 넘기고 용맹정진의 마지막 날이 되었다. 저녁 무렵 방선(放禪) 죽비가 세 번 울렸다. "탁! 탁! 탁!" 잠시 가부좌를 풀고, 포행 할 수 있는 시간. 그 순간 그는 눈앞이 밝아지는 '환희의 세계'를 맞보게 된다. 답답하던 가슴이 일시에 시원해진 것이다. 그리고 게송을 노래했다. 오도송이다.(현재 내소사 천왕문 주련)

鐸鳴鍾落又竹幅	목탁소리 종소리 죽비소리에
鳳飛銀山鐵壁外	봉새가 은산철벽 밖으로 날았네
若人問我喜消息	누군가 나에게 기쁜 소식 묻는다면
會僧堂裸滿鉢供	회승당 안에 만발공양이라 하여라.

백양사 광성의숙과 지방학림을 마치고 불교중앙학림(佛敎中央學林-동국대전신)에서 2년간 공부한 스님은 백양사로 돌아와 대선법계(大禪法階)를 품수했다. 1922년 겨울에는 중국으로 건너가 2년간 북경대학에서 불교학을 공부하고 귀국했다. 이때가 1925년. 조선으로 돌아온 그는 부안 내소사에 주석하고 있는 만허스님을 시봉하면서 '절살림'을 맡아보았고, 1927년 장성 백양사에서 중덕법계를 품수 받았다.

중덕은 본래 조선 시대 승과에 합격해 2년 이상 선이나 교를 닦은 스님에게 주던 법계이다. 은사스님의 강권에 의해 내소사 주지 소임을 맡게 된 것도 이때였다. 스님의 세수는 26세, 법납은 10세였다.

내소사 산내암자인 월명암에는 학명스님이 주석하며, 호남지역에 선풍을 진작시키고 있었다. 월명암은 호남 유일의 선도량으로 만허스님과 학명스님에게 많은 영향을 받은 해안스님은 두 어른을 시봉하면서 여법한 수행자로 확고하게 자리를 잡게 되었다. 1931년 월명암 선방에 방부를 들인 이후 월명선원에서 안거를 했다. 이후 해안스님은 부처님 가르침을 대중들에게 널리 알리고, 구체적인 실천으로 옮겼다.

내소사 주지 시절인 1931년 절 앞마을인 입암리에 계명학원(啓明學院)을 세워 문맹퇴치 운동을 벌였고, 35세 되던 1935년에는 백양사 본말사 순회 포교사 소임을 맡아 호남을 순례하며 불교를 널리 폈다. 스님을 지켜본 대중들은 "스님의 음성이 선천적으로 맑고 감동적이어서 사람을 끄는 힘이 있다. 해박한 지식과 밝은 선지에서 나오는 설법이 청중 근기에 맞게끔 법을 설한다."고 회고한다. 이때 순회 포교사로 나선 해안스님의 법문이 있을 때면 대중들이 구름처럼 모여들었다고 한다. 1936년 대덕법계를 받고, 1945년 종사법계를 품수 받을 때까지 주로 월명선원에 머물며 정진했다.

1945년 여름. 스님은 금산사 주지로 추대됐지만 일체 종무행정은 총무, 교무, 재무 등의 소임을 맡은 대중들에게 일임하고, 스님은 금산사 경내에 서래선림(西來禪林)을 개설하고 참선수행에 전념했다. 이때 스님의 세상 나이 45세였다. 해방직후의 혼란한 정국에도 흔들림 없이 정진했던 스님은 1950년 변산 지장암에서 한국전쟁을 겪게 된다. 대부분의 사람들이 피난을 떠났지만 스님은 혼자 남아 정진하며, 틈틈이 농사일도 했다.

전쟁이 끝나고 피난 갔던 사람들이 돌아온 후 스님은 토굴에 은거하며 더욱 정진에 매진했다. 공양 때만 시자가 약간의 곡기(穀氣)를 전했을 뿐 외부와는 일체 인연을 끊고 공부에 매달렸다. 토굴에서의 정진은 3년간 계속됐다. 36하안거를 성만했다.

이후 스님은 본격적인 포교활동에 들어간다. "나를 잊지 않는 마음이 佛心이니, 근본 깨달아 좋은 인연 마련해야한다."며 1969년 불교전등회(佛敎傳燈會)를 발족해 불법(佛法)을 널리 펴기 시작한 스님은 전국 각지에 지회를 만들어, 많은 사람들이 불연을 맺도록 했다. 1970년에는 전주 지회인 한벽선림(寒碧禪林)에서, 1972년에는 서울 전등선림(傳燈禪林)에 머물며 후학을 제도했다. 1972년 남산 대원정사가 개원할 때는 조실로 추대돼 특별정진법회를 거행하기도 했다.

스님은 불교의 취지를 이렇게 밝혔다. "세상에 오고 가는 일이 다 인연(因緣) 때문이니, 내가 여러분을 만난 것도 숙세(宿世)의 인연으로 금생에 여러분 앞에 나서게 된 것입니다. 세상의 모든 일이나 사물은 아무 때나 무질서하게 생겨나는 것이 아니고, 생겨날 인과 연의 상대가 서로 결합하여 나고 변화하는 질서를 갖습니다. 잘살고 못사는 현실이 다 숙세로부터 연속되는 인과 때문입니다. 불교는 이 인과를 알고 인과의 주인공인 자기 마음을 알아 그 마음을 잘 쓰라고 가르칩니다. 다시 말해 자기의 근본과 현실의 원인을 깨달아 잘살 수 있는 좋은 인연을 마련하는 데 불교의 취지가 있는 것입니다."

당시 스님을 시봉했던 상좌 혜산스님은 "은사스님께서는 불자들이 모여 있는 곳이면, 먼 길 마다 않고 달려가 법상(法床)에 오르셨다"면서 "자애스러운 표정으로 '마음먹고 7일만 정진하면 공부를 완성할 수 있다'고 강조하셨다"고 회고했다. 혜산스님과 동명스님은 은사스님을 모시고 전국을 다녔다. 자가용도 없고, 길도 험하던 시절 노스님을 모시고 이동하는 일은 쉽지 않았다. 더구나 은사스님의 법음을 녹음하겠다는 원력을 세웠기에 어려움은 더했다. 지금처럼 소형녹음기가 있던 시절이 아니었다.

20kg은 족히 나가는 대형녹음기를 '시골버스'에 싣고 다녀야 했다. 전기 사정이 좋지 않아 대형충전지도 함께 들고 다니려면 고생이 이만 저만이 아니었다. 그렇다고 은사 앞에서 힘들어하는 모습을 보일 수 없었던 상좌들이다. 동명스님은 "그래도 그때 혜산스님과 함께 은사스님의 육성을 담아두었기에 지금도 큰스님의 가르침을 배우고 익힐 수 있어 너무 좋다"고 미소를 짓는다.

1972년 1월 서래선림에서 스님은 발심의 중요성을 강조하고 부지런히 수행할 것을 당부했다. 또 정진하면서 경계해야 할 점도 지적했다. "참으로 발심해서 공부하려는 사람에게는 졸음이나 망상이 있을 수 없고, 또한 몸의 피로도 느낄 수 없다는 것입니다. 다만 경계해야 할 것은 조금 견처(見處)가 달라진 것을 가지고 일을 다 마친 것으로 착각하고 공부를 중단하는 폐단입니다. 이거야말로 병중의 큰 병이 아닐 수 없습니다.

스님은 "발심은 불조(佛祖)의 어머니요 공덕의 탑"이라면서 "발심은 철저한 신심을 낳게 하니 신심은 불과(佛果)를 이루는 근본이 된다."고 발심의 공덕을 설명하였다. 스님은 정각의 자리에 대해 이렇게 일렀다. "깨달으면 천하가 화평하고 미혹하면 자기 한 몸도 불안하며, 깨달으면 천지가 걸림이 없고 미혹하면 일마다 뒤바뀝니다. 천하가 화평하면 인류가 공존하고, 자기가 불안하면 만방이 다 두려우며, 천지에 걸림이 없으면 가는 곳마다 극락세계요, 일마다 뒤바뀌면 가는 곳마다 모두 지옥을 면치 못합니다."

1974년 음력 3월 6일 스님 생신날 상당법문에서 "내가 없더라도 여러분의 정진은 중단되지 않을 것"이라며 입적을 예고했다. 놀란 상좌들은 그날부터 스님 곁을 지켰다.

1974년 음력 3월9일 새벽 부안 내소사 서래선림. 아침 예불이 끝나자마자 대중들은 모두 스님의 밤새 안부를 걱정하며 조실로 모여들었다.

"나는 오늘 갈란다. 이젠 손님도 다 떠났고 조용해서 한결 좋구나." "그제도 말을 했다만 내가 떠난 뒤에도 공부를 열심히 하고 전등회를 잘 키워야 한다."

"스님! 지금 가시면 너무 빠르지 않습니까? 좀더 계셔야지요." "빠르다면 빠르겠지! 그러나 갈 때가 되면 가야지" "스님께서 가시면 우리는 누구를 의지해서 공부해야 합니까?" "부처님께서도 법을 의지하고 자기의 등불을 의지해서 공부하라고 했지."

뒷일을 맡 상좌인 혜산에게 부탁한 해안스님은.. "사리가 나오더라도 물에 띄어 없애 버리고, 비 같은 것은 세울 생각도 말라" "그래도 오셨다간 흔적은 남겨야 되지 않겠습니까?" "굳이 세우려거든 '범부 해안지비(凡夫 海眼之碑)'라 쓰고 뒷면에는 '생사어시 시무생사(生死於是 是無生死)'라고만 써라." 스님은 "꼭 그렇게 해야 된다"며 두 번이나 신신당부했다. 그래서 지금도 내소사에 가면 범부의 비가 있다.

"열반송을 일러주십시오" "그런 건 군더더기 같은 소리" "그래도 한 말씀 일러주셔야지요." "그러면 할 수 없지, 이르마"

生死不到處	생사가 이르지 못하는 곳에
別有一世界	하나의 세계가 따로 있다네
垢衣方落盡	때 묻은 옷을 벗어버리자
正是月明時	비로소 밝은 달 훤할 때로다

임종게를 남긴 스님은 자리에 누워 얼마 뒤 원적에 들었다. 1974년 음력 3월 9일 아침 6시30분. 세수는 74세, 법납은 57세였다.

근현대 호남의 대표 선지식으로 경봉 스님과 함께 '동(東) 경봉, 서(西) 해안'으로 불리며 선풍을 떨쳤던 선승 해안(海眼, 1901~1974) 스님은 대중들이 지켜보는 가운데 마지막으로 전등회의 앞날을 부촉하고 열반송을 남긴 채 제자들 곁을 떠났다.

석주스님은 '해안집'에 이렇게 적고 있다. "해안선사는 약관의 나이로 부처님의 심인(心印)을 요득(了得)하고 후일 중국으로 건너가 널리 제방의 선지식과 거량하고 변산으로 돌아와 서래선림에 당(幢)을 세우고 수연중생(隨緣衆生)하여 후학의 지도에 일관하셨다."

그가 떠나고 그와 함께 웃고 울며 살았던 제자들이 기억과 자료를 모아 '해안집'을 만들어 세상에 내놓았고, "누구나 죽을 각오로 화두일념에 들면 7일 만에 깨달을 수 있다"는 해안스님의 법어를 비롯한 주옥같은 핵심 법문을 추려 단행본 '7일 안에 깨쳐라'를 엮었다. 상좌 혜산·동명스님이 무거운 녹음기를 들고 다니며 녹음한 스님의 생생한 육성법문 CD집도 나왔다.

그리고... 부안 내소사는 부처님오신 날이면 해안스님의 생생한 법문을 들려준다. 서울 전등선림도 마찬가지다. 이렇게 상좌들의 해안스님에 대한 효심으로 스님은 세세생생 살아있다.

法 문 & 일화

#... "누구나 죽을 각오로 화두일념에 들면 7일 만에 깨달을 수 있다" "발심은 부처의 어머니요 공덕의 탑"

#... "설법이란 한마디로 의사가 약을 쓰는 것과 같습니다. 의사가 약을 쓰는 법을 보면, 눈 아픈 사람에게는 안약을 쓰고 체한 사람에게는 소화제를 주듯이 병에 따라 각각 처방을 달리합니다. 석가세존의 설법도 이와 같이 일정하지 않습니다. 큰놈은 큰 것이 병이기 때문에 작게 만들고, 작은 놈은 작은 것이 병이기 때문에 크게 만들고, 어두운 놈은 어두운 것이 병이기 때문에 밝게 만들고, 굽은 놈은 굽은 것이 병이기 때문에 곧게 만들고, 태어나는 놈에게는 무상을 일러주고, 죽는 놈에게는 불멸을 깨치도록 하는 등 일정한 설법이 없습니다." 1973년 5월 서래선림에서 봉행된 전등회 제34회 법회

에서의 해안스님 법문.

#... "내소사 서래선림에 들러 해안스님을 친견하였을 때, 첫눈에 대덕(大德)스님임을 느껴 엎드렸다. 큰스님께서 나에게 무애라는 법호를 주시면서, 언제 어디서나 걸림 없는 주인 노릇을 하라는 법문(法門)을 내려주시던 감격이 아직도 내 가슴에 생생하다." / 무애 서돈각

#... "큰스님의 생활 그것이야말로 바로 걸림 없는 낙도(樂道)생활이었으며, 오직 한 없는 자비로써 대중과 더불어 고락을 같이하는 도인(道人)의 진면목이 역연하였다." / 무애 서돈각

#...1950년 한국전쟁 당시 변산 지장암에 머물고 있었다. 대부분의 사람들이 피난을 떠났지만 그곳에 남아 정진하며 틈틈이 농사일을 했다. 때마침 감나무 묘목을 접목할 시기가 되어 부지런히 움직였다. 이를 지켜보던 마을 노인이 물었다.

"스님, 피난은 가지 않고 뭘 하십니까?" "보면 모르시오. 감나무를 접붙이지요." "아니 이 난리 통에 죽을지 살지도 모르는데 접은 붙여서 뭘 하게요." "그건 모르는 소리지요. 농부는 씨 뿌릴 때를 놓치면 아니 되듯이 이 감나무는 지금 접을 붙이지 않으면 버리게 되지 않겠소?" "그러다가 총에라도 맞아 죽으면 어쩌려고요?" "어찌 노인은 죽는 것은 알면서 사는 것은 모르오?"

"감나무야 사람이 죽고 사는 것과 무슨 상관이겠소? 우리가 못 따먹게 되면 다른 사람이 따먹을 것이고, 다른 사람도 못 따먹으면 까막까치라도 따먹게 될 게 아니오. 그러면 되지 않겠소?"

#... "해안스님은 다정다감한 어른이었다. 대중을 항상 미소로 대했으며, 인연 있는 후학과 재가불자들의 대소사를 직접 챙길 만큼 정(情)이 많았다. 때문에 인연이 한번 닿은 이들은 스님의 따뜻한 마음에 감화 받고 더욱 정진에 몰두했다.

또한 스님은 생활 자체가 검소했다. 무욕한빈(無慾寒貧)의 생활로 일관했다. 상의는 고름을 달지 않고 매듭단추를 달았으며, 바지는 약간 짧게 만들어 대님을 매지 않은 채로 다니셨다. 그 까닭을 여쭈어 보았더니 간편하게 하기 위해서라고 했다." / 해안집

#... "누가 있어 나에게 무엇이 불법이냐고 물으면, 나는 무엇이 불법이냐고 대답하리. 불법은 뜻이 없나니, 뜻을 묻지 마소 … 불법은 가장 친한데 있으니, 의심 말고 차 마시오. 딴 생각을 내게 되면 불법과는 멀어지네." / 시-불법

#... "불자야, 님께서 가신 지 삼천 년, 마구니는 강하고 법은 약해져, 사바의 이 세상이 어둠의 그림자로 덮였구나. 제 빛을 보지 못하는 불쌍한 중생들… 불자야, 썩어서 낡아빠진 의관을 다 태워버리고, 발가벗은 몸으로 활기차게 이리 오라. 여기 인간 혁명의 종소리가 들리지 않는가. 회의와 저주와 나태와 비겁과 공포의, 때 묻은 옷들을 모조리 불태우고, 자신과 긍지와 근면과 강력과 자유와 평화의, 새로운 깃발을 향하여, 님께서 일러주신 네게 있는 등불을 들고, 인간 혁명의 새로운 행군을 하라." / 서신-불자에게..

#... "견성을 하는데는 미련하고 둔한 자도 7일만 하면 된다고 한다. 이 7일이라는 시간은 그렁저렁하는 7일이 아니고, 일념만년(一念萬年)과 같은 7일이다. 일 초라도 아무 잡념 없이 오직 화두에 대한 의심 한 생각으로 7일을 계속하면 아무리 멍청한 사람이라도 견성을 못할 사람이 없다." / 서신-초발심자에게..

#... "부디 내가 너 갈 때에 써서 준 바와 같이 입지여석(立志如石)으로 일관하여라. 그리고 매일 대비주(大悲呪)를 일과(日課)로 꼭 외워라. 그러면 모든 재앙도 소멸되느니라. 끝으로 너의 건강을 빈다. 이곳 걱정은 하지 말아라." / 서신-공부하러 떠난 상좌에게..

#... "큰스님은 출가와 재가를 가리지 않고, 열심히 수행정진할 것을 당부하셨다"면서 "다른 때는 한없이 자비스럽다가도, 공부에 빈틈이 보이거나 허점이 보이면 불호령을 하셨다" / 철산스님

#...부산 선암사의 한 머슴이 절에서 먹이고 있던 소를 팔아 유흥비로 탕진했다. 머슴이 절로 돌아오지 않자, 찾아 나선 혜암스님. 주막에 있던 머슴을 발견했다. 머슴은 주모와 눈이 맞아 있었다.

"무엇을 하고 있는가." 깜짝 놀란 머슴. "아무 일 아닙니다. 주모가 배가 아프다고 해서요…." 그 말을 곧이곧대로 믿은 스님은 약국에 가서 약을 지어왔다고 한다. 보통 사람으로는 이해하기 힘든 행동이었다.

상좌인 혜산스님에게 이야기를 전해들은 해안스님은 이렇게 말했다고 한다. "혜암스님의 순박한 마음 자체만을 보아라. 괜히 옳고 그름을 말하지 말고…." / 혜산스님

#... "산은 높아야 하고, 바다는 낮아야 하느니, 산과 바다가 가지런하여 보라, 중생들이 어떻게 살 수 있는가. 조리는 새야 마땅하고, 항아리는 막혀야 하나니, 학의 목이 길

다고 끊으면 병이요. 오리 다리가 짧다고 이으면 근심되리. 끊지도 잇지도 말고 생긴 그대로 두어 두소." / 시-평등

#... "선사께서는 선(禪)과 교(敎)에 능달(能達)하여 불도(佛道)에 정통(精通)하신 분이요. 또한 시(詩), 문(文)에도 뛰어나 보통 사람이 따를 수 없는 대선지식(大善知識)이라…." /도반 대은스님.

대은스님은 전주 정혜사(定慧寺)에서 학인들을 지도할 때 해안스님을 만났다. 해안스님과의 첫 만남에 대해 "초면이었지만 마치 옛 도반을 만난 듯 반갑고 친근했다"고 밝힌바 있다. 해안스님 역시 열반에 들기 전 가장 친하게 지낸 이를 묻는 질문에 대은스님을 꼽았다. "내가 평소에 특별히 친소(親疎)가 없이 살았지만, 그 중의 한 사람을 말하라 한다면 대은 화상(和尚)이라."

#...해안스님인 맏상좌인 혜산스님은 "우리스님과 대은스님은 공부를 서로 점검하며 수행 정진하실 만큼 아주 각별한 사이였다"면서 "자주 만나 법담(法談)을 나누시던 모습이 눈에 선하다"고 기억한다.

상좌 혜산스님

스님 생전의 말씀이다. 필자가 취재를 하기위해 해안스님에 대해 묻자 혜산스님은 "우리 은사스님께서는 수행에 철저하셨습니다. 그렇다고 무조건 수행만 하라고는 하지 않으셨어요. 농사 짓고 나무하면서 '일상이 곧 수행이다. 가부좌 틀고 앉아 참선하는 것만이 수행이라고 여기면 안 된다. 수행자는 모름지기 모든 일에서 참모습이 나와야 한다.'고 가르치셨습니다. 나와 내 도반들은 자연히 스승의 일거수일투족에 신경을 기울일 수밖에 없었고, 나중에는 지팡이나 젓가락 소리만 들어도 스님의 심경을 읽을 정도가 됐지만 은사스님 역시 바로 그렇게 우리를 관찰하고 계셨습니다.

그렇게 우리가 24시간 수행에 매달리지 않으면 견딜 수 없도록 하셨습니다. 화두로 일어나고 먹고 자고 하도록 만드시고, 하루에 한 시간 이상 경전을 가르치시는 것도 빼놓지 않으셨고요. 그래서 멋모르고 달려들었던 사람들은 정신을 바짝 차리게 되고, 작심하고 달려들었던 사람은 그 마음을 더 굳게 할 수 있도록 해 주셨습니다.

세간이든 출세간이든 간에 처음 시작이 중요합니다. 기초가 튼튼하지 않으면 열매를 맺기 어렵다며 은사스님께서는 늘 기초를 강조하셨습니다. 그래서 무엇이든 물으면 아주 자상하게 가르쳐 주셨지만 참선이나 경전 공부나 어느 하나에만 빠지는 일은 없도록 해야 된다고 하셨습니다.

은사스님이 후학을 지도하는 열의와 애정은 참으로 깊었습니다. 그래서 그 법은을 잠시도 잊을 수 없습니다. 이제는 내가 그렇게 하려 노력하고 있지만.. 어떻게 은사 발끝도 못따라가고 있으니 송구할 뿐입니다...” 라고 말했다. 스님은 그렇게 겸손하게 말씀했지만 필자가 본 혜산스님 역시 수행자였다. 정말 그 은사에 그 제자였다.

혜산스님 역시 평생 참선 수행을 해왔으면서도 경전 공부의 중요성을 강조하셨다. 참선이나 공부나 어차피 생사문제와 깨달음을 보는 것인데, 선후가 있을 수 없고, 이해득실이 있을 수 없다는 것이다.

그러면서도 참선을 할 때는 경전을 놓고 오직 참선에만 매달리고, 경전공부를 할 때는 그곳에 몰입하라고 했다. “화두를 참구할 때는 교리를 접는 것이 좋습니다. 아는 게 병이에요. 화두는 의심 하나로 공부하는 것입니다. 알면 화두에 꿰맞추려고 하게 됩니다. 그리고 명심하세요. 모든 것은 궁극적으로 자신에게 달려 있다는 것을.”

또한 혜산 스님은 세월에 무게를 두지 않았다. 깨달음을 얻었느냐가 중요할 뿐, 수행자가 그 외에 달리 또 무엇을 얻으려하겠느냐는 것이다. 그래서 스님은 늘 초발심을 강조하신다. 깨닫지 못했다면 지금 서 있는 자리, 그 자리가 언제나 깨달음의 자리가 돼야한다는 것을 거듭강조 했다.

“무엇을 하든 어떻게 하느냐가 중요합니다. 수행을 하거나 포교를 하거나 행정을 하거나 깨달아야 하는 것은 부처님 제자라면 당연한 도리지, 선방에 앉아있다고 깨달을 수 있는 것도, 포교를 한다고 깨닫지 못하는 것도 아닙니다. 철저히 자신을 볼 줄 알아야 합니다.”라며...

혜산스님(愚嚴慧山)은...

1933년 전북 정주에서 태어난 스님은 1958년 서울대 농대를 졸업하고 1963년 내소사에서 해안스님을 은사로 출가하여 1973년 범어사에서 구족계를 수지했으며 해인총림 해인사 선원장, 조계종 총무원 교무국장, 조계사 주지, 서울 성북동 전등사 주지, 한일불교교류협회 이사 등을 역임했다. 1989년부터 93년까지 내소사 주지, 내소사 회주.2005년 6월 13일 오후 2시 내소사에서 입적했다. 세수 73세. 법랍 43세.

상 좌 동명스님

청소년 시절에 충남 보덕사에서 해안스님을 만난 어린 동명은 하루 1만 배씩 열흘 동안 10만 배를 하며 근기를 인정받고 청소에서부터 목탁 염불 경전 등 모든 습의와 공부를 스승으로부터 배웠다. 해안스님은 16세의 어린 동명스님에게 행자생활과 함께 참선을 시켰다. 해안스님은 용맹정진할 때 한 사람씩 문답을 하면서 잘못된 점을 지적하고 분심과 의심을 내도록 지도했다. 그런 가르침은 고스란히 제자에게 승계되었다. 전등선원은 해안선사의 지도 이념을 계승하고 있다. 1967년 만든 '불교전등회'의 명맥을 이어 재가참선도량으로 유명하다.

은사 스님은 말 그대로 무소유 삶을 살았는데 입적 전 남은 것들을 모두 주변 스님, 신도들에게 주었다. 다 주고 없는데 마침 한 신도가 찾아왔다. 그러자 스님은 누워서 '옛다 너는 이거나 가져라'하며 손가락을 들어보였다. 그 신도는 당황해 어쩔 줄을 몰라 하며 가만히 앉아있었다. 옆에 있던 동명스님이 '그 손가락은 제가 갖겠습니다'고 말했다. 누워있던 은사 스님이 빙그레 웃었다.

동명 스님은 1964년 해안 스님을 은사로 출가했지만 사실은 그 이전에 전남 완주 일출암에서 행자시절을 보낸 바 있다. 10대 초반의 그는 친구 따라 절에 갔다가 출가 원력을 세우고는 사문의 길로 들어섰다. 동진출가한 스님이었기에 대중들로부터 많은 사랑을 받았다. 댓잎 하나만 떨어져도 누군가 금방 나서 댓잎을 달아주고, 양말에 구멍이라도 하나 나면 금방 새로운 양말이 생겼으니 스님의 말 그대로 '행복한 행자 시절'이었다.

그러던 어느 날 신심행 보살이 그에게 소식 하나를 전해 주었다. 전주에 큰 스님이 오시는데 그 스님을 만나 공부하면 '큰 스님'이 될 것이라는 귀띔이었다. 동명 스님은 가사를 챙겨 길을 떠났고, 신심행 보살은 어린 스님이 당도할 것이라는 소식을 전주에 전했다. 전주의 한 보살 집에 도착했지만 큰 스님은 하루 전 날 보덕사로 떠난 뒤였다. 대신 큰 스님은 200환을 남겨 두었다. 여비를 남겨 둔 뜻을 알아 챈 스님은 그 길로 다시 보덕사로 향했다.

보덕사에서 뵌 '큰 스님' 해안 스님은 한 마리의 학과 같았다. 우아하면서도 범접하기 어려운 위엄도 있었다. 해안스님은 동명을 보자마자 108배부터 시켰다. 다음 날엔 1000배를, 그 다음엔 1만배, 그 다음엔 10만배…. 제자의 근기를 이미 간파해서였을까?

어느 날 해안 스님은 동명에게 참선하는 법을 일러주고는 이내 '은산철벽'이라는 화두를 내렸다. 화두 든 지 두달여 쯤 그러니까, 하안거가 거의 끝나갈 즈음 해안 스님은 샘터에서 빨래하고 있는 제자에게 다가가 주장자로 바닥을 세 번 두드리고 가셨다. 동명은 무작정 스님을 따라 방으로 들어갔다. 해안 스님이 주장자를 들어 보이며 물었다. 이것이 무엇이냐?" "마음입니다." "누구의 마음이더냐?" "동명의 마음입니다." 스승은 아무런 말이 없었다. 잘 했다는 말도, 아직 갈 길이 멀다는 말도, 방망이도 맞지 않았으며 할도 없었다.

"스님은 남녀노소를 불문하고 누구든 공부할 수 있도록 문을 열어 준 선지식입니다. 선지가 투철한 대선사이셨고 시문(詩文)에 능하셨던 스님께선 내게 시를 읊어 주시며 받아 적게 하셨고, 스님들이나 신도분들에게 보내는 편지도 기록하도록 하셨어요. 스님은 내게 글을 짓는 법에서부터 말하는 법까지 수행자가 지녀야 할 법도 등 모든 것을 가르쳐 주셨습니다. 그러한 가르침은 내 평생의 살림살이로 가슴속에 살아 있습니다."

해안 스님은 동명 스님에게 '불교가 무엇이다, 수행자란 이런 것이다'라는 말은 거의 하지 않았지만, 공부를 가르칠 땐 무서울 정도로 엄숙하게, 사적으로 스님과 신도를 대할 때는 한없이 부드럽고 자상하게 보고 듣고 만지고 느끼는 일상생활 속에서 법을 깨닫게 했다고 한다.

동명스님은…

1950년 전북 부안에서 태어난 스님은 1964년 해안 스님을 은사로 출가해 내소사에서 사미계를, 통도사에서 구족계를 수지했다. 1975년 해인 강원을 졸업하고 해인사, 송광사, 통도사, 백양사 등 제방선원에서 '은산철벽(銀山鐵壁)'을 화두로 참구했다. 1987년 동국대 불교대학원을 졸업한 스님은 부안 내소사 주지와 조계종 종회의원, 서울 개운사 주지 등을 역임했다. 현재 전등사 주지 겸 선원장을 맡아 사부대중에게 참선을 지도하고 있다. 경봉 스님과 함께 '동(東) 경봉, 서(西) 해안'으로 불리며 선풍을 떨쳤던 해안 스님의 유지를 이은

동명 스님은 스승이 입적한 지 35년이 지난 오늘까지 드러내지 않고 조용히 선(禪)의 가풍을 이어오고 있다. 전등선림의 안거 수행자들은 오전 4시부터 저녁 9시까지 하루 8~15시간 참선한다. 동명 스님은 대중과 함께 선방에서 좌선하거나 죽비 경책을 내리는 한편, 수시로 일대일 점검을 하며 수행자를 지도하고 있다.

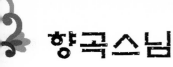

향곡스님

1912~1979년

은사 운봉스님
제자 진제, 인각스님

향곡혜림스님. 경허-혜월-운봉 법맥을 이으며 선풍(禪風)을 일으킨 선지식. 향곡은 당호이고, 법명은 혜림(蕙林)이다. 1960~70년대 '북전강남향곡(北田岡南香谷)'

1912년(壬子年) 1월 18일 경북 영일군 신광면 토성리에서 아버지 김원묵(金元默)과 어머니 김적정행(金寂靜行)의 셋째 아들로 태어난 향곡스님은 속명은 김진탁이다. 대대로 불심이 깊은 집안이라 둘째 형님은 이미 출가자의 길을 걷고 있었다.

그러한 영향으로 어려서부터 자주 절을 찾아 불공을 드리거나 고승을 친견하는 등 불교와 깊은 인연을 맺던 그는 나이 16세 되던 해 형님을 만나기 위해 양산 내원사를 찾아 갔다가 당시 내원사에 주석하던 운봉스님을 친견하는 순간 그는 전율을 느꼈다. 이 세상의 모든 고뇌와 갈등을 벗어난, 자신이 그토록 갈망하던 모습이 바로 운봉 화상의 모습에서 보았기 때문에 조금의 망설임도 없이 그 자리에서 출가의 뜻을 세우고 수행자의 길로 들어섰다. 2년간의 철저한 행자 생활을 마친 그는 1929년 성월스님을 은사로 득도, 사미계를 수지하고 내원사 강원에서 사집을 이수하며 참선의 기초를 닦은 후 1931년(20세) 범어사 금강계단에서 운봉 스님을 계사로 비구계를 수지하였다. 법명은 혜림(惠林)이다. 혜림스님은 그날부터 내원사 조실인 스승 운봉스님을 시봉하며 밤낮을 가리지 않고 정진에 정진을 거듭하였다. 그러던 1936년 가을의 어느 날, 산골짜기에서 일어난 바람이 열린 문짝을 거세게 닫아 버리는 소리를 듣는 순간 문득 눈앞이 환하게 밝아옴을 느꼈다. 화두에 대한 의심이 풀리자 환희심이 일은 혜림스님은 자신의 경계를 점검받고자 곧 운봉스님을 찾아 달려갔다.

운봉스님은 한 걸음에 달려 온 제자 혜림을 보는 순간 그가 이미 경계에 이르렀음을 파악하고 내심 기뻤으나 내색하지 않고 자신이 베고 있는 목침을 앞으로 내놓았다.

"깨친 것이 있으면 한 마디 일러 보거라." 혜림은 지체 없이 목침을 걷어 차버렸다. 차갑게 이를 지켜보던 운봉스님이 다시 일렀다.

"그런 것은 아직 개오한 짓이 아니니라. 다시 한 번 네 경계를 여실히 내보이거라."
"천 마디 만 마디가 모두 다 꿈속에서의 꿈 이야기이니, 모든 불조가 나를 속였습니다."

운봉스님의 입가에 미소가 감돌았다. 그리고는 제자 혜림이 일정한 경계에 이르렀음을 인가하는 의미로 '향곡'이라는 법호(法號)와 '부법자향곡(付法子香谷)'이라는 전법게(傳法偈)를 내렸다. 경허-혜월-운봉으로 이어져 내려온 법맥을 향곡이 이어받는 역사적인 순간이었다.

향곡 혜림 장실에 부치노라

西來無文印	서쪽에서 온 불법 흔적 없는 참 진리는
無傳亦無受	전할 것도 없고 받을 것도 없나니
若離無傳受	받고 전할 것 없는 이치를 떠나 버리면
烏兎不同行	해와 달은 같이 가지를 않는 것이니라.

이후 자신의 경계를 여실히 보이며 제방의 선원을 돌며 당대 수좌들과 다양한 교유를 거듭하였다. 동화사와 묘관음사 등 제방선원에서 납자들을 진리의 길로 인도한 향곡스님은 분심(忿心)과 신심(信心)을 내어 오직 수행정진에 몰두할 것을 당부했다.

스님은 "정법을 만나 공부하는 사람이면 먹고 입는데 팔려서는 안 된다"면서 "머리에 붙은 불을 끄는 것과 같이 간절히 공부해야 된다"고 강조했다. 스님의 육성이다. "편하고 잘 먹는 것만 생각하면 도심(道心)이 일어나지 못하고 망상과 분별과 번뇌만 일어난다. 신심과 분심과 의심을 갖고 정진해야 성과가 있다."고 강조했다.

1947년 성철 스님으로부터 문경 봉암사에서 함께 수행하자는 제의를 받고 성철. 청담. 보문. 자운 스님 등 20여 명의 스님들과 함께 용맹정진을 시작했다. 일제강점기에 수행풍토가 퇴색한 현실을 안타까워하며, 불법의 진리를 바로 펴려면 출가정신의 회복이 관건이라고 생각한 이들은 공주규약(共住規約)을 제정하고 치열하게 정진했다. 결사 대중의 수행규칙인 공주규약은 모두 18개 항목으로 되어 있으며, 공주강칙(綱則)이라

불리기도 했다. 이 가운데 총칙에 해당하는 두 가지는 다음과 같다. "삼엄한 부처님 계율과 숭고한 조사의 유훈을 부지런히 닦고 힘써 실행하여 깨달음의 경지에 원만하고 빠르게 이를 것을 기약한다." "어떠한 사상과 제도를 막론하고 부처님과 조사의 가르침 이외의 사견은 절대 배척한다."

봉암사 결사 당시 하루는 성철스님이 향곡스님에게 물었다. "죽은 사람을 완전히 죽여야 산 사람을 볼 것이요, 죽은 사람을 완전히 살려야 죽은 사람을 볼 것이란 말이 있는데 무슨 뜻인지 알겠는가?" 이 말을 들은 향곡스님은 마음이 담벼락에 부딪힌 것 같았다. 이에 스님은 침식(寢食)을 잊고 정진했다. 어느 날 도량을 거닐다 양손을 보고는 확철대오했다.

그때 지은 게송이다.

忽見兩手全體活	홀연히 두 손을 보니 전체가 살아났네
三世佛祖眼中花	삼세의 불조들은 눈 속의 꽃이요
千經萬論是何物	천경만론이 모두 무슨 물건이었던고
從此佛祖總喪身	이로부터 불조들이 모두 몸을 잃었도다.

鳳巖一笑千古喜	봉암사의 한 번 웃음 천고의 기쁨이요
曦陽數曲萬劫閑	희양산 구비구비 만겁토록 한가롭네
來年便有一輪月	내년에도 또 있겠지 둥글고도 밝은 달
金風吹處鶴淚新	금풍이 부는 곳에 학의 울음 새롭구나.

활연대오 이후 향곡스님은 더하여 막힘이 없고 덜하여 거침이 없는 사자후를 토했다. 스님의 깨달음은 이내 제방 납자들의 입을 통해 전국으로 알려졌고 전국의 제방에서는 그를 조실과 방장으로 모시길 서로 청했다. 불국사, 동화사, 선학원 등 여러 선방에서 조실로 주석 했던 스님은 이후 경남 월내에 묘관음사를 창건하고 선원을 열어 후학들을 지도했다. 특히 스님은 후학들을 가르칠 때는 부처를 절대자로 생각하지 말 것과 부처에 대한 관념을 버리지 못하면 부처 또한 스스로를 얽어매는 쇠사슬에 불과하다는 것을 늘 강조했다.

한국전쟁 직후에는 혜월스님이 불법을 폈던 부산 선암사 조실로 추대되었다. 이때 스님의 세수 40세였다. 세수 44세에는 정화불사에 동참하여 경주 불국사 주지 소임을 맡았고, 신라 최초의 사찰인 흥륜사를 중창했다. 정화불사 당시 중앙종회의장으로 한국불교를 바로 세우기 위해 헌신했다.

이어 스님은 48세에 묘관음사에 길상선원(吉祥禪院)을 개원하고 무차대회(無遮大會)
를 열어 사자후를 전했다. 또한 선학원 이사장과 중앙선원 조실, 동화사 금당선원 조실
로 추대되어 명등(明燈)을 밝혔다.

1967년 진제(眞際)스님에게 법맥을 잇도록 한 후, 후학을 지도했으며, 묘관음사에
머물다 원적에 들었다. 이때가 1979년 1월 16일(음.1978.12.18.) 세수 68세, 법랍 50
세로 입적했다. 이처럼 깨달음에 대한 구도열정과 후학들에게 남다른 애정을 보인 향
곡스님의 장례는 전국선원장으로 엄수됐다. 장의위원장은 도반 성철스님이 맡았다.
부도와 비는 부산 묘관음사에 모셨다. 입적 3일전에 지은 임종게이다.

木人嶺上吹玉笛	목인은 고개위에서 옥피리를 불고
石女溪邊亦作舞	석녀는 시냇가에서 춤을 추도다.
威音那畔進一步	위음왕불 이전으로 한 걸음 나아가라
歷劫不昧常受用	영원히 밝고 밝아 언제나 수용하리.

향곡(香谷)이 세상을 떠나자 그의 가장 절친한 수행의 동반자였던 성철스님은 그 슬픔
을 한 편의 게송으로 이렇게 표현했다. 그 내용이 과연 성철이었기에 가능한 파격의 글
이거니와 향곡이 어떤 인물인가를 한 눈에 보여주는 문장이 아닐 수 없음이다.

哀哀宗門大惡賊	슬프다, 이 종문의 악한 큰 도적아!
天上天下能幾人	천상천하에 너 같은 놈 몇이런가.
業緣已盡撤手去	업연이 벌써 다해 훌훌 털고 떠났으니
東家作馬西舍牛	동쪽 집에 말이 되든 서쪽 집에 소가 되든.

향곡스님의 법맥을 이어받은 진제는 향곡이 입적에 든 후 스승의 유풍을 하나의 게송
으로 지어 올렸다.

> 밝고 밝은 아침해가 하늘을 비치는 듯
> 시원스런 맑은 바람 대지에 깔리는 듯
> 이렇게 해도 옳고 이렇게 안해도 옳으니
> 초목와석은 언제나 광명을 놓고 있네
> 이렇게 해도 옳지 않고 이렇게 안해도 옳지 않으니
> 삼세제불이 거꾸로 삼천리나 물러감이라
> 애달프다! 밝은 해는 수미산을 감돌고 있고
> 붉은 안개는 푸른 바다를 꿰뚫었도다.

일화

#...향곡스님은 남달리 풍채가 육중하고 출중했지만, 체구와는 다르게 수줍음이 많았다. 초면의 사람들이 간혹 말을 건네 오면 대꾸를 제대로 하지 못해 고개를 돌리곤 했는데, 그래서 처음 그를 만난 이들에게서 접근이 어려운 사람이라는 오해를 사기도 했으나 그는 선사들과 법거량을 하거나 제자를 다루는 데는 스스럼없이 걸림 없는 경계를 자유자재로 드러내 주위를 깜짝깜짝 놀라게 했다. 그런 그에게 상량(商量·법에 관한 문답이나 거량)에 관한 많은 일화가 남아 있는 것은 당연한 일이었다.

#...향곡스님이 젊은 시절 한창 행각을 할 때였다. 하루는 누더기를 깁고 있는데 고봉 화상이 다가와 물었다. "바느질은 어떻게 하는 것이냐?" 그러자 향곡스님은 느닷없이 바늘로 고봉 화상의 다리를 찔렀다. 화상이 "아야" 하고 소리를 지르니, 다시 바늘로 찔렀다. 재차 바늘에 찔린 화상은 껄껄 웃으며 "그놈, 바느질 한 번 잘하는구나." 라고 칭송을 했다.

#...1954년 경 향곡스님이 대각사에 있을 때 마침 전강 화상과 만날 기회가 있었다. 전강 화상에게 묻기를 "암두(巖頭) 스님의 밀계(密啓)란 뜻이 무엇입니까?" 라고 했다. 화상이 답하기를 "일천 성인이 알지 못하는 것을 내가 어떻게 알겠는가?" 라고 했다. 그러자 향곡스님이 "아이고 아이고" 하며 방문을 열고 나가려 하자, 화상이 다시 불러 세우고 나서는 "자네가 긍정을 못하겠으면 다시 일러 보라."고 했다. 향곡이 이르기를 "죽은 몸에 침놓고 뜸뜨는 것은 어리석은 자나 할 짓입니다." 라고 했다. 당대의 선지식중 선지식이라 할 전강 화상 앞에서 보인 향곡스님의 기개는 단순한 배포 차원이 아닌 자신이 이룩한 경계에 대한 자신감에서 비롯된 것일 터였다. 그의 이 두둑한 배포는 이처럼 상대와 장소를 가리지 않는 칠천팔혈(七穿八穴), 즉 어디서나 자유무애한 칠통팔달의 경지에 이르고 있었던 것이다.

#...향곡스님은 후학을 대함에 있어 할(喝)과 방(捧)을 자유자재로 걸림 없이 사용한 대표적인 선사로 통한다. 그러나 그렇다고 해서 향곡스님이 언제나 후학들에게 엄하고 무섭게 대한 것은 아니다. 때론 침묵하기도 하고 때론 온화한 미소로써 납자들을 일깨웠다. 하루는 법상(法床)에 올라 대중들에게 물었다.

"여기에 크나 큰 시체 하나가 있으니, 머리는 비비상천 꼭대기에 닿아 있고, 다리는 아비지옥 밑바닥에 버티고 있으며, 몸뚱이는 시방세계에 가득 차 있다. 만일에 이 대중 속에 이 송장을 살려낼 자가 있겠는가?" 그러자 한 수좌가 대중 가운데서 일어나 나오더니, "큰 스님!"이라고 불렀다. 향곡스님이 응답을 하니, 수좌는 말없이 예배를 하고 물러났다. 이에 그는 빙그레 정겨운 미소를 머금으며 "사자새끼가 사자후를 잘도 하는구나."하고 흡족해 했다.

#...1967년 해제법문을 하던 중, 법제자 진제가 나와 묻기를 "불조(佛祖)가 아신 곳은 묻지 않거니와 불조께서 알지 못하는 곳을 일러주십시오."라고 하자, 향곡스님이 답하길 "구구(九九)는 팔십일(八十一)이니라."고 했다. 다시 진제가 "그것은 불조가 이미 다 아신 곳"이라며 재차 일러줄 것을 재촉하니, 향곡스님은 "육육(六六)은 삼십육(三十六)"이라고 답했다. 이에 진제는 예배하고 물러났다. 다음날 진제가 다시 "불안(佛眼)과 혜안(慧眼)은 묻지 아니하거니와 어떤 것이 납승의 안목입니까?"라고 물었다. 향곡스님이 답하기를"비구니 노릇은 여자가 하는 것이니라."라 했다. 이에 진제가 "이제야 큰 스님을 친견하였습니다."라고 하니, 향곡스님이 받아 묻기를 "네가 어느 곳에서 나를 보았는가?"라고 했다. 이에 진제가 "관(關)"이라고 하니, 향곡스님은 "옳다, 됐다."라고 기뻐하면서 임제정맥인 태고 경허 혜월 운봉으로 이어지는 법맥을 진제에게 부촉하였다.

#...향곡스님은 누구보다도 임제선사의 영향을 많이 받았다. 특히 '어떤 것에도 의지함이 없는 자율적 주체성'을 강조한 임제의 무의(無依)를 강렬하게 주창했다. 또 선을 함에 있어 부처를 잃고 도를 구하면 도를 잃게 되고, 조사를 구하면 조사를 잃는다는 무구사상(無求思想)을 늘 강조했다. 자기의 실재(實在), 즉 법체는 자기 내부에 있다고 주장하지만 실제 자기 내부에 있는 것이 아니라 바로 자기 실체라는 점을 향곡은 다소 관념적 사변에 빠지는 구차함을 무릅쓰면서도 설명을 하려고 노력했던 것이다. 향곡이 즐겨 사용했던 게송들은 그의 오도적(悟道的) 세계가 관념을 여의치 않은 독특한 직관(直觀)으로 이루어져 있음을 보여주고 있다.

십년 동안 고용히 자성을 찾아 앉았으니헤아릴 수 없는 시간은 허공밖을 지나다.
한없는 하늘과 땅 고국의 하늘에/ 수 없는 꽃은 피고 소쩍은 우네.
와도 온바가 아니지만/ 배꽃은 천추(千秋)에 피고
가도 간 바가 아니지만/ 낙동(洛東)은 만리(萬里)까지 푸르다.
문득 쇠나무(鐵樹)에 꽃이 피니 목마가 세 번 울고 있다.
개에게 불성이 있느냐 하는 화두여 밝은 마음으로 찾는 의심을 일으켜
몸과 마음까지 잃어버린 곳에 이르면 삼족금린(三足金鱗)이 허공 밖을 날으리라.

도반 성철스님과의 이야기...

향곡스님과 성철스님은 운부난야에서 처음만나 평생 도반으로 살았다. 성철 스님이 1981년 조계종 종정에 추대되었을 때 처음으로 한 말이 있다. "향곡이 살아있었더라면 얼마나 좋아했겠노…."

#...향곡과 성철은 둘도 없는 도반(道伴)이었지만 법(法)의 문제에 있어서는 추호의 양보가 없었다. 깨달음의 문제, 즉 돈오돈수(頓悟頓修)와 돈오점수(頓悟漸修)에 대한 두 사람의 견해는 뚜렷이 달랐는데, 한 번은 이 문제로 두 사람이 멱살을 잡고 싸우는 일이 일었다. "오매일여(寤一如)의 경지란 없다." "왜 없냐. 니가 모를 뿐이제." "오매일여는 양을 걸어놓고 개고기를 파는 것(懸羊賣狗)과 같은 속임수일 뿐이다." "그럼, 니는 개고기나 처먹어라." "뭐시, 이 중놈이 …."

향곡스님은 멱살잡이를 하는 중에도 오매일여가 무슨 말뼉다귀 같은 소리냐며 조금도 물러서지 않았고, 성철스님 또한 자신의 깨달음에 대한 확신에 추호의 굴함이 없었던 것. 성철스님이 한번 깨치면 수행이 무슨 필요가 있느냐며 돈오돈수를 주장한데 비해 향곡스님은 비록 확철대오를 했다고 하더라도 끊임없는 수행정진을 통해 보임(保任)을 해야만 그 경계를 능히 볼 수 있다는 입장이었다. 이러한 뚜렷한 입장 차이에도 불구하고 두 사람이 서로 인정하고 가장 친근한 도우(道友)로 지냈으니 범인들의 눈으로는 선뜻 이해가 되지 않는 일이다.

#...퇴옹성철스님과 동갑이자 도반으로 36세 되던 해인 1947년 경북 문경에 있는 희양산 봉암사에서 함께 정진하던 중 자운스님께서 하루는 성철스님께 묻기를 "죽은 사람을 죽여 다하여야 산사람을 보고, 죽은 사람을 살려 다하여야 죽은 사람을 본다."는 운문스님의 언구를 옆에서 묻는 것을 우연히 들고서 이 법문에 막혀 '내가 전에 견성한 줄로 여겼는데 이러한 법문에 확연 명백하지 못한 것은 고인에 비해 공부가 부족한 탓이라' 고 생각하여 그 동안 자신에게 속은 것이 분해 흉중에 노도와 같은 분심이 일어나 그 때부터 대용맹심으로 불침 불식하며 이 공안을 참구하며 삼칠일간(21일간)을 몰록 무심삼매에 들었는데 마지막 날에 여름날이라 비가 내리는데 봉암사 경내에 있는 탑신에 몸을 기대어 깊이 삼매에 들어 비가 내리는 줄도 모르고 법당 쪽으로 걸어가다가 자신의 흔들리는 양손을 보고 홀연히 화두가 타파되니 즉시 오도송을 읊고, 곧 성철스님에게 찾아가 그 화두에 대해 물으니 성철스님이 막혔다고 했다.

그러자 이화두를 타파하지 못하면 봉암사로 돌아오지 말라고 이른 후 멱살을 잡고 끌어내 쫓아내니 성철스님의 진노는 대단했다. 문이 잠긴 밖 탑전, 가시덩굴이 깔려 있는 가시밭을 한 시간 동안 왔다갔다하면서 계속 욕을 퍼부었다. 성질이 맹렬해 맨발에 가시가 박혀 피투성이가 되는 줄도 모른 채, 한 시간쯤 지났을 것이다. 대문짝이 와지끈 부서지는 소리가 들렸다. 성철 스님이 커다란 돌멩이로 대문을 내리친 것이다. 그때서야 향곡 스님이 나가 대문을 열었는데, 곧 비명 소리와 함께 향곡 스님의 발등에 피가 터졌다. 성철 스님이 대문을 내리쳤던 돌멩이를 들어 다시 한 번 대문을 내리치는 순간 대문을 열던 향곡 스님의 발등으로 돌멩이가 떨어진 것이었다. 그리고 두 분이 성철 스님의 방으로 들어가 문을 닫았다. 한참을 두런두런 무슨 얘기를 주고 받던 두 사람이 함께 방문을 열고 나왔다. 그날, 향곡 스님이 했던 한 마디 말은 이러했다. "사자새끼가 눈을 떴다." 그날 성철 스님은 '허허허', 헛웃음을 쳐가며 산이 쩌렁쩌렁 울리도록 손뼉을 쳐댔다. 그런 일이 있기 며칠 전, 대중방에서 아침공양이 끝나고 죽비를 치기 전, 향곡 스님이 문득 말했었다. "봉암사에 새끼 사자 한 마리가 있는데, 눈이 멀었소." 그리곤 벽력 같은 할(喝)을 한 일이 있은 후였다.

향곡스님의 제자의 말씀이다. "두 분이 노는 것을 보면 재미있었다. 서로 '성철아' '향곡아' 부르고, 법거량을 할 때는 멱살잡이가 예사였지만, 늘 함께 다정하게 다니셨다. 한밤중 숲 한쪽에서 숨어 있다가 뛰쳐나와 '까꿍' 장난하면 '아이 깜짝이야' 한다. 정말 걸림이 없었다. 진리를 설파할 때는 서릿발 같았지만 일상에는 철없는 아이 같았다."

"성철 스님도 작은 체구가 아닌데, 향곡 스님은 성철 스님보다 키도 더 크고 얼굴도 넓고 체구가 당당했다. 성철 스님은 자신보다 덩치가 큰 향곡 스님과 장난을 치며 어울렸던 일을 얘기하며 웃곤 했다. "어느 날 향곡이하고 수좌 몇이 포행(산책)을 나갔는데, 마침 계절이 초가을이니 잣나무에 잣이 주렁주렁 달렸어. 그래서 향곡이하고 내기를 했제. '저 잣을 따 올 수 있나'고 하니 향곡이가 '그걸 못 따' 하면서 잣나무를 막 오르려는 거야. 그래서 내가 '그라믄 옷을 벗고 올라야지, 옷 입고 오르다 잣송진이 옷에 묻으면 우짤라카노' 하니 '그래 맞다' 하며 옷을 훌러덩 벗고 잣나무로 막 올라가는 기라." 깊은 산골이라 누가 지나갈 것도 없는 상황인데 성철 스님의 장난끼가 발동했다. 향곡 스님이 한참 나무에 올랐는데 밑에서 소리를 쳤다. "아이구, 우짜노! 저기 동네 아가씨들이 서넛 올라오네. 니 빨리 내려와라." 성철 스님은 소리만 지르고 먼저 도망쳤다. 향곡 스님이 화가 난 것은 당연하다. 그 대목에서 성철 스님은 늘 웃느라 얘기를 다 마치지 못하곤 했다."

향곡선사 법어집에서..

佛法의 大意

여러분, 불법(佛法)의 대의(大意)란 무엇입니까. 석가모니 부처님께서 영산회상에서 보광삼매(普光三昧)에 드시어 실상무상(實相無相)이요, 불립문자(不立文字)요, 교외별전(敎外別傳)이요, 심심미묘(深深微妙)한 최고무상의 정법안장(正法眼藏)과 열반묘심(涅槃妙心)을 마하가섭에게 부촉하셨습니다. 그 뒤 거듭거듭, 고금의 헤아릴 수 없이 많은 큰 지혜의 성인들이 이 세상에 출현하여 스스로가 원만하게 갖추고 있는 걸림없는 큰 법을 자유자재하게 쓰셨습니다. 때로는 제왕의 집에 태어나기도 하고, 때로는 고관대작의 집에 태어나기도 하며, 때로는 장자의 집안에, 때로는 부귀한 집안에, 때로는 빈천한 가정에 태어났고, 때로는 여인의 몸을 받아 태어나서, 여러 번 부처가 되기도 하고 조사가 되기도 하였으며, 보살의 몸을 나타내어 세간과 출세간에 머물렀습니다.

번뇌가 없는 큰 지혜와 원만히 통하고 원만히 밝은 황하의 모래알과 같이 많은 묘용(妙用)과 자재하고 걸림없는 백천 법문과 무량한 삼매를 본래 스스로 갖추었습니다. 본래 스스로 원명(圓明)하고 청정하고, 본래 번뇌가 없고 본래 생사가 없고 본래 미함과 깨달음이 없으며, 본래 차례가 없고 본래 계급이 없고 본래 범부와 성인이 없고 본래 닦음과 얻음도 없는 것입니다.

만법이 원만하고 만법을 갖추었고 만법이 한결같고 만법이 청정일여할 뿐만 아니라 본래 일이 없나니, 시방세계에 빛나고 인연 속에서 당당하게 머물며 삼계 속에서 안락하고 자재하며 걸림이 없기 마련입니다. 때를 만나면 병에 따라 약을 주고 바람이 불면 풀이 쓰러지고 물이 넘치면 도랑을 이루나니, 자연히 못과 쇠를 끊고 수만 자루의 칼로 벽을 세우며, 쇠를 녹여 금을 이루고 금을 녹여 쇠를 이름이 골수로 사무쳐 자재롭고 원통(圓通)합니다.

또 때로는 향상(向上)의 한마디를 나타내고 때로는 향하(向下)의 한마디를 나타내며 때로는 여래선을, 때로는 조사선을, 때로는 최초의 한마디, 때로는 최후의 한마디를 합니다. 더불어 때로는 큰 기틀과 큰 작용을 보이고 때로는 죽이고 살리고 주고 빼앗으며, 때로는 선정에서 나와 마음대로 향하고 때로는 거두고 놓음을 자유롭게 하게 됩니다.

주고 빼앗음에 짝할 이 없으며, 비춤과 씀이 동시에 이루어지며, 방편과 진실이 자재하고 순(順)과 역(逆)에 걸림이 없고 응용이 무애한 것입니다. 네거리 한복판에서 마음대로 노닐고, 티끌 세상에 묻혀 오른쪽을 마주보며 왼쪽을 바로보고 왼쪽을 마주보며 오른쪽을 보나니, 전광석화로도 통할 수 없고 미치지 못하는 것입니다. 어떠한 티끌에도 물들지 않고 시방세계에 자취를 남김 없이 대자재 무애하며 크게 청정하고 크게 당당하고 크게 활발한 것입니다.

황하의 모래알처럼 많은 세계가 본래 대해탈의 보리세계(菩提世界)요, 백천 황하사 모래알과 같이 헤아릴 수 없는 많은 세계가 본래 청정한 대적멸도량(大寂滅道場)입니다. 꽃과 풀들은 모두 제불께서 몸을 나타낸 것이며, 모든 사람과 물건들은 일천 성인께서 정법을 제창함이며, 모든 국토 속에서 법을 잃고 법을 파하는 것은 모두 도인께서 참된 법을 마음대로 수용하여 다함이 없는 것을 나타내고 있는 것입니다.

작용이 무궁하고 취함 또한 끝이 없어서, 영원토록 천하를 홀로 거닐고, 샛됨이 없음을 드러내며, 영원토록 자유자재하고 생사의 길에 빠지지 아니하며, 영원토록 고요하고 밝으며 한결같이 움직이지 않습니다. 또한 영원토록 뛰어나고 한가로우며, 영원토록 체(體)가 스스로 한결같으며, 영원토록 뚜렷이 밝고 고요히 비추며 원만히 통하고 원만히 밝으며, 영원토록 장애가 없으며 영원토록 광대하고 신령스럽게 통하며 밝게 빛납니다.

"본래 번뇌가 없고 생사가 없고 미함과 깨달음이 없으며, 범부와 성인이 없고 닦음과 얻음도 없다" 저 황하의 모래알과 같이 많은 겁 동안 높고 높으며 다함없는 겁 동안 진체(眞體)가 원만히 밝나니, 마치 손위에 올려놓은 여의주에 사물의 모든 모습이 순식간에 나타나는 것과 같으며, 밝은 거울 앞에 검은 얼굴의 오랑캐가 서면 검게 나타나고, 붉은 얼굴의 한인이 오면 붉게 나타나는 것과 같습니다. 그러므로 고인께서는 "향상(向上)의 일로(一路)는 일천 명의 성인도 전하지 못한다"고 말씀하셨습니다. 하물며 나머지 사람은 말해 무엇하겠습니까. 이에 이르러서는 삼세제불도 몸을 잃고 목숨을 잃으며, 역대조사도 혼이 날아가고 쓸개가 없어지며 문수와 보현보살도 숨을 죽이고 말을 못하며 천만 성인 모두가 삼천리 밖으로 물러가고 조주와 운문스님도 눈을 부릅뜨고 입을 벌리기 마련입니다. 잠깐이라도 입을 열고 몸을 움직이면 몽둥이를 빗발치듯이 맞게 되니, 곧바로 도를 얻어 입 안에 가득찰지라도 뼈가 쌓임이 저 산과 같고, '아이고' 곡함을 결코 면치 못하게 됩니다. 만일 이 속에서 살아남기만 하면 능히 대장부의 일을 마치게 됩니다. 알겠습니까.

위음왕불 이전으로 한걸음 나아가니/ 산은 밝고 물 맑으며 해와 달은 영원하네. 천상천하 독보하며 짝할 이 없으니/ 천성과 인간 세상의 으뜸가는 법왕일세. "할!" "아이고, 아이고" "허허" "훔 탁"

향봉스님
1901~1983년

은사 석두스님. 사형 효봉스님
상좌 청월.성호.청현.청우.청욱.청은.철형.철우.청전.청학 등

시와 선서화에 탁월. 소임을 맡지 않기로 유명.
서울법련사에서입적

출가 전 한학에 조예가 깊고 선비의 기상을 지녔던 향봉향눌(香峰香訥, 1901~1983)스님. 반듯한 선비로 출가 전에는 관직에도 나서고, 일본 대학에서 공부한 향봉스님은 출가 후에는 교와 선을 겸비하고 평생을 오로지 수행정진에만 몰두했다.

1901년 5월16일 전남 보성군 축내리에서 부친 임준구(任準球)의 맏아들로 태어났다. 속명은 임보극(任普極)이다. 일찍부터 사서삼경을 공부했고, 시문과 서화에 뛰어난 실력을 보였다. 일본에서 신학문을 공부했지만, 출가 전에 이미 '송운(松韻)거사'로 불리며 독실한 신심을 갖고 있었던그는 덕숭산 금선대에 머물며 후학을 제접하고 있던 만공스님을 찾아갔다.

만공스님에게 먼저 삼배의 예를 올리고 앉았다.

"오는 것이 무슨 물건인가?" "물건이라는 것도 헛된 명성입니다. 송운이라 하옵니다." "무엇을 구하려는가?" "다른 아무것도 없고 단지 도가 가난하여 구하는 것뿐입니다." "화두가 순일(純一)하면 되는 거야"

세속의 명예와 이익이 무상함을 체득하고 출가를 결심하고 찾은 그는 그렇게 만공스님을 만났다. 만공스님은 비록 재가불자이지만 공부의 깊이가 있음을 알아보고, 머물 곳을 마련해주었다. 그렇게 덕숭산에서 한동안 머물며 공부하던 그는 부친이 세상을

떠났다는 소식을 접하고 고향으로 돌아가 3년 상을 치렀다.

그리고 곧바로 가리라던 덕숭산을 두고, 당대의 선승으로 후학을 지도하고 있던 석두스님을 찾아뵙고 싶은 마음에 송광사로 발길을 놓았다. 송광사는 예로부터 '큰스님'들이 많이 나온 도량이다. 고려와 조선을 거치면서 10여명이 넘는 국사가 배출된 사찰이기에 승보종찰로 불리는 곳이다.

석두스님에게 예를 올렸다.

"세상에서 제일 크다고 보는 것이 무엇인가?" "크고 장한 게 하나도 눈에 뜨이지 않기로 산간도량에서 나를 찾아보고자 왔습니다."

"만념을 텅 비워버리고 직지인심 견성성불 그것만이 인생으로서의 크나큰 보람이며 출격대장부이다. 만일 그 밖에 또 다른 무엇이 있나하고 헤매고 찾는다면 마치 제집에 있는 보물을 모르고 밖으로 헤매는 것과 무엇이 다르겠는가."

이 말씀에 귀를 열은 그는 그대로 송광사에 머물며 정진하게 되었다.

1940년 40이라는 불혹의 나이에 석두스님을 은사로 출가한 그는 부처님 가르침을 배우고 익히는데 게으름을 피우지 않고, 젊은 스님들이 못 따라올 만큼 용맹정진을 했다. 그해 4월15일 조계산 송광사에서 석두스님을 은사로 사미계를 수지하고, 향눌이라는 법명을 받고, 곧바로 송광사 강원에 입학했다. 1942년 송광사 강원 대교과를 수료한 그는 참선정진도 병행했다. 송광사 수선사에 방부를 들여 간화선 참구에 몰두한 스님은 정진하는 틈틈이 대장경과 조사어록을 살피며 경학 연찬에도 힘을 쏟았다.

1942년 3월15일 부산 범어사 금강계단에서 동산스님에게 보살계와 구족계를 받은 그는 운수행각을 떠났다. 먼저 팔만사천암자가 있었다는 전설의 금강산을 찾았다. 1942년 여름안거를 금강산 마하연선원에 방부를 들인 그는 이곳에서 3하안거를 지내며 공부의 깊이를 더했다.

마하연선원에서 일심으로 정진하면서 틈틈이 걸망을 지고 북한의 명승고적을 순례했다. 만행을 통해 중생들을 만나고, 부처님을 모신 도량을 참배하며 불법의 진리를 더욱 깊이 받아들인 의미 있는 시간을 가졌다. 또한 본래 시화(詩畵)에 남다른 재능을 지니고 있던 그는 금강산의 만폭등·비로봉·구룡폭포·삼선암·총석정을 화폭에 담았다. 지금은 북녘 땅을 어렵지 않게 가볼 수 있는 기회가 늘었지만, 불과 10여 년 전만해도 상상조차 힘들었다. 때문에 스님이 직접 보고, 마음을 담은 북녘 땅의 그림들은 많은 사람들에게 감동을 주었다. 만행에 나선 스님은 우리나라뿐 아니라 일본에도 건너가 후지산 정상에 오르기도 했다.

이후 만공스님 회상으로 돌아와 재가불자가 아닌 출가승으로 공부하게 된 그는 더욱 열심히 하였다. 전과는 무언가 다른 희열도 맛보게 되었다. 그리고 이어서 오대산 상원사 선원에서 한암(漢巖)스님을 모시고 3년 동안 공부하는 등 수좌(首座)의 길에 본격적으로 접어들었다. 운수납자로 행각(行脚)에 나섰던 어느 날 향봉스님은 선열(禪悅)의 소회를 담은 게송을 지었다. 비문에 실린 이 게송은 다음과 같다.

凝然一朶開	뚜렷이 한송이 꽃 피었으니
便是本鄕臺	여기가 바로 나의 고향일세
空壁相尋坐	빈 벽을 향해 얼마나 찾았던고
玄關返照來	조사의 참뜻이 이제 드러났네
今朝此解制	오늘 아침 해제에 이르도록
幾劫曾輪形	그동안 몇 겁이나 헤맸던가
自笑春消息	봄소식을 알자 한바탕 웃고
歸家始看梅	집에 돌아와 매화를 바라보네

스님은 때때로 상좌들을 불러놓고는 "세상사는 부운과 같다"고 했다. 세상일이 뜬구름처럼 무상하다는 가르침을 전했던 것이다. 향봉스님의 삶 또한 세상일에 초연하면서 사판의 소임을 보아달라는 대중들의 간곡한 요청도 뿌리치고, 오로지 불법을 익히고 배우는데 전념했다. 단지 종단 정화불사 당시 중앙종회의원에 선임된 적이 한번 있었지만 스님은 상주 남장사 주지를 15일간 한차례 맡은 것을 제외하고는 다른 소임을 사양했다. 정화불사 직후 지리산 화엄사 주지로 임명됐지만 끝내 맡지 않았다.

1954년 스님의 맏상좌인 청월(淸月)스님이 강원도에 가람을 일으켜 세우자, 이곳을 주석처로 삼았다. 강원도 명주군 연곡면 만월산 백운동 옛 절터에 세워진 이절의 이름을 스님은 백운사(白雲寺)라고 명명했다. 신라시대 절이 있던 곳이다. 한국전쟁이 끝난 직후의 어려운 상황에도 불구하고, 스님은 수행과 포교에 전심전력을 쏟았다.

백운사에서 20여 년간 머물며 후학을 지도하고, 불자들을 인도했던 스님은 강원지역에 널리 명성을 떨쳤다. 전쟁의 아픔을 겪으며 몸과 마음의 상처를 갖고 있던 사람들에게 큰 위로가 되어 주었다. 또 희망을 잃지 않고 앞날을 개척할 수 있도록 안내했던 어른이다.

백운사(白雲寺)에 주석하고 있을 때 찾아온 한 젊은 스님과의 대화 내용이다.

"스님 부처님 가르침이란 무엇입니까." "그것은 바로 네 편에서 화두를 들고 공부할 때 가능한 것이야." "큰스님 죽음이 두렵지는 않으신가요." "두렵지 않아. 조금도 두렵지 않아." "혹시 거짓말 아니십니까." "죽음에 대한 공포는 삶에 대한 미련 때문이야. 그림자 거둘 준비는 다 되어 있어. 빈말이 아니야." "돌아가시면 어디로 가십니까?" "하하하!! 돌아가면 돌아오겠지."

스님은 줄곧 본분 납자의 길에서 멀어지지 않았다. 간결하고 담백하면서도 수행자의 위의)를 흐트리지 않고 살았다. 그런 까닭에 스님의 문하에는 많은 스님과 제자들이 찾아 들었다. 향눌(香訥)이라는 법명과 향봉(香峰)이라는 법호에 공통으로 들어있는 '향(香)'처럼, 스님의 일생은 대중들에게 향기를 전해주었다. 백운사에 주석하면서 남긴 게송이다.

> 白雲洞口淸溪響　백운동구에 물소리 맑게 울리고
> 滿月山頭晏日遲　만월산에 걸린 해 한가롭구나.
> 萬有從容眞理說　모두 다 소리 없이 진리를 설하는데
> 云何贅論更加之　무엇 하러 군더더기 더하리."

향봉스님의 삶은 '군더더기 없는 그 자체'였다. 옷 세벌과 발우 한 벌로 평생을 흔들림 없이 정진하는 수행자의 모습을 유지했던 어른이었다. 부산 동래 금정선원을 비롯해 도봉산 망월사와 중무 용화사의 조실로 지내며 후학을 지도할 때도 마찬가지였다. 가르침을 전하는데 있어 특별하지 않았다. 오히려 평범함 속에서 특별함을 지향했다. 하지만 향봉스님은 "철저한 수행 승려가 돼야 한다."는 방침은 분명하게 갖고 있었기에, 정진하는데 게으름이나 망상을 피우기라도 하면 스님의 불호령을 감수해야 했다. 평상시에는 세상에 더 없는 자비보살이었지만, 경책을 할 때는 세상에서 제일 무서운 호랑이었다.

"검소하고 조촐한 운수납자의 삶이었지만, 스님의 일상생활은 한 점의 티끌 없는 청정한 삶 그대로셨다. 작은 문제라도 언제나 진실로 대하셨다. 선이나 법에 대해 물으면 간절한 노파심으로 대했고, 답하는 서장이나 게송이 언제나 깔끔하고 날카로웠다." 송광사 불일회보에 실린 향봉스님에 대한 표현이다.

"선사께서 제자들을 가르칠 때는 철저한 수행승을 만들기 위해 때와 장소를 가리지 않고 준엄한 훈계와 경책을 아끼지 않았다. 오늘날 우리 주변에서 그처럼 철저한 도제

교육(徒弟敎育)을 그 어디에서도 보기가 어렵다." 법정스님이 쓴 스님의 비문내용이다.

출가본사인 송광사의 선방인 수선사를 비롯해 적지 않은 세월을 주요 선원에서 정진했던 향봉스님은 간화선을 참구하는 공부 방법을 택하고 있었다. 스님은 화두에 대한 분명한 견해를 갖고 있었다. "화두가 무엇인지"를 묻는 질문에 스님은 "화두란 의심이야. 알음알이에서 생기는 가벼운 의심이 아니라 생명의 불꽃처럼 커다란 의심이야. 수좌는 '어느 도량에서 왔는고?'라고 물었을 때 대답할 줄 알면 화두쯤은 이미 지니고 있는 건데. 얼마나 열심히 정진하느냐에 달려있는 것이라.. 목숨을 걸고 화두를 붙들 때 깨달음의 길을 찾을 수 있을 것이니 정진하는데 있어 소홀함이 없이 죽을 각오로 임하라."며 정진을 촉구했다.

그리고 연이어 당부했다. "스님이라면 누구나 계를 철저히 지켜야 돼. 계행이 없으면 스님이 아니지. 무상대도를 끝마치기 전엔 꾸준히 정진해야 해." 계를 지키는 것이 수행자의 첫걸음이 돼야 한다는 것이다. 그리고 꾸준한 정진을 통해 부처님 가르침을 제대로 배우고 익혀야 함을 스님은 강조했다. 스님은 또한 중도(中道)의 중요성을 얘기했다. "마음의 균형을 잃으면 공부에 도움이 안 되는 거여. 남을 용서하는 마음을 갖는 자만이 용서를 받을 수 있어. 이것이 바로 중도야. 관용을 베풀 줄 아는 자만이 타인으로부터 용서를 받을 수 있어. 부처님 법문에 이런 게 있어. 거문고를 탈 때엔 줄이 늘어져도 안 되고 너무 조여도 소리가 고르지 않는 게야. 아름다운 소리를 내기위해선 중도가 제일이야."

어느 해 해제(解制)날 스님의 법문이다. "이 대중(大衆)에서 금상첨화(錦上添花)로 그 명실(名實)이 여여한 해제 즉(卽) 견처(見處)가 있는 해제라면 그야말로 우리 집안에 삼보중(三寶中)의 일보(一寶)가 아니고 무엇이리요!"

향봉스님은 평소 도량을 찾아오는 모든 이들을 반겼다. 출·재가자를 막론하고 차 한 잔을 놓고 법담을 나누는 것을 즐겼다. 때문에 '운수산고'에는 이와 관련된 글들이 적지 않다. '도량에 오신 관광단의 요청에 응한 1시간'이란 제목의 글 가운데 일부이다.

"세상에서 오신 여러분을 대하니 무한히 반가운 환영의 뜻에서 정진중의 묵언을 터뜨려서라도 여기까지 수고하신 사관대중을 수순해야 합니다. … 세상에서 모두 다 원하는 건 낙관이오. 원치 않는 것은 비관이건만 그 반면에 인생관을 놓고 보면 의례 자주 오는 것은 고(苦)요, 드물게 오는 것은 낙(樂)이므로 종다수(從多數)의 고자(苦字)가 앞서는 고락이라 하고 이 세간을 고해라는 명칭 또는 경전에 있는 사바 즉 견디고 참아야 한다는 감인세계라 하거니와" ...

향봉스님은 누가 무슨 말을 해와도 말을 돌리는 법이 없었다. 또한 항상 즉문즉답이었다.

"스님! 미운사람 고운 사람이 따로 있나요"

"응, 있어. 불자(佛子) 도리하면 예쁘고 딴 짓하면 미워."

이렇듯 스님은 당신의 반듯한 삶처럼 다른 사람들과 대화를 나눌 때도 언제나 간단명료하게 말했다. 때때로 스님이나 불자들이 찾아와 질문을 하면 분명하고 명쾌한 답변으로 의문을 시원하게 풀어주었다.

향봉스님이 평생 지은 글과 그림을 담은 '운수산고(雲水散稿)'가 첫 선을 보인 해는 1983년이었다. 스님은 제자들이 '운수산고'를 제작했다는 소식을 듣고 이렇게 소회를 밝혔다. "듣고 보니 이 천한 연령 79세의 명년 5월 결제 중 생시(生時)를 기념으로 '선서도전(禪書道展)' '법어녹음(法語錄音)' '운수산고'의 편집 즉 3사건인 유후사업(遺後事業)의 착수라 하는데 이는 천만부당(千萬不當)의 허무과장(虛無誇張)이 아니고 무엇이리요? 황호 산철도 아닌 일분(一分)간을 낭비할 수 없는 정진 시기의 파동이란 막중한 업도가 된다는 이유로 재삼(再三) 사양하였으나 그 분들의 관념소치라 끝까지 받아들이지를 않고 내버려 두지도 않는다."

당신을 드러내는 일을 누구보다 싫어했던 향봉스님은 상좌와 재가불자들이 문집을 만든다고 시간을 허비하는 것 같아 안타까운 마음이 들었던 것이다. 스님은 "너희들 정진(精進)보다 그게 더 바쁘냐."며 '운수산고'를 만들고 있는 상좌들에게 칭찬보다는 경책을 하였다.

그러나 제자들은 개의치 않고 은사의 가르침이 담긴 글과 그림을 모아, 후대의 명경(明鏡)이 되게 했다. 상좌 청현(淸賢)스님은 '운수산고 간행의 말씀'에서 책의 제목에 대해 이렇게 설명하고 있다. 청현스님의 육성이다. "책의 제목이 '운수산고'로 되어 있는데 운수생애(雲水生涯)의 본연성(本然性)을 잘 나타냈으며 더욱이 산고(散稿)라고 하여 그 말을 음미해 보면 운수(雲水)라는 뜻과 부합함으로 아주 멋진 표현입니다."

이어 청현스님은 "헤어진 누더기밖에는 아무것도 없는 빈 손 청빈(淸貧)의 우리 형제들이 하기로 합의를 보았던 것"이라며 "이 기념본(紀念本)을 각처 제현(諸賢)은 끝까지 애독하여 주십사고 합장 희망하면서 간행의 말씀을 끝맺는다"고 밝혔다. 은사에 대한 속깊은 효심이 느껴지는 글이다.

'운수산고'에는 향봉스님이 수행과정에서 겪은 많은 일이 생생하게 기록되어 있다. 또 걸망을 메고 구름과 물처럼 산천을 주유하며 마음에 담은 글이 풍성하게 실려 있다. 마치 한편의 드라마나 영화를 보는 것처럼 한 폭의 그림과 같다.

극락선원에서 정진할 때 잠시 휴식을 취하며 지은 글에는 수좌 향봉스님의 모습도 엿볼 수 있다. "이룰 것은 어렵고 해만 너 먼저 가네. 남아로서 이 밤 한탄이 궁천으로다. 혼연히 발밑 당금 일은 잊어버리고. 망령된 심중의 과거 성현 세고 있다. 다생겁의 그 무양한 세상을 서원코. 생애는 세세로 가을 있는 밭이었다. 산동은 소 찾기 늦다고 이르지 말라. 종 울리면 방금 자기 곧 소해(己丑年) 아니냐."

향봉스님이 송광사의 방장실에 대한 감상을 적은 글도 '운수산고'에 실려 있다. "많은 나팔 석류꽃 피니. 저 이르되 이해의 반인가. 마침 수련객을 인하여. 먹 갈아 두어줄 부치네. 빈손이라 보낼 것 없어. 한 자루 죽비 봉하도다.

"그 일생을 보건대 마치 담백한 추림학보(秋林鶴步)와도 방불(彷佛)이 순결한 생애였다." 향봉에 대해 '죽마고우'라고 자칭했던 고암스님의 말씀이다. '가을 숲을 거니는 학의 걸음과도 같은 삶'을 살았던 향봉스님이었다.

조계종 종정을 지낸바 있는 고암스님은 '운수산고'의 서(序)에서 향봉스님에 대해 "운래로 성호산수(性好山水)의 천품으로 세속엔 무심(無心)이었다"고 평했다. 그리고 '운수산고'에 대해서는 "이는 명산도량(名山道場)의 지침(指針)으로서 제불자(諸佛子)는 필독(必讀)의 일권보저(一券寶著)"라고 극찬했다.

1977년. 백운사에 주석하던 스님이 가벼운 질환을 보이자, 당시 송광사 방장 구산스님이 송광사로 모시고 왔다. 구산스님의 청으로 30여 년 만에 송광사로 돌아온 스님은 임경당(臨鏡堂)에서 만년을 보냈다. 그리고 스님은 1983년 4월19일(음력) 서울 법련사에서 원적에 들었다. 세수 83세, 법납 44세.

당시 상황을 송광사 '불일회보'에 이렇게 기록하고 있다. "날이 갑자기 요동을 쳤다. 바람이 불고 천둥번개가 치더니 비와 우박이 쏟아졌다. 날씨가 지극히 용맹스러웠다. 시봉들이 스님의 방으로 갔더니 혼자 소리로 "이제 인연이 다 됐어" 하시는 것이었다. 그다음 다음날 스님은 세상의 인연을 조용히 거두셨다. 하늘은 푸르고 해는 밝았다. 1983년 5월 마지막 날 오후 2시. 운수납자로 훨훨 자유롭던 한 인간이 열반의 긴 바다로 되돌아간 것이다."

스님의 다비식은 1983년 6월4일 송광사 다비장에서 거행됐다. 문도들은 '향봉당 향눌 대선사 송광사 조계총림 장례위원회'를 구성했다. 장례위원장은 구산스님이 맡았고, 현호·법흥·보성·법정 스님이 소임을 나누어 향봉스님의 마지막 길을 배웅했다. 스님께서 말년을 보내신 만월산 백운사에서 산골(散骨)했고, 부도는 조계산과 만월산에, 비는 송광사에 모셨다.

향봉스님의 제자로는 성호(性浩)스님을 비롯해 청현(清賢), 청우(清宇), 청욱(清旭), 청은(清恩), 철형(哲亨), 철우(哲牛), 청전(清典), 청학(清鶴)스님 등이 있다. 이들이 '운수산고(雲水散稿)' '(修養)의 다화(茶話)'를 펴냈다.

제자들은 향봉스님에 대해 이런 어른이라고 말했다.

스님의 성품은 강직했다. 수좌들도 향봉스님의 수행원칙을 꺾을 수 없었을 정도였다. 간혹 승려의 위의를 떨어트리는 복장을 한 스님을 보게 되면, 누구든지 바로 그 자리에서 야단을 치고 바로 잡았다. 제자들에게는 찬바람이 불 정도로 엄격한 스님이었지만, 재가불자에게는 자비심으로 대했다. 스님은 일생을 오로지 좌선 정진으로 일관하셨다.

교계는 물론 세상의 일도 언제나 수행자의 입장에서 날카로운 비판을 가하셨다. 자신에게는 항상 엄격하기 짝이 없었다. 수행자가 상(相)에 집착해서는 안 된다고 명예를 멀리하셨다. 스님의 날카로운 성격 때문에 시봉들은 항상 불호령을 맞아야 했다. 근검하고 절약하는 것이 스님의 가풍(家風)이기도 해서 거처는 언제나 단출하셨고 갖으신 물건도 몇 권의 경서(經書)에 불과했다.

청현(清賢, 광주 무각사 회주).청우(清宇, 강릉 등명낙가사 주지).철우(哲牛, 대구 파계사 영산율원 율주).청전(清典, 티베트서 수행).청학(清鶴, 광주 무각사 주지) 스님 등이 제자이다. 향봉스님의 법어와 게송을 모은 〈운수산고(雲水散稿)〉와 〈수양(修養)의 다화(茶話)〉를 제자들이 펴냈다.

행 장 & 어록

#... "선(禪)은 내 인생의 전부였다."

#... "출세도중(出世道中)에서도 그 차원의 참다운 진의식(眞意識)에 연마와 연성을 가하셔서 백천간두에 다시 한걸음 나가는 아량(雅量)으로 완벽을 갖추어야만 자타(自他)를 모두 이롭게 할 참고(參考)의 실마리가 풀리는 함양 그것이 가장 요긴하리라고 사료됩니다."

#... "다섯 기러기에서 네 기러기 남았소. 유유심사(悠悠心思) 정히 돌리기 어렵나이다. 회유(回惟)컨대 우리들은 머리가 없는데. 황호 이 종단정책의 불안이오릿가." 효봉스님이 입적에 들었을 때 향봉스님은 안타까운 마음을 다음과 같이 적었다. '운수산고'에 있는 글이다.

#... "매양 밖으로 시야를 넓히시는 것은 좋은 일이지만 그보다는 안으로 회광반조(迴光返照)의 시간을 적당히 두는 것이 참으로 보람 있는 본분사(本分事)에 큰 인연이 될 줄로 아는 바입니다."

#... "완연한 잠자리 두 나래를 활짝 펴고, 앙연히 바로 흰 구름 사이에 올랐다. 천애의 경포 저 멀리 망망한 바다요. 하계의 별처럼 벌여놓은 점점 산이다. 차호라 일찍이 뱃길이 괴로웠더니. 쾌재라 오늘은 어공(御空)의 한가로움이다. 잠깐 사이에 천여리를 득달하여서. 남녘고을 옛 도반들 기쁜 안면일세." 제주 원명사의 초청법회에 참석하기 위해 비행기에 탑승해서 지은 글이다.

#... "다행히 불법문중(佛法門中)에 발심하여 앞에 놓인 분명한 길을 두고 무슨 노정기(路程記)만을 일삼느니보다는 자신이 한 발자국 걸어가는 정진에 정진을 거듭거듭 하여, 일단 지(知)와 해(解)가 민멸(泯滅, 자취나 흔적이 아주 없어 짐)하고 능(能)과 소(所)가 망각되고, 홀연히 정문(頂門)의 안목을 얻으면 이제 우리 앞에는 불국토가 건설되는 동시에 다툼 없는 세계평화가 올 것은 의심할 여지가 없는 것이다."

#... "맑은 시내 한굽이 산을 돌아 흐른다. 늙은 나무 푸른 덩굴이 지진두로다. 승한 구경 행장의 돌아온 길 늦었다. 밤 서늘코 흰 달 깊은 가을 깨닫는다." '달뜨고 절에 돌아온다'는 제목의 한시.

#... "문제란 남이 해결지어주는게 아니고 자기의 딛고 선 각답하(脚踏下)에서 찾아볼 수 있는 역량 여부에 고정돼 있는 것이다."

#... "초연 법계 불영산두에 앉아 보니, 한폭 가야산 눈 아래 분명하도다. 산 고요하고 샘 소리 마음 한가롭다. 좌에 둘러앉은 별들 세간일런가." 불영산 수도원 회화(會話)라는 스님의 글이다.

#... "병든 베개에 유유히 생각 미미한데, 고향의 후원 모든 것들 몽중(夢中)에 날아, 강호의 먼 자취라 뉘라 지기(知己)있으랴, 누워 책을 보니 눈물이 옷 적신다." 향봉스님 말년에 쓴 '병와간서(病臥看書)'라는 제목의 글이다.

#... "산절(散節)엔 조금 완화(緩和)하여 긴장을 해소하고 다음 산림(山林)을 다짐하자는건데 만약 납자(衲子)가 화두조차 돈망(頓忘)하여 미온(微溫)도 찾아볼 수 없는 정도로 식혀버린다면 그 무량겁을 두고 그 식으로 되풀이 하여도 마치 운무중(雲霧中)에서 방황하듯이 그 앞엔 뚜렷한 한 길이 나타나지를 않을 것이 명약관화(明若觀火)다. … 백운동구엔 맑은 시내 메아리 치고, 만월산두엔 늦은 날이 한가하도다. 두두물물이 조용조용 진리를 설하는데, 일은 무슨일 군두덕일 다시 더하리."

#...출가 전 마을에서 한학을 깊이 공부한 선비였던 스님은 붓글씨뿐 아니라 그림에도 남다른 솜씨가 있었다. 수행하는 틈틈이 글씨와 그림을 그렸다. 상좌 청현스님의 기억에도 은사의 이 같은 모습이 선명하게 남아있다. 1950년대 중반 경주 오봉산 사주암에 주석할 무렵, 향봉스님은 부처님오신날이 되면 직접 만든 연등에 불보살 그림을 정성스럽게 그려 넣어 장엄했다고 한다.

#...선(禪)과 교(敎)를 두루 갖춘 향봉스님은 후학들에게 특히 참선 수행에 집중해야 한다고 강조했다. 스님은 "출가자는 사집(四集)정도 본 후에는 참선 수행하는 것이 좋다"고 당부했다.

#...스님의 성품은 강직했다. 잘못된 것이 있으면 그 자리에서 따끔하게 지적하여 바로 잡았다. 부산 범어사 선원에서 입승을 볼 때 어찌나 엄격하게 수좌들을 지도하는지, 무척 어려워 했다고 한다. 수좌들이 향봉스님의 수행원칙을 꺾을 수 없었던 것이다.

해제후 범어사 선원을 떠나는 날 수좌들이 "저 노장 잘 간다"며 속마음을 나누었다고 한다. 서울에 일이 있어 조계사에 머물 당시, 간혹 승려의 위의를 떨어트리는 복장을 한 스님을 보게 되면, 누구든지 바로 그 자리에서 야단을 치고 바로 잡았던 '호랑이 스님' 으로도 유명했다.

#...향봉스님은 부모의 역할이 중요하다는 사실을 강조하고 있다. 재물보다는 불연(佛

緣)을 맺도록 도와주는 것이 '가장 큰 재산'을 물려주는 것이라고 했다. 다음은 이같은 뜻을 담은 향봉스님의 대중법문 가운데 일부이다.

"재가불자 여러분, 진실한 신앙이라면 먼저 자녀를 여하한 방편을 다해서라도 하루속히 발심(發心)케 하여 참다운 불자가 되게 해야 합니다. 세태의 험난한 길을 극복할 도리를 달리 구할 길은 없는 것이요. 만일 밖으로 달리 구하려면 증사작반(蒸沙作飯)입니다. 모래를 쪄서 밥이 아니 되는 것은 오히려 헛수고이고, 다른 병은 없으나 길을 잘못 든 외도의 병은 갈수록 점점 더 기구한 고액(苦厄)이 층생첩출(層生疊出, 일이 여러 가지로 겹쳐 자꾸 생겨나는 것)하게 마련입니다."

#...향봉스님이 강릉 백운사에 주석할 무렵 청학스님이 시봉했다. 정성을 다한 간병으로 효상좌라는 칭찬을 들었지만 엄격하고 빈틈이 없었던 향봉스님을 모시는 일이 쉽지 않았다. 회초리와 호통에 마음에 멍든 적도 여러 차례. 도저히 시봉하는 일이 어렵다고 판단한 청학스님은 걸망을 싸고 떠나려고 마음 먹었다. 다음날 새벽 일찍 일어나 떠나려던 제자는 차마 발걸음을 떼지 못했다. 이불을 걷어 차버리고 자는 제자가 탈나지 말라고 이불을 덮어 준 노(老)은사의 마음을 그날 새벽에 알았기 때문이다.

#...제자들에게는 찬바람이 불 정도로 엄격한 향봉스님이었지만, 재가불자는 자비심으로 대했다. 간혹 재가불자에게 반말하는 제자가 있으면 "말을 놓지 마라. 출가한 이가 청신사 청신녀에게 말을 함부로 해서는 안 된다"고 했다.

#...향봉스님은 후학들에게 "대중이 스승이니, 독(獨) 살이를 해서는 안 된다"고 강조했다. 청학스님에게도 "너는 혼자 살지 말고, 대중과 함께 살아야 한다. 그리고 주지가 되면 반드시 100일이든 1000일이든 기도를 해야 한다"고 권했다. 수행자가 대중 속에서 기도하는 마음으로 살라는 뜻이었다.

#...노년에 조계총림 방장 구산(九山, 1909~1983)스님의 권유로 송광사로 돌아온 향봉스님은 병마와 싸우면서도 수행자의 위의를 잃지 않았다. 스님은 말년에 당신이 주석하던 요사채 앞에 단풍나무 한그루를 심었다고 한다. 시봉하는 제자가 건강을 염려하여 만류했지만 "심어 놓으면 후인(後人)들이 볼 것"이라며 뜻을 굽히지 않았다.

君子蘭　군자란
隱逸菊　은일국
丈夫石　장부석
奇遇也　기유야
千秋隣　천추린

군자란과 은일국, 장부석이
기이하게 만났으니 천추에 이웃일세

향봉향눌(香峰香訥) 스님의
<난국도(蘭菊圖)>

향봉스님이 직접 그린 '금강산'

혜각스님

1905~1998년

은사 회명스님
상좌 동원, 태연, 동하스님

단청불사외길, 인간문화재 제48호.
국보 1호 숭례문의 단청.

혜각스님은 부처님 계신 전각을 장엄하는 단청 불사의 외길을 평생 묵묵하게 걸은 어른이다. 1992년 정부로부터 인간문화재 제48호로 지정받을 만큼 독보적인 존재다. 단청 일을 하는 장인(匠人) 가운데 영향을 받지 않은 이가 없다. 1961년부터 1963년까지 해체보수작업을 한 국보 1호 숭례문의 단청도 스님 손길이 닿았다.

혜각스님은 1905년 7월 9일 황해도 신촌군 남부면 사동리에서 부친 김구하와 모친 밀양 박씨 사이에서 태어났다. 1920년 회명스님과 인연이 닿아 부처님 제자가 된다. 이때 나이 불과 15살. 당대의 강백이며 선지식으로 존경을 받던 회명스님은 이후 혜각스님에게 많은 영향을 끼친다. 회명스님을 은사로 득도한 혜각스님은 1920년부터 화응스님 문하에서 5년간 전통단청교육을 받았다.

1938년 강화 전등사에서 대련스님을 계사로 비구계를 받았으며, 1950년에는 영축산 통도사에서 구하스님에게 일옹(一翁)이라는 법호를 받고 영축총림과 인연을 맺는다.

1959년 문교부 주최의 단청문양 강습회도 마쳤다. "법당을 여법하게 장엄하는 것도 수행자의 중요한 소임"이라는 생각을 한시도 버리지 않고 세연을 다하는 날까지 붓을 놓지 않았다. 관악산 연주암과 남해 용문사 주지 소임을 보면서 퇴락한 도량을 일신하고 재건한 뒤에는 미련 없이 소임을 넘겨주었던 욕심 없는 스님이었다. 평생 단청 불사의 외길을 묵묵히 걸으며 수행자로서 위의를 흩트리지 않았던 혜각스님이다.

세수 90을 넘기면서 법체(法體)가 많이 약해진 혜각(慧覺, 1905~1988)스님이었지만 정진을 그치지 않았다. 상좌들과 함께 해외불교성지를 돌아보았을 정도. 부처님과 관련된 일이면 언제 몸이 안 좋았냐며 자리를 훌훌 털고 일어났다. 말년에 거동이 불편해진 스님은 그때서야 외부 출입을 삼갔다.

하지만 평생 실천해온 수행을 소홀히 하지는 않았다. 새벽 3시면 자리에서 일어나 예불을 모시고 도량을 포행한 후 조용히 참선에 들었다. 상좌와의 대화. "스님, 오늘은 날씨도 찬데 요사채에 머물고 마당에는 나가지 마세요." "아니다. 부처님 모신 도량에 머물면서 어찌 도량을 살피는 일을 빼어 먹을 수 있느냐." "갈려니 섭섭하고 있으려니 괴롭다" "은사스님 좀 더 계셔서 저희들을 이끌어주셔야 되지 않겠습니까" "더 이상 사는 것은 욕심일 뿐"이라며 조용한 목소리로 답하고 원적에 들었다.

이때가 1998년 1월 2일 오전 8시20분. 열반처는 통도사 사명암이다. 법납78세. 세납 94세. 당호는 1963년 통도사에서 구하스님에게 입실하며 받은 일옹이다. 상좌로는 동원스님(통도사 사명암), 태연스님(약사사), 동하스님(통도사) 등이 있다.

혜각스님의 비문을 쓴 석정(石鼎)스님은 "계덕을 갖춘 불모는 희귀한 때에 혜성같이 나타난 청정불모"라면서 "혜각스님께서는 신심과 원력으로 모든 불사에 임하셨다"고 회고한다. "사원(寺院)의 우열을 가리지 않고 보수의 다과(多寡)에 상관없이 최선을 다하셨습니다. 혹 스님이 현장에 없을 때 소홀히 한 곳이 발견되면 반드시 이를 고쳐서 다시 하도록 명하셨습니다."

반백년 가까이 주석했던 통도사를 스님은 이렇게 찬탄했다. 스님의 유품 가운데 있는 수첩에 기록된 글이다.

日月明天地	해와 달이 천지를 밝게 하고
塔影照門樓	탑그림자가 문루를 비추네
偶然通度來	우연히 통도사에 오니
飛鳥山中浮	나는 새가 산 가운데 떠 있네
高山靈鷲峰	높은 영축봉이
古今幾千秋	예로부터 지금까지 몇 천 년을 흘렀겠는가
北岳從南山	북악은 남산에서 쫓아 나오고
西出水東流	서쪽으로 나온 물이 동쪽으로 흐르네.

혜각스님에게 단청(丹靑)은 수행이다. 스님은 "단청이란 수행의 한 부분"이라면서 "단청의 근본은 해탈의 도를 얻는데 있다"고 기회 있을 때마다 강조했다. "청정심이 바탕 되지 않으면 아무 소용없는 일이요" 때문에 아무리 많은 시간이 소요되었어도 마음에 들지 않으면 가차 없이 단청한 것을 지워버렸던 스님이다.

스님의 손길이 닿은 전각만 해도 한둘이 아니다. 개성 안화사 대웅전, 수덕사 대웅전, 화엄사 각황전, 함경도 석왕사 대웅전, 함경도 귀주사 대웅전 등 전국 100여개 사찰에 200여동의 단청을 남겼다. 뿐만 아니라 국보 1호인 숭례문, 우정총국, 황해도 봉산향교 대성전의 단청 작업에도 참여해 민족문화재의 계승발전에도 크게 기여했다.

단청 일을 하게 된 까닭을 스님은 이렇게 밝힌바 있다. "전생의 어떤 인연으로 현생에서 화업(畵業)을 수행으로 삼게 됐는지 모릅니다. 그렇지만 한 번도 이 일을 싫어해 본 적은 없어요. 출가한 사람이 평생을 두고 자신을 닦는 일로, 부처님의 거룩한 회상을 재현하고 불당을 장엄하는 것을 업으로 삼는다는 것은 좋은 일이라고 생각합니다."

전각에 그림을 그리는 단청장(丹靑匠)으로 평생 보낸 스님이지만 가장 좋아했던 '그림'은 자연이었다. "자연은 욕심이 없어요. 계절마다 아름다운 색으로 세상을 단청해 주는 그 마음을 배워야 돼요. 사실 자연보다 솜씨가 뛰어난 단청을 난 본 일이 없어요."

스님은 사람들의 '욕심' 때문에 훼손되는 자연에 대해 안타까움을 갖고 있었다. "사람들의 욕심이 자연을 망치니 참으로 안타까워요. 욕심을 못 버려 끝내 중생으로 남아 있는 게 바로 사람들이지요."

스님은 붓글씨에도 일가견이 있었다고 한다. 평생 붓을 들었던 스님은 서예에 있어서도 경지에 올랐다. "내 글씨는 볼품이 없어"라며 겸손하게 말했지만, 정성과 신심이 들어간 스님 글씨는 향기를 주기에 모자람이 없다. 스님이 주로 썼던 글씨는 스님의 '마음자리'가 어디에 있는지를 살필 수 있는 단서이다. 불(佛), 선(禪), 중도(中道), 광명정대(光明正大) 등이 스님 손을 통해 종이에 쓰인 글이다.

스님은 부처님과 관련된 것이면 무엇이든 소홀히 하지 않았다. 목숨처럼 여겼다. 신문이나 잡지 등을 보다가 부처님과 관련된 기사나 사진이 나오면 절대 버리지 않았다. 그 부분을 가위로 오려 스크랩을 해 놓았다. 앨범이나 공책 같은 곳에 고이 모셨다.

"어찌 함부로 버릴 수 있겠어. 세상 모든 게 다 소중한 것이고, 특히 부처님 글과 사진이 나온 것은 함부로 해서는 안 되지.”하면서, 화장지 한 장도 그냥 버리는 법이 없었다. 두 세 겹으로 되어 있는 휴지를 사용할 때면 한 겹만 따로 떼어 사용한다. 그리고는 그것을 잘 말려 또 다시 이용한다. 그런 뒤에는 휴지를 반으로 접어 쓰고, 다음에는 또 다시 반으로 접어 활용한다. 더 이상 사용하기 어려울 때는 그동안 모은 휴지를 한데 모아 해우소에서 뒷일을 볼 때 처리한다.

비단 물건만 아끼는 것이 아니었다. 스님은 1분 1초도 소홀히 하지 않았다. “사람 몸 받기 힘들고 더구나 불법(佛法)을 만나 출가하여 살기 쉽지 않은데 어찌 한순간도 허비할 수 있겠는가”라는 생각을 철저하게 지녔던 어른이다. 때문에 새벽같이 일어나 잠자리에 들 때까지 찰나의 순간도 방심하지 않았다. 모든 일을 하는데 일념(一念)으로 집중해 정성을 다했음은 물론 화두를 놓지 않았다. 많은 사람들이 혜각스님에 대해 평생 단청에 전념했던 어른으로만 기억하지만, 스님은 수행에 있어서도 철두철미했다.

그런 까닭에 주변에는 스님을 좋아하는 수행자와 재가불자가 많았다. 구하스님을 비롯해 경봉, 벽안, 월하스님 등 영축총림의 ‘어른스님’들도 “혜각스님만한 분이 드물다”면서 후학들에게 “혜각스님처럼 수행 정진하라”고 당부했다.

상좌인 동원스님은 “우리스님은 언제나 검소한 생활로 모범을 보이면서 사중을 위하는 마음으로 항상 삼보정재를 아끼셨다”면서 “또 평생 원력으로 단청 비법을 전승해 수많은 도량을 가꾸어 온 우리 시대의 스승”이라고 회고한다.

혜각스님의 은사는 회명스님이다. 출가사문의 길을 걷도록 해준 어른이기에 혜각스님은 회명스님을 극진하게 시봉했던 효상좌였다. 하지만 한동안 ‘불편한 마음’을 지니고 있었다. 당대 선지식으로 존경받던 은사스님에 대한 행장을 제대로 정리하지 못하고 있다는 마음에서다.

하지만 1994년 상좌인 태연(泰然)스님이 관련 자료를 수집해 ‘회명문집(晦明文集)’을 펴내자, 혜각스님은 “내 평생 은사스님의 행장과 뜻을 후학들에게 전하지 못해 서운했는데 문집이 발간되었으니 이제야 마음을 놓게 되었다”고 칭찬을 아끼지 않았다.

태연스님(약사사)도 “회명 노스님 문집을 발간한데 이어 1997년도에 건봉사에 노스님 부도를 모셨다”면서 “은사스님이 좋아하시는 모습을 보니 무척 기뻤다”고 당시를 회고한다.

일화와 어록 & 법문...

30년간 혜각스님을 시봉한 상좌 동원(東園)스님(통도사 사명암)은 "우리 스님은 참 '미묘한 어른'이셨다."면서 "어른의 마음을 안다는 것은 쉽지 않은 일"이라고 회고한다. 혜각스님은 부처님 제자가 되어 계율을 어기는 것을 상상조차 하지 않았다.

"우리 스님은 세상에 알려진 것처럼 '단청기술자'만이 아니었다. 수행자의 위의(威儀)를 잃지 않고 여법한 모습으로 정진했던 부처님의 참된 제자였다. 하심(下心)과 인욕(忍辱)을 기반으로 부처님 가르침에서 한 치의 어긋나는 일이 없어 생활 자체가 정진 그대로였다. 때문에 스님은 불모인 동시에 계율을 철저하게 지킨 율사(律師)였고 한순간도 화두를 놓지 않은 선사(禪師)였다."

#... "내것 만들려는 욕심이 자연을 망치고 있습니다."

#... "부처님 가르침을 내 행업 만들어야 수행입니다."

#... "불화나 단청은 한없는 발심과 서원세우는 상입니다."

#...혜각스님은 어린 시절부터 남다른 면이 있었다. 마을에서 상여 나가는 소리라도 들리면 열 일 제치고 달려갔다. "애야 어딜 그렇게 급하게 가니" 어머니가 만류해도 소용이 없었다. 장례행렬의 뒤를 따르며 '화려하게' 치장한 상여의 문양(紋樣)을 유심히 보았다. 출가 이전부터 단청 문양에 남다른 관심이 있었음을 보여주는 일화다. 종이가 귀하던 시절 땅바닥에 나무 꼬챙이 하나로 꼼꼼하고 정성스럽게 그림을 그려, 어른들이 "그런 재주가 어디서 났냐. 참 신통하다"며 머리를 쓰다듬어 주었다.

#...해방 전의 일이다. 혜각스님이 돌장승 앞에 섰다. 돌장승 앞에 돈을 놓고 합장 반배한 스님의 얼굴에 환한 미소가 퍼진다. 3년 전 금강산 참배를 위해 떠날 때 여비가 없어 돌장승 앞에 누군가 놓고 간 30원을 들고 나섰는데 오늘에야 갚은 것이다. "부처님께서 날 쓰라고 주셨나보다."라고 돌장승 앞에 놓여있던 돈을 여비로 사용했었다. 하지만 남에게 신세지는 것을 싫어했던 스님은 돌장승에게 진 빚을 갚아야 한다는 생각을 잊은 적이 없었다.

#... "윽~ 윽~" 제주도에 있는 한 사찰의 해우소 안에서 누군가 속이 안 좋은지 계속 신음 소리를 낸다. 해우소 밖에 있는 장정들의 표정에 근심이 가득하다. 한참 만에 나온 이는 스님이었다. "몹쓸 사람들. 다음부터는 그런 것 먹지 말게" 평소 화 한번 안

내는 스님의 꾸중에 장정들이 몸 둘 바를 몰라 한다. 자초지종은 이렇다. 단청을 하는 스님과 젊은이들을 위해 누군가 간식을 사왔다. 스님이 한 조각을 물었다가 맛이 이상해 장정들에게 물어보니 삶은 오징어를 먹기 좋게 얇게 썰어놓았다는 것이다. 사실을 알고는 곧바로 해우소로 달려가 먹은 것을 모두 토해 냈다. "부처님 계신 전각을 장엄하는 단청을 하는데 계율에서 어긋난 음식을 먹는 것은 용납할 수 없어. 또 그러면 내밑에서 일하지 말게" 우리시대 불모(佛母)로 추앙받는 혜각(慧覺,1905~1998)스님의 젊은 시절 일화이다.

#... "이보게 그만 짐을 싸게" 노스님이 젊은 스님에게 꾸지람을 호되게 한다. 무릎꿇고 앉은 스님은 손을 싹싹 빌며 용서를 구한다. "잘못했습니다. 다시는 그러지 않겠습니다" 그러나 소용이 없다. 결국 젊은 스님은 걸망을 싸고 떠나야 했다. 라면을 끓여 먹었기 때문이다. 동물성 재료가 들어간 라면을 부처님 모신 도량에서 출가수행자가 먹는다는 사실을 용납하지 않았던 혜각스님이다.

#... "단청도 마음닦는 법의 하나" 단청불사를 할 때 스님은 계율에 어긋한 행동을 하는 것을 용서하지 않았다. 스님 성품을 잘 모르고 작업하는 인부들이 담배라도 피워 물면 혼줄이 났다. 또 마을에 내려가 막걸리를 사먹는 것도 용납하지 않았다. "부처님 일을 해서 품삯을 받은 것을 담배 피고 술 먹는데 쓴다는 것은 잘못된 일이야."

#...스님이 70년대 중반에 조계사에 일이 있어 올라와 종로구 수송동에 있는 한 여관에 걸망을 풀었다. 도시생활이 낯선 스님은 평소 절에서처럼 방문을 잠그지 않고 잠을 청했다. 그런데 밤새 '밤손님'이 들어와 걸망을 들고 줄행랑을 놓았다. 졸지에 무일푼이 된 스님은 통도사로 돌아오는 여비 5000원을 여관 주인에게 빌렸다. 며칠 뒤 통도사에 도착한 스님이 돌아오자마자 다시 걸망을 꾸렸다. 이유를 물으니 "여관 주인에게 꾼 5000원을 갚기 위해 서울로 가야한다"는 것이다. 상좌들이 "우체국을 통해 보내면 됩니다"라고 만류했지만 통하지 않았다. "내가 빌렸으니 내가 손수 갚는 게 도리"라면서 스님은 그길로 서울로 가는 열차에 몸을 실었다.

#...노스님 한 분이 아스팔트 길을 걷고 있었다. 커다란 병풍을 등에 짊어진 노스님 얼굴에는 땀이 비 오듯 한다. 얼마를 걸었을까. 노스님 앞에 승용차 한대가 멈추어 섰다. 차에서 황급히 내린 젊은 스님이 합장하며 인사를 올린다. "아니, 큰스님 어디를 다녀 오십니까. 그리고 그 큰 병풍은 무엇이구요" "부산에 갔다 오는 길이네" "차를 이용하시지 않구요" "하하. 나는 이렇게 걷는 게 좋네"

절까지 차로 모셔 드리겠다고 했지만 노스님은 "괜찮다"며 극구 사양했다. 그렇다고 그냥 갈 수는 없는 일. 노스님을 '강제로' 차에 오르게 한 뒤 병풍은 뒷좌석에 실었다. 불과 20여분 만에 통도사 산문에 들어서자 노스님은 "이제 됐으니 그만 내려달라"고 말했다. 차가 멈추어 서자 "고맙소"라는 인사를 뒤로하고 노스님은 내렸다. 그날 저녁의 일이다. 저녁 공양을 마치고 포행에 나선 젊은 스님은 깜짝 놀랐다. 오늘 낮에 차를 태워드린 노스님이 같은 병풍을 지고 통도사 산문에 들어서고 있었기 때문이다.

"정성을 담아 만든 병풍을 선물해준 분의 마음을 소홀히 해서는 안 된다"는 생각에서 손수 짊어지고 큰절까지 왔던 노스님이 바로 혜각(慧覺, 1905~1998)스님이다. 차를 타고 온 길을 되돌아가 다시 큰절까지 걸어왔던 노스님의 마음. 그리고 후학의 '정성'마저 홀대하지 않고 차에 올랐던 노스님의 마음은 과정을 소홀히 하고 편리만을 추구하는 요즘 사람들에게 교훈으로 다가온다.

#... "큰스님, 어디에 쓰시려고 물건들을 사 모으십니까. 굳이 사시지 않아도 될 것 같습니다." "아니네. 다 쓰일 데가 있는 거야. 들여 놓게" 어디서 소문을 들었는지 통도사 사명암으로 이런 저런 물건을 갖고 오는 사람이 많았다. 혜각스님은 웬만하면 그 물건들을 비용을 주고 사들였다.

시자들이 만류했지만 "나와 인연 있어 여기까지 왔는데, 모른 척 할 수 없어"라며 흔쾌한 마음으로 받아 들였다. 특히 문화재급에 해당하는 고서화(古書畵)는 많은 금액을 주고라도 반드시 매입했다.

단청일 때문에 전국을 만행하던 혜각스님은 자연스럽게 고서화를 접할 기회가 많았다. 삼보정재를 소중하게 여겼던 스님의 이 같은 행동에 많은 사람들이 의아해 했다. 주위에서 "무슨 이유로 모으는지 모르겠다"는 걱정의 목소리가 들렸지만, 스님은 개의치 않았다. 고서화를 수집한 까닭은 스님이 열반할 때 되서야 드러났다.

스님은 열반에 들기 몇 해 전 당신이 평생 모은 고서화를 통도사 박물관, 동국대 박물관, 해인사, 송광사, 도선사 등에 전량(全量) 기증했다. "일제 강점기를 겪어오면서 귀중한 우리 고서화가 멸실(滅失)되는 것이 안타까웠던" 스님이 평생 정재로 문화재를 모아 영원히 보존토록 한 것이다.

혜각스님의 생전육성/ 동원스님.

　가을은 산 아래가 아니라 산 위에서 먼저 만납니다. 내가 이곳 사명암에서 15년 째 가을을 맞지만 언제나 가을은 산 위에서 내려옵니다. 그리고 나는 가을 산 빛은 퇴색이 아니라 새로운 힘이라는 걸 느낍니다. 물러나는 것이 있어야 새로 오는 것이 있음을 저 자연의 색들이 소리 없이 가르쳐 주고 있는 것입니다. 산에 사는 우리들만 그걸 배우는 것이 아니고 온 세상 사람들이 다 그 조용한 가르침에 숙연한 경의를 가져야 하겠습니다.

저 마지막 붉은 잎새들의 찬란한 잔치는 내가 평생 일로 삼아온 단청의 스승이기도 합니다. 나는 올해 나이가 구십둘이나 되었지만 그 자연이란 스승의 가르침이 해마다 새롭습니다. 이 나이가 되고 보니 눈이 침침해져 앞을 잘 볼 수가 없고 귀가 자꾸 어두워져 아침녘 산새소리도 여간해서는 들리지 않습니다. 붓을 놓은지도 오래고 누굴 맞아 얘기를 나누는 일도 삼가하고 있습니다. 수시로 방에 들어와 나를 보살피는 상좌스님이 나의 눈이고 귀고 입이고 몸이 될 때가 많습니다.

올해도 어김없이 가을은 찾아와 저 영축산을 물들이고 사명암 앞마당도 아름답게 채색을 하고 있습니다. 사명암에는 두개의 정자가 있는데 그중에 하나의 이름이 무작정(無作亭)입니다. 아무것도 하지 않고 사는 것은 좋은 것이 아니라고 생각될 것입니다. 그러나 그렇질 않아요. 우리 같은 출가자는 무작(無作)을 작(作)으로 삼아야 합니다. 마음을 비우고 몸을 가벼이 해야 하는 겁니다. 그래서 무작의 도를 구하는 정자가 사명암에 있는 것입니다. 오늘 이 무작정에서 나는 무슨 얘기를 하려 합니다. 눈과 귀가 어두워지고 거동조차 힘겨운 이 늙은 산승이 하고자 하는 말이란 별것이 없습니다. 그저 부처님 법을 공부하고 장엄한 부처님의 회상을 무딘 붓으로 현생에 재현하는 마음 하나로 붓을 쥐고 살아오며 느낀 것들을 주섬주섬 생각나는 대로 말하고자 하는 겁니다.

나는 전생의 무슨 업연으로 이생에서 화업(畵業)을 수행으로 삼게 됐는지는 모릅니다. 그렇지만 한 번도 이 일을 싫어해 본 적은 없습니다. 출가한 사람이 평생을 두고 자신을 닦는 일로 부처님의 거룩한 회상을 재현하고 불당(佛堂)을 장엄하는 것을 삼을 수 있다는 것도 작은 복은 아니라 믿어 온 것입니다. 식솔을 거느린 입장도 아닌 산승이니까 세상사의 잡스런 욕심을 부릴 필요도 없어 오직 부처님을 찬탄하는 마음으로만 일에 몰두할 수 있었던 것도 그 작지 않은 복의 한 기둥이었겠습니다.

금생의 마음이 어찌 금생에 닦는 것일 뿐이겠습니까. 전생의 업력이 지중하여 이생의 마음을 받게 되었고 그 마음으로 내가 할 수 있는 일에 최선을 다함으로 내생을 닦는 것이라 하겠습니다. 그런 가운데 나는 붓을 잡고 평생을 살았고 붓 잡는 매순간마다 부처님의 법을 받들었으니 이 화업도 금생만의 업만은 아닐 것입니다. 나는 전에 황악산 직지사에서 문(門)을 단청한 적이 있습니다. 단청이란 전해오는 모양과 필법이 없지 않으나 매번마다 일하는 사람의 창안이 반영되지 않을 수 없는 겁니다. 직지사 문도 내가 나름대로 창안을 가미하여 마친 일이었는데 나중에 무슨 책을 보니 우리가 지금은 갈 수 없는 북한의 유점사 문살과 그 단청이 꼭 같더군요. 참 놀라운 일이 아닐 수 없었습니다. 누구에게 이 얘기를 했더니 "스님이 전생에 거기서 일을 했던가봅니다." 하더군요.

내가 꼭 전생을 얘기하려는 것은 아니지만 지금의 내 모습은 전생의 모습에서 비롯되었음을 믿지 않을 수 없습니다. 어제 만난 사람의 모습이 오늘 기억되는 것처럼 나의 전생 모습이 오늘의 내 모습 어디엔가 남아 있을 것입니다. 우리의식이 어두워 그걸 모르고 살 뿐입니다. 그러므로 내일의 내 모습 후생의 내 모습도 결국 오늘 지금의 내 모양과 무관하다 할 수 없을 겁니다. 나는 내생의 어디선가 다시 불화를 그리고 단청을 할 수 있을 것으로 믿어요. 그리고 그때는 지금보다 훨씬 나은 솜씨로 일을 할 수 있지 않겠습니까.

나는 부처님의 제자가 되어 불보살님의 말씀을 가벼이 여기지 않는데 공부의 큰 근본이 있음을 배웠습니다. 부처님의 말씀은 실행하는 가운데 그 오묘한 진리를 알 수 있습니다. 그 실행의 근본은 신심입니다. 믿음이 있어야 행동이 나오는 것인데 신심이란 자신의 마음이 아니고 불보살님의 마음입니다. 누구의 신심이 장하다고 칭찬하는 일이 있지만 그 신심이란 것은 중생의 것이 아니고 불보살님의 것입니다. 중생이 그 불보살의 마음을 얻으면 장한 신심의 소유자가 되는 것일 뿐입니다. 불보살님의 한 말씀을 나의 행업(行業)으로 만드는 것이 중요합니다. 그 가르침을 내 것으로 만드는 것이 수행이지 내 것을 불보살의 것으로 만드는 것이 수행이 아닙니다.

불보살님의 가르침을 받아 사는 가운데는 계율이 참으로 중요합니다. 나는 지계의 수행이 아니고는 무엇도 이룰 수 없다고 생각해 왔습니다. 내게 와서 공부하다 계율을 가볍게 여기다 쫓겨난 사람도 있습니다. 한 사람은 라면을 끓여 먹다가 혼쭐이 나고 떠나버렸는데 글쎄 그 사람이 얼마나 혼쭐이 났던지 자기 신발은 놔두고 내 신발을 신고 갔지 뭡니까. 신발을 바꾸러 오면 용서해 줄 생각도 없지 않았는데 끝내 돌아오지 않았습니다. 내가 심했거나 그 사람이 근기가 그것밖에 안되었거나, 아무튼 계율을 가볍게 여기는 사람이 수행자로의 길을 갈 수는 없습니다. 더구나 불보살의 당우를 장엄하고 부처님 회상을 그려 만중생의 환희심을 북돋울 일을 수행으로 삼는 사람이 한 치의 삿된 행동이 있어서야 되겠습니까.

그리고 나는 무엇이든 물건을 귀히 여기는 습관으로 살아왔습니다. 요새는 뭐든지 흔해서 탈입니다. 한번 내게 온 물건이 있어 나와 인연 지은 그 자체는 얼마나 귀한 것입니까. 내가 무슨 물건을 지녔다가 소용이 다했다고 버리고 나면 그것으로 그 물건과의 인연은 끝이 납니다. 그러나 그 인연을 당연한 것으로만 생각하지는 말아야 합니다. 불교에서는 집착을 끊으라고 가르칩니다. 집착은 마땅히 끊어야 합니다. 그러나 물건을 소중히 여기라는 것은 집착하라는 것이 아닙니다. 사람도 마찬가지겠지만 물건에도 만남의 소중한 인연이 있는 것입니다. 그 만남의 인연을 귀하게 여기라는 것입니다. 그러면 욕심이 안 생깁니다. 감당도 못할 인연을 함부로 많이 지을 수는 없는 것이니 이것저것 욕심을 내어 나의 것으로 만들고 보는 못된 습성이 생기지 않는 것입니다.

무엇을 내 것으로 만드는 일에는 조심을 해야 합니다. 조심이란 글자그대로 마음을 조절하는 것 아닙니까. 그걸 잘 하지 못하면 물욕에 휩쓸려 종래에 몸을 버리게 됩니다. 그러니 '이것이 정말 내 것이 되어도 좋은 것인가' 하는 생각을 하는 버릇을 키워야 합니다. 그러나 나의 것을 남에게 베풀 때는 아끼는 마음을 버려야 합니다. 나는 단출하게 살아도 남에게는 풍족히 베풀어야 합니다. 내가 물질의 부자가 아니어도 풍족히 베풀 수 있는 것은 마음이 풍족하기 때문에 가능한 것입니다.

내가 젊었을 때의 얘기 하나를 들어 보십시오. 금강산에 있을 때의 일입니다. 무슨 볼일이 생겨 산을 내려가 먼 길을 다녀와야 하는데 여비가 없었습니다. 그래서 그냥 걸어가는데 어느 산모퉁이에 서 있는 망부석을 만났습니다. 그런데 그 돌장승의 발치에 돈이 30원이나 있지 뭡니까. 나는 "아이구! 부처님께서 나에게 돈을 주신 것이로구나." 하고 망부석 아래의 돈을 가지고 잘 썼습니다. 그런데 날이 갈수록 그 망부석에게 미안한 생각이 자꾸자꾸 드는 것이었습니다. 나는 '내 바쁜 사정에 내 멋대로 그 돈을 부처님이 주신 거라고 생각하고 썼지만 그 돌장승에게는 허락도 안 받았으니 이 얼마나 미안한 노릇인가' 하는 생각이 점점 커져가는 것이었지요. 그렇게 세월이 흘러 3년이 지나도록 나는 그 망부석에 대한 미안한 마음을 가지고 살았습니다. 도저히 안 되겠다는 생각이 들어 3년 후에 90원을 마련해서 그 망부석을 다시 찾아 갔습니다. 그리고 90원을 내려놓으며 "그때 급하던 차에 돈을 갖다 쓰고 이제야 갚으니 너무 욕하지 말라"고 말했습니다. 망부석은 말이 없었지만 나는 마음이 얼마나 홀가분했던지…

나는 전국의 많은 절을 다니며 불사를 한 덕분에 우리나라의 산천이 얼마나 아름다운 가를 평생토록 느끼며 살았습니다. 원래 산천을 좋아했지만 우리의 산천이야 말로 부처님의 장엄하고 아름다운 회상임을 의심치 않습니다. 그런데 이 나라에서 요새 환경오염이 큰 문제라니 이 나이든 산승도 걱정이 안 될 수가 없습니다. 아까 얘기했지만 뭐든지 내 것으로 만들고 보는 욕심이 자연을 망치고 있는 것입니다. 이 중생계를 극락으로 만드는 것은 자연뿐입니다. 사람은 그 욕심을 못 버려 끝내 중생으로 남아 있지만 자연은 욕심이 없어 철마다 아름다운 색으로 세상을 단청해 줍니다. 자연보다 솜씨가 빼어난 단청이 어디 있습니까. 그 자연의 단청은 이 법계를 극락으로 장엄하는 화려한 의식인데 그걸 망치는 것이 사람이라니 참으로 큰 불행을 스스로 지어내는 것이 아니고 무엇입니까.

단청을 하는데 쓰는 도료도 그렇습니다. 옛날부터 써 오던 천연 안료와 도료들은 매우 힘이 있고 또 오래도록 선명한 색상을 가집니다. 그런데 요즘의 도료들은 화학적으로 만들어져 흔하긴 하지만 힘이 떨어지고 오래가지 못합니다. 오래 못가는 것은 둘째치고라도 퇴색이 되면 창연한 맛도 없고 추해보입니다. 자연에서 얻어진 것이라야 자연과 어우러져 긴 세월을 살아갑니다. 사람도 자연 속에서 자연스럽게 살아가야합니다.

'유정무정이 다 불성을 지니고 있다'는 말씀은 〈화엄경〉의 가르침 가운데 있습니다. 사람만이 아니라 산천초목 어느 것도 다 불성을 지녔다는데 사람은 사람만을 위해 사는 것 같습니다. 나는 그런 생각이 소멸되지 않고는 누구도 성불할 수 없다고 믿고 있습니다. 나는 불보살님의 당우에 단청을 하면서 저 자연과 같은 무욕의 마음을 지니려고 노력했습니다. 내게 배우는 사람들에게도 그것을 강조했고 그 무욕의 마음이 아닌 상태에서 일한 것은 가차 없이 지워버렸습니다. 몇 번을 다시해서 겨우 완성한 일이 한두 번이 아니었는데 사람들은 나보고 참 별나다고 말하는 것이었습니다. 그 별난 마음이 아니고는 여법한 일이 되질 않으니 나로서도 어쩔 수 없는 것 아닙니까. 욕심이 있으면 청정해질 수가 없고 청정심이 아니면 불보살의 당우를 장엄할 수도 부처님 회상을 장중하게 재현해 낼 수도 없는 것입니다.

불화나 단청은 하나의 상(相)일 수도 있습니다. 그러나 그것은 모든 중생들이 보고 집착하는 상이 아니라 한없는 발심을 하고 서원을 세우는 상이므로 상이라고만 할 수는 없습니다. 부처님의 회상을 보며 불자들은 부처님의 가르침을 소리 없이 듣게 되고 단청이 잘된 당우를 보고 불보살님의 위신력을 느낍니다. 그러니 불화나 단청은 상이기 이전에 중생의 상을 없애는 가르침의 표현입니다. 나는 그 거룩한 일을 하는 사람으로 수행자로 스스로의 상을 짓지 않는 노력을 아끼지 않았습니다. 내게 어떤 상이 있고 집착이 있으면 내가 이뤄낸 도상을 보는 사람들도 상을 내게 될 것이라는 생각을 한 겁니다. 내가 상을 내지 않는 것은 그림이나 단청을 잘 해야 한다는 욕심마저 버린 데서 가능한 것이었습니다.

욕심이 없어 청정한 마음을 공심(空心)이라 합니다. 그 공심에서 그어지는 한 획 한 획이어야 부처님을 찬탄하는 도상을 만들어낼 수 있습니다. 나는 이러한 일 속에서 부처님 제자된 보람을 얻고자 했던 것입니다. 아직 그 공부가 다 익지 못했습니다. 그래서 아직 영축산 자락에 남아 있는 것입니다. 늙은 몸을 가누면서 저토록 아름답게 물드는 가을 산을 보며 자연이라는 스승의 가르침을 어두워지는 눈을 닦으며 받들고 있습니다.

혜각스님은...

1905년 황해도신천 生, 1920년 회명스님을 은사로 출가, 1920년부터 5년간 이화응스님에게 단청 사사, 1938년 강화 전등사에서 대련스님을 계사로 비구계 수지, 1950년에는 영축산 통도사에서 구하스님에게 일옹(一翁)이라는 법호를 받고 영축총림과 인연, 1959년 문교부 주최의 단청문양 강습회 수료, 관악산 연주암과 남해 용문사 주지 엮임, 불교미술전람회 종신심사위원, 1992년 중요 무형문화재 48호 단청장 기능보유. 불교 미술전람회 수상다수, 1998년 1월 2일 통도사 사명암에서 입적. 법납78세. 세납 94세.

동원스님은…

대전에서 태어난 스님은 1966년 출가, 월하스님을 법사로, 혜각스님을 은사로 사미계를, 고암스님에게서 비구계를 수지했다. 1980년대 초반 잠시 통도사 교무소임을 맡은 것을 빼고는 줄곧 탱화를 그리며 한 평생수행에 매진했다. 은사 스님의 뒤를 이어 중요 무형문화재 제48호 단청장 보유자다. 1998년 입적한 혜각스님과 함께 퇴락한 사명암을 일으켰으며 현재 기림사 등 전국 유수 사찰의 탱화를 그리고 있다.

캐나다 서광사, 청도 운문사, 대구 동화사 등 100여 사찰에 단청 불사를 했으며 3년여에 걸쳐 조계사 대웅전 탱화를 그린 것은 유명하다. "고려불화에 준하는 세밀한 탱화를 조성한다."는 평을 받고 있다.

혜암성관스님
1920~2001년

은사 **인곡**스님
                상좌 **성법**스님

조계종 10대 종정을 지낸 혜암스님. 혜암은 법호이고 법명은 성관. 평생 눕지 않고 정진하는 '장좌불와'와 하루 한 끼만 먹는 '일종식(一種食)'을 철저히 지켰던 수행승.

스님은 평소 제자들에게 다섯 가지의 가르침을 강조했다. "공부하다 죽어라" "밥을 많이 먹지 말라" "남을 도와라" "감투를 맡지 말라" "일의일발(一依一鉢)로 살아라."

1920년 3월 22일, 전남 장성에서 태어난 김남영은 14세 되던 1933년 보통학교를 졸업하고 일본으로 유학가서 10년간 동서양 종교와 동양철학을 공부하고 왔다. 평소 한학을 비롯해 불교경전 탐독에 남다른 정진을 보였던 그는 26세 되던 1945년 선관책진(禪關策進)을 읽다가 발심해 출가한다. 출가 전 일본에서 수많은 동서양 철학서와 사상서를 탐독했던 혜암 스님은 '경전을 여의지 말고 외도의 서적은 마음에 두지 말라'며 수행자들의 경전 이외 서적 읽기를 경계했고, 스스로도 출가 후에는 경전과 선어록 이외의 서적을 가까이 하지 않았다. 수많은 경전 중에서도 혜암 스님에게 있어서 특별한 경전이 '금강경'이다. 일본 교토에 머물고 있던 당시 그곳 임제종 계열의 절에서 유나 소임을 맡고 있던 서옹 스님을 만났을 때, '범소유상 개시허망 약견제상비상 즉견여래(凡所有相 皆是虛妄 若見諸相非相 卽見如來, 무릇 형상이 있는 것은 모두가 허망하니, 모든 형상을 형상이 아닌 것으로 보면 곧 여래(본성·진실)를 보리라)의 뜻을 새겨 보라'며 '금강경' 한 권을 내 주었다.

혜암 스님은 이 '금강경'을 소중히 간직했고, 부모님에게도 "결혼한 일본 스님들도 참선 공부는 우리나라 절에서 해야 한다고 했고, 해방 전 귀국한 서옹 스님도 저에게 '금강경' 한 권을 주시면서 참선하라고 권했다"며 출가 의지를 밝혔다. 그리고 해인사를 찾아 출가의 뜻을 밝혔는데 행자로 받아들여지지 않아 몇 날이고 머물러 있었다. 그때 마침 해인사를 찾았던 서옹 스님이 알아보고는 인곡 스님에게 소개해 출가할 수 있도록 도와주었던 것이다. 그때가 1946년이었다.

"어디서 왔느냐"는 인곡스님의 물음에 그는 곧 바로 할을 했다. 미소를 짓던 인곡스님이 다시 물었다. "이름이 무엇이냐." 이번에는 아무 말 없이 허공에 큰 원을 그렸다. 인곡스님은 혜암스님의 출가를 허락했고, 성관(性觀)이라는 법명을 내렸다. 스님은 "출가하고 일주일 만에 도를 깨치겠다"며 장좌불와와 일종식의 방편으로 수행에 전념했다. 심지어 은사인 인곡 스님이 재발심의 불씨를 살려내는 데는 경전을 방편으로 삼는 것도 요긴하다며 강원에서 공부하기를 권할 때도 "제가 죽은 뒤 환생하여 스님의 원력으로 경을 공부할 수 있게 해 주신다면 그때 하겠습니다"라며 요지부동, 참선만을 고집했을 정도였다.

해인사에서 인곡스님을 은사로 출가해, 효봉스님에게 계를 받은 스님은 1947년, 경북 문경의 봉암사에서 성철, 청담, 향곡스님 등이 주도한 '봉암사 결사'에 참여했다. "일제에 의해 만신창이가 된 한국불교를 바로 잡기 위하여 봉암사결사를 이루었는데 불조의 정법을 발양하고 교단 정화의 기초를 다진 일로 기억됩니다. 승가의 존위를 다시 세우기 위해서는 수도승들이 스스로 모범을 보여야 했기에 자급자족과 탁발로써 부처님의 길을 따랐지요. 이전의 두루마기 장삼이 오늘날 가사로 바뀐 것도 그 때 60벌을 만들어 나눈 결과입니다. 탁발 공양은 물론, 가난한 이웃들에게 쌀을 몰래 담아주고 오기도 했습니다." 훗날 하신 말씀이다.

1950년 6.25 전쟁으로, 스님들이 흩어지자, 해인사와 송광사, 통도사, 범어사 등의 선원과 태백산, 오대산, 지리산 등 제방선원을 돌며 일일일식의 수행을 하면서 한암스님, 동산스님, 경봉스님, 전강스님 등 당대의 선승들에게서 불법의 진수를 배웠다.

하루 일종식(생식), 장좌불와.. 그의 수행은 무섭도록 철저했다. 산 속에서 혼자 참선할 때, 호랑이와 맞서게 되었는데, 스님이 쏘아보는 형형한 눈빛에 호랑이가 물러갈 정도였다. 스님이 당시 정진하던 사고암은 칼바람이나 겨우 막는 흙벽과 지붕에는 마른풀을 얹은 움막으로 겨울철 방 온도가 영하 20도까지 내려갈 만큼 추운 곳이었다. 그럼에도 스님은 하루 한 끼니 잣나무 생잎과 콩 열 개씩만 먹었고, 방에 불을 때는 일도 없이 정진에 정진을 거듭했다.

이후 스님은 해인사에 머물며 후학들에게 "불법(佛法)은 대도무문(大道無門)이라고 합니다. 문이 없는 것으로 법문을 삼아라 이 말입니다. 일체 모든 법이 나지 않고 일체 모든 법이 없어지지 않으니 모든 부처님이 항상 어느 곳에든 나타납니다. 그래서 불법을 대도무문이라고 하는 것입니다. 문 없는 문을 타파하기 위해 모든 수행자나 재가불자는 죽을 때까지 공부해야 합니다."라며, 청정수행자로서 살아가는데 기초가 되는 다섯 가지의 가르침을 강조했다.

오직 참선만을 강조하던 혜암 스님도 『육조단경』을 강설할 때가 있었으나, 역시 학인들에겐 "육조단경을 버릴 때 견성하는 것이요, 육조스님의 종노릇만 한다면 언제 견성성불 할 수 있겠는가"라며 경전에 매이지 말고 뜻을 살펴 참선에 전념할 것을 권했다. 그러면서 강의를 들어야 하는 이유를 "구경각의 노정기를 다 알았으면 필요 없는 것이지만, 노정기를 모르니까 알아야 하고 또 병통에 걸릴 수 있으니 병을 고치려고 부처님의 말씀을 배우고 조사의 말씀을 배우는 것"이라고 설명했다. 하지만 여기서도 "아무리 귀중한 부처님이나 조사의 말씀이라도 거기에 가서 속지 말아야 한다"는 단서가 붙었다. 결코 문자에 끄달리지 말라는 경책을 잊지 않았던 것이다.

1967년에 해인총림 유나 소임을 맡은 스님은 그 뒤로 해인사 주지, 해인총림 수좌(首座)를 거쳐 1985년 해인사 부방장이 되었고, 1987년 조계종 원로의원으로 추대된 후 1991년에는 조계종 원로회의의 부의장에 올랐으며, 1993년, 성철 스님이 입적하자, 해인사 방장(方丈)을 이어받아 1996년까지 재임했다.

머리 깎고 가사 입고 행세하는 것이 스님이 아닌 만큼, 형식에 그치는 일을 아주 싫어했다. 그래서 출가사문이 되어 꼭 지켜야 할 스스로의 계율을 세 가지로 삼았는데 첫째, 공부한 후라도 상좌 안 들인다. 둘째, 절집의 소임은 맡지 않는다. 셋째, 드러나지 않게 숨어서 공부하겠다는 것이었는데, 그런 스님이 해인사에서 직분을 맡은 것은 오로지 후학들을 가르치기 위함이었다. 물론 스님으로 인해 해인사 기강이 엄격해 진것은 두말할 필요가 없었다.

이때 스님은 재가불자들에게 참선을 지도하기 위해 108평 규모의 달마선원을 세우고 1996년 가을부터 이곳에 머무르며 대중들과 재가불자들의 참선을 지도하였다. 스님은 원당암 달마선원을 근본도량 삼아 재가자들의 선 수행을 독려했고, 세속 나이 70이 넘은 고령임에도 대중생활을 하는 등 가야산에서 철두철미하게 정진하고 후학의 공부를 독려했다. 그리하여 원당암은 스님들과 똑같이 일반인들도 여름과 겨울에 한철씩 안거에 들어가 수행을 하는 국내 제일의 재가불자 참선도량으로 변모되었다.

또한 혜암스님은 참선수행은 살아 있는 사람들만 하는 것이 아니라 죽은 영혼도 이 좋은 자리에서 참선 수행하여 그 영가들이 서방정토에 가셔서 업장이 소멸되고 다시 환생하여 맑고 깨끗한 영혼들이 이 세상을 만들어간다면 이 곳에서 극락정토가 이루어지지 않겠냐는 발원으로 영가들의 선방인 영단을 따로 크게 마련하였다.

용성(龍城)문도회장을 지낸 혜암스님은 마른 체격이지만 강단있는 기품과 대쪽같은 성정의 강력한 지도력으로 종단을 이끌었다. 1994년 서의현 총무원장의 3선 문제를 둘러싸고, 조계종이 극심한 분규에 빠졌을 때, 당시 원로회의 의장이었던 그는, 원로회의를 이끌고 반(反) 서의현 입장을 취함으로써, 사태의 마무리에 결정적인 역할을 했다.

이어 1998년의 분규 때도, 총무원을 무력으로 점거한 '정화개혁회의'에 반대하는 입장을 분명히 밝힘으로써, 분규의 합법적인 해결을 이끌어냈다. 평소,' 가야산 대쪽'이라 불릴 정도로 원칙과 소신이 뚜렷하여 당시 원로회의 의장으로서 1994년 조계종 개혁불사와 1998년 조계종 종단사태를 해결하는 데에 있어 결정적인 역할을 하였던 한국 불교계 최고의 정신적 지도자이기도 하였다.

"조계종 분규 사태 때 사람들이 나를 보고 참선, 장좌불와, 묵언만 하는 스님인 줄 알았더니 이처럼 떨치고 일어날 줄은 몰랐다고 말들을 합디다. 또 그 때 기자들이 몰려와 종단의 추락과 타락을 어찌 할 것이냐고 묻기도 하더군요. 나는 한 마디로 무엇이 추락이고 타락이냐. 이것이 앞으로 꽃이 피고 열매 맺을 징조다 하고 단호하게 말했습니다. 실패가 수미산만은 해야 큰 성공을 기약할 수 있습니다. 개인이든 국가든 실패없이는 성공을 기약할 수 없습니다. 실패가 주먹만하면 주먹만한 성공이 올 것이요, 산 덩어리만 하면 성공 또한 산덩어리만큼 생겨납니다."

"참된 수행자란 인천(人天)의 지도자가 되어야 합니다. 세상의 어리석음을 일깨워 주는 소명을 지니고 이 땅에 태어난 것이지요. 따라서 어떤 권력 앞에서도 바른 말을 해야 합니다. 그리고 우리에겐 무엇보다 인재 양성이 시급한데 아무리 돈이 많아도 사람이 이를 살필 줄 모르면 다 사라지고 마는 것처럼 사람이 바로 서야 합니다. 또한 사람이 제구실을 하려면 자신의 처지와 분수를 제대로 알아야 합니다. 그래야 책임감도 느낄 수 있는 법입니다."

1999년, 제10대 종정(宗正)에 오른 혜암스님은, 해인사에서 출가한 이후 제방에서 정진하다 다시 해인사에서 법을 일으키고 해인사에서 유나를 거쳐 부방장, 방장 그리고 조계종 종정까지 지낸 수행승으로.. 한국 조계종을 대표하는 선승으로, 많은 존경을 받

았다. 혜암스님은 한창 정진에 몰두하였을 때 6개월동안 불도 때지 않고 물과 잣나무 가루만 먹으며 서서 수행하였다. 범인은 감히 생각조차 할 수 없는 초인적인 수행력으로 널리 추앙을 받았던 혜암스님은 후학들의 경책하는 독특한 일화로도 유명하다. 또한 전국의 제방선원을 다 다녔지만, 비구니가 있다는 이유로 수덕사 선방에는 가지도 않을 정도로 색마를 철저히 경계하였다한다.

스님은 특히 조실스님에게도 거침없이 직언을 하며 법거량을 벌여 당시 스님들로부터 "혜암은 조실을 가르치는 사람" 이라는 별칭을 듣기도 하였다.

스님의 근검절약 정신도 어떤 스님들 못지 않았다. 대표적인 예로 편지봉투 재사용이다. 스님은 편지나 소포가 오면 함부로 찢거나 버리지 못하게 했다. 편지봉투와 소포는 곱게 뜯어 안쪽을 바깥으로 내 다시 사용했으며, 소포를 묶었던 노끈도 곱게 풀어 재사용하였다. 또 간소화된 승복 사용을 엄격히 금했으며, 정좌불와 수행을 하신 까닭에 평생 이불과 베게가 없는 스님으로도 유명하였다. 오로지 위법망구의 두타 고행정진으로 참선수행에만 몰두해 온 본분종사이며 한국불교의 대표적인 선승이다.

2001년 12월 31일 오전, 해인사 원당암 미소굴에서 문도들을 모아놓고 "因果(인과)가 歷然(역연)하니 참선 잘해라" 당부하신 후 편안히 열반에 드셨다. 법랍55세, 세수 82세. 혜암스님은 오색영롱한 사리 86과를 남겼다.

스님이 입적한 3칸 황토벽의 '미소굴' 에서 혜암스님의 유품과 금빛, 옥빛의 사리를 친견할 수 있다. 금빛 사리는 석가모니 부처님이후 처음나온것이라고 한다.

임종게

我身本非有	나의 몸은 본래 없는 것이요,
心亦無所住	마음 또한 머물 바 없도다.
鐵牛含月走	무쇠소는 달을 물고 달아나고,
石獅大哮吼	돌사자는 소리 높여 부르짖도다.

혜암스님이 대중들에게...

#... 팔만대장경을 둘둘 말아서 하나로 줄여 놓으면 마음心자 하나입니다. 마음을 깨쳐 중생을 제도 하자는 것 외에 다른 것이 없습니다. 나머지는 모두 방편이고 외

도법일 뿐입니다. 누구나 내 본심을 모르니 시비와 갈등이 생기는 것입니다.

#… 마음이라는 보물이 나한테 있습니다. 내 마음을 잘 쓰면 하느님도 되고, 대통령도 되고, 부처님도 되고, 도인도 되고, 몸뚱이한테서는 하나도 아무것이 생길 수 없습니다.

#… 우리의 원수는 분별심입니다. 세상 사람들은 선심(善心)을 착한 마음이라고 하지만 진정한 선심이란 착한 마음을 버릴 때 비로소 있는 것입니다. 착한 마음도 나쁜 마음도 둘 다 버려야 극락에 갈 수 있습니다.

#… 이 세상에서 제일 수지맞는 일 중의 하나가 공부하다 죽는 일인데 목숨 내놓고 정진하다 보면 견성이 가까워오고 죽음은 멀어집니다.

#… 도시에서 살거나 산에 들어가는 것을 문제로 삼지 마십시오. 공부는 아무 때라도 할 수 있는 것이니까. 공부 하고자 하는 마음이 있으면 어디서나 못하겠습니까.

#… 세상에서 겪게 되는 난관이나 재앙은 불행이 아니라 큰 선물입니다. 실패가 주먹만 하면 성공이 주먹만 하고 실패가 태산만하면 태산만한 설공을 얻을 수 있는 것입니다. 위인들은 모두 죽을 자리에서 살아난 경험을 등불 삼아 큰 성공을 이룬 분들입니다.

#… 불법이란 먼 데. 또 바깥에 있는 것이 아닙니다. 마음을 근본으로 삼기 때문에 대도무문이라고 하는 것이나 道 아닌 것이 없기 때문에 문이 있다거나 없다고도 할 수 없습니다.

#… 인간은 다 죽습니다. 죽음이 다가오고 있다는 것을 잠시라도 잊지 말고 내 마음을 지키고 내 마음을 닦을 때 내가 성인이 되는 것입니다.

#… 부처가 아닌 것이 없듯이 화두 아닌 것이 없습니다.

#… "바람을 매고 허공은 잡을 수 있을지언정 이 물건이야 누가 결박하겠는가?"

#… "무념처[無念處]에 일체유[一切有]가 갖추어져 있거늘, 그대들 어떠한가?"

#… 숨 한 번 마시고 내쉬지 못하면 이 목숨은 끝나는 것이니 이 목숨이 다하기 전에 정진력을 못 얻으면 눈빛이 땅에 떨어질 때에 인생길을 잃어버리게 됩니다.

#… 죄의 원천은 노는 것에 있습니다. 자기면목을 찾는 정진은 하지 않고 재색에 눈부

터 뜨게 되면 천불이 출세해도 제도할 수 없습니다.

#... 조그마한 나라를 회복하려 해도 수많은 희생을 요하는 것이니 전우주인 나를 도로 찾으려 할 때는 그만한 대가를 지불할 각오를 해야 합니다.

#... 누구나 물건을 잃어버린 줄은 알게 되지만 내가 나를 잃어버린 것은 모릅니다.

#... 미물을 업신여기는 마음을 가지면 후일에 나도 미물이 될 것입니다.

#... 남에게 이익을 주는 것이 정말로 내게 이익利益이 되며, 남에게 베푸는 것이 정말 나에게 고리의 저금이 되는 것입니다.

#... 내 잘못을 남에게 미루는 것은 가장 비열한 일입니다.

#... 천 번 생각하는 것이 한 번 실행함만 못합니다. 말하기 전에 실행부터 해야 합니다. 방일은 온갖 위험을 초래합니다. 유용한 인물은 한가한 시간을 가질 수 없는 것입니다.

#... 총과 칼이 사람을 찌르는 것이 아니요, 사람의 업이 사람을 찌르고 쏘는 것입니다. 지옥이 무서운 곳이 아니라 내 마음 가운데 탐진치가 무서운 것입니다.

#... 신이 자신의 생각을 내어놓을 수 있겠습니까? 허공에 뼈가 있는 소식을 알겠습니까? 귀신 방귀에 털 나는 소식을 알겠습니까? 생각이 곧 현실이요 존재입니다. 생각이 있을 때 삼라만상이 나타나고, 생각이 없어지면 그 바탕은 곧 無로 돌아갑니다.

#... 토목와석이 곧 도입니다. 백초 곧 불모입니다. 부처를 풀밭에서 구해야 합니다. 무심은 비로자나불의 스승입니다. 선지식을 찾아가도 다만 사는 집인 이 육체의 모양만 보고 진면목을 못 보니 곧 자기자신을 보지 못한 결과입니다. 자기를 보지 못하므로 자기의 부모 형제 처자 일체 사람을 다 보지 못하고 헛되게 돌아다니니, 이 세계를 어찌 암흑세계라 아니할 수 있겠습니까?

#...'공부 하다 죽어라' 공부하다 죽는 것이 사는 길이다. 옳은 마음으로 옳은 일 하다가 죽으면 안 죽어요. 공부 짓는 법, 그 길을 화두결택이라고 합니다. 공부하는 법을 가린다 그 말입니다. 공부하는 바른 법을 알아야 합니다. 공부하는 법을 모르고서 절에 다니고, 철야 용맹정진을 한들 무슨 이익이 있겠습니까. 다른 것은 몰라도 공부하는 법은 의심 없이 알아야 합니다.

#...시작이 반이라고 내가 갈 길을 알아야지 서울에 가려면 가는 길을 바르게 아는 것이 가장 중요한 문제 아닙니까. 서울 가는 길도 모르면서 남대문을 찾고 동대문 시장은 어떻게 벌어져 있고, 제일극장은 어떻고, 요릿집은 어디고 하면서 말만 많습니다. 의심이 나면 묻고 알아야 하지 않겠습니까. 모르면서도 아는 척하고, 그렇게 헛고생을 하고 다니면 무슨 소용이 있습니까.

#...공부를 제대로하면 물동이가 터지는 것처럼 〈번천복지(飜天覆地)〉한 일이 생깁니다. 그러나 분별심으로 공부를 하면 억만년을 해도 화두를 타파하지 못합니다.

#...알려고 하는 마음은 간절하되 따지려는 생각을 하지 말아야 합니다.' 관세음보살을 부르는 것이 무엇인가? 마음인가, 입인가, 머릿 속인가', 이렇게 분별심을 냅니다. 마음이 무엇인지도모르는 사람들이 그렇게 따집니다. 이렇게 따져 공부한다면 허공이다 하더라도 헛공부만 하게 될 뿐 삼만팔천리 엇길입니다. 이것을 알아야 합니다.

#...바늘 끝이 날카로우니까 어디든 쏙 들어가지 않습니까? 헤아리지 말고 한 곳을 파고 들어가야지 여기 저기 대어 보면 몽둥이로 바느질하는 것과 같습니다. 공부도 이와 같습니다. 안 된다고 하지 말고 '이 부르는 것이 대관절 무엇인가' 따지지 말고, 알고자 하는 마음만 간절하면 거기서 딱 한 덩어리가 됩니다.

#... 분별심 때문에 마음이 이리 나가고 저리 나가서 마구니, 잡신이 붙는 것이지, 하라는 대로만 하면 마구니도 붙을 새가 없습니다. 몰라 답답한 데에만 대고 '이 뭣고' 공부를 지어가며 안으로 가만히 자기 마음을 돌이켜 비춰보면 마구니도 덤빌 수 없고 방해가 생길 곳이 없습니다.

#... 화두 공부가 수월한 것 같으면서도 방법을 모르면 어렵습니다. 화두라는 것을 조사공안이라고도 하는데 본래 공부하게 하기 위해서 문제를 만들어 놓은 것이 아닙니다. 부처님의 진리를 바로 설한 것입니다. 불법의 종지, 골수 바로 일러주는 말이 화두입니다. 일러줄 때 바로 알면 따로 공부할 일이 없어지는데, 관세음보살, 아미타불을 부르듯 '이 뭣고' 를 한다면 억만 년을 해도 소용없습니다. 문제를 알려는 것이 목적이지 소리 자체는 아무런 소용이 없습니다. 모르는 것이 있기 때문에 화두마다 끝에 'ㅇㅇ 이 뭣고' 가 붙는 것을 알아야 합니다. 헤아려 아는 것이 아닙니다. 스스로 깨달아야(自覺) 합니다. 무상심심미묘법(無上甚深微妙法)입니다.

혜암현문스님
1834~1985년

은사 만공스님
제자 대의, 법우스님

혜암현문(惠菴玄門). 제자대의(大義), 법우(法雨)
덕숭총림 초대방장.

혜암 현문 스님은 조선 말기 대선지식인 경허鏡虛 만공滿空으로부터 면면히 이어져 내려오는 선풍을 계승한 선사이다. 스님의 속명은순천順天, 법호는 慧庵이다.

황해도 백천에서 강릉 최씨인 최사홍과 전주 이씨인 어머니 사이에서 3대 독자로 태어났다. 1896년 부친상을 당하자 이듬해 출가하였다. 양주 수락산 흥국사(興國寺)에서 3년간의 행자생활을 마친 스님은 15세에 보암스님을 은사로 금훈스님을 계사로 사미계와 현문이라는 법명을 받았다. 그가 16세 되던 해에 속가의 어머니가 찾아와서 이듬해 돌아가셨다. 나이 17세에 현문은 양부모를 다 잃게 된 것이다. 현문은 17세부터 6년간 동냥중 노릇을 하면서 운수행각을 했다. 이어 선지식을 찾아 단련을 거듭했다. 후에 그는 후학들에게 늘 이런말을 했다. "반드시 밝은 선지식 찾아 단련을 거듭해야 한다."

1908년 통도사 내원선원에서 처음 하안거에 들어가 참선수행을 시작하였다. 당시의 그는 "신령의 힘으로 색신(色身)을 입고 벗기에 임의자재하는 신통력을 얻어야지, 법문을 들어서 무얼 할 것인가?" 하는 생각에 사로잡혀 있었다. 그러나 내원선원의 조실 성월스님은 "선방의 밥은 썩은 밥이 아니다." 하고 쫓아내었다. 세 번을 들어갔다가 쫓겨난 뒤 양산으로 가다가, 그동안 여러 고승들에게 지도를 받은 근본 뜻이 어디에 있는가를 생각하고 다시 돌아가 가르침을 청하자, 성월선사는 "그대는 편견과 아집을 버리지 못한다면 절대 깨달음에 이르지 못할 것이다. 다시 한 번 기회를 줄 터이니 이번엔 꼭 변하길 바라네.." 현문은 그 말씀에 번쩍 정신이 들었다.

"그랬구나! 나를 내안에 묶어두고 밖에서만 구하려는 어리석음을 행하고 있었구나!" 이때부터 법문을 들으며 지금까지와는 다른 새로운 수행을 시작하였다.

그러나 정진을 하면 할수록 더욱 알 수없는 고뇌에 빠졌다. 그럴수록 현문은 뼈를 깎는 모진 각오로 화두를 들었고, 또 몰입했다. 자신 앞에 놓여 진 화두를 타파하지 못하면 차라리 죽음을 택하겠다는 결심으로 6년 동안 전국의 이름 있는 고승들을 찾아다니며 운수행각을 하다가 1911년 27세 되던 해 해담스님에게 구족계를 받은 후 만공. 용성스님 등 당대의 선지식을 찾아다니며 공부에 몰두했다. 이무렵 오대산 상원사 주지와 태백 정암사 주지 소임을 잠깐 보았다.

스님은 당대의 선지식이라는 만공, 혜월, 용성 스님을 시봉하며 그들과의 법거량을 통해 공부의 끈을 늦추지 않았다. 그러기를 6년. 스님은 마침내 풀리지 않을 것만 같았던 의문의 고리를 풀어냈다. 오도(悟道)의 경지에 이른 것이다.

오도송 語默動靜句   어묵동정 한 마디 글귀를
　　　 箇中唯敢著   누가 감히 손댈 것인가
　　　 問我動靜離   나에게 묻는다면 침묵도, 움직임도, 움직이지 않음도 여의고
　　　 即破器相從   한 마디 이르라면 곧 깨진 그릇은 저절로 맞추지 못하리라

제자들의 깨달음을 인가하는 데 있어서 무척이나 엄격했던 수덕사 조실 만공스님은 현문이 이처럼 치열한 구도 정진을 통해 마침내 깨달음에 이르자 이를 인가하고 1929년 전법게와 혜암이라는 법호를 하사했다. 이로서 경허, 만공으로 이어지는 덕숭의 법통을 정식으로 받은 것이다.

만공스님의 전법게

　　　 雲山無同別   구름과 산은 같고 다름도 없고
　　　 亦無大家風   대가의 가풍도 또한 없어라
　　　 如是無文印   이와 같은 글자의 인을
　　　 分付慧庵汝   혜암 너에게 주노라

이후 혜암스님은 만공스님과 늘 함께하며 법거량을 나누고 가르침을 받았다.

만공스님이 어느 날 법상에 올라 대중에게 질문을 던졌다. 공부의 깊이를 알아보기 위한 방편이었다. "내게 큰 그물이 하나 있는데, 그 안에 물고기 한 마리가 걸렸다. 물고기를 살릴 수 있는 방법을 아는 대중은 답을 하라."

그 자리에 있던 한 스님이 일어나 나름대로 답을 했지만, 만공스님은 만족스럽지 못한 표정을 지으며 "그래, 물고기 한 마리 걸렸구나." 라고 했다. 또 다른 스님이 방책을 이야기 했지만, 만공스님은 "그렇지, 또 한 마리 걸려들었구나." 라고 답했다. 잇따라 수좌 여러 명이 해법을 제시했지만 그때 마다 '만공스님이 쳐 놓은 그물'에 걸려 들 뿐이었다. 그 때 한쪽에 앉아있던 혜암스님이 일어나 만공스님의 옷깃을 잡아끌며 다음과 같이 말했다. "큰스님, 이제 그만 그물에서 나오시지요."

만공스님이 손가락으로 불상을 가리키며 "부처님 젖이 저렇게 크시니 수좌들이 굶지는 않겠구나." "무슨 복으로 부처님 젖을 먹을 수 있겠습니까" "그대는 무슨 복을 그렇게 지었는가." "복을 짓지 않고는 그 젖을 먹을 수 없습니다." "혜암 수좌가 부처님을 건드리기만 하고 젖을 먹지는 못하는군." 당시 혜암스님은 만공스님의 질문에 답을 못했다고 한다. 훗날 혜암스님은 "부처님의 젖을 빠는 형용을 하였으면 좋았을 걸"이라고 술회했다.

1943년 만공스님과 혜암스님이 지금은 육지가 된 서산 간월도로 가는 배위에서 나눈 법담이다. 만공스님이 혜암스님에게 "저 산이 가는가, 이 배가 가는 것인가?" 묻자 혜암스님은 "산이 가는 것도 아니고 배가 가는 것도 아닙니다." 라고 답했다. 그러자 만공스님은 "그러면 무엇이 가는가?" 라고 재차 물음을 던지자 혜암스님은 아무 말 없이 손수건을 들어 보였다. 그러자 만공스님은 "자네 살림살이가 언제 이렇게까지 되었는가." 라며 혜암스님의 경지를 크게 칭찬했다고 한다.

1956년 수덕사 조실로 추대되어 덕숭산에 머무르면서 30년 동안 후학들을 지도하면서 늘 스승들과 법거량 하기를 즐겼다. 혜암스님 만의 독특한 보림이었다. 그래서인가 혜암스님은 법거량의 달인이었다. 정식 교육이라곤 단 하루도 받아보지 못한 그를 그러한 경지로 끌어올린 힘은 수행이었다. 혜암스님은 그러나 수행자의 상법(相法)을 가장 경계했다. 상법이란 '내가 잘한다, 내가 제일이다' 하며 뽐내는 아만(我慢)을 말한다. 아무리 계율이 청정하고 수행이 깊다 해도 아만을 갖게 되면 마음속에 도적을 기르는 것이나 다름없다고 강조했다.

공부의 방법을 묻는 제자들이 있으면 스님은 한 번도 거절하지 않고 수시로 법문을 해 주었다. "밝은 눈의 선지식을 찾아가 백번 천번 단련에 단련을 거듭하라" "공부를 시작하고 마치는데 있어서 고요함(精)과 조촐함(淨) 두 글자를 여의지 말 것. 고요함이 지극하면 문득 깨달을 것이요, 조촐함이 지극하면 홀연 통달할 것이니라." "정진하기를 이렇게 해 의단(疑團)이 부서져(粉碎) 버리면 정안(正眼)이 열릴 것이다."

"조금이라도 얻어가졌다는 자족심을 내지 말라." "참선에는 구별이 없고, 바로 지금 이 순간 발심해서 정진하는 이가 가장 수승하다." "번뇌망상이 수시로 일어나더라도 빨리 돌이켜 의심으로 반조한다면 결코 번뇌망상에 지배받지 않게 될 것이다." "화두에 대한 생각이 다만 실을 늘어 내린 것과 같아 결코 단절되어 버리지 않는 것을 보게 될 것이다. 이러한 경지에 이르러서야 비로소 온갖 티끌이 모두 쉬고 광명이 두루 하게 될 것이다."

수덕사 범종불사 회향법회 당시 혜암스님의 법문이다. "종소리에 깨달으면, 북소리에 거꾸러진다. 대중은 각기 한마디씩 일러 보아라." 고 했지만 대중은 아무 말을 못했다. 이에 스님은 "만약 나에게 뜻을 묻는다면, 나는 이렇게 대답하리라" 면서 주먹을 들어 보인 후 "이렇게 펴는 것이 옳으면 손을 이렇게 쥐는 것이 그르지 않노라." 며 법문을 이어갔다.

"내가 하루는 여러 스님들의 모임에 가게 되었다. 마침 한 처사가 옆 자리의 스님에게 인사를 하면서 '제가 아무개 입니다. 지금은 환속해서 처자식을 거느리고 살게 되었습니다. 죄송합니다.' 하면서 사죄를 했어. 그런데 스승 되는 스님이 '그러면 안 된 일이지. 틀린 일이지' 하더란 말이야. 그래서 내가 한마디 물어보았어. 저 처사가 틀린 것은 그렇다 치고 스님은 그 틀린 것을 어느 곳에서 보았소. 그랬더니 그 스님은 말문이 막혀 답을 못하더군. 나 같으면 지체 없이 물은 파도를 여의지 않고 파도는 물을 여의지 않는 바로 그곳에서 보았노라고 하겠다. 이처럼 무심코 옳으니 그르니 타인의 죄를 시비하면 오히려 스스로가 시비에 빠지는 업을 쌓게 되는 것이다."

혜암스님은 만나는 사람마다 '참 나'를 찾는 길로 인도했다. 100세를 눈앞에 둔 1984년 노구를 이끌고 미국 포교에 나선 까닭도 여기에 있다. "대저 범부란 무엇인가. 재주가 모자라거나 재력, 권력이 없어 범부인가. 그렇지 않다. 마음속 불성은 누구나 다 지니고 있으니 그 이상 공평한불법이 어디 있는가. 깨닫지 못하는 자가 범부일 뿐이다." 마음의 꽃을 활짝 피운 선사다운 법문이다.

1984년 100세의 나이로 미국 서부 능인선원 봉불식에 참여하여 우리나라의 선을 미국에 전파하였다. "선(禪)의 종자를 미국에도 심어주어야 할 것 아닌가? 종자만 심어주면 가지 뻗고 꽃피고 열매 맺는 거야 저절로 되리라 생각한다."(불교신문 인터뷰) 세수 100세에 미국 포교를 위해 손수 나섰던 혜암 스님이 출국 직전에 하신 말씀이다. 이때 스님은 노구에도 불구하고 미국인과 교민들에게 불법을 전하겠다는 일념으로 비행기에 올랐다.

미국 서부 능인선원 봉불식에 참여해 '선의 가르침'을 서양세계에 전했던 것이다. 당시 스님은 미국에 가기 전에 매주 수덕사를 찾아오는 한 교수를 통해 영어 공부에 열중했다고 한다. 보다 쉽게 가르침을 전하기 위한 노력이었으며, 나이를 뛰어넘은 열정을 직접 보여주었던 것이다.

스님은 그곳에서 불교와 기독교가 같은 사랑과 자비를 실현하여 범종교적으로 나아가길 바란다며 다음과 같은 법을 설하고 온다. 고령의 나이지만 참석한 사람들이 놀랄 정도로 스님의 음성은 청아하고 우렁찼다.

"나로 인하지 않고는 하늘나라로 들어갈 수 없다는 '나'와, 세존의 천상천하 유아독존의 '나'는 결코 둘이 아니로구나!" "석가세존의 '천상천하에 나만 홀로 높다'는 가르침이나 예수님의 '나를 따르면 천국이 너의 것이다'는 말씀은 각자(본래면목)의 '나'를 가리킨다. 석가 자신만이 혼자 높다는 뜻이 아니다. 일체 중생, 심지어 곤충까지도 천상천하에 가장 높은 '나'를 갖추고 있다는 의미다.

성경의 '나' 역시 예수 자신을 말한 것이 아니라, 사람들 각자가 가진 '참 나'를 가리킨 것이다. 그러므로 기독교인이 성경의 근본 뜻을 알고 믿으면 부처님도 예수님처럼 믿을 것이요, 불교인이 경전의 근본 뜻을 알고 믿으면 예수님도 부처님처럼 믿을 수 있을 것이다. 불교가 자비의 종교라면 기독교는 사랑의 종교다. 자비와 사랑은 서로 다른 말이 아니다." "너는 너라는 그 '너'가 아니요, 나는 나라는 그 '나'가 아니라, 나와 너 둘이 없는 그곳에, 즉시 본래의 너와 나로다."

"달 밝은 밤에 접시 사발 동이 항아리 등 무수한 그릇에 물을 떠놓고 보면, 그릇마다 달은 다 비추어 있다. 불교니 기독교니 천주교니 하는 것은 곧 접시달 사발달 항아리달이라고 하는 것과 같다. 그릇은 각기 다르나 그달은 같은 달인 것이다. 보라, 청천에 떠 있는 달은 우주에 오직 한 몸만 비추어 있을 뿐이다. 이와 같이 알면 종교란 원래 하나임을 깨끗한 정신으로 믿을 수 있을 것이다. 물론 기독교에 대한 나의 시각은 불교적 세계관에 토대를 둔 것이긴 하다. 하지만 모든 종교의 진리가 궁극적으로는 하나임을 일깨운다. 단순하게 생각해보자. 진리의 산이 있다. 그 산의 정상에 도달하는 길은 수 없이 많을 것이다. 종교는 진리의 산의 정상으로 인도하는 안내자 역할을 하는 것이다."라며 다음의 게송을 읊었다.

金仙耶蘇本面目　부처님과 예수님의 본래면목이
人前各自强惺惺　스스로 뚜렷하게 밝았으되

一坑未免但埋却　다만 한 구덩이에서 벗어나지 못하고 묻히면
不知身在眼子青　몸 가운데 푸른 눈알이 있음을 알지 못하리라 하리라

그렇게 미국을 다녀온 혜암스님은 그해 말에 설립된 덕숭총림 초대 방장으로 추대되면서 이후 납자 제접과 선풍 진작을 위한 남다른 면모를 보였다. 확철대오를 이룬 그였지만 조금도 정진을 늦추지 않으면서 후학들에게 수행자의 본분이 무엇인지를 몸소 실천했다.

특히 스님은 '공부에는 출·재가가 따로 없음'을 강조하면서 출가 수행자 뿐 아니라 재가자들의 지도에도 정성을 아끼지 않았다. 공부하다 슬럼프에 빠져 헤매는 제자를 볼 때면 이렇게 당부한다. "공부를 지어갈 때 화두에 대한 생각이 무르익을수록 심심해서 아무 재미도 없게 된다. 이럴 때가 바로 진보되어 정절(程節)에 들어가니…더욱 부지런히 의심으로 반성해야 한다. 나는 오십 년을 공들였다. 이십 년은 별로 모르겠고, 삼십 년 되니까 스승 없는 지혜가 나오더라."

열반을 앞두고 마지막 가르침을 묻는 제자들에게 혜암스님은 "무상무공무비공(無相無空無非空). 즉 모든 존재는 끊임없이 변화하여 고정된 실체가 없으며(無相), 그렇다고 허망한 것도 아니고(無空) 허망하지 않은 것도 아니다(無非空). 나는 이제 더 이상 할 말이 없다. 내가 도시에서 죽으면 영구차에 실어다 화장장에 집어넣을 것이고, 혹 산중에서 세상을 버린다면 상여도 할 것 없이 입은 옷 그대로 들어다가 석유 한 사발 끼얹어 불에 태워라. 결코 사리를 수습하거나 부도를 세우지 말라. 만약 탑이나 부도를 세우면 나는 세세생생 지옥고를 면하지 못할 것이다." 이렇게 간곡히 일렀다.

열반송

行狀衲衣一枝　내 행장 누더기 한 벌과 주장자 한 개
東走西走無窮　동서로 달리기 끝없이 하였네.
傍人若問何處走　누가 만약 어디로 그렇게 달렸냐 하면
天下橫行無不通　천하를 가로질러 통하지 않은 곳이 없었다 하리.

1985년 삼월 삼진날 세수 101세, 법랍 89세로 수덕사 염화실에서 나이 101세,법랍 89세로 입적하였다. 저술로는 『선문법요禪門法要』 『선문촬요편저禪門撮要編著』가 있고, 문하에는 대의(大義), 법우(法雨) 등의 제자들이 있다.

혜월스님

1861~1937년

은사 경허스님
제자 운봉, 효봉, 운암, 철우, 성공스님

신도 어쩌지 못한다는 천진불 혜월혜명(慧月慧明) 스님. 경허의 하현달.

경허스님의 세 수법제자 중 둘째로서 스승으로부터 "만공은 복이 많아 대중을 많이 거느릴 테고, 정진력은 수월을 능가할 자가 없고, 지혜는 혜월을 당할 자가 없다."는 평가를 받은 혜월스님은 항상 철없는 어린 애와도 같아 흔히 '천진불(天眞佛)'로 알려져 있으며, 또한 경허 대선사를 만나 깨달음을 얻고서도 끼니도 잇기 어려운 절 대중들을 먹여 살리기 위해 가는 곳마다 밤낮으로 산비탈을 개간해 논을 만들고 소를 키웠기에 '개간 선사'라 불리기도 했으며, 평생 동안 무소유의 삶을 철저히 지켜나갔기 때문에 '청빈의 혜월'로 평가받았다.

1862년 6월19일 충남 예산군 덕산면 신평리에서 태어났다. 속성은 신씨(申氏)이고, 본관은 평산(平山)이다. 찢어지게 가난한 속가에서 글 한자 배울 수 없었던 11살의 어린 소년은 스님들에게 공부를 배워보려고 절을 찾아 들어갔다. 덕숭산 정혜사에서 행자생활을 시작한 그는 15세에 혜안(慧眼)스님을 은사로 하여 머리를 깎고 계(戒)를 받고, 혜명이라는 법명을 얻었다. 혜명은 24세 되던 1884년 정혜사 법회에서 하는 경허스님의 법문을 듣고 감명 받아 은사 혜안스님에게 말씀드리고 천장암으로 갔다.

"내 안에도 역력히 홀로 빛나고 형체도 없는 붉은 사람이 하나 있어 항상 내 눈과 귀와 코와 입을 통해 들락날락하고 있다. 그러니 아직 보지 못한 사람이 있으면 똑똑히 보아라."

혜명은 그 어려운 법문을 도저히 이해할 수 없었지만, '역력히 홀로 빛나고 형체도 없는 붉은 사람' 하나가 몸속에 들어 있어 눈과 귀와 코와 입을 통해 무시로 들락날락하고 있다는 그 한 마디가 혜명의 마음에 벼락을 내리쳤는데, 그리하여 혜명은 지게를 지거나 밥을 짓거나 밭을 갈거나 항상 자신의 코와 입을 들락날락하는 참사람을 찾는 것을 화두로 삼고 정진하였다.

얼마나 열심히 수행 정진하는지 경허스님이 "혜명의 화두일념은 마치 새끼 잃은 어미소가 새끼소를 생각하는 것과 같고, 3대 독자를 잃은 홀어머니가 죽은 아들 생각하듯 하는구나!"라며 칭찬을 아끼지 않았다.

천장암 경허스님 문하에서 수심결을 배우며 마음 닦는 법과 한문, 두 가지를 한꺼번에 익히게 된 혜명은 불교의 진리가 글자 속에 있지 아니함을 깨닫고 천장암 근처 바위 밑에 뚫린 토굴 속에 들어가 오직 화두참구에 매달렸다. 때는 엄동설한, 바위굴 속의 돌바닥위에 정좌하고 며칠 동안 화두만 들고 있었으니 온몸이 얼음처럼 얼어갔지만 혜명은 몸이 얼어 굳어 가는 것도 잊은 채 참선삼매에 빠져 있었다.

혜명이 바위 밑 토굴에 들어간 지 7일째 되던 날, 경허선사와 만공이 토굴 속으로 들어가 보니 혜명의 몸은 이미 얼어서 굳어있었다.

"이것 보게 만공, 혜명의 몸이 얼어 앉은 채로 굳어버렸어."
"스님, 날씨가 너무 추워 얼어 죽었나 봅니다."
"아니야. 눈빛이 아직 살아 있으니 죽지는 않았어. 어서 가서 따뜻한 물이나 갖고 오게나." 만공이 천장암으로 급히 내려가 더운물을 가져다가 가까스로 혜명을 구했다.

혜명은 짚신 삼는 솜씨가 뛰어나서 남이 한 켤레 삼을 동안에 세 켤레를 너끈히 삼아내는 탁월한 솜씨를 보여주곤 했다. 그리고 틈만 나면 짚신을 삼아서 나뭇가지에 걸어놓고 아무나 필요한 사람이 신도록 하는 것을 즐거움으로 알았다.

어느 날 경허스님이 "내일은 길을 떠나야 하니 짚세기나 하나 지어주게"라며 짚을 토굴에 넣어주었다. 스승의 뜻에 따라 짚신 한 켤레를 삼아놓고, 다른 짚신을 틀에 넣은 후 '탁'하고 두드리는 망치소리에 깨달음을 이루었다.

"그대는 대체 참선은 무엇하러 하는가?"   "못에는 물고기가 뛰고 있습니다."

"허면 자네는 지금 어디에 있는고?"   "산꼭대기에 바람이 지나 갑니다."

경허스님이 "목전에 밝은 한 물건이 있어서 능히 법을 설하기도 하고 듣기도 하느니라. 이 사대 몸뚱이는 법을 설하지도 듣지도 못하고 이 허공 또한 그러한데 눈 앞에 뚜렷이 밝은 한 물건이 있어서 법을 설하기도 듣기도 한다. 그대는 뚜렷이 밝은 한 물건을 아는가?" 라고 물으셨다.

혜명스님은 이 화두와 씨름하면서 일념이 지속되었다. 드디어 화두가 타파되어 경허스님께 갔다. 경허스님은 혜명이 당당하게 들어오는 것을 보고 이미 깨달았음을 알았다. 그러나 짐짓 모른 척하고 "목전에 고명한 한 물건이 어떤 물건인고" 라고 물으셨다. 혜명은 "저만 알지 못할 뿐만 아니라 모든 성인들도 다 알지 못합니다"라고 답을 했다. "

어떤 것이 혜명인고?" 하고 경허스님께서 재차 물으시자 동쪽에서 서쪽으로 몇 걸음 걸어갔다가 다시 동쪽으로 몇 걸음 걸어가서 경허선사의 면전에 서셨다. 경허스님은 "옳고 옳다" 하시고 그 자리에서 혜명이 한 소식 얻었음을 인가하고 '혜월' 이라는 법호를 내려주며, "그대는 남방에 인연이 있으니 이 길로 남방으로 내려가라" 고 일렀다.

경허스님이 혜월스님에게 법을 전하며 한 게송이다.

> 了知一切法　일체법을 요달해 알 것 같으면,
> 自性無所有　자성에는 있는 바가 없는 것.
> 如是解法性　이같이 법성을 깨쳐 알면
> 卽見盧舍那　곧 노사나불을 보리라.

> 依世諦倒提唱　세상 법에 의지해서 그릇 제창하여
> 無生印靑山脚　문자와 도장이 없는 도리에 청산을 새겼으며
> 一關以相塗糊　고정된 진리의 상에 풀을 발라 버림이로다.

경허스님에게서 전해진 혜월스님의 법맥은 운봉스님을 통해 향곡, 진제스님에게 계승됐다. 또한 철우스님에게도 게송을 지어주었다. 1902년 혜월스님은 운봉스님에게 전법을 하고 다음과 같은 게송을 내렸다.

付雲峰性粹　운봉 성수에게 부치노니,

> 一切有爲法　일체의 유위법은
> 本無眞實相　본래 진실 된 모양이 없으니

於相若無相　저 모양 가운데 모양이 없으면
卽名爲見性　곧 이름하여 견성이라 함이라.
世尊應化 二九五一年 四月　세존응화 2951년 4월
鏡虛門人 慧月 說　경허문인 혜월 설함

1913년 여름 혜월스님은 법을 전해준 경허스님이 북방에서 입적해 마을 뒷산에 법구를 모셨다는 소식을 전해 들었다. 수월스님이 만공스님에게 편지를 보내온 것이다. 경허스님 입적은 1912년 4월이었으며, 소식이 도착한 것은 이듬해 여름이었다. 혜월스님은 송구함과 죄책감에 어찌할 줄 모르며 철우, 운봉, 운암스님 등 제자 5~6명과 함께 허둥지둥 덕숭산으로 향했다. 만공스님 일행과 합류한 혜월스님은 경허스님 법구가 모셔진 산에 도착했다. 찌는 듯한 무더위로 법구 수습에 선뜻 나서기 어려웠다. 이때 혜월스님은 "내가 하지"라며 법구를 모셨다.

철우스님 법어집에는 당시 상황을 이렇게 기록해 놓았다. "혜월선사는 철우스님을 앞세우고 다른 스님 몇 분과 수덕사의 만공스님을 모시고 가서 경허선사의 무덤을 파 화장을 하게 되었다. 경허선사의 뼈는 장대한 황골이었고 장례 중에 혜월선사는 그냥 말없이 눈물만 흘리셨는데, 철우스님은 그날 혜월선사의 눈물을 처음 보았다고 한다." 혜월스님과 만공스님은 경허스님의 시신을 모셔와 다비를 치뤘다.

혜월스님은 그길로 덕숭산을 떠나 부산 선암사에 주석하면서 주인과 도둑, 사람과 짐승의 경계도 차별도 없는 무차별과 무소유의 삶을 살면서 많은 선화를 남겼다.

행장...

1861 충남 서산 출생, 속성은 신 (申)씨, 혜월은 법호 혜명은 법명, 1872 예산 정혜사에서 출가, 이후 경허 문하에서 수행, 1884 수심결에 대한 경허의 가르침을 듣고 대오, 1902 경허로부터 전법게 받음, 1908~20 도리사 통도사 내원사 등에서 선풍을 일으킴, 1921 부산 선암사에 주석하다가 안양암으로 옮겼다.

부산 안양암에서 만년을 보내던 스님은 솔방울을 줍기 위해 늘 하던 대로 뒷산으로 발걸음을 옮겼다. 솔방울을 반 자루쯤 채울 즈음에 스님은 이승과의 이별을 감지했다. 그리고 자루를 짊어진 자세로 일의일발(一衣一鉢)의 삶을 마감했다. 1937년 어느 날 가고 옴이 없는 경지를 보여주며 원적에 들은 것이다. 세수 75세. 법납은 63세였다.

스님의 가르침을 받은 제자는 운봉(雲峰), 호봉(虎峰), 운암(雲庵), 철우(鐵牛)스님 등이 있고, 부산 안양암 성공(性空)스님도 10년간 혜월스님을 시봉했다.

스님의 유훈에 따라 법구는 화장 후 사리를 수습하지 않고 백양산으로 돌아갔다. 부도와 비를 세우지 않은 것도 스님의 뜻을 따른 것이다.

일화(禪話)...

#...혜월 스님과 도둑.

절에 도둑이 들었다. 도둑은 쌀가마를 훔쳐 지게에 졌는데 너무 무거워서 일어서지를 못하고 쩔쩔맸다. 그때 누군가 지게를 밀어 주었다. 깜짝 놀란 도둑이 뒤돌아보자 한 스님이 손에 입을 갖다 대며 말했다. "쉿 들키겠네 넘어지지 않게 조심히 내려가게 먹을 것이 떨어지면 또 오게나" 혜월 스님이었다.

#...논을 팔고.

혜월스님은 배고픈 대중을 먹여 살리기 위해 가는 곳마다 산비탈을 개간해 논을 만들었다. 그래서 사람들은 그럴 '개간선사'라고도 불렀다. 어느 날 스님이 개간한 논을 탐내던 사람들은 그 논을 팔라고 요구했다. 스님은 그들의 거듭된 간청에 못 이겨 헐값에 논을 팔았다. 논을 팔고 받은 돈으로 일꾼을 고용해 다시 산자락에 논을 만들기 시작했다.

그런데 일꾼들은 꾀를 내어 날마다 혜월에게 좋은 법문을 들려 달라고 졸랐다. 법문을 듣는 동안은 일을 하지않고 쉴 요량이었다. 그 청을 들어주다 보니 하루 해가 다 가도록 아무 일도 못할 때가 많았다. 그런데도 혜월은 그 논을 들여다 보며 매우 흡족해 했다. 이를 탐탁치 않게 바라보던 한 제자가 물었다.

"스님 뼈 빠지게 일해서 만든 논을 헐값에 팔고 그 돈으로 일꾼을 구하고도 논 몇 마지기 밖에 완성하지 못해 손해가 큰데 뭐가 그리 즐거우십니까?"

혜월이 말했다 "이 녀석아 무슨 셈이 그 모양이냐 판 논은 그 자리에 있지. 그 돈으로 일꾼들이 품삯으로 받아 생활에 도움이 되었지. 그리고 산자락엔 없던 논 몇 마지기가 새로 생겼으니 이거야 말로 큰 이득을 본 것 아니냐"

#...멧돼지 이야기.

한번은 절에서 산꼭대기 절 근방에 논을 몇 마지기 일구어 놓고 농사를 지었는데 산에서 멧돼지가 벼를 전부 뜯어 먹어도 놓아두므로 한 수좌가 스님 보고 "스님. 저 산돼지 좀 지키십시오." "그러지." 이렇게 대답하고는 옆에 가만히 서서 돼지가 오면 돼지 잘 먹으라고 스님은 숨도 크게 안 쉬고 기척도 한 하고 있다. 나중에는 스님이 왔다 갔다 해도 돼지가 도망 갈 기미도 보이지 않았다.

스님들이 와서 "스님. 돈을 얼마나 들여 해놓은 농사인데 돼지가 다 먹으면 어쩌라고 그럽니까." 하면" "우리는 이 벼가 아니라도 먹을 게 있지 않은가. 돼지란 놈은 농사를 짓나 장사를 하나 천생 좀 먹어야 할 게 아니냐."

#...새를 쫓아 주십시오.

대중들이 마당에 벼를 널어 놓고 새가 오면 그것 좀 쫓아 달라고 하면 스님은 "그리하지." 하고 서 있는데 스님 앞으로 새들이 잔뜩 몰려와 곡식을 마구 쪼아먹고 있었다. 그거 먹으면 안 된다고 손을 내저어 쫓으면 저쪽으로 가서 줏어 먹고 그리 가면 또 이쪽으로 오고 새들은 스님을 전혀 겁내지 않고 마치 자기들 먹으라고 준 모이처럼 먹고 있었다. 스님이 살생할 분이 아니라는 것을 미물인 새들도 알았나 보다.

#...길에서 지낸 사십구재.

스님이 부산 선암사에 계실 때 한 신도가 찾아와 부친의 사십구재를 지내달라고 꽤 많은 돈을 맡기고 갔다. 다음날 재를 지낼 준비를 하기 위해 장을 보러 가던 스님은 어떤 여자가 길바닥에 앉아 울고 있는 것을 보았다. 스님은 하도 딱해 보여서 우는 이유를 묻자 빚쟁이에게 돈을 갚지 못해집을 모두 빼앗기고 말았다고 했다.

스님은 그 자리에서 돈을 다 털어주고 빈손으로 돌아왔다. 대중스님들이 왜 빈 손으로 돌아왔느냐고 묻자 스님을 말했다. "응, 길에서 이미 사십구재를 다 지내고 왔네."

그 이튿날 재를 지내기 위해 절에 올라온 재자(齋=재계할 재. 者)들은 혜월에게 인사를 드리러 갔다. 혜월스님은 그들을 반가이 맞으면서 이렇게 말했다. "재는 하루 앞당겨 어제 아주 잘 지냈다." 뜻밖에 말을 들은 재자들은 무슨 영문인지를 몰라 어리둥절했다. 스님으로부터 자세한 사정을 들은 재주는 트인 사람이었는지 스님에게 감사하다면서 또 공양비로 적잖은 돈을 놓고 산을 내려갔다.

#...그 물고기 나에게 팔아라.

혜월스님이 양산의 내원사에 계실 때의 일이었다. 어느 여름날 스님이 출타하려고 산길을 내려가고 있었는데 계곡 냇물에서 한 무리의 아이들이 물고기를 신나게 잡고 있었다. 스님이 가까이 가서 살펴보니 아이들이 들고 있는 바구니 안에는 이미 잡아놓은 물고기들이 몇 마리 펄떡거리고 있었다.

"이 물고기들 모두 너희들이 잡은 것이냐?" "예 스님. 우리들이 잡았심니더." "그 그럼 말이다. 이 물고기 모두다 나한테 팔아라." "예? 아니 물고기를 팔라니요?" "내가 값을 후하게 쳐줄 것이니, 이 물고기들 다 나한테 팔란 말이다." "값을 후하게 쳐주신다구요?" "그래 그래. 그 돈으로 너희들은 사탕이나 사먹으면 그게 더 좋지 않겠느냐?"

혜월스님은 기어이 아이들을 달래 후한 값을 쳐주고 바구니에 담겨있던 물고기를 모두 다 샀다. 그런데 물고기 바구니를 건네받은 혜월스님은 그 자리에서 물고기들을 냇물에 풀어주었다. 바구니에 갇혀있던 물고기들은 그야말로 이제야 살았다는 듯이 흐르는 물결을 따라 뿔뿔이 흩어져 떠내려갔다.

아이들이 다시 소리를 지르며 물고기를 잡으러 쫓아 내려가더니 여기저기서 "잡았다. 잡았다." 하며 소리를 질렀다. "그 물고기 나에게 팔아라"

결국 혜월스님이 돈을 주고 사서 냇물에 풀어주었던 물고기들은 대부분 다시 잡히는 신세가 되고 말았다. 혜월스님은 이번에도 또 후한 값을 쳐주고 그 물고기들을 모두 다 사서 또 다시 냇물에 풀어 주었다.

그러나 물고기는 또 금방 아이들 손에 붙잡히는 신세가 되었다. 혜월스님은 이번에도 또 돈을 주고 물고기를 사서 냇물에 풀어주었다. 세상에 참 별 이상스러운 스님도 다 있다는 듯, 아이들이 스님을 이상스런 눈빛으로 쳐다보며 물었다.

"스님, 왜 물고기를 돈주고 사서 자꾸 냇물에 풀어 주시는 겁니까?" "왜는 인석들아, 물고기들이 불쌍해서 그런다." "불쌍해서요?" "그래. 헌데 이번에는 또 안잡을 거냐?" 아이들은 그제서야 멋쩍은듯, 고개를 가로 저으며 시무룩하게 말했다.

"이자 그만 잡을랍니더."

#...일제강점기 조선총독 미나미 지로.

미나미 지로가 혜월의 명성을 전해 듣고 일부러 찾아왔다. "어떤 것이 불법의 진리입니까." "귀신의 방귀이니라." 똑같은 질문을 한 양 무제에게 달마가 내뱉은 불식의 화두를 연상시키는 혜월의 답변이었다. 조선불교를 일본에 예속시키려던 미니미 지로에 대한 일침인 동시에 진정 진리를 알고자 한다면 허튼수작을 버리라는 경고였다. 당황한 그는 마음속으로 괘씸하게 여기고 돌아갔다.

조선총독이 혜월의 방망이를 맞고 갔다는 과장된 소문이 일본에까지 퍼졌다. 한 일본 군인이 분을 삭이지 못한 나머지 현해탄을 건너 왔다. 그는 구둣발로 방문을 차고 들어가 혜월의 목에 일본도를 들이댔다.

혜월은 흐트러짐 없이 손을 뻗어 그의 뒤편을 가리켰다. 당황한 그가 돌아서자 혜월은 일어서서 그의 등을 치며 "내 칼을 받아라" 하고 외쳤다. 그 순간 잘못을 깨달은 그는 칼을 거두며 "과연, 큰스님이십니다." 는 말과 함께 절을 올린 뒤 돌아갔다고 한다. 만약 혜월선사께서 그 상황에서 두려움을 일으키고 공포심을 냈던들 즉시에 목이 달아났을 것이다.

#...소이야기

일제 강점기. 부산 선암사에는 많은 대중이 모여 들었다. '남방의 도인'인 혜월스님의 가르침을 받기 위해서였다. 선농일치의 백장청규를 따르는 이유도 있었지만, 농사를 짓지 않고는 대중 외호가 어려웠기 때문이다. 그런 이유로 선암사에서는 소를 키워 농사일을 거들도록 했다. 지금처럼 농사를 기계로 짓지 않던 시절에 소는 가장 큰 재산이었다.

소에게 '우순이'라는 이름까지 지어준 혜월스님은 "너무 일만 시켜 미안하다. 다음 생에는 사람 몸 받아라. 농사철만 지내면 편히 쉬도록 해줄게"라며 아꼈다고 한다. 어느 날 고봉스님을 비롯한 수좌들이 양산시장에 가서 소를 팔아 버렸다. 절로 돌아온 수좌들은 원주에게 "대중공양 때 맛있는 반찬을 해 달라"며 소판 돈을 건넸다고 한다.

시장에 다녀온 혜월스님이 소를 찾았지만 있을 리가 없었다. 다음날 아침 공양을 마치고 대중공사가 벌어졌다. 아무리 천진불이라지만 소를 팔아버렸으니 화를 낼 것이라고 생각했다. 그러나 혜월스님은 꾸중대신 "살던 소 갖고 오너라"고 말했을 뿐이었다.

이때 소를 판 '주모자'인 고봉스님이 앞으로 나와 네발로 기어 다니며 "음매 음매"라고 소 울음을 냈다. 이를 본 혜월스님은 "내 소는 애비소요, 애미소이지, 이러한 송아지가 아니다"라고 했다.

#...스님의 보살행

스님은 차별을 두지 않고 대중을 맞이했다. 출,재가를 분별하지 않았고, 재산, 명예, 지위도 스님에게는 중요하지 않았다. 그저 깨달음을 이뤄야 할 수행자이며 중생일 뿐 이상도 이하도 아니었다. 누구든 절에 왔다 돌아가면 문밖까지 나와 공손하게 합장하며 배웅했다고 한다.

#...새옷 벗어 주고 누더기 옷.

혜월스님이 마을에 나타나면 동네 거지들이 "스님, 옷 좀 우리에게 보시하소."하며 뒤를 따라 다녔다. 마음 좋기로 소문난 스님이 무슨 일이든 다 들어주기 때문이다. 옷을 달라면 옷을 주고, 먹을 것을 달라면 먹을 것을 주니, 거지들에게 스님은 부처님이나 마찬가지였다. 승복을 벗어준 스님은 더럽고 낡은 거지 옷으로 갈아입고 선암사로 돌아오는 일이 한두 번이 아니었다. "신도들이 스님 옷 대주기 바빴다"는 이야기가 지금도 전해온다. 일제가 수탈을 일삼던 시기로 먹고 사는 일이 너무 어려워 많은 사람이 유랑하던 시절, 중생의 아픔을 보듬어 준 스님은 '보살'이었다.

#...콩나물만 먹은 이야기.

절에 재(齋)가 들어오면 상좌나 신도와 함께 장을 보러갔다. 하지만 장을 온전하게 보고 오는 일은 드물었다. 어느 날 시장에서 콩나물 한 독(광주리)을 샀다. 대중들이 많았지만 그 정도면 충분했다. 그런데 옆에서 장사하는 또 다른 상인들이 "시님. 우리 콩나물도 사 주시소"라고 하면, 스님은 주저 없이 "그래요. 그럼 주시오"라며 모두 샀다. 한동안 선암사 대중들은 콩나물을 재료로 한 반찬과 국을 '질리도록' 먹어야 했다.

#...치사리

혜월스님이 공양을 마치고 양치하는데 치사리(齒舍利)가 나와 방광(放光)을 했다고 한다. 이를 본 혜월스님은 바닥에 떨어진 치사리를 발로 깔아뭉개면서 말했다. "에이, 고약한 놈." 스님의 유훈에 따라 법구는 화장후 사리를 수습하지 않고 백양산으로 돌아갔다. 부도와 비를 세우지 않은 것도 스님의 뜻을 따른 것이다. 진제스님은 "입적에 들기 전 혜월선사는 백양산에 올라 떨어진 솔방울을 주워 불 때는 일로 소일 하셨다"

면서 "일생을 무심도인의 경지에서 수행정진하신 선지식" 이라고 했다.

#...독사이야기

스님이 있던 절 위에 한참 올라가면 암자가 있는데 가는 길에 바위 모퉁이를 지나야만 법당으로 올라갑니다. 그런데 혹 바위 모퉁이에 시퍼렇게 생긴 살모사 한 마리가 웅크리고 앉아 있다가 부처님께 올리는 마지를 들고 아이들이 올라가면 머리를 딱 쳐들고 짝짝 소리를 내고 씩씩거리며 혀를 내두르고 있어서 지나갈 수가 없게 되면 아이들이 『노스님 저 나쁜 독사 놈 좀 쫓아 주십시오.』 그럽니다. 『그리하지, 나쁘기는 너희가 나쁘지 독사가 나빠.』 하고 이 노장님이 가서 독사를 쓰다듬어 주면서 『너를 나쁘단다. 저희가 나쁜 줄 모르고 그러니 참 뭐가 나쁜지 모르겠다.』 이래 가면서 독사 머리를 들고 있으면 이놈이 죽은 모양으로 흔들지도 않고 축 늘어져서 가만히 있습니다. 저쪽으로 가만히 놓으면 그 쪽에 가만히 도사리고 앉아 있습니다.

#...팥만 공짜로 생겼다.

한 번은 그때 돈으로 이십오 원을 들여 가지고 산골짜기를 돌나무로 막아 놓고 그 위에 흙을 져다 부어 놓고는 팥을 갈았는데 가을에 팥을 타작해 보니까 반 말 닷 되가 나왔습니다. 옛날 돈으로 이십오 원이면 팥을 여러 섬 살 때입니다. 수좌들이 모두들 한 마디씩 합니다. "스님, 돈 이십오 원을 들여 가지고 고생만 하시고 겨우 이것뿐이니 이거 밑지는 장사가 되었습니다." "그러면 멍텅구리 아니냐. 돈 이십오 원은 이 세상에 어디에 그대로 있어. 팥만 반말 공짜로 생겼지."

글씨를 잘 안 쓴다는 혜월스님의 친필

혜진스님
1908~1984년

은사 석우스님

상좌 지성, 수성, 수혜스님, 오형근교수

불교계 최초의 장기기증 스님. 30여 년 전 신장·각막 보시 후 입적.

스님은 1908년 음력 2월 함경북도 회령군에서 태어났다. 형제 가운데 둘째. 세속에서의 성(姓)은 김씨. 본관은 전주. 부친이 면장을 지낼 정도로 부유한 환경에서 자란 스님은 어릴 때 한학에 밝았던 부친의 지도로 사서삼경을 일찍 마쳤다. 교육열이 유독 강했던 부친의 권유로 만주 유학길에 올라 용정에서 중학교를 마치고, 고향으로 돌아온 뒤 천문과 주역 등을 공부하다가 한계를 느낀 스님은 "절에 가면 천문 공부를 더 할 수 있다"는 말을 듣고 집을 나섰다.

도착한 곳은 금강산 장안사. 당시 장안사에는 석우(石友), 석두(石頭), 상월(霜月), 석하(石下)스님의 은사인 연담(蓮潭)스님이 후학들을 지도하고 있었는데, 그 회상에는 당대 선지식들이 한자리에 모여 있었다. 때문에 초발심을 낸 젊은 수행자에게 이처럼 좋은 도량은 없었다. 장안사에서의 정진은 혜진스님이 출가사문의 길을 걷는 데 두고두고 많은 영향을 끼치게 된다. 석우스님과 석두스님은 뛰어난 선객(禪客)으로, 상월스님은 계율을 청정하게 지키는 율사(律師)로 명성이 자자했다. 석두스님은 통합종단 출범이후 초대 종정을 지낸 효봉스님의 은사이다.

혜진스님은 제방 선방에서 화두를 들었다. 금강산에 있던 여러 절에서 참선 정진한 것을 비롯해 오대산 한암스님 회상에서도 여러 철을 보냈으며 해방 뒤에는 가야총림 해인사에서 입승을 보는 등 화두일념을 놓지 않았다. 혜진, 금담, 경산, 경덕, 비룡스님은 '오총사'로 불릴 만큼 각별한 사이였다.

선방에서 같이 화두를 들고 용맹정진하며 서로 격려하고 경책했던 도반이다. 밑바탕에는 당연히 참선을 통한 정각에 오르기를 발원했다. 때문에 축원을 할 때도 보통의 경우처럼 '극락지대원'이라 하지 않고, '정계지대원'이라고 했다. 정화불사의 일선에서 결의를 맺은 동지였다.

혜진스님은 경덕스님이 열반에 들자 도반을 먼저 보내는 안타까움을 시로 지었다.

> 청산은 의구하고, 임은 어디로 가셨나요.
> 동해수야 말 물어보자. 임 계신 곳을.
> 오백성전 찾아보니 코끝마다 임의 정성 서렸는데,
> 몸은 죽어 진토되니 위대한 공적 영원히 빛나라.

금담스님과 비룡스님은 혜진스님이 울진 불영사에 머물 때 함께 정진했다. 혜진스님의 상좌인 지성스님은 그때를 이렇게 기억한다. "주무실 때 불을 켜놓고 주무시는 겁니다. 세분이 한방을 쓰셨지요. 당시 나는 공양주를 보고 있었는데, 밤 12시가 되어도 불이 꺼지지 않아요. 도량석을 돌기 위해 일어났는데 그때까지 불이 켜져 있었지요. 하루는 여쭈었습니다. '주무실 때 왜 불을 켜고 주무십니까.' 그러자 스님들이 '이 사람 우리 자는 거 봤어'라는 겁니다. 그해 겨울 세분의 스님은 수마(睡魔)에 지지 않고 한 철 멋있게 정진했습니다."

1952년 여름. 한국전쟁이 한창이던 시절. 수많은 피난민들이 남쪽으로 몰려들었다. 진주 연화사도 전국 각지에서 피난 온 스님들로 넘쳐났다. 20여명 되는 수좌들이 정진하게 됐다. 당시 연화사 주지 소임을 보고 있던 혜진스님은 대중을 시봉하기 위해 바쁜 하루를 보냈다.

마침 관응스님이 화엄경 강의를 펴고 있어 연화사는 늘 법석(法席)이 열렸다. 석우(石友)스님도 주석하며 수좌들을 지도했다. 혜진스님은 촌각을 나눠 써야 할 만큼 바쁜 시간을 보냈지만 공부하는데 좋은 기회가 찾아왔다. 경남 하동의 유명한 한학자였던 문영빈 선생이 석우스님과의 인연으로 연화사에 머물게 됐기 때문이다. 낮에는 대중살림을 살피고, 밤이면 몇몇 스님과 함께 문영빈 선생에게 한학을 배웠다.

당시 엄격한 선비로 소문났던 문영빈 선생은 석우스님에게 "혜진이는 보기에는 그래도 참 공부를 많이 했어"라며 칭찬을 아끼지 않았다고 한다. 출가 이전 어린나이에 사서삼경 논어 맹자 등 한학을 두루 섭렵해 기초가 튼튼했던 혜진스님은 문영빈 선생과의 인연으로 한학의 깊이를 더한 것이다.

그러나 배우고 익힌 것을 밖으로 드러내지는 않았다. 상(相)을 내지 않았기에 석우스님이 대중들에게 "혜진 수좌는 모범수좌이니 본 받으라"고 대중들에게 당부했지만 혜진스님은 후학들에게 무조건 선(禪)을 하라고 강요하지 않았다. 선(禪)과 교(敎) 어느것에도 치우치지 말라며, 선 수행을 하면서 그와 관련된 경전을 함께 공부하는 것이 필요하다고 강조하며, 다음과 같은 말씀으로 수좌들의 공부를 도와주었다.

"중의 도리는 신심이 없으면 할 수 없다. 항상 자기를 버리고 하심하는 마음을 가져야만 된다. 중은 학문에 얽매이면 안 된다. 학문을 하면 학자이고 학승(學僧)일 뿐이다. 그리고 행정을 하면 행정승(行政僧)이다. 시를 쓰면 시승(詩僧)이 되는 것이다. 참선을 해야 '참중'이다. 항상 하심하고 신심을 갖고 참선해라. 그것이 '참중'이 되는 정도(正道)이다. 명심해라."

스님은 후학들을 지도함은 물론이요, 당신 자신도 평생 수행자로서의 본분을 잃지 않고 살았다. 오랜 동안 혜진스님을 곁에서 시봉한 수혜스님은 "큰스님께서 드셨던 화두는 '무(無)'자로 기억됩니다. 스님은 언제나 새벽 3시에 일어나 예불을 모신 뒤에는 늘 화두를 참구하셨으며, 저녁 9시 잠자리에 들 때까지 눕는 일이 없었습니다.

한 번은 스님을 모시고 여행을 할 때였어요. 여관에 숙소를 정했는데, 새벽 3시쯤 일어나시더니 세안을 마친 뒤에 반듯하게 앉으셔서 참선을 하시는 겁니다. 그 정도로 스님은 장소를 가리지 않고 일상을 똑같이 하신 분이었습니다."

한편으로 스님은 "시주물을 아껴라. 그리고 시주인들이 원하는 대로 시주물을 사용해야 한다. 정재(淨財)를 조금이라도 소홀히 해서는 안 되며 시주한 사람들의 원(願)대로 해주는 것이 스님들의 '의무'이다."라며, 항상 삼보정재를 귀하게 여겨야 한다는 생각으로 상좌나 제자들에게 당부함은 물론이요, 당신 스스로 실천하며 살았다.

혜진스님은 훤칠한 키에 체격도 좋았지만, 원래 스님은 말이 없었다. "말 주변이 없어 그래." 겸손하게 말했지만 학식과 훌륭한 인품은 그 누구에도 뒤지지 않았다.

늘 당신을 나타내지 않던 스님은 상좌 또한 많이 두지 않았다. 공부를 해야 하는 젊은 스님들이 어른스님 모신다고 공부시간을 뺏기는 것이 싫었다. 그래서 인지 상좌라고 특별히 신경 써주는 게 없었다. "출가사문이면 누구나 부처님 제자이지, 내 상좌 네 상좌가 어디있나?"라면서 상좌이고 아님에 연연하지 않았다. 그로인해 '젊은 상좌'들에게 "은사스님은 왜 우리에게 관심을 두지 않지"라는 섭섭한 마음을 들게 했다. 그러나 스님의 깊은 마음은 시봉하는 시간 아껴서 공부하라는 배려였다.

혜진스님은 1984년 음력 4월10일 열반에 들었다. 세수 76세. 스님의 법구는 벽제화장 터에서 다비했으며, 별도의 탑과 비도 조성하지 않았다. 부도와 비(碑) 조차 남기지 않았다. 빈손으로 왔다 빈손으로 돌아갔을 뿐이다. 때문에 행장은 거의 알려지지 않고 있다.

스님을 오래 시봉했던 수혜스님과 상좌인 지성스님, 수성스님, 오형근 전 동국대 교수만이 기억하고 있을 뿐이다. 하지만 평생 수좌의 길을 묵묵히 걸으면서 정화불사에 앞장서는 한편 종단 외호에 사명감을 갖고 있던 스님은 귀감이 되기에 모자람이 없다. 몇 년 전 수혜스님이 혜진스님 유품을 모두 정리하고 영구위패를 모셨다.

지 성스님의 기억 속 은사스님

#… 지성스님은 1950년대 말. 울진 불영사 공양간에서 방금 우물가 수채 구멍에 있던 밥을 주어와 죽을 끓이고 있는 혜진스님을 보았다.

지성스님은 보다 못해 한마디 했다. "스님 수채 구멍에 있던 밥알로 죽을 끓여서 어떻게 하려고 하십니까." "하하. 밥알도 다 시주물(施主物)인데 어찌 소홀히 하겠는가." "아니, 탈이라도 나면 어떡하십니까?" 하지만 스님은 개의치 않고 미소까지 보이며 죽을 끓여 드셨다. 다른 대중들에게는 알리지 말라면서….

"은사스님은 탈이 나셨더라도 아마 그대로 드셨을 겁니다. 그때는 이해를 못했어요. 아무리 경제적으로 어려운 시절이었지만 수채 구멍에 있던 밥알을 끓여 드셨던 은사스님의 행동을 받아들이기 어려웠지요. 그러나 '큰 공부'가 되었고 감화를 받았음은 물론입니다."

#… "절에서 무슨 유치원을 한다고 그래. 나중에 후회하기 전에 그만두라고 하쇼." 1950년대 후반 경북 울진에 '불교유치원'이 생긴다는 소식을 전해들은 스님과 주민들의 반응이다. 한국전쟁이 끝난 지 얼마 되지 않아 전쟁의 상처가 그대로 드러나 있던 시절이기에 '불교유치원'에 대한 반응은 차갑기만 했다.

그러나 울진 불영사 주지 소임을 맡은 혜진(慧眞, 1908~1984) 스님 생각은 달랐다. "우리가 당장 먹고 살기 힘들다고, 미래를 포기할 수는 없다. 단순히 불교 교세를 넓히려는 목적만 있는 게 아니다. 나라와 민족의 미래를 책임질 동량을 길러야 하기 때문이다."

그렇게 유치원은 시작됐다. 당시 울진 읍내에 있는 불영사 포교당(지금은 동림사)에 문을 연 불교유치원은 얼마가지 않아 마을 주민들의 사랑을 독차지했다. 절집 살림도 규모가 커지고, 교육 열기가 높아진 지금도 '불교유치원'이 많지 않은 현실을 생각할 때 1950년대 '울진 시골'에서 유치원을 운영한 혜진스님의 혜안(慧眼)이 돋보인다. 상좌인 지성스님과 은사스님과의 첫 만남도 유치원에서 이뤄졌다. "동화사에서 계를 받고 울진으로 은사스님을 찾아뵈었을 때 유치원 교사들과 함께 유치원 운영에 대해 의견을 나누던 스님의 모습이 눈에 선합니다."

#...혜진스님이 정암사에 주석하고 있을 때이다. 지성스님이 무릎 꿇고 앉아 토굴에 들어가 용맹 정진하겠다는 뜻을 전하자 극구 만류했다. "그래도 토굴생활을 통해 열심히 공부를 한번 해보고 싶습니다."라고 다시 말씀 드리자, 혜진스님은 "정 그러면 자네가 뜻을 냈으니 한번 해봐라"면서 건네준 것이 회중시계이다.

물자가 귀하던 시절 시계를 건넨 혜진스님은 이렇게 당부했다. "방일하거나 나태하면 안 된다. 시간은 영원하지만 인간의 존재는 유한하니 시간에 투철해야 한다. 토굴은 대중생활과 달리 조금만 잘못하면 나태해지고 시간을 못 지킬 수 있다. 토굴생활은 '무제약의 제약'으로 시간 개념이 없는 곳이다. 그러니 시간을 바로 보고 지켜야 공부를 제대로 할 수 있다.

시계는 태엽을 일정하게 감아줘야 돌아가듯이 너도 시간을 지켜 정진해라. 그리고 육체는 한계성이 있으니 태엽 감듯이 제때 공양을 해서 건강을 잃지 않도록 해라." 허락을 받고 나오는 상좌에게 혜진스님은 한 마디 더했다. "공부 잘하고 오너라." 지성스님은 "그 뒤로 지금까지 방황하지 않고 정진해 오는 것은 은사스님의 '회중시계 가르침'이 있었기 때문"이라고 한다.

#...스님은 욕심을 내지 않고, 자기의 내면의 수행에만 치중했다. 자기 내면의 세계를 단속하고, 단순하면서도 알차게 살았다. 지성스님은 "우리스님은 참 인생을 단순하고 담백하고 아주 꾸밈없이 사셨다"면서 "요즘 생활이 여러 가지로 복잡하고 편리해졌지만, 지금보다 더 인생을 잘 사신 것 같다"고 말한다. "우리스님은 몸집이 장대하셨지만 말씀을 많이 하시지는 않으셨습니다. 인상적인 것은 웃으시는 모습이었습니다. 큰 목소리로 웃는 것이 아니라 입을 다물고 보일 듯 말 듯 미소를 지으셨습니다."

지성스님은...

1940년 경남 진주 출생. 1958년 동화사 입산. 1959년 동화사에서 혜진 스님을 은사로, 인곡 스님을 계사로 사미계 수지. 5하 안거 성만. 청송 대전사, 영천 은해사, 옥포 용연사, 송림사, 대구 동화사 주지 역임. 제 10대. 11대 중앙종회의원 역임. 지금은 사단법인 '함께하는 세상' 이사장이며, 칠곡 극락사 주석.

수성스님의 기억 속 은사스님

#...수성스님은 "우리 은사스님은 모든 것을 하나 하더라도 정성을 다해서 했던 분"이라면서 "말보다는 행동으로 귀감을 보여주었던 어른"이라고 기억한다.

"해인사 강원에 있을 때 승려 분담금을 1인당 3000원 정도 내야 했어요. 은사스님 도움을 받지 않고, 대구 시내로 나와 3일간 탁발을 해서 비용을 마련했습니다. 뒤에 이 사실을 은사스님께 말씀드리니 '고생했다. 그것을 경험으로 삼아라. 탁발은 돈을 구하기보다는 하심(下心)을 배우는 것이다.'라고 하셨습니다." 그러고 나서 상좌 걸망에 3000원을 담아주면서 어깨를 두드려 주었다.

#...군에 가기 전에 출가했던 수성스님은 제대를 하고 은사스님이 머물고 있던 태백산 정암사에 인사차 들렀다. 출가생활을 계속 할 것인지 아니면 세속으로 나갈지를 놓고 고민하고 있었다.

아무 말 없이 지켜만 보던 혜진스님은 열흘 째 되던 날 머리를 제법 기른 상좌를 데리고 적멸보궁으로 갔다. 부처님 진신사리를 모신 보궁에서 혜진스님은 손수 목탁을 들고 "우리 상좌 수성이가 머리 깎고 재발심하여 부처님 공부 잘 할 수 있도록 해주세요."라며 간절한 음성으로 축원을 했다. 그동안 무뚝뚝하고 관심이 없는 것처럼 보였던 은사스님의 축원에 감동 받은 상좌는 삭발한 후 수행에 전념하기 위해 걸망 메고 해인사로 떠났다.

수성스님은...

1958년 불영사에 주석하던 혜진(慧眞) 스님을 은사로 출가한 수성스님은 이후 해인사 자운 스님으로부터 비구계를 받고, 뜻하지 않게 해인사 총무, 조계사 총무 등 수십년의 생활을 사찰행정에 종사해야 했다. 그리고 지난 80년대 말, 마침내 모든 소임을 떨쳐버리고 대구에 정착한 스님은 포교활동을 하면서 틈틈이 시간을 내 컴퓨터를 배우기 시작하여, 1년 만에 컴퓨터 박사가 되어 모든 경전을 컴퓨터에 담고 있다.

오형근 전 동국대 교수의 기억 속 은사스님

#...혜진스님에 대한 대중들의 신뢰는 대단했다. 오형근 교수가 전쟁 직후 해인사로 갔을 때 혜진스님이 입승을 보고 있었다. 해인사 대중들이 "이분(혜진스님)이 여기서 어른이시고 도인이니 이분 제자가 되면 어떻겠냐"고 권유하여 혜진스님의 상좌가 됐다. 오교수는 "대중과 함께 채소밭에서 일을 하셨으며, 하루에 3시간만 자고 용맹 정진하는 스님이셨다"고 기억한다.

#...지금은 없어진 조계사 내의 정화기념관에 있던 총무원장 집무실에서의 일화이다. "혜진스님을 믿습니다. 스님은 우리 수좌계의 사표이며 모든 일거수일투족이 진리 그대로를 말하는 분입니다. 진실로 그분을 믿고 존경합니다. 그래서 종단 소임을 맡긴 것입니다." 오형근 교수(법명 법성)가 기억하는 경산스님의 목소리다. 통합종단 출범을 전후해 재무부장의 소임을 맡은 혜진스님은 청렴결백하고 투명한 살림을 하는 '믿음직한 어른'이었다.

#...1950년대 후반. 울진 불영사에 혜진스님이 주석할 때 오형근 교수(당시 법성스님)는 "오대산에 계신 탄허스님 문하에 가서 공부하겠습니다"라고 허락을 청했다. 혜진스님은 "그래, 탄허스님 잘하지. 탄허스님한테 가면 틀림없지. 거기 가서 공부하게"라고 허락했다. 한때 오대산 한암스님 회상에서 함께 지냈던 인연이 있던 만큼 탄허스님의 '세계'를 이해하고 있었기 때문이다.

#...1960년 1월 1일 불교신문 창간호에 실린 혜진스님의 글은 교단발전에 대한 원력을 담고 있다. '불교의 향상 발전책'이란 제목의 글에서 스님은 "거종적(擧宗的)으로 수도(修道)에 전심(專心)하자"고 강조한다. "아무리 영미(英美,영국과 미국)의 부호가 될지라도 명심견성(明心見性)을 못하면 불문(佛門)의 진정(眞正)한 사업(事業)은 못할 것이요. 불교의 흥불흥(興不興)은 불교수행 여하에 있음을 자신하겠다."

혜스님의 기억 속 은사스님

#... "나오시요." "언제 갚을 겁니까" 1960년대 중반 수유리 운가사에 한 노신사가 찾아와 큰소리를 질렀다. 혜진스님을 찾는 것이다. 얼마 후 혜진스님이 나왔다. "미안하오. 방으로 들어와 이야기 합시다." "안 들어갑니다. 어서 확답을 해주시오." 분위기가 험악해졌다. 난감한 표정을 지은 스님. "조금만 더 기다려 주시요. 내

곧 갚으리다." 마침 불공을 드리기 위해 절을 찾은 신도들이 의아한 표정을 지었다. "아니 우리 스님께서 무슨 빚을 지셨나?" 절 마당에서 소란을 피운 노신사가 돌아갔지만, 그 같은 일이 한동안 계속됐다.

속사정을 모르는 이들이 스님을 오해하기 딱 좋았다. 하지만 사정은 이렇다. 정화불사에 앞장섰던 혜진스님이 총무원 재무부장으로 봉직하면서 종단재판 비용을 마련하는데 실무를 담당했던 것이 단초이다. 80여건에 이르는 재판의 비용을 마련하기 위해 종단차원에서 빚을 차용했지만, 통합종단 출범이후 아무도 책임지려 하지 않았기 때문이다. 그런 까닭에 빚쟁이들이 혜진스님과 총무원장을 지낸 경산스님, 경덕스님을 찾아와 따지기 일쑤였다.

하지만 평생 삼의일발(三衣一鉢)로 청빈하게 살아온 혜진스님에게 '갚을 돈'이 있을리 없었다. 고민 끝에 묘안을 찾았다. 산삼장수로 나선 것이다. 월정사와 불영사에 머물 때 인연이 닿은 심마니들에게 '믿을만한 분'이라는 평을 듣고 있던 혜진스님은 심마니들이 캔 산삼을 서울에 있는 유지들에게 판매하는 과정에서 스님은 산삼을 보관해 주고 일정 비용을 받았다. 이렇게 마련한 재원은 한 푼도 남김없이 전액 재판비용을 갚는 데 사용했음은 물론이다. 때문에 스님을 두고 '삼장수'라는 별명이 붙기도 했다.

그때 스님을 시봉했던 수혜스님은 혜진스님의 행동을 이해하지 못했다. "스님, 종단에서 진 빚인데 왜 스님께서 갚으려고 그런 봉변까지 당하십니까. 종단으로 미루세요.", "종단이 갚으나, 내가 갚으나 마찬가지지. 어차피 갚을 거라면 누가 갚는 게 무에 그리 중요한가."

수혜 스님은...

1931년 전남 구례에서 태어나 45년 김천 수도암에서 상월 스님을 은사로 출가했다. 이후 51년 범어사에서 동산 스님으로부터 비구계를 수지했으며, 58년부터 칠불사, 해인사, 통도사, 송광사 등 제방선원에서 40여 년간 수행했다. 78년에는 조계종 중앙종회 의원을 역임했으며, 96년에는 사회복지법인 운가자비원을 설립해 이사장으로 취임했다. 특히 10여년이상 복지사업에 헌신한 공로를 인정받아 서울시장과 여성부 장관, 조계종 총무원장 등으로부터 다수의 표창장을 받기도 했다.

현원스님의 사형 혜진스님이야기...

내 지갑 속에는 보물처럼 아주 소중하게 간직한 것이 있다. 바로 생명나눔 실천회에서 발급한 장기기증 서약증이다. 비록 사후에 기증하는 조건이지만 불교 단체에서 운영하는 곳이라 편안한 마음으로 누군가를 살리는데 필요한 것들을 모두 줄 수 있으리라. 나는 오랫동안 불교계에서 운영하는 장기기증 단체가 만들어지길 학수고대 기다려왔고 '생명나눔실천회'가 생겼을 때 누구보다도 기뻤다. 그 이유는 바로 나의 사형 혜진(慧眞) 스님 때문이다.

지금으로부터 20여 년 전인 82년, 그때는 장기 기증이 보편화 되지 않았고, 일반의 인식 또한 매우 낮았다. 그러한 때 혜진스님이 선구적으로 장기기증을 하고 입적했다. 아마도 혜진스님이 장기기증을 한 것은 스님들 가운데 최초였을 것이다. 혜진스님은 80년 통도사 강원을 졸업하고는 대강백이 되고자 자장암에서 백일기도를 하고 있었는데 유난히 머리가 아팠다고 한다. 진통제를 수 십 알씩 먹어야 겨우 아픔이 가라앉을 정도였다. 백일기도가 끝나는 날 병원에서 검진 받은 결과 뇌종양이었다. 급성으로 뇌종양이 온 것이다. 대구 동산병원에서 일차 수술을 했다. 연락을 받고 중환자실에 가보니 머리에 붕대를 감고 누워있던 혜진스님은 얼굴이 퉁퉁 부어서 알아보기조차 쉽지 않을 정도였다.

혜진스님 곁에 속가 누님인 혜조스님(청룡암)이 손을 꼭 붙들고 있어서 겨우 찾았다. 다시 연세대병원에서 2차 진료를 했는데 종양이 악성으로 판명되었다. 그 때 우리나라에서 뇌종양에 걸려서 병원을 찾는 이가 한해 6백 명 내지 7백 명 정도 된다고 말한 담당 의사는, 혜진스님의 경우 그중에서도 한 두 명 정도 걸리는 악성이라 더 이상 수술이 곤란하다고 했다. 바로 옆에서 듣고 있던 나는 가슴이 답답하고 정신이 멍했는데 당사자 혜진스님은 담담하게 받아들였다.

스님은 서울 구룡사에서 요양을 했는데 증세가 더욱 악화되자 구룡사 주지스님의 배려로 한양대병원에 다시 입원했다. 사형 사제 몇 명이 번갈아 가며 간병을 했다. 나도 두 달 정도를 병원에서 먹고 자며 간병을 했다. 뇌종양은 한 번씩 통증이 찾아오면 못 견딜 만큼 극심했고 진통제 주사를 맞아야만 잠시 고통이 잠잠해 졌다. 진통제 주사의 부작용은 구토를 유발해 곁에서 지켜보는 사람조차 고통스러웠다.

혜진스님의 강원도반들이 문병을 와서는, '혜진스님이 훌륭한 강백이 될 정도로 실력도 있고 꼭 될 줄 알았는데 젊은 나이에 너무 아깝다'고 이구동성으로 아쉬움을 토로 했다. 혜진 스님이 장기 적출수술 동의서에 서명하던 날 우리들은 병실에서 조촐한 파티를 열었다. 혜진 스님은 다음 생을 기약하며 자신이 줄 수 있는 모든 것을 주고자 했으며 무엇보다 장기기증을 할 수 있다는 것에 기뻐했다.

그때 구룡사 주지 정우스님이 스님의 장기를 받는 사람으로 불교인을 1순위로 하고 수술비를 마련할 길 없는 경제적으로 어려운 사람을 일부러 찾았으나 그 또한 쉬운 일은 아니었다. 우여곡절 끝에 젊은 아가씨 한 명과 봉화 지역에 사는 집배원이 각각 스님의 신장을 받게 되었다.

당시 같은 병원 18층에 입원해 계시던 탄허스님께서 몇 번이나 혜진스님 병실에 오셔서, 모든 병은 전생에 지은 업으로 인해 생기는 마음병이니 그 어떤 병 앞에서도 마음을 잘 다스려야 한다. 승려는 모름지기 죽음 앞에 초연해야 한다. 이렇게 장기를 기증하겠다고 발원한 이상 많은 이들의 귀감이 되었으니 이것이야말로 대승보살이 나아가야 할 길임을 누누이 강조하셨다.

당시 여성 월간지인 '여원'에서도 혜진스님의 이야기가 다루어져 사회적으로도 장기기증에 대한 관심을 일깨우고 확산하는데 일조를 했다. 장기기증을 꺼려했던 일반인들의 인식을 바꾸고, 절에서 수행만 하는 줄 알았던 스님들에 대한 세인의 고정관념을 바꾸는 계기를 혜진스님이 만들었다고 해도 과언이 아니다. 지푸라기라도 잡고 싶은 심정이었을 텐데 혜진스님은 한 치의 흔들림 없이 초연하게 입적했다. 스님을 곁에서 지켜본 나도 장기기증을 하고자 서원했고 불교계에 장기기증운동본부가 생기자 당장에 기증서약을 하였다.

음력 5월 6일 혜진스님 기재 날이면 나는 우리 절 신도들에게 장기기증 서약서를 나누어주며 동참을 권유한다. 젊은 사람들이 흔쾌히 서약하는 것을 보며 자신의 모든 것을 보시하고 간 혜진스님을 떠올린다. 우리나라 모든 불자들이 생명나눔을 실천하는 그날까지 혜진스님의 발원은 유효할 것이라 생각하며…

현원(玄元)스님은…

부산 生으로 표충사에서 득도했다. 통도사 강원을 수료했으며 1987년까지 13안거를 성만했다. 87년부터 95년까지 8년간 토굴에서 수행했으며 현재 분당 연화사 주지를 맡고 있다.

홍도스님

1935~1979년

은사 동운스님

상좌 없음·별명 방울대사..

서울 시내 도량석 돌던 '방울대사'. 온 동네 대소사 챙기던 보살행. 어려운 곳이면 어디든지 나타나 기도해줌. 청년·대학생·군인 등 젊은 인재들을 대상으로 포교에 헌신.

1935년 11월19일 충북 괴산에서 5남매의 둘째 아들로 독실한 장로교 집안에서 태어난 홍도스님은 한국전쟁 당시 장로교 사립중학교를 다니다 중퇴하고, 역사와 지리를 배우기 위해 전국 산천을 돌며 산사를 답사하다가 해인사에서 동운스님을 만난 것이 인연이 되어 부처님 제자가 되었다.

1950년 파계사에서 사미계를 받고, 1959년 범어사에서 구족계를 수지하면서 수행자의 길을 걷기 시작한 스님은 오로지 포교에 평생을 바쳤다. 부처님 가르침을 전할 수 있는 장소라면 '지옥'이라도 쫓아갈 정도로 굳은 신념을 갖고 있던 스님은 어찌나 많은 곳에 나타나는지 별명이 '방울스님' '방울대사'로 붙을 정도였고, 160cm가 채 되지 않는 작은 키에도 불구하고 늘 직경이 50cm나 되는 커다란 목탁을 들고 다녀 '목탁대사'로 불리기도 했다.

1960년대 조계사에 머물던 홍도스님은 새벽 도량석을 자청했다. 천수경 대신 금강경을 염송하며 절 안의 도량석을 끝내며 그 길로 목탁을 두드리면서 서울 시내를 돌기 시작하였다. 동트기 전 당시 스님이 머물고 있던 보현정사를 출발하여 '돈화문-청와대-사직공원-서울역-용산중-남산'에 이르는 길에서 진행됐다. 매일 계속된 200리에 달하는 스님의 도량석으로 서울시민 대부분이 홍도스님의 존재를 알게 되었다.

도량석을 처음 했을 때 시민들의 반응이 그리 좋은 것은 아니었다. 번잡한 도시에서 새벽 시간은 아직 잠자리에 있어야 하는 사람이 많았기 때문이다. "스님의 도량석이 고통스럽다"고 푸념을 늘어놓는 사람도 있었고, "왜 잠을 못 자게 시끄럽게 하느냐"고 항의하는 사람을 만나기도 했다. 그러나 미소를 보이며 묵빈대처하는 홍도스님이 도량석을 하루도 거르지 않자, 시민들의 반응이 달라졌다.

홍도스님이 종로 거리를 누비면서 목탁석을 하던 시절은 밤 11시에서 새벽 4시까지 통행이 금지된 시절이었다. 따라서 새벽 3시는 통행금지가 해제되지 않은 때였고 스님은 통행금지령을 위반한 것이었다. 새벽 3시면 반드시 목탁을 두드리면서 거리를 누비는 스님을 경찰이 수상한 눈으로 보는 것은 당연한 일이었다.

간첩과 모종의 연락을 하는 것으로 본 경찰은 스님의 뒤를 쫓으면서 여러 날을 감시하였다. 그러나 단서를 잡지 못한 경찰은 스님을 불러 추궁하였다. 도량석은 절 안에서 하는 의식인데 새벽 거리를 누비면서 하는 특별한 이유를 대라는 것이었다.

이때, 홍도스님은 "삼계(三界)가 다 부처님 도량인데 절 안과 밖이 따로 있는 것 아닙니다." 하였다.

그리고 "목탁을 두드리면서 외우는 경은 무슨 경이면 무슨 뜻으로 외우느냐?"고 묻는 경찰에게 대답하기를 "내가 독송하는 경은 금강경입니다. 금강경에 말하기를 금강경을 들으면 신심(信心)이 일어나고 신심을 가진 사람은 모든 부처님 밑에서 선근(善根)을 심는다 하였습니다. 많은 사람들이 금강경의 이같은 가르침을 듣고 한 생각이라도 청정한 믿음을 얻기를 바라는 마음에서 금강경을 독송합니다." 하였다.

이러한 소문이 나자 그때부터 홍도스님이 통금을 어기고 도량석을 해도 경찰들도 참견은 커녕 합장으로 인사를 하기까지하고, 시민들 역시 아무런 불평이 없어졌다고 한다. 그 뿐 아니라 따뜻하게 끓인 우유를 스님께 권하기 위해 홍도스님이 오실 시간에 맞춰 골목 어귀에서 기다리는 사람까지 생겨났다.

당시 스님은 하루 한명의 어려운 사람에게 500원(당시 화폐)을 나누어주는 원력을 세우고 이를 실천했다. 어려운 사람을 보면 그냥 지나치지 않는 홍도스님은 도량석 중에도 걸인이나 병든 이를 만나면 잠시 목탁을 멈추고 돌봐 주었다. 이 같은 스님의 보시가 인연이 되어 도량석 하는 홍도스님의 뒤를 따르는 걸인이 생겨나기도 했다고 한다.

도량석을 마친 스님의 보살행은 거기서 멈추지 않고, 매일 시루떡 한말을 들고 다시 서울 시내로 나섰다. 그리고는 주택가의 한 집 앞에서 목탁을 두드리며 축원을 해 주었다. 그 집은 다름 아닌 그날 생일을 맞은 사람의 집이었던 것이다. 그런 후에야 절로 돌아와 당신의 개인적인 일을 보았던 분이 홍도스님이다. 스님의 수첩에는 인연 있는 이들의 생일을 빼곡하게 적어놓아 빈틈이 없을 정도였다.어려운 사람들을 만나면 지나치지 않았던 홍도스님의 따뜻한 마음은 많은 사람들을 불교로 인도했다.

스님은 조계사의 원주(院主) 소임을 맡고 있었다.원주를 사주(寺主)라고도 하고감사(監寺), 감원(監院)이라고도 하는데 주지를 대신해서 절 살림을 도맡아서 하는 직책이다. 그러므로 원주는 절에서 제2인자이다. 매우 높은 자리라고 할 수 있다. 더욱이 조계사와 같이 큰절의 원주라면 해인사나 송광사와 같이 큰 절의 원주와 대등하고, 따라서 아무나 함부로 대할 수 있는 스님이 아닌 데도 어른 아이 할 것없이 조계사의 원주스님을 거침없이 '방울 스님'이라고 불렀다.

그러나 거기에는 스님을 비하하는 뜻은 전혀 없었다. 친근감이 배어 있었다. 때문에 누구든 스님과 사귀는 것이 어렵지 않았다. 스님은 조계사의 살림을 맡고 있기 때문에 적어도 하루에 한번은 장을 보러 시장에를 다녔다. 찬거리를 비롯해서 주식인 쌀과 그밖에 필요한 생필품 사는 일을 손수 했다. 재(齋)라도 들면 하루에 두 번도 가고 세 번도 가는 경우가 있었다. 주로 가까운 낙원시장을 이용했다. 스님이 시장에 나타나면 어디선지 땟국이 자르르하고 남루한 옷차림의 조무래기들이 몰려들어 스님 주변을 에워싸고 따라 다녔다.

좀 큰 녀석은 스님의 짐을 들어주기도 했다. 조무래기들은 스님을 보면 "방울 스님이다"라고 환호했다. 스님은 환호하는 조무래기들을 줄줄이 끌고서 좁은 시장바닥을 누비면서 장을 보았다. 실제로 이 아이들은 탑골공원과 낙원시장 주변을 배회하는 집 없는 아이들이 대부분이었다. 장을 다 본 스님은 반드시 이 조무래기들을 이끌고 탑골공원 담 밑에 쭈그리고 앉은 떡장수에게 가서 아이들에게 떡을 사 주었다. 낙원시장에는 유명한 낙원떡집이 있고 조계사에서 쓰는 떡은 대부분 이 낙원떡집의 떡을 썼다. 그러나 스님이 굳이 아이들을 데리고 공원 담 밑의 초라한 떡장수를 찾는 것은 가난한 떡장수의 떡을 팔아주려는 마음이 있고, 또 같은 돈으로 보다 많은 떡을 사 먹일 수 있기 때문이었다.

스님이 서울 남산 밑의 보현정사에 주석 할 때의 일이다. 보현정사 근처에는 우리나라에서 제일 큰 재래시장인 남대문 시장이 자리하고 있었다. 그런데 이 남대문 시장을 돌아보고 살펴 보는게 스님의 일이었다. 가게와 노점을 돌아보며 상인들의 발전을 축원해주는 것이었다.

처음에는 "웬 스님이 장사도 안 되게 가게 앞에 와서 목탁을 치면서 뭐라고 중얼거리는 거야"라는 빈정과 함께 "우리 집 앞에서는 하지 말고 다른 데로 가서 목탁을 쳐라"는 박대를 받았지만, 스님의 축원정진을 멈추게 하지는 못했다. 비가 오나 눈이 오나 계속된 스님의 남대문 시장 순례에 감복한 상인들은 결국 "스님 우리 가게 좀 잘되게 축원해 주세요"라며 스님의 장삼을 끌어 당겼다고 한다.

스님은 크고 작은 가게 수십 둔데를 한곳 한곳 들르며 안부를 물었고, 노점상을 하는 신도들은 가게 발전을 축원해 주길 줄을 서서 기다리고 있었기 때문이다. 아무리 바빠도 스님은 어느 누구의 청도 물리치거나 형식적으로 대하지 않았고 무시하지 않았다. 이런한 모습은 보현보살의 10종 대원을 철저하게 수행하는 구도자의 실체를 보여주신 것이라 믿는다.

또한 홍도스님은 불교중흥을 위한 원력을 세우고 이를 실천하기 위해 노력했다. 1960년대 중반 종단이 정화불사의 열풍에 휩싸여 있을 때 스님은 "한국불교가 새 길을 찾기 위해서는 젊은 사람을 기르는 길 밖에는 없다"는 원력을 세우고는 줄곧 인재불사에 당신의 모든 것을 걸고 신명을 바쳤다. 특히 종로 4가에 있는 한 빌딩의 1개 층을 전세 내 포교당을 운영하면서 청년들이 불연을 맺도록 도왔다.

당시 도심포교는 생소했기에 많은 사람들이 고개를 좌우로 저었지만, "젊은 학생들과 함께 수행하는 것이 나의 본분"이라는 스님의 원력을 꺾지는 못했다. 1970년 6월 불교신문 지면을 통해 밝힌 스님의 육성이다. "산승은 본래 10여 년 전부터 불교중흥을 위하여 총체적인 기초정지작업(군경, 학생, 교화, 사회사업 기타 등등)을 계속해 왔으며 앞으로도 이 몸이 다할 때까지 계속하겠음을 삼보님과 사부대중 제위에게 알리오니 지도편달과 협조가 있으시길 바랍니다."

이렇게 스님은 청년학생 포교와 군부대, 교도소에 대한 관심은 남달랐다. 1960년대 초반 한국대학생불교연합회가 결성되자, 홍도스님은 학생법회에 열정을 쏟았다. 한국대학생불교연합회의 창립을 후원하고, 그 뒤로도 학생 불자들이 활동하는데 여러모로 지원을 아끼지 않았다. 학생법회에 법문을 하는 것은 물론 수련회나 법회 장소를 연결시켜주고, 배고플 때는 밥까지 사주었던 스님이다.

그래서 스님이 주석하고 있던 보현정사 인근에 있는 식당은 홍도스님 앞으로 '외상장부'가 있을 정도. 스님을 만나러 왔다가 헛걸음하는 학생들이 있다는 소식을 들은 홍도스님은 아예 절 근처에 있는 식당 주인에게 "내 이름을 대고 오는 학생들에게는 돈

을 받지 말고 음식을 주라"고 당부했다. 물론 음식값은 나중에 홍도스님이 주머니를 털어 내주었다.

때문에 대불련 초창기 멤버와 홍도스님의 관계는 스님과 재가불자 이전에 끈끈한 정으로 뭉친 은사와 제자의 관계라고 해도 지나친 말이 아니다. 홍도스님은 그렇게 미래 한국불교를 이끌 젊은 동량을 길러내는데 당신이 할 수 있는 일이면 두 손을 걷어붙이고 앞장섰다.

그리고 군포교의 중요성을 인식한 홍도스님은 틈만 나면 전후방을 가리지 않고 달려갔다. 흙먼지를 뒤집어쓰고 훈련하는 국군장병들을 찾아 격려하고 법문을 한 것은 물론 음식과 책, 염주 등을 전달하고 격려했다. 1960년대 중반 1군 사령부와 7사단을 방문한 홍도스님은 "화랑도 정신에 입각해 생사관을 초월하고 인간의 기본권리인 자유와 행복을 이북동포들에게도 찾아줍시다." 고 했다.

또한 당시 불교계가 염원하던 군승단의 창설을 위하여 밤낮으로 뛰었다. 삼복더위도 혹독한 추위에도 아랑곳없이 국회의 국방전문위원들 집을 일일이 찾아다니면서 군법사의 필요성을 역설했다. 스님이 어찌나 간절하고 끈질겼던지 나중에는 그 사람들 전부 고개를 끄덕이게 만들고야 말았다.

군부대에 위문을 가면 장교들을 일일이 만났고 그들의 생년월일을 다 적어두었다. 생일이 되면 역시 떡을 해 부처님 전에 축원을 올리고 떡을 들고 전방에 찾아가 그들을 감복시킨 것이다. 오로지 불교포교를 화두로 삼은 스님은 어려운 시기였지만 보현정사를 건립하고는 절에 '한국불교 군경학생교화회관' 이라 이름붙여 군법사들의 숙소로 우선 배정했다. 스님 스스로도 군부대의 크고 작은 행사에 빠짐없이 참석했다. 스님은 그 어떤 직함보다도 '한국불교 군경학생교화회관장' 이라는 호칭에 만족해 하셨다.

홍도스님은 늘 중생들 속에 파고 들어가 포교를 하였기에 "부처님 가르침은 현실과 동떨어져 있는 것은 아니다"는 생각을 갖고 사회적인 현상에 대해 많은 관심을 기울였다. 대각보현회라는 이름의 불교봉사단을 구성해 서울시내에 있는 공원들을 찾아 '청소울력'을 해 시민들로부터 박수를 받았다.

장충동 사명대사 동상 앞에서 예불을 모신 후 홍도스님이 앞에 서고, 그 뒤로 10여명의 불자들이 청소도구를 들고 따른다. 공원 곳곳에 떨어진 휴지를 줍는 것은 물론 공중변소도 깔끔하게 청소를 한다. 홍도스님은 장충공원뿐 아니라, 효창공원과 탑골공원, 그리고 서울역 대합실도 구석구석 청소를 했다. 효창공원에서 청소울력을 할 때는 원효 대사 동상 앞에서, 탑골공원에서 울력을 할 경우에는 독립운동가 33인상 앞에서 예불 을 모신 후에 청소를 했다.

동에 번쩍 서에 번쩍 바쁘게 움직였던 홍도스님. 여러 곳의 포교현장을 다니려면 한 치 의 시간도 소홀히 할 수 없었다. 때문에 스님의 공양시간은 무척이나 짧았다. 시간을 아끼기 위해 물에 밥을 말거나 김칫국을 부어 훌훌 마셔버리는 것이다. 이렇게 공양시 간조차도 아까워했던 스님은 어려운 일의 현장에는 꼭 나타났다.

1967년 충남 청양의 한 광산에서 갱도가 무너졌을 때 그 소식을 들은 스님은 곧바로 사고현장으로 달려가 15일간 매몰된 광부의 무사 구출을 기원하는 기도를 올렸다. 마 땅한 숙소도 없이 산중턱에 버려진 산신당에 머물면서 꼬박 15일 기도를 올렸다. 간절 한 스님의 기도 덕인지, 18일 만에 광부 양창선씨가 구출되었다.

뿐만 아니라 스님은 서울시민회관과 서울 명동의 대연각 호텔에 화재가 났을 때도 달 려가 현장에서 기도를 올렸다. 희생자가 없도록 간절하게 기도하는 스님의 모습에 많 은 서울시민들도 발길을 멈추고 함께 합장을 했다고 한다.

또 언젠가는 달동네에 사는, 혈육 하나 없는 아주 외롭고 가난한 여인이 죽었다는 소 식을 듣고 스님이 달려가 염불을 하였다. 상주도 없고 무연고의 그 가난한 상가에서 3 일 동안 어찌나 정성스레 염불을 해 주시는지 옆에서 보고있던 사람들이 '저 여인의 영혼이 스님의 지극한 정성으로 극락왕생했을거야' 라고 했다고 한다. 스님은 언제나 길을 가다가도 병원만 보이면 영안실에 들러 염불을 해주고 나왔다. 물론 대가를 바라 지도 않았고 상주쪽에서 사례를 하려해도 극구 사양했다.

홍도 스님은 1974년 '참회, 봉사' 를 기본 정신으로 불교의 대중화를 실천하며 공동 체생활을 하는 일본 교토에 있는 '잇토엔' 이라는 부처님마을에서 1년간 수행한 적 이 있다. 선승인 니시다 덴코가 설립한 생활불교의 현장인 잇토엔에서 새로운 포교방 법을 배우고자 일본으로 건너간 스님은 언어와 풍습이 다른 그곳에서도, 몸에 밴 부지 런함과 규율 잘 지키는 습성, 그리고 특유의 친절로 오래지 않아 그곳 모든 사람들의 주목을 받고 신망을 얻게 되었다.

잇토엔에서 하심을 체득케하는 수련방법 중 하나로, 한 달에 한번씩 외지에 있는 개인 집을 찾아가서 화장실 청소를 해주는 것이 있다. 홍도 스님은 언어가 통하지 않기 때문 에 등에다 '잇토엔에서 나온 한국의 승려입니다. 댁의 화장실 청소를 할 수 있게 허락

해 주십시오' 라고 써 붙이고 다녔다.

그리고는 온몸이 땀으로 젖는 줄도 모르고 정성껏 청소를 하고, 다음 집을 찾아 나서곤 하였는데 얼마나 스님의 행동이 빨랐는지 집주인이 스님에게 고마움을 표시하려고 차를 끓여서 수행자에게 드리는 보시금 봉투와 함께 들고 나오면 이미 스님은 다음 집에 가서 열심히 청소를 하고 있었다.

그래서할 수 없이 봉투를 그 집에 맡기면, 그 집에서는 두 개의 봉투와 차를 준비해서 나오게 되는데 그 때도 스님은 어느 틈에 그 다음 집에 가서 청소를 하고 있는 것이었다. 이렇게 스님이 청소하러 나오는 날에는 온 동네에서 '홍도 스님찾기' 소동이 한바탕 벌어지고, 보시금 봉투를 받은 스님은 그 돈으로 노인들과 아이들이 좋아할 과자와 장난감을 나눠주었다.

홍도 스님이 입적하였다는 소식을 듣고 잇토엔 식구들 모두 어찌나 슬퍼했던지 스님의 49재 엔 니시다 다케시 이사장이 그곳 사람들의 애도의 마음을 모아 직접 한국으로 조문을 왔다.그리고 스님의 화장 유골 일부를 잇토엔으로 옮겨 가서 그들과 영원히 함께 할 납골당에 안치했는데 홍도 스님께서 주석했던 서울 보현정사의 신도 5명을 함께 초청하여 의식을 집전하였다. 스님의 유골을 안치하던 그날은 모든 업무를 쉬었고 잇토엔의 식구들이 한자리에 모여 추모했다고 한다.

유난히 자비심이 많았던 홍도 스님에게는 자연히 신도들이 많이 따랐다. 당시 스님이 주석하던 보현정사만큼 각계각층의 신도들을 보유하고 있는 사찰도 드물었다. 보현정사가 무허가 건물이라 집달리에 의해 부처님이 마당에 내동댕이쳐진 일도 있었고, 셋방살이로 살 때도 있었지만 스님의 부지런함과 차별없이 데하는 태도는 수많은 신도들을 보현정사로 이끌었다.

신도들 중에는 잘 사는 상류층도 있었지만 서민층이 주류를 이루었다. 홍도 스님은 누구에게 나 자상했고, 무소유를 실천했기에 신도들은 언제나 스님을 따랐다. 그들은 가정생활에서 일어나는 여러 문제와 사회생활의 어려움을 스스럼없이 스님께 털어놓고 상의하였다.

스님은 그때마다 마치 부모님처럼 최선을 다해 상담에 응해 주었고 마음을 편안하게 해 주었다. 생활이 어려운 신도의 보증을 섰다가 잘못 되어 애태운 일도 있었고 취직자리를 알선해 주느라 고생한 일도 여러 번이었다.

또 스님은 해마다 절에서, 돈이 없고 형편이 안돼 결혼식을 올리지 못하고 어렵게 사는 부부들의 무료 합동결혼식을 올려주었다. 스님이 주례를 맡는데 주례사를 얼마나 재미있게 하는지 신랑 신부는 물론 하객들의 폭소가 연신 터졌을 정도로 결혼식 분위기를 화기애애하게 이끌었다. 매년 경로잔치도 열었는데, 그 때마다 노인들과 어울려 자식들보다도 더 살갑게 그들을 위로해 주었다.

홍도 스님 주머니에 있는 돈은 '먼저 본 사람이 임자'라는 얘기가 있을 정도였다. 스님의 주머니는 늘 열려있었기 때문이다. 어떤 돈이라도, 심지어 불사에 쓰라고 받은 보시금일 경우에도 누가 어려운 사정을 얘기하거나, 불쌍한 형편을 보게 되면 서슴치 않고 집어주곤 했다.

홍도스님은 무엇보다 부처님의 무소유 가르침을 몸소 실천한 모범적인 수행자였다. 당신 수중에 작은 물건이나 경전이라도 들어오면 다른 이에게 주어야 직정이 풀렸던 어른이다. 당신 몸을 돌보지 않고 포교를 위해 뛰어 다니던 스님이 갑자기 쓰러져 병원에 입원했을 때의 일화이다. 다 떨어진 낡은 승복 2벌이 옷의 전부였던 홍도스님의 모습을 안타까워하던 한 재가불자가 내복 한 벌을 들고 스님을 찾아왔다.

"스님, 포교하시려면 몸이 건강하셔야죠. 그리고 옷도 허름하게 입지 마시고, 깨끗한 이 내복을 입고 더욱 열심히 부처님 가르침을 전해주세요." 간곡한 재가불자의 청을 묵묵히 듣고만 있던 홍도스님은 결국 그 내복을 입지 않고 고이 보관해 놓았다.

스님의 생각은 이러했다. "서울에 사는 나는 옷을 구할 기회가 많지만 시골에 사는 다른 스님들은 그런 기회조차 만나기 어려우니, 혹 인연이 되면 '시골스님'에게 내복을 주어야겠다."

또한 재보시가 얼마라도 들어오거나 정재를 모으게 될 경우가 생기면 경전이나 불교의식집을 만들어 나누어 주는 게 일이었다. "한사람이라도 더 부처님 말씀을 가까이 하려면 책보다 더 좋은 것은 없다"는 것이 스님의 생각이었다.

한국불교의 현대화와 대중화를 발원했던 홍도스님은 당신 몸을 돌보지 않고 포교 원력을 실천하다 건강을 잃고 1979년 불과 44세를 일기로 입적에 들었다. 상좌 1명 남기지 않고...

홍법스님

1930~1978년

은사 월하스님
상좌 정우, 제자 종법, 종렬스님

운조당 홍법(雲照堂 弘法). 이 시대의 '자비보살'
이요.. '인욕보살' 인 운조당 홍법스님.

조계종 전 종정이며 통도사 방장인 월하스님의 맏상좌
인 홍법스님은 평생 근검절약과 제자들에 대한 각별
한 사랑과 가르침으로 유명한 분이다. 타인을 대할 땐
언제나 온화한 미소를 지어 경계를 허물었으며, 도반
뿐 아니라 절에서 일하는 종무원들이나 재가불자를 막
론하고 언제나 존댓말을 사용하여 스님을 만나본 '아
랫사람' 들은 몸 둘 바를 몰라 했다고 한다. 그리고 말
하는 것을 극도로 아꼈다고 한다. "홍법스님은 보살이다" 라는 말이 있을 만큼 남을
아끼고 존중했다.

홍법 스님은 열여덟에 출가하여 줄곧 선방을 찾아다니던 선객이었다. 그러다 57년
통도사 강원을 졸업하고 이후 운허 스님으로부터 전강을 받으면서 20여년 강사
의 길을 걸었다. 그러나 스님은 어디에 있으나 한결같은 모습이었다고 한다. 학인들에
게조차 겸손했던 어른이었고, 학인들이 무엇을 궁금해 할까?를 먼저 고민해 가르침을
주었던 참스승이었다. 이러한 스님의 모습을 알고 1965년 전국 선원 수좌들이 결성한
청맥회에서 가입을 권유, 당대 선승들과 도반의 연을 맺으며 정진해갔다. 그중 특별히
광덕 스님, 일타 스님과 특별한 인연을 맺었다. 일타 스님은 "홍법 스님이 계를 지키
는데 하도 진지하고 엄격해서 처음에는 웃음이 날 지경이었고, 나중에는 저러다 제풀
에 병이 나지 싶었다."고 회고한 적이 있다. 그만큼 홍법 스님은 한 치의 어김없는 참
수행자였던 것이다.

홍법스님은 1930년 2월 9일 경북 영주군 안정면 생현리에서 출생하였다. 홍법은 법

명이고, 법호는 운조(雲照)이다. 세속의 성은 진(秦)씨이고, 이름은 홍구(洪九)이다. 어릴 때부터 남달리 총명하고 또한 사물을 보는 눈이 비범하였던 그는 같이 공부하던 가장 친한 친구가 병으로 죽는 것을 보게 되었다. 친구의 병사를 보고 인생무상을 느낀 그는 부모의 간곡한 만류에도 불구하고 18세 되던 해 불문에 들었다.

1948년 10월 15일 경남 양산시 통도사에서 조계종 전 종정 월하스님을 은사로 출가하여 방한공 스님을 계사로 사미계를 수지하였다. 이후 전국의 제방선원을 돌며 수행하는 중 지관, 광덕, 보성, 석정 스님 등 훗날 한국불교의 대들보가 되는 기라성 같은 스님들과 청맥회를 결성해 도반의 정을 다지기도 했다.

1952년 3월 15일 범어사 금강계단에서 동산 혜일 대종사로부터 비구계를 수지하고, 지관·월운스님들과 함께 운허 스님의 문하에서 해인사 강원 1기, 통도사 강원 1기로 입학하여 수학하였다. 1957년 8월 17일 통도사 강원 대교과를 졸업하고, 곧바로 강주를 맡아 통도사 강원 제 15기를 제자로 배출했다.

통도사 강원에서 후학을 지도했던 스님은 평소 '겸손함'으로 학인들을 이끌었다. 20여 년간 학인을 가르쳤는데, 강사(講師)로 있던 것은 불과 1년이다. 20년 동안 줄곧 중강(中講)으로 지내며, 4학년에 해당하는 대교과는 강의를 하지 않았다.

"내 아직 대교반을 가르칠 정도의 실력을 갖추지 못했다"면서 겸손하게 자신을 하심했던 스님이다. 때문에 4년간 오롯이 스님의 강의를 받은 후학들은 한 기수에 불과하다. 수행과 학문을 겸비한 대표적인 학승으로 알려진 종범스님을 비롯해 현문스님과 종렬스님 등이 홍법스님에게 수업을 받은 후학들이다.

종범스님은 홍법스님으로부터 전강 받을 때 들은 당부의 이야기를 잊지 못한다. "학인들이 스승입니다. 그러니 학인보다 더욱 많이 공부해야 합니다. 학인들이 무엇을 알고 싶어 하고, 바라는 것이 무엇인지를 제대로 알아야 합니다." 자상한 목소리로 종범스님에게 노력을 더욱 많이 해야 한다. 학인들을 항상 먼저 생각하라고 당부했다. 홍법스님은 그 뒤로 성파스님, 기후스님, 현근스님에게도 전강을 하고 후학들을 잘 길러낼 것을 당부했다.

홍법스님은 새벽예불부터 잠자리에 들 때까지 학인들과 똑같은 생활로 몸소 모범을 보여주었다고 한다. "울력 때도 빠지지 않고 스님 먼저 나서니, 어찌 후학들이 모른 척할 수 있겠습니까. 그렇게 스님은 공부도, 울력도 제자들과 함께 했기에 사제 간의 정이 두터웠습니다." 그래서 지금도 홍법스님 기일에는 통도사 스님들뿐만 아니라 강원에서 공부한 제자들까지 빠짐없이 동참한다고 한다. 이밖에도 도량의 잡풀을 제거하는 일을 비롯한 청소에도 제일 먼저 나섰으니, 홍법스님은 대중들의 모범이 되고도 남았다.

스님은 통도사에서 교무소임을 오래 보았다. 당시 교무는 하안거와 동안거 때 '방'을 짜는 일을 담당하기도 하였는데 스님은 언제나 미리 대중들과 일일이 상의한 후 소임을 주었다. 아무리 아랫사람이라고 해도 의견을 존중하려고 했다. 때문에 통도사에서는 결제 때마다 원만하게 용상방을 만들 수 있었고, 사중은 화합을 이루는데 걸림이 없었다.

홍법스님이 통도사 주지 소임을 볼 때 당시 스님의 법문은 대중들에게 인기가 많았다. 경전에 실린 이야기를 중심으로 설법을 할 때면 많은 불자들이 귀를 세우고 들었을 만큼 명 설법으로 유명했다. "칼날에 묻어있는 꿀을 탐하다가 혀를 베는 우를 범하지 말아야 합니다. 그리고 물위에 떠도는 기름처럼 살지 말고 서로 화합하면서 지내야 합니다."

"진심(瞋心)을 내지 말고, 마음을 다스려야 합니다. 아무리 수행을 많이 했다고 하더라도 한순간 진심을 내면 나쁜 과보를 받게 됩니다. 그리고 평소에 좋은 습관을 들여야 합니다. 또 참는 일을 잘 해야 합니다. 이것이 바로 부처님의 가르침입니다."

주지소임을 맡고 있으면서도 스님은 모든 일에 솔선수범하였다. 통도사는 농토가 많아 사중의 모든 대중이 동참해 모내기와 벼 베기를 해야 한다. 지금도 전통이 남아있지만 60~70년대엔 농기구도 변변치 않아, 농번기 때는 한 달씩 일을 거들어야만 했다. 대중울력이 있는 날이면 홍법스님은 항상 남보다 앞서 나와 팔과 다리를 걷어붙이고 논에 들어갔다. 또 때때로 법당의 기와를 새로 이는 번와라도 할 때면 역시 홍법스님은 누구보다 먼저 지붕 위에 올라 가장 어려운 일을 손수 했다.

홍법스님은 해인사 지월스님과 함께 '인욕보살'로 불릴 만큼 하심하고 인욕하는 수행자로 절집에는 널리 알려져 있다. 60년대 중반 넘어서까지 통도사에는 전기가 들어오지 않았다. 홍법스님은 법당에서 사용하고 남은 '토막초'를 밝히고 밤늦게까지 책을 볼 정도로 항상 검소한 생활을 하였다. 추운 겨울에도 방에 불을 거의 때지 않았다. 부목이 아궁이에 불을 지피면 나가서 나무 두 개만 남기고 다 빼버리고, 그러면 부목이 와서 또 넣고, 그럼 또 빼고 그렇게 겨울이면 매일 실랑이를 하였다.

한번은 명정스님이 통도사에 들렀다가 스님이 찬 바닥에 홑이불만 쓰고 있는 것을 보고 밤에 몰래 불을 넣어주려 다가 들켜 혼이 났다. "수행자의 방은 한기가 가실 정도면 충분합니다. 장작 한 개라도 삼보정재가 아닙니까?"

스님이 그렇게 한 이유는 두 가지이다. 첫 번째는 삼보정재를 아끼는 것이고, 두 번째는 방이 차가워야 사람들이 안 오기 때문이다. 사람들이 오면 쓸데없이 수다 떨게 되고 공부에 방해된다는 거였다. 그 얼음장 같은 방에 달랑 방석 하나 두고 혼자 있기를 고집했다. 그래서 홍법스님은 당신을 따르는 신도가 한 명도 없다. 그러나 대중들은 스님의 그 모습을 보며 스스로를 경책할 수 있었다고 한다.

한편, '자비보살'이라 불릴 정도로 홍법스님의 '자비행'은 출, 재가를 막론하고 차별이 없었다. 밤에는 2~3시간이상 눕지 않았으며 주지 소임 당시 관음전 앞 석등을 하루도 거르지 않고 불을 밝힌 스님이다. 나이 어린 행자에게도 말을 높였고 정월 초하루의 추위에도 해우소 청소를 하는가 하면, 빨랫감도 모아서 직접 빨아 밤새도록 닳은 부분을 꿰매어서 제자리에 두곤 했다.

강원에서 공부할 땐 밤새 도반들의 고무신을 하얗게 빨아놓기도 하였고, 땀에 찌든 장삼도 툭 던져두면 언제 그랬냐는 듯 빳빳하게 풀을 먹여 다림질까지 하여 놓아두곤 했다.

성수 스님도 1954년 범어사 금어선원에서 홍법 스님과 함께 여름안거를 났는데, 자고 나면 깨끗해진 흰 고무신 때문에 한동안 선원이 수런거렸다고 한다. 그래서 홍법 스님과 살면 부끄러워서라도 해태심을 낼 수가 없다고 수좌들은 이야기하곤 했다. 전기가 들지 않았던 통도사 옥련암에 주석할 당시에는 초의 심지를 잘라가며 불을 밝힐 만큼 홍법스님은 검소함이 몸에 밴 스님이었다.

간경화로 쓰러진 홍법스님의 병색이 깊던 때의 일이다. 간경화에 바지락이 좋다는 말을 들은 재문스님이 바지락을 사다가 국을 끓여 드렸다. "왜 내가 시키지 않는 일을 합니까? 한평생 먹지 않던 것을 이제 와서 먹으라는 거예요? 나를 더 이상 슬프게 하지 말아요." 홍법스님은 완강히 그 국을 거부했다.

재문스님도 쉽게 물러서지 않았다. "스님 생각만 하지 마십시오. 중생을 위해서 이것을 드셔야 합니다. 이것은 그냥 약입니다." 결국 홍법스님은 "내가 혼자 먹을 터이니 스님은 그만 나가보세요." 하고는 재문스님이 나간 뒤 냄비를 통째 들고 나가 텃밭에 묻어버렸다. 그러기를 몇 번을 했다. 계율을 목숨보다 소중히 여겼던 스님은 죽는 한이 있어도 법을 어길 순 없다고 했다.

병마와 싸우면서도 사중에 폐를 끼칠 것을 염려해 병원에 입원도 하지 않고, 약 하나 변변히 들지 않았다. 정우스님은 "우리스님은 법체가 강건(剛健)하셨는데, 대중들을 보살피고, 사중에 힘든 일들을 도맡아 하시며, 시주물을 아껴 장작하나 소홀히 여기지 않았던 것이 결국은 건강을 해친 것이라는 생각이 든다."고 회고했다.

그런 까닭에 홍법 스님은 신도는 없었지만, 모든 대중이 스님을 흠모했다. 1974년. 홍법스님이 정신을 잃고 쓰러졌다. "소생할 가망이 없다"는 의사의 진단에 통도사 대중은 망연자실했다. 그때 홍법스님의 은사인 조계종 전 종정 월하스님이 대중을 불러 놓고 당부를 했다. "통도사 전 대중이 모여 3일간 24시간 기도를 올려봅시다. 부처님께서 감응하실 것입니다." 전 대중이 모여 진심으로 스님의 쾌유를 기원하며 3일 72시간동안 쉬지 않고 기도를 올렸다. 기도가 끝나갈 무렵 홍법스님이 눈을 떴다.

그리고... "내 죽음의 문턱에 이르고 보니 다른 것은 아쉬움이 없지만, 은사스님보다 먼저 세상을 떠나고 어린 상좌들을 두고 떠나는 것이 두려웠다"고 기도를 올려 소생케 해준 대중에게 감사의 뜻을 전했다.

그리고 4년 후 불과 49살의 젊은 나이에 스님은 열반의 길로 들었다.

당시 교통이 불편하던 시절임에도 불구하고 광덕스님은 그날로 비행기를 타고 내려와 홍법스님의 입적을 추모했다. 통도사에 있는 비문에는 스님에 대해 이렇게 기록하고 있다. "주지 취임이후 3년간 재직하면서 백장선사의 일일부작(一日不作)이면 일일불식(一日不食)의 선로일치(禪勞一致)사상을 본받아 방에 들면 정진하고 밖에 나가면 일을 했다. 혼자 있으면 마치 태산처럼 우뚝하고 사람을 대하면 봄바람처럼 부드러웠다. 화상(和尙)은 이와 같이 입산이래 촌음을 아끼면서 혹은 학불장(學佛場)에서 교리를 연구하며 혹은 종단발전을 위해 몸을 돌보지 않았다"

홍법스님이 위중한 병에 걸려 생사를 넘나든다는 소식이 알려지자, 통도사 극락암에 주석하고 있던 경봉스님은 "통도사를 다 팔아서라도 홍법스님을 살려야 한다."고 했다. 홍법스님을 얼마나 아꼈는지 알 수 있는 대목이다. 홍법스님의 은사인 월하스님도 맏상좌에 대한 애틋한 마음이 있다. 당신의 불편한 몸을 이끌고 홍법스님의 제사에는 반드시 참석한다. 흔히 말하듯 큰 업적도 많은 후학을 키운 것도 아니지만, 30년이 지난 지금까지도 스님 다례제에는 사람들의 발길이 끊이지 않고 있다. 그만큼 홍법 스님을 흠모하고 수행자의 사표로 삼고 있는 스님들이 많았다는 얘기다.

홍법스님은...

1930년 2월 9일 경북 영주군 안정면 생현리에서 출생. 1948년 10월 15일 경남 양산시 통도사에서 조계종 전 종정 월하 대선사를 은사로, 방한공 스님을 계사로 득도, 1952년 3월 15일 범어사 금강계단에서 동산 혜일 대종사로부터 비구계 수지, 1957년 10월 26일 통도사 교무국장에 취임하고, 이듬해인 1958년 8월 13일 대한불교 조계종 경상남도 종회의원 피선된다. 1965년 결성된 수행도반 결사체 청맥회원으로도 활동했다. 1967년 11월 27일 조계종 중앙종회의원 선임, 1969년 9월 22일 통도사 조계전문강원 강주 취임, 1971년 2월 22일 조계종 중앙종회의원 재선, 통도사 제5대 주지 취임, 통도사 승가대학장을 역임했다. 1978년 6월 27일 통도사에서 세수 49세, 법랍 31세로 입적

홍법 문화재단 설립

도반 · 전강제자 '30년' 기금 마련. / 추모 문집 발간 · 문화재단 설립

2008.07.29일 홍법스님 열반 30주년을 맞아 스님의 업적을 기리는 행사가 양산 통도사에서 열렸다. 특히 이번 행사는 문중을 뛰어넘어 홍법스님의 도반, 제자들이 자발적으로 마련하였다. 오전9시30분부터 통도사 설법전에서 열리는 추모법회는 '홍법선사 추모문집' 헌정식에 이어 통도사.해인사.송광사.동국대.중앙승가대 강원 등에 각각 500만원씩 후원금도 전달한다. 정우스님은 "수행과 포교를 강조하신 스님의 뜻에 따라 올해 기일에 맞춰 강원에 후원금을 전달하기로 했다"며 "항상 정진하고, 항상 포교하는 삶을 살라는 홍법스님의 뜻을 따라 학인스님들이 더욱 정진해 주길 바란다."고 말했다.

이날 발간된 추모문집에는 스님과 함께 동문수학했던 지관 · 월운 · 성수 · 보성스님 등 30여명의 '어른 스님'의 추모 글이 담겨져 있고, 통도사 문중 스님들과 상좌스님들이 회고하는 홍법스님의 모습이 생생하게 담겨져 있다. 문집편집을 총괄한 상좌 현근스님은 "은사스님은 성품이 검소하고 자비로웠던 분으로 특히 후학들에 대한 사랑이 깊었다."고 회고하며 "스님의 삶은 사부대중에게 경종을 울릴 것이다. 책을 원하는 곳은 어디든 문집을 발송해 주겠다."고 말했다. 특히 이 문집에는 광덕스님과 일타스님이 생전에 있을 때 받았던 추모원고도 포함돼 있다.

또한 이날 강원에 기금이 전달되었는데, 이 기금은 홍법스님의 도반, 제자들이 30여 년 전부터 꾸준히 모은 것이다. 1978년 스님이 입적한 후 1979년부터 수학제자와 도 반이 중심이 돼 매년 기금을 모아 최근 문화재단을 설립하였다. 재단에서는 스리랑카. 인도. 네팔 등 저개발 불교국가 구호사업 지원과 승가대 지원사업을 펼쳐나갈 계획이 라고 밝혔다. 힘들던 시기 통도사와 한국불교를 이끌었던 홍법스님. 영축총림 방장 원 명스님의 말처럼 "대강백으로, 이사에 두루 통한 큰 선지식으로 살면서 한시대의 사 표가 됐던" 홍법스님을 기리려는 마음이 이어지고 있다.

홍법 스님을 추모하는 사업이 본격화 된 것은 1990년대 초. 통도사 강원 15기 졸업생 들이 매년 모임을 가지면서 모은 2천만원을 선뜻 문도회에 기증하면서다. 여기에 문도 회 스님들이 후원금을 내고 지난 해 세종문화회관에서 성황리에 전시회를 열면서 10 억이라는 자금이 마련됐다. 이후 홍법문도회는 홍법문화재단을 설립하고 매년 추모일 마다 제방 강원과 해외 유학 스님, 독거 어르신, 소년소녀 가장에게 장학금을 지급하고 있다.

수행자의 올곧은 삶은 그 자체가 감동을 주며 신도들에게는 깊은 신심을 우러나게 한 다. 홍법스님의 삶이 바로 그렇다. 18세에 출가해 30여년 수행자로 머물렀던 홍법스 님은 한국전쟁 전후의 어려운 시대에 포교와 수행을 이끌었던 분이다. 강사로, 율사로, 선사로 뛰어난 삶을 살은 까닭에 49세의 짧은 생이었지만 스님을 기억하는 도반들의 추모가 아직까지 이어지고 있다.

홍법 선사 추모문집
홍법 스님! 상좌, 정우입니다.

은사스님!

태백산에서 그러하셨지요. 이십년만 중노릇 잘해도 통도사 주지할 수 있다고요. 사십 년이 되어서야 통도사 주지소임을 보고 있습니다. 사형사제들은 열반에 드신 노스님을 의지하며 서로가 서로를 지켜보며 다 건강하게 각자의 자리에서 열심히들 살아들 가고 있습니다.

은사스님!

76년도에 어른스님들께서 스물다섯의 정우에게 관음재일 날 대웅전에서 법문하라고 하셔서 신도님들을 상대로 하면 되는 줄 알고 법당에 갔다가 월하 노스님, 벽안 노스님, 일암 노스님, 우송 노스님과 대중스님들이 함께 계신 모습을 보면서 어찌 마음이 편안할 수 있었겠습니까? 준비한 시간을 채우고 어른스님들께 참회 드리고 울산포교당으로 달려가서 은사스님께 영웅담을 말씀 드릴 때 스님께서는 웃고만 계셨었지요. 그리고 세월은 훌쩍 삼십년이 지나가 버렸습니다. 그 사이에 얼마나 많은 일들이 저에게 일어났겠습니까?

"비빔국수 할 줄 압니까? 입맛 없다 하면 우리 스님께서 비빔국수를 직접 해주셨어요. 석유곤로에 불 피워서 국수 삶고, 거기에 참기름, 고추장, 설탕 넣고…. 참 맛있었습니다. 그리고 제 옷도 많이 해주셨어요. 직접 재봉틀 돌려서 제 승복 만들어주곤 하셨습니다. 또 아침이면 댓돌 위에 놓인 고무신이 늘 빛이 났습니다. 제 신발만 그런 게 아니라, 다른 스님들 신발도 우리 스님이 빨아 하얗게 만들어놓곤 했습니다."

"77년도엔가 명필가로 소문난 스님께 글 한 장 써 달랬더니 스님께선 "경전에 좋은 이야기가 다 들어있는데, 뭐 때문에 종이에 옮깁니까" 라며 거절하셨어요. 그러나 끝내 조르는 제게 스님은 '전미개오(轉迷開悟) 전법도생(傳法度生)'이라고 써 주셨습니다. 낙관이 없어 목도장을 꺼내더니 그것을 찍어주셨습니다. 아주 평범한 도장이지만, 저는 그 어떤 낙관보다 소중하게 생각합니다. 그리고 그 귀한 글… 평생 간직하고 있습니다."

"제가 대중포교 현장에 있을 때 5년 동안 백고좌 법회를 했습니다. 어른스님들을 5년 동안 계속 모시기란 결코 쉽지 않습니다. 그런데 거절하신 스님이 한 분도 안 계셨습니다. '홍법 스님 상좌입니다.' 하고 인사드리면, 마치 당신의 상좌 대하듯 아니 그보다 더 애틋하게 대하시면서 기꺼이 걸음 해주곤 하셨습니다. 그래서 제가 더 크게 깨달았습니다. 우리 스님이 얼마나 대단한 어른이셨는지, 살아가면서 더 알게 됐습니다. 스님의 덕화로 이만큼 왔으니 이젠 제가 갚아야죠. 어른스님들의 울타리가 되고 후배스님들의 작은 그늘이 되는 것, 그것이 제 지금 원력입니다."

정우 스님은 2007년 통도사 주지에 취임하던 해, 불교 언론지에 광고 하나를 냈다. 홍법 스님 관련 자료를 찾는다는 내용의 광고였다. 홍법 스님의 사진, 법문, 친필 서한 등 어느 한 조각이라도 간절했다. 49세라는 짧은 일기로 세연을 다했던 은사, 그러나 경봉 노스님이 '통도사를 팔아서라도 홍법이만은 살려내라'고 호통을 쳤을 정도로 향기가 남달랐던 수행자였다.

밤사이 대중스님들의 고무신을 하얗게 빨아놓고 자신을 위해서는 그 어떤 편안함도 허용하지 않았던 수좌였고, 비라도 오는 날이면 도량을 살피느라 뜬눈으로 밤을 새울 정도로 통도사를 사랑했던 우직한 주지였다. 그런 은사를 떠나보낸 지 30년, 정우 스님은 통도사 주지 소임을 맡으며 『홍법 선사 추모문집』을 준비했다. 홍법 스님이 유독 사랑했던 통도사에서, 은사의 마지막 소임이었던 통도사 주지를 맡으며 문집을 엮어갔다.

정우 스님은 무려 8페이지에 달하는 '은사스님 전상서'를 추모집 말미에 올렸다. 30년 세월을 거슬러 전하는 기나긴 연서요. 전상서였다. 군 포교시절부터 도심포교까지 그리고 종회의원을 네 차례나 역임했다는 등 이만큼 당신의 제자가 잘 해왔노라고 아이처럼 자랑하기도 하고, 힘들었던 순간을 회고할 때면 행간 사이에 형언할 수 없는 아득한 그리움을 묻어두기도 했다.

정우스님은...

'개척포교와 도심포교'의 선구자이다. 1985년 천막법당에서 시작한 영축총림 통도사 서울 포교당 구룡사 주지로 취임한 후 일산 여래사와 반야사 등 수도권에 20여개의 도심포교당을 세웠다. 또한 미국과 캐나다 등 해외에도 한국 사찰을 세워 한국불교의 세계화에 기여하고 있다. 이 같은 공적을 인정받아 조계종 포교대상과, 만해대상 포교상을 수상하기도 했다.

1965년 영축총림 통도사에서 홍법스님을 은사로 출가한 정우스님은, 1968년에 사미계를, 1971년에 월하스님을 계사로 구족계를 수지했다. 1974년 해인사 강원 대교과를 마쳤으며, 1978년 월정사에서 화엄학을 공부했다. 이후 스님은 통도사 재무국장을 시작으로, 조계종 총무원에서 교무국장, 총무부장 등을 지내며 종단 발전에 공헌했다. 또한 9, 10, 11, 12대 중앙종회의원과 개혁회의 상임위원, 영축총림 통도사 주지를 역임했다.

운조당 홍법(雲照堂 弘法)스님의 법문

"방편 실행해야 수승한 공덕으로 깨달음 이뤄"

늘 말씀드리지만 부처님의 법문을 듣고 기억만 한다면 안 듣는 것보다야 낫겠지만 거기서 끝난다면 그것은 한낱 지식에 불과합니다. 모든 종교가 그렇겠지만 특히 불교는 들은 대로 반드시 행동에 옮겨 부처님 말씀대로 실행하는 게 제일 중요합니다. 자비의 행(行)이 바로 그것입니다. 부처님께서 자비행을 거듭 말씀하시는 이유도 바로 우리 중생들이 당신의 말씀하신 바를 제대로 따라 실천하지를 못하는 까닭입니다. 그렇기에 바른 지혜를 가진 이라면 한마디에서라도 자기 자신을 바로 보아 부처님과 같은 지위에 올라갈 수도 있다고 합니다.

오늘 말씀드릴 부분은 화엄경 '여래출현품'으로 보현보살님께서 부처님의 위없는 가르침에 찬탄해 마지않는 말씀으로 가득 찬 부분입니다.

'見聞供養諸如來(견문공양제여래) 所得功德不可量(소득공덕불가량) 於有爲中終不盡(어유위중종부진) 要滅煩惱離衆苦(요멸번뇌이중고)―부처님의 모습이나 음성을 듣고 공양 올리니 얻는 바의 공덕이 한량이 없네.

부처님의 가르침에는 갖가지의 방편이 있어 모든 중생을 제도할 수 있는 방법이 모두 갖추어져 있습니다. 그 중에 하나는 인과설(因果說)입니다. 인과란 쉽게 표현하면 콩 심으면 콩이 나고 팥을 심으면 팥이 난다는 삼척동자도 다 아는 말씀입니다. 그러나 이렇게 쉬운 말이지만 실제로 행동에 옮기기는 쉽지 않습니다. 현세에 받는 모든 행복이나 불행은 모두 인과의 법을 벗어나 발생하는 게 아닙니다. 지금의 행복 또는 불행한 일이 벌어지게 된 이유는 전생에 했든, 금생에 했든 언젠가 현재의 상황에 처하도록 행동을 했기 때문이라는 것이 부처님 말씀입니다.

수많은 경전을 통해 부처님께서도 과거세에 무수한 부처님 세계에 태어나서 공양을 올린 그 과보(果報)로 금생의 석가모니화신불이 되셨다고 기록돼 있습니다. 이와 마찬가지로 지금 우리가 이렇게 같이 모여 부처님 말씀을 들을 수 있는 것은 전생으로부터의 선행에 의한 과보에 기인합니다. 금생에 좋은 인(因)을 뿌린다면 반드시 다음 생(生)에는 부처님 법을 만나 좋은 한 생을 누릴 수 있게 된다는 것을 굳게 믿고 수행을 게을리하지 말아야 합니다.

또한 불자들은 자기가 어떤 일을 하면 꼭 자기에게만 돌아온다는 생각을 하면 안 됩니다. 부처님과 중생에게 늘 좋은 마음으로 공양하면 온갖 번뇌와 고통으로부터 자유로워질 수 있습니다. 자신의 행동으로 주변 사람 특히 부모 자식간에 좋은 일이나 나쁜 일로 나타날 수도 있다는 말입니다. 그래서 세속에서도 '적선지가(積善之家) 필유여경(必有與慶) 적악지가(積惡之家) 필유여앙(必有與殃)―좋은 일을 하면 집안에 경사스런 일이 생기고, 나쁜 일을 하면 집안에 재앙이 따른다'고 말합니다. 이처럼 자기의

행동은 자기 자신에게 뿐만이 아니라 주변 사람에게, 특히 부모 자식간에는 그 인과의 법이 같이 따라 다니는 것을 보게 됩니다.

불자들은 좋은 마음으로 모든 일에 정성을 다해야 합니다. 부처님은 물론 중생에게 공양함으로써 온갖 번뇌와 갖가지 고통에서 자유로워질 수 있다는 말입니다. 한평생 살다보면 온갖 궂은일이나 좋은 일을 겪을 수밖에 없습니다.

그러나 대부분 좋은 일보다는 궂은 일이 더 많은 게 사실입니다. 그러나 주변 사람들에게 있는 것을 나눠주고 베풀면서 살아가면 반드시 마음에 번뇌도 줄어들고 그로부터 고통에서 벗어나게 될 수 있습니다.

'譬人呑服少金剛(비인탄복소금강) 終竟不消要當出(종경불소요당출) 供養十方諸功德(공양시방제공덕) 滅惑必至金剛智(멸혹필지금강지)－비유컨대 딱딱한 금강덩어리를 삼키면 마침내 금강이 다시 나오듯 공양하는 그 공덕은 번뇌가 없어져 금강 같은 지혜를 얻을 수 있으리라.'

아주 적절한 비유를 들어 중생을 깨우쳐 주십니다. 먹은 대로 뱉어내는 이치를 들어 비유하십니다. 인과가 바로 그와 같은 것입니다. 검은 걸 먹으면 검은 것을 뱉고, 흰 것을 먹으면 흰 것을 뱉을 수밖에 없다는 것이 불변의 진리이듯 제불보살님께 공양하면 반드시 좋은 과보를 받게 됩니다. 그리하여 금강과 같은 지혜를 얻음에 한 점 의심할 바가 없다는 겁니다.

경전에는 '금강(金剛)'을 들어 비유한 사례가 많습니다. 금강은 세월이 지나도 변함이 없고 그 무엇으로도 깨뜨릴 수가 없기 때문에 변함이 없어 '항상 함'을 얘기할 때는 금강을 들어 비유하십니다. 부처님의 가르침을 믿는 마음이 이와 같아야 합니다.

여기서 공양에 대한 말씀을 잠깐 드리겠습니다. 부처님께서는 공양을 올림에 첫째, 내가 공양 올리는 바의 물건이나 금전이 정말 자기의 정직한 노력으로 얻은 바인가, 둘째 주는 사람의 마음이 진정 대가를 바라는 마음이 없이 공양을 하는가, 셋째 정말로 이 공양물을 받을 만한 이에게 공양을 올리는 것인가를 잘 살피라며 이를 삼륜청정(三輪淸淨)이라 하셨습니다. 이 말의 가장 중요한 것은 받을 만한 이에게 주는가를 살피라는 것입니다.

옛말에 수시여전(受施如箭)이라 해, 시주물을 받는 것을 화살을 맞는 것과 다름없이 하라고 했습니다. 수행하는 바는 전혀 없으면서 시주물을 받아쓰는 것은 화살을 맞아 바로 죽지는 않더라도 그 화살 때문에 언젠가는 죽게 되는 것처럼 시주물의 두려움을 바로 알아야 한다는 뜻입니다.

雪山有藥名善見　설산에 선견이란 약이 있어
見聞?觸消衆疾　보고 듣고 맡으면 병이 소멸되니
若有見聞於十力　누군가 열 가지 방편을 보고 들으면
得勝功德到佛智　수승한 공덕 얻어 부처님 지혜에 이를 것이다

설산에는 선견이라는 요즘 말로 만병통치약 같은 효능이 있는 약초가 있답니다. 이 약은 어찌나 효능이 좋은지 보기만 해도 눈이 맑아지고 이름만 들어도 귀가 트이며, 가까이 가기만 하여도 몸에 있는 질병이 다 없어진다는 희귀한 약초입니다. 마찬가지로 부처님의 열 가지 방편을 듣고 실행한다면 수승한 공덕을 얻어 부처님의 지혜로움에 이를 수 있다는 말입니다.

분명한 것은 들어서 얻게 되는 지식이 중요한 것이 아니라 부처님의 법을 듣고 부지런히 쉼없이 실천함으로써 부처님과 같은 지위에까지 오를 수 있다는 가능성을 열어 놓으신 겁니다. 이처럼 10가지 방편문을 열어 놓았지만 이를 행하지 않는다면 어찌할 방도가 없는, 즉 선근(善根)이 없는 이라고 단정할 수밖에 없습니다.

부처님께서는 3가지에 대해서는 방도가 없다고 말씀하셨는데 이것을 삼불능(三不能)이라 합니다.

첫째, 중생을 전부 제도할 수는 없다. 둘째, 지은 바의 과보를 피할 수 없다. 셋째, 인연 없는 사람은 제도할 수 없다는 것입니다.

즉 "내가 말한 바의 법을 믿고 의지하며 따라하지 않으면 나도 그런 중생은 어찌할 방도가 없다"고 하셨듯이 선근이 부족한 사람은 제도해서 고통에서 벗어나게 해줄 방법이 없다는 말씀입니다.

여러분께서는 어떤 사람이 되고 싶으십니까...?

회명스님
1856~1951년

은사 **보하**스님 법상좌 안봉려관.
상좌 **지**월, **능**산, **혜**각, **능**파, **孫**상좌 동원, 태연스님

만주 등 경향각지서 이름을 날린 포교사.. 제주불교의 중흥조 일승당 회명스님은 20세기 초 조선 불교계를 이끌던 대표적인 승려 중 한 분으로 전국적인 명망을 얻고 있던 대포교사이자 선사(禪師)이다. 근대 제주불교의 중흥조로 추앙받는 안봉려관 스님과 초대 한라산 관음사 주지를 지낸 안도월 스님이 개척한 근대 제주불교의 토대 위에서 적극적인 포교 활동을 펼쳐 제주 불교의 역사와 정통성을 회복시키고, 교세를 확장시키는데 큰 역할을 다했다.

회명스님의 포교활동 이후 제주 불교의 사회적 위상은 크게 높아져 제주 불교 중흥의 기틀이 확보되었고, 당시 제주에서 활동하던 대표적 승려들이 그의 문하에 의지하여 수행하기에 이르렀다. 그 결과 현재도 많은 제주도 승려들이 '회명문도회'의 이름으로 스님을 기리고 있다.

이처럼 근대 제주불교 부흥의 큰 공로자로 평가받고 있는 이회명 스님은 1866년 경기도 양주군 시둔면 직동리에서 부친 이관석과 모친 수원 백씨 사이에서 독자로 출생하였다. 스님의 어렸을 때의 이름은 우경(牛庚)이다. 4살 때인 1869년 모친이 돌아가시고 5살 때 외지로 나갔던 부친마저 실종되자 조모의 품에서 성장하게 되었다. 조모는 상당한 학식을 지니고 있던 분으로 우경이 6세가 되자 한학을 가르쳤고, 8세 때에는 논어 맹자를 가르쳤다. 그러나 9세 때 조모마저 별세하게 되자 백부에게 의탁하였다가 11세인 1876년 조모와 친분이 두터웠던 지순 스님에 의해 불가에 입문하였다.

경기도 양주군 노해면 학림암 보하선사를 은사로 출가하였다. 이후 4년 동안 서울 근교를 돌아다니며 은사를 시봉하다가, 1883년 건봉사로 들어가 이듬해 하은(荷隱) 열

가(列柯) 율사에게 비구계와 보살계를 받았고 1893년까지 강원 공부에 매진하였다.

1897년에는 고종의 왕비인 엄비의 명을 받아 건봉사 봉암암(鳳巖庵) 준제보살 앞에서 백일기도를 하여 엄비가 왕세자를 낳게 되자 큰 상을 받는 등 왕실과도 인연이 깊었다. 1902년에는 대한제국 정부가 불교 교단을 관할하기 세운 국가 사찰인 원흥사의 서무로 피임되어 2년간 활동하면서 이 시기 조선 불교계의 변화를 일찌감치 감지할 수 있었고, 1907년에는 불교계 최초의 근대 학교인 명진학교를 개교시키는 등 불교계의 근대 교육을 시도하던 '불교 연구회'의 내무부장으로 피임되어 조선 불교의 현실과 문명개화에 대한 남다른 의지를 실현시킬 수 있었다. 또한 사형인 이회광(李晦光) 스님이 조선불교 원종의 종정을 맡고 있는 인연으로 1908년에는 원종의 불교종무국 취지서 발기인 중에 13도의 사찰 대표로 활동하기도 하였다.

1914년 49세에는 대본산 영명사 주지에 취임하고, 1915년에는 30본산 연합 포교당 설교사로 피임되어, 30본산 연합 사무소 감사원이라는 직책도 맡게 되지만, 1920년대로 들어서면서는 본산 주지로서의 활동이나 중앙 교단내의 역할보다 지방 포교사를 자임하고 나서게 된다. 그것은 3.1운동 이후 조선 불교 청년회가 창립되는 등 일제의 사찰 정책을 비판하고 불교 혁신을 주장하는 세력들이 대거 등장한 것과 무관하지 않다. 특히 조선 불교를 일본 임제종 묘심사파에 부속 시키려 했던 그의 사형 이회광 스님이 교단 내에서 비판의 대상이 되고 몰락하게 된 것이 결정적인 계기였을 것으로 보인다.

이러한 조선 불교의 변화와 각별했던 사형과의 관계 때문에 이회명 스님 자신도 자유롭지 않았을 것이다. 결과적으로 이러한 상황은 이회명 스님으로 하여금 중앙 교단을 떠나 지방 포교사로서의 일생을 살게 하는 계기를 마련해 주었다. 최근에도 대표적인 친일승려로 지목받고 있는 그의 사형 이회광 스님은 범해각안(梵海覺岸) 선사가 쓴 『동사열전(東師列傳)』에서 조선의 마지막 대강백으로 극찬할 만큼 뛰어난 학덕과 명성을 떨치던 스님이다. 그러나 조선의 원종을 일본의 조동종에 부속시키는 이른바 종단을 팔아먹고 조상을 바꾸는 '매종역조(賣宗易祖)'를 획책하여 큰 오명을 남기고 말았다.

본격적으로 지방을 순회하며 포교 활동을 시작한 이회명 스님은 자신의 열정을 증명이라도 하듯 제주도는 물론, 두만강 건너 용정을 비롯하여, 북청, 청진, 원산, 강계 등을 오가며 포교에 나섰을 뿐만 아니라, 각 지역 사찰의 신행 단체 조직에도 매우 적극적으로 참여하였다. 이처럼 포교사로서 전국적 명망을 얻고 있던 이회명 스님은 1921년, 1922년 두 차례의 제주 방문을 시작으로, 1924년 본격적으로 입도하여 1927년에

이르기까지 적극적인 포교 활동을 펼치게 된다. 이후에도 몇 차례 더 제주를 방문하지만, 1920년대 제주에서의 행적이야말로 회명 스님을 제주불교 중흥의 공로자로 불리게 하는데 가장 중요한 요인인 것이다.

이회명 스님이 처음 제주도에 들어온 것은 안봉려관 스님과 안도월 스님의 요청에 의한 것이었다. 즉 1921년 9월 29일 서귀포 법화사에서 동안거 설법을 개최하면서 처음 제주 불교와 인연을 맺게 됐다. 이날 이회명 스님의 설법이 대중들의 큰 호응을 얻게 되자 1922년 1월 한차례 더 제주를 방문하였고, 1924년 이후에는 제주에 상주하며 본격적인 포교 활동에 나서게 된 것이다.

1924년 이회명 스님의 입도는 한라산 관음사의 불사에 참여해 달라는 안도월 스님의 청을 받고 이루어진 것으로, 이회명 스님은 당시 최고의 화사(畫師)로서 이름을 얻고 있던 금강산의 문고산(文古山) · 박사송(朴寫松) · 계룡산의 김보응(金普應) 3인을 먼저 보내어 제주 불교계를 지원하고, 얼마 후 본인이 직접 입도하여 불사의 증단(證壇)에 참석하였으며, 마침내 초파일 관음사 중창 낙성식을 성대하게 치러 내게 되었다.

1924년 4월 초파일을 맞아 거행된 이날 관음사 중창 낙성식에는 경성에서 이회광, 본산 대흥사 주지대리 감선월(甘船月), 나주 다보사 주지 김금담(金錦潭) 등이 참석하고 제주도 행정 책임자들을 비롯, 만여 명에 이르는 신도들의 운집하여 과거에 찾아볼 수 없던 대성황을 이루었다. 또한 관음사 초대 주지에 임명된 안도월 스님과 이후 2대 주지가 되는 오이화 스님은 건당하여 각각 이회명 스님의 법사(法嗣)와 법손(法孫)이 되었고, 제주의 명망 있는 스님들이 모두 이회명 스님의 문도임을 자처하게 되었다.

1924년 관음사 중창 낙성식은 근대 제주불교 역사에 있어서 매우 중요한 의의를 지니는데, 이를 계기로 관음사는 제주지역 사회는 물론, 조선 불교계의 주목을 한 몸에 받게 되었던 것이다. 이후 이회명 스님은 경성으로 돌아갔다가 같은 해 8월 8일 그를 모시기 위해 제주도에서 경성까지 찾아온 법손 오이화 스님과 함께 다시 제주로 내려와, 같은 해 11월 제주도 유지들이 중심이 된 불교단체인 제주불교협회를 탄생시키는데 주도적 역할을 하게 된다. 제주불교협회는 창립 후 불과 4~5개월 후 남녀 회원이 수천 명에 달하는 등 큰 호응을 얻었고, 불교부인회와 불교 소녀단 등 신행 단체가 결성되는 계기를 마련하였다.

이후 1925년 2월에는 제주 포교당 상량식을 거행하고 5월에 전도에 걸친 순회 강연회를 개최했으며, 제주 포교당에 계단을 설치해 신도들에게 계를 주기도 했는데 이때 계를 받은 수계자만도 367명에 달했다. 1927년 8월 16일에는 사나운 비로 인해 제주 성안의 가옥 50여 호가 범람한 빗물에 떠내려가는 수해가 발생하자 8월 24일 불교 협회와 관공서 연합으로 수륙 천도재를 거행하기도 했다. 근대 제주 불교가 오랫동안 미미했던 교세를 떨치고 불붙듯 일어서게 된 데에는 이회명 스님의 이러한 노력이 있어서 가능한 것이었다.

이후 이회명 스님은 제주를 떠나 부산, 목포 지역은 물론, 두만강 건너 중국의 용정과 청진, 원산, 영변 등지를 만행하며 설교에 나섰다. 그러나 제주를 떠나 있으면서도 제주를 잊지 못했던 스님은 1936년 안도월 스님이 입적하자 1937년 그를 애도하는 비문을 지었고, 1941년에는 관음사 법당의 상량문을 지어 내렸다. 그리고 1943년에는 근대 제주 불교 중흥조로 불리는 안봉려관 스님의 공덕비명을 지으며 다사다난했던 제주 시대를 조금씩 정리하고 있었다. 1946년 81세라는 고령의 나이에 다시 관음사를 찾아, 많은 대중이 운집한 가운데 보살계 법회를 집전하며 제주 불교와의 깊은 인연을 마무리한 스님은 그로부터 5년 후인 1951년 12월 22일 세수 86세 법납 75세로 전라북도 임실군 삼계면 대원암에서 입적에 들었다. 스님의 부도는 젊은 시절 10여 년간 정진했던 강원도 건봉사 부도밭에 모셔져 있다.

이회명 스님은 제주 불교가 재래의 신앙 형태에서 벗어나 근대 종교로 탈바꿈할 수 있는 계기를 마련했을 뿐만 아니라, 제주 불교의 사회적 위상과 권위를 확고히 하는데 신명을 다 바쳐, 오늘날까지 제주 불교 중흥의 지대한 공헌자로 존경받고 있다./ 김봉현 (제주불교사연구회 · 서귀포신문 편집국장)

회명스님 행장

1866년 6월15일 경기도 양주 생(生), 11세 되던 해(1876년) 3월 양주군 학림암에서 보하스님을 은사로 출가하여 상주권공, 영산작법 등 범음성 학습, 1878년 서울 개운사에서 낙암스님에게 사미계를 수지하고, 일승(日昇)이란 법명을 받음, 1883년 금강산 건봉사에서 하은스님에게 비구계와 보살대계 수지, 1882년 10월 건봉사 만일선원에서 수선 안거한 이래 20 하안거 성취, 1886년 9월 건봉사 보안강원에서 완명 · 진하스님 회상에서 공부한 후 제방 강당에서 11년간 대교과 수료, 건봉사에서 서무 소임을 시작으로 만일염불회 설교사, 금강계단 전계사, 오대산 중대 세존적멸보궁 수호원장, 각황사 총무, 조선 31 대본산 연합사무소 감사 등을 역임, 평양 영명사 주지(1914년), 1929년 중국 용정에 불일보조사 창건, 광주 봉은사 선원 회주, 고양 흥국사 선원 회주, 김천 직지사 회주 등 제방선원에서 수좌들을 지도했다.

일제강점기인 1939년에는 만주 목단강성에 대흥사 호국선원 창건, 1951년 12월22일 대원암에서 입적. 세수 86세, 법납 75세.

은법상좌로 지월(指月)·능명(凌溟)·능산(凌山)·혜각(慧覺)·능파(凌坡) 스님 등 20여명 가까이 있다. 회명스님 부도는 손상좌 태연스님이 건봉사에 건립해 지금에 이르고 있다. 숭례문 단청 작업을 한 혜각스님이 지난 1991년 상좌 동원·태연스님 등 문도들로 하여금 〈회명문집〉을 발간하도록 했다.

회 명스님 어록, 시, 법문/ '회명문집'

#...일승당 회명스님은 경향 각지를 순례하며 스님은 많은 한시를 남겼다. 한학과 교학에 밝았던 면모를 보여준다. '선여자탄(禪餘自歎, 참선하던 여가에 스스로 탄식함)'

七旬又八平生事	칠십 팔세인 나의 평생이
早食西隣暮宿南	서쪽에서 아침 먹고, 저녁에 남쪽에서 자면서
遍踏海東全國界	두루 전국을 다니고
梵香洗鉢結緣甘	분향하고 세발함은 좋은 인연 맺으려 함일세
流水光陰常未覺	흐르는 물 같은 세월 깨닫지 못하다
白頭悔恨送虛年	흰머리 되니 헛되게 세월 보냄이 후회되네
遽然一世眞如夢	세상이 참으로 꿈 같으니
只願山家了事仙	단지 원하는 것, 산에 살며 일 마친 신선 되는 것뿐일세

#...양친과 은사에 대한 효심이 누구보다 깊었다. 18세 되던 해 은사를 모시고 경성에서 일을 보고 건봉사로 돌아오는 길 이었다. 홍천군 양덕원의 어느 여관에 투숙했다가 다음날 건봉사로 출발할 때였다. 은사스님이 "걸음이 씩씩한 네가 앞장서 가면 내가 힘을 다해 뒤따라가겠다"며 회명스님이 앞서 가도록 했다. 은사 스님 말씀대로 앞장서 가다보니 어느덧 40리길이나 되었다. 그때 양덕원 여관에 은사스님의 풍차(風遮)를 놓고 온 것을 알게 됐다. 풍차는 추위를 막기 위해 머리에 쓰는 방한용 두건이다. 회명스님은 그길로 40리 길을 돌아가 풍차를 찾은 후 다시 40리를 돌아왔다.

#...모친에 대한 효심도 남달랐다. 어린 시절 모친을 잃은 스님은 1915년 6월16일 모친 묘소를 찾아 화장 천도하면서 지은 축원 내용은 심금을 울린다. 비록 출가사문이지만, 어머니에 대한 애절한 마음을 읽을 수 있다. 스님은 "지금 인계(忍界)에서는 유(幽)와 현(顯)이 현격하여 아무리 애모하여도 은덕의 만에 하나라도 보답하기 어려우니 이에 청정한 향을 올리며 엎드려 비옵니다" 라고 축원했다.

#...회명스님은 평생 무소유를 실천하며 청빈의 전형을 보였다. 시주가 들어온 것은 단 하나도 취하지 않았다. 회명스님은 논 358두락(斗落)과 4만1210냥을 건봉사를 비롯해 장안사, 표훈사, 유점사, 신계사, 신흥사, 백담사 등 수십여 사찰에 흔쾌히 내 놓았다. 두락은 한 말(斗)의 씨를 뿌리는 데 적당한 토지 면적으로 흔히 '마지기'라고 불렀다. 대체로 논은 150~300평, 밭은 100~400평이 한마지기이다. 요즘 산술법으로 하면 스님이 무주상 보시한 논은 적게는 17만7521㎡(5만3700평), 많게는 35만5041㎡(10만7400평)에 이르는 엄청난 규모이다.

#... "그 사람 글은 많이 아는지 모르지만 중은 아니더라." 명성이 널리 알려진 스님의 초청을 받아 공양한 후 돌아온 회명스님이 탄식을 했다. 대중이 궁금해 하니, 회명스님이 이유를 설명했다. "중이 되어서 병풍에 비단 요이불에 진수성찬을 먹고 사니 그 시은을 다 어떻게 하겠느냐." "마음의 근원을 깨닫지 못하고서는 길이 고해를 벗어나지 못하리니…" "적선(積善)하는 데는 방생보다 더 좋은 것이 없고, 적악(積惡)하는 데는 살생보다 더 나쁜 것이 없다." "고요히 화두를 들고 참선을 함이 자신을 이롭게 함이고, 항시 강설(講說)하고 서술(敍述)함은 중생을 이롭게 함이다." "마음의 근원을 깨닫지 못하고서는 길이 고해를 벗어나지 못하리니…"

#... "내가 죽거든 헌옷으로 갈아입히고 흙으로 살짝 덮어 짐승이나 벌레들이 먹게 해주고 3년 상도 지내지 말라." #... "비록(내가) 어느 곳에서 죽더라도 문상을 하지 말라. 부고를 알지 않는 것이 나의 뜻이다." #... "스님들이 수고로히 염불하면 부처님께 부끄럽지 않다"고 강조했다.

#...스님은 제주불교와 인연이 깊다. 제주도는 한때 '절 500, 당(堂) 500으로 불릴 만큼 불교세가 강했지만, 조선중기 이후 모든 절이 폐사되는 암흑기를 겪었다. 스님은 1921년 제주 법화사에서 동안거 설법을 비롯해 1924년 제주 관음사 불사에 증명으로 참여하고, 이듬해에는 제주포교당을 건립해 367명에게 계를 주는 등 제주불교의 중흥을 일구었다. 봉려관 스님 역시 회명스님에게 큰 영향을 받았다.

#... "대저 지극한 성인은 참된 법성(法性)으로 그의 몸이 되었다. 그러기에 본래 나고 죽고 함이 없지만 구경각(究竟覺)으로 그의 지혜를 삼는다."

#... "염불의 위신력이 마치 뱀을 꾸짖어 용이 되게 하는 것과 같으며, 흙을 쥐어 숲을 이루는 것과 같아서 열 가지의 악(惡)을 지은 사람이나 게으른 자라도 문득 용맹하는 마음을 일으키면 그곳에 왕생하는 인(因)을 얻게 된다."

효봉스님

1888~1960년

은사 **석두**스님.

　　　　제자 **구**산, **법**정스님. 시인 **고**은

판사에서 엿장수로.. 스님으로..

　　효봉스님은 1888년 5월 28일 평안남도 양덕군 쌍룡면 반석리 금성동에서 아버지 이병억과 어머니 김씨의 사이에서 5형제 중 3남으로 태어났고, 이름은 이찬영이다. 부유한 집안에서 태어난 이찬영은 어려서부터 할아버지 밑에서 사서삼경을 배웠으며, 평양고등보통학교를 거쳐 1913(23세)년 일본 와세다대학 법학부를 졸업하고 귀국하여, 1923년(36세)까지 서울과 함흥의 지방 법원, 평양의 복심법원에서 우리나라 사람으로는 최초의 판사가 되어 활동하였다.

법관생활이 10년이 되던 해인 1923년 재판과정에서 조선인에게 어쩔 수 없이 사형선고를 내리게 되자 '이 세상은 내가 살 곳이 아니다. 내가 갈 길은 따로 있을 것이다.'라는 결심을 하고 법복을 벗고 무작정 법원을 떠나 집에도 돌아가지 않고 살았다. 그는 생계를 위해서 입고 있던 양복을 팔아 엿장수가 되어 전국을 돌아다녔다. 이름하여 엿장수 판사가 된 것이다.

그는 엿판 하나를 들고 3년 동안 만행을 하다가 1925년 여름 금강산에 이르러 출가할 결심을 하고 신계사 보운암의 석두스님을 찾아 간단한 선문답을 나눈 뒤 머리를 깎고 5계(戒)와 효봉이라는 법명을 받아 스님이 되었다. 깨달음을 얻기 위해 장좌불와 수행을 하는 그에게 한 번 앉으면 절구통처럼 움직일 줄 모른다고 하여 '절구통 수좌'라는 별명까지 붙을 정도로 용맹정진 하였다.

그러나 출가한 지 5년이 지났지만 깨달음을 얻지 못하자, 1930년 늦은 봄 금강산 법기암 뒤에 단칸방을 짓고, 깨닫기 전에는 죽어도 밖에는 나오지 않을 것을 결심하고

토굴 안으로 들어갔다. 일일일식을 하며 토굴 속에서 수행하던 그는 1년 6개월 만인 1931년 가을 마침내 깨달음의 경계를 넘어섰다. 그리고 석두스님에게 오도송을 지어 올리자 석두스님이 효봉스님의 오도를 인가하였다.

그때의 오도송이다.

海底燕巢鹿抱卵　바다밑 제비집에 사슴이 알을 품고
火中蛛室魚煎茶　타는 불속 거미집에 고기가 차 달이네
此家消息誰能識　이 집안 소식을 뉘라서 알랴
白雲西飛月東走　흰 구름은 서쪽으로 달은 동쪽으로

1932년 사월초파 일에 유점사에서 동선스님을 계사로 구족계와 보살계를 받았다. 그 뒤 1933년 여름 여여원에서 수행하며 오후에는 불식(不食)하였고, 겨울에는 마하연 선원에서 안거하였다. 이어서 부처님의 사리가 모셔진 전국의 적멸보궁을 찾아 한 철씩 정진하였고, 1936년에는 당대의 고승 한암과 만공으로부터 도를 인가받았다.

1937년 조계산 송광사 삼일암에 안착하여 10년 동안 후학들을 지도 하여 정혜쌍수(定慧雙修)에 대한 확고한 구도관을 열어주었으며, 이때 대종사의 법계를 받았다. 1946년 가을 가야산 해인사의 승려들이 해 인사에 종합수도원인 가야총림(伽倻叢林)을 만들고 초대 방장(方丈)으로 추대하자, 6·25사변으로 총림이 흩어질 때까지 5년 동안 많은 인재를 길러냈 다. 1946년 해인사 가야총림 방함록 서(序)에는 활구(活句)를 참구해야 한다는 스님의 경책이 담겨있다.

"다만 활구를 참구하고 사구를 참구하지 말아야 한다. 활구 밑에서 깨달으면 영원히 잊지 않겠지만, 사구 밑에서 깨달으려 하면 자신도 구제하지 못한다. 만약 불조(佛祖)와 더불어 스승이 되려면 모름지기 활구를 밝혀 가져야 할 것이다"

1956년 11월에는 세계불교도우의회 제4차대회에 참가하기 위하여 동산스님·청담스님 등과 함께 네팔에 갔다. 귀국한 직후 조계종의 의결기구인 종회(宗會)의 의장에 취임하였고, 1957년 1월부터 이듬해 2월까지 종무원장이 되어 정화불사에 골몰하였으며, 석우(石友) 종정이 입적하자 새 종정에 추대되었다.

1962년 4월 11일 통합종단 초대종정에 추대되었다. 1966년 5월, 거처를 밀양 표충사 서래각으로 옮겨 머무르다가 10 월 15일 오전에 단정히 앉아 입적하였다. 마지막까지 "무(無)라 무라." 하였는데, 이는 평생의 수행도구로 삼았던 구자무불성(狗子無佛性)

화두를 한시도 놓지 않았음을 뜻한다. 평소 계율을 철저하게 지키고 제자들을 엄하게 가르쳤는데, 문하에서는 조계종의 수행승들을 지도하는 훌륭한 고승들이 많이 배출 되었다.

전남 순천시 송광면 조계산에 위치하고 있는 조계총림 송광사는 삼보사찰중 승보사찰이다. 고려시대 때 한국불교를 중흥시킨 불일보조국사지눌스님이 주석한 정혜결사도량으로 지눌스님 이래 송광사에서는 16분의 국사스님을 배출하였고, 조선시대로 들어와 서산(西山)스님과 쌍벽을 이룬 부휴 선수(浮休善修)스님에 의해 승보사찰의 전통을 이어 왔다.

근래들어 효봉, 구산스님이 그 전통을 이어오고 있었다. 1969년 종합 수도도량인 총림(叢林)이 된 송광사는 선원, 강원, 율원, 염불원 등의 기관에서 100여명의 스님이 상주하며 참선과 경전을 공부하고 있는 한국의 대표적인 수행도량이며 1972년에 개원한 불일국제선원(The Bulil International Buddhist Center)에서는 세계 각국의 스님들이 와서 한국의 불교를 배우고 있다.

일제강점기를 거치며 대처승들의 절이 되어버린 송광사는 50년대 중반 정화운동 당시 송광사 주지인 금당스님과 취봉스님이 효봉스님을 모셔옴으로 청정비구도량이 되었다. 스님은 정화불사 당시 "큰 집이 무너지려 하니 여럿의 힘으로 붙들어라(大廈將崩 衆力扶持)"라는 사자후를 토해냈을 정도로 교단의 올바른 자리매김을 위한 노력도 아끼지 않았다.

효봉스님이 근대 한국불교에서 송광사의 가풍을 세우고 기틀을 닦았다면, 그 맏상좌인 구산(九山)스님은 해인총림에 이어 호남의 송광사에 조계총림의 문을 열고 초대 방장으로 취임해 송광사 선풍을 진작시켰다. 따라서 근대불교에서 송광사의 역사는 효봉문중의 역사라고 할 수 있을 것이다.

구산스님의 뒤를 이어 방장을 역임한 일각(壹覺)스님과 보성(普成)스님은 철저하게 효봉가풍을 이어갔다. 효봉스님의 상좌인 일각스님은 교사출신으로 아이를 때리는 자신의 모습을 보며 자괴감과 허무함을 느껴 출가했다고 한다. 일각스님도 24시간의 용맹정진과 14시간 가행정진을 함께 하며 수행에 모범을 보였다. 구산스님에게 사미계를 수지한 보성스님은 율사로 이름이 높다. 구산스님의 상좌들은 대대로 주지와 선원장을 역임하며 송광사의 가풍을 지켜나갔다. 현고스님, 현묵스님, 현봉스님 등이 구산스님의 상좌들이다.

'절구통 수좌'에 이어 스님의 또다른 별명은 '무라 노장'이다. 입적하기 전 노환에도 불구하고, 불법 공부에 대한 마음만은 한결같던 스님은 늘 "무(無)라 무(無)라"를 염불처럼 되뇌었다. 이를 주위에서 듣고 스님을 '무라 노장'이라 불렀다. 효봉스님이 입적하기 며칠 전 곁에서 상좌들이 청을 드렸다.

"스님 마지막으로 한 말씀 안 남기시렵니까?" "나는 그런 군더더기 소리 안 할란다. 지금껏 한 말들도 다 그런 소린데…" 하며 어린애처럼 티없이 웃었다.

그리고 이렇게 읊었다.

    吾說一切法 내가 말한 모든 법 都是무騈拇 그거 다 군더더기
    若問今日事 오늘 일을 묻는가 月印於千江 달이 일천강에 비치리

스님은 입적하는 날도 "스님! 화두가 들리십니까?" 라는 물음에 "무라 무라 무라"라고 답하고는, 세상과의 인연을 마쳤을 만큼 평생 화두를 놓치지 않았다. 이때가 1966년 10월 15일 오전 10시 정각으로 스님의 세상나이는 79세, 법의 나이는 42세였다.

일화…

효봉 스님은 6·25 피난길에 인연을 맺은 경남 통영의 도솔암에 머물고 계셨다. 이 무렵 우리나라 불교계에서는 동산 스님, 청담 스님을 주축으로 불교정화운동이 오월의 불길처럼 번지고 있었다. 효봉 스님도 흔쾌히 불교정화운동에 동참했고 그 일로 서울에 자주 올라와 안국동 선학원에 머물게 되었다.

이때 선학원에는 불교정화운동을 지지하는 전국의 청정 비구, 비구니 스님들이 자주 드나들게 되었는데, 선학원이야말로 청정 비구 스님들의 유일한 의지처요, 불교정화운동의 산실이며 구심점이었다. 그러다보니 자연히 별의별 비구 스님들이 서울에만 올라오면 선학원에 머물게 되었고 방 한칸에 여러 스님들이 함께 지낼 수밖에 없었다.

그런데 당시 선객 가운데 박금봉 스님이라는 분이 계셨다. 금봉 스님은 도가 높고 선지가 깊어 모두들 알아 모셨지만, 담배를 어찌나 많이 피워대는지 어느 누구도 금봉 스님 곁에는 가지 않으려 했다. 피우고 나면 또 피우고, 금방 피우고 나서도 또 담배를 피워대는 골초 스님이었으니, 금봉 스님이 선학원에 나타나기만 해도 온 도량에 담배 냄새가 진동하는지라 모두들 코를 싸쥐고 고개를 돌리기에 바빴다.

그러니 어느 누구인들 금봉 스님과 한 방을 쓰기를 원했겠는가?

어느 날, 금봉 스님이 선학원에서 머물게 되었는데 모든 수좌들이 너나없이 금봉 스님과는 한방에서 잠을 자지 않으려고 효봉 스님이 계시는 방으로 모여 들었다. 이때 효봉 스님께서 젊은 수좌들을 크게 꾸짖었다. "너희들은 어찌 금봉의 도(道)는 못보고 금봉의 담배만 보느냐?" 효봉 스님은 그렇게 꾸짖고 나서 스스로 목침을 들고 금봉 스님이 있던 방으로 거처를 옮겨 금봉 스님과 함께 지냈다. 줄창 피워대는 그 지독한 담배연기 속에서 쿨룩쿨룩 기침을 해가면서도 효봉 스님은 금봉 스님과 한방을 쓰셨던 것이다.

불교정화운동에 참여하시느라고 효봉 스님이 서울 안국동 선학원에 머물고 계시던 1955년 초. 몹시 추운 어느 날. 스님은 전라도에서 상경했다는 스물 네 살 청년의 인사를 받고 출가를 허락했다. 당초 이 청년은 서울을 거쳐 오대산으로 들어가 삭발출가 할 계획이었다. 그런데 공교롭게도 폭설이 내려 강원도 오대산 가는 교통이 두절된 바람에 한 스님의 소개로 효봉 스님께 인사를 올리게 되었던 것.

이날 선학원에서 머리를 깎은 젊은이가 바로 법정(法頂) 스님. 1955년 음력 7월 보름. 여름 안거가 끝나는 날, 효봉 스님은 통영 미륵산 미래사에서 법정에게 사미계를 내리고, 뒤이어 법정 혼자만 데리고 지리산 쌍계사 탑전으로 들어가 다시 참선삼매에 몰입했다. 그러던 어느 날이었다. 신참 제자 법정은 반찬거리를 구하기 위해 마을로 내려갔는데, 저녁 공양 지을 시간을 그만 놓치고 말았다. 길어야 십분 정도 늦은 시각이었다. 허겁지겁 탑전으로 돌아온 법정은 서둘러 저녁 공양 지을 채비를 했다.

"이 애 법정아." 이때 효봉 스님이 제자를 불렀다. "예 스님." "오늘은 저녁 공양을 짓지 말아라." "예에? 공양을 짓지 말라니요?" "오늘은 단식이다!" "예에? 아니 스님…?" "오늘은 굶을 것인즉 그리 알아라. 수행자가 시간관념이 그렇게 없어서야 되겠느냐" 효봉 스님은 역정을 내시거나 언성을 높이지도 않으신 채 그렇게 한 말씀 하시고는 돌아 앉으셨다. 스님도 제자도 그 날 저녁 공양은 고스란히 굶었다. 그리고 그 날 그 일은 제자 법정 스님에게 무서운 가르침으로 깊게 각인되었다.

말년에 효봉 스님은 청력이 떨어졌다. 누구나 노년기에 접어들면 점점 귀먹는 증상이 나타나게 마련이니 아랫사람들이 무슨 말씀을 드리려면 스님의 귀에다 가까이 대고 버럭버럭 고함치듯 해야만 했다. 어느 날 한 제자가 효봉스님께 크게 여쭈었다. "스님, 귀가 잘 안 들리시니 답답하시지요?" 그런데 효봉 스님은 그 말만은 금방 알아들으시고 이렇게 대답하셨다. "답답하기는. 시시한 소리 안 들으니 오히려 좋다."

효봉 스님께서 경남 통영의 미래사에 머물고 계실 때의 일이었다. 1961년 5월 16일 박정희 일당이 반란을 일으켜 국가를 통째로 삼킨 뒤의 일이었다. 한여름 어느 날 미래사에 정보계 형사가 나타났다. 효봉 스님의 제자였던 일관 수좌가 동국대학교에 다니다가 환속, 혁신계 운동에 참여했는데 5·16 이후 빨갱이로 몰려 체포령이 내렸고 문제의 일관 박완일(朴完一)은 도망자의 신세이니 만일 박완일이 이 절에 나타나면 즉각 고발하라는 것이었다. 그런데 바로 그 다음날 문제의 도망자 박완일이 처량한 모습으로 미래사에 찾아와 옛 스승 효봉 스님께 인사를 올리고 무릎을 꿇었다.

"그래. 내, 나한테 올 줄 알았다. 혁신계 운동을 하다가 도망다니는 신세가 되었다구?" "예 스님. 죄송하옵니다." "당분간은 어디 갈 생각말고 내 방에 숨어 지내도록 해라." "아니옵니다 스님. 곧바로 피신을 해야 합니다." "허허 쓸데없는 소리! 내가 숨겨줄 것이니 여기 있도록 해!" 제자 박완일은 스님의 사랑에 울음을 터트렸다.

효봉 스님은 그날 시자에게 칼국수 두 그릇을 특별히 만들어 오도록 분부했다. "완일이 너, 칼국수 무척 좋아했었지? 자 어서 들자꾸나." "스님께서는 아직도 칼국수를 좋아하십니까?" "너 이녀석, 도망자로 다니느라고 날짜 가는 줄도 모르고 있었구나." "무슨… 말씀이신지요?" "인석아, 오늘이 팔월 초하루. 바로 완일이 너 귀빠진날 아니더냐?" "네에? 오늘이 제 생일이라구요?" 칼국수를 먹던 도망자 박완일은 또 한번 울음을 터트렸다. 위대한 스승 효봉 스님께서는 환속한 제자, 도망자의 생일까지도 잊지 않고 계셨으니….

효봉 스님께 한 신도가 여쭈었다. "스님, 사람이 살아 생전에 좋은 일 많이 하면 극락에 가고, 나쁜 일 많이 하면 지옥에 간다고들 하는데 정말인가요?" "아무렴 그렇구 말구." "그럼 정말로 극락과 지옥이 있다는 말씀이십니까요, 스님?" "아무렴 있구 말구." "사람이 죽은 뒤에 저 세상에 가면 거기에 지옥도 있고 극락도 있다. 그런 말씀이십니까 스님?"

"아니야. 지옥과 극락은 저 세상에 있는게 아니구 바로 지금 우리가 살고 있는 이 세상에 있어." 신도는 깜짝 놀랐다. 극락과 지옥이 저 세상에 있는게 아니라 바로 우리가 지금 살고 있는 이 세상에 있다니, 그런 말은 처음 들었던 것이었다.

"아니 스님, 이 세상 어디에 지옥과 극락이 있다는 말씀이십니까?" "어디긴 이 사람아. 도처에 지옥이 있고 도처에 극락이 있지."

그러시면서 효봉스님은 당신이 엿장수를 하면서 겪은 이야기를 들려주었다.

효봉스님이 출가하기 전 엿장수를 하면서 어느 해 겨울 어느 마을을 지나다가 그 마을 부잣집에 초상이 났다고 하여 그 집에 머물며 품삯을 받고 허드렛 일을 해주기로 하였다. 그 초상집은 아들만 다섯을 둔 부잣집이었는데 아버지의 장례를 치르기 위해 모여든 아들 다섯은 아버님 장례를 모시기도 전에 재산다툼을 벌여 형제간에 피가 낭자한 싸움판을 벌였다. 형제들은 서로 뒤엉켜 싸우고 여자들은 제각각 제 남편을 편들며 울고 불고 아우성이니, 초상집은 그야말로 아수라장이었다.

"생각을 해보시게. 바로 이런 초상집이 지옥이지, 지옥이 따로 있겠나?" 그제서야 신도는 고개를 끄덕였다. 효봉스님의 말씀을 듣고보면 지옥도 극락도 먼데 있는 것이 아니요, 지금 바로 우리가 살고 있는 이 세상 구석구석에 수없이 널려있다. 그리고 그 지옥과 극락은 바로 우리가 우리 손으로 스스로 만들고 있다.

아직도 불교집안에서는 '선승(禪僧)'이라면 좋아하고 '학승(學僧)'이라면 별로 좋아하지 않는 경향이 있다. 어느 유명했던 큰스님을 '동양최고의 학승이었던 00 큰스님'이라고 표현하면 그 큰스님의 교도들이 벌떼같이 들고 일어나 왜 '학승'이라고 지칭했느냐며 항의하고 '선승'으로 표현하라고 요구할 것이다. 그만큼 교학(教學)을 가볍게 여기고 참선만을 귀히 여겨온 우리나라 불가(佛家)의 관습 때문이다.

효봉스님이 제자들을 가르치던 1950년대에도 참선우위, 교학경시의 풍조가 불교계를 휩쓸고 있었다. 어느날 한 제자가 효봉스님께 여쭈었다.

"스님, 흔히 삼학(三學)을 담아 불도를 이루라고 말씀하십니다마는 삼학 중 어느 것이 으뜸입니까?" 삼학(三學)이란 계율(戒律), 선정(禪定), 지혜(知慧) 세 가지를 말함인데 이 세가지 가운데 어느 것이 가장 중하냐는 물음이었다. 평생토록 무(無)자 화두를 놓은 적이 없는 효봉스님은 자타가 공인하는 선승이었으므로 계・정・혜 삼학 가운데서 두말할 필요도 없이 '선정'이 으뜸이라고 말씀하실줄 미리 짐작하고 있었다. 그러나 효봉스님은 결코 어느 한편에 치우지지 아니한 채 다음과 같은 명답을 남겨 주셨다.

"계・정・혜 삼학을 집 짓는데 비유하자면, 계율은 집터요, 선정은 재목이며, 지혜는 집 짓는 기술과 같은 것. 제 아무리 기술이 뛰어나도 재목이 없으면 집을 지을 수 없으며 또 제 아무리 재목이 풍부하고 기술이 뛰어나도 집터가 없으면 집을 지을 수 없으니, 그러므로 삼학은 어느 것 하나도 소홀히 할 수 없는 것. 계・정・혜를 함께 닦아야 불도를 이룰 것이야."

효봉스님은 선승이었으면서도 결코 교학을 업신여기거나 폄하하는 일이 없었다.

다만 참선과 교학이 어떻게 다른가 분명히 선을 그어준 일이 있었다. 효봉스님이 금강산에서 참선수행을 하고 있을 때의 일이었다. 이 당시에도 불가에서는 참선하는 수좌들은 교학을 공부하는 승려들을 '학승'이라 부르며 업신여기는 경향이 있었고, 교학을 공부하는 스님들은 참선하는 수좌들을 별로 좋아하지 않았다. '부처님의 가르침이 어떤 것인지, 교학은 아무것도 모르면서 가부좌만 틀고 앉아 부처가 되겠다니 참선만 해가지고 어떻게 깨달을 것이냐' 하는 그런 시선이었다. 바로 이런 분위기가 팽배했던 때, 하루는 유명한 교학승이 효봉스님께 말을 걸었다. 다시 말하자면 '참선 만이 제일이다' 하는 선승에게 교학승이 시비를 한 번 걸어본 셈이었다.

"스님, 소승이 알기로 부처님의 가름침인 교학을 익히는 것이나 참선수행을 해서 불도를 깨닫는 것은 큰 바다에서 물고기를 잡는 것과 같다고 여겨지옵니다." "그래서?" "저희가 교학을 공부하는 것은 그물을 쓰는 법을 익히는 것과 같다고 생각되옵니다마는 선가에서는 어찌하여 교학을 도외시한 채 그물쓰는 법을 배우지 아니하고 고기를 잡을 수 있다고 고집하시는지요?" "스님께서 비유를 아주 잘 드셨소이다."

효봉스님은 우선 교학승의 말을 듣고나서 칭찬부터 하셨다. 그리고 천천히 다음과 같이 말씀하셨다.

"교학만 고집하는 분들은 그물로 고기를 잡으려 들겠지요. 헌데, 선가에서는 바닷물을 통째로 한 입에 삼켜버리니 무슨 그물이 따로 필요하겠소이까?"

"예, 예? 바…바닷물을 통째로 한 입에 삼켜버린다구요?" 이 일이 있은 후부터 선객은 무조건 효봉스님을 당대의 선승으로 존경하게 되었다고 한다. 이 일화는 우리나라 불교계 최고의 학승이자 선객이었던 운허 스님께서 제자들에게 들려준 것이고, 필자는 또 그의 제자인 월운스님께 들을 수 있었다.

월운스님은 한참 동안의 이야기를 끝내고 은사스님께 이런 이야기를 들을 때가 그립다고 한다. 효봉스님-운허스님-월운스님으로 이어지는 선맥이 후학에게 잘 이어지느냐는 필자의 질문에 스님은 옛날과 환경이 달라서 그렇지 지금도 꽤 열심히 하는 사람들이 있다고 한다. "그러나 스님에게는 성이 차지 않으시지요?" 하니 "그거야 이 늙은이의 욕심이지. 공부를 한다고들 하는데 내 눈에는 자꾸 부족해 보이기만 하니.. 아무래도 나부터 수양이 부족한 것 아닌가 하는 생각이 들어.. 허허" 하시면서, 당신의 제자들이 당신보다 더 뛰어나 은사스님으로부터 내려오는 맥을 잘 이어주길 바란다고 하신다..

신미선사
1403~1480년

훈민정음 창제의 주역.
세종대왕에게서 **혜**각존자라는 시호를 받은 **신**미스님...

지금으로 부터 몇 년 전 필자는 금오스님의 제자인 월성스님을 만나러 복천암을 찾았다. 복천암은 속리산 깊고 넓은 산속 많은 암자들 중 가장 깊은 역사를 갖고 있고 규모 역시 가장 큰 절이나, 그냥 암자의 형태로 있으면서 일반 대중보다는 수행도량으로 많은 선객들이 수행하는 곳이다. 그 곳에서 후학들을 지도하고 있는 선원장 월성스님은 한글창제에 관한 복천사와 신미혜각존자의 역사적 사실을 알리고 있었다. 필자는 이 책의 말미에 그 업적을 넣기로 했다.

신미선사는 충청북도 영동의 영산 김씨 가문에서 부친 김훈(金訓)과 모친 여흥 이씨 사이에서 태종3년(1403)에 태어났다. 부친께서 영의정까지 지낸 사대부 가문 출신이기에 속가에서 사서삼경(四書三經)을 모두 섭렵하였다. 허나 신미선사는 조막손으로 손바닥에 임금 왕(王) 자가 새겨져 있어 누가 보기라도 하면 행여 죽임을 당할까 두려워 유학자 집안임에도 불구하고 어른들의 권고로 출가하여 승려가 되었다. 출가 입산하여 팔만대장경(八萬大藏經)을 열람하다가 범서장경이 모두 중국에서 번역된 경전들인데 마음에 차지 않아 범서로 된 원전을 보기위해 범어 공부를 하게 되었다. 조선 4대 임금인 세종대왕은 중국의 한문 글이 너무 어려워 백성들이 문맹인이 많아 배우기 쉬운 우리글을 만들어 보겠다는 의지를 품고 전국에 숨은 인재들을 발굴하여 집현전(集賢殿)에 초빙하였는데 스님으로 유일하게 속리산 복천사에 주석하고 있는 신미선사를 초빙하게 되었다. 누구라도 쉽게 배우고 익힐 수 있는 글이라면 뜻글이 아닌 소리글을 실담어 즉, 범서에서 착안 진행하고자 하는 뜻을 세종대왕이 알고 집현전 학자들을 의식한 나머지 훈민정음 창제를 발표하고 초기 작업은 주로 수양대군과 안평대군의 주관 하에 신미선사와 학조스님 등이 중심이 되어 극비리에 진행하였다.

신미 선사는 모음, 자음, 소리글을 범서에서 착안한 것을 마무리 짓고 해인사에서 장경을 미리 간인하였다. 법화경(法華經), 지장경(地藏經), 금강경(金剛經), 반야심경(般若心經)등 여기에 토도 달아보고 번역도 하여 시험을 끝낸 후 세종대왕께 보고하니 너무 기뻐하였다. 훈민정음이 실담어에서 착안하여 이루어졌기에 집현전 학자들은 아무런 관계가 없었다. 집현전에는 실담어를 아는 학자가 없었기 때문에 세종은 많은 학자들의 반대를 미리 차단하여, 집현전 학자들을 모아놓고 "이번 우리글은 시작부터 끝까지 짐의 주관 하에 이루었노라" 하고 집현전 학자들과 같이 깎고, 다듬고, 고치는 교정 작업으로 한글 창제 역사에 참여시키는 형식을 거쳤다. 그리하여 오늘날 우리가 편하게 쓰는 한글의 창제가 이루어진 것이다. 또한 세종은 말년에 광평대군, 평원대군과 소현왕후 등 삼년 동안에 세분의 가족을 잃게 되자 병이 들게 되었다. 이 때 신미스님은 세종의 명으로 동생 김수온과 함께 궁궐 내에 내원당(內願堂)을 신축하고 법요를 주관하였다. 임금은 신미선사를 자주 편전과 침전으로 불러들여 크게 예우하였다고 이조실록에 전해진다.

또한 신미선사의 수고를 치하하고, 보답으로 복천사에 주불 아미타불과 좌우보처 관음세지 양대보살을 금동으로 조성·시주하시고, 시호를 지어 문종에게 위임하시니, 문종1년 7월 6일. 문종임금이 「선교도총섭(禪敎都摠攝) 밀전정법(密栓正法) 비지쌍운(悲智(雙運) 우국이세(祐國利世) 원융무애(圓融無碍) 혜각존자(惠覺尊者)」라는 先王께서 정하신 시호를 금란지(金鸞紙)에 써서 자초폭(紫綃幅)으로 싸서 부왕을 대신하여 신미선사께 내렸다. 이 시호는 한글에 대한 칭송의 시호다. 개국 이래 이러한 승직이 없었다. 허나 박팽년, 하위지를 중심으로 한 신하들의 빗발치는 상소로 병약한 문종이 견디지 못하고 「대조계선교종(大曹溪禪敎宗) 도총섭(都摠攝) 밀전정법(密栓正法) 승양조도(承揚祖道) 체용일여(體用一如) 비지쌍운(悲智(雙運) 도생이물(度生利物) 원융무애(圓融無碍) 혜각종사(惠覺宗師)」로 개칭하였다. 이 칭호는 세조와 성종조에 다시 '혜각존자(惠覺尊者)'로 바뀌었다.

숭유억불 시대인 당시 유생들은 신미선사가 승려의 신분으로 한글을 주도한데 대하여 눈치 채고 아주 못마땅하게 여기다가 세종대왕이 서거한 후 한글에 대하여 과소평가하기 시작하여 언문이니, 부녀자들이 뒷방에 앉아서 친정에 하소연하는 편지나 써서 보내는 글이니, 통시 글(쉽다는 말)이니 하며 장부들이 배울 글이 못된다고 비아냥거리기까지 하였다. 그러나 처음부터 한글창제과정을 감독 주관한 수양대군은 신미선사를 존경하여 세조가 된 후에도 꼭 존자라 부르며 국사로 모셨으며, 세조2년(1456년)에 도갑사를 중수하여 약사여래불상 3구를 조성·봉안 했다.

신미스님은 1458년에 국가의 요청으로 해인사의 대장경을 인출할 때 이를 감독했고, 세조7년에 1461년 훈민정음을 널리 보급하기 위하여 간경도감을 설치하고 신미대사를 우두머리로 효령대군과 김수온 등에게 불서를 언해하고 간행함에, 이때에 언해된 불경이 『법화경(法華經)』 『반야심경(般若心經)』 『영가집』 등 100종에 이르렀다. 1464년 세조가 복천사를 방문했을 때 신미스님은 사지·학열·학조등의 승려와 함께 대설법회를 열었다. 세조는 아픈 몸으로 복천사에 왔으나 법회를 통하여 단종에 대한 속죄의 기도를 하여 마음의 병을 고치고 몸도 편안해져 복천사에 쌀 3백석, 노비 30구, 전지 2백결을, 속리사에 쌀·콩 30석을 하사하였다. 또한 이 해에 스님은 상원사로 옮겨가 왕에게 상원사 적멸보궁의 중창을 건의하여 허락받고, 여러 승려의 법어를 번역, 해석하여 유통하게 했는데 기화의 『금강경설의(金剛經設宜)』를 교정하여 『금강경설의(金剛經設宜)』 1책을 만들고, 『선문영가집』의 여러 본을 모아 교정했으며, 『증도가(證道歌)』의 주를 모아 책으로 간행했다.

신미혜각존자는 속리산 복천사를 비롯하여 오대산 상원사, 월정사, 낙산사 대자암 등을 중신하고 처불함에도 소신껏 불사에 힘썼으니 그 공이 지대한 당대의 고승이었다. 성종 11년(1480년) 77세의 나이로 입적하였다. 복천암 동편 500m 떨어진 곳에 학조등곡선사 부도(보물1418호)와 아래위로 나란히 신미존자의 부도(보물1416호)가 서있다.

역사는 언제나 왕과 권력의 중심으로 이루어져 있다. 동서고금 어디서도 마찬가지이다. 이러한 자리매김은 지극히 당연한 일이지만 그렇다고 역사의 진실을 그대로 덮어두거나 왜곡하는 것은 잘못된 일이다. 숭유억불 정책이 만연했던 조선시대 때의 불교역사와 그에 상응하는 인물들의 잘못된 조명은 역사를 거꾸로 가게 하는 행위이며 또한 문화를 파괴하는 행위이다. 일반적으로 우리나라의 역사는 훈민정음 창제가 집현전 학사들에 의해 만들어져 공포된 것으로 알고 있다. 하지만 이것은 세종실록과 세조어제 원문, 영산 김씨 세보, 복천보장, 상원사 중수 권선문, 신미스님의 능엄경 언해 후등 여러가지의 문헌을 통해 볼 때 훈민정음 창제의 중심에 신미스님이 있었다.

세종대왕은 백성을 너무 사랑한 임금이었다. 당시 너무 어려운 한문을 쓸 수밖에 없어서 문맹인이 많은 것을 한탄하여 우리글을 만들기로 하고 전국의 석학들을 불러 모아 작업을 하여 마침내 한글을 만들어 내었다. 세종대왕은 다음과 같이 훈민정음 창제동기와 목적을 서문에 직접 서술하고, 훈민정음을 반포하였다. "국어가 중국과 달라서 한자와 서로 통하지 아니하므로 일반 백성이 말하고자 하나 제 뜻을 능히 펴지 못할 자가 많은 지라, 내 이를 불쌍히 여겨 새로 28자를 만드나니 사람마다 쉽게 학습하여 일용에 편케 하고자 할 따름이다." 또한 정인지는 훈민정음 해례 서문에 "한자는 언어와 불일치하기 때문에 학자와 서생들은 그 뜻을 밝히기가 어렵고, 나라를 다스리는 사람은 옳고 그름을 가려내기가 어렵다."고 적었다. 훈민정음이 위대한 것은 입의 구조와 발성 원리를 연구하여 자음(17)과 모음(11)을 서로 교합하여 모든 소리를 적을 수 있는 아주 새로운 표기법에 있다. 이로 인해 오는 날 세계에서 가장 과학적인 문자를 소유하게 된 것이다.

복천암에 보관되어 있는 복천보장에 의하면 세종대왕은 신미대사의 수고를 치하하고 보답으로 신미스님이 주석하고 있는 복천암에 주불 아미타불과 좌우보처 관음세지 양대보살을 금동으로 조성 시주하였다고 적고 있다. 또 이조실록에 세종 28년 12월2일 부사직 김수온에게 명하여 석가보를 중수 수찬하게 하였다. 김수온은 신미대사의 동생이다. 월성스님은 불교문학의 정수인 월인천강지곡이 지어진 배경에는 한글창제를 주도한 신미대사가 있다고 말씀하였다.

그러면서 월성스님은 철저하게 문헌에 근거해서 다음과 같이 그 근거를 설명하였다. "첫째 세종대왕이 한글 창제의 초석을 다진 신미대사에 대한 고마움의 표시로 복천암에 삼존불을 시주했다. 둘째 문종은 부왕의 뜻을 받들어 유생들의 반대에도 불구하고 신미대사에게 혜각존자라는 시호를 내렸다. 셋째 유생들은 한글을 업신여겼다. 이는 유생들과 한글이 관련없다는 증거다. 넷째 세조는 부왕을 모시고 4년간 한글을 창제하는 것을 보았기 때문에 스님을 존경한 나머지 복천암에 법문을 들으러 왔다. 다섯째 신미스님의 속가 집안인 영산김씨 족보에 스님이 집현전 학자로 세종의 특별한 총애를 받았다는 기록이 나온다. 여섯째 한글의 출처 모델이 범어(梵語)인데 당시 범어를 아는 분은 신미스님 밖에 없었다 "

스님의 말씀은 계속되었고... 앞으로도 계속 될 것이다.

필자는 자세히 알지 못했던 부분의 역사를 접하게 됨이 실로 놀랍고 반가웠다.

"후세에 전해질 역사가 어찌 묻혀 있었을꼬...? 그리고 이리 전해질 수 있음은 또 무슨 뜻이려나...? 그것은 교계의 어른으로 소임을 다하고 이곳에서 여생을 부처같이 보내려는 월성스님의 원력이요.. 부디 후세에는 편견 없는 정치로 바른 역사를 가르치라는 혜각존자(惠覺尊者)의 거룩한 뜻일 것이다. 월성스님, 참으로 고맙습니다....!"

복천암에 보관되어 있는 신미대사가 직접 실담어로
쓴 진언문과 부적. 신미대사 부도탑에서.

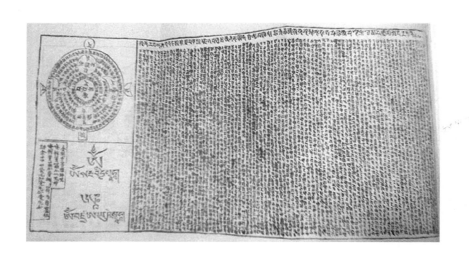

圓_원覺_각、禪_썬宗_종、釋_석譜_봉

1443년 한글 완성 8년전에 신미대사가
석가모니의 일대기를 그린 한글 불서인
〈원각선종석보〉

한심이 보살 일생기

대웅전에 천원 놓고 일억벌게 빌었으며〉 관음전에 천원놓고 만사형통 기원하고〉지장전에 천원놓고 선망조상 천도
하고〉 그나마도 부족할까 산신각에 들러빌고〉 남들에게 뒤질세라 당체 따라 이름없고〉 이만하면 불자자격 손색없고
다 판단하여〉 반듯하게 차려입고 스님방문 자주하고〉 유명사찰 유명스님 모두안다 자랑하고〉 온갖재물 앞세워
서 사찰스님 친구삼고〉 집안식구 우환들면 액땜한다 부적찾고〉 자식혼사 치룰때면 사주궁합 점체보고〉 신년새
해 맞을때면 철학관을 전전하고〉 바깥양반 바람피면 점쟁이집 드나들고〉 여기저기 시주한돈 낱낱이도 기억하고〉
스님들께 보시한일 빠짐없이 입에담고〉 용하다 말한따라 무당찾아 천리만리〉 만나뵈는 스님들께 큰스님을 친
견자랑〉 공양간을 드나들며 이것저것 참견하고〉 부처님전 공양물에 자기것을 앞세우고〉 참배숫자 앞세워 신
자랑〉 초심자에 호랑이짓〉 신행단체 윗자리에 사사건건 빈정대고〉 자기보다 짧은신도 첫말부터 반말하는〉 사찰질서 잡는
도 계급따 재물고〉 사찰살림 스님행동 누구보다 먼저알아〉주고받는 애기소리 법당안에 제일크고〉 말에
다고 초심자에 호랑이짓〉 사찰살림 스님행동 누구보다 먼저알아〉가지가지 생색내고〉수행승라 대화후에 수행정도 가능하
드는 불명따라 봉사활동 다녀오면〉옥바라밀 내세우고 가지가지 생색내고〉수행승라 대화후에 수행정도 가능하
고〉 스님께서 말없으면 대승소승 운운하고〉스님께서 나무라면 원수처럼
힘담하고〉 스님께서 웃으시면 좋아한다 호들갑에〉이 사찰 어느스님 구설수에 온전할까〉이 리석은 중생행동 삼
늦은 후회 말고 많은 업장 짓지말자 지은업장 무거워서 어찌지고 이제라도 참회하여 많은업장 용서받
고〉 내업장이 내후손이 짓〉사찰살림 스님행동 누구보다 먼저알아〉주고받는 애기소리 법당안에 제일크고〉 말에
고〉 스님께서 말없으면 대승소승 운운하고〉스님께서 나무라면 원수처럼
꿈고 빌고 빌어 용서비나〉 부처님이 용서할까 임종직전 후회하며〉부처님전 무를
보비방일 삼다가 개종하면 좋아질까 늘그막에 송교바꿔〉열심히도 다니다가 임종할때 후회하며〉부처님전 무를
꿈고 빌고 빌어 용서비나〉 개종하면 좋아질까 늘그막에 송교바꿔〉열심히도 다니다가 임종할때 후회하며〉부처님전 무를
늦은 후회말고 많은업장 짓지말자 지은업장 무거워서 어찌지고 이제라도 참회하여 많은업장 용서받
고〉 내업장이 내후손이 짓〉부처님이 용서할까 하늘님이 용서할까〉임종직전 후회말고 실았을때 잘하시지〉때가
늦은 후회 말고 많은 업장 짓지말자 지은업장 무거워서 어찌지고 이제라도 참회하여 많은업장 용서받
꿈고 빌고 빌어 용서비나〉 개종하면 좋아질까 늘그막에 송교바꿔〉열심히도 다니다가 임종할때 후회하며〉부처님전 무를
힘담하고〉 스님께서 웃으시면 좋아한다 호들갑에〉이 사찰 어느스님 구설수에 온전할까〉이 리석은 중생행동 삼
고〉 내업장이 내후손에 대대손손 내려질까〉걱정근심 하지말고 좋은참회 해알텐데〉나무아미타불 관세음보살
늦은 후회말고 많은업장 짓지말자 지은업장 무거워서 어찌지고 이제라도 참회하여 많은업장 용서받
꿈고 빌고 빌어 용서비나〉 부처님이 용서할까 하늘님이 용서할까〉임종직전 후회말고 실았을때 잘하시지〉때가

맛있는 음식을 맛있게 먹다가도 뺏아서 놓고보니 천하없는 오물이라.

맛있음도 더러움도 모두가 없음인걸 본체는 아니보고 허공의 꽃만보네

아서라 할라치니 모두가 돌아서고 좋아라 할라치니 빈손만 눈에 드네

세상의 모든 이치는 분별의 끝자락에서 노닐고 있음인 것을...

더하고 빼고, 좋아하고 미워하고, 아름답고 추하고, 옳다 그르다,

하나의 사물을 놓고 수도 없이 쪼개 놓고, 헤쳐 봐도 내 마음의 분별일 뿐!

우리 앞에 펼쳐진 만물의 본체는 그 체가 지닌 그 모습 그대로 존재하고 있을 뿐이다.

남에게서 주워 듣고, 편견에 치우칠 수 있는 지식으로, 지혜의 눈을 뜨지 않음은 마음으로,

우리들은 얼마나 많은 오류를 범하고 있는가.

한 사람의 식견으로 역사가 무시되고, 민족이 지닌 정통성이 사라지고,

남의 역사에 편승하여 새 역사를 쓰고자 한들, 끝없다 식어 버리는 커피잔에 불과 하기늘...

내일만 보지 말고, 또 다른 내일을 보며 우리 후손들의 씨래를 열어 주자.

우리 세대에 허겁지겁다 먹어 치우고 오물만 남기지 말고.

후손들에게도 기회를 주자. 까치밥만 데어도 볼 수 있는 것을 왜 아니 들 보시는가....

문을 열어라, 닫지 말고 활짝 열어라. 단혀진 그 문엔 마음도 비쳐지고, 탐욕의 씨앗도 보이기늘

무엇이 두려워 그리들 닫고 사시는가. 닫는다고 안 보이나 상상으로 알지...

마음을 열어라, 임 다물지 말고 활짝 열어라. 단혀진 그 마음속엔 온갖 오욕라 왜곡의 잔재가 보이기늘

무엇을 보았기에 그리들 열지 않으시나. 임 다물었다고 모르나 상상으로 알지...

손을 펼쳐라. 무엇을 죽이고 있는가. 움켜진 손아귀에 부패한 부와 권력의 끈줄이 보이기늘

죽으면 남의 것이지 가 제 갈 수 있다더냐. 움켜쥔다고 모르나 상상으로 알지....